自己調整学習の多様な展開

Applications of Self-Regulated Learning across Diverse Disciplines:
A Tribute to Barry J. Zimmerman

バリー・ジマーマンへの
オマージュ

ヘファ・ベンベヌティ
ティモシー・J・クリアリィ
アナスタシア・キトサンタス
［編］

中谷素之
［監訳］

福村出版

APPLICATIONS OF SELF-REGULATED LEARNING ACROSS
DIVERSE DISCIPLINES
edited by Héfer Bembenutty, Timothy J. Cleary, Anastasia Kitsantas
Copyright © 2013 by Information Age Publishing Inc.
Japanese translation published by arrangement with Information Age
Publishing, Inc. through The English Agency (Japan) Ltd.

序　文

　近年，自己調整の問題に関する理論化や実験は，実体ある形で進展してきている。その主なトピックは，メタ認知過程，動機づけ信念と感情であり，それらは，さまざまな領域における有能さを獲得するための，自己始発的で自己維持的な努力に基づいている。これらの，重要な学業あるいは非学業的スキルの獲得に対する焦点は，自己調整学習と呼ばれてきた。

　若い時代，私は学習過程の自己高揚に興味をもつようになった。父は，学業・非学業（例：音楽やスポーツ）の両面の努力が実を結ぶカギとして，勉強と実践が重要な役割をもつことを強調する，偉大な教師であった。彼は生徒に合った質的・量的な特定の基準を設定し，日々の前進を確認する，確固とした求道者であった。成人した私は研究者となり，この父の方法や他の自己調整過程の影響を実証的に定義し評価するため，自らの発達上の経験を描いてきた。この追求をすることは，自分自身がもってきた多くの疑問に対する答えに確信を得ただけでなく，生徒や同僚，そして他の研究者にとっても魅力あるものであった。本書で，その中の多くの研究者が十分な貢献をしてくれていることを，私は心から光栄に思っている。

　本書の編者らは，この自己調整学習の萌芽的領域を，主要な研究者たちによって構成するという称賛すべき仕事を行った。自己調整学習研究を概観した書物は以前より数多くある。しかし，指導実践への応用についていまだ初期段階にあるここ10年余りで，本書は，自己調整過程と信念とを発達させ高めるようにデザインされた教育的介入のインパクトに焦点を当てた，唯一の専門的書籍である。自己調整学習の次の世代においては，広範な応用が実施されており，効果性の点から，研究の実体についてよく描かれまた分析されている点で，本書は重要な意味をもっている。

　自己調整の効果的な理論を開発しようとする中で，私は，専門家対一般の学習者といった学習の個人差を説明しようと試み，また初心者や障害のある学習

者のコンピテンスの向上を目指した。本書で報告される研究は，その両方の目的を達成している。とりわけ各章では，教育者に対して，学生が学習成果をよりコントロールできるようデザインされた指導実践について，その詳細な記述を提供する。これらの魅力的な説明は，自己調整研究を将来応用する際に，強固な，楽観的基盤を与える。自己調整学習者になることは，個人的な希望という以上のもの，すなわち，教育的な現実になりうるのだ。

バリー・J・ジマーマン（Barry J. Zimmerman）

日本語版への序文

　自己調整学習は，人が自らの目標を達成しようと努力する際に，思考，感情，行動を管理しコントロールしようとするダイナミックで流動的なプロセスとして特徴づけられる。高度な自己調整学習者は，高い動機づけを示し，強力なメタ認知スキルをもち，課題固有で自己調整的な方略を用いるうえで広範な知識基盤とスキルをもつ，先を見越した目標志向の個人として描写される。過去数十年の間に，さまざまな分野の専門家が，自己調整学習スキルが個人の学業的な成功，社会—感情的な機能，そして全般的なウェルビーイングに与える重要な役割を認識するようになった。自己調整学習は，多くの学業的な努力の中でもきわめて重要な要素であり，人の発達と学習の文脈で，異なる文化，文脈で，そして義務教育（K-12）学校，大学，クリニックや医療現場，スポーツやオンライン環境などの場で研究が進められてきた。

　Barry Zimmerman（バリー・ジマーマン）教授による多くの重要な貢献なくして自己調整学習について論じることは事実上不可能である。彼の理論的および実証的な研究は，世界中の研究者によって多く引用され続けており，学術，スポーツ，健康，テクノロジー，そして音楽の分野にわたってみられる，自己調整における多くの画期的な応用と革新の基礎を支えてきた。

　『自己調整学習の多様な展開――バリー・ジマーマンへのオマージュ』（原著名 *Applications of Self-Regulated Learning across Diverse Disciplines: A Tribute to Barry J. Zimmerman*）は，教育や理論，研究，そして Zimmerman 教授が特に自己調整学習において教育と心理学全般に与えた独自のインパクトを称揚している。日本語翻訳版は，研究者や実践家に向けて，Zimmerman 教授の精力的な研究とそのモデルを，多文化的で社会文化的なレンズへと応用しようとする，さらなる試みを示すものである。私たちは，Zimmerman 教授とは，自己調整学習における研究と理論におけるパイオニアであり，卓越した研究の水準を示した先駆者と捉えている。

Zimmerman教授は，自己調整学習の循環的モデルを，予見，遂行，そして自己省察という3つのフェイズから開発した。また，観察，模倣，自己コントロール，自己調整という四段階の自己調整学習の発達モデルを構成した。そして，5つの本質的な学習スキルを伴う自己調整過程の教授のために，教室を学習アカデミーに変換することによって，教師は生徒の学習をどのように支援することができるかについて説明した。自己調整学習アカデミーの循環モデルについても提案した。すなわち，(a)学習時間より効果的に計画し使用する，(b)テキストをよりよく理解し要約する，(c)ノートテイキングの改善，(d)試験のためのよりよい見通しと準備，そして，(e)より効果的なライティング，というスキルである。自己調整学習の理論的モデルの多様な領域への応用は，本書の中で明確に論じられている。

　Zimmerman教授の高い水準の学識によって，研究上の応用において彼の示した道をたどるよう研究者たちを刺激してきた。本書の著者たちは，教授のきわめて重要な研究の1つあるいはそれ以上の側面を取り入れ，それぞれの研究課題に適用してきた。著者たちは，教授が自身のキャリアに与えた否定しがたい影響を認識しており，本書は教授への賛辞なのである。アルファベット順に編者が並んだ（編者が同等の立場である）本書を通して，私たち編者も，素晴らしいメンターであり，教師であり，ロールモデルであり，そして非凡の人であるZimmerman教授を称える。

　私たちは，本書『自己調整学習の多様な展開――バリー・ジマーマンへのオマージュ』を翻訳するイニシアティブをとったすべての日本の同僚に心からの感謝を伝える。彼ら／彼女らの研究と教育によって，Zimmerman教授の学術的業績を拡大するだけでなく，独自の貢献をし，学校や大学，さまざまなコミュニティ，そしてスポーツや研究センターなどの場に影響を与えているのである。私たちは彼ら／彼女らの称賛に値する仕事に敬意を表し，日本における自己調整学習の展望と普及に興奮を覚えている。

　この翻訳書が，学術やそれ以外の学習において，自己調整が果たす重要な役割に関する新たな議論を切り開くことを望んでいる。また私たちは，特に神経科学やギフテッド，精神病理学，依存症，そして関連する疾病，サイバースラッキング（本務中〈仕事・学業〉のネット使用），そしていじめなどの領域で，

新たな自己調整学習の応用が生み出されることを期待している。最後に私たちは，ジマーマン教授が，自己調整学習と関連領域における優れた研究者たちに，個人的そして専門的に，革新的な影響を与えたという事実を，世界の読者が認識することを望んでいる。

ヘファ・ベンベヌティ（Héfer Bembenutty），
ティモシー・J・クリアリィ（Timothy J. Cleary），
アナスタシア・キトサンタス（Anastasia Kitsantas）

まえがき

　自己調整学習（Self-Regulated Learning）とは，社会認知的な視点から，学習者が個人の学習上の目標を追求するために，積極的に思考，行動，感情を生成し，モニターし，適応させる多次元的なプロセスを指す。自己調整学習者とは，高い有能さやスキルの感覚をもち，積極的に自分の環境を変え，課題によって思考やアプローチの方法を適応させ，目標達成のために動機づけを維持する，高度に積極的な存在である。目標設定，自己モニタリング，自己評価，成果など，さまざまなタイプの自己調整プロセス間の結びつきを示す，比較的堅固な文献の基盤が存在している。それにもかかわらず，研究者，教育者，および応用的専門家の間で，自己調整の原理を多様な文脈や状況に応用する革新的方法の開発に対して，関心が高まっている。

　選手にバスケットボールを効果的にドリブルする方法を指導するコーチ，患者に糖尿病や喘息などの衰弱した健康状態をどのように管理するかを学習することを手助けする医師，テストや学修コースで失敗した際に，適応的にモデリングすることを教える中学校教師。これらの専門家にとっての重要な疑問は，「どうすれば，個人の領域固有のスキルを向上させられるか，同様に，学習と適応的スキルを積極的・効果的に自己管理する能力を高められるか」である。近年，研究者および実践家は，学術的な文脈および非学術的な文脈の両方で適用される自己調整介入プログラムの開発を通じて，この喫緊の問題に取り組み始めている。これは，Barry Zimmerman（バリー・ジマーマン）教授の理論的および実証的寄与に大きく影響された構想である。

本書の目的

　本書の（編著書の）主な目的は2つである。第一に，ニューヨーク市立大学

大学院および大学センターの名誉教授・特別教授である Zimmerman 教授の功績を称えることである。50 年にわたる彼の卓越した業績は，学業や健康，そして運動などのいくつかの領域に関わるモデリングと自己調整に焦点を置いた，社会的認知理論に関するものである。彼は全部で 200 以上の研究論文，書籍の章，専門学会発表論文を執筆し，10 以上の書籍を編集している。そして過去 40 年にわたって，目標設定や自己モニタリングなどのさまざまな自己調整プロセスの影響に関する革新的な研究を行い，モデリングと方略教授の重要性と価値を強調してきた。彼の偉大な貢献の一つは，認知，動機づけ，そして行動の，積極的で持続的なマネジメントを強調する自己調整の社会認知的・循環的説明をより明瞭にして洗練させたことにある。

　Zimmerman の精緻な研究は，自己調整とは，学習や臨床の課題に取り組む際，課題焦点と目標志向を両立する学習者の能力の特徴であることを明確に位置づけた。彼の学術研究は，教育と学習への情熱，そして本質的な研究を厳格に行うことへの献身を伴うものである。そして，私たちの教育システムが大きな社会的・技術的変容を経験する今日，学習者は，自らの学習経験を積極的に方向づけ，行動を導く必要がある，という信念を促進する支えとなった。また，学習の自己調整は長期的で一時的に遠隔的な目標の達成に関連する，特に 2000 年代の学習者が経験する課題における欠かせないスキルであることを明らかにした。

　本書の第二の目的は，自己調整原理のさまざまなコンテクストへの応用に関心をもち，また Zimmerman の理論的・実証的研究によって影響され，触発され，動機づけられた研究者たちのプラットフォームを提供することにあった。各章の中で，著者たちは以下の 4 点について論じる。すなわち，(a) 各々の一連の研究のもととなる重要な理論的枠組みを提供し，(b) 各々の研究アジェンダが，どのように Zimmerman の理論と研究を支持し，それを拡張するのかを議論し，(c) 介入とその理論的基盤を論じ，(d) 教育実践への示唆や将来の研究方向を検討する。これら 4 つの論点を通じ，編著者たちは，理論から実践へつなぐ本書が，多様な領域や方法論を超え，自己調整の応用研究における新進気鋭の研究者に光を当てるフォーラムとなることを期待している。そして，学業・非学業領域における Zimmerman の業績の幅広い影響に敬意を示す機会

としたい。自己調整理論を介入と実践へ適用することに関心をもつ，研究者や大学院生，教師，健康実践家，コーチ，その他の専門家への有用なガイドとなることを望んでいる。とりわけ，自己調整学習と動機づけの介入における現在の動向に関する普遍的なリソースとなり，学生や自分自身の自己調整を促進する，学習活動や課題，宿題をデザインする専門家にとって役立つものであろう。

本書の構成

序論の章では，Schunk と Usher は，ジマーマンの学術研究が教育と心理学において果たした独自の貢献と役割を強調しつつ，本書の概要を提示している。Zimmerman の理論モデルと研究が，教育，心理学，健康，スポーツ，テクノロジー，音楽などの多くの専門領域にどのように影響を与えたかを述べていく（第 1 章）。

自己調整原理の応用は，教育界で確立されてきている。数学の分野では，Pape，Bell と Yetzin-Özdemier が自己調整学習枠組みと教室接続技術の文脈の中で，数学教育のビジョンについて説明している。彼らは，より方略的で自己指向的な学習者になるために，数学的な指導の際に使用可能な介入手順を示す，魅力ある事例を提供している（第 2 章）。Harris，Graham と Santangelo は，過去 20 年間にわたって彼女らが開発，実施し，その拡張に重点を置いてきた，自己調整的ライティング介入について説明している。小学校の教室への直接的な応用について詳細に描写する（第 3 章）。同じく，Cleary と Labuhn は，高等学校の科学分野で実施されている 2 つの異なる自己調整介入の性質と特徴について詳述している。そして Zimmerman の三段階循環モデルを，教室レベルおよび小グループ，または個別化された状況で実施される介入に応用することを強調する（第 4 章）。

自己調整介入プログラムは，大学のコンテクストにおいて，またより狭義の自己調整プロセスに焦点を当てたプログラムにも，効果的に応用できる。Moylan は，リスクのある大学生を対象に，幅広い自己調整介入の実施とその効果を検証している。このプログラムは，Zimmerman の理論モデルから直接

進化したものであり，生徒にフィードバックを提供し，自己内省的な誤差分析の取り組みを助ける効果的な経路をつくり出すことに重点を置いている（第5章）。Bembenutty は，Zimmerman による自己調整の学習アカデミーモデルをもとに，教職課程学生への新たな介入を提案している。この介入によって，生徒の自己調整スキルと，それに続く達成が最適なものになるよう，教師が家庭学習活動を構造化することを手助けできる（第6章）。大学レベルでは，Weinstein と Acee は，大学生が学習方略の使用を発達させ，更新することを学ぶ，定評ある指導モデルについて論じている（第7章）。後者の章では，著者らは大学生の自己調整学習を促すようデザインされた介入も強調している。最後に，Karabenick と Berger は，援助要請への介入の実証的証拠を広範に概観している。彼らは，教室のような社会的コンテクストにおいて，教育者がいかに援助要請を促進できるかについて議論している（第8章）。

2つの章は自己調整のメタ認知次元について焦点を当てている。Chen と Rossi は，リスクのある高校生のキャリブレーション確証介入の要素と重要な実施手続きを描き，キャリブレーションがいかにしてジマーマンの循環的フィードバックモデルの異なる側面にわたって生じるのかを強調している（第9章）。Veenman の章では，メタ認知スキル訓練の指導について述べ，メタ認知スキルの駆動を主導する動機づけの役割について論じている（第10章）。

自己調整介入の重要性は，スポーツや健康領域，そして音楽においても示されており，技術革新とも直接的な結びつきがあるものと考えられている。Kitsantas, Dabbagh, Huie と Dass は，中等教育以降に，自己調整学習を促すために，ウェブ 2.0 のような学習技術を用いることへのガイドラインを提供している（第11章）。さらに McPherson, Nielsen と Renwick は，自己調整理論と音楽の指導の間に直接的な関連があることを強調し，詳細に述べている。著者らは，端的に，初級，中級，上級の音楽学習者たちに実施してきた彼らの研究に基づいて，自己調整介入と音楽の専門技術の発達について描写している（第12章）。

Goudas, Kolovelonis と Dermitzaki は，Zimmerman の理論と研究に影響を受け，体育とスポーツのコンテクストにおける自己調整介入の実施について述べている。スポーツと体育の自己調整学習を促すプロセスと技術の使用につい

て,実践的な提言を行っている。そして,コーチや体育教師が自己調整を実践する際の主要な問題を理解するよう助ける指導アプローチについて説明している (第13章)。また Clark は,本書の中で,慢性的な心臓疾患を管理するための包括的な自己調整介入モデルとして,印象に残る一連の自己調整介入プログラムについて議論している。介入プログラム実施の際の主要要素を明確に理解できるよう,その手続きについて詳細を述べている (第14章)。

最終章では,代表的なメンターとしての Zimmerman への賛辞で結びとする。DiBenedetto と White は,メンタリングの古典的,そして現代的な理論のレビューを行い,メンティー(メンタリングを受ける者)が,メンタリングの過程において有能さを獲得していく心理学的メカニズムの理解に用いられる Zimmerman の自己調整コンピテンスの発達モデルについて論じている (第15章)。

まとめると,研究から実践へ向けた本書は,自己調整の理論と原理は,さまざまな発達段階やさまざまなコンテクストにわたって,個人の自己調整スキルの向上に適用可能であることを示している。各章の研究者たちは,これらの自己調整プログラムの実施可能性や効果性を検証するために,さまざまな方法論的デザインを用いることが重要であると示してきた。ただし,とりわけ重要なことは,本書の中で示されるプログラムのいずれもが,Zimmerman による非常に影響力のある自己調整モデルと何らかの関連があるということである。Zimmerman 博士の,その学術的革新とプロフェッショナルとしての明晰な構想に,私たちは大いに感謝している。

目　次

序　文 …………………………………………………………………………… iii
日本語版への序文 …………………………………………………………… v
まえがき ……………………………………………………………………… viii

第1章　バリー・J・ジマーマンの自己調整学習理論 ………………… 1
　　　　ディル・H・シャンク，エレン・L・アッシャー

第2章　自己調整の発達を最大化する数学授業の連続的構成要素
　　　　──理論，実践，介入── ……………………………………… 37
　　　　スティーヴン・J・ペイプ，クレア・V・ベル，
　　　　イフェット・エリフ・イェトキン＝オズデミル

第3章　ライティングにおける自己調整方略の育成
　　　　──育成，実施，強化── ……………………………………… 73
　　　　カレン・R・ハリス，スティーヴ・グラハム，
　　　　ターニャ・サンタンジェロ

第4章　科学教育における循環的な自己調整介入の応用 …………… 109
　　　　ティモシー・J・クリアリィ，アンジュ・S・ラブハン

第5章　高等教育の数学授業において学業的自己調整を
　　　　高めるための循環的フィードバックアプローチ …………… 151
　　　　アダム・モイラン

第6章　自己調整の学習アカデミーを通じた宿題遂行の成功 ……… 187
　　　　ヘファ・ベンベスティ

第7章　大学生をより方略的で自己調整的な
　　　　学習者にするための支援 ……………………………………… 237
　　　　クレア・エレン・ウェインステイン，テイラー・W・エース

第8章　自己調整学習方略としての援助要請 ……………………… 285
　　　　スチュアート・A・カラベニック，ジャン=ルイ・バーガー

第9章　生徒の学習とパフォーマンス改善に向けた
　　　　キャリブレーションの正確さに関する情報の活用 ………… 315
　　　　ペギー・P・チェン，ポール・D・ロッシ

第10章　利用・産出欠如の学生に対するメタ認知的スキルの訓練 …… 357
　　　　マーセル・V・J・ヴィーンマン

第11章　学習テクノロジーと自己調整学習　――実践への示唆―― ……… 387
　　　　アナスタシア・キトサンタス，ナダ・ダバグ，
　　　　フェイ・C・ヒューイ，スーザン・ダス

第12章　自己調整介入と音楽における熟達 ……………………… 429
　　　　ゲーリー・E・マクファーソン，シーヴ・G・ニールセン，
　　　　ジェームズ・M・レンウィック

第13章　体育とスポーツの文脈における自己調整介入の実行 ……… 463
　　　　マリオ・グダス，アサオシオス・コロベロニス，
　　　　イリーニ・デルミザキ

第14章　慢性疾患管理における自己調整介入の使用 ……………… 501
　　　　ノリーン・M・クラーク

第15章　自己調整スキル発達モデルのメンタリングへの応用 ……… 533
　　　　マリア・K・ディベネデット，マリー・C・ホワイト

キーワード集　――各章の内容をより深く知るために―― ………………… 563
監訳者あとがき ………………………………………………………… 571
索　　引 ……………………………………………………………… 573

【著者】　＊は編者，所属は原書刊行（2013 年）時のもの。

Taylor W. Acee　テイラー・W・エース
Texas State University-San Marcos　テキサス州立大学サンマルコス校

Clare V. Bell　クレア・V・ベル
University of Missouri　ミズーリ大学

*Héfer Bembenutty　ヘファ・ベンベヌティ
Queens College of the City University of New York　ニューヨーク市立大学クイーンズ校

Jean-Louis Berger　ジャン＝ルイ・バーガー
Swiss Federal Institute for Vocational Education and Training　スイス連邦職業教育訓練機構

Peggy P. Chen　ペギー・P・チェン
Hunter College of the City University of New York　ニューヨーク市立大学ハンター校

Norren M. Clark　ノリーン・M・クラーク
University of Michigan　ミシガン大学

*Timothy J. Cleary　ティモシー・J・クリアリィ
Rutgers, The State University of New Jersey　ラトガース大学

Nada Dabbagh　ナダ・ダバグ
George Mason University　ジョージ・メイソン大学

Susan Dass　スーザン・ダス
George Mason University　ジョージ・メイソン大学

Irini Dermitzaki　イリーニ・デルミザキ
University of Thessaly　テッサリア大学

Maria K. DiBenedetto　マリア・K・ディベネデット
Baruch College of the City University of New York　ニューヨーク市立大学バルーク校

Marios Goudas　マリオ・グダス
University of Thessaly　テッサリア大学

Steve Graham　スティーヴ・グラハム
Arizona State University　アリゾナ州立大学

Karen R. Harris　カレン・R・ハリス
Arizona State University　アリゾナ州立大学

Faye C. Huie　フェイ・C・ヒューイ
George Mason University　ジョージ・メイソン大学

Stuart A. Karabenick　スチュアート・A・カラベニック
University of Michigan　ミシガン大学

*Anastasia Kitsantas　アナスタシア・キトサンタス
George Mason University　ジョージ・メイソン大学

Athanasios Kolovelonis　アサオシオス・コロベロニス
University of Thessaly　テッサリア大学

Andju S. Labuhn　アンジュ・S・ラブハン
German Institute for International Educational Research　ドイツ国際教育研究所

Gary E. McPherson　ゲーリー・E・マクファーソン
University of Melbourne　メルボルン大学

Adam Moylan　アダム・モイラン
University of California　カリフォルニア大学

Siw G. Nielsen　シーヴ・G・ニールセン
Norwegian Academy of Music　ノルウェー国立音楽アカデミー

Stephen, J. Pape　スティーヴン・J・ペイプ
Johns Hopkins University　ジョンズ・ホプキンス大学

James M. Renwick　ジェームズ・M・レンウィック
University of Sydney　シドニー大学

Paul D. Rossi　ポール・D・ロッシ
Hunter College of the City University of New York　ニューヨーク市立大学ハンター校

Tanya Santangelo　ターニャ・サンタンジェロ
Arcadia University　アルカディア大学

Dale H. Schunk　ディル・H・シャンク
University of North California at Greensboro　北カリフォルニア大学グリーンズボロ校

Ellen L. Usher　エレン・L・アッシャー
The University of Kentucky　ケンタッキー大学

Marcel V. J. Veenman　マーセル・V・J・ヴィーンマン
Leiden University　レイデン大学

Claire Ellen Weinstein　クレア・エレン・ウェインステイン
University of Texas at Austin　テキサス大学オースティン校

Marie C. White　マリー・C・ホワイト
Nyack College　ナイアック大学

Iffet Elif Yetkin-Özdemir　イフェット・エリフ・イェトキン＝オズデミル
Hacettepe University　ハジェッテペ大学

第 1 章

バリー・J・ジマーマンの自己調整学習理論

Dale H. Schunk（ディル・H・シャンク），Ellen L. Usher（エレン・L・アッシャー）

訳：伊藤崇達（九州大学）

　本書の目的は，バリー・ジマーマン（Barry Zimmerman）の自己調整学習理論を詳述することにある。そして，彼の理論が人間の学習やパフォーマンスに関する多様な領域においていかなる展開をみせているかについて述べる。自己調整学習に強く関与した研究者としては，Zimmerman をおいて他にはおらず，遅ればせながら，彼の業績に対する賛辞として，本書は執筆された。過去 25 年以上にわたって，Zimmerman は，自己調整学習の社会的認知理論を構築してきており，自己調整過程がいかに作用するかについて明らかにする研究に取り組んできている。そして，実践者に対しても，子どもの学習や学力の向上を図るべく，理論に基づいたさまざまな指導のあり方について示してきている。Barry Zimmerman は，ニューヨーク市立大学の大学院のセンターにおける大学院修了生を中心に，協働しながら研究を重ね，教育専門職の人たちに対して，自己調整学習の明解な理論と実証的知見，そして，その応用のあり方について指導してきた。

　本章で用いられる自己調整学習（ないし自己調整）は，学習者が目標の達成を目指して，自らの思考，感情，活動を体系的に組織化し方向づける過程のことを意味している。定義に関して，Zimmerman（1986）は，次のようなことを初期の文献の中で述べている。

　　　自己調整学習の理論家たちは，学習者のことを，メタ認知，動機づけ，行動の面で，自らの学習過程に能動的に関与する者として捉えている。メタ認知の面でみると，自己調整学習者は，学習過程のさまざまな段階において，計画を立て，組織化を行い，自己教示や自己モニター，自己評価を行

う者として捉えられる。動機づけの面でみると，自己調整学習者は，自らのことを有能で，自己効力があり，自律的であると認識している。行動の面では，学習を最適なものにする環境を選び，構成し，創造するのが，自己調整学習者ということになる。(p. 308)

　本章では，このような概念化を構成しているさまざまな要素について論じるが，それ自体がこの領域を導くのにふさわしいものであることが明らかにされている。Zimmerman の初期の研究や論文に触発されて，ますます多くの専門家が，自己調整学習研究に注目するようになり，自己調整の原理を教育や学習場面に適用するようになってきている。その結果として，現在，動機づけや学習，パフォーマンスにおいて自己調整過程が担っている重要な役割について，さらに明確に理解できるようになってきた。

　本章の目的は次の2つである。1つは，Zimmerman の考えやモデルを検証した代表的な研究についてふれ，彼の自己調整の理論について論じることである。もう1つは，これらのモデルが教育や学習場面にどのように適用されるかについて述べることである。Zimmerman の理論の文脈が捉えやすいように，まず，行動の視点から自己調整について論じておきたい。行動理論は，自己調整に関する現代の社会的認知理論の背景をなすものである。起源となる自己調整の見方を含めて，Bandura (1977, 1986) の社会的認知理論の重要な原理に関する説明を加えることにする。そのうえで，Zimmerman (2000) の理論について，次の3つの表題のもとで議論を行う。これらは，自己調整学習の次元・段階・水準という当該理論が貢献した3つの主要な領域と対応している。これらに関して，理論，代表的研究，教育と学習への応用について取り上げていくことにする。

理論的背景

　1986年に開催されたアメリカ教育研究学会 (the American Educational Research Asso-ciation: AERA) の年次大会で，Barry Zimmerman は，シンポジ

ウムを企画し，司会を務めた。そのタイトルは「自己調整学習の展開――カギとなる下位プロセスは何か？」というものであった。このシンポジウムは画期的な出来事となり，研究者らの関心を自己調整学習に向けるきっかけとなった。Zimmermanと仲間の研究者がもたらすこととなった大きな転換について，その意義を明らかにするためには，当時の自己調整の理論と研究のありようについて吟味するのがよい。この歴史的見地に立つべく，行動理論のカギとなる考え方について検討する。

行動理論

　長年の間，中心をなしてきた自己調整の行動理論の見方は，Skinner（1953）のオペラント条件づけの理論に由来する。この伝統の中で取り組んできた研究者たちは，多様な場面で，オペラントの原理を子どもや大人に適用して，機能不全の行動を減らし，適応的行動を指導するのに役立ててきた（Mace, Belfiore, & Hutchinson, 2001; Mace, Belfiore, & Shea, 1989）。

　行動理論の視点からすると，自己調整というのは，異なる行動の選択肢の中からある行動を選び取ることであり，即時強化を先延ばしして，遅延強化（通常，こちらのほうが大きな強化）を選ぶことである（Mace et al., 1989）。個人は，次にあげるようなやり方で自己調整を行う。どの行動を調整するかを決定すること，望まれる行動が生起するように弁別刺激を確立すること，必要なときに自己教示を行うこと，そして，成功をもたらすパフォーマンスについて自己モニターすることである。最後の段階には，通常，行動についての入念な自己記録が含まれる。人間は，望まれる行動が生起したら，自己強化を実行している。この枠組みで用いられる3つのカギとなる自己調整過程としては，自己モニタリング，自己教示，自己強化をあげることができる。

自己モニタリング

　自己モニタリングとは，質，量，割合，独創性のように，自らの行動のある側面に意図的な注意を向けることである（Mace & Kratochwill, 1988）。自己モニタリングは，まず必要なステップといえる。それは，自分が行っていることに

自覚的でなければ，自己調整など行うことができないためである。自己モニタリングに付随することが多い自己記録は，行動の生起頻度や持続時間など，比較的単純なものであるかもしれない。例えば，クリステンという人が自分の学習時間をさらに増やしたいと願っている場合，学習に費やしている時間と，どのくらいの頻度で休憩時間をとっているかについて記録をするであろう。休憩時間を減らし，学習時間を増やすという自己調整がなされることになる。これを効果的に行うには，モニターされる行動について，定期的かつ直近のところで自己モニタリングがなされる必要がある。学習時間を増やすには，週に1回ではなく，毎日，モニターする必要があるし，夜にまとめてではなく，休憩をとったらその場で記録する必要がある。不定期で近接しない形での記録は，誤った結果を導くことになる。

自己教示

行動理論は自己教示を重視している。自己教示は，弁別刺激を確立する過程のことであるが，弁別刺激は強化をもたらす自己調整行動のきっかけを与えるものである (Mace et al., 1989)。自己教示には，弁別刺激を生み出す環境を調整することが含まれる。例えば，クリステンが，朝のうちに理科のノートを見直さなければならないとしたら，自分で気づけるようにその効果について記しておき，朝すぐに見えるところに貼っておくかもしれない。また，自己教示には，課題をやり遂げることを目的にして利用する指示リスト（ステップや下位課題）が含まれる。クリステンは，おそらく次のようなノートを見直すときに従うべきステップのリストを作成するであろう。要点を強調するマーカーを入れる，よくわからないところはもう一度書き直す，定期的に中断して要約する，などである。彼女のリストにあるこれらの項目は，ノートを学習する際の行動を導くことになる。

自己強化

自己強化とは，望ましい反応をとることに随伴して，自らに強化子を与える過程のことを指している。これは，将来における類似の反応の確率を高めるものである (Mace et al., 1989)。クリステンは，自らの学習において自己強化の随

伴性を確立するかもしれない。5日間，夜に勉強をし，毎晩，休憩を20分以内にしたとすれば，6日目の晩は休みにするであろう。オペラント条件づけにおいて，強化子はその効力によって定義される。一晩の休みをとる機会が彼女の学習を強化するかどうかは，定期的に強化を得ることができるかどうかにかかっている。もしも一晩に20分以上，休憩がとれると思っていたら，その場合，休みをとる機会は，効果的な強化子とはならない。学習時間を増やすには，彼女にとって何が学習を強化する要因であるかを，確定する必要がある。

　研究者がオペラントの伝統に基づくのか否かにかかわらず，自己モニタリング，自己教示，自己強化が，与えられた課題への取り組みと学業に関するパフォーマンスを向上しうることが明らかにされている。自己モニタリングは，多くの自己調整のモデルにおいてカギとなる構成要素であるが，それ自体で行動を改善する力をもっている（Belfiore & Hornyak, 1998）。Reid, Trout と Schartz（2005）は，注意欠如障害と多動性のある子どもへの自己調整の介入に関する先行研究をレビューしている。多くの研究で，自己モニタリングを単独で行うことと，自己強化との組み合わせで自己モニタリングを行うことが，効果的な介入のカギとなる要因となることが明らかになっている。自己教示は，多くの介入研究で効果的に用いられてきているが，これは，とりわけ，学習障害のある子どもや注意欠如障害の子どもにあてはまる（Kosiewicz, Hallahan, Lloyd, & Graves, 1982）。

批評

　行動への介入法は，機能的な行動を促進する力をもっているのだが，行動理論アプローチにはいくつか問題もある。行動にのみ焦点を当てるため，自己調整のメタ認知や動機づけの側面を無視してしまっている。行動理論では，動機づけの定義として，行動の生起率や持続時間の上昇を用いる傾向がある。しかしながら，これは，信念や感情といった動機づけの認知的・感情的要素を無視するものである。行動への介入法は，与えられた課題に取り組む行動に対して，短期での効果が大きい。一方，博士論文の執筆や学士号の取得にみられるような長期間にわたる活動では，認知的・情動的な自己調整の方法が重要と

なってくる。即時の行動からさらに広範な行動に目を向けていくには，自己調整に対する見方をより精緻なものにする必要がある。

社会的認知理論

　社会的認知理論は，人間の学習の多くが社会的な環境の中で生起するという見方を重視した最新の学習理論である。他者との相互作用を通じて，人は，知識や，スキル，方略，信念，規範，態度を学習する。また，個人は，他者との相互交渉や観察を通じて，行動の適切さや，有用性，帰結について学ぶ。人は，自らの能力に関する信念と，行動の予期される結果に関する信念の両者に一致した形で行動を起こす。

　社会的認知にはいくつかの立場があるが，本章では，Bandura（1977, 1986, 1997, 2001）の社会的認知理論に焦点を当てる。Banduraの理論は，学習，動機づけ，パフォーマンスにおいて，代理的過程，象徴的過程，そして，自己調整の過程の重要性を強調している。これは，Zimmermanの理論と研究が基盤としている理論的枠組みである。

相互作用論

　Banduraの理論の中心となる考え方は，人間の行動は三項相互性の枠組みの中で機能するというものである。これは，個人（認知，信念，スキル，感情など），行動，社会／環境という3つの要因の間の相互規定性を表している。ある個人が，自らの行動の結果をどのように解釈するかによって，その個人の置かれた環境と個人内の要因が形成され，変容が生じることになる。そして，これらの解釈は，その後の行動を形成し，変容させることになる（図1.1）。

　このような相互に影響を及ぼし合う様相は，自己効力感という個人要因によって説明できる。自己効力感とは，一定のレベルで行動を起こさせたり，学習したりできるという自らの能力に関する認知のことをいう（Bandura, 1997）。自己効力感と行動の相互作用について，自己効力感が，課題の選択，努力，持

```
        個人 ←——→ 行動

        個人 ←——→ 社会／環境

    社会／環境 ←——→ 行動
```
図 1.1　社会的認知理論における三項相互性

続性，効果的な方略の使用といった達成行動を規定していることを明らかにしている研究が数多くある（Schunk & Pajares, 2009）。これらの行動は，また，自己効力感に影響を及ぼすことになる。課題に取り組んで，学習が進んでいることがわかると，学習を続けていく自己効力感が高まることになる。

　個人と社会／環境の要因の間の結びつきは，上手に取り組むことができるという自己効力感が低い場合が多い学習障害のある子どもを例にして説明できる（Licht & Kistner, 1986）。環境の中に置かれた個人は，実際の能力よりも，一般的な属性（例えば，スキルの低さ）に基づいて反応するであろう。そして，社会／環境からのフィードバックは，自己効力感に影響を及ぼすことになる。教師が子どもに「あなたなら，これができると思う」と告げると，子どもの自己効力感は高まるかもしれない。

　行動と社会／環境要因の結びつきは，一連の教育実践においてよくみられる。教師が画面を指さして，「ここを見て」と言えば，子どもは，ほとんど意識せずに，これを行う。社会／環境要因が行動を方向づける例である。子どもの行動が，教育環境を変えることもある。教師が質問をし，子どもが間違った答えをすれば，教師は，授業をそのまま続けずに，教材を変更して教え直すであろう。

　社会的認知理論は，人間存在の主体性（エージェンシー）という見方を反映したものである。個人は，自らの成功や成長に能動的に関与するものとして捉えられる（Schunk & Pajares, 2005）。自らの思考や感情，行動を，かなりの程度コントロールできるという信念を人間はもっている。そして，行動の結果やその他の環境からの作用によって，人間は影響を受けるものでもある。しかしながら，人は社会的環境の中で生活しており，この相互に影響を及ぼし合う範囲は，個人を超えたかなり広いものとなる。集団としてのエージェンシーは，集

団として何を成し遂げることができるかという信念を人々が共有している状態を指す。個人の場合と同様に，集団もまた，行動と環境に対して影響を及ぼすし，これらから影響を受けることにもなる。例えば，中（等）学校の数学の教師たちは，集団として，子どもたちの数学の概念理解を深めるために，実践的な活動を多く取り入れようとするかもしれない。これらの活動を計画して実行し，子どもの経験や学習の様子に合わせて，その内容を洗練させていくであろう。

直接的学習と代理的学習

社会的認知理論では，学習は，実際に行うことを通して直接的な形で生じるものと，モデルとして示されたパフォーマンス（例えば，実物，映像，アニメなど；Bandura, 1977）を観察することを通して代理的な形で生じるものがある。直接的学習には，行動の帰結から学ぶことが含まれている。成功した行動は維持される傾向にあり，一方，失敗に終わった行動は，修正されるか，排除されることになる。反応を強める結果を重視する行動理論とは異なり，社会的認知理論は，結果が情報をもたらし，動機づけとなるという主張をしている。結果が，行動の適切さや正確さを知らせてくれるのである。行動に対して報酬が得られた人は，うまく取り組めていると理解する。それに対して，罰は，行動が適切でないことを伝えることになる。人は，望ましい結果が得られるはずだと思う行動を実行に移し，そして，それらを学習するように動機づけられる。罰を受けるはずだと思う行動は，学ぼうとはしない。

人間の学習の多くは，代理的な形でなされるものである。すなわち，学習の時点では実際に行動を起こす必要はない。すべての行動を実行に移さなければならないとしたら，人間はかなり多くのことを学ぶ必要があると考えられる。だが，代理的学習は，これを短期で成し遂げられるようにしてくれる。また，これにより，望ましくない結果から，直接，学ぶ必要がなくなる。安全な方法について読み，観察することで，行動に伴う潜在的な危険を回避できるのである。直接的学習に関して，観察者は，失敗に終わった行動よりも成功をもたらした行動について学習するよう動機づけられる傾向にある。利得をもたらす

であろう行動をうまく実行できているモデルに,人は注意を向ける (Bandura, 1986; Schunk, 1987)。

自己調整過程

　社会的認知理論の視点から自己調整を捉えると,そこには,個人,行動,社会／環境要因間の三項相互性という見方が反映されることになる (Zimmerman, 2000)。学習者は,課題に取り組みつつ,個人要因を自己調整する。例えば,目標設定,進捗状況のモニタリングと評価,学び続けることの自己効力感,自分にとって肯定的な感情がわく雰囲気づくり,などである。学習方略を使用したり,手順について口に出して,あるいは,心の中で唱えたり,進捗状況を自己記録したりすることで,行動の自己反応を行う。必要に応じて他者の手助けを求めたり,生産的な作業環境を整えたりすることで,社会／環境をコントロールすることになる。そして,個人,行動,社会／環境の自己調整の結果は,自己効力感や目標,方略使用,他の自己調整行動に影響を及ぼしていく (Pintrich & Zusho, 2002)。

　初期の社会的認知理論では,自己調整は,自己観察,自己判断,自己反応の三段階で構成されるものと捉えられていた (Bandura, 1986; Kanfer & Gaelick, 1986)。これらの段階は,行動理論の自己モニタリング,自己教示,自己強化の段階と類似したところがあるが,社会的認知理論では,認知と動機づけを重視しているところに大きな違いがある。

　自己観察は,行動の諸側面に深い注意を向けることであり,その頻度や大きさを記録したりすることである。人は,内的な基準や目標を満たすよう,自らの行動を調整する。自己判断とは,目標や基準と現在のパフォーマンスを比較することである。課題に取り組み始める前に,人は,利用する方略と目標を決める。課題に取り組みつつ,目標に対する進捗状況について自らの認知に基づき評価を行い,同じ方略で進めるか,変更するかを決める。自己反応は,自己判断に対する認知的・行動的な反応のことである。人は,経験に基づいて振り返るとき,自分なりの解釈をし,次のステップをどうすべきかについて決める。学習をして成長したと思うことで,自己効力感が高まり,さらに学び続け

ようとする動機づけも高まっていく。

Zimmerman の理論

　1980年代まで，Barry Zimmerman は，社会的認知理論の多くの原理の妥当性を明らかにする研究を行い，出版を重ねてきた（Rosenthal & Zimmerman, 1978）。こうした研究が明らかにしてきた重要なことは，観察学習によって個人が獲得する新しいスキルや方略は，呈示された行動の単なるコピーではなく，観察した内容について観察者なりの応用がそこに反映されているということである。この知見は，人が，目標達成のために行動，認知，環境の自己調整を行うという考え方とうまく適合する。
　自己調整学習の次元・段階・水準という3つの見出しのもと，Zimmerman 理論の考え方やモデルについて概説していきたい。3つの側面には重なりがあるが，個別に論じていくことで，それらの作用の全体像が明確となり，社会的認知理論のさらに大きな枠組みへと統合が可能となるであろう。これらの領域のそれぞれについて，理論について述べ，代表的な研究についてまとめたうえで，学習を含めた具体的な状況に対して，どのように応用されてきたか，また，どのように応用できるのかについて説明をしたい。
　Zimmerman 理論とそこに含まれるさまざまなモデルによって，自己調整に関する伝統的な社会的認知の見方が，より明確なものとなり，拡張されてきた。自己調整の次元について検討がなされ，学習者が実行する主要な自己調整過程が解明されてきた。課題に取り組む最中に生じる自己調整過程ではなく，課題への取り組みの前後の自己調整過程に着目することで，自己調整の段階に関する彼のモデルは，伝統的な見方を広げるものとなった。このモデルはまた，自己調整の循環性を強調するものでもある。これは，Bandura（1986）の個人，行動，社会／環境要因間の相互作用性という枠組みとも対応する。そして，子どもがスキルや方略を形成できるように支援を進めるにあたっては，自己調整の発達に関する Zimmerman のモデルが，理論と実証に基づく有用な枠組みとなる。

表1.1 自己調整学習の次元

次　元	主要な過程
動　機	目　標，自己効力感
方　法	方　略，習慣化されたパフォーマンス
時　間	時間管理
行　動	自己観察，自己判断，自己反応
物理的環境	環境構成
社会的環境	対人ネットワークづくり，選択的な援助要請

自己調整学習の次元

　Zimmerman 理論の重要な貢献は，自己調整学習が単純な現象ではなく，多くの次元からなる複合的な現象であることを示した点にある。これらの次元は，理論と実証において重要である。なぜなら，自己調整過程が，協調しながら機能するいくつかのタイプにより構成されているからであり，また，子どもが自己調整学習者になることを支援する方法を示唆しているからでもある。これらの次元を，主要な自己調整過程とともに，表1.1に示しておく（Zimmerman, 1994, 1998, 2000）。

　学習者による選択が，自己調整学習において不可欠の要素である。1つないしそれ以上の次元で選択ができる程度に応じて，自己調整が可能となる。すべての次元が他者によって調整されているとしたら（例えば，子どもが行うべきことを教師が事細かく決めるなど），その場合，子どもの活動はかなり外的に調整されていることになる。子どもの自己調整スキルを形成するうえで必要なことは，こうしたスキルを教え，自ら適用する機会を与えることである。

動機
　動機の次元は，なぜ人が自己調整学習に取り組むかを問題にする。学習者が自己調整過程を実行しようとするのは，学習において有効だと信じる場合であり，重要な結果が得られる課題に成功できると信じる場合である。このような信念によって，課題への取り組みを始め，動機づけを維持していくことが可能となる。

主要な自己調整過程に目標と自己効力感がある（Zimmerman, 2011）。自己調整学習者は，課題に取り組む前に，学習目標を設定し，必要に応じて下位目標に分割していく。そして，目標を成し遂げる自己効力感を持ち合わせている。課題に取り組みつつ，目標に向けての進み具合をモニターし評価する。向上しつつあるという信念が，動機づけを維持し，自己効力感を高めることになる。自己調整学習者が，向上が不十分だと感じたら，方略を調整し直したり，目標を変更し，援助を求めたりするかもしれない。あるいは，目標達成に向けて他の方法を試みるかもしれない。学習を促せる方法があるはずだと信じる限り（例えば，よりよい方略を用いるなど），自己効力感が低下することはないはずである。

方法

　方法の次元は，自己調整学習がどのようにして生起するかに関するものである。自己調整学習者は，効果があると認める学習方略と手続きを選び，実行する。スキルが身につくにつれて，方略の選択と実行が習慣化されてくる。この次元に含まれる自己調整過程としては，学習方略の選択と利用，習慣化されたパフォーマンスの実行があげられる。自己調整学習者は，方略のレパートリーをもっていて，課題や状況に応じて効果的だと考える方略を選んで用いる。情報処理理論の伝統に立って検証を進めてきている研究者は，リハーサル，精緻化，組織化，理解のモニタリング，感情の知覚など，さまざまな方略の存在を明らかにしてきている（Weinstein & Mayer, 1986; Winne, 2001, 2011）。スキルを身につけていくにつれ，方略の遂行が自動的になされ，習慣化されたパフォーマンスにつながっていく可能性がある。効果的な方略を理解し，適用できると考えている学習者は，自己効力感もあり，学習への動機づけもある。方略が，目標に向けて望ましい進展をもたらすものでない場合は，さらに効果があると感じている別の方略に切り替えていこうとするであろう。

時間

　第三の次元は，時間である。自己調整学習者は，いつ課題に取り組むか，どのくらいの時間をかけて取り組むかを決める。主要な自己調整過程は，時間管

理である。自己調整学習者は，効果的に活用できるように時間の計画を立て，モニターを行う。特定の課題は，他の課題よりも認知的な努力と動機づけを必要とすることを理解しているので，気力があふれているときに取り組めるようスケジュールを立てる。また，制限があるとわかれば，効果的になりうると判断した時間量で，課題に取り組むよう計画を立てる。課題に取り組みながら，動機づけを維持し，娯楽は先延ばしすることになる。

行動

行動の次元は，学習者が求める能力のレベルと結果のレベルのことである。高いレベルのスキルの獲得を目指す場合と比べて，結果がなじみのあるものである場合，その課題に時間をかけることはないであろう。行動上の結果は，次のようなことを要求する。学習者は，それにふさわしい目標を立てなければならず，望ましい結果が得られたかどうかを明らかにするために，パフォーマンスをモニターし評価しなければならない。

主要な自己調整過程は，すでに論じてきた自己観察，自己判断，自己反応である。自己調整学習者は，パフォーマンスを観察し，目標に向けての進み具合を判断し，現在のやり方を続けるか，効果的であろうと考える別の方法に変更するかといった自己反応を示すことになる。

物理的環境

この次元は，個人がどこで学習しているか，すなわち，物理的環境とその構成要素を指す。自己調整学習者は，環境面で感受性が高く，多くの資源をもっている。気を散らすものを少なくし，成功しやすい生産的な学習環境を創り出す。自己調整過程は，場面とその構成要素を選び取るなど，環境構成と関わりがある。自己調整学習者は，快適に学習ができていると感じる環境を選択する。そして，課題に必要となるであろう教材や装置を集めてくる。妨害となるもの（例えば，騒音，電子機器など）を排除し，環境を最適な状態にし，もしその環境が学習を促進するものではないとわかったら，新しい場所を見つけたり，問題の改善（例えば，ヘッドフォンの使用）を試みたりするであろう。

社会的環境

　社会的環境の次元は，自己調整学習者が，誰と課題に取り組むかということと関わっている。自己調整学習者は，誰と学ぶか，誰から学ぶかを決めるにあたって，有力な教師，コーチ，パートナーを選択する。社会面で感受性が高く，多くの資源ももっている，目標達成に必要なスキルが学べるお手本となるような人物を探し出す。仲間とともに学習する状況で，適切なやりとりによって学習が円滑に進むパートナーを見つけるのである。

　この次元に関する重要な自己調整過程としては，対人ネットワークづくりと選択的な援助要請があげられる。自己調整学習者は，同じ志向性をもつ仲間で構成される強固な対人ネットワークを形成する。課題の要求に対して敏感で，学習目標に対応したモデルやパートナーを選び出す。貧弱な社会的環境を選んでしまう人は，学習がうまくいかず，自己効力感も低下することになる。

代表的な研究

　自己調整学習の次元について検証してきた研究者は，通常，次のようなことを明らかにすることを目的としている。すなわち，学習中に子どもが実行する自己調整過程がどのようなもので，発達と学習が進むにつれ，どのように変化するか，さまざまな種類の内容と文脈においてもっとも有効なものはどれであるか，についてである。研究によって，これらのことが明らかにされ，これらの次元の妥当性が支持され，発達と文脈における重要な規定因が示されてきている。

　代表的な研究に Zimmerman と Martinez-Pons (1986) によるものがある。この研究では，高校生にインタビューが行われ，授業場面や他の学習場面での自己調整学習方略の利用について明らかにされている。6つの異なる学習の文脈をおさえたシナリオが，研究者によって子どもたちに呈示された。それは，教室，家庭，授業外で文章にまとめる課題に取り組む場面，授業外での数学の課題に取り組む場面，試験の準備をして受ける場面，やる気になれない場面の6つである。それぞれの文脈において，授業に参加したり，学習したり，課題を仕上げたりする際に用いている方法について，子どもたちは明らかにしていった。

こうした子どもの反応に対して，コード化がなされ，カテゴリとしてまとめられた。結果として，次にあげるような多様な方法がとられていることが明らかとなった。自己評価，体制化，目標設定，情報探索，モニタリング，環境構成，他者への支援の要請（仲間，教師，他の大人），見直し（テスト，教科書，ノート），リハーサルなどである。子どもの反応には，Zimmerman（1994，1998）が明らかにした次元のいくつかが反映された。この研究はまた，低学力と高学力のグループの子どもが比較されている。低学力のグループに対して，高学力のグループのほうは，特定された方略の14のカテゴリのうち13の方略について多く使用していると報告した。グループの間でもっとも違いの大きかったカテゴリは，情報探索，記録をとること，モニタリング，体制化と変換であった。

これに続く研究（Zimmerman & Martinez-Pons, 1988）で，自己調整スキルの子どもによる自己報告と教師による評定の間に強い相関（$r=0.70$）がみられることが明らかとなり，14のカテゴリの妥当性がさらに確かめられた。数学と英語の標準化されたテスト得点と教師評定についての因子分析結果から，説明される分散のうち80％を占める自己調整学習因子の存在が明らかとなった。これらの結果により，自己調整学習という構成概念の弁別的妥当性と収束的妥当性が示された。

応用

自己調整の次元に関する理論と研究が，指導と学習に対して示唆をもたらしてきた。子どもによる自己調整スキルの形成を支援するにあたって教師にできることは，1つ以上の次元を選択し，効果的な方略を指導することであり，また，学習を促進する方略を子どもが身につけ，利用できるようになるよう，適した条件を整えてやることである。例えば，時間管理に関して，教師は，1週間の記録を子どもに書きとめさせ，授業以外でどのくらいの時間を費やしているのかについて，気づかせるようなことができる。子どもは，その記録を授業に持参して，話し合いをして，時間管理の改善について提案を受け入れる。方法の次元についていえば，教師は，子どもにさまざまな方略を指導し，課題によってどのように使い分けていけばよいかを示すことができる。教師が子どもに課題を与える際に，課題で用いた方略を書きとめるように指示し，方略がど

のくらい効果的であったかについて評価させるとよい。学習がはかどるような物理的環境を子どもが整えられるように，気を散らす可能性のあるものはリストにさせ，これらを排除したり最小限にしたりする方法について話し合いをさせるとよい。

　必須のこととして，子どもには，自己調整過程を実行する機会を与えなければならない。このため，教師は課題を調整しすぎてはいけない。自己調整スキルを子どもが実行するには，何らかの自己選択の機会が必要である。さらに，最適な自己調整方略は，個人によってそれぞれ異なる。したがって，課題を設けるにあたって，教師には柔軟性が求められるであろう。例えば，教師が子どもに本読みの課題を与え，レポートを書かせるようなことがある。教師が，子どもにレポートの中でおさえてほしいと考える特定の要素というもの（例えば，背景やテーマなど）があるかもしれない。しかしながら，子どもに自己調整スキルを身につけてもらうには，何らかの選択肢を与える必要がある。すなわち，子どもに本を選ばせる，いつ，どこで読み，レポートを書くかを決めさせる，レポートの中に含める別の要素を考えさせるといった対応がありうる。レポートの代わりに口頭での発表を求めるのであれば，利用する視聴覚資料や形式を子どもに選ばせてもよい。

要約

　Zimmermanは，モデルの中で自己調整学習を多次元からなるものと捉えており，実践家が介入を目指すにあたって有用な出発点を提供している。次にあげるような働きかけによって，教師や親は支援することができる。学習者にある程度の選択肢を与えて，自らの学習の主体者（エージェント）になれるよう誘うこと。多様な自己調整の方法を試してもっとも効果のある方法を習慣にできるよう学習者を励ますこと。決められた時間枠の中で，目標達成を可能とする適切な行動が理解できるよう，学習者を支援すること。計画が実行できる最適な物理的環境と社会的環境を学習者に選択させること。これらの次元と次元に含まれる自己調整過程において変化が起これば，学習と（人生の）帰結に対して大きな転換をもたらすことになる。

自己調整学習の段階

　自己調整学習の次元が，Zimmerman 理論のきわめて重要な側面を構成している。というのは，人間が何を調整しているのかということを明確に示してくれているからである。具体的には，動機，方法，時間，結果，物理的環境，社会的環境の次元が示されている。これらの次元は，自己調整の複雑さを描出しており，外に現れる行動に焦点が当てられる限定された行動理論の射程を超えて拡張が図られている。こうした次元は重要ではあるが，自己調整が生起するプロセスを解明するものではない。社会的認知理論が重視しているのは，個人，行動，社会／環境の要因の間の相互作用である（Bandura, 1986; Zimmerman, 2000, 2001）。これらの要因は，通常，学習とともに変容し，モニターされなければならないため，Zimmerman（2000）は，自己調整を循環的過程として捉えるモデルを発展させ，この理論的枠組みをより強固なものにしている。そうしたモニタリングは，個人の認知，行動，感情の変容をもたらすことになる。この力動的な特質は，予見，遂行／意思コントロール，自己省察という自己調整学習の段階を強調した Zimmerman 理論によって適確に捉えられている（Zimmerman, 1998, 2000；図1.2を参照）。この概念化はまた，自己調整に関する古典的な社会的認知理論の見方を広げるものでもある。これは，課題へのエンゲージメント（課題への没頭）の前・中・後という3つの時点で実行される自己調整過程を扱うもので，まさに，課題へのエンゲージメントに迫ろうとするものである。

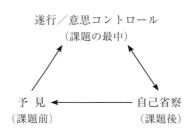

図 1.2　自己調整学習の段階

予見

　予見の段階は，実際の遂行に先行するものであり，行動の準備を整える過程を含んでいる。予見には，課題の分析と動機づけ信念が含まれる（Zimmerman, 2000, 2008a）。課題を始める前に，特定の学習成果に関する目標を設定する。これらは，採用するステップや手続きを焦点とする過程目標であるかもしれず，あるいは，期待される遂行結果，すなわち，結果目標であるかもしれない。学習者はまた，学習を促進するのに最初に用いる方略や手続きをどうするかを決するべく，方略的なプランニングに従事する。

　動機づけ信念もまた，中心的な役割を果たしている。学習者は，学習について最初の自己効力感を抱いて課題に取り組んでいき，続いて，課題へのエンゲージメントにおける努力や粘りに影響を及ぼしていく（Schunk & Pajares, 2009）。学習者は，結果期待を抱く。これは，行動の期待される結果に関する信念である。課題へのエンゲージメントが望ましい結果をもたらすかどうかに関して疑問を抱いている学習者と比べて，方略や手続きを用いれば望ましい結果（例えば，学習や理解）をもたらされるはずだと信じている者のほうが，課題に打ち込む動機づけが高まるであろう。価値，すなわち，個人として学習を重視しているかどうかも大切なことである。結果に価値を置かない者よりも，期待される結果に価値を置く者のほうが，より活動に従事するよう動機づけられる（Wigfield & Eccles, 2002）。最後に，目標志向性，すなわち，学ぶことの理由づけが重要である。目標志向性は，さまざまな形で説明がなされているが，共通した区分としては，マスタリーとパフォーマンスである。マスタリー目標志向性をもつ学習者は，スキルに習熟することが重要であり，それを望んでいるため，課題に打ち込もうとする。パフォーマンス目標をもつ学習者は，現実的な結果のほうに関心があり，過程には関心がない。目標志向性を扱う研究者らによって，マスタリー目標志向性と課題への動機づけに関するさまざまな指標との間に正の関連がみられることが明らかにされている（Elliot, 2005; Maehr & Zusho, 2009）。

遂行／意思コントロール

　自己調整サイクルのこの段階は，課題へのエンゲージメントの最中に生じる

ものである。自己コントロールと自己観察という2つの主要な過程が生起する(Zimmerman, 2000)。自己教示，注意集中，課題解決方略の適用などの自己コントロール過程によって，学習者の動機づけが高められ，課題に専念し続けることになる。自己観察を行う際，学習者は，遂行と結果の諸側面に注目する。観察を誤解したり曲解したりする者は，パフォーマンスの向上に困難を示す可能性があるため，正確な観察がなされる必要がある。

　Zimmerman, Bonner と Kovach（1996）は，自己観察の技法として自己記録の利用を提案している。自己記録は，課題の遂行にあたって直近のタイミングで実施したときに，観察が正確になり，有益なものとなる可能性が高くなる。子どもが自分の学習時間の開始と終了時点を記録してみると，想像していたものよりかなり少ないことを知って驚くかもしれない。学習者が課題に対して十分に専念できていれば，こうした自己記録は，課題の遂行が向上していることを教えてくれるはずである。

自己省察

　課題への取り組みを中断したり，完了したりしたときに，自己省察の期間が生起する（Zimmerman, 2011）。自己判断と自己反応が，2つの重要な自己省察過程である。自己判断とは，自らのパフォーマンスについて自己評価を行うことや原因帰属（結果の原因についての認知）を行うことを表している。学習者は，達成度を明らかにするために，目標と現在の自らの遂行とを比較する。自分は達成しつつあるという信念が，自己効力感や動機づけをより強固なものにする(Schunk & Pajares, 2009)。自らの達成に対する帰属のあり方も重要になる。例えば，方略の使用や努力によってうまく取り組めていると原因帰属する学習者は，このまま続けていけるという自己効力感も高い傾向にある。一方，自ら統制できない要因（例えば，運や教師からの援助）に結果の原因を帰属する学習者は，同じようなレベルの自己効力感を抱くことはないはずである。

　学習者は，判断したことに対してさまざまな形で反応をするであろう。望ましい成果が得られていると認められれば，自己満足感とともに，継続する動機づけも高まりやすい。達成が不十分だと認識すれば，自己不満足感が喚起されるかもしれない。そこで，改善を図るために支援を求めたり，方略を変更

したりする。しかしながら，もしも学習者が自分は向上しうると信じているならば，自己不満足感は，必ずしも自己効力感を低めるものとはならない。例えば，望ましい成果が得られなかったのは方略がまずかったからだと原因帰属すれば，さらに効果があると考える方略に変更していくであろう。学習者は，自らの評価に基づき，課題に取り組み続けるかもしれず，あるいは，新たな方略を計画するために，予見の段階に再び入っていくかもしれない。こうしたことから，Zimmermanのモデルの力動的な特質は，自己省察の段階においても明らかなものといえる。

代表的な研究

自己調整学習の段階に関する研究では，通例，個人，行動，社会／環境の各要因がそれぞれの段階で，どのような変化を示すか，また，指導上ないし実験上の要因によっていかなる影響を受けるかについて検討がなされている。この側面の代表的な研究としては，Schunk (1996)，Schunk と Ertmer (1999) のものがあげられる。

Schunk (1996) は2つのプロジェクトの中で，子どもたちに分数の解決方略の解説と実演を行い，自分でも実践してみる機会を提供している。予見の段階で，分数の解決方略を学ぶ自己効力感があるかどうかについて判断を求めている。遂行コントロールの段階では，過程目標条件（問題の解き方を学ぶ）ないし結果目標条件（問題を解く）のいずれかのもとで，指導を受けた。第一のプロジェクトでは，各目標条件の半数の子どもが，自己省察の段階で，問題解決の能力の自己評価に，毎日，取り組んだ。自己評価のない結果目標条件の子どもたちと比べると，次の3つの目標条件，自己評価のある結果目標，自己評価のある過程目標，自己評価のない過程目標条件の子どもたちのほうが，自己効力感，自己調整の動機づけ，成績が優れており，また，マスタリー志向（独自に学習課題をマスターしたいと望むこと）が強く，パフォーマンス志向（教師を喜ばせて，問題を回避するために頑張ろうと思うこと）が弱かった。第二のプロジェクトでは，指導プログラムの中で，すべての子どもたちが，1度だけ，自らの学習の達成度について自己評価を行った。自己省察の段階で高い頻度で自己評価を行わない場合に，自己評価が結果目標よりも過程目標のほうを補完すること

となり，自己効力感や自己調整学習に対して望ましい効果をもたらすのであろう。

　Schunk と Ertmer（1999）は，大学生を対象に，コンピュータのアプリケーションであるハイパーカード〔訳注：カード型のデータベースシステムであり，ハイパーテキストを実装した商用ソフトウェアのこと〕の学習について検討を行っている。ハイパーカードに関する自己効力感と達成度について調べられ，コンピュータのスキルを学びつつ，さまざまな方略をどのくらい適切かつ頻繁に実行できたかについて検討が行われた。これらの方略は，Zimmerman（1994, 1998）の 5 つの次元である，動機，方法，遂行結果，社会的資源，環境上の資源をおさえたものであった。対象者は過程目標と結果目標，自己評価の有無の 4 条件のうちの 1 つに割り当てられた。3 つのセッションのそれぞれの開始時点で，過程目標の学生は，ハイパーカードに関するさまざまな課題に取り組むにあたって，単元の目的に対応した学習目標が伝えられた。一方，結果目標の学生は，最善を尽くすよう助言を受けた。第二セッションの終わりの時点で，自己評価条件に割り当てられた学生は，スキルの獲得の達成度について自己評価を行った。

　自己評価のあり／なしにかかわらず過程目標をもつことが，自己評価のない結果目標と比べると，高い自己効力感，高い方略使用の頻度と能力をもたらした。自己評価のある過程目標は，自己評価のない過程目標や自己評価のある結果目標と比べると，高い自己効力感をもたらした。自己評価を行った条件のうち，結果目標よりも過程目標の学生のほうが，学習の達成度が高かったと判断した。これらの結果は，Schunk（1996）の知見を確証するものであり，自己省察の段階で頻繁に自己評価に従事せず，遂行コントロールの段階では過程目標を追求することで，自己効力感や自己調整に対してより大きな効果をもたらしうるということを示していた。

　さらに，3 つの段階の個人差に関する実証もなされている。例えば，DiBenedetto と Zimmerman（2010）は，高校生を対象に，理科の学力が高い者，平均的な者，低い者の自己調整過程について調べている。平均ないし低い学力の生徒に比べて，高い学力の生徒のほうが，3 つの段階のそれぞれで自己調整過程を実行しており，学習時間が長く，高い成績を収めていた。

応用

　自己調整学習の循環的な特質が示唆していることは，教育者は，自己調整スキルを指導するにあたって，遂行コントロールの段階に限定して行うべきではないということである。むしろ，課題へのエンゲージメントの前・中・後の時点で学習者の自己調整過程に関わっていく必要がある。

　自己調整の向上を意図した介入は，このような過程をさまざまに組み合わせていくことで焦点化がなされる。有用な出発点としては，予見の段階の目標設定や方略選択があげられる。課題を始める前に，どのくらいの時間を費やし，どの方略を使用するつもりであるかについて，目標が設定できるような指導を行う。課題に従事しつつ，方略を注意深く適用したり，進み具合を観察したりすることで，自らの遂行の自己コントロールを指導することもできる。この段階の場合，自己記録を合わせて実施することもできる。自己省察の期間に自己効力感や目標の達成度を自己評価することもきわめて有用である。なぜなら，多くの場合，このような自己評価を行う習慣が子どもたちにはないからである。現在の方略が，望ましい遂行レベルを達成できていないのなら，教師が子どもを支援して，どうしたらよいか，子どもに決めさせるとよい。

　3つの段階のすべてに注意を向けることが大事であると強調しておきたい。子ども——とりわけ注意に問題のある子どもや学習障害のある子ども——は，目標を立てたり，どの方略を利用するかを決めたりすること，すなわち，学ぶ過程に対する十分な予見をもたないまま，いきなり遂行の段階に入っていくことがよくある。また，遂行の途中で立ち止まり，自己省察を実践するということがあまりみられないかもしれない。課題の達成度を評価すること，進め方を変更するのか，あるいは，そのまま続けるのかを決断すること，学習に関する自己効力感を判断すること，といった，実践があまりなされていない傾向にある。教師が，生徒に，開始前の予見のプランニングに取り組ませたり，定期的に立ち止まって自己省察をさせたり，といったように，これらの3つの段階は，一連の指導の流れの中に組み入れることが可能である。

要約

　Zimmermanと共同研究者らの学術的な検討から明らかなように，課題

遂行の際に生じる自己調整は，重要なことであるにもかかわらず，望ましい成果が確実に得られるようにするには不十分なものといわざるをえない。Zimmerman の自己調整の段階が示していることは，課題を学習する前・中・後の3つの時点において自己調整過程を実行することで，学習やパフォーマンスをいかに適切なものにすることができるか，ということである。実践家がなすべきことは，スキル獲得やパフォーマンスのそれぞれの段階で，多面的な自己調整過程に学習者が関与できるような仕掛けを指導の中に組み入れることである。見過ごされることの多い予見や自己省察に特に注意を払うことが，学習者にとって有益であろう。

自己調整学習の水準

Zimmerman 理論の第三の主要な構成要素として，自己調整スキルの発達過程が検討されている。この側面は，系統的な指導と実践を重視したもので，観察，模倣，自己コントロール，自己調整の水準からなる（Zimmerman, 2000）。このモデルが示しているのは，自己調整スキルの発達が，社会的（外的）資源から出発し，4つの水準をたどりつつ，自己（内的）資源へと変遷していくというものである（Schunk & Zimmerman, 1997; Zimmerman, 2000; Zimmerman & Schunk, 2004；表 1.2）。

観察

最初の観察レベルで，学習者は，手本を示してもらったりコーチを受けたりして，社会的資源から――まだ自分で遂行することはできないが――基本的な

表 1.2　自己調整の発達の水準

水　準	主要な過程
観　察	モデルの観察，基本的な認知的理解
模　倣	直接指導，フィードバックや励ましによるスキルの洗練
自己コントロール	自らの力による実践，スキルの内在化
自己調整状態	変容する自己動機づけに応じたスキルや方略の調整

スキルと方略を身につける。この水準は，観察学習の社会的認知という視点が大きく強調されたものとなっている。現実モデルや象徴モデル（例えば，テレビやコンピュータによるもの）を観察することで，学習者は，スキルの認知的な表象を形成し，基本的な理解を得ることとなる。

模倣

　模倣レベルで，練習をし，フォードバックや励ましを受けつつ，学習者のパフォーマンスは，モデルの全般的な形式とかなり近いものとなり始める。模倣レベルは，基本的にパフォーマンスに基づくもので，観察者は，観察を通じて学習したことを実践することを試みる。2つのレベルの主な違いは，観察レベルでは，指導や観察を通じて代理的な形で学習が起こるが，模倣レベルでは，初歩的な形ではあるが，学習者が実際に行動を起こすことができるという点にある。学習者は，現実モデルか象徴モデルを観察する必要があるため，どちらの資源も，本来，社会的なものである。（後述する）内在化が始まるが，スキルや方略を実行するうえで外的な支援を要するため，学習そのものはいまだ内在化されていない（Schunk, 1999）。

自己コントロール

　第三の水準——自己コントロール——になると，類似の課題あるいは関連のある課題に取り組む際，自らの力でスキルや方略を利用できるようになる。この水準にある学習者は，家庭学習や仲間との学習など，学習場面を超えて実行することができる。学習者は，依然として，手本となる行動のモデリングを実践している状況ではあるが，内在化は生じている。しかしながら，特定の場面で必要となる適用がなされるよう，パフォーマンスを内的に修正していく能力を形成しなければならない。

自己調整

　さらに高い水準の機能は，自己調整レベルで経験される。変化する個人や文脈条件のもと，首尾よく取り組んでいくにはどんな変更が必要かを理解しており，スキルや方略を柔軟に適用していくことができる。この段階では，スキル

や方略を内在化しているので，方略の利用を自ら開始し，文脈に合わせて調整を行い，目標とその達成度，自己効力感を通じて動機づけを維持していくことができる（Zimmerman, 2000）。

内在化

このような社会から自己へ（外的な方向から内的な方向へ）の進展において，内在化はきわめて重要な構成要素である（Schunk, 1999; Schunk & Zimmerman, 1997; Zimmerman & Schunk, 2004）。主として他者の統制下にある，内在化されていない行動とは異なり，学習者の自己調整による統制のもとで，知識やスキルは内在化される。内在化がなくても学習は生起するが（例えば，すべきことを人に告げられるような場合），当初の学習場面を超えて，長期にわたって自己調整スキルが向上していくには，内在化が不可欠である。

観察と模倣レベルの学習者において内在化が始まるが，自己コントロールのレベルに移行するにつれてさらにそれは進み，自己調整レベルに至って確立するようになる。内在化によって，個人（自己）が影響の主体となり，自己調整という方法で，動機づけと学習の維持が可能になる。自己が影響の主体となるために重要なものとしては，目標の設定，達成度の自己評価，方略，自己修正フィードバック，自己効力感などがある。

先行研究によって，自己効力感が，学習や動機づけ，成績に影響を及ぼすことが明らかにされており，その役割はきわめて大きいものといえる（Schunk & Pajares, 2009; Usher & Pajares, 2008）。Bandura（1986）は，遂行の達成，代理的（遂行を伴わない）経験，社会的説得，生理的指標（例えば，心拍数）から自己効力感を見積もるための情報を得ていると主張している。遂行の達成は，何ができるかということをそのまま示しているので，もっとも信頼のおける情報源といえる。継続を図るには，他の情報源によって高められた自己効力感を，個人での遂行による成功によって，さらに確かなものとする必要がある。例えば，観察レベル（代理経験）で，課題に取り組んでいるモデルを観察することで，学習者の自己効力感や動機づけが向上する可能性があるが，これをさらに継続するためには，遂行に成功していくことが求められる。内在化されたスキルは，自己効力感をより強固なものとする。なぜなら，さまざまな文脈におい

て，自立して（自己コントロールと自己調整のレベルで）遂行が可能となるからである（Schunk, 1999）。

代表的な研究

自己調整学習の水準に関する研究では，子どものスキルの形成を支援する介入がなされることが多い。このような介入は，指導と実践，フィードバックで構成され，学習者の水準の移行を意図している。研究者らは，多くの場合，さまざまな水準での主要な自己調整過程を明確にしており，そして，学習者の達成を支援する効果的な方法を採用している。

大学生を対象にした研究で，観察と模倣レベルに働きかけて，作文の見直し方略の獲得を促したものがある（Zimmerman & Kitsantas, 2002）。観察レベルにおいて，参加者は，実験者がいくつかの練習課題に対して方略を適用する様子を観察している。練習課題には，それぞれ6から10の核文（もっとも基本的な構造の文）が含まれており，これらを組み合わせて繰り返しのない文章にする必要があった。観察のレベルは，実験条件に応じて，参加者によって異なっていた。一つの条件では，マスタリーモデル，すなわち，すべての課題で見直し方略を手際よく実践していくモデルを観察した。もう一つの条件が観察したのは，コーピングモデルであり，はじめのうちは間違いもするが，徐々に修正がなされていき，最終的にはマスタリーモデルと同じ地点にまで改善がなされることとなる。模倣レベルは，参加者自身で，見直しの練習課題において方略を適用することと定義された。実験条件に応じて，さらに次のような条件が設定された。3つのモデリング条件のそれぞれの参加者の一部が，見直しをしながら励ましとフィードバックを受け，他方の参加者は，これらを一切受けなかった。

マスタリーモデルに比べて，コーピングモデルを観察して学習した学生のほうが，大きな効果がみられるであろう。というのは，参加者は，コーピングモデルのほうを自分と同等の能力を有する者であると捉えやすく，そのため，観察者の自己効力感も高まる可能性があるからである（Schunk & Pajares, 2009）。励ましとフィードバックは，模倣レベルでの学習者によるスキル獲得とその洗練を支援していくうえで，きわめて重要な要因であると仮定されている。マス

タリーモデルに比べて，コーピングモデルを観察した場合のほうが，自己調整の発達と作文スキルの大きな向上がみられ，マスタリー条件の学生は，モデルなし条件の学生よりも遂行成績が優れていた。フィードバックを提供することは，すべてのモデリング条件において学習者を支援する効果があった。

　ZimmermanとKitsantas（1997）は，高校生を対象にダーツ投げを取り上げて，自己コントロールから自己調整レベルへの変遷について検討を行っている。課題について説明を受け，その実演を見た後（観察レベル），参加者はダーツ投げの実践を行った（模倣レベル）。参加者の一部は，行動を適切に実践するという過程目標を受け，他方の参加者は，一定の得点を得るという結果目標を受けた。自己コントロールのレベルは，指示された方略を用いてダーツを一貫して投げることとして定義された。この時点で，参加者の一部は，過程目標から結果目標へ移行するよう求められた。この移行は，参加者自身で方略を適用して望ましい得点を得なければならず，自己調整を促進するよう計画された。自己調整レベルは，特定の方略に従うことから脱して，自らの力で方略を適用する状態に移行することとして，操作的に定義された。

　研究の結果から，過程から結果への移行が，過程目標のみを追求していた参加者に比べて，高い自己調整，自己効力感，成績をもたらした。過程目標のみの参加者は，結果目標を追求した参加者よりも成績が優れていた。この研究ではまた，スキルの獲得と自己効力感の向上を図るため，自己記録（結果のスコアを書きとめること）を行った。

応用

　自己調整の発達の段階は，通常の指導の流れの中での行動にかなり対応している。一般的に，教師は，スキルの説明をして，実演をし（観察レベル），それから，ガイドしながら実践をさせる（模倣レベル）。自立して実践すること（自己コントロールのレベル）——例えば，宿題を仕上げること——で，さらにスキルを形成する助けとする。0（ゼロ）を含む数字からの引き算（例えば，100−57）を子どもに教える場合，クラスの子ども全体に問題の解き方を説明し，実演をした後で，ガイダンスを与えつつ，自分で取り組ませてみるであろう。それから，子どもが独力で自習課題に取り組めるようになったら，宿題の問題を何問

か与えることになる。自己調整のレベルに達するには，条件の変化に応じて，スキルを調整し，洗練させなければならない。宿題として，さまざまな形式の引き算の問題，例えば，異なる位置に0（ゼロ）が含まれているような問題（6002－2379のように）を含めることができる。

　段階の見方は，個別の指導においても有用である。例えば，教師は，作文の一貫性と明瞭性を改善するよう，子どもに働きかけることができるであろう。はじめに，子どもが書いた文章をもとに，見直しのスキルを教師が実演して手本を示し（観察），その後，教師によるガイドのもと，子ども自身で見直しをする（模倣）。そして，学校以外で文章の見直しを実践して，教師に提出してフィードバックを求めることができる（自己コントロール）。子どもが，見直し方略を別の異なる課題にも適用して，教師が想定したことや内容とは異なっていても，それに応じた調整がなされれば，自己調整のレベルに達したことになりうる。

　自己調整のスキルの発達の水準は，指導において，説明と手本の実演を重視している。自己指導の場合のように，自己調整スキルを独力で獲得することも可能である。学習者は，実行して成功経験を重ね始めるにつれて，当初の自己効力感がより確かなものとなり，学び続ける動機づけが高まっていく。しかしながら，この状況は，観察学習の効力を利用したものではない（Bandura, 1986; Zimmerman, 2000）。加えて，自己効力感を高め，課題に従事する動機づけまでも向上させるという，代理的経験の要因が果たす役割が十分には機能していない。

要約

　個人が自己調整学習者になるためには，まず，他者の観察を行い，徐々に自己調整のレパートリーを内在化していく必要がある。そして，社会的モデルにふれつつ，同時にフィードバックと支援を受けながら，獲得した方略やスキルを実行に移していく。次の水準の自己調整過程では，新たに学習したスキルを自立して実行し，自己コントロールを行使していく。さらに，時間の経過とともに，学習者は，柔軟な自己調整者となっていき，異なった文脈にも方略を適用することができるようになり，新たな要求や変化する条件に応じて，調整す

ることも可能になる。適切な自己調整のスキルを学習者が内在化している限りにおいて，他者による介入がなくても，さまざまな課題に立ち向かっていこうとする意欲と能力を備えていくことになる。

将来の研究の方向性

　本書の別の章とこの章において，Barry Zimmerman の理論と研究が，自己調整学習過程に関する見方を拡張してきていること，そして，自己調整学習とは何か，どのように作用するか，いかに変化するか，指導は自己調整学習にどのような影響を及ぼしうるか，について示している。この理論と研究知見に基づき，将来の研究における有望な領域として，動機づけと感情，オンライン学習，文化の3つをあげておきたい。

動機づけと感情

　初期の行動理論の見方に対して，Zimmerman 理論で大きな進展がみられるのは，行動のみならず，認知，メタ認知，動機づけ，感情の各要因を重視している点にある。ほとんどの自己調整学習研究では，学習者による自己指導と学習方略の行使など，行動，認知，メタ認知の各変数に焦点が当てられてきた。
　幸いなことに，こうした状況は変わりつつある。Zimmerman（2008a, 2011）は，自身の研究で，動機づけと感情の要因を検討しており，目標，自己効力感，帰属，そして，学習においてポジティヴ感情のある雰囲気がいかに形成されるかについて調べている。だが，今後，さらなる研究が求められることはいうまでもない。
　自己調整学習における動機づけと感情の役割について検討を試みている研究には，大きく2つの流れがある。1つの流れは，これらの要因が自己調整学習にどのような影響をもたらし，そして，達成した結果によってどのような影響を受けるのかについて明らかにしようとするものである。動機づけと感情が自己調整学習に影響を及ぼし，反対に，影響を受けることについて，優れた実

証がある (Schunk & Zimmerman, 2008)。例えば，学習に関して当初に抱く自己効力感が，課題への動機づけと自己調整過程の適用を促すこととなる。スキルが向上していると学習者が実感するにつれて，さらに継続して学習しようとする動機づけと自己効力感が高まっていくこととなる (Joo, Bong, & Choi, 2000; Schunk & Pajares, 2009; Usher & Pajares, 2008)。

　自己調整学習に対する自己効力感もまた，学業達成と関連がある。自分には自己調整方略を利用する能力があるという，より強固な信念を抱いている子どものほうが，そうした能力に疑念を抱いている子どもよりも，高い成果を上げている (Usher & Pajares, 2006, 2008)。将来の研究の方向性としては，多様な学習の文脈において，自己調整学習，動機づけ，感情の関係性について，さらに解明していく必要がある。

　もう1つの研究の流れは，動機づけと感情の自己調整のあり方そのものを検証しようとするものである。動機づけ要因や感情要因の自己調整について学習できるということが，研究によって示されている (Boekaerts, 2011; Wolters, 2003; Zimmerman, 2011)。自己調整学習の行動，認知，メタ認知の側面と，動機づけや感情がどのようにして統合されているのか，この複雑なあり方について，今後さらに研究を進める必要がある。

オンライン学習

　ここ数年来，すべての教育段階において，オンラインや遠隔による授業科目の数が増え続けている。伝統的な対面での授業科目においても，日常的に，オンラインでの学習が取り入れられてきている。テクノロジーの進展によってオンラインでの指導にアクセスしやすくなり，価格が手ごろなものになっていくにつれ，こうした流れは，将来，さらに加速することになるはずである。

　自己調整学習は，すべての状況において重要であるが，外的な調整が少ない場合に，とりわけ重要になると考えられる。教師や仲間が学習者に対して即座に影響を与えうる伝統的な対面での授業と比べると，オンラインでの学習には，高いレベルの動機づけ，持続性，自己調整行動が求められる。コンピュータに基づく学習環境が，自己調整スキルの育成に資することと，このようなス

キルを用いていくことで，成果がもたらされることが研究によって明らかにされている（Azevedo, Johnson, Chauncey, & Graesser, 2011）。将来の研究において，オンラインでの環境において成功するには，どのようなスキルが求められるか，また，どのようにすれば，最善の形で，こうしたスキルを身につけ，利用しようとする意欲も高められるかについて，さらに明らかにしていく必要がある。

　Zimmerman と Tsikalas（2005）は，自己調整学習者の育成にあたって次のようなことを指摘している。学習活動の過程において，認知，メタ認知，行動，動機づけ，感情がどのような帰結をもたらすかについて，学習者が学び，そして，学び続けようとする動機づけと自己効力感が形成できるように，介入にあたっては，予見，遂行／意思コントロール，自己省察の各段階と明確に結びつけた働きかけを行っていく必要がある。3つの段階のすべてのサイクルを取り入れたコンピュータに基づく学習環境が，永続的な効果を生み出していくはずである。今までのところ，テクノロジーへの応用を試みている研究では，Zimmerman（2000）の段階の1つないし2つしか取り上げられていない。3つの段階のすべてを網羅する研究が，将来において求められる。オンラインでの学習の自己調整過程に迫る研究において，オンラインで追跡する手法がとても有効であり，学習者がどのような方略を実行しているかを，明らかにすることができるであろう（Zimmerman, 2008b）。

文化

　自己調整学習に関する研究の多くは，西洋社会の子どもたちを対象に行われてきた（Klassen & Usher, 2010; Pajares, 2007）。自己調整学習研究がグローバルなものになっていくに従い，こうした状況は変わりつつある。「壁のない教室」とたとえられる最先端のテクノロジーの実現によって，多様な文脈にいる学習者が共存できるようになり，その成否は，おそらく，自己調整のレパートリーがあるかどうかにかかっている。文化的な差異もいくらか認められてきてはいるが（McInerney, 2008），本章で述べてきた理論的な原則はすべて，異なる文化においても重要であることがわかってきている。

Zimmerman（2000）の理論が仮定している次元，段階，水準が，文化を通して一貫しているかどうかについて，さらに検証を重ねていく必要がある。例えば，どの程度，個人の努力あるいは集団としての努力を重視するのかは，文化によって異なっている（McInerney, 2008）。個人の責任性を重視した文化であれば，自己調整スキルの発達が社会から自己へと進むことには意味があり，非常に妥当なことといえるはずである。しかしながら，集団としての責任のほうがより一般的である文化にあっては，学習者は，協働して学び，成し遂げようとするので，自己調整能力を備えるのに，社会的な影響を受けたままでも十分であるのかもしれない。こうした問題，あるいは，別の異文化間の問題については，今後のさらなる研究が求められる（Pajares, 2007）。

結論

　本書の各章からわかる通り，Barry Zimmerman は，自己調整学習の理論，研究，実践に対して，パイオニアとしての貢献をなしてきている。自己調整学習に関する次元，段階，水準という明解な理論の構築によって，学習とパフォーマンスにおける作用が明らかなものとなり，また，子どものスキルの向上を支援している実践者に対して，ガイダンスを提供するものとなっている。Zimmerman と共同研究者らによる研究が，彼の予測の妥当性を実証してきており，さらなる発展の方途についても示唆している。私たちは誇りをもって，近未来において，自己調整学習にもたらした独創的で遺産ともいえる Zimmerman の英知を，確かに受け継いでいくつもりである。

文献

Azevedo, R., Johnson, A., Chauncey, A., & Graesser, A. (2011). Use of hypermedia to assess and convey self-regulated learning. In B. J. Zimmerman & D. H. Schunk (Eds.), *Handbook of self-regulation of learning and performance* (pp. 102–121). New York, NY: Routledge.
Bandura, A. (1977). *Social learning theory*. Englewood Cliffs, NJ: Prentice Hall.

Bandura, A. (1986). *Social foundations of thought and action: A social cognitive theory*. Englewood Cliffs, NJ: Prentice Hall.

Bandura, A. (1997). *Self-efficacy: The exercise of control*. New York, NY: Freeman.

Bandura, A. (2001). Social cognitive theory: An agentic perspective. *Annual Review of Psychology, 52*, 1–26.

Belfiore, P. J. & Hornyak, R. S. (1998). Operant theory and application to self-monitoring in adolescents. In D. H. Schunk & B. J. Zimmerman (Eds.), *Self-regulated learning: From teaching to self-reflective practice* (pp. 184–202). New York, NY: Guilford Press.

Boekaerts, M. (2011). Emotions, emotion regulation, and self-regulation of learning. In B. J. Zimmerman & D. H. Schunk (Eds.), *Handbook of self-regulation of learning and performance* (pp. 408–425). New York, NY: Routledge.

DiBenedetto, M. K. & Zimmerman, B. J. (2010). Differences in self-regulatory processes among students studying science: A microanalytic investigation. *International Journal of Educational and Psychological Assessment, 5*(1), 2–24.

Elliot, A. J. (2005). A conceptual history of the achievement goal construct. In A. J. Elliot & C. S. Dweck (Eds.), *Handbook of competence and motivation* (pp. 52–72). New York, NY: Guilford Press.

Joo, Y. -J., Bong, M., & Choi, H. -J. (2000). Self-efficacy for self-regulated learning, academic self-efficacy, and Internet self-efficacy in Web-based instruction. *Educational Technology Research and Development, 48*(2), 5–17.

Kanfer, F. H. & Gaelick, L. (1986). Self-management methods. In F. H. Kanfer & A. P. Goldstein (Eds.), *Helping people change: A textbook of methods* (pp. 283–345). New York, NY: Pergamon.

Klassen, R. M. & Usher, E. L. (2010). Self-efficacy in educational settings: Recent research and emerging directions. In T. C. Urdan & S. A. Karabenick (Eds.), *Advances in motivation and achievement: Vol. 16A. The decade ahead: Theoretical perspectives on motivation and achievement* (pp. 1–33). Bingley, United Kingdom: Emerald Publishing Group.

Kosiewicz, M. M., Hallahan, D. P., Lloyd, J., & Graves, A. W. (1982). Effects of self-instruction and self-correction procedures on handwriting performance. *Learning Disability Quarterly, 5*, 71–78.

Licht, B. G. & Kistner, J. A. (1986). Motivational problems of learning-disabled children: Individual differences and their implications for treatment. In J. K. Torgesen & B. W. L. Wong (Eds.), *Psychological and educational perspectives on learning disabilities* (pp. 225–255). Orlando, FL: Academic Press.

Mace, F. C., Belfiore, P. J., & Hutchinson, J. M. (2001). Operant theory and research on self-regulation. In B. J. Zimmerman & D. H. Schunk (Eds.), *Self-regulated learning and academic achievement: Theoretical perspectives* (2nd ed., pp. 39–65). Mahwah, NJ: Erlbaum.

Mace, F. C., Belfiore, P. J., & Shea, M. C. (1989). Operant theory and research on self-regulation. In B. J. Zimmerman & D. H. Schunk (Eds.), *Self-regulated learning and academic achievement: Theory, research, and practice* (pp. 27–50). New York, NY: Springer-Verlag.

Mace, F. D. & Kratochwill, T. R. (1988). Self-monitoring: Applications and issues. In J. Witt, S. Elliott, & F. Gresham (Eds.), *Handbook of behavior theory in education* (pp. 489–502). New York, NY: Pergamon.

Maehr, M. L. & Zusho, A. (2009). Achievement goal theory: The past, present, and future. In K. R. Wentzel & A. Wigfield (Eds.), *Handbook of motivation in school* (pp. 77–104). New York, NY: Routledge.

McInerney, D. M. (2008). The motivational roles of cultural differences and cultural identity in self-regulated learning. In D. H. Schunk & B. J. Zimmerman (Eds.), *Motivation and self-regulated learning: Theory, research, and applications* (pp. 369–400). New York, NY: Taylor & Francis.

Pajares, F. (2007). Culturalizing educational psychology. In F. Salili & R. Hoosain (Eds.), *Culture, motivation, and learning* (pp. 19–42). Charlotte, NC: Information Age.

Pintrich, P. R. & Zusho, A. (2002). The development of academic self-regulation: The role of cognitive and motivational factors. In A. Wigfield & J. S. Eccles (Eds.), *Development of achievement motivation* (pp. 249–284). San Diego, CA: Academic Press.

Reid, R., Trout, A. L., & Schartz, M. (2005). Self-regulation interventions for children with attention deficit/hyperactivity disorder. *Exceptional Children, 71*, 361–377.

Rosenthal, T. L. & Zimmerman, B. J. (1978). *Social learning and cognition.* New York, NY: Academic Press.

Schunk, D. H. (1987). Peer models and children's behavioral change. *Review of Educational Research, 57*, 149–174.

Schunk, D. H. (1996). Goal and self-evaluative influences during children's cognitive skill learning. *American Educational Research Journal, 33*, 359–382.

Schunk, D. H. (1999). Social-self interaction and achievement behavior. *Educational Psychologist, 34*, 219–227.

Schunk, D. H. & Ertmer, P. A. (1999). Self-regulatory processes during computer skill acquisition: Goal and self-evaluative influences. *Journal of Educational Psychology, 91*, 251–260.

Schunk, D. H. & Pajares, F. (2005). Competence perceptions and academic functioning. In J. Elliot & C. S. Dweck (Eds.), *Handbook of competence and motivation* (pp. 85–104). New York, NY: Guilford Press.

Schunk, D. H. & Pajares, F. (2009). Self-efficacy theory. In K. R. Wentzel & A. Wigfield (Eds.), *Handbook of motivation at school* (pp. 35–53). New York, NY: Routledge.

Schunk, D. H. & Zimmerman, B. J. (1997). Social origins of self-regulatory competence. *Educational Psychologist, 32*, 195–208.

Schunk, D. H. & Zimmerman, B. J. (Eds.). (2008). *Motivation and self-regulated learning: Theory, research, and applications.* New York, NY: Taylor & Francis.

Skinner, B. F. (1953). *Science and human behavior.* New York, NY: Free Press.
Usher, E. L. & Pajares, F. (2006). Sources of academic and self-regulatory efficacy beliefs of entering middle school students. *Contemporary Educational Psychology, 31*, 125–141.
Usher, E. L. & Pajares, F. (2008). Sources of self-efficacy in school: Critical review of the literature and future directions. *Review of Educational Research, 78*, 751–796.
Weinstein, C. E. & Mayer, R. E. (1986). The teaching of learning strategies. In M. C. Wittrock (Ed.), *Handbook of research on teaching* (3rd ed., pp. 315–327). New York, NY: Macmillan.
Wigfield, A. & Eccles, J. S. (2002). The development of competence beliefs, expectancies for success, and achievement values from childhood through adolescence. In A. Wigfield & J. S. Eccles (Eds.), *Development of achievement motivation* (pp. 91–120). San Diego, CA: Academic Press.
Winne, P. H. (2001). Self-regulated learning viewed from models of information processing. In B. J. Zimmerman & D. H. Schunk (Eds.), *Self-regulated learning and academic achievement: Theoretical perspectives* (2nd ed., pp. 153–189). Mahwah, NJ: Erlbaum.
Winne, P. H. (2011). A cognitive and metacognitive analysis of self-regulated learning. In B. J. Zimmerman & D. H. Schunk (Eds.), *Handbook of self-regulation of learning and performance* (pp. 15–32). New York, NY: Routledge.
Wolters, C. A. (2003). Regulation of motivation: Evaluating an underemphasized aspect of self-regulated learning. *Educational Psychologist, 38*, 189–205.
Zimmerman, B. J. (1986). Becoming a self-regulated learner: Which are the key subprocesses? *Contemporary Educational Psychology, 11*, 307–313.
Zimmerman, B. J. (1994). Dimensions of academic self-regulation: A conceptual framework for education. In D. H. Schunk & B. J. Zimmerman (Eds.), *Self-regulation of learning and performance: Issues and educational applications* (pp. 3–21). Hillsdale, NJ: Erlbaum.
Zimmerman, B. J. (1998). Developing self-fulfilling cycles of academic regulation: An analysis of exemplary instructional models. In D. H. Schunk & B. J. Zimmerman (Eds.), *Self-regulated learning: From teaching to self-reflective practice* (pp. 1–19). New York, NY: Guilford Press.
Zimmerman, B. J. (2000). Attaining self-regulation: A social cognitive perspective. In M. Boekaerts, P. R. Pintrich, & M. Zeidner (Eds.), *Handbook of self-regulation* (pp. 13–39). San Diego, CA: Academic Press.
Zimmerman, B. J. (2001). Theories of self-regulated learning and academic achievement: An overview and analysis. In B. J. Zimmerman & D. H. Schunk (Eds.), *Self-regulated learning and academic achievement: Theoretical perspectives* (2nd ed., pp. 1–38). Mahwah, NJ: Erlbaum.
Zimmerman, B. J. (2008a). Goal setting: A key proactive source of academic self-regulation. In D. H. Schunk & B. J. Zimmerman (Eds.), *Motivation and self-regulated learning: Theory, research, and applications* (pp. 267–295). New York, NY: Taylor & Francis.
Zimmerman, B. J. (2008b). Investigating self-regulation and motivation: Historical background,

methodological developments, and future prospects. *American Educational Research Journal, 45*, 166–183.

Zimmerman, B. J. (2011). Motivational sources and outcomes of self-regulated learning and performance. In B. J. Zimmerman & D. H. Schunk (Eds.), *Handbook of self-regulation of learning and performance* (pp. 49–64). New York, NY: Routledge.

Zimmerman, B. J., Bonner, S., & Kovach, R. (1996). *Developing self-regulated learners: Beyond achievement to self-efficacy*. Washington, DC: American Psychological Association.

Zimmerman, B. J. & Kitsantas, A. (1997). Developmental phases in self-regulation: Shifting From process goals to outcome goals. *Journal of Educational Psychology, 89*, 29–36.

Zimmerman, B. J. & Kitsantas, A. (2002). Acquiring writing revision and self-regulatory skill through observation and emulation. *Journal of Educational Psychology, 94*, 660–668.

Zimmerman, B. J. & Martinez-Pons, M. (1986). Development of a structured interview for assessing student use of self-regulated learning strategies. *American Educational Research Journal, 23*, 614–628.

Zimmerman, B. J. & Martinez-Pons, M. (1988). Construct validation of a strategy model of student self-regulated learning. *Journal of Educational Psychology, 80*, 284–290.

Zimmerman, B. J. & Schunk, D. H. (2004). Self-regulating intellectual processes and outcomes: A social cognitive perspective. In D. Y. Dai & R. J. Sternberg (Eds.), *Motivation, emotion, and cognition: Integrative perspectives on intellectual functioning and development* (pp. 323–349). Mahwah, NJ: Erlbaum.

Zimmerman, B. J. & Tsikalas, K. E. (2005). Can computer-based learning environments (CBLEs) be used as self-regulatory tools to enhance learning? *Educational Psychologist, 40*, 267–271.

第2章

自己調整の発達を最大化する数学授業の連続的構成要素
―理論,実践,介入―

Stephen, J. Pape (スティーヴン・J・ペイプ), Clare V. Bell (クレア・V・ベル),
Iffet Elif Yetkin-Özdemir (イフェット・エリフ・イェトキン=オズデミル)

訳:橘 春菜(名古屋大学),中谷素之(名古屋大学)

数学教育における自己調整学習の必要性

　いくつかの重要な課題は,数学教育における改革の取り組みに影響を及ぼしてきたと同時に,幼稚園から高校の数学教育の文脈において,自己調整学習の教育への焦点化を不可欠なものとしている。現在,数学的能力に関する概念は,手続き的な流暢さにとどまらず,概念的理解,方略的能力,適応的推論,生産的解決を含むまでに広がってきた(Kilpatrick, Swafford, & Findell, 2001)。さらに,教授学習における状況理論的な視点や社会文化理論的な視点では,授業内の相互作用を通じて,生徒が数学において有能にふるまうとはどのようなことなのかについての理解を深めることが示されている(Gresalfi, 2009; Gresalfi, Martin, Hand, & Greeno, 2009)。12年間の数学教育によって,生徒は,教育が進むにつれ,自らの態度,認識,感情を調整することのできるスキル,態度,数学の学習に対するポジティヴな傾向等を持ち合わせるようになるであろう。しかしながら,大学レベルでは,学ぶための学習や履修単位にならない進学準備コースの数が増え続けている(Porter & Polikoff, 2011; Tuckman & Kennedy, 2009)。一方で,それらは,幼稚園から高校の授業において,自己調整学習の指導を明示的に取り入れることによって緩和されるかもしれない。

　さらに,世界経済は有力な数学教育に基づく21世紀スキルを要求している。アメリカの生徒と外国人留学生との間の格差は,白人の中流階級の生徒と有色人種の生徒や社会経済的地位の低い生徒との間の格差と同様に,高等教育や仕事における将来の機会への入り口の格差となる。例えば,代数学は個人の学力

を示す代表的科目（gate-keeping course）として機能するため，代数学の科目を修めることができなかった者は高等教育から排除され，ときに仕事の機会を制限される（Kelly, 2009; National Research Council, 1989; Schoenfeld,2002; Thompson & Lewis, 2005）。こうした格差は，幼稚園から高校では，数学の内容だけでなく，内容の学び方に重点を置いて対処される可能性がある。

　最後に，例えば，全米数学教師協議会（the Narional Council of Teachers of Mathematics: NCTM, 2000）で概説されているように，生徒は問題解決学習に焦点化した授業に取り組むために，ある程度の自己調整学習を身につけなければならない。一方で，私たちは，今日の数学教育で示されているような改革と整合する教育は，後の自己調整学習の発達を支援するということを示した（Pape, 2005; Pape & Smith, 2002; Randi & Corno, 2000）。こうした理由により，自己調整学習の行動に関連する，複雑な題材を理解する方法や現実の問題を解決する方法は，より深くレジリエントな数学の理解と同様に，幼稚園から高校レベルで焦点化されなければならない。

　本章では，「学校数学で広がりつつある新たな概念の文脈における，自己調整の重要性および中心性」を認識するために配置しまとめた，数学の授業実践を統合した介入について示す（De Corte, Verschaffel, & Eynde, 2000, p. 721）。そして，自己調整学習の理解やその発達を支援する文脈に関して，社会的認識（例えば，Zimmerman, 1989, 1990, 2000, 2008）および状況理論／社会文化理論（例えば，Gee, 2008; Gresalfi, 2009; Gresalfi et al., 2009）の両方の視点を示す。この理論的理解については，問題解決の介入の領域における研究文献，および中学校や中等教育の数学授業における著者らの観察や分析により報告する（Bell, 2008; Bell & Pape, 2012; Yetkin, 2006; Yetkin-Ozdemir & Pape, 2011a, 2011b, 2012）。私たちは，数学教育や心理学の伝統から見出される，効果的な教育実践の構成要素を調整するマルチトリートメント・パッケージとして，介入を概念化する。提案された介入は，学習者に対して自己調整の段階と下位プロセスを明確にするために，Zimmerman（2000）の自己調整学習の三段階（予見，遂行，自己省察）を強調して，教育実践を配置するものである。さらに，その介入は，Zimmerman（2000, 2002）の自己調整学習の発達レベル（観察，模倣，自己コントロール，自己調整）の中で，これらの教育の順番を位置づける。Zimmerman（2000, 2002）の自己

調整段階のモデルを自己調整学習の発達レベルの中に位置づけることにより，自己調整学習の発達を支援する教育においては，生徒が自己調整に向け徐々に進展するにつれて，これら2つのモデル間の交互作用に注意しなければならないということを主張する。学校の管理者は，数学特有の方略的行動を含め，自己調整を必要とする意図的な過程として，生徒が学習に向かう気持ちを伸ばすために，組織的に，成形レベルのプログラムを実施することが求められる。

自己調整学習の循環的段階と発達レベル

Zimmermanと共同研究者の自己調整学習の段階（Schunk, 2001; Zimmerman, 2000）がいかに介入の授業を構成するかを理解するための基礎として，個人の行動，認知，そして自己調整した学習者が3つの自己調整段階の各段階で取り組む主要な過程を簡潔に説明する。予見段階では，自己調整した生徒は，その課題で求められることを判断し，この分析に基づき，到達目標を設定するために課題の分析を行う。これらの目標は，生徒が進み具合をモニターする基準として用いられ，やがて生徒のレパートリーにある方略への取り組みを示す。この過程を通じて，課題を遂行する能力における信念（すなわち，自己効力感），課題への取り組みの結果に対する期待，学習への志向性（すなわち，熟達対遂行志向；Dweck, 2000）等のような自己動機づけ信念を活用する。それぞれのこうした自己信念は，生徒の後の学業の行動，課題を遂行する間の粘り強さ，そして将来の認知などに影響をもたらす。

第二段階，すなわち遂行段階では，自己調整した学習者は，「自己指導，イメージ化，注意の集中といった自己コントロールの過程や課題の方略」を実行する（Zimmerman, 2000, p. 18）。遂行段階を通じて，彼らは成果を記録し，目標に向かう進み具合を判断するために観察をする。この情報は，学習者が目標に届いていないと判断した場合に，自己省察段階において自らの進み具合を判断し，行動を調整する際，利用される。彼らはまた，自らの成功や失敗の帰属を行う。そして，それは自己省察につながる可能性がある。目標の達成に向かう進展に関する情報や，成功や失敗に対する帰属は，自己評価や将来の行動の基

表2.1 教師と生徒の教室での行動における自己調整学習の発達レベル

レベル	生徒と教師の教室での行動
観察	生徒は教室における教師や他者の行動を観察する。 クラスの教師や他の生徒は，次の行動を通じて，生徒が行動や考え方を学ぶうえでのモデルとなり，支援をする。 ・考えを言葉に表す ・過程を説明する ・実演する ・行動の理由を言語化する
模倣	生徒は学んだ行動を模倣し始める。 教師は生徒が調整行動を模倣することのできる課題や，これらの行動をするときの指導，生徒の模倣行動に対するフィードバックを与える。
自己コントロール	生徒は最小限の指導に関与する。 ・課題の分析 ・目標の設定 ・課題への取り組み 教師は生徒が個々に取り組むことのできる課題を与え，生徒の行動を観察し，フィードバックを与え，生徒が困難に直面した際には，その課題を調整したり，課題の理解を支援したりする。
自己調整	生徒は学習行動を自己調整する。 ・生徒は方略をさまざまな状況に適用する。 教師は課題を与え，必要に応じて援助し，必要に応じて生徒の取り組みを変え，自己調整学習の行動をさまざまな状況に適用するよう生徒の意欲をかき立てる。

礎として役に立つ。

　Zimmermanと共同研究者 (Schunk, 2001; Schunk & Zimmerman, 1997; Zimmerman, 2000, 2002) は，4つの調整スキルの発達レベルについても確認している。すなわち，(1) 観察，(2) 模倣，(3) 自己コントロール，(4) 自己調整，である（表2.1）。学業スキルの発達は，いつ，いかにして学習方略を実行するのかという情報への共調整と社会的資源に始まる。徐々に自己コントロールと自己調整に移行しつつ，教師が生徒の行動を形づくり，行動に取り組むよう支援するのである。教師と生徒はモデリング（実演）および行動に関する考えや理由を言語化することによって，観察学習を支援する。教師は生徒に対して考えを明示し，生徒が数学的な過程や思考を共有するよう求めるかもしれない。個人が問題解決の仕方や数学的手順の証明の仕方を明確に述べるとき，その過程や思考

がクラスに示される．そして，それはクラスで吟味するために対話の対象になる（Cobb, Boufi, McClain, & Whitenack, 1997）．

　生徒があるモデルの行動や数学的思考を取り入れる決断，それは模倣(imitation または emulation) に終わるのであるが，これらの行動が成功や失敗に終わったかどうか，あるいは報酬や罰につながったかどうかによって部分的に判断される．この代理的な情報は，経験のない学習者が結果期待を説明するのを助ける．このレベルでは，学習者はモデルの行動を取り入れ始め，教師に支えられてこれらの行動を真似て演じる．自己コントロールレベルでは，学習者は具体的な状況に関して方略の選択と実行をコントロールし始めるが，明瞭に表現し，フィードバックを受けるときには，まだクラスの教師と仲間に支えてもらっている．そのようなフィードバックは，より初期のレベルの間は発達に不可欠なものであるが，生徒が自律的になるにつれて次第に消えていく．さらに，学習者は，このフィードバックを遂行の基準を発達させるために利用し，その基準のレベルで望まれる行動を達成するために自分自身を強化する．自己調整レベルでは，個人はその行動をすることを選択し，援助なしにある方略を実行することができる．そして，こうしたスキルをさまざまな条件に適用することができる．このレベルの特徴は，強固でポジティヴな自己効力感と自己調整過程の安定的な利用にある．

　学校で生徒の自己調整学習の発達に個人がもっとも強い影響を与えそうな場合，教師の責任は，方略的行動や自己調整学習過程を明確にすることや，生徒が数学的内容と関わる公平な機会をもつよう区別した支援を与えることにある．教師の教育的判断や実践は，生徒の自己調整学習の発達レベルによって評価されるのがよい．生徒が観察から模倣，自己コントロールを通じて，自己調整に向けて移行するとき，教育的支援はゆっくりと退いていく．このように，自己調整学習の発達を支える教育を検討するときには，自己調整学習の段階と発達レベルの交互作用を考慮する必要がある．表 2.2 は，自己調整学習の段階の観点から整理された，自己調整学習の発達を支える教師の直接的な活動の概観を示したものである．

　本章では，これらの異なるレベルやタイプの支援を提供するために，教師は適切な課題を構成し，教室の規範を確立し，論議を導き，生徒の取り組みに関

表 2.2　自己調整学習の発達を支援する授業の段階全体における教師の選択的行動

自己調整学習の段階	自己調整した学習者が実行する下位プロセス	自己調整学習の発達を支援する教師の選択的行動
予見段階		
	課題分析と目標設定	・さまざまな方略および/または複数の表象の利用が求められる価値のある課題や問題を与える。 ―(O;E)* 生徒が解決に向けて計画を実行する前に、課題や予想に関する明確な議論を行い、理解を深める。 ―(S-C) 課題や問題を別の文脈で分析するため、生徒が方略を使用することを支援することを示す。 ・授業時間に生徒が授業レベルの目標に向かうよう先行オーガナイザーを示す。
	先行知識の活性化	・(O) 生徒の概念、表現、表記等の先行知識を引き出すために、学級全体の議論を導く。 ・(E) 関連する概念間の関係を明確にする発問をする間いを含む発問をすることで、生徒の先行知識を活性化する。 ・(S-C) 新たな状況における理解を助けるために、生徒に先行知識を思い出させる。
	方略的知識/ 方略的計画の活性化	・課題や問題について検討し解決する方法を含む、模範となる方略の選択。 ―(O) 模範となる方略について、生徒の先行知識を活性化する。 ―(E) 異なる方略に関する問いで、異なる方略について検討することを思い出させ、課題や問題に関する当初の推測を引き出す。 ―(S-C) 生徒に、異なる方略について検討することを思い出させ、より広い文脈で方略を用いるよう支援する。
	自己信念	・学習の助けとなる教室でのふるまいに関する規範をつくる（例えば、正解と不正解の吟味：社会数学的規範）。
遂行の統制		
	自己コントロール過程の実行	・生徒が自己指導、イメージ化、焦点化する言葉にして発見的問題解決のためにPolyaの段階を用いる等準備をする。 ―(O) クラスで複雑な問題を解決する間に、考えを言葉にして発見的問題解決をする様子を示す。 ―(E) 体系的に発見的問題解決をする際、生徒に多様な問題を与えて取り組ませる。 ―(S-C) 発見的問題解決の機会を提供する時折、発見的問題解決について思い出させる。
	方略的行動の実行	・個別、小グループ、あるいは学級全体で問題を解決するモデルを観察する機会をつくり出す（仲間と教師のモデリング）。 ・方略に関する学級全体の議論を導く。 ―(O) 生徒が特別な方略を用いて問題を解決するモデルを観察する機会をつくり出すために、課題を達成したり、方略的な行動を用いる機会を提供する。 ―(E) 問題を解決する方略を用いるために特別な問題を与える。多様な問題を与えて生徒に取り組ませる。 ―(S-C) ますます異なる文脈で、方略を用いる機会を与えて生徒に供し続ける。

第2章　自己調整の発達を最大化する数学授業の連続的構成要素

自己観察	・生徒の数学的な思考や説明に関する学級全体の議論を導く。 ・学級全体の議論の中で、説明と正当化の基準をつくり出す。 ・正解や不正解の吟味に対する期待をもたらす。 ・(O:E) 生徒の方略的活動と成果の関係について、指示や資料収集のための機会を与える（自己観察、例えば、Pape et al. 2003）。 ・(S-C) 学業的な方略の有効性をモニターすることを、生徒に定期的に思い出させる。
方略的行動の調整	・(O) 誤りに対処し、課題や問題の理解について見直し、方略の方向性を変えることを示す。 ・(E:S-C) 進展をモニターし、調整をすることの重要性について、生徒に定期的に思い出させる。
自己省察	
自己判断	・フィードバックを与え、生徒の数学的な思考や説明を学級全体の探究の対象にする。 ・(O) 生徒の数学的な思考や説明の探究をモデル化する。 ・(E:S-C) 問題を理解し、小グループの活動中に生徒が説明や正当化を求めるよう促すために、個人やグループでの活動後の説明や正当化を引き出す。 ・標準的な評価というよりも個人の進捗に関する期待を伝える。 ・目標、以前または現在の理解、自己観察に基づく自己評価のための機会を与える。
原因帰属	・生徒の取り組みと方略的行動を識別する。 ・方略使用の説明を含み、方略の遂行と学業的成果との関係を識別するポジティヴな帰属を支援する（例えば、Pape et al. 2003）。
自己反応	・自己満足やうぬぼれ等の、自身や他者の成功や失敗に対する適応的なレベルやタイプを記述した。生徒が発達させることを支援する。 ・省察に対する生徒の反応について、情報を与える相互作用をつくり出す。

注：さまざまなレベルにおける生徒の自己調整学習の発達を支援する教師の行動に関するレベルやタイプを記述した。(O)は観察レベル、(E)は模倣、(S-C)は自己コントロールを示す。自己調整の初期発達に焦点を当てているため、自己調整のこの表には含まれていない。表はZimmerman (2000)を改変した。

する調査を通じて集団の質問を促す媒介手段を用いる必要がある，という見解を進める。クラス全体の議論で探究のために取り上げられてもいいように，生徒の数学的な思考や説明が明示されたときに，この調査は可能となる。そうした議論は，生徒を多様な数学的活動や思考にふれさせることとなる。多数の方略に関する批判的な調査は，（例えば，教師や生徒の）どんな活動や思考も期待されていないということを強調する必要がある。先述の通り，状況的／社会文化的視点は，教室での相互作用が，数学で有能にふるまうことはどのような意味をもつのかについての生徒の考えに影響をもたらすということを仮定する（Gresalfi, 2009; Gresalfi et al., 2009）。自己調整した学習者であるとはどのような意味かについての生徒の概念もまた，教室の相互作用パターン，ならびに思考や推論を明確に表現することへの期待や用いる手続きによって出された要求に大きく左右される。数学的な考え方は，クラス全体の議論を通じて示されるため，クラスの生徒による話し合いを通して共同的に決定される。すなわち，生徒と教師の数学的思考と推論がクラスの対話の対象となるような学習環境をつくり出すには，教師の期待を示したり，数学的な行動の仕方をみせたりするだけでは不十分なのである。学習環境をつくり出すことは，期待することや規範について生徒とともに議論し交渉する過程を含む（Hufferd-Ackles, Fuson, & Sherin, 2004; Yackel & Cobb, 1996）。次節で議論される数学教育の介入研究では，自己調整学習を支える授業の構成要素についてさらに詳細にふれる。自己調整学習を支える授業において重要な共通の特徴に焦点を当て，本文献をレビューする。

数学における自己調整学習の介入

著者らが行った介入研究で示される共通の特徴をいくつか含むことから，大学の数学の学生を対象とした Schoenfeld（1985, 1992）の研究を示す。Schoenfeld の目標は，Polya（1945/1957）の発見的問題解決（すなわち，問題を理解し，計画を立て，計画を実行し，解決を確認するために見直す）と同様の問題解決段階を学生が学び，用いることであった。Schoenfeld 版の段階には，次のこ

とが含まれていた。(1) 問題を分析する，(2) 包括的な計画を立てる，(3) 問題をルーティンの課題に変えるという目標を検討する，(4) 解決策を実行に移す，(5) 解決したことを確認する。これらの問題解決の行動は，4つの教育技術を通じて教授された。第一に，学生は問題解決のモデルをしている他の学生の録画エピソードを見た。第二に，Schoenfeld は問題となる状況で明示的に方略のモデルを示した。第三に，問題解決に関するクラス全体の議論に学生を引き込んだ。第四に，Schoenfeld が次の3つの質問でグループの取り組みを調べている間に，学生は小グループで問題解決に取り組んだ。3つの質問とは，(1)「あなたたちは（正確に言うと）何をしているのか（それを正確に説明できるか）」，(2)「なぜそれをしているのか（どのように解決に至るのか）」，(3)「それはどのように役立つか（それを手に入れたらどうするか）」というものであった (Schoenfeld, 1987, p. 206)。講師は，学生から方略を引き出し，学生自身で多様な方略を用いるようになるまで，学生が徐々にレパートリーを広げるのを助けた。

数学的な行動，過程，思考などに関する省察は，生徒が最初の思考や行動を変えることのできる状況をもたらす。Schoenfeld の学生は，数学的問題解決の能力や成績を改善した。そして，より熟練した問題解決者に内在する，問題解決に対する自己調整した態度を身につけ，問題解決に対するよりポジティヴな傾向をもつようになった。

近年，小学校高学年の授業における問題解決の介入研究（概略については，De Corte et al., 2000; Verschaffel & De Corte, 1997; Verschaffel et al., 1999 を参照）は，生徒の自己調整学習行動と，現実の問題を数学的な形式にする能力とに影響を与えるよう試みた。問題解決スキルあるいは問題解決を通じて，数学の内容を教授するために最初に必要なものは，生徒が多様な方略と多様な表象の両方あるいはいずれかを用いる必要のある「複雑で，現実的で，挑戦的な」(De Corte et al., 2000, p. 714) 課題である (Pape, Bell, & Yetkin, 2003)。Schoenfeld (1985, 1987, 1992) の研究と同様に，生徒は次の一連の問題解決の段階を用いるよう求められた。

　段階1：問題の心的表象を組み立てる。

段階2：問題を解決する方法を決める。
段階3：必要な計算を実行する。
段階4：結果を解釈し，答えを考案する。
段階5：解決を評価する。(Verschaffel et al., 1999, p. 202)

　授業は，方略のモデリング，小グループまたは個人での問題解決活動，クラス全体の議論等を含む手順で進められた。これらの授業の各構成要素の間，教師は問題解決のための支援を与えた。しかし，それはだんだんと減らされるか，徐々に消されていった。介入の間，社会数学的規範（McClain & Cobb, 2001; Yackel & Cobb, 1996 を参照）の発達に細心の注意が払われた。「クラスでの教師と生徒の役割に関係するこれらの規範は，……よい数学の問題，よい解決手続き，あるいはよい反応とみなすものに関わる」（De Corte et al., 2000, p. 716）。事後課題の遂行は，介入の効果を強く支持した。介入群の生徒は，非定型な問題を解決する際，統制群より優れており，数学的問題解決に対して，よりポジティヴな信念や態度をもち，全体的に優れた成果を示した。

　いくつかの自己調整学習への介入は，生徒が自分の成功や失敗に対して行う帰属を強調してきた（Borkowski, Weyhing, & Carr, 1988）。生徒は，自分の行動と成功や失敗との関連を明確にする多様な機会を必要としている。著者らは，初期の研究で，中学1年生の生徒が方略を用いることへの意識を高めるための介入を実施した（Pape et al., 2003）。生徒たちは，試験前にどのように勉強するか，添削した試験を見る前に自分の得点をどのように見積もるか，自らの方略と実際の試験結果との関係をどのように省察するかを述べるよう求められた。次に，生徒たちは自らの方略について議論するよう求められた。そして，それらは先行研究で明らかにされたカテゴリに従い分類された（Pape & Wang, 2003; Zimmerman & Martinez-Pons, 1986）。数学の授業で，自己調整の発達において重要ないくつかの要因が明らかになった。それは，例えば，多様な表象を利用できる内容の濃い数学の課題や，生徒が方略を説明し，数学的思考を正当化する教室談話の重要性などであった。しかし，より重要なのは，生徒たちはさまざまなレベルのわかりやすさと，自らのレパートリーの中で方略的行動を取り入れるための支援を求めているということが，私たちの知見によって明確に示さ

れたことであった。例えば，私たちは議論のうえ，生徒が用いた方略を分類したが，発達の観察段階にある生徒を特にモデルとしなかった。そのため，この議論から利益を得ない生徒もいた。それゆえ，現在の議論と同様に，自己調整学習の発達レベル（Zimmerman, 2000）において，介入をより明確に位置づけることが必要であるということを著者らは認識した。これらの介入研究の例にみられる効果的な自己調整学習の教示の特徴は，次節で示す著者らの介入にまとめられる。

数学の授業における自己調整学習：マクロレベルとミクロレベル

　本節では，自己調整学習の段階と発達レベルに関する研究，ならびに前節で議論された介入研究を，自己調整学習や数学的理解を支援する教育的介入に取り入れる。自己調整学習の段階（すなわち，予見，遂行，自己省察）の観点から構成され，自己調整学習の発達レベル（すなわち，観察，模倣，自己コントロール，自己調整）に位置づけられる際，著者らが提案している介入は，各段階の下位プロセスを生徒に対してわかりやすくする，多様な原理や授業実践を反映する（表2.1および表2.2）。教師は，数学的思考や方略的行動のモデルとなることや議論を学習の初期段階でより明確にすべきであり，生徒が自己コントロールあるいは自己調整的な行動をし始めたら，徐々にこの支援を引き揚げることができることを示している。

　マクロレベル，すなわち授業レベルでは，授業の構成について考えるための枠組みとして，自己調整学習の段階を利用する。なお，自己調整学習の段階は，図2.1では大きな3つの段階の図で示されている。私たちは，授業のより大きな段階つまりマクロレベルで，教師は生徒を自己調整段階の反復サイクル（ここではミクロレベルと呼ぶ）に引き入れるべきであるということを提案する。さらに，教師の教育的な手立てあるいは段階における支援のレベルは，生徒の自己調整学習の発達レベルを考慮に入れるべきであるという見方を推進する（表2.1および表2.2）。例えば，自己調整学習の発達の初期段階では，教師は課題についての明確な議論や課題分析のモデルとして期待されることを提供し

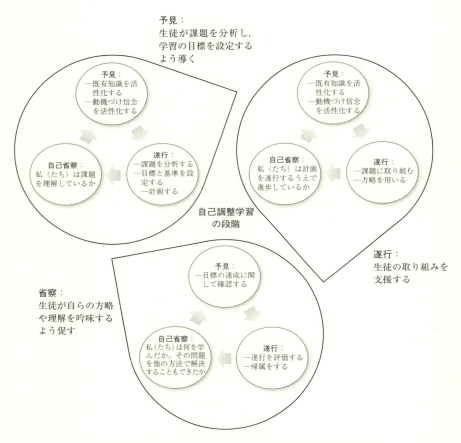

**図2.1 数学の授業における自己調整学習の段階に関連する選択的行動
：マクロレベルとミクロレベル**

なければならない。しかし，後の段階では，生徒が取り組む前に課題を理解することを確実にするために，教師はクラス全体の議論に生徒を参加させることができる。各発達レベルにおけるこうした教師の多様な行動は，表2.2に概要が示されており，次節でより詳細に議論される。

　この介入を支援する文脈的な状況は，現実的な状況でよくみられる内容豊富で複雑な課題や問題への取り組みを促す教室の規範を確立させている。

社会数学的規範は，McClainとCobb（2001）により次のように説明されてきた。(1) 生徒の推論に関する説明や正当化に対する期待，(2) その貢献が不十分であると判断されるかどうかにかかわらず，クラスの議論への貢献に対して安全な環境，(3) 生徒が他者の説明を聞き，理解し同意するかを決めることに対する期待，(4) 生徒の貢献に対する教師からの頻繁なフィードバックと言い換え，(5) あらゆる意見の相違を述べ，明快な質問をするための生徒の期待，(6) あらゆる意見の相違を述べ，その説明がなぜ不十分と考えられるかを判断するための生徒の期待。これらの規範の確立を通じて，生徒は解決の共有と確認を行い，学習に満足するようになる。

マクロ，すなわち授業レベル

マクロレベルでは，介入授業は，自己調整学習行動に関するモデルを示すため，次の3つの段階に分けられている（Zimmerman, 2000）。(1) 課題の提示（予見段階に対応），(2) 生徒の数学的概念の探究への取り組みの支援（遂行段階に対応），(3) 生徒が方略や理解を明らかにし，観察し，調整するために，自らの考えや取り組みの成果を分析することの促進（省察段階に対応）。

予見段階

授業の予見段階では，教師は課題，問題，あるいは概念を紹介する。そのことで，暗黙的あるいは明示的に，生徒の注意をクラスの共通の学習目標に焦点化するのである。それから教師は，課題分析の実施，既存の関連知識の活性化，用語や概念の分類や，問題解決の方法に関するはじめの推論を引き出すこと等により，生徒の内容への取り組みを支援するために，丁寧に課題を提示する。方略や内容にふれる初期の間は，教師は生徒から課題に必要なことを引き出し，問題の理解を支援する質問を投げかけることで，クラスに対してより多くの助言や方向性を与えることができる。後の発達レベルでは，教師は課題の方向性だけを与え，生徒に個人や小グループで課題を分析することを期待することができる。こうしたそれぞれの課題の提示の仕方は，生徒の活動を指導する教師の要求とクラスの生徒の発達的要求の共通部分を反映している。

遂行段階

　授業の遂行段階では，この介入を行う教師はさまざまな方法で生徒の取り組みを支援する。生徒の数学的な過程，行動，思考への初期の試みは，小グループで行われることが多い。そこでは，生徒は互いに助け合い，教師はグループの思考を促したり方向づけたりする徹底的な質問をすることで進展をモニターする。生徒は解法を共有することが期待されていることを思い出すであろう。グループに問題や方略の最初の理解について議論する文脈を与えるために，個人の取り組みの数分後に，教師は生徒をクラス全体の議論に戻してもよい。生徒の方略に始まり，方略の教授を通じて，徐々にレパートリーを構築することは，生徒の自己調整学習の行動に影響を与えることを目的とした介入の特徴である（例えば，Butler, 2003; Butler, Beckingham, & Lauscher, 2005）。

　このクラス全体の議論は，生徒が教師やクラスメイトの調整的行動を観察し，方略的／調整的行動に関わり，そして，教師からフィードバックと承認を受けること等により，生徒に方略的行動を発達させる機会を与える。このように方略的行動を示すことは，この教室で自己調整的な学習者であるとはどのようなことかについての暗黙的なメッセージを伝える。そして，受容的な行動に関する教室の規範を発達させる助けともなる。しかしながら，注意すべき重要なことは，特に，自己調整学習の行動の発達初期の生徒においては，小グループでの取り組みがいつもグループ全体での議論と同じように効果的であるとは限らないということである。

自己省察段階

　最後に，授業の終わりの自己省察段階では，教師は生徒をクラス全体の議論に戻し，数学的理解について振り返らせ，理解や課題の達成を導く行動を促すであろう。ここでは，生徒の方略的行動や解法が，クラスの検討のための談話の対象となる。それから生徒は，教師ならびにクラスメイトからのフィードバックに基づいて個々の判断をすることができる。生徒の思考を教室での談話の対象とすることは，自己調整学習の自己モニタリングに関する下位プロセス，すなわち自己観察，自己判断，自己反応のモデルを生徒に提供する。脅威もなく教育的に，正しい反応や誤った反応を整合的に理解することは，生徒

の自己モニタリングに関する考えや自己モニタリングに向かう気持ちを強くする。遂行段階のように，授業の自己省察段階でのクラス全体の議論は，自己調整的行動の基準に関するメッセージを（暗黙的ならびに明示的に）伝える。さらに，教師は成功や失敗に対する生徒の帰属に注意を払う必要がある（Borkowski et al., 1988）。生徒は，ある特別な方略を用いたために成功し，ある方略が欠如していたか効果的でない方略を用いたために失敗した，という行動や信念を変えることを可能にする帰属を学ばなければならない。

ミクロ，すなわち段階内レベル

著者らの介入のミクロレベルは，予見，遂行，自己省察といった小さな部分的サイクルを反映する授業段階内の個々のエピソードから構成される。これらのエピソードは，授業段階内のサイクルとして図2.1に示されている。例えば，マクロレベルの遂行段階では，教師は，クラス全体の議論の際，クラスの目標の到達に向けて経過を検討するよう生徒を促すであろう。授業の遂行段階内の自己調整学習のミクロレベルサイクルにおけるこの集団的な自己省察の過程で，課題や概念のさらなる理解が生じる可能性もある。課題達成のための新たな目標は，この分析に基づいて立てられるであろう。そして，生徒は課題の達成に向けて持続するよう促されるであろう。教師は，再びクラスに，新たな理解に基づいて，小グループで課題に取り組むことを求める。このようにして，授業の段階内において，クラスは，予見，遂行，自己省察の反復サイクルを経験する。

著者らの見解がマクロ（授業）レベルにあるかミクロ（授業内）レベルにあるかにかかわらず，自己調整学習のサイクル的な本質や各段階の下位プロセス（例えば，目標設定，方略の計画，自己教示等）は生徒に対して明確にされる。しかしながら，単純なモデリング以上に必要とされる明確さの程度は，生徒によって異なる（Pape et al., 2003）。生徒の数学的思考，方略的行動，議論に対する質問等を取り上げることは，明確さのレベルを高める。「議論に取り上げる」ことによって，クラスのメンバーが互いの考えについて考え，検討し，議論する（すなわち，これらの考えがクラス内での検討対象となる）ように，個人の言葉が対

話に向かうことを可能にするのである。このことは，個々の生徒や教師が，質問に対する自分の回答を説明し正当化するよう発言者に働きかけるであろうといった教室の規範が確立されてきたことを示している。次節では，数学の授業実践における2つのエピソードを通じて，介入について説明する。

数学授業における自己調整学習のエピソード

以下の節では，2つの都市部の授業，すなわち，ある中学校の数学授業（Yetkin, 2006; Yetkin-Ozdemir & Pape, 2011a, 2011b, 2012）と，授業持続技術（Classroom Connectivity Technology: CCT）が組み入れられた代数Ⅰの授業（Bell, 2008; Bell & Pape, 2012）のエピソードを示す。エピソードには3つの目的があった。概していえば，エピソードでは，(1) 自己調整学習を促す際の教師の役割の本質を説明し，(2) 授業における生徒の自己調整学習のスキルと特徴を描写し，(3) マクロレベルとミクロレベル双方について，介入のサイクル的本質を説明する。エピソードは，こうした教師の授業実践のスナップ写真である。しかしながら，それゆえに，教師の行動が，生徒の自己調整学習の発達レベルにいかに合っていないかを表現していない。それは，自己調整学習が長期間かけて発達するためである。私たちは，授業（マクロ）レベルならびに，こうした授業の議論における介入のミクロレベルの両方を強調する。これらのエピソードや表2.1，表2.2に続き，前述の理論的議論ならびに，これら2つの例から引き出される教育の原則の概略を示す。

第一のエピソードの，トンプソン教諭の6年生の数学授業は，生徒の方略的能力や自己効力感を支援する授業実践を検討する事例研究から展開された（Yetkin, 2006; Yetkin-Ozdemir & Pape, 2011a, 2011b, 2012）。トンプソン教諭は，この研究の時点で6年生の数学について15年間の教諭歴があった。彼女は，授業実践における自己調整学習の理論に関するNCTMの基準や，関連事項に焦点化した専門的能力の発達プログラムによって，自己調整学習に精通していた。22名の授業観察者が，12月から翌年3月まで80分授業を観察した。後述のエピソードは，春セメスターの最初に行われたある授業から（1月の終わりま

第2章　自己調整の発達を最大化する数学授業の連続的構成要素

図2.2　授業におけるTIナビゲーター™の図
許可を得て転載。Copyright 2008 by Texas Instruments, Inc.

で）の内容である。

　第二のエピソードの，ブレンナー教諭の代数Ⅰの授業は，数学と科学の達成のための授業持続（Classroom Connectivity for Mathematics and Science Achievement: CCMS）プロジェクトで行われた。このプロジェクトは，学際的な専門的能力の発達や，代数Ⅰや物理科学の成績に対するCCTの影響を検討する研究プロジェクトであった（Owens, Abrahamson, Pape, Irving, & Demana, 2005）。ブレンナー教諭は，アメリカ北東地域の大都市部の高校で教師をしており，数学の指導は4年目であった。ブレンナー教諭の授業は，CCMSプロジェクトの一部として，2年間，両年とも2日間連続でビデオに録画された。

　ブレンナー教諭の授業のエピソードは，研究の2年目に起こったことであり，テキサスインスツルメンツ社のナビゲーター™の使用が含まれていた（ナビゲーターは図2.2および図2.3を参照のこと）。ナビゲーターにより，ブレンナー教諭は自身のコンピュータと生徒の小型グラフ計算機をつなぐハブとワイヤ

53

レスで通信することができた。第二のエピソードの基盤となる観察の間、ブレンナー教諭はアクティヴィティセンターを利用しており、それにより、ブレンナー教諭が座標を表示し、生徒が座標上に個々の点を打ったり、方程式やグラフ、あるいはデータリスト等を共有ワークスペースに投稿することができた（図2.3）。

　これらの授業における教育実践と相互作用のパターンは、自己調整学習や数学的理解を支援する授業の理論的説明に類似しており、CCMSプロジェクトにおいて、代数Ⅰの授業の全国的な例に観察される主な相互作用とはかなり対照的であるという認識により、この2名の教諭の授業を理解する作業は支えられてきた（Pape et al., 2010）。これらの観察において、教師主導の談話や教師の非教育的説明は、観察授業の相互作用の大半を占めていた。特に、数学教育は、既知の情報からなる短い回答を求める、教師から生徒への質問が大半を占めていた。こうしたレベルの低い口頭質問により、一般に4語の長さの生徒から教師に向けた数学的発言が引き出される。そして、この発言の正確さは、主として、開始―応答―評価（IRE）サイクルを通して、教師によって評価される。「この相互作用のパターンは、憂慮すべき現実を示している。[全国的なCCMSの例における] この授業の生徒は、数学的に考えるというより、むしろ基礎的な演算を算出することを求められることが多い。そして、教師は数学的思考を統制した」(Pape et al., 2010, p. 23)。次のエピソードでは、これらの典型的な相互作用パターンと対照的な2つの授業の詳細を示す。そして、私たちが理論化する教師の行動が自己調整学習の発達と数学的理解に影響をもつということを強調する。

トンプソン教諭の6年生の授業

　トンプソン教諭は日ごろから、黒板に「今日の課題」と書くことで、生徒たちの授業への方向づけを始めた。それにより生徒に一日の活動を知らせ、授業のクラスレベルの共通目標を設定した。例えば、ある観察授業のセッションの課題は、本日の問題（POD）で構成されていた。それは、長方形の外周など、新しいトピックを伴うものである。授業のこの最初の段階で、トンプソン教諭

によるクラスレベルの目標を設定する試みは，予見段階の重要な自己調整学習行動として，目標設定のモデルとなっていた。PODの間，生徒はデータセットを与えられ，次の代表値に関する質問を投げかけられた。

アリシャの宿題の得点：10，7，8，10，9，6，10，9

a）一連の数学の宿題の得点について，平均値，中央値，最頻値を示しましょう。
b）どの代表値が宿題の得点をもっともよく代表するでしょうか。
c）もし2つの10が0になると，平均値はどのように変わるでしょうか。なぜこのようなことが生じるか説明しましょう。

PODは，以前に教わった概念やスキルを必要とするものであり，以前の授業の理解に関する生徒の自己省察を支援するものであった。課題の1問目（すなわち，平均値，中央値，最頻値を示すこと）は，決まった手続きを求めるものであったが，2問目と3問目は，高いレベルの理解と方略的行動を求めるものであった。

生徒は，個人で10分間程度PODに取り組んだ。PODは生徒に予見と遂行に取り組む機会を与える。そして，生徒はその後，クラス全体の議論に参加した。クラス全体の議論は，個人の取り組みを省察する機会を提供するのである。トンプソン教諭は，「その数は何を表していますか？」「なぜ私たちは平均値，中央値，最頻値を知る必要があるのでしょう？」等と生徒にいくつかの質問をして議論を始めた。生徒の回答は黒板に記録され，違いが検討された。それにより，問題解決者は，最初の解決プロセスを観察し，誤りに気づき，自らの取り組みや理解を調整する機会を得る。そして，それは自己調整学習の遂行と自己省察段階の重要な下位プロセスである（Zimmerman, 2000, 2002）。このPODでのクラスの取り組みは，自己調整学習のミクロレベルサイクルの一例である。トンプソン教諭は生徒に自らの活動をモニターするよう働きかける質問（すなわち，中央値を求めるときになぜデータを順序づける必要がありますか？）をして，生徒が課題に取り組む間，次のように支援した。

トンプソン教諭：中央値の目的は何でしょう。なぜ順番にする必要があるのでしょうか？

生徒：真ん中の数を見つけるため。

トンプソン教諭：順番になっていないデータの真ん中の数を見つける目的はどのようなことでしょう。何かを表しているのでしょうか？

生徒：いいえ。

トンプソン教諭：単に真ん中の数を知りたいのでないわけで，さあ，あなたたちは何を求めているのでしょう。もしあなたの宿題の得点があったら，その真ん中は何を伝えてくれるのでしょうか？

生徒：平均。

トンプソン教諭：平均。別のタイプの平均，すなわち代表値ですね。だから，私たちは単に乱数の真ん中を知りたいのではなく，データがどこで中央，中心傾向，平均になるかを知りたいのです。

トンプソン教諭は生徒に，数学的な過程を説明し，正当化するよう働きかけることが多くあった。そして，意見を言い換えたりまとめたりしてクラス全体の理解を促した。生徒は，意見の違いを比べ，課題達成の目標に基づき評価することができた。こうした教師の各実践は，目標を設定し，この目標に関する成果をモニターし，目標達成の判断によって行動を調整するといった自己調整学習の下位プロセスを，このクラスでの明示的な行動にした。

トンプソン教諭は，主となる学習活動を示した。それは，標準の測定単位を用いないで，同じ面積の2つの長方形の周の長さを比べることであった。生徒に教室の周の長さを示すよう求め，どのように周の長さを定義し，計算するかを問いかけた。クラスは，周の長さと面積との違い，そして，標準および非標準の測定単位を用いてどのように教室の周の長さを測るかに重点的に取り組んだ。この最初の議論は，課題分析を示し，課題を達成するために用いる概念，用語，記号等に関する生徒の既有知識を活性化する。さらに，課題の共通理解を協議することにより，生徒を方向づける点で重要である。

それから，トンプソン教諭は生徒に，8×11インチの用紙の短いほうの辺を二等分に折るよう求めた。彼女はそれを「ホットドッグスタイル」と名づけた。その後，彼女は長いほうの辺を二等分に用紙を折るよう求めた。彼女はそれを「ハンバーガースタイル」と呼んだ。生徒はそれぞれの折った形（「ホットドッグ」と「ハンバーガー」の半分の用紙）の周の長さを，標準の測定単位を用いないで個別に比較するよう求められた。この周の長さについての個別探究の時間は，授業の遂行段階をスタートさせた。トンプソン教諭は，クラス全体の議論でわかったことや意見を共有することへの期待を明確に述べた。そして，生徒に，理由を説明する際は，言葉や絵や数等を用いることができることを思い出させた。次の5分間で，生徒は個別に課題に取り組み，その間，トンプソン教諭は部屋の中を歩き，生徒を観察した。彼女は，生徒が用いる方略に関するフィードバックは与えなかったが，個々の生徒の自己調整学習のレベルによって，必要に応じて課題で求められていることを明確にした。例えば，ある生徒の課題の理解を促すために，標準と非標準の測定単位の違いに着目させた。一方で，別の生徒，ネイサンがその問題は面積に関連しているか周の長さに関連しているかを尋ねた際には，彼自身に判断させたいと考えた。それは異なるレベルの支援を示すものである。この遂行段階のトンプソン教諭の指導は，生徒に課題を持続させ，個人の課題分析，方略の選択，方略の遂行，問題の解決など，自己調整学習のミクロサイクルの足場かけをした。

　次に，トンプソン教諭は，クラス全体の議論で，生徒に自分の考えや方略について話すよう働きかけた。そのことは，生徒の思考に，議論や自己調整学習の遂行段階における省察の対象となる文脈を与えた。マイケルは，一方の図形を他方の図形の上に置き，図形の縦と横の長さを比較するという方略を共有した。彼がその方略について話している間，トンプソン教諭は，「何を合わせているの？　私たちが話しているのは長方形のどの部分？　周の長さはどこになるか示してくれる？」といった質問を投げかけ，彼の説明を探っていった。こうした質問をすることで，トンプソン教諭はマイケルの考えを明確にし，生徒間のコミュニケーションを促しただけでなく，クラスメイトの前でその課題を再分析するよう働きかけたのであった。この支援の構造は，自己調整学習の発達の観察レベルにある生徒や，課題分析の明確なモデリングを必要とする人に

特に役立つであろう。マイケルの最初の考えは，ホットドッグスタイルで折るときに，長方形の周の長さがより大きいというものであった。それは，図形の縦の長さを比較して判断していた。しかしながら，彼は図形の横の長さを比べている間に，ハンバーガースタイルで用紙を折るとき，図形の横の長さがより大きいということに気がついた。

　自分の方略の欠点に気がついて，マイケルは考えを少し変えた。そのことは，生徒たちが自らの方略を検討し，問題を解決するために行動や考えを調整するように，自己省察の重要性を理解するのに役立った。トンプソン教諭は，説明に関してマイケルを称賛し，マイケルの最初の考えに賛成していたネイサンに，考えを共有するよう求めることで，議論を導いた。

　　トンプソン教諭：それで，あなたはホットドッグには長い……この長い辺があるから，短い辺よりも周の長さが長いということに賛成なのですね。さあ，しかし，両方の横の長さがわかったらどうでしょうか。どのようにそれを証明できますか？　これはマイケルが考えを変えたときのことです。彼は，ホットドッグにはより長い辺があると考えていました……しかし一方で，あの横の長さと比べてこれらの横の長さはどうでしょうか？　同じでないと証明することはできますか？　こちらは周の長さがより長いですか？

　ここでトンプソン教諭は，マイケルの考えを言い換えることで，生徒が話し合い，方略（すなわち，短い辺と長い辺を別々に比較すること）の評価を促すのを手助けした。このことは，すべての生徒に，一般的な立場で自分自身の方略を省察し，考えの調整をする機会を与えた。

　ネイサンは推定を用いることを提案したが，要点を明確にしようと努力した。トンプソン教諭はクラスに向けて尋ねた。「みなさんは彼の方略についてどう思いますか？　これらの横の長さについて何か気づくことのある人はいますか？　もし一方の図形を他方の図形の上に置いたら，ホットドッグの横の長さはハンバーガーの横の長さに比べてどのようになりますか？」彼女は「周の

長さとは何ですか？　単にこれらの2つの辺ですか？」と周の長さの定義についても生徒に思い出させた。一人の生徒が方略を提案したにしても，トンプソン教諭はその課題で求められること（すなわち，ある図形の周の長さはその図形のすべての辺から構成されるということ）を考慮に入れて，すべての生徒にそれについて考えさせ評価させたいと考えた。再びトンプソン教諭は，課題目標の観点から，生徒が用いている方略に関する話し合いを調整した。

　授業の終わりに，クラスで周の長さの定義と図形の周の長さを示す方法について議論し，活動を振り返った。この部分の授業の間，クラスでは自らの学習をまとめ，省察し，再び自己省察に取り組んだ。トンプソン教諭は，生徒を褒め称え，必要なときに自らの思考や方略を調整することの重要さを強調した。「起こったことの一つは，あなたたちは自分の考えを変えたということです。ときに，あなたたちは最初に何かを考える。よく考え，他の人の方略について聞く機会があれば，その後，変えることもできるのです」。トンプソン教諭は生徒たちの考えや方略的行動を認めた。「彼の言ったことがわかりましたか？彼は尺杖のようにペンを使いました。よい非標準の測定単位ですね……さあ，マイクは非標準の測定単位としてペンを用いる素晴らしい方略を示しました」。生徒の遂行を称賛し，方略的行動を認めることで，トンプソン教諭は生徒が方略を自分のものにするのを助けることもした。

ブレンナー教諭の代数Iの授業

　ブレンナー教諭も，生徒が以前に学んだ概念を思い出して応用し，数学的関係を探究することを求める問題解決活動をグループで行う数学の授業を始めた。問題状況が伝えられ，その後，小グループとグループ全体の取り組みが交互に行われた。すなわち，生徒たちは小グループでの問題解決に繰り返し一緒に取り組み，その後，クラス全体の議論で新たな理解や知見を示した。ブレンナー教諭は，生徒の取り組みに期待されることを明確に述べることで，状況を設定した。そして，そのことは，授業の予見段階におけるクラスの目標設定の下位プロセスを明確にした。ブレンナー教諭は生徒に，問題の状況を示す方程式をつくり，方程式を解くために，小グループで一緒に取り組むことを求めた。

次の問題に関する方程式をつくって解きましょう。あるおもちゃ会社は，設備費用に毎日 1500.00 ドルに加え，労働者と材料に対しておもちゃ 1 つにつき 8.00 ドルを支払っています。おもちゃは 1 つ 12.00 ドルで売られています。1 日のコストと等しくするために，会社は 1 日にいくつのおもちゃを売らなければならないでしょうか。

生徒は課題を分析し，解法を議論するために小グループで一緒に取り組んだ。課題分析と問題解決のために方略のレパートリーを見直すことは，自己調整した生徒の重要な行動である。クラス全体の議論の間，生徒は解決プロセスを共有した。そして，そのことは，生徒の行動の有効性の観察を促した。生徒は，自らの理解を深める目的のために，互いの考えを探究し，質問するよう指導された。そのような議論の間，ブレンナー教諭は一人の生徒，ザラに最初の方程式を示すよう求めた。ブレンナー教諭が数学的思考について話す機会をとった時点では，ザラは自分の考えが間違っているかもしれないと思ったため共有するのに気が進まなかった（Cobb, Wood, & Yackel, 1993）。

　ブレンナー教諭：ザラは自分の答えに自信がないのですね。でも同時にそれは話し合う機会をたくさん与えてくれるということですね。だから，あなたがよいと思う答えではないという意識があるかもしれないけれど，たぶんそこで考えを出したら，［話し合うことを］私たちに与えてくれるでしょう。

こうしたコメントは，正しい答えと誤った答えの両方の検討基準を設定する助けとなり，問題解決に向けて経過を検討することの重要性を強調した。そして，そのことは自己調整学習の自己省察段階を明確にした。ザラは間違っているかもしれないと思うことを示すのにまだ消極的であったため，ブレンナー教諭は，その問題に対する方程式を書くのに必要とされる数学的推論に注意を向けるため，生徒の誤りを「つくり出す」ことで議論を続けた。下記の生徒の誤りの分析と説明は，生徒の数学的推論の取り組みに対する教師の継続的支援を示している。ブレンナー教諭は生徒に方程式を検討し，誤りを説明するよう働

きかけた。

  ブレンナー教諭：さあ，話し合いをするために，この方程式をつくっているところです。いいですか？　みなさんはどのように考えますか？　$8t+12t=1500$。うまくいっていますか？　セリア。
  セリア：それは私が最初に立てた式です。でもその後，変えました。
  ブレンナー教諭：なぜ変えたのですか？［間］なぜこれはうまくいかないのでしょうか？［間］アラーナ。
  アラーナ：おもちゃ1つにつき8ドルを払っているのではありません。おもちゃ1つにつき12ドルが支払った額に等しいので，1500ドル，プラスおもちゃの8ドルで，結局おもちゃ1つにつき12ドルになります。

　セリアは，ザラと同じ方法で方程式を立てたが間違っていたと気づいたということを自発的に述べた。彼女の意見は以下を強調するものであった。すなわち，他の生徒は，必要に応じて自己観察や調整が必要な，最初の不正確な推論を通して課題に取り組まねばならないということである。それからブレンナー教諭は，セリアが取り組みを変える判断をした背景にある推論を促した。セリアは，そのときは自らの推論を伝えることができなかった。しかし，他の生徒，アラーナが仮定の方程式がなぜうまくいかないかについて考えを示した。この議論はクラスに，談話の対象としてアラーナの数学的な考えを取り上げる機会を与えた。そして，生徒に対して，自己調整学習の自己省察段階を明確にした。クラス全体の議論の中で，生徒は自らの思考プロセスを一般的な検討に利用できるようにし，他者の数学的思考や方略的行動に関連した提案をするよう促された。

　続くウォームアップ問題では，生徒はその日の新しいトピックとなる課題に取り組んだ。この授業の目標は，$y=ax^2+bx+c$ の形態の二次方程式の係数 a, b, c を変化させることで，そのグラフの位置と形に与える影響を表現することであった。ブレンナー教諭は，座標の格子状のオーバーレイがついた，バスケットボールのコートでフリースローをする構えの男性の写真を提示するため

に，CCT のアクティヴィティセンターのユニットを利用した（図 2.3 参照）。生徒は，バスケットボールリングを通るバスケットボールの軌道と一致するグラフとなる方程式を判断し，そして，クラスの前でスクリーン上にイメージを投影して方程式を提示するため，小グループで一緒に取り組むよう指示された。

　生徒は課題を達成する計画を立て，数学的な考えを共有，協議して，小グループで取り組んだ。生徒は，シュートする人の手にあるボールからバスケットまでのアーチを形づくるのに必要な要点となる座標を決めるために，何度か投影スクリーンのところに行った。生徒のグループは，望ましい結果が得られるかどうかを確認して，方程式によって定義された，投影された放物線を検討し，課題を再分析し，異なる結果を生じさせる係数の変化について推測し，修正した方程式をテストする等して，方程式を提示した。ブレンナー教諭は，進捗を確認するために生徒のグループと対話し，取り組みに集中させ，導くために戦略的に質問して遂行を支援した。

　小グループの取り組みにおける省察もクラス全体の議論の間に行われた。教師は，生徒の注意をスクリーン上に投影された個々のグラフに向けさせ，活動を少し休止させた。リンクされた方程式は，座標面の右側のアクティヴィティセンターのスクリーンの一部に可視化された。図 2.3 では，グループが提示した放物線の議論で，生徒を指導するブレンナー教諭の姿が示されている。この指導つきの省察の間，生徒は，方程式の係数が修正されるに伴い放物線の位置と形がどのように変化するかの説明により，各グループの方程式の変化について推測するよう求められた。ブレンナー教諭は皆が互いの経験から恩恵を受け，一緒に数学の意味を理解することができるように，こうした議論の間の生徒の取り組みと，その後の数学的な意見を取り上げた。こうした議論は，自己調整学習の遂行段階や自己省察段階の本質的な下位プロセスのモデルとなった。

　　　ブレンナー教諭：2番目についてみんなで話し合いましょう。……ここにあるこの方程式は［ボールの軌道に一致しなかった放物線を指して］，ここからシュートしてここに到達するよう，この方程式をもう少し近づけるのに何をすればよいでしょう？

第 2 章　自己調整の発達を最大化する数学授業の連続的構成要素

図 2.3　議論で生徒の解法を取り上げているブレンナー教諭

　　　　　　　　　エドガーどうしましょう？
　　　　エドガー：b を大きくする。
ブレンナー教諭：はい，b を大きくするというエドガーの提案です。では，
　　　　　　　　この方程式の b を大きくしてみましょう……
ブレンナー教諭：ここでどうなりましたか？
　　　　ダイアナ：放物線が狭くなった。
ブレンナー教諭：放物線をもっと狭くするにはどうしたらよいでしょう？
　　　　　　生徒：大きい数を置く。
ブレンナー教諭：大きい数を置く。さあ，これらの放物線について特別なの
　　　　　　　　はどんなことでしょう？　どの方向に動きますか？
　　　　　　生徒：［聞き取れない］
ブレンナー教諭：つまりそれはどんなことを意味するのでしょう？
　　　　　　生徒：負。
ブレンナー教諭：負であると。では，a の値の絶対値が大きくなっていると
　　　　　　　　いうことですか？

　ブレンナー教諭は，放物線の変更につながる方程式の変更に関する提案（例

えば，bを大きくする）を受け入れた．あるいは，より明確な反応を引き出すためにさらに質問をした（例えば，もっと狭くするにはどうしたらよいでしょう？）．生徒の意見の反復は，評価的ではなかったが，生徒の提案をリヴォイシング（再声化）するのに役立った．ブレンナー教諭は，生徒が使う表現「large」と「bigger」が絶対値に関連するということを明確にするために，二次項の負の係数に注意を向ける質問を続けた．生徒はまだ提案の意味を整理しなければならなかった．それには，予見，遂行，自己省察の段階を戻って循環することも含まれる（すなわち，マクロレベルにおける授業の段階内でのミクロレベルにおける自己調整学習の部分的サイクル：図 2.1)．生徒は，バスケットボールの放物線の軌道に一致するよう進捗を試すため，新たな考えを議論し，方程式の係数を修正し，方程式を再提示する取り組みに小グループで再び取りかかった．あらためて，このことはマクロレベルにおける授業の遂行段階内での自己調整学習のミクロサイクルを示している．

議論

それぞれ1つのクラスの観察に焦点化したため，エピソードでは明らかでないが，自己調整学習の発達は，さまざまな程度のモデリングや支援（表 2.1 および表 2.2 参照）を必要とするレベルで生じる（Zimmerman, 2000, 2002)．観察レベルでは，授業の予見段階での課題分析や目標設定のような，より詳細で精密な教師のモデリングの下位プロセスを必要とする．教師は授業の遂行段階で，方略的行動，課題への粘り強さ，自己観察等のモデルとなるように考えを言葉に表すであろう．最終的に，教師は目標を達成するために用いた方略の有効性を検討するであろう．具体的には，教師が課題達成への進捗について省察のモデルとなる際に，方略的行動を目標達成に結びつけ，目標達成の評価を受けた方略的行動にいかに適合させるかを議論することがある．

こうした明確な足場となる支援の程度は，生徒が自己調整学習の発達における観察から模倣のレベルに進むにつれて引き下げられる．さらに数学の課題に取り組むことができるようになるにつれて，生徒は教師をモデルとした技術，

行動，数学的な考え方等を模倣し始める。模倣段階では，生徒はまだ，教師や技術を習得した他の生徒によってもたらされる丁寧な指導を必要としている。さらに，教師が促そうとしている自己調整学習の段階に応じて，この足場は変化する。

　自己コントロールと自己調整のレベルでは，後の学年においてのみ発達するのかもしれないが，教師は限られた導入で課題を与えるだけになるであろう。生徒は課題分析を遂行し，課題を達成する方略を探索し，自らの方略を実行し，最後に目標の達成を省察する。自己調整レベルでは，生徒は以前学んだ方略をさまざまな条件に適合させることもできる。生徒が課題を達成する能力を身につけるにつれて，教師は徐々に支援や指導のレベルを下げていく。

　マクロレベル，すなわち授業レベルでは，教師の役割は自己調整学習の3つの段階（例えば，予見，遂行コントロール，自己省察：Zimmerman, 2000, 2002）に焦点化するさまざまな教育実践を提供することである。一方で，生徒がZimmermanの自己調整学習の発達レベルを前に進めるにつれて教育的支援の強さを変え，調整する。さらに，発達レベルは固定されていないということに留意しなければならない。つまり，個々の生徒は，授業の内容によって異なるニーズをもつ可能性がある（例えば，発達レベルを逆行しているように思われること等）。それゆえに，数学の課題に自己調整的な方法でまだ取り組むことができない生徒に対して，ミクロレベルでは異なる支援を与える必要があるであろう。教師は，授業の遂行段階の下位プロセスを逆戻りして，自己調整学習の反復サイクルを通じて生徒を指導するため補助的なモデリングを提供するであろう。異なる段階に関して，生徒が自己調整学習の能力においてさまざまなレベルにあることに留意することもまた重要である（Butler, 1995, 1998）。つまり，ある生徒は課題で求められることを分析する能力があるかもしれないが，課題の取り組みに関しては観察レベルにあるかもしれない。それゆえに，教師は自己調整学習の能力（例えば，課題分析，自己モニタリング，自己評価）におけるさまざまな段階／プロセスに関して，自己調整学習のさまざまな発達レベルにある生徒に，教室の規範や授業構造を示すよう努めなければならない。

今後の研究

　トンプソン教諭とブレンナー教諭の授業は，全国調査で観察された典型的な授業とは相互作用パターンが異なっていたため，自己調整学習の議論に選ばれた（Pape et al., 2010）。トンプソン教諭とブレンナー教諭は，数学について思考し学ぶための方略的アプローチを支援する授業環境を明示的につくり出した。このように，彼女らは自己調整学習の発達を潜在的に支援していた。彼女らの授業の相互作用は自己調整学習の発達の議論に適したものだが，2つの教室には重要な違いがある。いくつかの違いは生徒の年齢差に起因すると考えられる（今回は平均して約3年の差があった）。しかしながら，私たちはその違いに寄与する他の重要な授業環境の特徴があると考えている。今後の縦断研究では，生徒が自己調整に向け前進するにつれて教師が支援のレベルを調整する方法を検討するであろう。さらに，横断的研究は，この種類の明示的な方略教育に関して，さまざまな学年や年齢レベルの生徒の経験やニーズの比較を支援するであろう。さまざまな発達レベルの生徒のニーズに関する詳細について教師に伝えるため，この領域の継続的な研究が必要とされている。

　今後の研究は，授業におけるさまざまな相互作用のパターンの結果を検討することが目的となるであろう。私たちは，いかにわずかな変化が数学を学ぶ機会に差を生み出し，自己調整学習の発達に影響するかについて，もっと知りたいと考えている。特に，CCMSの授業で観察してきた違いについて，CCTの影響や，教師がCCTを用いる方法による変化をより深く理解したい。多くの授業の最初の部分で，教師は内容を復習し，生徒の理解をモニターするために，CCTの機能を用いた。こうした形成的評価の機会は，生徒の知識に関して，ただちにフィードバックを生徒と教師に与えるため，自己調整学習の発達や数学的理解を支援したと私たちは仮定する。残念なことに，教師がすべての数学的思考を行った授業も多く観察された。数学的思考に関する教師の統制は，生徒の数学的理解と自己調整学習の行動の両方の発達を制限すると考えられる。よって，CCTがある場合もない場合も，教師が生徒の数学的思考を促して取り上げるために選ぶさまざまな方法や，その後の授業の相互作用へ

の影響に関して問いが残る。CCT の教室で数学的思考をさらに育てるために，私たちはいくつかの効果的な CCT の利用の特徴を提案してきた（Pape et al., 2012）。追跡調査においてこれらの構成要素の検討を見込んでいる。

最後に，私たちは，一つのツールとして CCT を組み入れ，ここで説明してきた教育実践を行い，専門的能力の開発に関する教師のニーズを検討するため，研究プロジェクトを遂行している。教師は，数学的思考に対する責任を生徒に委ねる教育実践を実施するために，さまざまなレベルの支援を求めている。生徒は，数学の学習や数学的な思考に向かうポジティヴな傾向を構築するだけでなく，数学的に考えるための有意義な機会を求めている。現在，私たちはこうした教育的筋道を実践する教師のグループとともに取り組んでおり，この介入が生徒の成果に与える影響について調査している。教室の教授学習に持続的でポジティヴな影響を与えるよう考案された専門的能力の開発の継続的検討に，私たちは関心をもっている。

結論

私たちが提案した介入は，授業に組み込まれる際，次のような教育実践で構成されている。Zimmerman（2000, 2002）の自己調整学習の三段階（すなわち，予見，遂行，自己省察）を用いて構成されたマクロレベルは，こうした行動をとり始めるであろう生徒に対して，自己調整学習の下位プロセスを明確にする。介入の有効性に寄与する要因には，選ばれた課題，授業の相互作用を決める規範，そして，数学的思考の探究や議論の目的に関する生徒の取り組みの共有等が含まれる。

私たちは，CCT は自己調整学習の行動を促すのに必要とされていないということを強調する一方で，本章で示されたように，CCT は数学教育を実施するための重要なツールになりうるという見解を進めている。CCMS の研究では，生徒の取り組みを一般公開するための CCT の利用は，数学的思考への共同責任や継続的な遂行に対する説明責任の文脈を与える。前述の通り，典型的な授業では，生徒は授業中に自分の数学的行動に関して責任を課されることは

あまりない。教師が数学的手続きを説明する多くの場合，生徒はその手続きの中で計算するよう要求された。こうした相互作用パターンは，生徒の数学的理解の発達ならびに自己調整学習行動を制限すると考えられる。数学の権威を捨て，生徒の数学的な解釈，説明，議論等の検討に多くの時間をとっていく際の教師の支援の仕方について，学ぶ必要のあることはまだ多い。一方で，着実に進行中の長期的な専門的能力の開発は，自己調整学習を支援する授業の構築に向けて取り組むため，教師のニーズを支援する可能性がある。

文献

Bell, C. V. (2008). *Cultural diversity and white teacher scaffolding of student self-regulated learning in algebra classes.* Unpublished doctoral dissertation, The Ohio State University, Columbus, OH. Retrieved from http://etd.ohiolink.edu/

Bell, C. V., & Pape, S. J. (2012). Scaffolding students' opportunities to learn through social interactions. *Mathematics Education Research Journal.* doi:10.1007/s13394-012-0048-1

Borkowski, J. G., Weyhing, R. S., & Carr, M. (1988). Effects of attributional retraining on strategy-based reading comprehension in learning-disabled students. *Journal of Educational Psychology, 80*, 46–53. doi:10.1037/0022-0663.80.1.46

Butler, D. L. (1995). Promoting strategic learning by postsecondary students with learning disabilities. *Journal of Learning Disabilities, 28*, 170–190. doi:10.1177/002221949502800306

Butler, D. L. (1998). In search of the architect of learning: A commentary on scaffolding as a metaphor for instructional interactions. *Journal of Learning Disabilities, 31*(4), 374–385. doi:10.1177/002221949803100407

Butler, D. L. (2003). Structuring instruction to promote self-regulated learning by adolescents and adults with learning disabilities. *Exceptionality, 11*, 39–60. doi:10.1207/S15327035EX1101_4

Butler, D. L., Beckingham, B., & Lauscher, H. J. N. (2005). Promoting strategic learning by eighth-grade students struggling in mathematics: A report of three case studies. *Learning Disabilities Research & Practice, 20*, 156–174. doi:10.1111/j.1540-5826.2005.00130.x

Cobb, P., Boufi, A., McClain, K., & Whitenack, J. (1997). Reflective discourse and collective reflection. *Journal for Research in Mathematics Education, 28*, 258–277. doi:10.2307/749781

Cobb, P., Wood, T., & Yackel, E. (1993). Discourse, mathematical thinking, and classroom practice. In E. A. Foreman, N. Minick & C. A. Stone (Eds.), *Contexts for learning: Sociocultural dynamics in children's development* (pp. 91–119). New York, NY: Oxford University Press.

De Corte, E., Verschaffel, L., & Eynde, P. O. (2000). Self-regulation: A characteristic and a goal of mathematics education. In M. Boekaerts, P. Pintrich, & M. Ziedner (Eds.), *Handbook of self-regulation* (pp. 687–726). Orlando, FL: Academic Press. doi:10.1016/B978-012109890-2/50050-0

Dweck, C. S. (2000). *Self-theories: Their role in motivation, personality, and development*. Philadelphia, PA: Taylor & Francis.

Gee, J. P. (2008). A sociocultural perspective on opportunity to learn. In P. A. Moss, D. C. Pullin, J. P. Gee, E. H. Haertel, & L. J. Young (Eds.), *Assessment, equity, and opportunity to learn* (pp. 76–108). New York, NY: Cambridge University Press.

Gresalfi, M. S. (2009). Taking up opportunities to learn: Constructing dispositions in mathematics classrooms. *The Journal of the Learning Sciences, 18*, 327–369. doi:10.1080/10508400903013470

Gresalfi, M. S., Martin, T., Hand, V., & Greeno, J. (2009). Constructing competence: An analysis of student participation in the activity systems of mathematics classrooms. *Educational Studies in Mathematics, 70*, 49–70. doi:10.1007/s10649-008-9141-5

Hufferd-Ackles, K., Fuson, K. C., & Sherin, M. G. (2004). Describing levels and components of a math-talk learning community. *Journal for Research in Mathematics Education, 35*, 81–116. doi:10.2307/30034933

Kelly, S. (2009). The Black-White gap in mathematics course taking. *Sociology of Education, 82*, 47–69. doi:10.1177/003804070908200103

Kilpatrick, J., Swafford, J., & Findell, B. (2001). *Adding it up: Helping children learn mathematics*. Washington, DC: National Academy Press.

McClain, K., & Cobb, P. (2001). An analysis of development of sociomathematical norms in one first-grade classroom. *Journal for Research in Mathematics Education, 32*, 236–266. doi:10.2307/749827

National Council of Teachers of Mathematics. (2000). *Principles and standards for school mathematics*. Reston, VA: Author.

National Research Council. (1989). *Everybody counts: A report to the nation on the future of mathematics education*. Washington, DC: National Academy Press.

Owens, D. T., Abrahamson, L., Pape, S. J., Irving, K., & Demana, F. (2005). *Classroom connectivity in promoting mathematics and science achievement*. Columbus, OH: The Ohio State University.

Pape, S. J. (2005). Intervention that supports future learning: Developing self-regulated learners. In S. Wagner (Ed.), *PRIME: Prompt intervention in mathematics education* (pp. 77–98). Columbus, OH: Ohio Resource Center for Mathematics, Science, and Reading and Ohio Department of Education.

Pape, S. J., Bell, C. V., & Yetkin, I. E. (2003). Developing mathematical thinking and self-regulated learning: A teaching experiment in a seventh-grade mathematics classroom. *Educational Studies in Mathematics, 53*, 179–202. doi:10.1023/A:1026062121857

Pape, S. J., Bell, C. V., Owens, S. K., Bostic, J. D., Irving, K. E., Owens, D. T., . . . Silver, D. (2010, May). *Examining verbal interactions within connected mathematics classrooms*. Paper presented at the Annual

Meeting of the American Educational Research Association, Denver, CO.

Pape, S. J., Irving, K. E., Bell, C. V., Shirley, M. L., Owens, D. T., Owens, S., . . . Lee, S. C. (2012). Principles of effective pedagogy within the context of connected classroom technology: Implications for teacher knowledge. In R. N. Ronau, C. R. Rakes, & M. L. Niess (Eds.), *Educational technology, teacher knowledge, and classroom impact: A research handbook on frameworks and approaches* (pp. 176–199). Hershey, PA: IGI Global. doi:10.4018/978-1-60960-750-0

Pape, S. J., & Smith, C. (2002). Self-regulating mathematics skills. *Theory into Practice, 41*, 93–101. doi:10.1207/s15430421tip4102_5

Pape, S. J., & Wang, C. (2003). Middle school children's strategic behavior: Classification and relation to academic achievement and mathematical problem solving. *Instructional Science, 31*, 419–449. doi:10.1023/A:1025710707285

Pólya, G. (1957). *How to solve it.* Garden City, NY: Doubleday. (Original work published 1945)

Porter, A. C., & Polikoff, M. S. (2011). Measuring academic readiness for college. *Educational Policy, XX*, 1–24. doi:10.1177/0895904811400410

Randi, J., & Corno, L. (2000). Teacher innovations in self-regulated learning. In M. Boekaerts, P. Pintrich, & M. Ziedner (Eds.), *Handbook of self-regulation* (pp. 651–685). San Diego, CA: Academic Press. doi:10.1016/B978-012109890-2/50049-4

Schoenfeld, A. H. (1985). *Mathematical problem solving.* Orlando, FL: Academic Press.

Schoenfeld, A. (1987). What's all the fuss about metacognition? In A. Schoenfeld (Ed.), *Cognitive science and mathematics education* (pp. 189–215). Hillsdale, NJ: Lawrence Erlbaum.

Schoenfeld, A. H. (1992). Learning to think mathematically: Problem solving, metacognition, and sense making in mathematics. In D. A. Grouws (Ed.), *Handbook of research on mathematics teaching and learning* (pp. 334–370). New York, NY: Macmillan.

Schoenfeld, A. H. (2002). Making mathematics work for all children: Issues of standards, testing, and equity. *Educational Researcher, 31*, 13–25. doi:10.3102/0013189X031001013

Schunk, D. H. (2001). Social cognitive theory and self-regulated learning. In B. J. Zimmerman & D. H. Schunk (Eds.), *Self-regulated learning and academic achievement* (2nd ed., pp. 119–144). Mahwah, NJ: Lawrence Erlbaum. doi:10.1007/978-1-4612-3618-4_4

Schunk, D. H., & Zimmerman, B. J. (1997). Social origins of self-regulatory competence. *Educational Psychologist, 32*, 195–208. doi:10.1207/s15326985ep3204_1

Thompson, L. R., & Lewis, B. F. (2005). Shooting for the stars: A case study of the mathematics achievement and career attainment of an African American male high school student. *The High School Journal, 88*, 6–18. doi:10.1353/hsj.2005.0011

Tuckman, B. W., & Kennedy, G. (2009, April). *Teaching learning and motivation strategies to enhance the success of first-term college students.* Paper presented at the annual meeting of the American Educational Research Association, San Diego, CA.

Verschaffel, L., & De Corte, E. (1997). Teaching realistic mathematical modeling in the elementary school: A teaching experiment with fifth graders. *Journal for Research in Mathematics Education, 28*, 577–601. doi:10.2307/749692

Verschaffel, L., De Corte, E., Lasure, S., Van Vaerenbergh, G., Bogaerts, H., & Ratinckx, E. (1999). Learning to solve mathematical application problems: A design experiment with fifth graders. *Mathematical Thinking and Learning, 1*, 195–229. doi:10.1207/s15327833mtl0103_2

Yackel, E., & Cobb, P. (1996). Sociomathematical norms, argumentation, and autonomy in mathematics. *Journal for Research in Mathematics Education, 27*, 458–477. doi:10.2307/749877

Yetkin, I. E. (2006). *The role of classroom context in student self-regulated learning: An exploratory case study in a sixth-grade mathematics classroom*. Unpublished doctoral dissertation, The Ohio State University, Columbus, OH. Retrieved from http://etd.ohiolink.edu/

Yetkin-Ozdemir, I. E., & Pape, S. J. (2011a). *The role of interactions between student and classroom context in developing adaptive self-efficacy in one sixth-grade mathematics classroom*. Manuscript submitted for publication.

Yetkin-Ozdemir, I. E., & Pape, S. J. (2011b). *The role of interactions between student and context in creating opportunities for developing strategic competence in a mathematics classroom*. Manuscript submitted for publication.

Yetkin-Ozdemir, I. E., & Pape, S. J. (2012). Supporting students' strategic competence: A case of a sixth-grade mathematics classroom. *Mathematics Education Research Journal, 24*(2), 153–168. doi:10.1007/s13394-012-0033-8

Zimmerman, B. J. (1989). A social cognitive view of self-regulated academic learning. *Journal of Educational Psychology, 81*, 329–339. doi:10.1037/0022-0663.81.3.329

Zimmerman, B. J. (1990). Self-regulating academic learning and achievement: The emergence of a social cognitive perspective. *Educational Psychology Review, 2*, 173–196. doi:10.1007/BF01322178

Zimmerman, B. J. (2000). Attaining self-regulation: A social cognitive perspective. In M. Boekaerts, P. Pintrich, & M. Ziedner (Eds.), *Handbook of self-regulation* (pp. 13–39). Orlando, FL: Academic Press.

Zimmerman, B. J. (2002). Achieving self-regulation: The trial and triumph of adolescence. In F. Pajares & T. Urdan (Eds.), *Academic motivation of adolescents* (Vol. 2, pp. 1–27). Greenwich, CT: Information Age.

Zimmerman, B. J. (2008). Investigating self-regulation and motivation: Historical background, methodological developments, and future prospects. *American Educational Research Journal, 45*, 166–183. doi:10.3102/0002831207312909

Zimmerman, B. J., & Martinez-Pons, M. (1986). Development of a structured interview for assessing student use of self-regulated learning strategies. *American Educational Research Journal, 23*, 614–628. doi:10.3102/00028312023004614

第 3 章

ライティングにおける自己調整方略の育成
——育成，実施，強化——

Karen R. Harris（カレン・R・ハリス），Steve Graham（スティーヴ・グラハム），
Tanya Santangelo（ターニャ・サンタンジェロ）

訳：福富隆志（慶應義塾大学大学院），犬塚美輪（東京学芸大学）

　1980年代から，HarrisとGrahamらは，初等教育から中等教育段階までの学習者のライティングに関する研究を行ってきた。こうした研究の多くは，学習者のライティング能力の育成における4つの決定的な要素と，それらの重要性に着目している。4つの要素とはすなわち，方略，知識，意志，スキルである（Graham & Harris, 2012；Harris & Graham, 1999）。彼女らは，典型的なライティング能力の発達過程におけるこれら4つの要素とその重要性を検討し，これらの要素が，ライティングが苦手であったり，何らかの障害をもっていたりする書き手において果たす役割についても検討してきた。また，基礎的なライティングのスキル，すなわち書字，スペリング，文をつくることなどが，学習者の書き手としての成長に果たす役割にも注意を向けてきた。最近では，ライティングが学校や教育改革に統合的に組み込まれるべきだと主張する仲間たちとともに，政策の領域に進出しつつあるが，過去30年にわたって，学齢期の学習者におけるライティングの方略，知識，意志，スキルの育成のための介入方法の開発および改善を主な焦点としてきた。
　この章で私たちは，「自己調整方略開発（Self-Regulated Strategy Development: SRSD）」と呼ばれる介入の開発と，その基盤となる研究に焦点を当てる。最初に，私たちは，効果的な文章を書く能力の重要性について，簡潔に考察する。次に，SRSDの開発と，Barry Zimmermanの研究との関連に目を向ける。彼によってもたらされた知見は，SRSDの研究にこれまで大きな影響を及ぼしてきたし，現在も及ぼし続けている。その次に，SRSDの基盤となる知見を簡潔にまとめる。それから，SRSDの実践の詳細について，ある教師の担当する教室で行われた実際のSRSD実践を紹介しながら，説明する。最後に，SRSDの

観点から，将来の研究や実践の必要性について議論し，この章を終える。特に，SRSDに基づく指導を学校現場で拡大し維持していくための研究や実践が必要であることを強調する。

ライティングとライティング指導を改善することの重要性

　ライティングが著しく苦手な学習者は，きわめて不利な立場に置かれる。というのも，彼らは学習や発達の支援のために，ライティングの力を利用することが難しくなるからである。ライティングは，初等教育段階における知識の学習と表現には不可欠なツールであり，内容学習の主要な基盤の一つである (Graham & Harris, 2011; Swedlow, 1999)。そのうえ，ライティングはコミュニケーション，自己表現，自己省察の強力な手段を提供し，学習者の精神的健康やウェルビーイングに寄与する可能性がある (Graham, Harris, & MacArthur, 2004; Harris & Graham, 2013; Smyth, 1998)。ライティングにおける著しい困難は，学習者を学校での失敗に向かわせるだけではなく，彼らの将来にも影響を及ぼす可能性がある。というのも，今日では，生活給を支払う仕事の大部分において高い水準のリテラシースキルが要求されるうえ，この傾向は将来さらに強まると考えられるからである (Berman, 2001; Kirsch, Braun, Yamamoto, & Sum, 2007)。

　しかしながら，ライティングは，その重要性にもかかわらず，学習者がもっとも修得に苦労する学業領域の一つである。全米学力調査 (the National Assessment of Educational Progress: NAEP) では，1998年，2002年，2007年（ライティングに関するデータが利用できる最後の年である）において，4年生，8年生，12年生の学習者の大半が，彼らの学年で必要とされるライティング能力の修得に失敗していることが示された。2007年の調査では，ライティングの熟達水準に達するか超えていた学習者は，8年生の6%，12年生の5%にすぎなかった (Salahu-Din, Persky, & Miller, 2008)。アメリカの児童・生徒の大半は，物語文，説明文，説得文の作成に大きな困難を感じているのである (Applebee, Langer, Mullis, Latham, & Gentile, 1994; Applebee, Langer, Jenkins, Mullis, & Foertsch, 1990)。大半の児童がライティングに肯定的な態度をもちながら学校に通い始

めるが,徐々にその態度を悪化させていく(Applebee, Langer, & Mullis, 1986)ことは驚くに値しないであろう。SRSDは,当初,学習障害の学習者が直面するライティングへの困難に応じるために開発されたが,1985年以降は,典型的な書き手とライティングへの困難を抱える書き手の両方に対して,効果的なアプローチとなることが示されている(Harris, 1982, 1986; Harris & Graham, 1985, 2009を参照)。

SRSDの基盤とBarry Zimmermanの研究

　HarrisとGraham(2009)で説明されているように,彼女らはいくつかの重要な前提を根拠として,方略指導のアプローチとしてのSRSDの開発を始めた。彼女らによれば,重大な,そしてしばしば自分自身を弱体化させる学業上の困難に直面する学習者は,彼らの感情的・行動的・認知的な特性や長所,ニーズに,計画的,直接的に働きかける統合された指導アプローチによって恩恵を受ける,ということであった。さらに,HarrisとGrahamの考えでは,仲間がより容易に形成するスキル,方略(学業的・社会的・自己調整的な方略を含む),理解を獲得するために,より広範囲で,構造化された,明示的な指導を必要とする学習者が数多く存在し,彼らのニーズに合った水準の明示的指導を必要としていることが多い。HarrisとGrahamが初期から主張し,今も信じ続けていることは,学習者,教師,学校が直面するすべての困難に対処するための単一の教授理論や学習理論は,過去にも現在にもないということである。したがって,彼女らが追加した前提は,重大な学業上の困難に直面する学習者への強力な介入方法の開発のために,多方面の研究を多様な理論的見地から統合する必要がある,ということである(Harris, 1982; Harris & Alexander, 1998; Harris & Graham, 1985)。

　学習に対する多様で確かなアプローチの思慮深い効果的な統合は,それらが依拠する理論や学問が一致するか否かにかかわらず(例えば,教授や学習に対する感情的・行動的・認知的アプローチなどがある),SRSDの開発にとって重要であった。SRSDに深い影響を及ぼした決定的な研究領域の一つが,Barry

Zimmerman（Zimmerman, 1997 を参照）が重要な貢献をなした自己調整の発展と向上である。

過去数十年にわたる SRSD の発展については他書に譲ることとして（Graham & Harris, 1989, 2009; Harris, 1982; Harris & Graham, 1992, 1999, 2009 を参照），ここでは SRSD の最初の基盤に言及してから，Zimmerman の研究が SRSD に影響を及ぼすようになった経緯を説明する。4 つの理論的・実証的な根拠が，1980 年代初期の SRSD の最初の基盤を提供した（Harris & Graham, 2009）。

1. Meichenbaum（1977）の認知的・行動的介入モデル（特に彼は，相互作用的な学習，モデリング，足場かけ，自己調整の要素を含む介入の各段階と，ソクラテス式対話を強調した）。
2. 自己コントロールの社会的な起源と知性の発達に関するソビエトの理論家や研究者の研究（Vygotsky〈ヴィゴツキー〉，Luria〈ルリア〉，Sokolov〈ソコロフ〉など）（これらの研究は，SRSD モデルの自己調整とモデリングの各要素にも貢献した）。
3. Brown と Campione らの，自己コントロール，メタ認知，方略の指導方法の開発に関する研究（Brown, Campione, & Day, 1981 を参照；Brown らによって強調された重要な観点の一つは，「指導内容について正しい情報を伝えたうえでの実施（informed instruction）」である。これは，学習者が，メタ認知の重要性だけではなく，自分が何をしているのか，なぜそれをしているのかを明確に理解する必要があることを意味する）。
4. Deshler と Schumaker らの，学習障害をもつ青年を対象とした方略の習得段階の妥当性に関する研究（Schumaker, Deshler, Alley, Warner, & Denton, 1982 を参照；彼らの習得段階の考え方は，Meichenbaum の研究にも影響を受けている）。

SRSD は，開発の初期段階で，行動研究者たちによる自己調整に関する重要な研究にも影響を受けた。行動研究者たちは，4 つの効果的な手順を特定した。すなわち，自己教示，自己決定基準，自己評価，自己強化である（Harris, 1982; O'Leary & Dubey, 1979; Rosenbaum & Drabman, 1979）。これらの自己調整の手順

のそれぞれが初期の方略指導モデルに統合され，同様に，Zimmerman らの研究を含めたいくつもの影響を受けて，SRSD による自己調整能力への取り組みは長期間にわたって洗練されていったのである。

つまり，Harris らが行動研究者の研究によって自己調整に目を向け始めている一方で，Zimmerman らの研究も，SRSD の開発と，後の研究に決定的な影響を及ぼすようになったのである。一つの重要な例は，Zimmerman らによる自己調整能力の発達モデルの進歩である。彼らのモデルでは，発達の四水準が強調されている。すなわち，観察，模倣，自己コントロール，自己調整である（Schunk & Zimmerman, 1997 を参照）。Zimmerman（1997, 1989）の理論によると，学習者は，自分の学習行動，環境，内的な認知プロセス，内的な感情プロセスの各要素を自己調整する能力をもつ。Schunk と Zimmerman（1994）は，社会的認知の立場から，自己調整を，「学習者が，目標達成に向けて組織化された認知，行動，感情を活性化させ，維持する過程」と定義した（p. 309）。後に述べることになるが，SRSD による指導にも，書き手の目標を支える認知，行動，感情の活性化と管理，維持が含まれている。

さらに，1997 年に，Zimmerman と Reisemberg は，既存のライティングモデルのレビューを行った。彼らは，既存のモデルは課題環境と自己調整方略を含んでいるものの，書き手のパフォーマンスやその自己調整的な発達ではなく，学習者のライティング能力における認知プロセスの役割に焦点化されていると批判した。さらに，彼らは，「書き手のパフォーマンスやその自己調整的な発達に着目した説明には，認知プロセスだけではなく，社会，動機づけ，行動プロセスの役割も含まれる必要がある」（Zimmerman & Reisemberg, 1997, p. 75）と主張した。彼らは，社会的認知理論や自己調整理論（Zimmerman, 1989）を踏まえて，自己調整の3つの基本的な形態からなるライティングモデルを提唱した。3つの形態とは，環境，行動，暗黙または個人内である。彼らの主張によると，特定の自己調整の方法やプロセスの効果に関する書き手のモニタリングと，フィードバックへの反応が循環するフィードバックループが存在し，自己調整の3つの形態はこのフィードバックループによって相互に作用し合っている。

1980 年代から今日まで，Barry Zimmerman らの研究は，SRSD の指導の形

態や要素に影響を与え続けてきた。特に重要なことは，彼らの研究が，Harris と Graham の初期の前提，すなわち，効果的な介入は感情，行動，認知に着目しなければならないという前提をさらに強化したこと，および，ライティング指導への SRSD アプローチによる自己調整能力の育成という枠組みの作成に貢献したこと，である。Schunk と Zimmerman (1997) で報告されたのは自己調整の発達モデルであり，SRSD は指導モデルであるが，これら 2 つのモデルは，ともに自己調整の発達を学業パフォーマンス向上のための主要な目的としている（Zito, Adkins, Gavins, Harris, & Graham, 2007 を参照）。

　自己調整の発達に関する Zimmerman らの研究は，SRSD アプローチの指導段階が開発された初期においても，より洗練されている現在においても，決定的な役割を果たしている。最後になるが，SRSD の決定的で明示的な目標は，自己効力，努力帰属，方略使用の育成である。Zimmerman らの自己効力に関する研究は，SRSD のこの側面の重要な基礎となっている。Zimmerman らの SRSD に対する多大な貢献は，次に述べる SRSD による指導の説明にも表れている。

SRSD による指導

　この節で，私たちは SRSD による指導のモデルとプロセスに関する概要を述べる。最初に，SRSD の成功をもたらすいくつかの基本的な特徴をまとめる。次に，SRSD 指導の枠組みにおける 6 つの段階の概要を説明する。最後に，4 年生の児童に対する説得文の作成方略の教授に，SRSD がどのように利用されているかを示した事例を紹介する。紙幅の制限のため，SRSD の指導アプローチを包括的に説明することはできない。しかしながら，関心のある読者は，Graham と Harris (2005)，Harris と Graham (1996)，Harris, Graham, Mason と Friedlander (2008)，およびウェブサイト (http://kc.vanderbilt.edu/projectwrite) などの既存の実践者向けの出版物・公開情報によって，指導の段階やプロセス，広範囲にわたる方略や授業計画や評価案，および他の SRSD に関する資料の詳細な情報を入手できる。また，方略指導全般，その中でも

特にSRSDを学習するための,もう一つの優れたウェブベースのリソースに,IRISセンターがある。このサイトでは,2つの無料の対話型チュートリアルが,http://iris.peabody.vanderbilt.edu/pow/chalcycle.htm と http://iris.peabody.vanderbilt.edu/srs/chalcycle.htm で利用できる。最後に,『学習障害をもつ学習者への教授――学習方略の使用』と題したDVD（Association for Supervision and Curriculum Development, 2002）では,初等教育と中等教育における授業でのSRSD実施の様子を見ることができる。

SRSDによる指導の特徴

今や数十年にわたる広範な研究と実践が強調するのは,SRSDによるよい結果を最大限にするためには,いくつかの特徴が本質的に重要で,SRSDの実施の際には,絶対に欠かすことができないということである。他の方略指導モデルと共通する特徴もあるが,SRSDに固有の特徴もある。そして,後者の特徴が,SRSDの効力が他のモデルと比較して大きいことの一因となると思われる（詳しい議論は,Harris, Graham, Brindle, & Sandmel, 2009を参照）。

まず,SRSDでは,学習者に対して,ライティング能力の向上に寄与する複数の領域に関する体系的・明示的な指導が実施される。複数の領域とは,(a) 特定のジャンル（自己紹介文,説得文,説明文など）のためのライティング方略,(b) 一般的なライティング方略（豊富な語彙を使う,始まりと終わりの部分は読者を惹きつけるものにするなど),(c) ライティングプロセスと方略使用を管理するための自己調整の手順（目標設定,自己モニタリング,自己教示,自己強化など),(d) 関連する宣言的・条件的・手続き的知識（すなわち,何をすべきか,どうすべきか,いつ・どこで・なぜすべきかに関する知識）である。ライティングのプロセスと知識の育成に対する徹底的,直接的な焦点化は,SRSDの土台であり,障害をもつ学習者を含めたライティング学習に困難を感じる学習者にとっては,特に重要であることが示されている（例えば,Vaughn, Gersten, & Chard, 2000）。さらに,SRSDは,学習者が文章を計画・下書き・修正・編集・発表するための,お決まりのルーティンを確立するように推奨する。一貫性を高めることで,学習者が学習内容を応用する豊富な機会をもつことを保証するだけ

ではなく，ライティングが価値の高い有意義な活動であるという信念を強化する。

　第二に，多くの学習途上の書き手，特にライティングの学習に困難を感じる書き手は，実際には，認知的なニーズだけではなく感情的・行動的なニーズももっている。したがって，SRSD は，これらのニーズにそれぞれ対処する。例えば，SRSD の一部として，教師は意図的，反復的に，学習者が自己調整能力，動機づけ，ライティングへの肯定的な態度，有能な書き手としての自分自身への信念を発達させることを援助する。これらの目標の達成のためには，多くの方略が使用される。学習を，主体的に関与し，相互作用，協働する教師学習者間プロセスとして構築するのはそうした方略の一例である。つまり，最初のうちは，学習者が確実に特定の知識や方略を学習するために，教師が必要に応じて足場かけと支援を提供するが，次第に，意図的に学習内容を適用することの責任を学習者に返していく。学習者のライティングに対する否定的な認知と態度の克服を援助するために，SRSD は，肯定的で支援的な教室環境，すなわち，ライティングが真に価値を認められ，優先される環境に埋め込まれる。教師はこの目標を達成するために次のようにさまざまな方法を用いる。その方法とは，SRSD の指導中に「熱意を伝染」させようとすること，興味深く真正で適度に挑戦的なライティングプロジェクトの設計，ライティングの時間に，刺激的で鼓舞するような雰囲気をつくり出すこと，学習者の努力とライティングの熟達の成果の間に，一貫して直接的で強固なつながりがみられるようにすること，学習者にライティングのプロセスと成果の改善を促すための，頻繁で建設的なフィードバックの提供，仲間からの肯定的な相互作用や支援を受けるための多様な機会をつくり出すこと，である（ライティングのための文脈の設定に関するさらなる情報については，Santangelo & Olinghouse, 2009 を参照）。

　第三に，SRSD による指導は，学習者一人一人のライティングの上達に最適化するよう個別化される。より具体的にいうと，教師は学習者の強みやニーズに関する知識を利用して，教える内容と方法を一人一人違ったものにする（例として，Sandmel et al., 2009 を参照）。例えば，教師によっては，特定の学習者には複雑な方略を用いて教え，別の学習者にはより簡単な方略を用いて教えるなどのように，方略を使い分けるかもしれない。学習者に個別的な目標を設定さ

せると，指導はさらに個別化される。学習者に提供される支援とフィードバックの性質や頻度も，学習者一人一人のニーズに応じて調整される。一般的に，学習者の学業的・行動的な困難が深刻になるほど，SRSD による指導は，より包括的，明示的，足場かけ的になる。重要なこととして，SRSD が個別化されても，必ずしも一対一の指導形式を必要とするわけではないことがあげられる。本章の最後に紹介する事例研究で示されるように，SRSD が授業全体を通して実施される場合には，学習者が大人数のグループで協力することが，適切で有益なときもある。しかし，また別のときには，教師は柔軟にグループ編成をして，少人数のグループや，ペアや，個別での作業をさせるのである。

　第四に，SRSD による指導を通した学習者の進歩は，個人のパフォーマンスレベルや，熟達の程度に基づいている。言い換えると，SRSD による指導の段階を進むための，あらかじめ設定され，標準化されたタイムテーブルは存在しない。むしろ，学習者は，進歩のための規準への到達を示した後に初めて，ある段階から次の段階へと進む。また，必要であれば，前の段階に戻る機会も提供される。こうした規準に基づいたアプローチによって，SRSD による指導が終わるのは，学習者が対象となる方略や自己調整手順を自分で適用し，使いこなせるようになったときになる。

　SRSD の最終目標は，学習者がライティングの方略と自己調整手順を，いつもの作文のルーティンに取り入れることである。したがって，第五の特徴は，指導の諸段階を通して，長期的な保持（指導終了後にも方略の使用を続ける欲求と能力）と般化（他のライティング課題や状況への，方略の適切かつ効果的な応用）を促進する，複合的な手順を身につけさせることである。保持と般化を促進する方法の例は次の通りである。すなわち，学習者の方略使用の目的と利点への理解を促すこと。必要であれば，方略使用を見直し，考察し，支援する補助セッションを提供すること。学習者が新たに学習した方略を，いつ，どのように使用するかを批判的に考えるように促し，こうした経験を評価すること。方略を異なった課題や状況に適用する方法を探究すること。般化や保持を対象とした，仲間からの多様な支援の機会をつくり出すこと。他の学校の熟達者（他の教師や専門家など）や家族との協働を通して，方略使用を改善すること。

　最後に，SRSD は，学習者が方略や自己調整手順の使用精度を絶えず向上さ

せることのできる，継続的・反復的なプロセスである。教師は，学習者が特定の方略の意義や利点を，それらに備わる限界や弱点とともに理解するように援助することで，こうした発達的な成長の基盤をつくる。そして，学習者のライティングが改善されるにつれて，すでに学習した方略を洗練させ，拡張する機会と，発展的なライティングの目標と課題に応じた新たな方略を学習する機会が提供されるのである。

SRSD による指導のプロセス

SRSD による指導の枠組みは，6 つの段階から構成される。

1. <u>背景知識を育成する</u>——学習者は，ライティングの方略と自己調整手順の学習や使用に必要な，知識とスキルを教えられる。
2. <u>議論する</u>——学習者が，特定の方略の目的，利点，手順に習熟する。さらに，多くの場合，自己教示や自己モニタリングなどの自己調整手順も紹介される。
3. <u>モデルを示す</u>——教師が，方略や自己調整手順の使用方法のモデルを示す。その際，ライティングのプロセスを支える内的な思考やプロセスを強調するために，現在進行形の「思考発話」の解説を提供する。学習者は自分の目標を定め，自分自身と対話する「自己対話」のためのフレーズを決める。
4. <u>記憶する</u>——学習者が，方略の手順や，（もし適用できれば）記憶を助ける手段，自己対話を覚える。
5. <u>支援する</u>——学習者が，ライティング方略と，それに伴う自己調整手順の使用の練習をする。その際，教師は適切な支援を行うが，支援は時間とともに弱めていく。
6. <u>独力での遂行</u>——学習者がライティング方略を独力で使用する。自己調整手順の支援は，適当な機会で弱まったり修正されたりする。般化や保持を促す手順（仲間からの支援，補助セッションなど）は継続される。

指導アプローチやカリキュラムの中には，管理的・画一的・直線的な方法で実施されるものもある。しかし，SRSDの6つの段階は，学習者や教師のニーズに応じて，思慮深く順序を変更したり，組み合わせたり，修正したり，元の段階に戻ったりできるように意図された，柔軟な一連の指針を示している。さらに，これらの段階は，再帰的でもある。つまり，もし学習者が特定の段階で対象とされるスキルを習得できなかった場合には，次の段階に持ち越されたり，もし適切であれば，その段階を繰り返すこともできる。SRSDによる成果の程度は，各段階の本質的な側面がきちんと実行されるかどうかに依存することが，研究で示されている。しかしながら，ある段階，あるいはある段階の一部が不必要である場合もありうる。例えば，学習者がすでに十分な背景知識をもっていた場合，教師は，指導の第一段階（背景知識を育成する）を飛ばしたり，「共同教師」の役割を任せるといった，通常とは異なる方法で参加させたりすることができる。

　SRSDによる授業は，対象となる学習者の人数や指導に使用できる時間によって異なるが，通常は1回につき20分から45分，週に3回から5回行われる。学習者がライティング方略やそれに伴う自己調整手順を学習し，独力で応用するまでに必要な総時間は，当然，多様である。しかし，多くの場合，教師の当初の想定よりは，時間はかからない。例えば，小学生の場合，週に3回から5回の頻度で，8回から12回の授業を行えば，独力での遂行の段階に至るまでには十分である（学年やジャンルによるさらなる詳細については，Graham & Harris, 2003でみることができる）。

ラトリシアの4年生クラスでのSRSDの事例

　この項で私たちは，SRSDの実施が可能な多数の機会のうちの一つである事例研究を提示する。具体的には，普通科（general education）の教員であるラトリシアが，4年生の児童に説得文のライティング方略を教えるためにどのようにSRSDを用いたのかを詳述する。また，ブリアの経験に焦点を当てたストーリーによって，個別の児童のニーズにどのように対応すればよいかについての例を提示する。ブリアは，ラトシリアの教室の児童の中でも，学習障害をも

ち，ライティングに大きな困難を感じる数人のうちの一人である。

計画

　次の単元への準備として，ラトリシアは児童に，子どもは休憩時間に外に出るべきか，という題材で意見文を書いてもらった。この事前評価によって，自分の意見を，よく考えられた説得力のある方法で表現することが学習者にとってどのくらい難しいかが明らかになる。例えば，ブリアは，次のような文章を書いた。

　　いいえ，なぜなら，子どもはあらしの日や，じめじめしたいやな天気の日は，中にいる必要があるから。
　　あたたかく，気持ちのいいままでいたいときもそう。
　　はい，なぜなら，本当にあついかもしれないから。
　　寒すぎないこともある。

　実際，このジャンルの基本的な要素すべて（例えば，導入，根拠とそれを支持する詳細な情報，結論など）を作文に含められたのは，2人の児童だけであった。他の児童の作文は，ブリアの作文のように不完全であった。また，ラトリシアは，数人の児童がライティングに否定的な態度をもっており，作文能力への自信がほとんどないということに気がついた。ブリアの「ライティングなんか嫌いだ！　うまくできないし，二度とやりたくない！」という涙ながらの叫びがその例である。
　ラトリシアは，クラスの児童全員に，説得文の方略を教えることに決めた。なぜなら，児童の事前評価によって，改善の必要性が明らかになったからである。彼女は，いくつかの妥当性のある方略を検討し，最終的に，発達的に適切であり，児童の個別のニーズにも対応できる柔軟性をもった方略を選び出した。

段階1と2：議論し，背景知識を育成する

　ラトリシアはまず，児童に，説得文についてすでに知っていること（例えば，

「新聞には意見の投書欄がある」「説得文は，自分のアイデアを売り込む広告のようなものだ」など）を共有し，いくつかの根本的な質問（例えば，「事実と意見の違いは何か？」「よい意見文の『重要な要素』は何か？」「なぜライティングで意見を表現することが重要なのか？」など）を探究してもらうクラス会から，SRSDによる指導を始めた。この議論全体を通して，一人の児童が重要なアイデアを図にして記録していたため，その年の残りの学習材料としてそれを利用することができた。次に，ラトリシアは子どもたちに，次の数日間は「書き手のためのワークショップの『一時停止ボタンを押す』」と説明し，一時停止している時間に，より完全な「超説得的」な意見文を書くための方略を学ぶと教示した。これがクラスで方略指導を受ける初めての体験であったことに考慮して，さらに先に行く前に，ラトリシア自身が質問を投げかけた。「方略とは何？」「それは，目標に到達するためのものである」「それは，課題を通してあなたたちを導くものである」「それは，物事のやり方を見つけ出すためのコツのようなものである」といった意見が出され，議論された。この時点で，子どもたちはTREE方略の配布資料（図3.1）を受け取り，ラトリシアは児童に「基礎」を教えた〔訳注：ライティングの基礎の重要な要素の頭文字を並べるとTREEになる〕。例えば，方略の学習の目的や目標，方略がどのように機能するか，それぞれの方略段階の理論的根拠，方略がいつ，どこで使用されるか，どのように方略を学習するかなどである。児童一人一人が，方略の習得のために最善の努力をすると約束して，この授業は終えられた。

　次の単元で，児童は，意見文の例を「解剖」して，それらにTREE方略の8つの要素がすべて含まれているかどうかを判断する機会を与えられた。ラトリシアは，この活動の完成のためには，児童それぞれが異なった水準の支援を必要とすることがわかっていたため，特定の児童を仲間パートナーと協働させる一方で，ブリアを含めた他の児童はラトリシアとともに小集団で協働させた。クラスの児童を再招集し，作文例の分析結果について議論させた後，ラトリシアは，子どもたちに「探偵になり，他のよいライティングのアイデアを探索し尽くす」ように促した。そのアイデアとは，例えば，接続語や，「読者の注意を惹く」導入，「100万ドルの言葉」（読者に伝わり，かつ自分の意図を正確に表現できる言葉。すなわち，効果的な語彙）の使用などである。最後に，児童は，

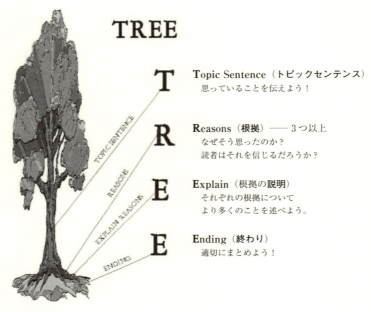

図3.1　TREE方略

　小集団の中で，よいライティングの特徴を自分の文章の中にどのように統合できるかを示し，説明する一連のポスターを制作した。これらの制作物は，その学期の残りの期間中，ずっと掲示された。児童が新しいアイデアを思いついた場合には，追加のポスターが制作され，クラスで「書くときは試してみよう」と名づけられた陳列スペースに加えられた。

　3回目の授業のはじめに，ラトリシアは，自己モニタリングの概念を紹介し，方略指導の前，方略指導を受けているとき，そして方略指導の後，児童がどのように意見文を完成させていくかを「ロケット図」（図3.2に示されている）を用いて実演した。次に，児童は，個別に，TREE方略のうちどのくらいの数を事前評価段階の文章に含めたかを数えて，その数だけ最初のロケットに色を塗った。この最初の自己モニタリング活動の最中に，児童は個別的な支援を受けた。例えば，ブリアが文章の体系的な分析に苦労している様子を見たラトリシアは，彼女にそのプロセスの足場かけを，言葉（例えば，「まず，トピックセ

第3章　ライティングにおける自己調整方略の育成

　　　　　　　　　　　　　　　　　　ロケット

図3.2　ロケット図

ンテンスがあるかどうかを見てみましょう。覚えていますか？　トピックセンテンスとは，あなたの意見を私たちに伝える文ですよ」など）や，グラフィック・オーガナイザーを用いて行った。ラトリシアは，もし事前評価の文章にTREE方略のすべてが（たとえ1つとして）含まれていなくても，落ち込む必要はないことを，自己モニタリング活動の導入の際に児童に強調した。それにもかかわらず，彼女は，ブリアがデータを否定的に解釈している可能性を認識していた。そのおかげで，ブリアがグラフの作成を終えて，「私のロケット，ほとんど空だ」と落胆して言ったとき，ラトリシアはすでに彼女の隣に座っていて，会話を交わしながら，「もし文章がすでにすべてのパーツで埋まっていたら，方略の学習なんてばかげている」ことに気づくように手助けしていた。

段階3：モデルを示す

　次の2回の授業で，ラトリシアは，TREE方略を使用した意見文の書き方のモデルを示した。モデルは，児童が使用するものと同じ複数段階のプロセスに従う。すなわち，「アイデアを生み出し，TREEの8つの部分に対応したグラフィック・オーガナイザーでそれらを記録する」「計画メモを使って最初の草稿を書き，見直し編集する」「ロケット図で使った方略を記録する」とい

うプロセスである。モデルを示す際，ラトリシアは，よい書き手が作文で使用する内的な思考，対話，活動を理解してもらうために，現在進行形の「思考発話」の実況を行った。つまり，彼女は見えないものを可視化したのである。例えば，自己対話を用いて，注意を集中させたり（「何を最初にするべきだろう？」），課題への集中を維持したり（「他のことは考えないで，集中しよう！」），課題遂行をモニタリングしたり（「この導入は読者の注意を惹きつけるだろうか？」），イライラに対処したり（「私はできる。深呼吸して，もう一度やってみよう」），努力を強化したり（「類語辞典を使ってよかった。とてもいい言葉だ！」）した。モデルの一部では，ラトリシアは児童がライティングの際に遭遇すると思われる困難な状況を，さりげなく組み込んだ（例えば，文章が書けない，課題への興味を失う，方略の特定の段階を誤って飛ばしてしまう，「不適切な言葉」を「素晴らしい」用語に置き換えられないなど）。なぜなら，そうすればそれらの状況を克服する方法を，児童に示すことができるからである。モデルの提示が終わると，児童はその体験を思い出し，自分自身で方略を使用する前に，もう一度そのモデルを示してもらうべきかどうかを決める。ラトリシアは，2度目のモデルを示す際には，児童が積極的にそのプロセスに参加するように構成した。

　この時点でクラス全体が焦点を当てたのは，自己対話がどのようにしてライティングを導き，その質を向上させるかである。彼らは，さまざまな種類の自己対話について議論し，否定的メッセージと比較したときの肯定的メッセージの効果を考え，ラトリシアが2回のモデルの提示で導入した事例の分析に時間を費やした。ラトリシアは，児童たちがこの新しく，より抽象的な活動の理解に苦労するだろうと認識していたため，「実際に人は自己対話を使うだろうか」と疑うような質問を投げかけた。さらに，児童にその質問の回答について議論させた後には，ラトリシアが使用している自己対話と，彼らが好きな作家が使用するライティングプロセスを反映した自己対話の具体例を共有した。「ハリー・ポッターの作者の J. K. Rowling（J・K・ローリング）は，それぞれの場面の状況をしっかり想像することで，キャラクターを生き生きとさせていることを知っていましたか？」とラトリシアは尋ねた（例えば，Shapiro, 2000 など）。「だから，彼女は文字通り目を閉じて，自分自身に質問するのです。例えば，ハリーはここで何をしているのであろうか。ハーマイオニーは何を着ているだ

ろうか」。これらの基盤を確立させることで，児童はライティングの際に使用する自己対話を発展させ，記録した。

段階4：記憶する

次の授業の導入としてラトリシアが子どもたちに尋ねた質問は，「なぜTREEの各段階と，自分自身の自己対話を覚えることが重要なのでしょうか？」である。さらに彼女は，児童の反応（例えば，「いつもTREEの紙を持っているとは限らないけど，方略を使いたくなるかもしれないから」「何をしたらよいかとか，何を自分に話せばよいかを調べる必要がなければ，もっと自分のアイデアに集中できるから」など）を利用して，この指導段階の目的を明確にした。クラスの大部分の児童は，ゲームをしたりクイズを出し合うことによって，情報を簡単に，そして素早く記憶することができた。しかしながら，ブリアを含めた数人の児童は，もっと練習する必要があったので，ラトリシアはこの活動にさらに数日かけた。

段階5：支援する

この指導プロセスの時点で，書き手のためのワークショップが再開された。そこで児童たちは，オープニングエッセイを書くために，TREE方略と，それに伴う自己調整手順（例えば，目標設定，自己教示，自己モニタリングなど）を使用し始めた。教師の大きな支援なしで書く準備のできている児童は，最初の草稿を一人で書くか，仲間と一緒に，必要に応じてラトリシアの援助を受けながら書くかの選択肢が与えられた。ライティングに苦労しているブリアと他の何人かの児童は，「ライティングチーム」を組んで，最初の文章をラトリシアと協同で作成した。これによって，ラトリシアは，児童の理解と方略使用の状況を綿密にチェックし，即時的なフィードバックや指導を提供できるようになった。児童が方略使用の練習をするときに，ラトリシアは一人一人の児童のニーズに合わせて，支援の質と量を調整した。例えば，ブリアには方略の第二段階と第三段階のモデルをもう一度示し，彼女自身の自己対話の使用方法を思い出させ，強化させる必要があった。児童の技術と自信が向上するにつれて，ラトリシアからの援助や他の支援（例えば，自己対話や方略のリマインダーカードなど）

は減らされ，最終的には取り除かれた。また，いまだに自己対話を声に出している児童には，「声に出す代わりに，心の中で話して」と促した。

　SRSDによる指導の前に，教室内での書き手のためのワークショップの日課の一つとして，児童は自分の草稿をパートナーと共有していた。そこで子どもたちは，改善への示唆や，草稿のよいところについてのフィードバックを受けることができた。段階5の最初にクラス全体で決めたのは，TREE方略の練習のために書く意見文に合わせて，仲間からの反応プロセスを構造化することであった。したがって，次のような「仲間からのレビューガイド」が作成された。

　　ステップ1．書いた人が読むのを聞きながら一緒に読もう。
　　ステップ2．書いた人に，その文章で一番好きな部分と，その理由を伝えよう（複数あげてもよいことを忘れないように！）。
　　ステップ3．書いた人に，その文章で一番納得させられる部分と，その理由を伝えよう。
　　ステップ4．自分一人でもう一度その文章を読み，次のことを書こう。
　　　　　　（a）TREEの8つの部分がすべて含まれていたか？　（b）全体がわかりやすく，論理的か？　（c）文章をよりよくするためには何をすればよいか？
　　ステップ5．あなたの提案を，書いた人と共有しよう。

　この5つのステップのプロセスは，児童がTREE方略で意見文を書いたときには，常に使われた。多くの場合，ラトリシアは，子どもたち自身に反応をもらうパートナーを選ばせた。しかしながら，ライティングに苦労する子どもの体験を最大化するために，段階6に到達するまでは，ラトリシアはそうした児童とより進んだ児童を戦略的に組み合わせた。例えば，初めてブリアが自分自身でTREE方略を使ったとき，子どもは学校に行くことに給料を支払われるべきか？　というテーマに対して，次のような草稿を書いた。

　　　　聞いてください！　子どもは，学校に行くのに給料を支払われるべきで

す。1つ目の理由は、もし給料を支払われなければ、子どもは勉強しないと思うので、よりよく勉強するために必要だと思うからです。もう1つの理由は、子どもは勉強のために働いているからです。もし子どもが勉強のために本当に一所懸命に働いているなら、お金をもらうはずです。最後の理由は、もし子どもが学校に行くのに給料を支払われるなら、彼らがそのお金を使って、よりよく学ぶために役立つ物を買うことができるからです。彼らは、鉛筆や、紙、クレヨン、本、電卓などを買うことができます。これは、先生にとってもよいことです。なぜなら、今のように、先生が子どもの道具を買わなくてもよいからです。これで、子どもが学校に行くのに給料を支払われるべき理由がわかったと思います！

ブリアが文章を読むのを聞いて（ステップ1）、彼女のパートナーのソロモンが言ったのは、「僕は導入がとても好き。なぜなら、その部分に驚かされて、次の文に興味が惹かれるから。あと、接続語の使い方が上手だと思った。そのおかげで、それぞれの理由を見つけることができた」である（ステップ2）。次に彼がブリアに言ったのは、「僕にとって、3つ目の理由が一番納得できた。なぜなら、大人が実際に思っているかもしれないことだし、具体的な案も書かれているので、子どもがより学ぶために何を買うことができるかがちゃんとわかったから」である（ステップ3）。ソロモンは、ブリアの原稿を読んだ後に、次のことをノートに書いて（ステップ4）、ブリアと議論した（ステップ5）。

A. 僕も同感だけど、1つ目と2つ目の理由については、理由と説明を見つけ出すのが少し難しい。
B. 2つ目の理由の意味を理解できたかどうか、自信がない。
C. 1つ目と2つ目の理由についてもっと説明してほしい。締めの部分を、トピックを含め、読者に自分の意見への同意をもう一度促すように変えるとよい。

このフィードバックによって、ブリアは自分の文章に有意義な修正をするこ

とができた。

段階6：独立での遂行

　ほとんどの児童は，意見文を3つ書いた後に，援助なしでTREE方略や自己調整手順を使うことができるようになった。もっとも，ブリアを含めた数人の児童は，4つの意見文を必要としたが。その後は，子どもたちは自力で作文を書き，パートナーとの草稿の共有を続け，ラトリシアから肯定的で建設的なフィードバックを受けた。すべての児童が段階6に達した後は，クラス全体で方略学習について振り返り，方略や自己調整手順を改善する方法を考え，方略を使用する他の機会のリストを作成した。このリストには，方略を一つ一つの例に「ぴったりあてはまる」ように改変する方法も含まれた。また，児童は，自己調整手順が他の文脈でどのような利点をもつのかを議論した。彼らが出した例は，「ロケット図を使えば，毎日30分のピアノ練習をモニターすることができる」や「数学の宿題を終わらせるために，自己対話を使う。例えば，『これはとっても難しい。けど，あなたならできる！』と自分に話しかける」などである。さらに，ラトリシアは，児童と個別に面談し，新しいライティング目標の設定などの次の段階や，ロケット図の使用を続けるほうがよいか話し合い，決めていった。方略の定着のために，ラトリシアは書き手のワークショップの一部として，児童のニーズに合わせた「方略セッション」の小授業を定期的に実施した。

SRSDの実証的な根拠

　あらゆる教育的介入に必要不可欠なものは，その実践が対象領域における有益さを一貫して生み出していることを示す，実証的な根拠である。この節では，SRSDの効果を実証する研究をまとめる。最初に，ライティングにおけるSRSDの研究の概要を述べ，そこに見出せるいくつかの包括的なテーマに焦点を当てる。その後に，SRSDの文献を体系的にレビューした近年の研究を要約し，ライティングにおけるSRSDが根拠に基づいた実践として位置づけられ

ることを示す。

SRSD 研究の概要

　最初の SRSD 研究（Harris & Graham, 1985）が 1985 年に出版されて以来，Harris と Graham らは，指導モデルを開発し，評価し続けてきた。現在までに，50 以上の SRSD 関連の研究が行われている（SRSD データベースの詳細なレビューは，Graham & Harris, 2003 と Harris et al., 2009 でみることができる）。これらの調査の大半は，SRSD をライティングへの介入とみなしているが，他にも読解（例えば，Mason, 2004; Hagaman, Casey, & Reid, 2012; Hagaman & Reid, 2008），数学（例えば，Case, Harris, & Graham, 1992），社会的スキル（例えば，Schadler, 2011）などの領域で，SRSD による指導モデルが使用されており，それぞれの領域で有益な成果が示されている。多くの SRSD 研究を行ったのは Harris と Graham らであるが，彼女らとは別に，他の研究者や実践者も，SRSD 研究を概念化し，実施した（例えば，Anderson, 1997; Curry, 1997; Garcia-Sanchez & Fidalgo-Redondo, 2006; Glaser & Brunstein, 2007; Wong, Hoskyn, Jai, Ellis, & Watson, 2008）。さらに，SRSD の調査の多くは，普通教育や特殊教育の教師によるクラス内での SRSD の実施に関するものであった（例えば，Danoff, Harris, & Graham, 1993; De La Paz, 1999; De La Paz & Graham, 2002; MacArthur, Schwartz, & Graham, 1991; Schadler, 2011）。

　総合的にいうと，既存の研究によって，SRSD が非常に効果的な介入であることの強力な証拠が示されている。例えば，40 以上の SRSD のライティング研究の結果によって，この指導モデルが，多様な領域で，重要かつ意義深い利益を一貫して生み出していることが報告されている。多様な領域とは，例えば，学習者のライティングに関する知識の増加，ライティングへの取り組みの上達（例えば，プランニングや修正方略の効果的な使用など），ライティングの自己効力の向上，文章の重要な点（すなわち長さ，首尾一貫性，質）の改善（SRSD の効果のより詳細なレビューは，Graham & Harris, 2003; Graham, Kiuhara, McKeown, & Harris, 2011; Graham & Perin, 2007a, 2007b; Harris et al., 2009; Rogers & Graham, 2008 を参照）などである。実際，障害をもつ人を含め，多くのライティングが困難

な書き手のパフォーマンスは，SRSDの効果によって上達した後は，標準レベルの人と同等であった（例えば，Danoff et al., 1993; De La Paz, 1999; De La Paz, Owen, Harris, & Graham, 2000; MacArthur, Schwartz, Graham, Molloy, & Harris, 1996; Sawyer, Graham, & Harris, 1992など）。また，SRSDによる上達は，長期間保持され，他の場面，ジャンル，ライティングの媒体（例えば，紙と鉛筆からワードプロセッサーなどへ；Graham & Harris, 2003; Harris et al., 2009などを参照）にも般化されることが多い。

さらに，SRSD研究への調査によって，このモデルが非常に効果的なだけではなく，さまざまなやり方や対象者において有効であることも明らかになった（例えば，Graham & Harris, 2003など）。SRSDは，多様な指導形態（一対一，ペア，小集団，クラス全体など），普通教育と特殊教育のさまざまな場面，種々のカリキュラムの文脈（例えば，大きなライティングアプローチの1プロセスに統合されたり，一つの独立したライティング介入として使用されたりなど）で，成功を収めている。Harrisら（2012）や，Little, Lane, Harris, Graham, StoryとSandmel（2010）などの最近の研究によると，SRSDは予防と支援の多層モデルに統合されても，成功を収める可能性がある。学習や行動上の問題を抑え，既存の問題に効果的に対処するための三層指導モデルは，次の3つの介入で構成される。すなわち，第一層（第一レベル。通常は学校やクラス単位で，クラスの教師によって実施される），第二層（第二レベル。通常は，第一層で十分に対処されなかった学習者の小集団に対して，教室外で実施される），第三層（第三レベル。通常は，第一層と第二層で十分に対処されなかった学習者に対して，個別に集中的に実施される）である。ライティングのSRSDは，3つの層すべてにおいて大きな効果をもつことが，研究で示されている。

SRSDは，2年生から12年生（高校3年生）まで，障害をもつ学習者を含む学業的に多様な学習者に効果があることが明らかになっている。例えば，障害をもつ学習者（学習障害，言語障害，情動や行為障害，注意欠陥多動性障害，自閉スペクトラム障害など）や，障害はないが学習や行動上の困難を抱える，あるいは抱える可能性のある学習者，および学習や行動上の困難を示さない学習者などである（例えば，Graham & Harris, 2003; Jacobson & Reid, 2010; Reid & Lienemann, 2006など）。また，SRSDに参加した学習者は，社会経済的地位，人種，民族，

地理的な位置（アメリカの地方，都市，郊外など）の点でも多様である。

SRSDのシステマティック・レビュー

　最近行われた4つのメタ分析が，SRSDの効力を示すさらなる知見を提供し，SRSDを「根拠に基づいたライティング実践の特定」というより大きな文脈に位置づけている（これ以降に述べるメタ分析と類似した結果を報告している，単一被験者計画のライティング介入のメタ分析については，Rogers & Graham, 2008を参照）。メタ分析を行ったレビューは，介入研究の評価には特に重要である。なぜなら，その効果量は，統計的な有意性と，実践的な有意性の両方を示すからである。集団計画の研究では，通常，0.80，0.50，0.20の効果量が，それぞれ大きい，中程度の，小さい効果をもつと解釈される（Lipsey & Wilson, 2001）。一方，単一被験者の研究では，効果量を決める指標として，PND（Percentage of non-overlapping data points）〔訳注：ベースライン期の従属変数の最大値より大きな値を取る介入期のデータポイント数÷介入期の総データポイント数〕が使われている（Scruggs & Mastropieri, 2001）。PND得点が70％から90％であれば介入が効果的であることを示し，50％から70％であれば効果が不確定であることを，50％以下であれば効果が小さい，もしくはないことを示す。

　GrahamとHarris（2003）は，ライティング指導でSRSDが実施された，18の集団あるいは単一被験者計画研究のメタ分析を行った。集団計画研究の効果量の重み付き平均は，文章の質では1.47，そのジャンルに必要な要素の評価では1.78，長さと物語文法の評価では2.0以上であった。一方，単一被験者計画研究では，質，ジャンルに必要な要素，物語文法のPNDがすべて90％以上であった。さらに著者らは，SRSDの他の効果も検討し，全体的に，強固で肯定的な結果が，学習者によらず一貫していると結論づけた。すなわち，学習者の特性（例えば，学習障害をもつ学習者，ライティングに苦労する学習者，ライティングが得意な学習者，低学年の児童，上級学年の生徒など），方略（例えば，プランニングや修正など），ジャンル（例えば，個人的経験や説得文など），介入者（例えば，卒業生のアシスタントや教師など）にかかわらず，効果が一貫していたのである。さらに，SRSDで学習者が受けた恩恵は，長期間にわたって保持され，ジャンル

を超えて般化していた。

　Harris ら（2009）は，Graham と Harris（2003）の結果を更新・拡大するために，15 の実験あるいは準実験の SRSD ライティング研究のメタ分析を行った。ポストテストにおけるライティングの質の効果量の重み付き平均は 1.20 であり，これらの効果は長期間保持され（効果量の重み付き平均は 1.23），他のジャンルに般化されていた（効果量の重み付き平均は 0.80）。Graham と Harris の発見と同様に，Harris らも，学習者のライティング能力（すなわち，ライティングに苦労する学習者と十分なライティング能力をもつ学習者）や学年の違いによって，効果に統計的に有意な差がみられないことを見出している。端的にいえば，SRSD は，参加したすべての学習者に対して，強力なプラスの効果をもたらしていた。

　Graham と Perin（2007a; 2007b も参照）は，青年期の学習者（4 年生から 12 年生まで）を対象とした実験あるいは準実験のライティング介入研究の，包括的なメタ分析を行った。著者らは，ライティングの質を結果の変数として，11 種類の介入の効果量を算出した。その結果，明示的な方略指導の効果量がもっとも大きかった（効果量の重み付き平均は 0.82）。このカテゴリ内では，SRSD が使用された研究の効果量（効果量の重み付き平均は 1.14）と，使用されていない研究の効果量（効果量の重み付き平均は 0.62）の間には，統計的に有意な差があった。まとめると，これらの発見が示したのは，方略指導は全般的に有効なライティング介入ではあるが，その中でも SRSD を伴った指導は特に大きな効果をもつということである。

　同様に，Graham ら（2011）も，実験あるいは準実験のライティング介入研究の包括的なメタ分析を行ったが，この研究で対象とされたのは小学生（1 年生から 6 年生まで）である。Graham と Perin（2007a, 2007b）の発見と同じく，彼らは明示的なライティング方略の教授が，ライティングの質にもっとも大きな効果をもつことを報告した（効果量の重み付き平均は 1.02）。そのうえ，SRSD が使用された方略指導研究の効果量（効果量の重み付き平均は 1.17）と，SRSD 以外のアプローチが使用された研究の効果量（効果量の重み付き平均は 0.59）には，統計的に有意な差がみられた。

　最後に，Baker, Chard, Ketterlin-Geller, Apichatabutra と Doabler（2009）に

よる評価が，これら4つのメタ分析に補足的な観点を加えることで，SRSDはさらに支持された。この研究では，学習障害をもつ，あるいはリスクのある学習者へのSRSD研究の質が，厳格で多面的な方法論による規準によって，体系的に評価された。このレビューで5つのSRSDの集団実験研究が分析された結果，すべてが高い質の研究となる基準に達していた。これらの研究の効果量の重み付き平均は，1.22であった。したがって，SRSDは，学習障害をもつ，あるいはリスクのある学習者に対する根拠に基づく実践であることが示された。また，16の単一被験者研究の分析でも，SRSDは根拠に基づく実践であることが示された。Bakerら（2009）は，これらの発見を総括して，次のように述べた。「ライティングにおけるSRSDを対象とした研究は，その組織的な再現性も含めて，特定の指導介入の明確な特徴を探究するための，もっとも一貫した試みの一つである。これらの根拠が示すのは，このアプローチが忠実に実行されるならば，学校は学習者のライティング能力の著しい向上を期待してよいということである」（p. 315）。

SRSDに関する将来の研究と実践的なニーズ

　ライティングの向上と効果的なライティング指導は，学習者の知識，方略，スキル，意志の変化に基づいている（Harris & Graham, 2013）。学習者の学業的な能力とリテラシーの促進には，スキル，方略，プロセス，特性の複雑な統合が必要である（Harris, 1982; Harris & Graham, 1996; Harris, Graham, & Mason, 2003; Tracy, Reid, & Graham, 2009を参照）。SRSDは，教師の指導レパートリーの一つとして大いに貢献するが，完結したライティングのカリキュラムではない。柔軟で，目標志向的で，自己調整的なライティングにつながる，学年を通したライティング指導の開発には，さらに多くの研究が必要とされる（Graham & Harris, 1994; Harris & Graham, 2013; Harris et al., 2011を参照）。
　例えば，社会的認知理論とそれに関する研究は，仲間の支援と，仲間の指導への関与の重要性を指摘している。認知モデルとしての仲間によるチェックなど，SRSD指導における仲間の役割には，さらに注意を向けていく必要が

ある (Harris, Graham, & Mason, 2006 を参照)。さらに，社会的認知理論は，ライティングの学習における親の役割にも関心を向けているが，学校指導の外で行われる貢献についての研究は少ない。保持と般化に関する結果も SRSD 研究には期待されるが，この点を明らかにした研究も少ない。私たちは，これからの研究の焦点として重要で興味深いものは，幼稚園から 12 年生までにわたる，SRSD の長期的な効果であると考えている。長期的な研究はこれまで行われておらず，もっとも長い研究でも，1 年にわたって 2 つのライティング方略を教授したものにすぎない (Harris & Graham, 2013)。ライティングと読解の関係や，効果的な指導方法がそれら両方を向上させるメカニズムに関しても，さらなる研究が必要とされる (Graham & Hebert, 2010)。評価の問題も，取り組まれるべき課題である (MacArthur, Graham, & Fitzgerald, 2006)。

さらに，学校におけるこのアプローチの拡大と維持を目指す研究が増えていくに伴って，教師が方略指導においてどのように熟達し，傾倒していくのか，どのようなサポートを必要としているのか，といった点に焦点を当てることが必要だと主張する研究者もいる (Pressley & Harris, 2006)。近年では，Harris と Graham らが，SRSD における現職者の専門性の育成に取り組み始めた。次節では，この先駆的な研究に目を向けてみよう。

最後の着眼点：学校における専門性の育成と SRSD の拡大

前述したように，SRSD は，指導と介入の三層アプローチにおけるすべてのレベルで貢献しうることが，研究によって示されている。しかしながら，ほとんどの研究では，クラスの教師ではなく，訓練されたリサーチアシスタントが第二層と第三層の SRSD を実施しているため，教師の専門性の育成には焦点が当てられなかった。Harris と Graham らは，最近，このニーズに取り組む 2 つの研究を報告した。彼女らは，20 年以上にわたって，SRSD における専門性の育成に関与している（ただし，彼女らも，専門性育成に関する学術的な研究は行ってこなかった）。実践に基づく専門性育成のアプローチの理論的基礎や，その要素 (Ball & Cohen, 1999; Grossman & McDonald, 2008 を参照) と，Graham ら

のアプローチは合致している。

　普通教育の教師を対象とした専門性育成に関する最初の2つの研究（Harris, Graham, & Adkins, 2011; Harris, Lane et al., 2012）では，数年間にわたって学校と大学のパートナーシップが築かれており，著者らは学校の教師と，SRSDを中心とした意義ある学習コミュニティをつくり上げるために尽力した。専門性育成の決定的な特徴は，効果的な専門性の育成に関する研究と，専門性の育成に対する実践に基づくアプローチ（Ball & Cohen, 1999; Desimone, 2009; Grossman & McDonald, 2008）の両方と合致している。

　実践に基づく専門性育成では，実践についての知識に狭く焦点が当てられるのではなく，効果的な教育実践に関する教師の理解やスキルの育成に焦点が当てられる。理論と研究の双方において，次の点の重要性が示されている。すなわち，(a) 同じようなニーズをもった同じ学校の教師の集団的な参加，(b) 教師の現在のクラスの学習者の特徴や強み，ニーズを中心に据えた専門性育成，(c) 教育学的内容を含む知識に対する教師のニーズへの着目，(d) 実践方法の使用例を観察し分析するなど，新たな方法論を学び，その内容についてアクティヴラーニングしたり練習したりすること，(e) 専門性育成の期間中は，教室で使用されるものとまったく同じ教材や作成物を使うこと，(f) SRSDの実施に不可欠な理解やスキルの育成のために，方法論の学習の最中や，教室でのこれらの教育方法の実践前に，パフォーマンスに関するフィードバックを受けることである。

　前述の2つの研究では，これら6つの重要な特徴が，注意深く実施され，専門性育成アプローチに統合された。それぞれの学校では，専門性育成のためのライティングチームが，学年レベルやジャンルごとに1つ以上組織され，次のような継続的な支援体制が形成された。すなわち，教師たちが，学習者の現時点でのライティングのパフォーマンス，強み，ニーズを共有すること，教師たちが，SRSDに関する研究や実践の総括を読み，議論すること，教師たちが，教室での実施の基準に達するまで，SRSDの指導例を観察し，その方法と各段階の実践（彼らが教室で使うことになる教材を使用）を練習すること，そして，最初の専門性育成の終了後も，支援が提供されること，である。どちらの研究でも，専門性育成後の集中的なコーチングができるような資源はなかったが，教

師の指導開始後には，観察の機会や支援が提供された。

最初の研究では，Harris, Graham と Adkins（2011）が，物語文の SRSD 指導における第二層の実施に関する調査のために，ランダム化比較試験を行った。指導は，実践に基づく専門性育成で協同した2年生の教師によって行われた。教師は，教室で小集団による方略指導を実施した。統制群と介入群は，どちらもライティングに苦労する児童たちであった。方略指導の一貫性と社会的な妥当性は，参加した教師の中で評定された。児童たちの結果は，ジャンルのライティングに必要な要素の含有，作成された物語の質，個人的経験の作文への般化，児童たちの内発的動機づけとライティングへの努力の教師評価などで測定された。方略指導は高い一貫性をもち，社会的妥当性も高かった。ジャンルに必要な要素の含有と物語の質は，ポストテストと保持テストの両方で，有意な効果が示され，効果量も大きかった（0.89 から 1.65）。また，個人的経験の作文への般化も有意であった（効果量は，ジャンル要素では 0.98，質では 0.88）。教師は，児童の内発的動機づけと努力を有意に高く認知していた（効果量はそれぞれ，1.09 と 1.07）。

第二の研究では，Harris, Lane と Graham ら（2012）が，20人の2年生と3年生の教師と協同で，ランダム化比較試験を行った。教師は，物語文か意見文のどちらかで，SRSD 指導による実践に基づく専門性育成に参加した。これらの教師は，学業的・行動的・社会的な目標の達成を目指した，根拠に基づく予防と支援の三層モデルを実施するために，地元の大学との協力校で働いた。集中的な実践に基づいた専門性発達とフォローアップ支援の効果は，次の観点から検討された。すなわち，2年生と3年生の作文の質・長さ・基本的なジャンル要素の含有，SRSD 指導の一貫性，教師と児童による SRSD の社会的妥当性の評価である。クラス全体（第一層）を対象とした教師の SRSD の実施は，物語文と意見文の両方で，児童のライティングの結果に有意で意義深い変化をもたらした。教師は SRSD を忠実に実行しており，SRSD は教師と児童から社会的な妥当性のあるものとみなされた。

これら2つの研究は，SRSD の専門性を育成する実践に基づくアプローチに最初の希望を与えたが，さらに多くの研究が必要とされる。これらの研究で最初に実施された，集中的な実践に基づく専門性育成（観察や支援を伴う）と，

コーチングなどの他の専門性育成アプローチの比較研究が，将来的には必要であろう。さらに，Harris, Lane と Graham ら（2012）の第二の研究では，すべての教師が適切に SRSD 指導を実施した一方で，2 人の教師は他の 18 人の教師と比べて，あまり熱心ではなかったり，十分にはやっていなかったりした。すべての教師の高水準の実践を支援する方法や，より密接に個別の教師の実践を追跡する方法は，将来の研究課題である。両研究とも，研究終了後もライティングの SRSD 指導が存続しているかどうかは調査できなかった。しかしながら，事例に基づく情報ではあるが，どちらの研究でも，これらの教師の多くは，次年度も SRSD 指導を続けている。こうした存続の可能性も，将来の研究では調査される必要がある。また，両研究において教師が指摘したのは，SRSD を一度使用した後は，教師はそれを修正する能力と意欲をもつということである。SRSD を拡大していく研究とともに，教師が SRSD を，成功するにせよ失敗するにせよ，どのように採用していくかを調査する研究も，必要とされるであろう。

結論

　この章で私たちは，学習者がライティングで直面する困難と，作文の介入方法の一つである SRSD に焦点を当てた。今日のライティングの重要性と，将来における決定的な役割にも着目した。さらに，SRSD に関する研究や実践における，Barry Zimmerman らの研究と知見の影響を総括した。Zimmerman らは，初期から現在までの SRSD の開発や，SRSD の研究に多大な影響を及ぼした。次に，SRSD の実施について，ある教室の例をあげて詳述し，SRSD 研究の限界と将来の方向性を考察した。最後には，実践に基づく専門性育成アプローチを使用する学校での，SRSD の拡大に関する 2 つの研究を提示した。
　私たちが，SRSD やその学校での実施方法について十分に理解している，と言う人もいるかもしれない。しかし，今日まで続く研究は，まだ始まりにすぎない，と私たちは考えている。ここまで示してきたように，いまだ取り組まれていない課題は多くある。私たちは，SRSD に関する研究と，Barry

ZimmermanたちからのSRSDに対する影響がこれからも続くことを，楽しみにしている。

文献

Anderson, A. A. (1997). *The effects of sociocognitive writing strategy instruction on the writing achievement and writing self-efficacy of students with disabilities and typically achievement in an urban elementary school*. Unpublished doctoral dissertation, University of Houston, Houston, TX.

Applebee, A., Langer, J., Jenkins, L., Mullis, I., & Foertsch, M. (1990). *Learning to write in our nations' schools*. Princeton, NJ: Educational Testing Service.

Applebee, A., Langer, J., & Mullis, I. (1986). *The writing report card: Writing achievement in American schools*. Princeton, NJ: Educational Testing Service.

Applebee, A., Langer, J., Mullis, I., Latham, A., & Gentile, C. (1994). *NAEP 1992: Writing report card*. Washington, DC: US Government Printing Office.

Association for Supervision and Curriculum Development (Producer). (2002). *Teaching students with learning disabilities: Using learning strategies* (DVD). Available from http://shop.ascd.org

Baker, S. K., Chard, D., Ketterlin-Geller, L. R., Apichatabutra, C., & Doabler, C. (2009). Teaching writing to at-risk students: The quality of evidence for self-regulated strategy development. *Exceptional Children, 75*, 303–318.

Ball, D. L., & Cohen, D. K. (1999). Developing practice, developing practitioners: Toward a practice-based theory of professional education. In L. Darling-Hammond & G. Sykes (Eds.), *Teaching as a learning profession: Handbook for policy and practice* (pp. 3–31). San Francisco, CA: Jossey-Boss.

Berman, J. (2001, November). Industry output and employment projections to 2010. *Monthly Labor Review, 40*, 39–56.

Brown, A. L., Campione, J. C., & Day, J. D. (1981). Learning to learn: On training students to learn from texts. *Educational Researcher, 10*, 14–21.

Case, L. P., Harris, K. R., & Graham, S. (1992). Improving the mathematical problem solving skills of students with learning disabilities: Self-regulated strategy development. *Journal of Special Education, 26*, 1–19.

Curry, K. A. (1997). *A comparison of the writing products of students with learning disabilities in inclusive and resource room settings using different writing approaches*. Unpublished doctoral dissertation, Florida Atlantic University, Boca Raton, FL.

Danoff, B., Harris, K. R., & Graham, S. (1993). Incorporating strategy instruction within the writing process in the regular classroom: Effects on the writing of students with and without learning disabilities. *Journal of Reading Behavior, 25*, 295–319.

De La Paz, S. (1999). Self-regulated strategy instruction in regular education settings: Improving outcomes for students with and without learning disabilities. *Learning Disabilities Research & Practice, 14*, 92–106.

De La Paz, S., & Graham, S. (2002). Explicitly teaching strategies, skills, and knowledge: Writing instruction in middle school classrooms. *Journal of Educational Psychology, 94*, 291–304.

De La Paz, S. Owen, B., Harris, K. R., & Graham, S. (2000). Riding Elvis's motorcycle: Using self-regulated strategy development to PLAN and WRITE for a state writing exam. *Learning Disabilities Research & Practice, 15*, 101–109.

Desimone, L. M. (2009). Improving impact studies of teacher's professional development: Toward better conceptualizations and measures. *Educational Researcher, 38*(3), 181–199.

Garcia-Sanchez, J., & Fidalgo-Redondo, R. (2006). Effects of two types of self-regulatory instruction programs on students with learning disabilities in writing products, processes, and self-efficacy. *Journal of Learning Disabilities, 29*, 181–211.

Glaser, C., & Brunstein, J. (2007). Improving fourth-grade students' composition skills: Effects of strategy instruction and self-regulatory procedures. *Journal of Educational Psychology, 99*, 297–310.

Graham, S., & Harris, K. R. (1989). Improving learning disabled students' skills at composing essays: Self-instructional strategy training. *Exceptional Children, 56*, 201–216.

Graham, S., & Harris, K. R. (1994). The role and development of self-regulation in the writing process. In D. Schunk & B. Zimmerman (Eds.), *Self-regulation of learning and performance: Issues and educational applications* (pp. 203–228). Hillsdale, NJ: Lawrence Erlbaum Associates, Inc.

Graham, S., & Harris, K. R. (2003). Students with learning disabilities and the process of writing: A meta-analysis of SRSD studies. In H. L. Swanson, K. R. Harris, & S. Graham, (Eds.), *Handbook of learning disabilities* (pp. 323–344). New York, NY: Guilford Press.

Graham, S., & Harris, K. R. (2005). *Writing better. Effective strategies for teaching students with learning difficulties*. Baltimore, MD: Paul H. Brookes.

Graham, S., & Harris, K. R. (2009). Almost 30 years of writing research: Making sense of it all with The Wrath of Khan. *Learning Disabilities Research & Practice, 24*, 58–68.

Graham, S., & Harris, K. R. (2011). Writing and students with disabilities. In L. Lloyd, J. Kauffman, & D. Hallahan (Eds.), *Handbook of special education* (pp.422–433). London, UK: Routledge.

Graham, S., & Harris, K. R. (2012). The role of strategies, knowledge, will, and skills in a 30-year program of writing research (with homage to Hayes, Fayol, and Boscolo). In V.W. Berninger (Ed.), *Past, present, and future contributions of cognitive writing research to cognitive psychology* (pp. 177–196). New York, NY: Psychology Press.

Graham, S., Harris, K. R., & MacArthur, C. (2004). Writing instruction. In B. Wong (Ed.), *Learning about learning disabilities* (3rd ed., pp. 281–313). Orlando, FL: Academic Press.

Graham, S., & Hebert, M. (2010). Writing to read: Evidence for how writing can improve reading. Washington, DC: Alliance for Excellent Education. (Commissioned by the Carnegie Corp. of New York)

Graham, S., Kiuhara, S. A., McKeown, D., & Harris, K. R. (2011). *A meta-analysis of writing instruction for students in the elementary grades*. Manuscript submitted for publication.

Graham, S., & Perin, D. (2007a). A meta-analysis of writing instruction for adolescent students. *Journal of Educational Psychology, 99*, 445–476.

Graham, S., & Perin, D. (2007b). *Writing next: Effective strategies to improve writing of adolescents in middle and high schools—A report to the Carnegie Corporation of New York*. Washington, DC: Alliance for Excellent Education.

Grossman, P., & McDonald, M. (2008). Back to the future: Directions for research in teaching and teacher education. *American Educational Research Journal, 45*, 184–205.

Hagaman, J., Casey, K., & Reid, R. (2012). The effects of the paraphrasing strategy on the reading comprehension of young students. *Remedial and Special Education, 33*, 110-123.

Hagaman, J., & Reid, R. (2008). The effects of the paraphrasing strategy on the reading comprehension of middle-school students at-risk for failure in reading. *Remedial and Special Education, 29*, 222–234.

Harris, K. R. (1982). Cognitive-behavior modification: Application with exceptional students. *Focus on Exceptional Children, 15*(2), 1–16.

Harris, K. R. (1986). The effects of cognitive-behavior modification on private speech and task performance during problem solving among learning disabled and normally achieving children. *Journal of Abnormal Child Psychology, 14*, 63–76.

Harris, K. R., & Alexander, P. A. (1998). Integrated, constructivist education: Challenge and reality. *Educational Psychology Review, 10*(2), 115–127.

Harris, K. R., & Graham, S. (1985). Improving learning disabled students' composition skills: Self-control strategy training. *Learning Disability Quarterly, 8*, 27–36.

Harris, K. R., & Graham, S. (1992). Self-regulated strategy development: A part of the writing process. In M. Pressley, K. R. Harris, & J. Guthrie (Eds.), *Promoting academic competence and literacy in school* (pp. 277–309). New York, NY: Academic Press.

Harris, K. R., & Graham, S. (1996). *Making the writing process work: Strategies for composition and self-regulation*. Cambridge, MA: Brookline Books.

Harris, K. R., & Graham, S. (1999). Programmatic intervention research: Illustrations from the evolution of self-regulated strategy development. *Learning Disability Quarterly, 22*, 251–262.

Harris, K. R., & Graham, S. (2009). Self-regulated strategy development in writing: Premises, evolution, and the future. *British Journal of Educational Psychology* (monograph series), *6*, 113–135.

Harris, K. R., & Graham, S. (2013). "An adjective is a word hanging down from a noun": Learning to write and students with learning disabilities. *Annals of Dyslexia, 63*, 65-79.

Harris, K., Graham, S., & Adkins, M. (2011). *Tier 2, teacher implemented writing strategies instruction following practice-based professional development.* Manuscript submitted for publication.

Harris, K. R., Graham, S., Brindle, M., & Sandmel, K. (2009). Metacognition and children's writing. In D. J. Hacker, J. Dunlosky, & A. C. Graesser (Eds.), *Handbook of metacognition in education* (pp. 131–153). New York, NY: Routledge.

Harris, K. R., Graham, S., MacArthur, C., Reid, R., & Mason, L. (2011). Self-regulated learning processes and children's writing. In B. Zimmerman & D. H. Schunk (Eds.), *Handbook of self-regulation of learning and performance* (pp. 187–202). London, UK: Routledge Publishers.

Harris, K. R., Graham, S., & Mason, L. (2003). Self-regulated strategy development in the classroom: Part of a balanced approach to writing instruction for students with disabilities. *Focus on Exceptional Children, 35*(7), 1–16.

Harris, K. R., Graham, S., & Mason, L. (2006). Improving the writing, knowledge, and motivation of struggling young writers: Effects of self-regulated strategy development with and without peer support. *American Educational Research Journal, 43*(2), 295–340.

Harris, K. R., Graham, S., Mason, L. H., & Friedlander, B. (2008). *Powerful writing strategies for all students.* Baltimore, MD: Paul H. Brookes.

Harris, K. R., Lane, K. L., Driscoll, S., Graham, S., Wilson, W., Sandmel, K., Brindle, M., & Schatschneider, C. (2012). Tier one teacher-implemented self-regulated strategy development for students with and without behavioral challenges: A randomized controlled trial. *The Elementary School Journal, 113*, 160-191.

Harris, K. R., Lane, K. L., Graham, S., Driscoll, S., Wilson, W., Sandmel, K., Brindle, M., & Schatschneider. (2012). Practice-based professional development for strategies instruction in writing: A randomized controlled study. *Journal of Teacher Education, 63*(2), 103–119.

Jacobson, L., & Reid, R. (2010) Improving the persuasive essay writing of high school students with ADHD. *Exceptional Children, 76*, 157–174.

Kirsch, I., Braun, H., Yamamoto, K., & Sum, A. (2007). *America's perfect storm: Three forces changing our Nation's future.* Princeton, NJ: ETS.

Lipsey, M., & Wilson, D. (2001). *Practical meta-analysis.* Thousand Oaks, CA: Sage Publications.

Little, M. A., Lane, K. L., Harris, K. R., Graham, S., Story, M., & Sandmel, K. (2010). Self-regulated strategy development for persuasive writing in tandem with schoolwide positive behavioral support: Effects for second-grade students with behavioral and writing difficulties. *Behavioral Disorders, 35*, 157–179.

MacArthur, C. A., Graham, S., & Fitzgerald, J. (Eds.). (2006). *Handbook of writing research.* New York, NY: Guilford Press.

MacArthur, C. A., Schwartz, S., & Graham, S. (1991). Effects of a reciprocal peer revision strategy in special education classrooms. *Learning Disabilities Research & Practice, 6*, 201–210.

MacArthur, C. A., Schwartz, S. S., Graham, S., Molloy, D., & Harris, K. (1996). Integration of strategy instruction into a whole language classroom: A case study. *Learning Disabilities Research & Practice, 11*, 168–176.

Mason, L. H. (2004). Explicit self-regulated strategy development versus reciprocal questioning: Effects on expository reading comprehension among struggling readers. *Journal of Educational Psychology, 96*, 283–296.

Meichenbaum, D. (1977). *Cognitive behavior modification: An integrative approach.* New York, NY: Plenum.

O'Leary, S. G., & Dubey, D. R. (1979). Applications of self-control procedures for children: A review. *Journal of Applied Behavior Analysis, 12*, 449–465.

Pressley, M., & Harris, K. R. (2006). Cognitive strategies instruction: From basic research to classroom instruction. In P. A. Alexander & P. Winne (Eds.), *Handbook of educational psychology* (2nd ed., pp. 265–286). New York, NY: MacMillan.

Reid, R., & Lienemann, T. O. (2006). Self-regulated strategy development for written expression with students with attention deficit hyperactivity disorder. *Exceptional Children, 73*, 53–68.

Rogers, L. A., & Graham, S. (2008). A meta-analysis of single subject design writing intervention research. *Journal of Educational Psychology, 100*, 879–906.

Rosenbaum, M. S., & Drabman, R. S. (1979). Self-control training in the classroom: A review and critique. *Journal of Applied Behavior Analysis, 12*, 467–485.

Salahu-Din, D., Persky, H., & Miller, J. (2008). *The nation's report card: Writing 2007* (NCES 2008–468). Washington, DC: National Center for Education Statistics, Institute of Education Sciences, U.S. Department of Education.

Sandmel, K. N., Brindle, M., Harris, K. R., Lane, K. L., Graham, S., . . . Little, A. (2009). Making it work: Differentiating tier two self-regulated strategy development in writing in tandem with schoolwide positive behavioral support. *Teaching Exceptional Children, 42*(2), 22–33.

Santangelo, T., & Olinghouse, N. G. (2009). Effective writing instruction for students who have writing difficulties. *Focus on Exceptional Children, 42*(4), 1–20.

Sawyer, R. J., Graham, S., & Harris, K. R. (1992). Direct teaching, strategy instruction, and strategy instruction with explicit self-regulation: Effects on learning disabled students' composition skills and self-efficacy. *Journal of Educational Psychology, 84*, 340–352.

Schadler, C. (2011). *Teaching students with autism self-determination skills through the use of self-regulated strategy development.* Manuscript in preparation.

Schumaker, J. B., Deshler, D .D., Alley, G. R., Warner, M. M., & Denton, P. H. (1982). Multipass: A learning strategy for improving reading comprehension. *Learning Disability Quarterly, 5*, 295–304.

Schunk, D. H., & Zimmerman, B. J. (1994). *Self-regulation of learning and performance: Issues and educational applications*. Hillsdale, NJ: Lawrence Erlbaum Associates, Inc.

Schunk, D. H., & Zimmerman, B. J. (1997). Social origins of self-regulatory competence. *Educational Psychologist, 32*(4), 195–208.

Scruggs, T., & Mastriopieri, M. (2001). How to summarize single-participant research: Ideas and applications. *Exceptionality, 9*, 227–244.

Shapiro, M. (2000). *J. K. Rowling: The wizard behind Harry Potter*, New York, NY: St. Martin's Press.

Smyth, J. (1998). Written emotional expression: Effect sizes, out-come types, and moderating variables. *Journal of Consulting and Clinical Psychology, 66*, 174–184.

Swedlow, J. (1999). The power of writing. *National Geographic, 196*, 110–132.

Tracy, B., Reid, R., & Graham, S. (2009). Teaching young students strategies for planning and drafting stories. *Journal of Educational Research, 102*, 323–331.

Vaughn, S., Gersten, R., & Chard, D. J. (2000). The underlying message in LD intervention research: Findings from research syntheses. *Exceptional Children, 67*, 99–114.

Wong, B., Hoskyn, M., Jai, D., Ellis, P., & Watson, K. (2008). The comparative effects of two approaches in teaching sixth graders opinion essay writing. *Contemporary Educational Psychology, 33*, 757–784.

Zimmerman, B. (1989). A social cognitive view of self-regulated learning. *Journal of Educational Psychology, 81*, 329–339.

Zimmerman, B. J. (1997). Dimensions of academic self-regulation: A conceptual framework for education. In D. H. Schunk & B. J. Zimmerman (Eds.), *Self-regulation of learning and performance: Issues and educational applications*. (pp. 3–21). Hillsdale, NJ: Lawrence Erlbaum Associates, Inc.

Zimmerman, B., & Reisemberg, R. (1997). Becoming a self-regulated writer: A social cognitive perspective. *Contemporary Educational Psychology, 22*, 73–101.

Zito, J., Adkins, M., Gavins, M., Harris, K. R., & Graham, S. (2007). Self-regulated strategy development: Relationship to the social-cognitive perspective and the development of self-regulation. *Reading and Writing Quarterly, 23*, 77–95.

第4章

科学教育における循環的な自己調整介入の応用

Timothy J. Cleary（ティモシー・J・クリアリィ），
Andju S. Labuhn（アンジュ・S・ラブハン）

訳：小林寛子（東京未来大学），田中瑛津子（名古屋大学）

　ここ数十年の間に，自己調整と動機づけのプロセスが，あらゆる発達段階の子どもたちの学業成績を決定するカギとなることが，多くの研究によって示されてきた（DiPerna, Volpe, & Elliot, 2002; Eccles & Wigfield, 2002; Schunk, Pintrich, & Meece, 2008; Zimmerman & Schunk, 2011）。効果的に自己調整する子どもたちが，読み書き算数などの学業的スキルに長けていることを示した研究（De Corte, Mason, Depaepe, & Verschaffel, 2011; Eccles & Widfield, 2002; Fuchs, Fuchs, Prentice, Burch, Hamlett, Owen, & Schroeter, 2003; Graham & Harris, 2005; Guthrie, Wigfield, & Perencevich, 2004; Schunk & Swartz, 1993; Zimmerman, Bandura, & Marinez-Pons, 1992）もあれば，さまざまな学業的課題において高いレベルの成績を収めたことを示した研究（Butler, 1998; Cleary, Platten, & Nelson, 2008; DiBenedetto & Zimmerman, 2010）もある。自己調整と動機づけのプロセスが重要であることは，教育者や，学校で苦労している子どもたちや若者と直に関わる仕事をしている学校職員からも聞こえてくる。さらに，近年の調査においては，教師や学校心理学者が，自己調整と動機づけを評価すること，また，それらに介入することは，職能開発の関心とニーズを集める重要な事柄であると述べている（Cleary, 2009; Cleary, Gubi, & Prescott, 2010; Coalition for Psychology in Schools and Education, 2006; Grigal, Neubart, Moon, & Graham, 2003; Wehmeyer, Argan, & Hughes, 2000）。

　自己調整の原理を学校に応用しようとする人々が増加し，応用場面も急速に拡大してきたことは，多くの著名な研究者たちの貢献によるものである。その中でももっとも影響力のある研究者の一人が，Barry Zimmerman 教授であろう。彼の理論モデルは，多様な場面で応用されており，また，彼以外の研究

者や実践家，そして一般の人々が自己調整への介入を考えるうえでも利用しやすいものである（Bonner, Zimmerman, Evans, Irigoyen, Resnick, & Mellins, 2002; Cleary & Zimmerman, 2004; McPherson & Zimmerman, 2002; Zimmerman & Kitsantas, 1996）。本章では特に，Zimmerman教授の提唱したモデルの一つである循環的三段階モデルが，科学教育で行われた2つの自己調整への介入において，どれほど重要な役割を果たしたかについて述べていく。

　近年，研究者たちは，方略的かつ自己調整的原理は，子どもたちに直接教授するべきであるし，科学教育やカリキュラムの中に取り入れるべきであると口々に主張し，自己調整と科学教育を結びつけることの重要性を強調してきた（Millar & Osborne, 1998; Organisation for Economic Co-operation and Development, 2003; Peters & Kitsantas, 2010; Schraw, Crippen, & Hartley, 2006; Sinatra & Taasoobshirazi, 2011）。Schrawら（2006）は，科学の教授法は子どもたちの学習を促進するのみならず，高まり続ける科学教育の基準や要求水準を満たすために必要となる子どもたちの動機づけ，方略的行動，メタ認知的スキルを育む助けともなるべきであると述べている。そうした教授法は，特に高等学校の生徒たちにとって重要である。なぜなら，高校生は複雑な科学的概念を習得する必要があるだけでなく，学習場面や動機づけの必要な場面，その他さまざまな学業的挑戦の場面に対応していくために，効果的な方略的思考やメタ認知的内省を獲得する必要もあるからである。つまり，自律した自己調整的な学習者になる必要がある。しかしながら，これまでの科学教育に関する研究では，メタ認知には着目してきたものの，より広範な自己調整の概念が科学教育にどのように応用できるかについては，あまり明らかにされてきていない（Schraw et al., 2006）。

　以上のことを踏まえ，本章では，以下の4つを目的とする。第一に，Zimmermanの循環的三段階モデルを概観し，モデルの性質と応用例を示すために2つのシナリオを紹介する。第二に，このモデルが，科学の学業成績向上を目標とした自己調整への介入において，どのように理論的基盤や枠組みとしての機能を果たしているかについて説明する。取り上げる自己調整への介入は2つある。(a) 学級単位の介入プログラム——以下，自己調整学習（Self-Regulated Learning: SRL）の学級介入と呼ぶ——（Labuhn, Bögeholz, & Hasselhorn,

2008a, 2008b）と，（b）小グループもしくは個人への介入プログラム——以下，自己調整力向上プログラム（Self-Regulation Empowerment Program: SREP）と呼ぶ——（Cleary et al., 2008; Cleary & Zimmerman, 2004）である。第三に，これら2つの介入の本質的な特徴について，科学の授業や小グループに対するチュータリング場面で実施した際のプロセスに特に焦点を当てながら，検討する。この章の読者が，Zimmermanの循環的三段階モデルの理解を深め，そのモデルが科学教育において，形態も強度も包括性もさまざまな介入方法を開発し推進していくうえで，いかに応用可能であるかについての認識を深めてくれることを期待する。2つの介入の遂行と効果検証を行った研究の簡単な要約をした後で，最後に，教育的示唆と，今後の研究の課題について考察する。

自己調整の循環的性質

　Zimmerman（2000）によれば，自己調整とは，「個人的な目標に到達するために計画され，循環的に適合されていく，自己調整的な思考，感情，そして，行動」のことを言う（p. 14）。Zimmermanは，自己調整を，動機づけ，行動，メタ認知のプロセスの総合体であると考えた。これはすなわち，動機づけ，行動，メタ認知が，学習や何らかの遂行をする事前（予見），途中（遂行），事後（自己内省）といった流れの中でともに機能し合うということである（図4.1を参照）。学習の準備段階において，洗練された自己調整学習者は，課題が要求していることの本質を理解しようとしたり（課題分析），自分自身が達成したいと思う目標を定めたり（目標設定），その目標を達成するために必要な方略を選択したり（方略に関する計画）といった，予見スキルを発揮する。自己調整を始めようとする気持ちや推進力は，あらかじめ定まっているものではなく，自己効力感（Bandura, 1997）や，課題への興味と取り組み（Eccles & Wigfield, 2002），目標設定（Pintrich, 2000）といった，予見段階における動機づけ信念がどのようなものかによって決まってくるものなのである。したがって，与えられた課題に対して，よい成果を示せるという自信をもち，その課題を楽しいもの・興味深いものとして認知し，困難だがやりがいのある学業的活動の価値を認める

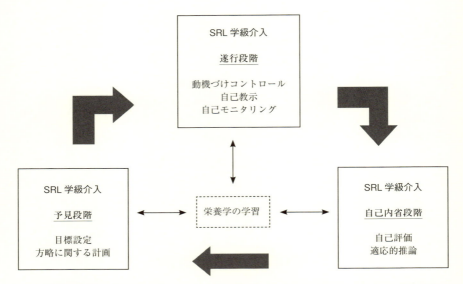

図4.1　学級単位での学習活動においてSRL学級介入を行う際の対象となる自己調整の循環的段階
両方向矢印は，すべての自己調整プロセスが学習内容（栄養学）と関連づけて教えられることを示している。

ことのできる生徒が，循環的なフィードバックループに従事することが可能となる。

　そうした生徒は，遂行段階に取り組むとき——科学教育の文脈で考えれば，科学的概念を理解しようとするとき——には，動機づけを維持するために，自己対話や自己強化といった自己コントロール方略を用いる。さらに，よりよく学び覚えるためには，そうした方略を複数使用することもある（Schraw et al., 2006; Wolters, 2003; Zimmerman, 1989）。加えて，洗練された自己調整学習者は，自身の学習プロセスや自身が混乱している箇所についての情報を集めるために，自己観察の方法も用いる。自己観察の方法とは，例えば，練習問題に正答した数を記録したり，学習の間に曖昧だと感じた用語や混乱を覚えた用語を書き出したりすることである。この遂行段階は，生徒が積極的にカリキュラムや学習内容に関与する段階であり，かつ，この後の自己内省の段階で用いられる学習成果や学習時の行動に関する情報を集める段階である。したがって，学業

という観点からみて，循環的三段階モデルにおいて特に重要な段階であるといえるであろう。

　さて，自己内省の段階では，生徒は，結果として自分は成功を収められたのか否かということを判断し（自己評価），結果の決め手となったことは何かを明らかにし（原因帰属），必要に応じてどうしたらよりよい成果を得られるかについて考える（適応的推論）。こうした内省段階のプロセスは，生徒が後の学業的活動において，学習やその成績を維持・改善するために何をすべきかを決定する際に，直接的に影響を与える（Weiner, 1986; Zimmerman, 2000）。三段階モデルは，計画，モニタリング，評価という一連の制御プロセスを定義し，統合しているという点から，科学教育に応用することが可能と考えられる。なぜなら，そうした制御プロセスは，概念変化や探究，問題解決といった科学的な課題の遂行と深い関係があるからである。また，自己調整スキルは，学習者が学業的な活動に取り組む際だけでなく，試験勉強をしたり実験報告を書いたりするといった教室外での活動においても必要である。ここで，生徒が科学の試験勉強をする際に三段階モデルがどのように関わってくるかを説明し，科学における介入プログラムでカギとなる自己調整プロセスとは何かを明らかにしていくために，以下の2つのシナリオを取り上げたい。アリソンとレベッカという2人の生徒の事例である。この2人は，平均的な知能と学業的スキルの持ち主である。2人とも中学3年生で，同じ科学の授業を受けている。科学の授業では，1週間後にヒトの循環系についての試験があることが告げられたばかりである。

　試験があることを告げられたレベッカは，その試験日をすぐさま手帳に書きとめた。そして，試験勉強にとっては妨げとなる，家族の予定やレジャーの予定について考え始めた（計画，課題分析）。レベッカは試験でAをとりたいと思っており（結果目標），そのために試験範囲のすべての科学的概念を習得するもっともよい計画を立てようとしているのである（過程目標）。また，試験に向けて完璧に準備するためには指導を受ける必要があることも認識しており，試験の形式や構成，そして試験範囲に含まれるいくつかの事柄について，先生に教えてもらうことにした（自己コントロール，社会的援助要請）。先生との会話と，自分自身で過去の科学の試験を見直し，分析した結果により，レベッカは，試

験には多項選択式の問題，図表，そして統合的な記述問題が含まれるであろうと予測した。そして，より多様で包括的な学習ができるよう計画を立て直した（方略に関する計画）。例えば，多項選択式の問題への対処として，基本的な事実や細部の学習をするために，索引カードを用いることにした。これによって一晩に8個の用語を学習するとともに，循環系の構成要素ごとに重要な事実の一覧を作成した。また，記述問題への対処としては，大量の情報を統合し，さまざまな概念がどのように関係し合っているのかを理解するために，図による構造化を利用することとした（方略に関する計画）。こうした方略を用いることによって，レベッカは自信をもつようになった。なぜなら，これらの方略は彼女の兄が数年前に科学の授業を受けていたときに使用して成果を上げていた方略であり，前年には彼女自身もこれらの方略を用いて成果を上げたからである（自己効力）。

　時間をうまく使うために，レベッカは学習スケジュールを立てていた。その学習スケジュールの中には，必要に応じて使うことのできる「オプション・タイム」がいくつか設けられていた（自己コントロール，時間管理）。1週間の試験準備期間において，レベッカはあらかじめ計画していた学習を行うのみならず（方略使用），学習中に混乱を覚えたいくつかのトピックや用語について記録しておくことも心がけた。そうして自己の状態をよく観察することによって，テストまでの授業時間に先生や友人から有効な援助を得ることもできた。

　レベッカは試験でAをとり，目標に到達できたことをとても喜んだ（自己評価）。そして，難しいと感じたり混乱を覚えたりする問題はどれかを把握し，図による構造化を使って準備したことが，学習の質を高めたことに深い喜びを覚えた（帰属）。レベッカは，自身の学習の仕方に手応えを感じ，こうした方法で科学の試験準備をすることは，高校や大学に進んでからも役立つであろうと確信した。レベッカのような生徒には敬意を表すべきであるし，高く評価するべきである。しかしながら，教師は，なかなか成果を上げられずに悪戦苦闘する生徒，または学習しない生徒を指導することのほうにより注意を払い，時間と労力を費やすものである。ここで，レベッカのクラスメイトであるアリソンについてみてみよう。

　アリソンは，科学の試験勉強をする段になって，ひどく不安な気持ちになっ

ていた。それは，ここ何回かの試験においてよい成績をとることができなかったからである（以前の結果に関する自己内省）。さらに，今後 2，3 回実施される科学の試験のうち少なくとも 1 回はよい成績をとらないと，科学の単位がとれなくなることも知っていた。「では，この試験に向けてどう勉強していったらよいのかしら？」アリソンはよい方法などあるのかと懐疑的な気分で考えた（方略に関する計画）。そして残念なことに，この後，先生が試験の 2，3 日前の授業で「試験がある」と，あらためて釘を刺すまで，アリソンが試験について考えることはなかった。

　ようやく勉強を始めなくてはならないことに気づいたアリソンは，「夜，家に帰り次第ノートを見直そう」とつぶやいた（自己コントロール，自己対話）。そして，家に帰ると，科学の教科書とノートを広げた。ノートを読み直し，過去の宿題に目を通した（学習方略）。約 20 分後，休憩をとることにした。1 時間半の休憩後，特に学習すべき箇所はどこかを見極めるために，先生がつくってくれた学習の手引きに目を通そうと考えた（課題分析）。目を通すうちに，学習の手引きの中によくわからない概念が複数あること，授業で学んだことで思い出せるのは少しのトピックだけであることがわかってきた。そこで，ノートを複数回読み直して，自分がよく知っているトピックについての理解に磨きをかけ，難しいトピックは手をつけないでおこうと決めた（自己コントロール）。このプロセスは，次の夜も繰り返された。そうして 2 日目の夜，勉強を始めて 30 分たったころには，アリソンは試験に合格できそうだという自信をもち（自己効力），「私にはこの手の才能があるんじゃないかと思うわ」とひそかに考えていた（自己観察）。

　さて，試験で 62 点をとったアリソンは，目を丸くして答案用紙をバインダーに押し込んだ。「私は一生懸命やったわ。これ以上できそうにないわ」。アリソンは，自分が教わっている先生が指導者として退屈で無能な人間であることを嘆いた（原因帰属）。そして，学校なんて大嫌いだと思い始めた（自己動機づけ信念）。その先の数週間，アリソンが科学における自身の成績について考えることはなかった。そう，次の試験の 2，3 日前になるまでは（適応的推論）。

　この 2 つのシナリオの要となる点は何であろうか？　著者は，すべての生徒が，学習時もしくは成績を振り返るときに，何らかの形で調整的な思考や行動

をとっているのだと，教師が認識することが重要であると思う。すなわち，学習時に各生徒がどれくらい自己調整するかは，0％か100％かではないのである。自己調整は，よい学習者だけがもつ不変の特性ではない。生徒たちの大半は，学習するためにいくつかの方法を用い，成績が出たところで反省し，学習者としての自分自身や学習状況に対してさまざまな認識や信念を抱く。大事なのは，そうした学習に，方略的・認知的にどのように取り組んでいるかという自己調整の質の問題であろう（Cleary & Zimmerman, 2001; DiBenedetto & Zimmerman, 2010; Ericsson & Charness, 1994; Graham & Harris, 2005; Wolters, 2003）。レベッカもアリソンも，循環モデルの全三段階において，レベルは異なるものの，何らかの取り組みを行った。特にレベッカは，予見，遂行，内省の全段階を通じて，質の高い方略的思考をみせた。すなわち，計画的に学習を始め，さまざまな学習方略を用いて，その様子を自己観察し，また，そうした方略的な行動と関連づけて試験成績を内省した。だからこそ，Zimmermanの循環的三段階モデルから予測される通り，レベッカは適応的な動機づけと高い成績を得ることができたのである。

　反対に，アリソンは問題が起きてから対応するタイプの学習者であった。学習に際して，正しい計画を立てることができなかった。科学の試験勉強をするためにどうしたらよいかという明確な計画がなかったために，アリソンは試験範囲を単純な反復方略を用いて学習するしかなかった。さらに，アリソンは，学習中，学習の進捗状況や自身のとっている行動についてあまり自己観察しなかったために，悪い試験結果が得られたとき，それを適応的・方略的に内省するのに必要な情報ももっていなかった。課題要求に気づかず，自身が混乱を覚えたトピックや概念について追究することもなく，学習方略に関する知識やスキルも乏しければ，学習を回避したり，十分に努力しなかったり，自滅的な帰属（例えば，成績が悪かったのは教師のせいだと考えるなど）をしたり，自己効力に関する自滅的な信念（例えば，自分の能力を疑うなど）を抱いたり……といった不適応な動機づけになる。

　本章の一番の目的は，これから紹介する2つの介入が，高校生が科学的なトピックを学習する際に，いかに方略的・循環的な思考を促しているかを解説することである。

SREPとSRL学級介入の概観

　本節では，Zimmermanの循環的三段階モデルと，科学教育における自己調整への介入プログラムである，(a) 自己調整力向上プログラム（Self-Regulation Empowerment Program: SREP）(Cleary et al., 2008; Cleary & Zimmerman, 2004) と，(b) 自己調整学習（Self-Regulated Learning: SRL）の学級介入（Labuhn et al., 2008a, 2008b）との関連について検討する。2つのプログラムの介入の特徴についても考察する。

理論的基盤と前提

　SREPとSRL学級介入は，社会的認知理論を基盤とし，Zimmermanの循環的三段階モデルに焦点を当てている。そのため，2つのプログラムの目標は，学習困難児を予見・遂行・自己内省の繰り返しに従事させることで，彼らの学業成績を最大限に伸ばすことにある。この2つのプログラムは，特に科学の学習用に特化して開発されているものの，他の学問領域にも応用可能であることが注目に値する。プログラム内でトレーニングを重ねることによって，生徒たちは学習方略を選択し，使用し，洗練していく。すなわち，この2つの介入プログラムは，生徒たちに，要所要所で，目標設定と方略に関する計画（予見），学習方略の使用と学習の推進（遂行），目標に到達したか否かの自己評価と結果の内省を行うという循環的なプロセスを経て，学習を進めていく方法を教えてくれるのである。

　SREPとSRL学級介入は，その介入手続きがある特定の学校の状況下で行われている特定のカリキュラムと完全に統合されているという点において，高度に文脈化されている。このため，生徒たちに個別のスキルを数多く，しかも複数の学問分野でトレーニングするというよりは，むしろ，特定の科学のカリキュラムに取り組み，学ぶ中で必要となる特定の自己調整スキルをトレーニングすることに焦点を当てている。これは，多くの研究が，自己調整は文脈や状況的要因を超えたものであると示していることを考えると，このプログラ

ムの特に重要な特徴であるといえるであろう (Bong, 2005; Cleary & Chen, 2009; Hadwin, Winne, Stockley, Nesbit, & Woszczyna, 2001)。

2つの介入プログラムはまた,三項相互性 (Bandura, 1986) が重要であると述べている。社会的な要因が生徒の個人的なプロセスや行動に直接的に影響を与える一方で,生徒の自己知覚と学習への取り組みは,教師やチューターが生徒をどうみるかや,生徒をどう教え,生徒にどう関わっていくかということに影響を与える。簡潔にいうと,SREPのチューターは,トレーニングの間,生徒の行動や知覚に影響を与えようとモデリングや直接的な方略教授を行うが,彼らもまた,生徒たちの反応や生徒たちとのやりとりによって,自らの行う指導を調整し修正することを教えられているのである。ある意味で,生徒とチューターは,学習方略の使用を選択し,実行し,調整するというプロセスにおいて,協力者もしくは相互に影響し合う者同士として機能しているといえる。

介入の特徴

Zimmermanの循環的三段階モデルの素晴らしい点は,モデルが多くの分野や文脈に応用可能であるというところであろう (Bonner et al., 2002; Cleary, Zimmerman, & Keating, 2006; DiBenedetto & Zimmerman, 2010; McPherson, & Zimmerman, 2002; Zimmerman, & Kitsantas, 1996)。しかしながら,本章では,科学教育における自己調整への2つの介入が開発されるにあたって,Zimmermanの三段階モデルがどのように機能したかを説明することに焦点を当てる。2つの介入は,共通する点も数多くあるが,学校の文脈にどう埋め込まれているかという点で大きく異なっている。すなわち,SREPとSRL学級介入はともに科学教育に応用され,生徒たちを三段階の循環的なループに取り組ませることに焦点を当てているが,その介入の強度,実施手続き,学習の文脈という点において異なっているといえる(表4.1を参照)。

介入の文脈と強度

一般的にいって,SREPとSRL学級介入は,response-to-intervention (RTI)

表 4.1　SREP と SRL 学級介入の特徴

介入の特徴	SREP	SRL 学級介入
介入する状況	・科学の授業外 ・授業前後に行うチュータリングプログラム	・科学の授業 ・栄養学の単元内
介入の期間／頻度	・約 18 ～ 20 授業 ・1 週間に 2 回 ・1 授業あたり 40 ～ 50 分	・8 授業 ・1 週間に 2 回 ・1 授業あたり 45 分
介入方法	・訓練を受けたチューターによって行われる ・介入活動 　―チューター主導で標準化されたモジュールを実施 　―直接的な説明 　―指導のもとでの練習 ・自己調整のワークシート活動（生徒たちは課題分析や目標設定，方略に関する計画についてのワークシートを完成させる） ・自己調整グラフ（生徒たちは試験成績の目標点，試験成績，方略に関する計画をグラフ化する） ・仲間同士の小グループでの話し合い	・訓練を受けた科学担当教師によって行われる ・介入活動 　―教師主導の活動 　―直接的な説明 　―モデリング ・仲間同士の話し合い（生徒たちは，授業内容における経験と，自己調整のプロセスを他の課題にどう応用できるかを話し合う） ・グループワーク（3，4 人の生徒で一緒に課題に取り組む） ・個人での座学（生徒たちは自己調整のプロセスを実際の授業内容に応用するためにワークシートを完成させる）

の枠組みを用いて区別することが可能である。RTI とは，学校におけるサービスを提供する方法である。生徒がどれほど困難な問題を抱えているかや，先に行った介入に対してどのような反応をしたかによって，それに応じたレベルもしくは段階の介入を提供することができる（Marston, 2005; Tilly, 2008）。大きく分けると，第一段階では，介入はユニバーサルデザイン原則を反映している。このため，学校の全生徒が単一のプログラムを与えられることとなる。

次のレベル，第二段階では，典型的には介入は学級単位で行われ，同じ学級に属する生徒は総じて同じ介入を受けることになる。SRL 学級介入は，科学の授業に埋め込まれており，学級の全生徒を対象として行われるため，このレベルに値すると考えられる。これまでのところ，SRL 学級介入は，ドイツの学校の一般的な科学カリキュラムの一つである栄養学の授業として提案されてきた（Labuhn et al., 2008a, 2008b）。SRL 学級介入を提案した著者らは，科学担

当教師に介入の手続きの妥当性を認識してもらい，受け入れてもらうために，彼らとの密接な協力関係のもと，学級単位の授業計画を提案したと述べている。第二段階の介入においては，研究者や実験者よりもむしろ教師が介入実施の責任を担うことになるため，介入の社会的妥当性や受容度を高めることが重要となる。SRL 学級介入は，45 分間を 1 回として 8 回の授業で構成され，約 3 週間にわたって行われる（すなわち，1 週間に 2，3 回の授業が行われる）。このプログラムは，学習に困難を抱える生徒のニーズに応えることを保証するものであるが，能力やスキルによらず，すべての生徒を対象とした一般的で幅の広い介入を提供することを基本としている。

RTI の観点からは，第二段階の介入でポジティヴな結果がみられなかった生徒たちは，追加的なサポートや第三段階の介入を受けることが望まれることになる。SREP は，非常に長い時間をかけて，個々の生徒の特別な課題やニーズに応えるものとなっており，第三段階のプログラムの一例であるといえる。SRL 学級介入と比較してみると，SREP は 1 週間に 2 回の授業を約 10 週間にわたって実施し，個々の生徒のニーズ，課題，関心に応えるために高いレベルのサポートを提供するという点において，より集中的な介入となっている。SREP は学級単位の介入として提案されたものではないという点にも注意が必要である。むしろ，一般的な教育から外れてしまった生徒に対し，個人的にもしくは小グループを単位として行う，集中的なチュータリングや補習を提供するものとして開発されている。SREP は，授業日に日常的に行われるものとして組み込んだり，時間割の中に組み込んだりすることも可能ではあるが，典型的には高校の授業前のチュータリングプログラムとして実施されている (Cleary et al., 2008; Cleary & Zimmerman, 2004)。

教育方法論

大まかにいうと，SRL 学級介入は，生徒たちの学習を促し，自己調整スキルをトレーニングする多様な機会を提供するために，グループワーク，仲間同士のディスカッション，個人での座学といったさまざまな活動を含んでいる。グループワークも仲間同士のディスカッションも，クラスメイトとの協同学習の機会を伴う。例えば，グループワークの間には，生徒たちは 3，4 人の小グ

ループをつくって協同で課題に取り組み，それぞれの取り組みについてクラスメイトと共有し話し合うことによって，フィードバックを得たり，後の参考になることを得たりする機会をもつ。仲間同士のディスカッションの間には，二人一組になって授業で学習した内容を話し合ったり，今回行った自己調整のプロセスを科学の授業における別の課題や活動にどう応用できるのかを話し合ったりする。こうした協同学習活動は，個人での座学によって補完される。座学の時間において，生徒たちはそれぞれが栄養学の知識を得，自己調整方略の応用を練習する中で用いた，学習方略――例えば，自己モニタリングや自己評価など――を確認，開発，洗練する機会を与えられる。

　こうした生徒たちの活動がこの介入モデルの重要な点ではあるのだが，科学担当教師が，新しい概念や自己調整プロセスの基本的理念について教える際に直接的な説明やモデリングをどう行うか，というトレーニングを受けていることも忘れてはならない。多くの授業において，教師の直接的な教授の後には，生徒の関与や参加を促すために，前述の協同学習活動が行われる。さらに各授業は，学習の長期的な効果と転移を目指して，3つの基本原則を厳守して行われる。1つ目は，各授業の最初には，教師は前授業で学習したトピックを取り上げ，その重要な点について生徒たちと話し合うということである（トピックは，科学的な概念である場合もあれば，自己調整に関することである場合もある）。2つ目は，各授業の最後には，生徒たちにこの授業で学んだ重要なことをノートに書きとめるよう求めることである。3つ目は，各授業の間中，教師は生徒たちに対し，新しく獲得した能力を他の課題や宿題，他の教科に応用するよう推奨し続けることである。

　SREPも，SRL学級介入について述べた介入の特徴の多くを有している。例えば，SREPのチューターは，認知的方略を教えたり，目標を設定し，方略に関する計画を立て，遂行プロセスや結果の自己モニタリングを行うための手続きについて教えたりする際に，直接的な説明やモデリングを行う。さらに，特定の集団の少人数の生徒を対象として，仲間同士のディスカッションや相互作用を促す。そして，SREPは学級外で行われる小グループへの介入プログラムであるにもかかわらず，学級の授業で学ぶことをSREPの教育モジュールに直接組み込めるようにするために，SREPのチューターは学級担任教師と広く

協同する。

　一方で，SREPは，独自の介入の特徴をも有している。第一に，SREPには標準プロトコルがあり，それが柔軟に使用される。チューターやコーチは，どのような教授，介入行動を行う場合でも，トレーニングマニュアル（スクリプトと活動で構成される）を用いる（Cleary et al., 2008）。このマニュアルは，各自己調整プロセス（例えば，目標設定，課題分析，計画，自己内省）や，特定の学習方略，自己コントロール方略に焦点化したいくつかのモジュールに分割されている。SREPのチューターは，こうした構造化されたモジュールを忠実に実行する一方で，授業の本質や，授業時間内にディスカッションの俎上に載ってきた特定の学習方略を，生徒から得られるフィードバックや，生徒の興味，その他情報に基づいて，調整していくことも求められる。

　SREP独自のもう一つの特徴は，生徒の学習や認知的方略の精緻化を促すために，生徒一人一人に合わせた指導のもとでの練習セッションが含まれていることである。Zimmerman（2000）は，生徒には，モデルが学習方略を使用するさまを観察した後で，それを模倣し練習する機会が必要であると言う。その機会によって，認知的方略を使用できるようになるだけでなく，モデルやエキスパートからヒント，強化，フィードバックを得ることができる。SREPの授業における指導のもとでの練習時間は，生徒が認知的方略を洗練して使いこなすことを助けるのみならず，スキルを高め続けていこうとするモチベーションを維持するうえでも欠かすことのできないものである。SREPにおいて，生徒一人一人に合わせて与えられるフィードバックは，学習困難な生徒が学習中に行うべき調整行動や思考を獲得していくことを助けるうえで，もっとも本質的な特徴の一つといえるであろう。

循環的なループの範囲

　前述の通り，SREPとSRL学級介入はともに，Zimmermanの循環的三段階フィードバックループに根ざしている。SRL学級介入は，意図的に準備，行動志向，自己内省の要素を取り入れることによって，Zimmermanの循環的三段階プロセスを反映している（図4.1を参照）。より正確にいえば，将来的に学習において方略が応用されることを目標として，目標設定と計画（予見段階），

自己モニタリングと動機づけコントロール（遂行段階），自己評価（自己内省段階）に順々に焦点を当てていく。さらに，こうした下位プロセスを順番に教えるだけでなく，自己調整は循環的でフィードバックを重視するという前提に基づき，下位プロセスの統合も促す。予見のトレーニングにおいては，生徒たちは，ある特定の，ほどほどに困難で個人的に意味のある目標を設定すること，現実的な目標と非現実的な目標の違いを学習することを求められる。さらに，その個人的な目標はどうしたら達成できるのかを考え，方略に関する計画を立てることも促される。

　Labuhnらは，動機づけコントロールが介入の重要な要素であり，予見段階にも遂行段階にも必要であることを強調している。例えば，目標設定は，生徒たちが達成したいと願う到達点を定めるという点において動機づけの機能を果たす（Schunk & Swartz, 1993; Zimmerman, 2008a）。また，方略に関する計画プロセスにおいては，教師は，生徒たちが課題に直面した際に動機づけと忍耐力を最大限に発揮するために必要となる自己コントロール方略を確認しておくよう求める。しかし，そうした自己コントロールに関する教師と生徒の会話は，学習前（計画を立てる段階）だけでなく，学習中（実際に方略を使用する段階）にもなされるとLabuhnらは指摘する。生徒たちが努力を持続させるのに必要な動機づけに対するフィードバックを与えるためである。学習の成果を高めるためには，生徒たちが計画を立て，学習中の動機づけの状態に対処するだけでなく，自身の行動や認知状態についての情報を集めることもまた必要である。そして，そうするためには，学習中に，生徒たちに自己モニタリングするよう求めることが必要である。自己モニタリングは，行動や認知プロセスを選択するとか，選択したものを他と区別するとか，結果をオンラインで識別するといった，自身の行動に対して意図的に注意を向けることにつながる。自己モニタリング能力が発達するにつれて，生徒たちは，方略を調整するための情報を集めることができるようになる。そして，それによって彼らの成績は飛躍的に上昇するのである。

　自己内省においては，Labuhnらは自己評価をもっとも重視している。自己評価には，個人の実際の成果や，自己モニタリングの結果を目標や基準と比較することが含まれる（Winne & Hadwin, 1998）。SRL学級介入においては，生徒

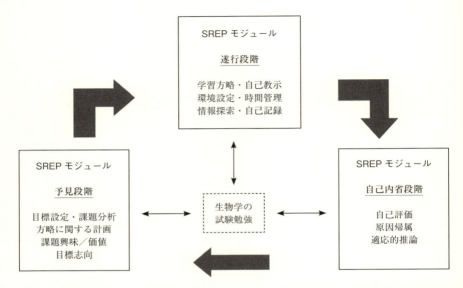

図 4.2　学習活動においてSREPの訓練モジュールを行う際の対象となる自己調整の循環的段階
両方向矢印は，すべての自己調整過程が生物学の課程の内容と関連づけて，生物学の試験準備を目標として教えられることを示している。

たちはしばしば，自分で定めた目標に到達できたかどうかを分析し，潜在的な障害はないかを確認し，どうしたら結果をよりよくしていけるかを考えるよう促される。こうして学習の質をモニタリングし評価することは，生徒たちに自身の知識状態を改善し，新しい方略を見出していくための方法を考えさせることにもつながる。統合的に考えれば，学級介入は循環的三段階モデルのすべての自己調整プロセスに取り組むものであるといえる。下位プロセスを連続して教えることによって，一つ一つの要素が着実に統合されていき，最終的には循環的なループを完全にカバーすることになる。

　SREPとSRL学級介入は内容的に重なる部分が多いが，SREPのほうが循環的三段階フィードバックループの下位プロセスをより包括的にカバーしている（図4.2を参照）。この差は，2つのプログラムの介入の質によるものではなく，介入の強度の違いに根ざすものである。前述の通り，SREPはSRL学級介入の2倍の授業時間で，より長い期間をかけて行われるものであるし，生徒

第4章 科学教育における循環的な自己調整介入の応用

と課題に取り組む際には，一人一人に合わせた指導を行うことになっている。予見のトレーニングにおいては，SREPのチューターは，生徒たちに，科学の試験勉強をするにあたって目標を設定し，方略に関する計画を立てることを教えるだけでなく，具体的にどうすることが求められているのか，学習における潜在的な障害は何かを理解すること（課題分析）の手助けをする。試験勉強は，そのプロセスを促進／抑制するさまざまな要因を扱わねばならないことから，複雑で曖昧な活動であるといえる。したがって，予見のトレーニングにおいては，SREPのチューターは，課題の価値を提示し，学習プロセスを重視し，スキルや能力を伸ばすことを重視する熟達志向を示して，生徒たちの不適応な適性や，学習や学校に対する不適切な信念に挑む（Ames, 1992; Weiner, 1986）。

　SREPは，生徒たちの学習方略や自己コントロール方略のレパートリーを増やすことをもっとも重視している。このため，SREPのチューターは，概念地図や図による構造化，記憶を助ける方法を用いること，また，自己動機づけや時間管理，そして学習環境を改善するための方法を用いることをモデルとして示すのみならず，指導のもとで生徒たちに練習をさせる。SRL学級介入と同様，SREPは，生徒たちが効果的な自己評価と適応的なプロセスに取り組むためには，自己記録といった自己観察のテクニックを用いて，自分自身の行動や認知，結果に関する情報を収集しなくてはならないという前提に基づいて提案されてきた。したがって，このプログラムでは，生徒たちは自身の試験成績や方略に関する計画，学習行動，宿題への取り組みといった事柄を記録するよう指導される。こうした活動は，自身が学習や試験準備において実際にはどのような方法をとっていたのかを気づかせてくれ，今後どう改善していけるかということについての豊富なフィードバックを生み出す。　SREPにおけるこうしたフィードバック生成は，循環的フィードバックループの本質的な前提――効果的な適応と制御は，先の成績に対する外部からのフィードバックと自己モニタリングした情報を得ることによって生じる――の正しさを明確に示すものといえる（Zimmerman, 2000）。

　最終的に，SREPは，自己評価，原因帰属，適応的推論，感情的反応といった内省段階のすべてを対象としている。例えば，SREPのチューターは，生物学の試験の後に自己内省のモジュールを実行する（表4.1を参照）。そこでは，

正確に自己評価する方法や，原因を方略に帰属する方法，適応的推論を行う方法を広くトレーニングする。すなわち，このモジュールで重要なことは，生徒に自身の方略に関する計画はよい結果を導いたかを内省させ，次によい成績をとるためには方略をどのように洗練したらよいのかを考えさせることなのである。

介入手続きと事例

　本節では，SREP や SRL 学級介入を実施した際の遂行手続きや経過についてより詳細に述べていく（表4.2 を参照）。

SRL 学級介入

　この介入は，目標設定に関する2回の授業から始まる。目標設定は，循環的モデルにおける予見段階の重要な事柄である。目標設定とは何か，そしてSRL の循環的ループにおいてどのような働きをするのかを紹介するために，教師は，目標を設定することの意味や，ほどほどに困難で妥当な目標を設定する手続きについて，生徒と話し合う。生徒たちは，現実的な目標と非現実的な目標の例をあげるよう求められ，達成不可能な目標を立てることによってどのような結果がもたらされるかを小グループで話し合うよう求められる。

　各授業において，生徒たちはワークシートを与えられ，ある課題に対して目標を設定し，記述するよう求められる。ワークシートの一番上には，「まず，今日の課題を読んでみよう。この課題でのあなたの目標は何か？　目標を書こう！」と書かれている。例えば，科学の授業の3回目は，栄養素とそれがヒトの身体でどう機能するかについての授業である（Labuhn et al., 2008a）。科学担当の教師は，生徒に2，3段落からなる文章が書かれているワークシートを配付し，文章を読んでその理解を問う10個の問いに解答するよう求める。その際，まず課題を吟味し，一人でその課題を遂行する際に妥当な目標を各個人で設定するよう，あらためて促す。促しにあたって，どのように現実的な目標を

表 4.2　SREP と SRL 学級介入の各循環的段階での訓練の中心的特徴の概観

訓練の段階	SREP	SRL 学級介入
予見段階	・4つのモジュールに取り組む 　―導入 　―課題分析 　―目標設定 　―方略に関する計画 ・モジュールは最初の4，5回の授業で実施される ・SREP のチューターはプログラム全体を通して，適応的な自己効力，興味，価値，熟達目標信念を育てる	・1～2回目の授業が実施される 　―目標設定 　―方略に関する計画 ・教師はプログラム全体を通して，予見段階に注意するよう促す
遂行段階	・メタモジュールに取り組む 　―学習方略（概念地図，記憶を助ける方法，その他の学習方略） ・生徒たちは個々のニーズに基づいて自己コントロール方略も学ぶ ・モジュールは約10授業以上かけて実施される ・生徒たちは全段階で自己記録に取り組む	・3～6回目の授業が実施される 　―動機づけコントロール（計画と自己コントロール過程を伴う） 　―自己モニタリング ・教師は，新しく獲得した制御／モニタリング方略を予見段階に結びつけるよう促す
自己内省段階	・1つのモジュールに取り組む 　―自己内省（自己評価，帰属，適応的推論） ・生物学の試験後にモジュールが実施される（SREP 期間中約3，4回）	・7～8回目の授業が実施される ・生徒たちは自身の立てた目標を振り返り，結果をよりよいものにしていくための方法を突き止めるよう促される（適応的推論）

設定し，ワークシートに書くかという思考プロセスを示す認知的モデリングの手続きも用いられる。介入の間，教師は，生徒が書いた目標に言及し，目標への前進具合を自己評価する基準として用いるよう促す。すなわち，生徒たちは妥当な目標とは何かを教えられるだけでなく，自身の目標達成度を自己評価することも教えられる。自身の目標達成度の自己評価は，循環的ループの自己内省段階における基本的な事柄である。

　目標設定のプロセスについて経験を積んだ後，3回目の授業では動機づけコントロールというトピックが紹介される。生徒たちは，「勉強する気がまったく起きないときであっても，勉強する気持ちを高めるにはどうしたらよいか？」とか，「他にたくさんの興味を惹かれることがあっても，課題に取り組

み続けるにはどうしたらよいか？」といった問いについて小グループで話し合う。この2つの問いはどちらも生徒の動機づけに関するものであるが、前者は学習前の動機づけや推進力を対象としているのに対し、後者は学習中の思考や行動をかき立てるものとなっている。生徒たちは、そうした学習前、学習中の困難な状況において助けとなるような自己教示をそれぞれに考えるよう求められる。例えば、ある少女、ハンナはしばしば先延ばししてしまい、後で苦しむのだが、この問いについて小グループで話し合う中で、「今すぐ始めよう。そして30分集中しよう」という自己教示を考えついた。この教示には、彼女が始めるのは具体的にいつなのかといった明確なアイデアが含まれているだけではなく、課題に取り組む時間についても定められている。この小グループでの話し合いの後で、生徒たちはそれぞれ、自己教示を忘れずに宿題の場面で用いることができるよう、ノートに書きとめた。

　その後の授業で、生徒たちは自己教示してみてどうであったかという経験について、小グループで共有するよう求められた。そして、必要に応じて、自己動機づけの仕方を改良した。例えば、もっと正確な文章にするよう求められることもあったし、自己教示とある課題に対する個人的な目標を直接的に関連づけた方がよいと言われることもあった。なお、ハンナにとって、自己教示は、動機づけ上で有効なものであったようだ。なぜなら、妥当な時間、可能な限り集中するということは、彼女が目標に向かう助けとなり、勉強や宿題の先延ばしも減らせたからである。

　続いて、学級介入は、自己モニタリングに関する2回の授業に進む。自己モニタリングのプロセスとはどういうものかについて紹介するために、教師は、学習中に役立つ注意喚起として重要な問いを3つ教える。それは、(a)「この課題における私の目標は何か？」、(b)「私は自分が今何をしているか理解しているであろうか？」、(c)「私は目標に向かって前進しているであろうか？」という問いである。その後、生徒たちは、学習状況をモニタリングすることでよい結果が得られるのはなぜかについて話し合い、そうした事例はないか考えるよう求められる。この小グループでのディスカッションの後、生徒たちは先ほどの重要な問いを、授業中の課題を遂行する際に使ってみるよう促される。教師は、この「自己管理」という考えを紹介するために、課題遂行中に3つの重

要な問いを使う手本を示す。なお，このときの科学の授業で扱っていたトピックは，身体によい食べ物の構成であった。生徒たちは小グループになって，教科書やワークシートからさまざまな情報を得て，バランスのよい朝食の計画を立てた。次の授業で，生徒たちは自己モニタリングをしてみてどうであったかという経験について共有した。例えば，ハンナは，たびたび概念を理解しているかを自分自身に問うことは有意義であったと述べていた。そして，理解できていないときに文章を読み返したと言う。このことは，自己モニタリングで得た情報の重要性を示す事例である。なぜなら，ハンナがその情報を用いて自己評価をし，自身の用いる方略を応用していけたことを示しているからである。

　この介入に含まれる最後の自己調整プロセスは，自己内省の重要なプロセスである自己評価である。これを扱う授業において，生徒たちは教師の指導のもとで，自身の成績を評価し，改善に向けて分析していく。生徒たちは，「自分はこれまでに何を学んだのか？」「課題を成功裏に終えることができたのか，よりよい結果を得るためにはどうしたらよいのか？」（適応的推論）といったことを自分自身に問いかけるよう求められる。教師は，自己モニタリングした結果と自身が設定した目標を比較して，批判的に自身の成績を評価するにはどうしたらよいかという手本を示す。そして，生徒たちに，このときの授業で取り組んでいたタンパク質についての生物学的な問題を例に，自己評価の練習をするよう求める。ダンという生徒は，自身の進捗状況を自己評価していて，自分が課題要求に十分に答えていないことに気づいた。それによって，彼は自身の失敗の原因を考え，タンパク質について書かれている教科書を十分に学習しなかったし，教科書の図を覚えていなかったことに思い至った。そして，その日の午後に教科書を読んで勉強しようという計画を立てた。ダンは課題要求に答えられなかったという失敗を犯したが，自己評価という観点からは理想的な認知と行動を示したと考えられる。彼は，自身の失敗を認め，それを正すのに必要な手段をとることができたのである。この事例は，自己モニタリングが有効な自己評価につながり，それが次には目標設定や動機づけ，課題解決方略といった点で良好な適応を導くという，Zimmermanの循環的三段階モデルの示す本質を表したものといえよう。

自己調整力向上プログラム（SREP）

　SREPは，よくトレーニングされたSREPのチューターが一連の教育モジュールを用いて行うものである。本節では，このモジュールについて簡潔に述べ，遂行手続きのカギとなる事柄を事例に基づいて説明する。大まかにいうと，教育モジュールは，(a) 基本モジュール，(b) 方略モジュール，(c) 自己内省モジュールの3つの要素に分けられる（詳しくはCleary et al., 2008を参照のこと）。さらに，基本モジュールは4つ（すなわち，導入，課題分析，目標設定，方略に関する計画）からなり，それらは順に実行される。このプログラムの最初の段階は，典型的には4，5回の授業で構成される。その間，生徒たちは来る生物学の試験についてどのように考え，どう準備したらよいかということに関するトレーニングを受ける。より具体的には，まず導入モジュールにおいて，SREPのチューターが，生徒にSREPや，より一般に自己調整というものがどれほど有効かについて説明する。また，生徒たちの初期段階の様子，例えば，困難に対応するどのような特性をもっているのかや，試験準備や教材の学習に用いる方略の質はどういったものかということを明らかにしておくために，2，3の内省活動を行うよう求める。SREPのチューターの最初の目標は，生徒の適応的な自己動機づけ信念と自己調整信念を導くことである。そのために，チューターは，「学習方略の使用は生物学の試験でよい成績を収める重要な原因となる」とか，「すべての生徒が自分の成績を高めていくことができる」とか，「科学の試験成績は重要である。なぜなら，高校の成績証明に載る最終レポートや成績に影響するからである」といった適応的な信念について手本を示したり，説明したりする。

　こうした一般的な導入に次いで，生徒たちは，課題要求のカギは何かを特定したり，効果的な目標を設定したり，方略に関する計画を立てたりするモジュールに取り組む。例えば，課題分析のモジュールでは，来る生物学の試験に関連する情報（形式や範囲など）と，前の生物学の試験時に経験した個人的な困難や障害を記録するよう求めるワークシートを完成させる。要するに，このモジュールにおける重要な目的は，本来学習計画を立てる前によく考える必要

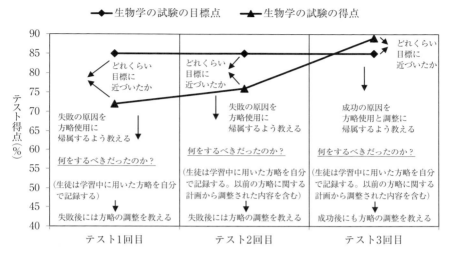

図4.3 生徒に，どれくらい目標に近づいたかを評価し，方略帰属と適応的推論を行うことを教えるために用いる自己調整グラフの例

"Effectiveness of the Self-Regulation Empowerment Program with urban high school students" by T. J. Cleary, P. Platten, & A. Nelson, 2008, *Journal of Advanced Academics*, *20*(1), p. 87 より．許可を得て転載。Copyright 2008 by Prufrock Press.

のある，試験の特徴と範囲を生徒たちに意識させることである。このモジュールに続いて，目標設定に関する教授が行われる。そこで，生徒たちは，結果目標と過程目標の重要性と意味について学習する。また，試験成績の目標を設定するにはどうしたらよいかということと，自身の目標を自己調整グラフ（図4.3を参照）に描くにはどうしたらよいかも教わる。

課題分析のモジュールでは，生徒たちに，「来る試験で求められることは何か？」や「前の試験時に何か困難はあったか？」といった問いを与えるが，目標設定のモジュールでは，「来る試験に向けて学習し，試験を受けるときに何を成し遂げたいか？」を考えさせる。この2つの予見プロセスは，「試験準備に関する目標や最終的な成績に関する目標は，どうしたら達成できるか？」という問題に取り組む助けとなる。生徒たちは，方略に関する計画を立てる前に，課題の本質や個人的な目標設定について学ぶことが必要なのである。さて，方略に関する計画モジュールになると，生徒たちは，試験準備のためには

特定の学習方略を用いることが有効であることを学び，学習プロセスにおいてその学習を最適化するために用いるべき方略は何かを考え始める。具体的には，まず方略に関する計画の有効性についての簡単な説明を受けた後で，生物学課程の教材を学習するうえでもっとも困難なことは何か，例えば，時間管理なのか，記憶なのか，動機づけなのか，環境設定なのかといったことを明らかにするワークシートを完成させるよう求められる。このワークシートは，方略に関する最初の計画となる。これによって，生徒の自己調整プロセスや学習プロセスを最適化するために用いることのできる方略で，今は潜在化しているものについて，SREP のチューターと協同で探索していくこととなる。SREP においては，この時点では方略に関する教授をまだ行っていないので，方略に関する計画を完璧に立てるということはできない。むしろ，そこから先の SREP の授業において，新しい方略を学び習得しながら，先に立てた方略に関する計画に対して，方略を追加したり，精緻化したり，取り除いたりすることが求められる。

　SREP の多くの授業で学習方略の教授が行われる。SREP のチューターは，科学的な内容を学び再生するのに必要な，図による構造化や記憶を助ける方法など科学的根拠に基づくよい方略を教えるために，生徒に明示的に説明したり，手本を示したり，指導のもとで練習させたりする。チューターは，学習方略の一つ一つについて，その目的や価値を説明し，使い方を教えるために行動的・認知的モデリングの手法を用い，生徒が生物学課程の学習内容と関連づけてその方略を使う練習をする機会を数多く設ける。チューターは，方略教授の仕方を定めた構造化されたモジュールを用いるが，生徒の関心や必要に応じて，それを柔軟に修正し応用する権利を有している（Cleary et al., 2008）。

　方略をトレーニングする最初の数回の授業では，典型的には1つの方略を取り扱う。トレーニングプログラムが進むにつれ，必要に応じて，取り扱う学習方略や自己調整方略が増えていく。生物学教材の学習と再生を直接的に促す方略に会う一方で，生徒たちは，自己コントロールの障害や困難もしくは環境要因としての障害や困難にもしばしば出会う。このため，SREP には，生徒の学習中の動機づけや自己管理を最適な状態にするためのさまざまな自己コントロール方略——例えば，自己強化，環境設定，情報や社会的サポートの探索，

自己教示，時間管理など——を扱う追加のモジュールも含まれている。こうした追加のモジュールは，典型的には学習上問題があるのはどの領域かが明らかになった後で導入されるが，SREPのトレーニング中どの時点でも導入可能なものである。例えば，ある研究では，一人の生徒が，授業中に十分にノートをとれていないので，そこに書かれている重要な語句や概念を学習するのが大変困難であるということを話している。それに対して，SREPのチューターは，その生徒が社会的・非社会的な情報源から必要な情報を見つけ出せるようにするための，さまざまな方法を紹介する情報探索モジュールを導入している。興味深いことに，この授業の後，その生徒は積極的に自身の兄姉に助けを求め，来る循環系のテストに関する情報を集めたり，学習したりするために，インターネットでさまざまな学習方略を検索した（Cleary & Platten, 2013）。こうした方略は，その生徒の最初の方略に関する計画にはなかったものであるが，介入中に自然発生した問題に取り組んだ結果として追加されたのである。

　生徒たちが学習中に自身の方略を発展させて，それに対するフィードバックをチューターから受けたり，それをクラスメイトと共有したりするために，SREPの授業に持ち込んでくることは非常に重要である。例えば，ある生徒は，家庭での図による構造化のトレーニング中に，今後の学習の指標となりうるテスト問題を予想するという行為を自発的に行った。彼は，仲間に，その問題が適切であるかどうかを判断してもらうため，また，テスト問題をつくってみるという「彼の生み出した方法」を教えるために，次のSREPの授業に作成した問題を持ってきたという（Cleary et al., 2008）。

　SREPの核となる教育要素の最後は，生物学の試験後に包括的な自己内省を行うことである。このモジュールの重要な目標は，生徒たちに自身の学習方略の有効性を評価し，一貫して原因を方略に帰属し，適応的に推論する方法を教えることによって，生徒たちの循環的な思考を強化することである。この目標を達成するために，SREPのチューターは，内省の会話を促すよう構造化されたグラフ化の手続きを用いる（図4.3を参照）。このグラフは，最初に，目標設定モジュールと方略に関する計画モジュールで導入されており，生徒たちは試験成績の目標を描き入れ，また，試験準備の際に用いる方略を書き込むよう促されている。生物学の試験後，生徒たちは，試験成績を書き入れ，実際に行っ

た方略を記録する。このグラフは，プロセス（すなわち，方略使用）と結果を結びつけるものであり，自己内省を教えるうえで重要な要素となっている。生徒たちは，グラフを完成させた後で，自己内省段階における重要な3つの問いに答えるよう求められる。それは，(a)「目標に到達したか？」（自己評価），(b)「目標に到達できた／到達できなかった一番の原因は何か？」（原因帰属），(c)「次の試験成績をよりよくするためには何が必要か？」（適応的推論）という問いである。こうした課題に特化した問いは，自己調整学習（SRL）のマイクロ分析と呼ばれる構造化された間隔プロトコルから派生したものである（Cleary, 2011; DiBenedetto & Zimmerman, 2010）。要するに，この問いは，教師から試験成績を返却されるといった特定の状況下において，予見，遂行，自己内省の各段階でのプロセスを測定するものである。SREPの内省モジュール中に，チューターは，そうしたマイクロ分析の問いを，生徒の自身の成功／失敗への評価と反応がどう変化するかを理解するためだけでなく，そこから得る情報を，生徒の内省の会話を促したり，不適応的な制御思考を再構築したりするために用いる。

　SREPのチューターは，すべての小グループに，自己調整グラフを参照しながら内省的な話し合いを行わせる。自己評価に際して，チューターは生徒たちに，自分の成績を二種類の基準に照らして評価するよう求める。二種類の基準とは，事前の試験成績と熟達目標である。Zimmerman（2000, 2008a）は，こうした種類の自己評価基準は，生徒たちの注意を仲間の成績よりも自分自身の行動と方略使用に向けさせ，その後の努力につながるため，一般的な基準よりも適応的であると述べている。自身の成績がどうであったかという問題について話し合った後には，生徒たちは原因帰属や，自身の成績にもっとも影響したであろう要因について率直に話し合うよう求められる。成績には多くの要因が影響していると考えられるが，特に方略使用といった制御可能で不安定で内的なものの観点から，成功や失敗を考えるよう促される（Borkowski, Weyhing, Carr, 1988; Cleary & Zimmerman, 2001; Clifford, 1986; Schunk et al., 2008）。なお，自己調整グラフは，目標とした成績と実際の成績，そして方略に関する計画を含んでいるので，生徒たちが方略使用と成績の因果関係を視覚的に把握するための重要な道具となっているということも心に留めておくべき点である。

こうした類の帰属トレーニングの繰り返しは，生徒たちに試験成績を方略に帰属する方法を教えることを意図して考案されており，最終的に生徒たちが次の試験前に用いる科学の学習方略の質に影響を与えると考えられる。例えば，ある生徒は，循環系の試験後に，テストを受けるには，また，狭い範囲のトピックに多くの学習時間を費やすには時間が足りなかったことが，自身の試験成績に大きな影響を与えた原因であったことに気づいた（Cleary & Platten, 2013）。このことは，次の試験に向けて，方略に関する計画を改めたり強化したりするにはどうしたらよいかについて，その生徒と仲間たち，そしてチューターとで内省的に話し合うことを促した。

SREP と SRL 学級介入の効果

　2つの介入プログラムに関する論文の著者は，プログラムの対象範囲や形式を考え，それぞれに異なった方法でプログラムの効果を測定している。例えば，Labuhn らは，学級を単位とした介入の効果を測定するために準実験の方法を用いている。一方，Cleary らは，トレーニング中に生徒の科学の成績や調整行動がどう変化したかを深く分析するために，混合モデルの事例研究を計画した。以下では，こうした多様な方法について簡単にレビューを行い，いくつかの結論を導きたい。

SRL 学級介入

方法と計画
　Labuhn らは，学級を単位とした介入が高校生の自己調整と科学の成績の向上に効果があるかを検討するために，準実験で事前―事後デザインの計画を立てている（図 4.4 を参照）（Labuhn et al., 2008a, 2008b）。1つの学校の7つのクラスが，実験群（4クラス）と統制群（3クラス）にランダムに割り当てられた。生徒の自己調整や知識の発達に影響する要因を統制するために，両群で高校生の年齢，性別，移民かどうか，言語能力は均一になるよう計画されていた。実

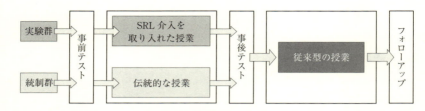

図 4.4　SRL 学級介入の一環として用いられた研究計画

験群の生徒も統制群の生徒も，3週間にわたる8時間の授業を受けた。授業単元は栄養学のトピックに関するもので，科学担当教師と協同で作成された。実験に参加する全教師が介入前に授業方法のトレーニングを受けた。特に実験群を担当する教師は，内容の授業方法のみならず，自己調整の授業方法についても追加でトレーニングを受けた。

　この介入の短期的・長期的効果を検討するために，生徒たちの内容に関する知識と自己調整能力が，事後テストと6か月後の追跡調査で測定された。自己調整能力の測定 (Perels, Gürtlr, & Schmitz, 2005) は，介入前のグループ間差を統制するために事前テストでも実施されていた。内容に関する知識は，科学担当教師と協同で作成した12問の多項選択式問題と空所補充問題からなる目標基準準拠テストで測定した。さらに，転移効果が，介入に続いて行われた自己調整の介入を含まない授業において測定された。その授業は栄養学の授業とは関係のない，社会科学に関する問題について意思決定することを求めるものであった（このトピックについてのより詳細な情報は，Eggert & Bögeholz, 2010 を参照のこと）。転移効果測定時の授業内容に関する知識を測定するテストは，やはり科学担当教師と協同で作成された。

データ分析と結果

　著者らは，学級を単位とした介入が生徒の成績と自己調整プロセスに及ぼす短期的効果，長期的効果，転移効果を検討した。実験群の生徒たちの自己調整スキルは事前テストから事後テストにかけて有意に向上していたが，統制群の生徒たちのスキルはそうではなかった。実験群のこうした変化は，6か月後も維持されていた。

また，実験群と統制群の栄養学の授業内容に関する知識が，事後テストと6か月後の追跡調査において異なるかどうかが検討された。自己調整プロセスにみられた変化とは対照的に，授業内容に関する知識は，事後テストにおいて実験群と統制群で有意な差がみられなかった。しかしながら，6か月後の追跡調査においては，実験群の生徒は統制群の生徒よりも有意に成績が高いという結果が得られた。後者の結果は，SRLの実験群の生徒は統制群の生徒よりも，授業で学んだ栄養学の知識を，授業後数か月を経たときにもよく覚えていたということを示すものであり，大変魅力的な結果である。以下は推測にすぎないが，実験群の生徒は自己調整サイクルの中で繰り返し科学の内容を学習するので，情報がより有意味な方法で処理され，長期的に再生可能となるのではないであろうか。

 最後に，著者らは，生徒の自己調整スキルが，スキルを学んだ授業とは異なる内容を扱う，社会科学に関する問題について意思決定することを求める授業においても転移するかどうかを検討している。結果，実験群の生徒は統制群の生徒よりも，この授業の内容に関するテストでよい成績を収めたことが明らかとなった。この結果について，著者らは，SRLの実験群の生徒は，授業で求められていることに応えることを目的として柔軟に方略を使用するトレーニングを受けたために，新しい学習内容に対しても学んだ方略と調整プロセスを応用することができたのであろうと考察している。

 総合的にみて，この研究の結果は，通常の学級で実施される比較的短い介入が，生徒の調整プロセスの利用と学業成績を向上し維持させることを示すものといえよう。この介入の重要な要素は，科学の課題や活動を行う際，生徒たちを調整的な思考と行動の連続したサイクルに取り組ませるということである。

SREP：小グループに対して，もしくは一人一人に合わせて行うSRL介入

方法と計画

 SREPは高校で実施されてきた。近年の研究には，都会の学校で学習困難な生徒を対象としたものがある（Cleary & Platten, 2013; Cleary et al., 2008）。これらの事例研究の基本的な目的は，十分な科学的スキルと学業成績を示していたに

もかかわらず，高校初年次の科学の単位を落とした，もしくは落としそうな生徒たち——なお，彼らは民族的にさまざまな背景をもっている——を対象にSREPを実施することである。彼らが，この介入研究に参加するにふさわしいことは，高校の教師にとっても，生徒たちの動機づけや調整行動（宿題の遂行や質，興味，取り組み）に関心をもち，推測しさえすれば，明白な事実と感じられるであろう。なお，出席率が悪い，もしくは学習障害と診断されるような生徒は，この研究に参加するのには適さない。

著者らは，事前—事後デザインの形をとった事例研究を含む混合モデルアプローチを用いた（Butler, 1998）。事例研究を行う研究者たちが推奨するように，生徒たちの動機づけや自己調整における変化を評価するためには，複数の評価方法（例えば，自己報告測度，教師評定尺度，自己調整学習〈SRL〉のマイクロ分析の面接手続き，フィールドノートをとる観察法）が用いられた（Butler, 2011; Creswell, 2007）。こうしたアプローチによって多くのデータを集めることができ，それによって，生徒の自己調整プロセスやそのプロセスが科学の成績にどう影響を与えるのかといったことに関する推論の妥当性を高めることができる（Butler, 2011）。

研究者たちは，事例研究では介入の効果という因果関係を推論するには限界があるが，パターン照合，説明構築，対立仮説への対処といったさまざまな分析方法によって事例研究の内部妥当性は高めることができると述べている（Creswell, 2007; Yin, 2009）。それらの方法を用いて，Clearyらは成熟や学習履歴の要因を除いたうえで，生徒たちの自己知覚や方略的行動の変化がどのようにして科学の成績の変化につながるのかを説明し理解する基盤として，Zimmermanの循環的三段階モデルを採用している（Cleary & Platten, 2013; Cleary et al., 2008 を参照）。

データ分析と結果

Clearyらは，SREPによって，生徒たちの生物学の試験の成績や動機づけ信念，調整行動がどう変化したかを分析している（Cleary & Platten, 2013; Cleary et al., 2008）。成績については，生徒たちの生物学の事前テストにおける平均点と介入中のテストの平均点を記述的に比較している。また，基準となる得点と

してクラスの平均点を用い，介入に参加した生徒の成績の伸びを評価している。一般的にいって，これらの研究に参加した生徒は，テスト成績を伸ばしており，z得点の伸びの平均は約0.50である。より実際的なレベルでいうと，9人中7人の生徒が事前テストで平均点以下であった（C～D評価であった）にもかかわらず，その7人中5人は介入中には平均点を上回っている。さらに，SREPが終わって約1か月後に行われた生物学の最終試験において，5名中4名がクラスの平均点である84点を上回り，うち2名は93点と95点をとったことが，Clearyら（2008）によって報告されている。

　自己調整プロセスの変化を評価することに関しては，Clearyら（2008）もClearyとPatten（2013）も，自己報告測度や教師評定尺度，フィールドノートをとる観察法，成果物，マイクロ分析の面接手続きといったさまざまな評価方法を用いている。生徒の自己報告は，学習中や宿題遂行中に自己調整方略を使用したと生徒自身が思っているかどうかを反映するものである。また，教師は学級での生徒の調整行動を評価することができる。自己報告も教師評定尺度も量的な尺度であり，事前―事後テストにおいて実施された。事前テストから事後テストにかけての変化は信頼性変化指数（RCI; Jacobson, Follette, & Revenstorf, 1984）を用いて評価された。こうした伝統的な評価方法を補完するために，著者らはまた，SREPの授業中にフィールドノートをとる観察法，生徒の成果物の収集，マイクロ分析の面接手続きといった方法を用いて，生徒の調整行動や認知に関する質的なデータも収集している（Cleary, 2011; Cleary et al., 2008）。

　以上で述べてきたような研究からはいくつかの重要な知見や示唆が得られたが，強調すべきは，多次元での評価によって，生徒の調整的・方略的な行動や認知の変化についてより堅固な説明ができるようになったということである。例えば，Clearyら（2008）は，方略使用に関する生徒の自己報告や教師の評定結果が，事前テストから事後テストにかけて有意に改善されたことを報告している。こうした結果からは，生徒の調整行動に対する生徒自身または教師の感じ方が，事前テストから事後テストにかけて有意に変化したとの結論を導くこともできる。では，生徒たちが学習中，環境的な困難に立ち向かい，学習内容に取り組む際に，事実としてある方略を使っていたと論理的に推論することはできるのであろうか？　さらにいえば，自己報告測度や教師評定尺度では，

Zimmerman（2000）が述べているような自己調整の動的な，循環的段階プロセスの本質を十分に捉えることができるのであろうか？

　観察や，その他 SRL のマイクロ分析のような事象を捉える評価方法が，自己調整の伝統的な測定方法を補完すると，私たちは考えている。SRL のマイクロ分析とは構造化面接であり，生徒たちが特定の課題に取り組んだり，特定の学業的な状況に置かれたりしたときに，循環的段階モデル内のさまざまなプロセスを対象とした問いを投げかけ，答えさせるものである（Cleary, 2011）。SREP の研究では，生物学の試験後の生徒の帰属と適応的推論を分析するために，内省段階でマイクロ分析を用いている。Cleary ら（2008）は，生徒が先を見越し，自ら方略を用い始めた例と，そうした方略的行動の変化が実際の試験成績の変化とどう結びつくかを示した例をあげている。次の通りである。

　　例えば，ジャマルは，SREP の授業で概念地図に関連して一般的なカテゴリのつくり方や質問のまとめ方を学習した後，翌日，家で勉強した際に，次の生物学の試験の予想問題を自発的に作成した。そして，次の SREP の授業でその質問をもってきて，グループのメンバーに見せた。SRC のフィールドノートには，この自発的なテスト問題の作成後のジャマルの試験成績は，プログラム中に彼がとった得点の中で最高点となったことが記されている。（pp. 93–94）

　この後半に観察されたことは非常に重要である。なぜなら，その事実は，循環的フィードバックループで重要な前提とされている事柄，すなわち，自己調整とは生徒が先を見越して自ら始めるプロセスであり，そのプロセスの中で目標を達成するために方略を調整し，修正し，そのレパートリーを増やしていくものであるという事柄と一致するからである（Zimmerman, 2000）。ジャマルがテスト問題を作成するという方略を追加で用いようとしたことは，その方略が次の試験に使えるかどうかについて SREP のグループのメンバーと内省的に話し合うことを引き起こした。

　フィールドノートをとる観察法や SRL のマイクロ分析の手順はまた，Zimmerman の循環的三段階モデルで述べられている，自己内省段階内の循

環的関係を記述するのにも用いられている（Cleary & Platten, 2013; Cleary et al., 2008）。例えば，自己内省モジュールでマイクロ分析の手続きがとられた結果明らかになったことに基づき，ある生徒は，自身に時間管理能力とまとめの能力が不足していることが，試験成績が上がらない原因である（帰属）と述べた（Cleary et al., 2008）。その後，この生徒は，学習の手引きに書かれていることすべてに目を通すためにあてる時間を変える必要があること，家族の要求に応える時間をより慎重に管理しなくてはならないこと（適応的推論）に気づいた。こうしたメタ認知的反応は，生徒が次の試験前にSREPのチューターと話し合った，次にとるべき行動や方略につながっていった（Cleary et al., 2008）。要するに，介入中もしくは課題遂行中に生じる生徒たちの方略的・調整的プロセスの変化を捉えようとすることは，教師評定尺度や親評定尺度，もしくは自己報告測度といった，事前―事後テストで実施される評価方法で得られたデータを補完する強力な方法なのである。

本研究の意義と今後の課題

　本章の主な目的は，科学教育の文脈で行われた2つの自己調整への介入にみられるような，Zimmerman（2000）の循環的三段階モデルの応用例を示すことであった。教育場面でよくみられるようになってきたresponse-to-intervention（RTI）のようなサービスを提供するモデルは，理論的な背景をもち，経験的に支持され，学級単位にも個人にも応用できるような介入プログラム（Marson, 2005; Tilly, 2008）を強く必要としているが，Zimmermanのモデルは，特に科学教育の文脈で行われた介入に埋め込まれている自己調整と関係があるという点において，この目的にかなうものといえるであろう。本研究で紹介した研究の重要性は，教育者や学校での教育実践家が動機づけや自己調整的介入の専門的発達トレーニングへの強いニーズをもっているという，最近の調査研究のデータからも強調されるものである（Cleary et al., 2010; Cleary & Zimmerman, 2006; Wehmeyer et al., 2000）。

　SRL学級介入とSREPを，科学教育の文脈において経験的に支持されたア

プローチとして確立するためには，いまだ多くの研究が必要とされるが，この2つのプログラムはかなり将来性のあるものと考えられる。特に魅力的な面は，生徒たちに，科学を学ぶときには循環的で調整的な方法で考え，活動するようトレーニングしている面である。実験的研究によって，自己調整のプロセスの複数の段階でトレーニングを行うことが，自己調整のトレーニングを行わなかったり，行ったとしても一段階のみであったりするのに比べ，より有益であることが複数の分野にわたって示されている (Cleary et al., 2006; Reid & Borkowski, 1987; Zimmerman & Kisantas, 1997, 2002)。さらに，介入の応用を研究する者たちのすべてが，自身の自己調整への介入の理論的枠組みとして明確にZimmermanの循環的三段階モデルを用いているわけではないが，彼らの介入の大半は複数の段階でのトレーニングの重要性を指摘している (Butler, 1998; Graham & Harris, 2005)。

　実践家と研究者双方にとって重要なもう一つの問題は，転移は介入後自発的には生じないということである。Pressleyら (1990) は，自己調整学習の転移が生じるかどうかは，主に自己調整の知識，自己調整的な思考ができるという自信，自己調整のプロセスを別の状況に応用できるスキルの3つの要因にかかっていると指摘している。その最後の要因について，自己コントロールと帰属のトレーニングを受けた学習障害の生徒たちが，統制群や一つの段階のトレーニングを受けた生徒たちよりも方略の使用を維持し，一般化したことを示す研究がある (Borkowski et al., 1988; Reid & Brokowski, 1987)。より最近では，Fuchs, Fuchs, Prentice, Burch, Hamlett, Owen, Hospと Jancek (2003) が，生徒たちが文脈を超えて自己調整スキルを転移させる可能性を高めるためには，教師が，よく知った問題の構造と結びつけるなど新しい問題の分析を行うために必要な抽象化とメタ認知的方略を，生徒たちに明示的に教えるべきであると述べている。さらに，生徒たちに循環的ループの全段階において考え方や活動の仕方のトレーニングを行うことが，1つか2つの段階においてのみトレーニングを行うのに比べて，転移の質や深さを高めるかを分析することも興味深いと考える。循環的ループの全段階においてトレーニングを受けた生徒が，複数の分野にわたってスキルを柔軟にかつ一貫して応用することができるという仮説は，妥当なものであろう。

自己調整の研究者たちは，成績や自己調整の変化を分析するのみならず，介入やそれが生み出す結果の社会的妥当性も考慮に入れることが重要である。社会的妥当性とは，(a) 目標の社会的意義，(b) 結果の社会的重要性，(c) 介入手続きの社会的受容性という3つの要因を含む一種の顧客満足である(Gresham & Lopez, 1996; Wolf, 1978)。Labuhn らの研究では，直接的には社会的妥当性を測定していないが，たとえ授業で自己調整プロセスについて教えることが科学の内容について教える時間を減らすことになったとしても，生徒たちが真の学習から離れることにはならないと述べている。加えて，SRL学級介入に参加した生徒たちは，トレーニング直後には，統制群の生徒たちより高い科学の成績を示したわけではなかったが，フォローアップ時には学習内容をよりよく保持していたことが明らかとなっている (Labuhn et al., 2008a, 2008b)。教師や学校の専門家はときどき自己調整学習や内容中心の指導を取り入れることに懸念を示すが，こうした懸念はすべての状況にあてはまるものではないのであろう。

　Cleary ら (2008) と Cleary と Platten (2013) は SREP の社会的妥当性を2つの方法で直接的に示している。第一に，生物学担当教師や学校管理者との協同的会話を行うことによって，目標の社会的意義を確立している。生物学の試験成績を高めることは，社会的に妥当な目標であるとみなされる。なぜなら，そうした試験成績は，高校の成績証明書に掲載される最終的な成績に大きな影響を与えるからである。第二に，社会的妥当性の他の2つの要因である，結果の社会的重要性と介入手続きの社会的受容性が，事後テスト時に親，教師，生徒を対象とした質問紙調査を行うことによって検討されている（社会的妥当性の質問紙に関する説明については，Cleary et al., 2008 を参照のこと）。今後は，この介入を受けた教師や生徒そして親の視点から，自己調整への介入がもっとも魅力的で有効で影響力が大きくなる環境について評価する方法を検討していかなくてはならないであろう。加えて，自己調整の原理が，一般的な科学のカリキュラムに，常に科学の内容も自己調整スキルも学習できるような方法で，もっとも簡単に，そしてもっとも効率的に取り入れられるようにするにはどうしたらよいかを検討することも，研究者にとって価値ある検討といえるであろう。

　最後に，自己調整の介入プログラムの効果を分析するにあたって，その評価

方法や研究デザインを検討していくことの重要性について述べる。実験計画、準実験計画といった群間比較を行う方法は、研究の内部妥当性を高めるという点で理想的である。一方、個人を対象とした研究や事例研究は、自己調整のプロセスがどう展開して、成績に直接的な影響を与えていくかに関するより堅固な説明を与えてくれる。すなわち、生徒一人一人の変化の分析は、自己調整のプロセスがどのようにして、なぜ科学の成績を高めるのかについての理解を深めることにつながるのである (Butler, 1998; Creswell, 2007; Kratochwill & Levin, 2010; Yin, 2009)。事例研究は、学校で実践を行っている人々にとって特に関連するものであり、重視されるものである。なぜなら、そうした人々の関心は、生徒の調整的な思考や行動の変化が、その後の動機づけや成績に、どのように、なぜ影響するのかを知ることにあるからである。

また、研究で用いられる測定方法に関しては、自己調整が複雑で動的で循環的なプロセスであることを考えると、それを適切に捉えるためには多次元での評価が重要であるということが認識されつつある。自己調整の測定として自己報告はもっともよく用いられる方法である (Cleary, 2009; Winne & Perry, 2000) が、発話思考法や行動記録、直接観察法、マイクロ分析といった事象を捉える評価方法も多く用いられてきた。こうした方法は、自己調整の行動やプロセスを真正の文脈でリアルタイムに測定することができ、また、その結果は生徒の自己報告とは一致しないこともある (Winne & Jamieson-Noel, 2002; Winne & Perry, 2000; Zimmerman, 2008b)。データを収束させたり、あるいは拡散させたりするために、複数の評価方法を用いることは重要である。しかし、結果に食い違いが生じることは、測定方法、情報提供者やデータの出所(すなわち、生徒か教師か)、対象とするモダリティ(すなわち、行動か認知か)といった違いを反映していることも忘れてはならない。したがって、研究で使用するために、もしくは学校場面での評価の一部として測定方法を選ぶ際には、異なる種類の測定方法を用いることだけでなく、複数の情報源(例えば、生徒、教師、親)から、調整機能の複数のモダリティ(例えば、メタ認知、方略使用、動機づけ信念)についての情報を収集することが重要である。

結論

　本章では，Barry Zimmerman 教授の偉大な業績の重要な要素，すなわち，循環的三段階モデルの学業場面への応用可能性について述べてきた。その中で，高校生の動機づけ，自己調整そして科学の成績を高めるために提案された2つの自己調整への介入を紹介した。その一つである SRL 学級介入は学級単位での教育として行われているのに対し，SREP は，生徒一人一人，もしくは，小グループを対象としたチュータリングとして提案されている。そうした対象の違いによらず，それぞれの介入が生徒の調整的・循環的な思考や活動を促し，そうした思考や活動のトレーニングが科学の成績向上につながることを示してきた。2つの介入の効果を実証するためにはより多くの研究が必要であるが，強い理論的基盤をもち，実践家に直感的に訴えかけるという点において，将来性のある介入であるといえるであろう。

　Barry Zimmerman 教授の人間の行動に対する革新的な洞察力と，彼が構築した利用しやすい理論が，私たちの介入研究に新たな道を開いてくれたことに感謝する。また，個人的にも専門的にも人生を上質なもの，真正なもの，完全なものに捧げ続けた私たちの指導者にも深く感謝する。彼は，私たちの人生を変えてくれた人であり，私たちの称賛すべきお手本であった。

文献

Ames, C. (1992). Classrooms: Goals, structures, and student motivation. *Journal of Educational Psychology, 84*(3), 261–271. doi:10.1037/0022-0663.84.3.261

Bandura, A. (1986). *Social foundations of thoughts and action: A social cognitive theory*. Englewood Cliffs, NJ: Prentice Hall.

Bandura, A. (1997). *Self-efficacy: The exercise of control*. New York, NY: Erlbaum.

Bong, M. (2005). Within-grade changes in Korean girls' motivation and perceptions of the learning environment across domains and achievement levels. *Journal of Educational Psychology, 97*(4), 656–672. doi:10.1037/0022-0663.97.4.656

Bonner, S., Zimmerman, B. J., Evans, D., Irigoyen, M., Resnick, D., & Mellins, R. D. (2002). An individualized intervention to improve asthma management among urban Latino and African-American families. *Journal of Asthma, 39*(2),167–179. doi:10.1081/JAS-120002198

Borkowski, J. G., Weyhing, R. S., & Carr, M. (1988). Effects of attributional retraining on strategy-based reading comprehension in learning-disabled students. *Journal of Educational Psychology, 80*(1), 46–53. doi:10.1037/0022-0663.80.1.46

Butler, D. (1998). The strategic content learning approach to promoting self-regulated learning: A report of three studies. *Journal of Educational Psychology, 90*, 682–697. doi:10.1037/0022-0663.90.4.682

Butler, D. (2011). Investigating self-regulated learning using in-depth case studies. In B. J. Zimmerman & D. H. Schunk (Eds.), *Handbook of Self-Regulation of Learning and Performance* (pp. 346–360). New York, NY: Routledge.

Cleary, T. J. (2009). School-based motivation and self-regulation assessments: An examination of school psychologists beliefs and practices. *Journal of Applied School Psychology, 25*(1), 71–94. doi:10.1080/15377900802484190

Cleary T. J. (2011). Emergence of self-regulated learning microanalysis: Historical overview, essential features, and implications for research and practice. In B. J. Zimmerman & D. H. Schunk (Eds.), *Handbook of Self-Regulation of Learning and Performance* (pp. 329–345). New York, NY: Routledge.

Cleary, T. J. & Chen, P. (2009). Self-regulation, motivation, and math achievement in middle school: Variations across grade level and math context. *Journal of School Psychology, 47*(5), 291–314. doi:10.1016/j.jsp.2009.04.002

Cleary, T. J., Gubi, A., & Prescott, M. V. (2010). Motivation and self-regulation assessments: Professional practices and needs of school psychologists. *Psychology in the Schools, 47*(10), 985–1002. doi:10.1002/pits.20519

Cleary, T. J., & Platten, P. (2013). Examining the correspondence between self-regulated learning and academic achievement: A case study analysis. *Education Research International*, 1–18. doi:10.1155/2013/272560

Cleary, T. J., Platten, P., & Nelson, A. (2008). Effectiveness of the self-regulation empowerment program (SREP) with urban high school youth: An initial investigation. *Journal of Advanced Academics, 20*, 70–107.

Cleary, T. J. & Zimmerman, B. J. (2001). Self-regulation differences during athletic practice by experts, non-experts, and novices. *Journal of Applied Sport Psychology, 13*(2), 185–206. doi:10.1080/104132001753149883

Cleary, T. J. & Zimmerman, B. J. (2004). Self-regulation empowerment program: A school-based program to enhance self-regulated and self-motivated cycles of student learning. *Psychology in the Schools, 41*(5), 537–550. doi:10.1002/pits.10177

Cleary, T. J. & Zimmerman, B. J. (2006). Teachers' perceived usefulness of strategy microanalytic assessment information. *Psychology in the Schools, 43*(2), 149–155. doi:10.1002/pits.20141

Cleary, T. J., Zimmerman, B. J., & Keating, T. (2006). Training physical education students to self-regulate during basketball free-throw practice. *Research Quarterly for Exercise and Sport, 77*, 251–262.

Clifford, M. M. (1986). The effects of ability, strategy, and effort attributions for educational, business, and athletic failure. *British Journal of Educational Psychology, 56*(2), 169–179. doi:10.1111/j.2044-8279.1986.tb02658.x

Coalition for Psychology in Schools and Education. (2006). *Report on the teacher needs survey*. Washington, DC: American Psychological Association, Center for Psychology in Schools and Education. Retrieved from http://www.apa.org/ed/schools/coalition/teachers-needs.pdf

Creswell, J. W. (2007). *Qualitative inquiry and research design: Choosing among five approaches* (2nd ed.). Thousand Oaks, CA; Sage Publications.

De Corte, E., Mason, L., Depaepe, F., & Verschaffel, L. (2011). Self-regulation of mathematical knowledge and skills. In B. J. Zimmerman & D. H. Schunk (Eds.), *Handbook of Self-Regulation of Learning and Performance* (pp. 155–172). New York, NY: Routledge.

DiBenedetto, M. K. & Zimmerman, B. J. (2010). Differences in self-regulatory processes among students studying science: A microanalytic investigation. *The International Journal of Educational and Psychological Assessment, 5*, 2–24.

DiPerna, J. C., Volpe, R. J., & Elliot, S. N. (2002). Promoting academic enablers to improve student achievement: An introduction to the mini-series. *School Psychology Review, 31*(3), 293–297.

Eccles, J. S. & Wigfield, A. (2002). Motivational beliefs, values, and goals. *Annual Review of Psychology, 53*(1), 109–132. doi:10.1146/annurev.psych.53.100901.135153

Eggert, S. & Bögeholz, S. (2010). Students' use of decision making strategies with regard to socioscientific issues—an application of the Rasch partial credit model. *Science Education, 94*, 230–258.

Ericsson, K. A. & Charness, N. (1994). Expert performance: Its structure and acquisition. *American Psychologist, 49*(8), 725–747. doi:10.1037/0003-066x.49.8.725

Fuchs, L. S., Fuchs, D., Prentice, K., Burch, M., Hamlett, C. L., Owen, R., . . . Jancek, D. (2003). Explicitly teaching for transfer: Effects on third-grade students' mathematical problem solving. *Journal of Educational Psychology, 95*(2), 293–304. doi:10.1037/0022-0663.95.2.293

Fuchs, L. S., Fuchs, D., Prentice, K., Burch, M., Hamlett, C. L., Owen, R., & Schroeter, K. (2003). Enhancing third-grade students' mathematical problem solving with self-regulated learning strategies. *Journal of Educational Psychology, 95*(2), 306–315. doi:10.1037/0022-0663.95.2.306

Graham, S., & Harris, K. R. (2005). *Writing better: Effective strategies for teaching students with learning difficulties*. Baltimore, MD: Brookes. doi:10.1080/19404150509546791

Gresham, F. M. & Lopez, M. F. (1996). Social validation: A unifying concept for school-based consultation research and practice. *School Psychology Quarterly, 11*(3), 204–227. doi:10.1037/h0088930

Grigal, M., Neubart, D. A., Moon, S. M., & Graham, S. (2003). Self-determination for students with disabilities: Views of parents and teachers. *Exceptional Children, 70,* 97–112. Retrieved from http://cec.metapress.com/content/mg85l508408w/?p=2e0e81ddcbda4f4cb32eb1e24fdeaf19&pi=34

Guthrie, J. T., Wigfield, A., & Perencevich, K. C. (2004). Scaffolding for motivation and engagement in reading. In J. T. Guthrie, A. Wigfield, & K. C. Perencevich (Eds.), *Motivating reading comprehension: Concept-oriented reading instruction* (pp. 55–86). Mahwah, NJ: Lawrence Erlbaum Associates Publishers.

Hadwin, A. F., Winne, P. H., Stockley, D. B., Nesbit, J. C., & Woszczyna, C. (2001). Context moderates students' self-reports about how they study. *Journal of Educational Psychology, 93,* 477–487. doi:10.1037//0022-0663.93.3.477

Jacobson, N. S., Follette, W. C., & Revenstorf, D. (1984). Psychotherapy outcome research: Methods for reporting variability and evaluating clinical significance. *Behavior Therapy, 15*(4), 336–352. doi:10.1016/S0005-7894(84)80002-7

Kratochwill, T. R. & Levin, J. R. (2010). Enhancing the scientific credibility of single-case intervention research: Randomization to the rescue. *Psychological Methods, 15,* 122–144. doi:10.1037/a0017736

Labuhn, A. S., Bögeholz, S., & Hasselhorn, M. (2008a). Lernforderung durch Anregung der Selbstregulation im naturwissenschaftlichen Unterricht [Promoting learning through a classroom based intervention in science education]. *Zeitschrift für Pädagogische Psychologie, 22,* 13–24. doi:10.1024/1010-0652.22.1.13

Labuhn, A. S., Bögeholz, S., & Hasselhorn, M. (2008b). Selbstregulationsförderung in einer Biologie-Unterrichtseinheit-langfristige und differentielle Wirksamkeit [Long-term and differential effects of a classroom based intervention to promote self-regulated learning in science education]. *Zeitschrift für Entwicklungspsychologie und Pädagogische Psychologie, 40,* 167–178. doi:10.1026/0049-8637.40.4.167

Marston, D. (2005). Tiers of intervention in responsiveness to intervention: Prevention outcomes and learning disabilities identification patterns. *Journal of Learning Disabilities, 38,* 539–544. doi:10.1177/00222194050380061001

McPherson, G. A. & Zimmerman, B. J. (2002). Self-regulation of musical learning: A social cognitive perspective. In R. Colwell & C. Richardson (Eds.), *The new handbook of research on music teaching learning* (pp. 327–347). New York, NY: Oxford University Press.

Millar, R. & Osborne, J. F. (Eds.). (1998). *Beyond 2000: Science education for the future.* London: King's College London.

Organisation for Economic Co-operation and Development (OECD). (2003). *The PISA 2003 assessment framework. Mathematics, reading, science and problem solving knowledge and skills.* Paris: Author.

Perels, F., Gurtler, T., & Schmitz, B. (2005). Training of self-regulatory and problem-solving competence. *Learning and Instruction, 15,* 123–139. doi:10.1016/j.learninstruc.2005.04.010

Peters, E. E. & Kitsantas, A. (2010). Self-regulation of student epistemic thinking in science: The role of metacognitive prompts. *Educational Psychology, 30*(1), 27–52. doi:10.1080/01443410903353294

Pintrich, P. R. (2000). The role of goal orientation in self-regulated learning. In M. Boekaerts, P. R. Pintrich, & M. Zeidner (Eds.), *Handbook of self-regulation* (pp. 451–502). San Diego, CA: Academic Press. doi:10.1016/B978-012109890-2/50043-3

Pressley, M., Woloshyn, V., Lysynchuk, L. M., Martin, V., Wood, E., & Willoughby, T. (1990). A primer of research on cognitive strategy instruction: The important issues and how to address them. *Educational Psychology Review, 2*, 1–58. doi:10.1007/BF01323528

Reid, M. K. & Borkowski, J. G. (1987). Causal attributions of hyperactive children: Implications for teaching strategies and self-control. *Journal of Educational Psychology, 79*(3), 296–307. doi:10.1037/0022-0663.79.3.296

Schraw, G., Crippen, K. J., & Hartley, K. (2006). Promoting self-regulation in science education: metacognition as part of a broader perspective on learning. *Research in Science Education, 36*, 111–139. doi:10.1007/s11165-005-3917-8

Schunk, D. H., Pintrich, P. R., & Meece, J. L. (2008). *Motivation in education: Theory, research, and applications* (3rd ed.). Upper Saddle River, NJ: Pearson Prentice Hall.

Schunk, D. H. & Swartz, C. W. (1993). Goals and progress feedback: Effects on selfefficacy and writing achievement. *Contemporary Educational Psychology, 18*(3), 337–354. doi:10.1006/ceps.1993.1024

Sinatra, G. M. & Taasoobshirazi, G. (2011). Intentional conceptual change. The self-regulation of science. In B. J. Zimmerman & D. H. Schunk (Eds.), *Handbook of Self-Regulation of Learning and Performance* (pp. 203–216). New York, NY: Routledge.

Tilly, W. D. (2008). The evaluation of school psychology to science-based practice: Problem-solving and the three-tiered model. In A. Thomas & J. Grimes (Eds.), *Best Practices in School Psychology* (5th ed.). Bethesda, MD: National Assocation of School Psychologists.

Wehmeyer, M. L., Agran, M., & Hughes, C. A (2000). National survey of teachers' promotion of self-determination and student-directed learning. *The Journal of Special Education, 34*, 58–68. doi:10.1177/002246690003400201

Weiner, B. (1986). *An attributional theory of motivation and emotion.* New York, NY: Springer Verlag.

Winne, P. H. & Hadwin, A. F. (1998). Studying as self-regulated learning. In D. J. Hacker, J. Dunlosky, & A. C. Graesser (Eds.), *Metacognition in educational theory and practice* (pp. 279–306). Hillsdale, NJ: Erlbaum.

Winne, P. H. & Jamieson-Noel, D. L. (2002). Exploring students' calibration of self-reports about study tactics and achievement. *Contemporary Educational Psychology, 28*, 259–276. doi:10.1016/S0361-476X(02)00006-1

Winne, P. H. & Perry, N. E. (2000). Measuring self-regulated learning. In M. Boekaerts, P. R. Pintrich & M. Zeidner (Eds.), *Handbook of self-regulation.* (pp. 531–566). San Diego, CA US: Academic Press.

Wolf, M. M. (1978). Social validity: The case for subjective measurement or how applied behavior analysis is finding its heart. *Journal of Applied Behavior Analysis, 11*(2), 203–214. doi:10.1901/jaba.1978.11-203

Wolters, C. A. (2003). Regulation of motivation: Evaluating an underemphasized aspect of self-regulated learning. *Educational Psychologist, 38*(4), 189–205. doi:10.1207/S15326985EP3804_1

Yin, R. K. (2009). *Case study research design and methods* (4th ed.). Thousand Oaks, CA: Sage Publications.

Zimmerman, B. J. (1989). A social-cognitive view of self-regulated academic learning. *Journal of Educational Psychology, 81*(3), 329–339. doi:10.1037/0022-0663.81.3.329

Zimmerman, B. J. (2000). Attaining self-regulation: A social cognitive perspective. In M. Boekaerts, P. R. Pintrich & M. Zeidner (Eds.), *Handbook of self-regulation* (pp. 13–39). San Diego, CA: Academic Press.

Zimmerman, B. J. (2008a). Goal setting: A key proactive source of academic selfregulation. In D. H. Schunk & B. J. Zimmerman (Eds.), *Motivation and selfregulated learning: Theory, research, and applications.* (pp. 267–295). Mahwah, NJ: Lawrence Erlbaum Associates Publishers.

Zimmerman, B. J. (2008b). Investigating self-regulation and motivation: Historical background, methodological developments, and future prospects. *American Educational Research Journal, 45*(1), 166–183. doi:10.3102/0002831207312909

Zimmerman, B. J., Bandura, A., & Martinez-Pons, M. (1992). Self-motivation for academic attainment: The role of self-efficacy beliefs and personal goal setting. *American Educational Research Journal, 29*, 663–676. doi:10.3102/00028312029003663

Zimmerman, B. J. & Kitsantas, A. (1996). Self-regulated learning of a motoric skill: The role of goal setting and self-monitoring. *Journal of Applied Sport Psychology, 8*, 69–84. doi:10.1080/10413209608406308

Zimmerman, B. J. & Kitsantas, A. (1997). Developmental phases in self-regulation: Shifting from process goals to outcome goals. *Journal of Educational Psychology, 89*(1), 29–36. doi:10.1037/0022-0663.89.1.29

Zimmerman, B. J. & Kitsantas, A. (2002). Acquiring writing revision and self-regulatory skill through observation and emulation. *Journal of Educational Psychology, 94*(4), 660–668. doi:10.1037/0022-0663.94.4.660

Zimmerman, B. J. & Schunk, D. H. (2001). *Self-regulated learning and academic achievement: Theory, research, and practice.* New York, NY: Springer-Verlag Publishing.

Zimmerman, B. J. & Schunk, D. H. (2011). *Handbook of self-regulation of learning and performance.* New York, NY: Routledge.

第5章

高等教育の数学授業において学業的自己調整を高めるための循環的フィードバックアプローチ

Adam Moylan（アダム・モイラン）

訳：岡田 涼（香川大学）

　アメリカの高等教育は，これまでに何度も繰り返されてきた重大なジレンマを抱えている。高等教育をとりまく現状として，数学をはじめとする中心的な学業領域において，大学レベルの能力を学生に獲得させるためのリメディアル教育が必要になってきているというジレンマである。大学レベルの数学の能力や基本的なスキルを獲得するのに悪戦苦闘している学生を支える必要があるものの，そのための効果的な方法を見つけることの重要性はなかなか理解されない。一方で，そういった支援の効果的な方法を考えることは，科学，技術，工学，数学（いわゆる STEM 教育）といった専攻分野において，将来の労働力確保に備えるという観点から，主要な政策課題になってきている（例えば，President's Council of Advisors on Science and Technology, 2012）。リメディアル教育は，発達心理学と学習理論に基礎を置く領域であり，教育プログラム，個別指導，カウンセリングや相談活動などの多様な手段を用いて，学生の学業スキルの発達を促すことを目指す研究と実践が行われている（Boylan, 1999; National Association for Developmental Education, 2012）。高等教育で力をつけるために必要だと思われるスキルは幅広く，学生の認知面や動機づけ面，感情面での発達を考慮することが必要となる。

　リメディアル教育でよく問題になることの一つとして，非常に多くの学生が，次のレベルの学習への導入となる入門的な授業を何度も受講しなければならなくなってしまうという現状がある。そのことが，動機づけ面のコストや経済面でのコストを増やし，結果的に，高等教育における学業達成と学習の継続を困難にするより大きな問題につながっていくのである。非常に低い数学のスキルしかもたずに大学に入学した学生は，入学後に学力をうまく改善できな

いままになってしまうというリスクがもっとも高いことが示されている（Bahr, 2008）。十分な数学の能力を身につけられないという失敗をたびたび経験すると，学生の自己効力感（Bandura, 1997）が低下してしまい，その自己効力感の低さが，さらなる教育を受けようとする粘り強さや選択といった動機づけの側面に対して否定的な影響を及ぼす（Pajares, 1996; Zimmerman, 1995）。また，学生がリメディアル教育のコースや初級レベルの授業を何度も履修するうちに，経済的なコストが積み重なっていき，進級するための課題をこなすのにさらに多くの時間がかかってしまうこともある。教育ローンが積み重なることや，労働人口に加わったり，高収入を得られるようになったりするのが遅れてしまうことが，高等教育を受けようとする際の負担や障害となりうるのである。

リメディアル教育が抱えるこれらの問題は，数十年間にわたってコミュニティ・カレッジやその他の高等教育機関が向き合ってきたものである（Tinto, 1998）。しかしながら，近年の不景気を背景とするコミュニティ・カレッジへの進学率の急上昇とともに，適切な解決方法を見出すべきであるという圧力も高まってきている（Taylor, Fry, Wang, Dockterman, & Velasco, 2009）。よい知らせもある。卒業や編入といった長期的な達成の指標でみると，学生がリメディアル教育を受けて大学レベルの能力を獲得できた場合，もともとリメディアル教育を受ける必要がなかった学生と同じ程度にまで追いつく。一方で悪い知らせもあり，大部分の学生が効果的なリメディアル教育のプログラムを利用できていないというのが現状である（Bahr, 2008）。

リメディアル教育を受ける多くの学生が経験する困難は，ある部分では自己調整の問題とみなすことができる。数学について，効果的な学習の仕方や適応的な能力といったものを考えたとき，自己調整はその重要な構成要素である（De Corte, Mason, Depaepe, & Verschaffel, 2011）。特に，うまくいかない試みを繰り返す学生は，しばしば受け身的で不適応的な思考と活動の自己調整サイクルに固執している。こういった自己調整に関する問題を抱えていると，学生は学習しようという努力や課題を遂行しようとする努力をしていても，その努力の仕方を必要なときに系統立てて調整することもできないし，改善することも困難である。自分の学習や課題遂行に対して個人的に責任を負おうという動機づけやスキルをもっていないため，学業面で厳しい状況に置かれても，努力した

ことよりも，結果の側面に目を向けがちになり，思うように上達できないという状況に対して受け身的で不適応的な反応をしてしまうのである（Zimmerman, 2005）。

自己調整学習は，循環的なフィードバックプロセスとして描かれてきた（Zimmerman, 2000）。そのプロセスの中で，学習者は学習方法の実行と結果についてのフィードバックを得て，目標に向かってどれぐらい上達できたかを振り返り，以降の学習の計画をどのように決めればよいかを知ることができる。Zimmerman（2000）の自己調整モデルには，次の3つの循環的な段階が想定されている。

(a) <u>予見段階</u>：課題を遂行したり，学習したり，問題解決に取り組んだりする前に行われる，動機づけ面での信念や課題分析のプロセスを含む段階。
(b) <u>遂行段階</u>：自己観察（メタ認知的モニタリング，自己記録）と自己コントロールプロセス（自己教示，注意の焦点化，課題方略）を含む段階。
(c) <u>自己内省段階</u>：学習や問題解決，課題遂行の後で行う自己判断と自己反応を含む段階。

この循環モデルは，学生が効果的に自身の学習を自己調整するうえでフィードバックが中心的な役割を果たすことを前提としている（Hattie & Timperley, 2007）。HattieとTimperley（2007）が定義しているように，幅広く考えれば，フィードバックは外的な資源（教員，仲間，本など）や内的な資源（自己，経験など）によって与えられる遂行結果や理解についての情報だと考えることができる。効果的なフィードバックがあれば，学習者は自身の学習や遂行を計画したり，モニターしたり，振り返ったりすることができる。教室においては，次のようなことを行いやすくするフィードバックが学生にとって助けとなる。つまり，(1) 学習面での努力に対する準備をし，(2) 学習している間にその努力をモニターし，(3) 努力の後に自分を振り返ることができる，ことを促すようなフィードバックである。フィードバックは学習の中のきわめて重要な一側面であり，学習に対して非常に望ましい影響を及ぼすけれども，学生がその価値に気づいていないことがよくある。課題の性質と不可分な要因，課題が埋め込ま

れた文脈，学習者の個人的な特徴が，フィードバックの効果を媒介することが知られている（Shute, 2008）。自分が上達するために積極的にフィードバックを求め，利用しようとする学生は，学業面で目標に近づけたこと（あるいは，その他の学習面での努力や課題遂行面での努力をしたこと）から自信を得ることができる。しかし，自分の学習面や課題遂行面での努力に対するフィードバックにあまり目を向けない学生や，そういったフィードバックを避けたがる学生は，学業達成に関して困難を抱える傾向があるし，自己効力感や課題への興味，自己満足感を低下させてしまいがちである（Zimmerman, 2000）。本章で紹介する自己調整の視点に基づく介入法は，学業面での困難を抱える学生に，間違いに対する解釈の仕方やその見方を再構成できるようになるためのフィードバックを，さまざまな形で与えることに焦点を当てるものである（Zimmerman & Moylan, 2009; Zimmerman & Schunk, 2008）。

　本来，学生はさまざまな社会的資源からフィードバックを引き出すことができる。例えば，教員や仲間，あるいは授業でなされる評価，課題遂行に対して自分自身で行うモニタリングや評価などである（Hattie & Timperley, 2007）。学習の途中で，あるいは課題を遂行する中で犯す間違いは，課題に対して自分がどれぐらい上達しているかや，自分のやり方がどれぐらい効果的であるかを示す重要なフィードバック源である。しかし，一般的にいって，多くの学生や教員は，間違いに目を向け，間違いから学ぶことがもつ教育的な価値を見落としがちであり，正しく評価できていない（Hattie & Timperley, 2007）。実際，学生が不適応的な自己評価や自己内省を行わないようにするための効果的なフィードバックが必要となることはよくある。例えば，困難を抱える学生の多くにみられる傾向として，間違いを犯したり，達成度が低くなってしまったりすることの原因を，安定した能力のなさや変わらない自分の特性，あるいは自分では変えがたい教育環境上の要因に帰属することがある。こういった帰属の仕方は問題を生じやすい。なぜなら，そういう帰属の仕方をすることで，彼らは変化を拒むし，そもそもそれらの原因は学生自身がコントロールできないものだからである。そのような帰属の仕方をしてしまうと，何もしなくなったり，努力をしなくなったり，課題を避けたりしがちになり，結果的に動機づけを低下させてしまう（Zimmerman, 2011）。効果的なフィードバックを与えることによっ

て，学生は自分の失敗や抱えている困難を，努力のレベルや方略の選択と実行の問題に帰属することができるはずである（例えば，Schunk & Cox, 1986）。こういったフィードバックは，問題解決や学習のプロセスでは必然的に生じるものであり，特に自分の上達に関するフィードバックは問題解決や学習の適切さを教えてくれる。課題を遂行したり学習したりする中で，自分が上達していることを伝えるフィードバックは，その学生がもっている学習面での能力を彼ら自身に示し，そのことが自己効力感を高める（Schunk, 1989）。自分がコントロールできる行動を基準に課題遂行の仕方を考えるように促せば，学生は新たな学習方略を見つけたり，生み出したりできるようになるし，またそのときに使っている学習方略をうまく応用できるようになるであろう。フィードバックのサイクルに前向きに取り組むことで，学生は系統的かつ漸進的に学業達成のレベルを高めていくことができるのである。

　本章では，大学等において学業面で困難を抱える学生を対象とした，自己調整の視点に基づく介入法を紹介する。この介入法は，学生が学業達成を改善し，高等教育レベルの基礎的な能力を身につけられるように支援するための方法として開発されたものである（Zimmerman & Moylan, 2009; Zimmerman, Moylan, Hudesman, White, & Flugman, 2011）。この介入法は，Zimmerman が提唱する自己調整の三段階のフィードバックモデルに基づくものである。本章で強調したい点は，(1) 自己調整の視点に基づく介入法の主たる要素と特徴，特に誤りを自己内省的に分析する際にフィードバックと教示を与えること，(2) Barry Zimmerman の著名な理論と研究が，リメディアル教育が抱える学習と動機づけ面での悩ましい問題に対処する大きな助けとなること，である。また，本章の結論部分では，自己調整の視点に基づく介入法についての今後の研究の可能性を考えたい。

受け身的でへたな自己調整を行ってしまうことの内的な原因

　高等教育レベルの学習に対する準備ができていないことの背景には，それぞれの学習領域に固有の知識やスキルが身についていないということだけでな

く，自己調整や自己管理に関する問題が横たわっていることが多い。自己調整に関する問題として共通にみられるのは次のようなものである。

- <u>特定の課題に関してもっている能力について，メタ認知的な気づきが不十分であること</u>。学業面で困難を抱える学生は，自分の知識や技術を過大評価しがちであり，そのことによって十分な努力をしなかったり，うまくいくためにどのような取り組みが必要かについての感覚が歪んでいたりする。例えば，近々あるテストに対して行う準備の量や質が不十分であったりする。
- <u>学習面での努力に対して間違った判断を行うこと</u>。自己調整がうまくできない学生は，学習方略の使用方法などの学習に対するアプローチについて，正確に自己知覚できてないことが多い。
- <u>統制不可能な資源や外的な資源，あるいは固定化された個人特性といった，不適応的な原因に帰属しがちであること</u>。自分のミスを方略の選択や実施のまずさに帰属すれば，後の学習に対する意図は改善することができる。しかし，自己調整がうまくできない学生は，そうではなくて，統制できない要因に誤りを帰属する傾向がある。例えば，他者の行動に失敗の原因を帰属したり，自分の昔からの能力のなさを責めたりする。
- <u>間違いを活かして学習や課題遂行のための方略を柔軟に変化させるのが苦手であること</u>。学業面で困難を抱える学生は，自分の学習と課題遂行に関するギャップについてのフィードバックを得ているにもかかわらず，同じ間違いをし続けることがよくある。そういった学生は，方略の使い方を改善したり，より効果的な方略を選ぶことができなかったりする。

学業面で困難を抱える学生の間では，自己知覚と実際の能力にギャップがあることが多く，ときに深刻な問題となる。リメディアル教育では，学生がもつそのギャップに関心が向けられるようになってきている。これまでの研究では，自己知覚と実際の行動との一致は，キャリブレーションの問題として説明されており（Yates, 1990），教育場面においても多大な関心が寄せられて

きた（Bol & Hacker, 2001; Hacker, Bol, & Bahbahani, 2008; Pieschl, 2009; Ramdass & Zimmerman, 2011b; Winne & Jamieson-Noel, 2002）。楽観的な自己知覚は，努力を続けることに役立ち，その努力が成功につながることもある。しかしながら，あまりに不正確な自己知覚は，フィードバックを柔軟かつ方略的に用いることを妨げると同時に（Schunk & Pajares, 2004），成績を低下させてしまう（Bandura, 1997）。キャリブレーションの問題は，すべての年齢段階の学習者に共通しているし，さまざまな教育的文脈を超えてみられる（Dunning, 2004）。学生に共通してみられる傾向は過信であり（Pajares & Miller, 1994），過信は成績の低さと関連することが明らかにされている（例えば，Bol & Hacker, 2001; Klassen, 2006）。一方で，うまく自己調整ができる学生は，適切にキャリブレーションを行えることが特徴である（Ramdass & Zimmerman, 2011b; Stone, 2000; Zimmerman, 1990）。自信や判断の正確さは，メタ認知的要因と動機づけ要因のダイナミックな相互作用によって決まると考えられている（Ehrlinger & Mitchum, 2010; Zimmerman & Moylan, 2009）。本章の趣旨は次のようなものである。Zimmerman（2000）の学業的自己調整のモデルで示されているメタ認知と動機づけのプロセス，および信念を視野に入れることで，学業面での準備が十分にできていない学生を支えるための強力な枠組みを得ることができる。その枠組みを用いることで，フィードバックを循環的に用いることが可能になり，それを通して学生はキャリブレーションと全般的な自己調整を身につけるための方略を獲得することができる。次節では，この循環的なフィードバックモデルをより詳細に説明する。

Zimmerman による能動的な自己調整学習者の下位プロセス

　能動的な自己調整ができる学生は，自分の目標を追求する努力を粘り強く続けることができる。また，次第に難易度が高まっていくような遂行基準を設定し，その基準を参照しながら方略的かつ柔軟に計画を立てたり，使っていた方略を改善するためにうまくフィードバックを得たり，そのフィードバックを活用したりすることができる（Zimmerman, 2000; Zimmerman & Moylan, 2009）。

Zimmerman (2000) の学業的自己調整のモデルは，予見段階，遂行段階，自己内省段階という3つの段階からなるダイナミックなフィードバックループを特徴としている。そして，循環する自己調整の各段階において，重要な下位プロセスも示されている。例えば，予見段階では，数学を学ぶ学生にとって利がある5つの下位プロセスとして，以下のようなものがある。

1. **以前の遂行の見直し**：新しい学習課題に出会ったとき，過去の課題遂行の仕方を注意深く見直すことで，重要な情報を得ることができる。これからの学習行動をうまく設定するうえで，自分の強みと弱みをはっきりさせるために，以前に用いていた方略，思考面あるいは感情面での反応，課題遂行の結果などを学生に振り返らせるとよい。
2. **課題分析の実行**：課題の全体を小さいステップに分割することによって，取り組みやすいものになる。課題分析を行うプロセスは，それぞれのステップを明らかにし，適切な順番を見出すことである。そうしておくと，遂行コントロールの段階で，分割した課題自体が自分の学習や課題遂行の努力を実行したり，モニターしたりするためのチェックリストとなる。
3. **目標設定**：自分が達成したいと思っている基準がどのようなものであるかや，どうすればその基準を達成できるかを明確にすることは，自分が望んでいることについて曖昧なイメージしかもっていない場合よりも学習を促す。目標を設定することで，課題遂行の仕方に注意を向けたり，より努力するようになったり，粘り強く取り組んだりできる。難易度は高いけれども理にかなった具体的な目標を立てるようにするのも効果的である。学習目標を述べる際に，いつ学習を始めて，いつ終えるのか，どのような方略を用いるのか，上達や成功をどのような基準でどのように測るのかなどを明確にしておくとよい。
4. **方略の選択**：自己調整的に学習を行うためには，熟慮のうえで方略を選択，実行することが必要である。ある方略を用いてうまくいかなかったとき，能力の高い自己調整的な学習者は，自分が適切に方略を用いていたかどうかを調べるためにフィードバック情報を参照する。そして，当然ながらどの方略もすべての人や状況において効果的であるとは限ら

いので，必要に応じて他の方略を探すこともある。
5. **動機づけ信念**：自己調整学習に対して社会認知的な視点をもつことがもっとも貢献したのは，動機づけ信念が学習や遂行を調整するうえで果たす役割を説明したことである（Bandura, 1986, 1997）。学習者がもつ自己効力感や期待信念は，設定する目標や選択，努力量，困難や間違いに直面した際に示す粘り強さを規定する中心的な要因である（Bandura, 1986, 1997; Pajares, 1996; Zimmerman, 1995）。自己効力感は，一定の遂行レベルを達成できる能力についての期待信念であり，結果期待は，自分の努力が結果につながる見込みに関する判断である（Bandura, 1997）。

　自己調整学習の遂行段階では，自分の目標に向けた行動や予見段階で計画した方略の実行に対して自己観察と自己コントロールが行われる。自己観察を行うための方略としては，自己モニタリングと自己記録があり，それらの方略は目標に向けて上達しているかどうかを判断したり，方略を系統立てて実行したりするうえで重要となる。方略をうまく用いて問題解決を行う学習者は，自分のメタ認知をモニタリングしている。すなわち，彼らは課題を遂行している途中で自分の思考が順調に進んでいるかどうかを自ら観察するのである。遂行の記録（例えば，日記やログ，グラフ，チェックリストなどを用いた記録）を書きとめていくことは，自分の行動や目標に向けた上達に対するフィードバックを与えるものとなるため，効果的な自己モニタリングの手段となりうる。外的な資源から得られるフィードバック（例えば，教員による紙面でのコメントや数学の小テストの成績などのフィードバック）と同様に，課題遂行に関するフィードバックを与えてくれる内的資源は，遂行や目標に向けた上達に対する自己内省のための不可欠な情報を与えてくれる。自己調整ができる学習者は，自分の学習や遂行を自己コントロールするためにさまざまな方法を用いる。例えば，援助要請（教員から追加のフィードバックを得る，など），自己教示（課題のステップを言語化したり，自らを動機づけるために独り言を言う，など），環境構造化方略（誘惑から逃れて勉強するために静かで落ち着いた場所を選ぶ，など）といった方法がある。
　自己内省段階では，自分の遂行に対する自己判断と自己反応が行われる。エージェンシーを重視する立場（Bandura, 1997, 2008）では，遂行の情報を自己

調整的に用いるためのもっとも重要な要素は，自己内省的な判断と自分自身の反応であるとされている。目標の達成と方略の使用に対する・自・己・評・価とは，実際の上達の度合いと望んでいた結果とを比較することで，目標が達成できたかどうかを学生自身が判断することである。また，学生は自分の成功や失敗に対する・帰・属・判・断も行う。

　学習者が行う原因帰属は，自己調整学習を行うための動機づけの資源として重要である（Schunk, 2007）。得られた結果の原因を統制可能かつ修正できるような資源に帰属するとき，学習者は自分が選んで用いていた方略について，有効なものとそうでないものをはっきりさせるために吟味する傾向がある。確かに，自分が置かれている学習環境がもつ制約を正確に認識し，どのような場合に外的要因が自分の努力や結果に大きく影響するかを知っておくことは学生にとって重要である。しかし，それ以上に，自分の努力を方向づけたり，コントロールできたりすると感じていることが重要なのである。

　自己調整学習における自己内省の段階がもつ最大の特徴は，それまで使っていた方略を維持するか，それともより適応的なものに変化させるかを決定することである。こういった点を内省することで，どの方略を使い続けるべきか，応用すべきか，あるいは新しいものに変更すべきかを決めることができる。ときに学生は，望ましい結果を得られるかどうかは自分でどうにかできるものではないと感じながら，同じ間違いを繰り返すというサイクルに陥ってしまうことがある。自分で統制することができ，変化させることができる方略という要因に失敗の原因を帰属すると，そういったサイクルに陥ることは少ない。むしろ，学習者は適応的で望ましい自己調整のサイクルに向き合う可能性が高くなる。このような内省や帰属ができるような自己調整的な学習者は，一度学習した後にも，さらなる目標を達成しようと試みる中で，自分が使っていた方略をよりよいものに応用しようとする。しかしながら，先に説明した通り，学力が十分ではなく，リメディアル教育の対象となるような学生は，受け身的な自己調整サイクルに固執する傾向がある。彼らは，望ましくない結果を受け取り，その結果は自分が用いている方法がうまくいっていないことを示しているにもかかわらず，学習面での努力の仕方を調整することをしない。これも先に記したように，受け身的な学習者は，望ましくない結果の原因を，変えがたい安定

した個人的な限界（つまり，生まれもった能力の低さ），あるいは教員の行動や数学の問題の本質的な難しさといった外的な要因に帰属してしまう。このような場合には，次に続く自己調整サイクルの予見の段階でうまく適応することができなくなるのである。

数学の授業における介入の特徴と実際

　自己調整の観点からすると，間違いは学習の機会である。間違いは学生にとって自己調整的に学習するための方向性やガイドを示してくれる。しかし，大部分の学生や教員は，学習面での間違いに対してこれとは反対の考え方をする。多くの人々は，間違えること，特に繰り返し間違えることは，その人自身の欠点を示すものだと考える。そうではなくて，望ましい結果を得るための新しい方法を明らかにするために，間違いを分析して役立てることができるという認識が重要である。例えば，数学の問題を解く際に，ある方略や解法を選んでしまうことで，計算ミスをする可能性が高まるとする。うまく自己調整ができる学生は，自分の目標に向けて上達するのに必要な行動をとろうとして，どこに間違いがあったかを探すであろう。学習面で困難を抱え，学習面での上達につながらないような自己調整サイクルに固執する学生は，自分の間違いを明確にしたり，間違いを振り返ったりすることを避ける傾向がある。その結果として，彼らは間違いに対してまったく反応しないか，反応したとしても不適切なやり方をしてしまう。リメディアル教育でこういった問題が共通してみられたことが，自己調整の視点に基づく介入プログラムを開発しようとする背景要因であった。

　Zimmermanが提唱した自己調整の循環モデルをもとに，数学に関して困難を抱える学生がうまく方略を用いることができる学習者になることができるように手助けをするという目的で，自己調整の視点に基づく介入法が開発された。その介入プログラムは，長年にわたってBarry Zimmerman自身をはじめとして，多くの研究者，学生，教育者によって発展され，実施されてきたものである。Zimmerman, BonnerとKovach（1996）が記した研究と実践をつな

ぐガイドは，幅広い方面に影響力をもたらしてきたが，この介入法はそこで示されているアイデアを実際の場面に適用しようとする試みの一端でもあった。学生，特にリメディアル教育を受ける学生が抱える学業面での困難は，Zimmerman（2000）の学業的な自己調整のフィードバックモデルのレンズを通して考えることができたし，そのことによって，自己調整の視点に基づく介入法を発展させることに対して有益な示唆を得ることができた。例えば，教室の文脈に対する理解が深まっていったり，その文脈自体が変化していったりするのに応じて，自己調整学習の仕方をどのように変えていけばよいかといった点についての示唆である。開発された介入プログラムは，必然的に，相互に関連する多くの学業的問題に関わる特徴をもつことになった。しかし，あくまでもその中核的な要素は，教員が行った評価の大まかな目的を伝えるためではなく，学生が学習と自己内省を最適化するためにフィードバックを与えるべきであるという形成的評価のプロセスである（Shute, 2008）。もう少し具体化して説明すると，自己調整の視点に基づく介入法には，(a) 柔軟性のある教室文化，(b) 指導方法，(c) フィードバックシステム，という3つの次元に分類される構成要素がある。

柔軟性のある教室文化を生み出す

　介入法では教室での指導や評価のあり方を変えようと試みたが，その変化を促すための重要な要素は，自己調整の概念や教員の信念と実践について議論をすることであった。そのため，トレーニングには，健康行動の変容（例えば，体重管理）などの他領域での実践について説明すると同時に，学業面での自己調整サイクルを説明するパートが含まれていた。また，Zimmermanが提唱した自己調整の社会的認知モデル（Zimmerman, 2000）に基づく自己調整サイクルについて話し合うパートもあった。方略的なメタ認知と動機づけの発達を支えることの重要性を強調するために，プログラムの中では教員やチューターを「自己調整学習コーチ」と呼んだ。多くのプログラムで，自己調整学習コーチが用いた自己調整のモデルはシンプルなものであった。「計画する」（予見），「実践する」（遂行），「評価する」（自己内省）という自己調整の三段階から

なるモデルである。教員にとっても学生にとっても重要だったのは，計画，遂行，評価の連続的なサイクルを用いることであった。つまり，学習サイクルの前・途中・後に生じることを，3つの段階という視点で概念化するという実践を行ったのである。

　教室での自己調整学習の改善を促すために，教員に方略の重要性を理解してもらい，自ら方略を生み出してもらう必要がある。そのためには，学習の性質，評価の目的，指導に関する時間的制約やペースの制約について，彼らがもっている信念に働きかけることが必要であった。自己調整学習の視点に基づく介入法を実践した教員がいることは，より改善された自己調整学習のサイクルに学生が取り組めるようになるうえで，時間的な制約が絶対的な障壁とはならないことの証拠にもなった。

　自己調整学習のモデルをうまく用いると，学生の学習における自己調整の三段階をサポートする手段を見つけることができる。例えば，数学の教員を対象としたトレーニングで，予見のプロセスで学生をサポートする方法について考える際に，方略的教示の教育に焦点を当てた。リメディアル教育レベルの数学のコースを担当する教員が用いるべき方略的教示の4つの特徴を教員に示したのである（表5.1を参照）。これらの4つの特徴は，いかにして自己調整を発達させるかに関する社会的認知モデル（Schunk & Zimmerman, 1997）をもとにしたものである。方略的教示の1つ目の特徴は，問題解決の各ステップにおいて，複数のモデルを示しながら特定の方略をモデリングさせることであった。この特徴は，特に自己調整スキルを獲得する方法に関するモデリングの段階と関連していた。2つ目の特徴は，教員が明瞭かつ正確な方法で数学の方略や手続きを書くことであった。この2つ目の特徴によって，自己調整学習の発達モデルの2つ目の段階である遂行段階で，問題解決過程のカギとなる特徴を学生が真似ることができるようになった。方略的教示の3つ目の特徴は，学生が自分で方略を書くように常に励まし続けることであった。この特徴によって，書かれたチェックリストを通して方略の設定をモニタリングし，問題解決のプロセスを自分でコントロールする手段を学生に身につけさせた。最後に，4つ目の特徴は，数学の問題解決のプロセスで，方略の使用をモニターするように学生を導くことであった。

表 5.1 方略教示の 4 つの特徴

特徴	記述
多様な例示を伴う方略の モデリング	・数学のさまざまなタイプの課題にアプローチする方法を教室において教員と仲間がモデリングする。 ・数学の課題に対応する方略の使い方について、多様な例を提示する。 ・認知的モデリングを用いる（モデリングをしながらの思考プロセスをはっきりと示す）。 ・対処モデルを用いる（間違いを犯し、それを特定し、修正することを示す）。
明確でわかりやすい方略の 段階の提供	・観察学習中の学習者の注意を焦点化させ、記憶を保持させるために、それぞれの方略の重要な特徴をリストアップする。
学生自身による方略の 段階の記入	・自分の学習を促し、方略を覚えようとするための段階を書かせる。 ・方略の実行を自分でモニタリングするためのツールやチェックリストをつくる方略について、その段階を書かせる。
方略の使用に対する ガイダンス	・授業中に問題解決プロセスをモニタリングしたり、解決の正確さを評価する方略について教員がサポートする。 ・使用すべき方略を特定し、適用し、実行し、評価するうえで教員がコーチングを行う。

　私たちが教員を対象に行ってきたプログラムでは、数学の間違いを利用して学習するプロセスの中で、学生を「間違いの探偵」としてみることを教員に促した。そのため、教室で黒板に向かって一緒に問題解決に取り組み、問題を考えている間に、「間違いの探偵」は、問題を解決する方略を用いたときと、間違いを認識して判断を下したときに、それらの行為やプロセスを言語化していたであろう。その他にも、教員は小グループやペアで、仲間と自分の問題解決の方法や間違いについて話し合わせるような実践を多く取り入れ、フィードバックを増やすこともできた。

指導方略

　特定の課題を自己調整する能力を発達させるうえでは、熟達モデルよりも対処モデルを用いたモデリング（Bandura, 1997; Schunk, Hanson, & Cox, 1987）が効果的である。対処モデルが有効なのは、モデルがミスをせずに課題を遂行するのではなく、間違いを犯しながらも、その間違いを明らかにし、それを方略

うまく数学の問題解決を行うための段階	
計画：	これはどういうタイプの問題ですか？
方略の選択：	どの方略を使いますか？ どのような解決が予想できますか？
選択した方略の実行：	問題に取り組んでいるとき，自分が方略を使っているところをモニタリングしていますか？ 各段階で予想していた結果が得られているかどうかをチェックしていますか？
実行した方略の評価：	あなたは間違いの探偵になり，同じ間違い（例えば，符号の書き間違い）がなかったか，あるいはその他の計算ミスがなかったかをチェックしましたか？ 解答のつじつまが合っているかどうかの見直しをしましたか？ 解答が間違っていた場合，次にどうしますか？

図 5.1 数学の問題解決における方略のポケットカードの例
図に示されているのは，問題解決中に自己モニタリングできるように「ポケットカード」として学生に与えられた段階やコツの例である。

的に修正していくプロセスを示すからである（Kitsantas, Zimmerman, & Cleary, 2000）。私たちは，数学の問題を解く方略をモデリングする際に，わざと間違えたうえで，次第にその間違いを修正しつつ，達成できるようになっていくことを教員にも勧めた。こういったことを示すことで，学生は自分で数学の問題解決に取り組む際にも，課題特有の困難さをいかに扱うべきかを学ぶ機会をもつことができる。次第にスキルを獲得していくさまをモデリングすることは，算数を苦手とする子どもの自己効力感や成績を高めることや（Schunk et al., 1987），高校生の運動技能を高めること（Kitsantas et al., 2000）が示されている。その他，介入法で行った方略教示には，問題解決のすべての側面を教授するということや，観察者と思考を共有するためにモデリングをしている最中に考えていることを声に出して言わせた点が特徴であった。

　自己調整の視点に基づく介入法の一部として，教員は教室において，数学の方略や自己調整のための方略を言語化するだけでなく，それらを書き記した。

方略が黒板に書かれると，学生は自分のノートにその方略を書き写した。方略を書き記したものを学生に与える他の方法として，特定の数学の方略や自己調整学習のための方略を書いたポケットサイズのカード（図5.1を参照）をつくったり，方略を教室で使える一覧表にして示したりした。いずれにおいても，方略の手続きの膨大なリストをつくって学生に押しつけるのではなく，方略をうまく用いることができる学習者になれるように手助けすることを重視した。自己調整するスキルを有する学生は，自分で使用するスキルを慎重に選択し，新たなスキルを探すことに長けており，スキルを多様な文脈に柔軟に応用させることができる。小テストや定期テストで犯した間違いを自己内省するステップは，自己内省ツールとして与えられた。

　介入の中で，数学における教訓教示を細かい部分に分割することや，新たな知識を積極的に適用し，実践する継続的な機会を学生に与えることを教員に求めた。授業において，学生は以前の宿題や黒板に書かれた小テストから出題される数学の問題を解き，全体でディスカッションをしながら問題を解くための方略とその解答について分析した。そうすることによって，教室での練習が，教員やチューター，仲間からのちょうどよいタイミングでの遂行フィードバックになっていたのである。

フィードバックシステム

　ある種のフィードバックは，学習や遂行の改善につながる適応的な自己調整を促すが，自己調整がうまくできない学生が学習環境の中で困難さを感じる主な原因は，そういったフィードバックを得られないことである。自己調整学習のダイナミックな循環モデル（Zimmerman, 2000）を教室に適用するうえでは，適切な時期に継続的なフィードバックを与えることが必要であった。すなわち，学生が数学に関して方略的に計画やモニタリングをし，学習の上達を振り返ることを手助けするような連続的なフィードバックが必要だったのである。介入法では，いくつかの真正な活動を通してそういったフィードバックを与えた。例えば，学生がメタ認知的な判断を行い，自己内省ができるような活動として，小テストや定期テスト，宿題，練習問題などを行った（概観として表5.2

表5.2 循環的フィードバックシステム

要素	フィードックの特徴
こまめに行われる小テスト	学生は，定期テストに含まれる問題と同じタイプの問題からなる小テストをたびたび受けた。教員が評価をする小テストによって，学生は学習面でのギャップとテストと類似の状況での遂行能力を知ることができる。
毎日の宿題	継続的に宿題を課すことによって，数学に関する新しく学習した内容や以前に学習した内容について，直接的な指導がない場面で練習ができる。点数をつけたフィードバックは，多くの場合，正しいか間違っているかを示すだけではあったけれども（時間的な制約上，そうならざるをえなかった），宿題で課された問題に授業時に取り組んだ場合に，問題解決のプロセスに関するフィードバックを得ることもあった。
しばしば行われる定期テスト	学習の積み重ねに対して成績をつけるために，より重要度の高いテストを定期的に行った。
メタ認知的モニタリング	小テストや定期テストを行う際には，個々の問題に取り組む前に自己効力感を判断させたり，直後に遂行の自己評価をさせた。
自己内省プロセス	数学の問題解決の努力に対するさらなる情報を得るために，学生は訂正された評価物（小テストなど）や自分で回答した自己内省フォームから得られるフィードバックを用いた。さらに，学生は自己内省フォームを完成させたことに伴うフィードバックを得ることもできた。

を参照）。循環的なフィードバックシステムがもつ5つの主要な要素について，以下に簡単な説明をする。

定期的な小テスト

　定期的に小テストを行うことは，学習を促す効果的な仕組みになると広く知られているアプローチである（Hattie & Timperley, 2007; Pashler et al., 2007）。今回紹介している自己調整の視点に基づく介入法は，もともと2，3回の授業ごとに小テストを行い，学生と教員に定期的なフィードバックを与えることから始まったものである。こういった授業時の小テストによって，学生はテストに近いけれどもより利害関係が少ない状況で練習する機会をもつことができた。

毎日の宿題

　授業では 1 学期間で非常に多くの内容を扱わなければいけないため，学生が抱える多様な困難さをきちんと扱おうとすると，教員が行う指導や学生の学習のペースがきわめて重要となった。毎日宿題を課すことによって，学生は数学の問題を解く練習をし，小テストの準備をし，改善の余地がある分野を明らかにすることができた。教員は宿題に目を通し，正しい解答をフィードバックとして与えた。また，学生は必要に応じて自分の方法や解決策をうまく変更するために，自分の課題を黒板に提示し，教員や仲間からフィードバックを得ていた。宿題は，学業達成を促すという利点をもっているだけでなく，自己調整の能力を高めるための重要な方略としても位置づけられてきた（Ramdass & Zimmerman, 2011a）。きちんと系統立てられた宿題を課すことによって，学生は，自分の達成度を自らモニタリングするための進歩的フィードバックと，自己内省を行うための情報を得ることができる。宿題に取り組む中での練習やそこで培われる動機づけと同時に，自分の上達に関するフィードバックは，学習に対する自己効力感と責任感を高めることが知られている（Kitsantas & Zimmerman, 2009; Zimmerman & Kitsantas, 2005）。

定期的なテスト

　今回の実践で用いた評価システムは，学習の成果を明らかにする定期的なテストや，これまでの弱点を調べるための定期的なテストを含んでいた。この評価システムの特徴は，完全習得学習の特徴と共通する部分があった（Zimmerman & DiBenedetto, 2008）。つまり，(1) 用いた方略や解決の正確さについてのフィードバックを行いつつ，特定の数学の能力について評価し，(2) 学生に学習のための追加の時間を与え，(3) 学習したことを表現する機会を学生に与えた。そういったアプローチは，数学に対する自己効力感の高さや上達に対する高い満足感，成功のための個人的な基準の高さと関連することが示されている（Zimmerman & DiBenedetto, 2008）。

　教員やチューターは，課題に成績をつけたり，評価をする際には，できる限り多くの精緻化されたフィードバックを与えた。つまり，問題の正解・不正解を判定したり，特定の問題に点数を与えたりするだけでなく，問題解決中に

間違いが生じたら，学生はそのことを示す何らかのしるしを受け取った。また，学生が用いた方略の間違いについての説明書きも，学生が洞察を得るうえで有効であった。しかし，時間的な制約もあり，こういった間違いに関する詳細なフィードバックをいつでも行うことができたわけではなく，単に問題解決における解答やステップの正誤を示すサインがときどき与えられるだけのこともあった。自己調整学習を目指した授業では，定期的な宿題や小テスト，定期テストを課すことで，新しく獲得された形式的な知識やスキルを綿密に繰り返し練習しようという目標を支えていた。学生は，成績をつけられた宿題や小テストに対する教員やチューターからのフィードバックなど，外的な資源からフィードバックを得ることができた。その一方で，宿題や小テストに積極的に取り組むことによって，自身の内的な資源からも数学の上達に対するフィードバックを得ることができた。

メタ認知的判断

学生からみたときに，自己調整の視点に基づく介入法の一番の特徴は，問題解決に取り組む前に自己効力信念を報告することと，問題解決に取り組んだ後で自分の成績に対する自己評価を行うことであった。これらのことを実際に授業で行う一つの方法として，特定の課題に対する自己効力感を評定させ，小テストや試験に対する自己評価をさせた。こういった自己判断による評定は，各問題の横に並べておいた。そうすることによって，後から小テストや試験の成績を学生が分析しようとしたときに，例えば離散数学の問題を解く前後ですぐにキャリブレーションに関する情報をもつことができたのである。学生がよい「間違いの探偵」になるためのもう一つの方法は，間違いに対する気づきを学習するための資源として，自己効力感や自己評価を利用することであった。自分がもっている自信の程度や，その自信と実際の成績との一致，不一致を系統立てて分析することによって，学生は数学に対する思考についてメタ認知を働かせようとするし，自分の思考をうまく調整できるようになろうと努力した。自己効力感や自己評価を明確に取り上げて授業で話し合うことは，学生が気づきを得たり，自己判断をコントロールできるようになったり，達成動機づけを促す資源を得たりするうえで重要であった。

間違いに対する自己内省的な分析

　ここまでは，教員と学生のいずれにとっても，定期的にフィードバックを行うのがよいということを強調してきた。しかしながら，自分が収めた成績をそれ以降の数学の学習に対するアプローチに応用できるようになるには，また別のレベルのサポートが必要であった。フィードバックだけでは，たとえそれが成績について正しいものであっても，必ずしも十分ではなく，学生は同じタイプの間違いをいつまでも繰り返してしまうことがあった。学生の上達をより効果的に手助けする評価システムとして，学生が間違いから学ぶスキルを高めることも必要であった。学生が自分の間違いを分析したり，問題解決のための新しい方略や改善した方略を実行したりできるようになることが重要である。研究者と教員のチームは，そういったことをサポートするためのツールと手続きを長年にわたって開発してきたのである。

　問題解決において，学業達成を高めるような適応的な変化を促すために，数学の間違いを分析し，同種の問題を練習するというツールを用いる自己内省プロセスを想定した。もちろん，自己内省を行うプロセスの細かな部分は時間とともに変化していくけれども，核となる要素は図5.2のツールの例として示されているものである。自己内省ツールの例から，次のようなことが読み取れる。学生は，テスト直しをすることになった問題に対して，事前にどのような準備をしたのかを考えるように促された。また，自分がテスト直しをした問題に対して，事前に感じていた自己効力感がどれぐらい正確であったのかを考えるように求められたり，問題を解こうとした際に何がまずかったのかを書くように求められる。次のステップでは，学生に同じ問題を解かせると同時に，新しく考えた方略，あるいは改善した方略を書かせた。それに続くステップでは，新しい方略を用いて練習するために，先の問題と類似の新しい問題に取り組ませた。最後に，数学の能力についての自己知覚をより正確にできるように，これらの問題を解くことに対する自己効力感を判断させた。

　構造化された自己内省プロセスでは，特定のタイプの問題に対する間違いを修正するために，自己調整学習の3つの段階に対して注意深く目を向けさせた。この介入法では学生の自己内省プロセスを向上させることの重要性が強調されるけれども，そのためには学生自身が，そのプロセス自体と，予見，遂

第5章 高等教育の数学授業において学業的自己調整を高めるための循環的フィードバックアプローチ

自己調整学習をもとにしたテスト直しシート

小テスト番号　　　　質問番号　　　　氏名：　　　　　　　　　　日付：

課題：修正された小テストが返却されたので，得点を改善する機会が得られました。以下のすべての箇所について，よく注意しながら最後まで回答しましょう。新しい問題については，別添の訂正シートを用いてください。

計画を立てよう
1. a. このトピックを勉強するのにどれぐらいの時間を費やしましたか？
    b. 今回の小テストの準備をするために，このトピックについていくつの練習問題を解きましたか？
        0〜5　　5〜10　　10以上
    c. 今回の小テストのためにどのような準備をしましたか？（学習方略リストを使って答えてください）
2. この問題を解いた後で評定した自信は高すぎましたか？（4や5以上）
        はい　　いいえ
3. この小テストに取り組むうえでどのような方略あるいはやり方がまずかったのかを説明してください。

練習しよう
4. 元の小テストの問題をもう一度解いてみましょう。その後で，問題を解く際に用いた方略を右に書いてください。
5. 同じような問題を正しく解答できる自信はどれくらいありますか？
    まったく自信がない　あまり自信がない　どちらともいえない　やや自信がある　とても自信がある
        1　　　　　　　2　　　　　　　　3　　　　　　　　4　　　　　　　5
6. 別の問題を解くために，上に書いた方略を使ってみましょう。
7. 今後，小テストや定期テストで同じ問題が出たときに，正しく解答できる自信はどれくらいありますか？
    まったく自信がない　あまり自信がない　どちらともいえない　やや自信がある　とても自信がある
        1　　　　　　　2　　　　　　　　3　　　　　　　　4　　　　　　　5

図5.2　数学の間違いに対する系統的なテスト直しと学習のための自己内省ツールの例

この図は，学生が一つの間違いから学習できるようになることをサポートするためのシートの例である。ある問題の遂行についてのフィードバックを教員から受け取った後で，学生はこのシートを次のような目的で用いる。(a) 遂行前の準備状況について自己内省する，(b) 間違いを修正し，修正の説明を書く，(c) 同種の問題に応用するために練習する。

出典は次の通りである。Zimmerman, B. J., Moylan, A., Hudesman, J., White, N., & Flugman, B. (2011). Enhancing self-reflection and mathematics achievement of at-risk urban technical college students. *Psychological Test and Assessment Modeling, 53*, p. 160. Copyright (2011) by Pabst Science Publishers.

行,自己内省の3つの段階を通して得られる自己動機づけ信念に目を向けることが不可欠であった。問題解決を試みる前・途中・後で生じることを,学生自身が振り返ることが重要だったのである。

　介入のもう一つの重要な点は,自己内省ツールを使って学生が教員やチューターから継続的なサポートを受けることであった。自己内省を行うプロセスは直感的に行えるものではなく,かなりの努力を要するものであるため,そういったサポートが重要であった。自分の間違いを表面的に分析する段階から,数学の問題解決をより精緻で深く分析する段階に移行するために,学生は,教員やチューター,場合によっては仲間からサポートを得ていた。自分が犯した間違いを分析したり,修正したりするプロセスにやる気をもって取り組ませるために,自己内省ツールを用いて間違いを修正できた学生には加点した。その際に,どの程度ツールを完成させたかと,どれくらい説明が正確で深みがあるかを評価して,自己内省の質を得点化した。学生が獲得した加点は,それ以前の達成度の得点を補うために利用できた。自己内省プロセスに取り組むことの利点を理解するのが遅い学生もいたし,他に時間や労力を割かないといけない学業上の課題を抱えている学生もいた。そのため,間違いを分析することに努力し,粘り強く取り組んだことに対して,少しばかりの報酬を与えることは有効であると感じた。もちろん,報酬を提示するだけではキャリブレーションは改善しないことも理解しておかなければならない(例えば,Ehrlinger, Johnson, Banner, Dunning, & Kruger, 2008)。しかしながら,報酬を与えることは,数学の学習と遂行を自己内省するプロセスに対して,メタ認知的にも動機づけ的にも,あるいは行動的にも学生を取り組ませようという意図を示すものであった。

自己調整の視点に基づく介入プログラムの効果

　実証研究では,本章で紹介した自己調整学習の視点からの介入によって,困難を抱えた大学生が数学の達成度とメタ認知のキャリブレーションを改善できるというエビデンスが示されている(Zimmerman et al., 2011)。Zimmermanと

その共同研究者（Zimmerman et al., 2011）は，四年制大学のリメディアル教育レベルと入門レベルの数学の授業で，介入の効果を検証した。6つのリメディアル教育レベルの数学のクラスと，12の入門レベルの数学のクラスで，半期間にわたる介入が行われた。その際に，統制群を設けて同じ回数の介入が実施された。学生は介入群と統制群のいずれかにランダムに割り当てられた。統制群では，通常の指導方法を用いた授業が行われ，定期的に授業観察が行われた。本研究の主たる従属変数は，定期的なテストの成績，最終試験の成績，特定の問題に対する自己効力感，自己評価であった。複数の数学の教員が一緒に試験を作成した。試験に対する自己効力感は，問題を解こうとする前に，各問題を解ける自信がどれぐらいあるかを学生が自己評定することで測定した。同様に，試験に対する自己評価は，問題を解いた後に，正確に解くことができたという自信がどれぐらいあるかを学生に自己評定させることで測定した。また，自己効力信念や自己評価的判断と実際の数学の成績とのキャリブレーションに対して，自己調整学習の視点に基づく介入法がどのような影響をもつかも調べられた。

この研究から得られた知見は，次のことを示している。すなわち，自己調整学習の視点に基づく介入プログラムを受けた学生は，従来型の授業を受けた学生に比べて，教員が作成したテストや標準テスト，進級が関わるテストなど，複数のテストで高い成績を収めた。それに加えて，自己調整学習の視点に基づく介入法によって，学生が問題解決の直前・直後のメタ認知的判断についてキャリブレーションを行う力が促されることも示された。自己効力感や自己評価の正確さは，一連の授業終了時点の数学の達成度を予測した。他の研究では，達成度の低い大学生において，外的な報酬の導入が同様のキャリブレーションの改善をもたらすことが示されている（Hacker et al., 2008）。さらに，数学の間違いを自己内省するプロセスに取り組むことは，キャリブレーションの改善や達成度と関連することも示されている。総じていうと，予見段階における課題特有の自己効力信念と自己内省段階における自己評価的判断は，学期中のテスト成績や学期末のテスト成績と有意に関連することが示されている。すなわち，個々の数学の問題を解けるという自己効力感の高さは，時期的に近い問題解決の成績を予測すると同時に，時期的に遠い期末試験の成績も予測した

のである。それと同じように，問題に取り組んだ後の自己評価的判断は，時期的に近い達成と時期的に遠い達成の両方と正の関連を示した。一方で，予想に反する結果として，自己調整学習の視点に基づく介入法によって，自己効力感や自己評価が高まることはなかった。おそらく，達成度の低い学生たちが自己評価を行った際に過度な自信を示す傾向があったために，自己効力感や自己評価の改善といった効果をうまく見出すことができなかったものと思われる。

　フィードバックを促すことに焦点化した介入法は，大きな効果をもたらすことが示されている (Hattie & Timperley, 2007)。近年，初等教育，中等教育，高等教育のいずれにおいても，算数や数学を学ぶ者の自己調整を改善するために多くの介入研究が行われている (Labuhn, Zimmerman, & Hasselhorn, 2010; Moylan, 2009; Ramdass & Zimmerman, 2008, 2011)。一連の研究で共通して得られている知見は，学習者にフィードバックを与えることによって，キャリブレーションが改善されるということである。教員は，指導と評価に関するアプローチとして，フィードバックを改善する方法を考えるのがよいということが明らかになっている。そうすることによって，自己判断を正確に行えるようになったり，自分で学力を高めることができるようになるための機会を学生に提供することができるのである。

教育への示唆

　多忙な実践家は，研究者に対して，理論や研究を実践にそのまま使えるように翻訳することを手伝ってほしいと望む。教員にとって，もっとも困難な問題をよい方向に実質的に改善しようとすると，その道のりは長くつらいものとなる。しかしながら，本章で述べてきたZimmermanの自己調整学習の循環的フィードバックモデルの視点に基づく介入法によって，教員や学生が直面する認知やメタ認知，動機づけに関わる問題に対して，実践的かつ実現可能な変化をもたらすきっかけとなるアイデアを得ることができる。この介入法に関わってきた多くの経験豊富な数学の教員は，次のようなことを見出している。自己調整学習のモデルとそこから得られる実践への示唆は，自分たちが学生と向き

合う中で直面する学習上の問題に対する理解と一致しており、自分たちの努力をいかにして改善しうるかについて新しい洞察を与えてくれるということである。

　自己調整学習の複雑でダイナミックな性質を考えると、それを描こうとするモデル自体も複雑になってしまう。しかし、Zimmermanのモデルをはじめとする自己調整学習のモデルの基礎の部分を理解するだけでも、教員は直面する指導や学習の問題を前向きな姿勢で捉え、それらを構成するための実践的で概念的なアイデアを得ることができる。さまざまな理論モデルの間で共有されている自己調整学習の基本的な要素がいくつかある（Zimmerman & Schunk, 2001）。自己調整学習の基本的な要素の一つは、学習の前・途中・後に生じる下位プロセスを含む多次元的なプロセスだということである。単純な考えのように思えるけれども、この考え方は、学生に対する指導の仕方や、学生の学習をサポートしたり、うまく管理したりする方法に対して、重要かつ力強い示唆をもっている。学習のさまざまな段階を考えることは、学習に関する問題や、いかに学生を再教育するかをより詳細に理解するうえで重要なのである。

　自己調整学習の特徴の中でもう一つ中心的なものは、おそらく循環的なフィードバックループだという点である（Zimmerman, 2000）。この特徴について、Zimmermanは次のように説明している。学習目標を追求する際に、その場その場でうまく適応していけるように、フィードバックを獲得し、それを使用するという連続的な一連のプロセスこそが自己調整の本質である。こういった視点で学習を捉えることは、教員や学生に対して、努力や粘り強さ、技能を改善する方法を身につける力を与える。学習や遂行には学生が自分でうまくコントロールできている部分もあり、教員はその部分に注目する手助けをすることができる。そのことによって、学生が自滅的な思考や消極的な姿勢をもってしまうのを避けることができるため、彼らはより高い学業成績を求め、実際に高い学業成績を収めることにもつながる。自己調整の視点に基づく介入法は、特にこの点において効果的であり、学業面での自己効力感を高めることになる（Zimmerman et al., 1996）。

　Zimmermanとその共同研究者が行ってきた数学に関する介入研究から浮かび上がった中心的なテーマがある。それは、数学で自己調整する能力は、教室

での評価プロセスを明確かつ秩序のある形で構造化することによって高めうるということである。学業的な自己調整に関するZimmermanの循環モデル (Zimmerman, 2000) に基づく循環的なフィードバックシステムによって，学生の自己内省プロセスを改善する方法を明らかにすることができた。その方法には，自己評価の正確さと数学の達成度を改善するために実施される方略が含まれている。一連の研究で重視されてきたのは，学生に自己調整を促すツールを与えることだけではない。学生が抱えている数学の間違いの全体像の中に，いかに構造化されたフィードバックプロセスを埋め込むかということを重視してきたし，数学の知識とスキルについて学生がより正確に自己理解できるようになるための実践を重視してきたのである。

　ある領域で学業達成がずっと低いままだった学生にとっては特に，評価フィードバックを獲得することは，もっぱら否定的で罰を受けているような経験として感じられる。しかし，教員がフィードバックの目的を慎重に説明し，その目的にかなうようなプロセスを教室の中に生み出すことによって，学生は肯定的かつ建設的な目的でフィードバックを用いることができる。そして，学習を手助けしたり，場合によっては再学習をサポートすることもできる。学習と成績をサポートするように工夫された評価の実践は，明らかに自己調整のメタ認知的・動機づけ的・行動的な側面にふれるものである。こういった目標を達成しようとする教員の努力がなければ，学生が学業的なフィードバックを使用したり，その利点を感じることはないであろう。積極的かつ正確で建設的な自己評価を支える指導の背後にあるメカニズムは，教育の全体にわたって必要なものである。Zimmermanとその共同研究者は，自己調整学習のサイクルを促すという文脈の中で，困難を抱えた学生が履修する数学の授業に，評価をうまく取り入れるための大胆なアプローチの例を示してきた (Zimmerman et al., 2011)。教員は形成的評価システムを用いて，学生に特定の数学の問題に取り組む前後で自分の能力を判断させながら（メタ認知），宿題や小テスト，試験を頻繁に実施した。また，数学の間違いを分析させるために，授業での成績評価からフィードバックを適応的に用いるサポートも行った。学生は，循環的に適応していくための自己内省ツールの使い方についての指導を受け（行動），成績の加点によって適応していこうとする意欲も支えられていた（動機づけ）。

数学の間違いを自己内省することを促し，それを支えるプロセスを設定することは，学生にとっても教員にとっても困難なことであった。他の研究者もそれが難易度の高いものであることを明らかにしている（例えば，Perels, Gürtler, & Schmitz, 2005）。学生は，難易度の高い数学の課題を学習することに困難を感じるだけでなく，自分自身が学習者であることに気づいたり，学業に対するアプローチをうまく管理することを身につけるうえでも困難を感じている。例えば，学生は数学を学ぶこと全般における自分の習慣についての自己覚知を発達させなければならないし，特定のタイプの数学の課題を解くことについての自己覚知も発達させなければならなかった。また，自分の間違いを辛抱強く系統立てて分析するように自分を動機づけることも，多くの学生にとっては困難であった。教員は，指導のアプローチの仕方を考え直し，それを変化させることを求められたし，自己調整学習の枠組みを用いて評価を行うことも求められた。一つの例として，教員が用いた対処モデルの技法は，間違いを避けようとする学生の習慣に違う視点を与えるものであった。対処モデルの技法では，間違いを発見し，自分を変えていく方法を学生に示すことができるように，教員が問題解決の方法を示範する途中でわざと間違いを犯す。こういった試みは難しくはあるけれども，深いレベルの学習を促すものでもあり（Zimmerman et al., 1996），特に学業に関する確固とした成功体験をもっていなかったり，十分な準備ができていない学生にとっては有効である（Bembenutty, 2011）。重要なのは，自己調整学習の視点に基づく比較的短い期間の訓練プログラムを実施することで，自己効力感や努力，数学の問題解決に対するコンピテンス，学業達成といった変数に対して，肯定的な効果が得られるということに気づくことである（例えば，Perels et al., 2005; Stoeger & Ziegler, 2008）。

今後の研究の方向性

　30年間にわたって蓄積されてきた自己調整の理論や研究の中で，非常に魅力的な知見が多く存在している（Zimmerman & Schunk, 2011）。その一方で，本書の各章で論じられているように，応用的な文脈で自己調整に関する研究を行

うことが今後の一つの方向性となるであろう。十分な数学の能力をもたず，学習に取り組んでもうまくいかなかった過去をもつ学生が，高等教育に進んでくると，そこで学業的な困難に直面する。本書では，そういった困難をどうにかしようとする取り組みに対して，Zimmermanの理論研究および実証研究をもとにした介入方略を応用した例を紹介した。

　今後は，自己調整を用いた介入研究を行ううえで，高等教育における数学の学習場面や他の応用場面でのカギとなる多くの自己調整プロセスに目を向け，それを評価することが求められる。自己調整学習に対する高い自己効力感，学習に対するより深い自己知識，適応的な問題解決スキル，間違いや困難が固定的な能力の低さを示すものではなく学習の機会の問題であると捉える態度，方略の選択や使い方といった統制可能な原因への帰属，などを介入の対象とすることができるであろう。また，キャリブレーションを促す指導技術によって学習者の信念が変化することも理解しておかなければならない（Hacker et al., 2008）。その視点で，能力や知能に対する自己信念（Dweck & Master, 2008）や，それらがキャリブレーションに及ぼす影響について調べるような研究も可能であろう。

　これから行われる教室研究では，キャリブレーション自体の性質やそれがどのように促されるか（Hacker et al., 2008），特に学業的に困難を抱えている学生にとってどれくらい有効であるかについての理解を深めるのが理にかなっている。リメディアル教育に関して，キャリブレーションに働きかける介入研究を行う場合に，統制群を設けることができないという内的妥当性への脅威が生じうる。それに対しては，例えば，介入をいかに複雑な学習環境に実践的に応用できるかを理解するという利点に注目することで，ある程度のバランスを保つことができる。また，自己調整のメタ認知的特徴，動機づけ的特徴，行動的特徴を学ぶということに関して，コンピュータによる指導の力を借りて，自然な文脈で多くの興味深い研究が行われている（例えば，Azevedo, Moos, Johnson, & Chauncey, 2010; Graesser & McNamara, 2010; Perry & Winne, 2006）。コンピュータベースの学習環境に関する研究では，実験室実験よりも厳密に変数の統制ができる。加えて，そういった方法には，まさに自己調整学習が生じているそのときのリアルタイムの指標を使うことができるという利点がある（Perry &

Winne, 2006; Zimmerman, 2008)。

　最初に述べたように，今では数学に関するリメディアル教育の必要性が高まってきており，大学の中退を防いだり，STEM教育を発展させるといった問題にとって喫緊の課題となっている。最近では，そういった問題の解決策について，主要な財団も注目し始めている。そういった財団（ビル＆メリンダ・ゲイツ財団〈the Bill and Melinda Gates Foundation〉とヒューレット・パッカード財団〈the Hewlett Packard Foundation〉を含む）の支援とともに，カーネギー教育振興財団が旗振り役となって，数学の達成度を改善するための大規模なプログラムを実行している（Carnegie Foundation for the Advancement of Teaching, http://www.carnegiefoundation.org/developmental-math, 2011年7月6日閲覧）。教室に革新的で効果的な方略を生み出そうとする研究者や教員のチームにとって，自己調整学習の循環モデル（Zimmerman et al., 1996）がいかに生産的な枠組みとなるか，それを具体的な事例とともに示したことが，Zimmermanとその共同研究者が行ってきた実証的かつ理論的な貢献であったといえるであろう。

結論

　本章では，Barry Zimmermanの理論面での功績や研究面での功績の中で，特に強調されてきたもの，そして彼のもっとも重要な貢献の一つである教室での学習に関するいくつかの重要なテーマを取り上げた。そのテーマとは，学業面で困難を抱える学生の自己調整と自己評価のキャリブレーションを促すために，自己調整学習の考え方を応用することで，彼らが学業面で大事なことを学び，それを成し遂げられるようになる，というものである。数学で重大な困難を経験した多くの学生にとって，Zimmermanの自己調整学習の視点に基づく介入プログラムは，間違いの分析を学習プロセスのカギとしてみるための手段であった。間違いを分析することが学習プロセスのカギであるという見方は，多くの学生にとって目新しいものであるため，大学の数学の授業で行われる評価のプロセスを慎重かつ系統立てて変化させることによって，初めて促されるものであった。十分な準備ができていない学生にとって，リメディアル教育も

しくは入門教育のレベルの数学の授業は難易度の高いものだと感じられる。その授業で成功できるように，自己調整学習の視点に基づく介入法では，問題解決中の間違いを学習のための資源として用いることが肝であり，その実践を支えるのは，宿題や小テスト，定期テストを頻繁に行うこと，そして自己内省ツールや他の指導活動を用いることを含む循環的なフィードバックシステムであった。

　Barry Zimmerman は，学習の自己調整に関して理論面でも研究面でも洞察に満ちた功績を残してきた。そういった功績がもつ尊敬すべき点，あるいは好ましい点は，多くの研究者や教育者に広く共有されている。彼と個人的な知り合いになるという栄誉と喜びを与えられた人々にとって，教育における彼の存在感は，彼の知性によるものだけではないことを知っている。人を惹きつけるほどに，彼自身が自己調整学習に対して熱心に心を傾けていること，そして実際に自己調整学習が広まっていることによって，Zimmerman は存在感を放っているのである。Zimmerman の教室での介入研究から得られた強力なアイデアは，今後も長きにわたって影響力をもち続けるであろう。

付記

　本章では，Barry J. Zimmerman とその共同研究者である John Hudesman, Bert Flugman が主導し，著者が関わってきたプロジェクトを概観した。このプロジェクトは，アメリカ教育省の教育科学研究所（the Institute of Education Sciences）の助成（課題番号：R305H060018）と高等教育改善基金（the Fund for the Improvement of Postsecondary Education）の助成（課題番号：P116B060012）を受け，また高等教育改善基金からニューヨーク市立大学に対する助成（課題番号：P116B010127）も受けた。本章で述べられている見解は，著者のものであって，アメリカ教育省の見解を示すものではない。本章で紹介したプロジェクトに参加してくれた多くの研究者，教員，学生，学校管理職の方々に感謝したい。また，本章の原稿を作成するにあたってご助力いただいた編集者にも謝意を表したい。

文献

Azevedo, R., Moos, D. C, Johnson, A. M., & Chauncey, A. D. (2010). Measuring cognitive and metacognitive regulatory processes during hypermedia learning: Issues and challenges. *Educational Psychologist, 45*, 210–223. doi:10.1080/00461520.2010.515934

Bahr, P. R. (2008). Does mathematics remediation work? A comparative analysis of academic attainment among community college students. *Research in Higher Education, 49*, 420–450. doi:10.1007/s11162-008-9089-4

Bandura, A. (1986). *Social foundations of thought and action: A social cognitive theory*. Englewood Cliffs, NJ: Prentice-Hall.

Bandura, A. (1997). Self-efficacy: The exercise of control. New York, NY: Freeman. Bandura, A. (2008). Toward an agentic theory of the self. In H. W. Marsh, R. G. Craven, & D. M. McInerney (Eds.), *Self-processes, learning, and enabling human potential: Dynamic new approaches* (pp. 15–49). Charlotte, NC: Information Age.

Bembenutty, H. (2009). Three essential components of college teaching: Achievement calibration, self-efficacy, and self-regulation. *College Student Journal, 43*, 562–570.

Bembenutty, H. (2011). New directions for self-regulation of learning in postsecondary education. *New Directions for Teaching and Learning*, 117–124. doi:10.1002/tl.450

Bol, L., & Hacker, D. J. (2001). A comparison of the effects of practice tests and traditional review on performance and calibration. *The Journal of Experimental Education, 69*, 133–151. doi:10.1080/00220970109600653

Boylan, H. R. (1999). Demographics, outcomes, and activities. *Journal of Developmental Education, 23*, 2–6.

De Corte, E., Mason, L., Depaepe, F., & Verschaffel, L. (2011). Self-regulation of mathematical knowledge and skills. In B. J. Zimmerman & D. H. Schunk (Eds.), *Handbook of self-regulation of learning and performance* (pp. 155–172). New York, NY: Routledge.

Dunning, D. (2004). Flawed self-assessment: Implications for health, education, and the workplace. *Psychological Science in the Public Interest, 5*, 69–106. doi:10.1111/j.1529-1006.2004.00018.x.

Dweck, C. S., & Master, A. (2008). Self-theories motivate self-regulated learning. In D. H. Schunk & B. J. Zimmerman (Eds.), *Motivation and self-regulated learning: Theory, research and applications* (pp. 31–51). New York, NY: Lawrence Erlbaum Associates.

Ehrlinger, J., & Mitchum, A. (2010). How beliefs in the ability to improve influence accuracy in and use of metacognitive judgments. In A. M. Columbus (Ed.), *Advances in psychology research* (Vol. 69, pp. 229–238). New York, NY: Nova Science Publishers.

Ehrlinger, J., Johnson, K., Banner, M., Dunning, D., & Kruger, J. (2008). Why the unskilled are unaware: Further explorations of (absent) self-insight among the incompetent. *Organizational Behavior and Human Decision Processes 105*, 98–121. doi:10.1016/j.obhdp.2007.05.002

Graesser, A., & McNamara, D. (2010). Self-regulated learning in learning environments with pedagogical agents that interact in natural language. *Educational Psychologist, 45*, 234–244. doi:10.1080/00461520.2010.515933

Hacker, D. J., Bol, L., & Bahbahani, K. (2008). Explaining calibration accuracy in classroom contexts: The effects of incentives, reflection, and explanatory style. *Metacognition and Learning, 3*, 101–121. doi:10.1007/s11409-008-9021-5

Hattie, J., & Timperley, H. (2007). The power of feedback. *Review of Educational Research, 77*, 81–112. doi:10.3102/003465430298487

Kitsantas, A., & Zimmerman, B. J. (2009). College students' homework and academic achievement: The mediating role of self-regulatory beliefs. *Metacognition Learning, 4*, 97–110. doi:10.1007/s11409-008-9028-y

Kitsantas, A., Zimmerman, B. J., & Cleary, T. (2000). The role of observation and emulation in the development of athletic self-regulation. *Journal of Educational Psychology, 92*, 811–187. doi:10.1037//0022-0663.92.4.811

Klassen, R. M. (2006). Too much confidence? The self-efficacy of adolescents with learning disabilities. In F. Pajares & T. Urdan (Eds.), *Self-efficacy beliefs of adolescents* (pp. 181–200). Greenwich, CT: Information Age Publishing.

Labuhn, A., Zimmerman, B. J., & Hasselhorn, M. (2010). Enhancing students' selfregulation and mathematics performance: The influence of feedback and self-evaluative standards. *Metacognition Learning, 5*, 173–194. doi:10.1007/s11409-010-9056-2

Moylan, A. R. (2009). *Enhancing self-regulated learning on a novel mathematical task through modeling and feedback*. Unpublished doctoral dissertation, City University of New York, New York, NY. Retrieved from ProQuest Dissertations and Theses. (Accession Order No. AAT 3354667).

National Association for Developmental Education. (2012). About developmental education. Springfield, IL: Author. Retrieved from http://www.nade.net/AboutDevEd.html

Pajares, F. (1996). Self-efficacy beliefs in academic settings. *Review of Educational Research, 66*, 543–578. doi:10.2307/1170653

Pajares, F., & Miller, D. (1994). Role of self-efficacy and self-concept beliefs in mathematical problem solving: A path analysis. *Journal of Educational Psychology, 86*, 193–203. doi:10.1037//0022-0663.86.2.193

Pashler, H., Bain, P., Bottge, B., Graesser, A., Koedinger, K., McDaniel, M., & Metcalfe, J. (2007). *Organizing instruction and study to improve student learning (NCER 2007-2004)*. Washington, DC: National Center for Education Research, Institute of Education Sciences, U.S. Department of

Education.

Perels, F., Gurtler, T., & Schmitz, B. (2005). Training of self-regulatory and problem-solving competence. *Learning and Instruction, 15*, 123–139. doi:10.1016/j.learninstruc.2005.04.010

Perry, N. E., & Winne, P. H. (2006). Learning from learning kits: gStudy traces of students' self-regulated engagements with computerized content. *Educational Psychology Review, 18*, 211–228. Doi:10.1007/s10648-006-9014-3

Pieschl, S. (2009). Metacognitive calibration—an extended conceptualization and potential applications. *Metacognition and Learning, 4*, 3–31. doi:10.1007/s11409-008-9030-4

President's Council of Advisors on Science and Technology. (Feb., 2012). *Report to the President: Engage to excel: Producing one million additional college graduates with degrees in science, technology, engineering, and mathematics*. Retrieved February 18, 2012, from http://www.whitehouse.gov/sites/default/files/microsites/ostp/pcast-executive-report-final_feb.pdf

Ramdass, D., & Zimmerman, B. J. (2008). Effects of self-correction strategy training on middle school students' self-efficacy, self-evaluation, and mathematics division learning. *Journal of Advanced Academics, 20*, 18–41. doi:10.4219/jaa-2008-869

Ramdass, D., & Zimmerman, B. J. (2011a). Developing self-regulation skills: The important role of homework. *Journal of Advanced Academics, 22*, 194–218. doi:10.1177/1932202X1102200202

Ramdass, D., & Zimmerman, B. J. (2011b). The effects of modeling and social feedback on middle school students' math performance and accuracy judgments. *The International Journal of Educational and Psychological Assessment, 7*, 4–23. Retrieved from http://tijepa.books.officelive.com/Documents/A2_V7_1_TIJEPA.pdf

Schunk, D. H. (1989). Self-efficacy and achievement behaviors. *Educational Psychology Review, 1*, 173–208. doi:10.1007/BF01320134

Schunk, D. H. (2007). Attributions as motivators of self-regulated learning. In D. H. Schunk & B. J. Zimmerman (Eds.), *Motivation and self-regulated learning: Theory, research, and applications* (pp. 245–266). Mahwah, NJ: Lawrence Erlbaum Associates.

Schunk, D. H., & Cox, P. D. (1986). Strategy training and attributional feedback with learning disabled students. *Journal of Educational Psychology, 78*, 201–209. doi:10.1016/j.cedpsych.2005.05.003

Schunk, D. H., Hanson, A. R., & Cox, P. D. (1987). Peer model attributes and children's achievement behaviors. *Journal of Educational Psychology, 79*, 54–61. doi:10.1037//0022-0663.79.1.54

Schunk, D. H., & Pajares, F. (2004). Self-efficacy in education revisited: Empirical and applied evidence. In D. M. McInerney & S. Van Etten (Eds.), *Big theories revisited: Vol. 4. Research on sociocultural influences on motivation and learning* (pp. 115–138). Greenwich, CT: Information Age.

Schunk, D. H., & Zimmerman, B. J. (1997). Social origins of self-regulatory competence. *Educational Psychologist, 32*, 195–208. doi:10.1207/s15326985ep3204_1

Shute, V. J. (2008). Focus on formative feedback. *Review of Educational Research, 78*, 153–189.

Stoeger, H., & Ziegler, A. (2008). Evaluation of a classroom based training to improve self-regulation in time management tasks during homework activities with fourth graders. *Metacognition and Learning, 3*, 207–230. doi:10.1007/s11409-008-9027-z

Stone, N. J. (2000). Exploring the relationship between calibration and self-regulated learning. *Educational Psychology Review, 12*, 437–475. doi:10.1023/A:1009084430926

Taylor, P., Fry, R., Wang, W., Dockterman, D., & Velasco, G. (2009). *College enrollment hits all-time high, fueled by community college surge*. Washington, DC: Pew Research Center. Retrieved from http://pewsocialtrends.org/files/2010/10/college-enrollment.pdf

Tinto, V. (1998, January). *Learning communities and the reconstruction of remedial education in higher education*. Paper presented at the Replacing Remediation in Higher Education Conference, Stanford University, Palo Alto, CA.

Winne, P. H., & Jamieson-Noel, D. (2002). Exploring students; calibration of self-reports about study tactics and achievement. *Contemporary Educational Psychology, 27*, 551–572. doi:10.1016/S0361-476X(02)00006-1

Yates, J. F. (1990). *Judgment and decision making*. Englewood Cliffs, NJ: Prentice-Hall.

Zimmerman, B. J. (1990). Self-regulated learning and academic achievement: An overview. *Educational Psychology, 25*, 3–17. doi:10.1207/s15326985ep2501_2

Zimmerman, B. J. (1995). Self-efficacy and educational development. In A. Bandura (Ed.), *Self-efficacy in changing societies* (pp. 202–231). New York, NY: Cambridge University Press. doi:10.1017/CBO9780511527692.009

Zimmerman, B. J. (2000). Attaining self-regulation: A social cognitive perspective. In M. Boekaerts, P. R., Pintrich, & M. Zeidner (Eds.), *Handbook of self-regulation* (pp. 13–39). San Diego, CA.: Academic Press. doi:10.1016/B978-012109890-2/50031-7

Zimmerman, B. J. (2005). Enhancing students' academic responsibility and achievement: A social-cognitive self-regulatory account. In R. J. Sternberg & R. Subotnik (Eds.), *Optimizing student success in school with the other three Rs: Reasoning, resilience, and responsibility* (pp. 179–197). Greenwich, CT: Information Age.

Zimmerman, B. J. (2008). Investigating self-regulation and motivation: Historical background, methodological developments and future prospects. *American Educational Research Journal, 45*, 166–183. doi:10.3102/0002831207312909

Zimmerman, B. J. (2011). Motivational sources and outcomes of self-regulated learning and performance. In B. J. Zimmerman & D. H. Schunk (Eds.), *Handbook of self-regulation of learning and performance* (pp. 155–172). New York, NY: Routledge.

Zimmerman, B. J., Bonner, S., & Kovach, R. J. (1996). *Developing self-regulated learners: Beyond achievement to self-efficacy*. Washington, DC: American Psychological Association. doi:10.1037/10213-000

Zimmerman, B. J., & DiBenedetto, M. K. (2008). Mastery learning and assessment: Implications for students and teachers. *Psychology in the Schools, 45*, 206–216. doi:10.1002/pits.20291

Zimmerman, B. J., & Kitsantas, A. (2005). Students' perceived responsibility and completion of homework: The role of self-regulatory beliefs and processes. *Contemporary Educational Psychology, 30*, 397–417. doi:10.1016/j.cedpsych.2005.05.003

Zimmerman, B. J., & Moylan, A. (2009). Self-regulated learning: Where motivation and metacognition intersect. In D. J. Hacker, J. Dunlosky, & A. C. Graesser (Eds.), *Handbook of metacognition in education* (pp. 299–315). New York, NY: Routledge.

Zimmerman, B. J., Moylan, A., Hudesman, J., White, N., & Flugman, B. (2011). Enhancing self-reflection and mathematics achievement of at-risk urban technical college students. *Psychological Test and Assessment Modeling, 53*, 108–127.

Zimmerman, B. J., & Schunk, D. H. (Eds.). (2001). *Self-regulated learning and academic achievement: Theoretical perspectives* (2nd ed.). Mahwah, NJ: Lawrence Erlbaum Associates.

Zimmerman, B. J., & Schunk, D. H. (2008). Motivation: An essential dimension of self-regulated learning. In D. H. Schunk & B. J. Zimmerman (Eds.), *Motivation and self-regulated learning: Theory, research, and applications* (pp. 1–30). Mahwah, NJ: Erlbaum.

Zimmerman, B. J., & Schunk, D. H. (2011). *Handbook of self-regulation of learning and performance*. New York, NY: Routledge.

第6章

自己調整の学習アカデミーを通じた宿題遂行の成功

Héfer Bembenutty（ヘファ・ベンベヌティ）

訳：篠ヶ谷圭太（日本大学），太田絵梨子（東京大学）

　宿題は，多くの教育現場において重要な要素である（Bembenutty, 2011; Cooper, Steenbergen-Hu, & Dent, 2012; Dettmers, Trautwein, Ludtke, Kunter, & Baumert, 2010）。Good（1926）は宿題について，「通常の学校時間以外に，生徒が家で行う学校の課題」といった初期の定義を提供している（p. 285）。Cooperら（2012）によれば，宿題とは学校教師から生徒に与えられる，授業時間以外に行われる課題を意味する。宿題は事実に関する知識の保持，理解の深まり，批判的思考，情報処理，余暇の時間での学習，そして学習習慣や学習スキルの獲得につながる（Kitsantas & Zimmerman, 2009; Cooper et al., 2012）。宿題は生徒の自己指導的，自己規律・時間管理・自立的な問題解決にもつながる（Cooper, 2001）。これまでの研究では，主に中学校や高校（Cooper et al., 2012），大学（Bembenutty, 2010; Kitsantas, Cheema, & Ware, 2011）における宿題の効果について膨大な知見が生み出されてきている。したがって，宿題は小学校から大学まで多くの教育場面において，重要な教授活動として存在し続けている。

　宿題と学業成績の関連を検討したメタ分析の中で，Cooper（1989）は，宿題をした高校生のほうが，宿題をしていない高校生よりも高い学業成績を収めていることを示している。教師はさまざまな目的によって宿題を課す。例えば，Strang（1968）は，生徒のニーズを満たし，クラス活動を拡張させるために宿題を課すことを勧めている。Cooper（2001）は，学校での生徒の学習や成績を高める手段として宿題が機能する可能性を指摘している。CooperとValentine（2001）は，宿題が情報の保持，コースの学習内容の理解，学習スキル，自立心や責任感の向上にポジティヴな影響を及ぼすことを報告している。

　宿題は多様な教育的目的によって与えられるものであるが，Zimmerman

とその共同研究者（Kitsantas & Zimmerman, 2009; Ramdass & Zimmerman, 2011; Zimmerman, Bonner, & Kovach, 1996; Zimmerman & Kitsantas, 2005）は，社会的認知理論（Schunk, 2012）の立場から，宿題は学問的な知識を生徒に伝えるだけでなく，自己始発的，自立的，自己指導的に学習に関わることを促すプロセスであると指摘している。つまり，宿題が自己調整学習を促すということである。学習の自己調整とは，学問における重要な目標（Zimmerman, 2008）を達成するために，学習者が目標を設定し，動機づけを維持しながら，自身の活動，信念，行動を制御することとされる。社会的，文化的，教育的な要素によって，宿題が学問的に重要な課題であると理解されるのであれば，学習時間を確保するため，また，課題を安全かつスムーズに遂行するために，競合する他の選択肢を排除し，動機づけを維持し，課題焦点的かつ自己内省的で，学習者が自己調整を行うプロセスとして，宿題と成績の関連を検討していく必要がある。Zimmerman によれば（Ramdass & Zimmerman, 2011; Zimmerman & Kitsantas, 2005），自己調整的な学習者とは，自身を動機づけ，妨害を避け，具体的な目標を立て，自身の伸びをモニターし，自身の努力の結果を評価するなど，宿題の遂行において自己指導的に学習する学習者である。

　以前の宿題のモデルでは，主に知識獲得を可能とする課題として出される宿題に焦点が当てられていたが（例えば，Keith & Cool, 1992），近年のモデルの多くは，どうすれば自己調整的な学習者が宿題に対して受け身ではなく主体的に関わるかといったように，自己調整における生徒のエンゲージメントに焦点を当てている。こうした目的から，近年のモデル（例えば，Dumont et al., 2012; Walker & Hoover-Dempsey, 2001; Xu & Corno, 1998, 2003; Xu, Coasts, & Davidson, 2012）では，自己モニタリングや援助要請，感情，注意，環境のコントロールといった自己調整の要素を含めることで宿題を測定しようとされている。しかし，Zimmerman による宿題遂行の自己調整モデルは，宿題に関する研究における現在の動向に対し，重要な代替案を提案している。Zimmerman の視点からすれば，包括的な自己調整アプローチでは，生徒がどのように宿題行動を選択し，自己モニターし，自己評価しているのかといったように，宿題を行う前，宿題の遂行中，宿題を終えた後における，特定の循環的で制御可能なプロセスや信念に焦点を当てるべきである。宿題遂行における生徒の自己調整を測

定し，向上させるために，Zimmerman, Bonner と Kovach（1996）は，教授学習を自己調整学習プロセスとして捉える学習アカデミーモデルを構築している。Zimmerman らによれば，学習アカデミーは，「基準，個人的な目標，自己効力が相互に価値づけられ，生徒が熟達者のモデルや友人の自己指導的な様子をみるといった活動の文脈を提供する」(p. 9)。学習アカデミーにおける重要な点とは，自身の学習を習得していく過程において，循環的な性質をもった学習方法に焦点を当てていることである。学習アカデミーモデルでは，生徒が自己調整的な学習者に成長していく中で，教師は適切な社会的・個人的支援を行う手本やコーチとしての役割をもつ。

　宿題の適切な遂行には学習の自己調整が関連しており，研究における近年の動向として，学習アカデミーの視点から，宿題のプロセスがどのように評価され，高められていくかを考えることが重視されている。なかでも，目標の設定やプランニング，学習の方策や方略の決定，方略の実行，モニタリング，評価，そして，意思決定や調整を行っていくことに対する生徒のニーズに焦点を当てて，宿題プロセスを理解することがきわめて重要である。これは，社会的認知理論の視点による新たな方向性として，さらなる調査，新しい方向性，介入をもたらす重要なものであることが示唆される。そこで，この章ではまず，近年の教育システムにおける宿題の目的や効果，重要性について述べる。第二に，Zimmerman による自己調整学習の学習アカデミーモデルの主な要素について議論する。第三に，Zimmerman の自己調整トレーニングの学習アカデミーモデルを用いた介入プログラムを紹介する。第四に，Zimmerman の学習アカデミーモデルに即して，生徒の学習経験を高めるうえで，宿題ログを用いた自己調整の介入プログラムとその効果について報告する。介入アプローチにおける特定の要素や，手続きの遂行，教育者が同様の原理をどのように自身の学級に適用したのかについて，自己調整への介入や，そうした介入の効果の本質的側面を示すため，事例データとともに議論を行う。第五に，今後の研究に対する示唆や，学習アカデミーの視点から，いかに宿題の質を高めるかといった教育的介入についての議論とともに結論を述べる。

宿題の歴史的なルーツ，目的，効果

　宿題の概念は，授業時間以外に行うように教師から生徒に課される学問的な課題を含むと定義されてきた（Bembenutty, 2011; Cooper, 2012）。しかし，宿題は，特定の学問的なスキルを習得するために学習者が自己始発的に学習時間を用いるよう概念化されることもある。

歴史的ルーツ

　20世紀の間，宿題の有用性や目的，効果に関する議論は絶えなかった（Alleman et al., 2010; Cooper, 2001; Vatterott, 2009）。Cooper（2001）やVatterott（2009）によれば，ある人は完全に宿題を廃止しようとし，ある人は増やそうとするといったように，議論は揺れ動いていた。15年から30年ほどのサイクルで，宿題に対して支持的になったり否定的になったりを繰り返した。アメリカにおいては，宿題に対する関心は主に歴史的な出来事から影響を受けていた。Cooper（2001）が述べているように，20世紀の初頭では，数学で反復練習をさせるように，記憶の保持を促すための活動をさせながら子どもの心を鍛錬する方法であれば，宿題は支持されるべき教育方法と考えられていた。

　Cooper（2001）によれば，1940年代までに，私たちの教育システムにおいて問題解決能力に焦点が当てられるようになり，宿題への対抗勢力が展開してきた。つまり，そうした対抗勢力は，記憶を高めるための方法としての宿題の機能に対して異議を唱えたのである。その点において，彼らの焦点は学習者の自己目的と興味にあったといえる。また，勉強とは関係のない個人的な活動に対する生徒の探究を宿題が阻害するのかどうかといった点にも関心が向けられた。しかし，ロシアが科学技術を高めるにつれ，アメリカは自国の生徒たちがそのレベルまで科学技術を高められるかを心配し始めた。そのため，ロシアの教育システムに対抗するために，宿題は再度，知識の記憶のため，科学技術を高めるための方法として考えられるようになった（Alleman et al., 2010; Cooper, 2001; Vatterott, 2009）。そして，1960年代，宿題は再び生徒の成績や精神的健康

に有害であると考えられるようになり，子どもたちの創造的な活動や社会的経験の機会を奪うものとして，その価値は再度疑問視されるようになった。しかし，1980年代，国家が危機に瀕し，根本的な改革を行う必要が生じたために，宿題は公的に支持され，多くの研究が求められるようになった。さらに1990年代には，州のテスト測定が増加したことで，教師は州の期待に応えるため，より多くの宿題を課すようになった。

　こうした流れは20世紀末まで続いた（Alleman et al., 2010; Cooper, 2001; Cooper et al., 2012）。20世紀の終わりに，宿題の利用を危惧する教育者や研究者によって，メディアの関心は宿題に関する議論に向けられた。このとき中心となったのは，家族を崩壊させ，子どもに過度な負担をかけ，学習を制限させる宿題の廃止を求めるKralovecとBuell（Buell, 2004; Kralovec & Buell, 2000）であった。同様に，BennettとKalish（2006）も，宿題が子どもを傷つけるものであると主張して，宿題に反対する事例を示した。また，Kohn（2006）は宿題に反対し，その効果は神話にすぎず，宿題は有害であると主張した。21世紀における宿題に関する近年の動向としても，宿題の効果について，肯定と否定を繰り返している。宿題に対するこうした抵抗は，確実で厳密，かつ実証的な研究知見とはまったくもって対照的である（例えば，Xu & Corno, 1998; Kitsantas & Zimmerman, 2009; Zimmerman & Kitsantas, 2005）。研究では（Cooper, 2001; Cooper, Robinson, & Patall, 2006; Patall, Cooper, & Robinson, 2008），宿題が学習者に与えるポジティヴな効果や利点が示されており，この点については次に議論する。

宿題の目的と効果

　私たちの教育システムにおける宿題の機能を理解するためには，その目的と効果を考えておくことが重要である。Cooper（1989）によれば，宿題は学校における生徒の学習や成績を促進する手段として機能する。LeeとPruitt（1979）は宿題の目的に関するタキソノミーを示しており，そこには練習，準備，拡張，創造が含まれている。練習とは，授業で扱われたスキルや学習内容を高めるためにデザインされた宿題を指す。準備とは，学習者を将来の学習課題のために準備された状態にするためにデザインされた宿題である。拡張とは，コー

スの学習内容を他の側面や状況に転移したり,応用したりすることを促すようにデザインされた宿題である。創造とは,批判的思考や認知的なエンゲージメントを学習者側に求めるような宿題である。

　Cooper (2001; Cooper et al., 2012) は,学業的な目的に加えて,親子のコミュニケーション,指示に従う,罰,コミュニティとの関係性といった,学業以外の目的のためにも宿題が用いられてきたと述べている。Cooper (2001; Cooper et al., 2012) は,宿題はリーディングやライティング,記憶保持といった領域のスキルを高めるために利用でき,個々の生徒もしくはグループを対象とすることも可能であるとしている。生徒に選択させたり,強制的もしくは自発的に行わせたりすることもでき,生徒は一人で取り組んだりグループで取り組んだり,両親,きょうだい,友だちに助けてもらったりすることができる。Epstein (1988) は,宿題の目的についてわかりやすいタキソノミーを示しており,そこには,責任感,自信,時間管理の向上が含まれている。Epstein は生徒が学習の自己調整を達成するための手段という意味で宿題を解釈しているといえる。このように,宿題の目的には自己調整の促進が含まれうる。

　生徒の自己調整学習を高める手段として宿題を考える前に,宿題が学業成績に及ぼす効果について議論しておくことが重要である。Cooper ら (2012) は宿題のポジティヴな効果とネガティヴな効果について検討している。Cooper によれば,すぐに表れる学業面でのポジティヴな効果とは,クラスで扱った内容を見直し,練習する,また,より大きなプロジェクトや後続のクラスに向けた準備をする機会を提供し,カリキュラムを豊かにする点にある。学業面での長期的かつポジティヴな効果としては,学習への自律性の向上,学校に対する態度の改善,学習習慣や学習スキルの向上,自立の促進があげられる。Cooper によれば,学業以外のポジティヴな効果には,生徒の人格形成,心理的なウェルビーイングの向上,時間管理スキルの練習,妨害や誘惑に対抗する練習,学校外の危険な環境から生徒を遠ざけるといったものがある。宿題の効果は主に,自己調整学習のアプローチと一致しているといえる。

　Cooper と共同研究者は,宿題が学業成績に及ぼす効果についてさまざまな統合的検討を行っている (Cooper, 1989; Cooper et al., 2006)。彼らは生徒の宿題遂行量と学業成績の間に正の関連を見出しており ($d=0.60$),このことは宿題

によって生徒に利益がもたらされることを示している。そして彼らは，宿題を行うことが，「より優れた学業成績につながる」と結論づけている（p. 483）。宿題の学業以外の効果としては，Cooperは宿題が生徒の動機づけや情動，感情，行動に対してポジティヴな効果をもつと述べている。しかし，宿題の効果においては，生徒と教師が果たしている役割を検討することが重要である。

宿題遂行を妨げる要因：生徒と教師の役割

　宿題を課す目的には，責任感や自信，時間管理能力を高めることが含まれるが（Bembenutty, 2011; Cooper et al., 2012; Dettmers et al., 2010），生徒はしばしば宿題遂行の継続，プロセス，評価において，単なる受動的な存在になりがちである（Zimmerman et al., 1996）。Cooperが表現している宿題の単純な定義では，宿題が教師によって課され，生徒によって行われる課題であることを暗に意味している。生徒が教室に入ると宿題が黒板に書き出され，その課題を生徒が写し，それを家で行い，次の日に持ってくるというのが小学校，中学校，高校の教室における伝統的な流れである（Kohn, 2006）。個々のフィードバックが生徒に与えられたり，宿題に関する議論が授業の中でなされたりすることは稀である（Alleman et al., 2010）。宿題を理解していない生徒は，自身が抱えている問題に適切な対応を受けることなく，コースの学習内容が進行していくことになりうる。また，大学レベルでは，宿題はシラバスに記述されており，学生は自分でその課題に取り組むことが求められる（Zimmerman, 2002）。宿題や特定の方略とそのプロセスについて，授業の中で頻繁に議論されることはない。

　生徒はしばしば，宿題の選択に関して発言権や自律性が制限されており（Warton, 2001），教師によって直接指示されていない課題を行うといった，主体的な宿題学習はほとんど行わない（Zimmerman, 2002）。宿題に対する生徒のネガティヴな反応は，この教授ツールに対する生徒たちの無関心さを反映しており，それゆえ創造性や興味の低減，努力に対する見返りの少なさ，かけた時間の少なさ，身体的な疲れ，ネガティヴな態度といった結果に終わることがよくある（Cooper et al., 2012）。しばしば生徒は，「宿題は嫌いだ」「この

宿題のせいでおかしくなりそう」といったセリフを言う（Buell, 2004; Kralovec & Buell, 2000）。彼らはしかも先延ばしやズル，剽窃，セルフハンディキャッピング，過小調整[訳注]，もしくは過大調整などの不適応な行動をとってしまう（Bembenutty, 2011）。

　インターネットやメディアを通じて知識の拡張を行う際に，受動的に宿題に取り組み，宿題を生涯にわたる学習とは関係ないものとして捉える生徒がいる（Alleman et al., 2010）。多くの生徒は宿題を，自分でコントロールすべき重要なプロセスだとは思っておらず（Bembenutty, 2011; Warton, 2001），自立性や自己指導的な学習を身につけるうえで役立つとも思っていない。多くの生徒は宿題のプロセスにおいて，友人を手本にすること，友人からフィードバックを得ること，短期的・長期的目標を設定すること，自己モニタリングを行うこと，自己観察や自己判断，適切な社会的リソースに対する援助要請を行うことで自身が高められるということに気づいていないのである（Zimmerman et al., 1996）。授業に参加する際，学習者は講義や指導を理解することに労力をほとんどかけず，宿題の指示や期日，週の予定をしっかりと書かない（Alleman et al., 2010）。生徒は宿題の遂行に関して頻繁に困難を感じるため，どのように宿題に取り組むか，宿題がどのような効果をもつかに関しては，教師が重要な役割を担っている（Bembenutty, 2011）。

　多くの教師は，宿題を課すことには大きなメリットがあると考えており（Alleman et al., 2010），自分の指導のもとで知識や学問スキルを与えるために，称賛に値することを行っている（Bruce, 2012）。しかし，伝統的には，宿題はカリキュラムやコース基準に関係のない補助的な活動であるとしばしば考えられている。大学レベルでは宿題はあまりカリキュラムには組み込まれておらず，授業の最後の数分間で課される（Alleman et al., 2010）。大学の場合，学生は大人であり，成熟した学習者であると考えられているため，宿題に取り組めば質問などの援助要請をしてくるであろうと考えられている。そのため，通常の授業では，目標設定，プランニング，方略の選択，自己モニタリング，自己内

訳注：モニタリングの不正確さから，自身の能力からすると低すぎる目標を設定し，調整すること。過大調整は，逆に適切な目標よりも高い目標を設定することであると考えられる。

省といった学習方略の獲得を促すような時間はあまりない（Zimmerman et al., 1996）。

　伝統的な教室では，目標の設定，動機づけの診断，事後成績の内省について，直接，明示的なトレーニングが行われることはほとんどない（Zimmerman et al., 1996）。フィードバックも与えられず，与えられるとしても，「すごい！」「よくやった！」などのように一般的なものであることが多い。残念ながらこうした教室状況では，社会的風土を自己調整し，自立的で自己指導的な学習者に必要な社会的スキル，個人的スキル，教育的スキルを育成する環境にはなっていない。宿題や授業に対する教師のこうした動向を考慮すると，学習者が自信をもち，自己調整スキルを高められるような，また，宿題を通じた学習が当たり前となり，自己調整学習の習得を重視して妨害や競合する欲求を排除するような，学習アカデミーに焦点を当てた新たな指導パターンが必要となる。

　まとめると，この節では宿題の定義や，ポジティヴな効果とネガティヴな効果，宿題のプロセスにおける生徒と教師の役割について考えてきた。宿題はネガティヴな効果もあるものの，生徒の学習成績に対して明らかにポジティヴな効果をもっている。そして，生徒の非学業的な努力に対してもポジティヴな効果をもっている。宿題に関する生徒や教師の役割の研究からは，個々の宿題が目的としている知識やスキルを習得するためにも，生徒の自己調整スキルを高めていく必要性が示唆される。しかし，教師がつくり出す学級風土によって，知識獲得だけでなく，長期にわたる自立した自己調整学習につながる学習方法を促す努力が制限されてしまうことも明らかにされている。基準や個人的な目標，自己効力信念がより高められるには，活動の文脈が必要となる。この話は，学習や宿題の効果を高めるうえで，Zimmermanと共同研究者が提案している自己調整学習を根底とした学習アカデミーモデルの重要な役割に関する後の議論につながる。

自己調整の学習アカデミーモデル

　認知，動機づけ，行動に対するZimmermanの研究の理論的，実証的，実践

的な貢献は，現在の宿題指導に関する理論や応用に多大な影響を与えてきた。彼は，学業目標の達成，適切な学習方略の選択，自身の学業遂行のモニターと評価において，学習者が自身の認知や行動をコントロールできることを示した。Zimmerman は効果的な宿題指導によって，賢い学習者へと高めていくことができると述べている（Zimmerman et al., 1996）。Zimmerman は，宿題を通じて学習者が自己調整学習方略，適切な動機づけ信念，学問的な知識やスキルをもてるよう，教室の内外で用いられる，堅実な理論アプローチに基づく革新的な指導法を開発している。

学習アカデミーモデルの概要

　Zimmerman は，宿題や学習の際に不可欠な学習スキルを教える指導モデルを提供している。この目的のために，彼は自己調整における学習アカデミーモデルを開発した。学習アカデミーとは，「パフォーマンスを高めるとともに，熟達者や友人を手本とし，遂行努力に対して直接的な社会的フィードバックを得て，特定の目標や自己モニタリングのルーティンを練習することを通じて確立された知識を伝えるようデザインされた学校の形態」である（Zimmerman et al., 1996, p. 140）。学習アカデミーは，(a) 自己評価とモニタリング，(b) 目標設定と方略プランニング，(c) 方略の実行とモニタリング，(d) 方略結果のモニタリングという，サイクル状の4つの段階によって特徴づけられている（図6.1を参照）。Zimmerman は，自律的な学習者は内発的に動機づけられており，自己効力が高いといった特徴があると述べている。自己効力とは，自己調整における重要な動機づけ要素であり，自身の学習能力や特定の課題をこなす能力に対する個々の信念を指す（Bandura, 1997）。

　Zimmerman の学習アカデミーモデルの話に入る前に，このモデルが自己調整の循環的段階（Zimmerman, 1998, 2000, 2008）とは異なることを認識しておく必要がある。後者のモデルでは，まず予見段階において，学習者は目標を生成し，課題分析や方略のプランニング，自己効力，内発的動機づけ，結果期待などの自己動機づけ信念に従事する。次に，遂行段階において，自己制御や自己観察を行うなど，活動を開始する。そして，自己内省段階では課題遂行に対す

第6章 自己調整の学習アカデミーを通じた宿題遂行の成功

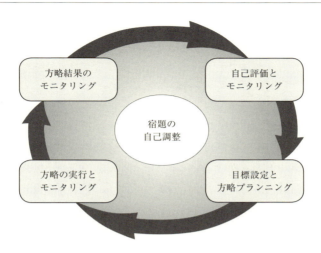

図 6.1 自己調整学習の学習アカデミーモデル

る自己判断や自己反応を行う。この三段階モデルは，自己調整システムにおける相互関連的なサイクル構造を捉えようとしたものであり，これは，活動に取り組む前に存在するプロセスや，実行中の活動や行動，そして遂行後の学習者の反応に影響を与えるプロセスを表現している。これらのプロセスは後続の活動に大きな影響を及ぼすため，循環的構造をなしている。しかし，三段階モデルは規範的なものではなく，一般的なものである。対照的に，アカデミーモデルは規範的であり，学習者が直面している特定の課題に焦点化したものである。Zimmerman は三段階モデルよりも前にアカデミーモデルを構築しており，それゆえ，三段階モデルはアカデミーモデルで完全に描写されなかった要素の構造を網羅している。これら2つのモデルは相互背反的なものではなく，むしろ，アカデミーモデルでは課題遂行での特定のステップが強調されているのに対し，三段階モデルでは課題遂行中に生じるプロセスが強調されており，相互補完的である。三段階モデルのより詳細な内容については，Schunk と Usher による章（第1章）を参照してほしい。

　Zimmerman によれば，アカデミーモデルによって，生徒が自己効力信念を高め，友人との学習やモデリングを行い，社会的環境における活動的な主体，

生産者，活動結果となり，自身の環境に影響を与えるような学習アカデミーへ教室を変えることができると予想されている。この視点から，Zimmerman は教師や教育者を自己調整のコーチやコンサルタントとして捉えている。自己調整トレーニングにおける学習アカデミーモデルは，学習者と教育者が自身の学問的・専門的目標に到達できるようにする効果的なモデルである。教師が報告する，もっとも深刻な教室の問題の一つに，生徒が宿題を遂行する動機づけを欠いている，また，やったとしてもその質が教師の期待を下回っていることが多いといったものがあるが (Gilbertson & Sonnek, 2010; Jones & Jones, 2010)，アカデミーモデルは，宿題に関するこのような問題に代替案を提供してくれる。

学習アカデミーモデルにおける 4 つのステップ

教育心理学領域に対して Zimmerman がもたらした恒久的な影響は，自己効力信念を維持し，習得的な経験を実行し，社会的な相互作用やモデリングを通して学習を行う活動的な主体として学習者を捉えるという，学習アカデミーの視点に反映されている。このモデルでは，生徒は自身の目標を設定し，進歩や結果の基準を確立させることを学ぶ。さらに，学習アカデミーでは，学習者は熟達者のモデルを観察し，模倣や，自己指導的な活動・行動・練習を通じて自己調整を行う。

アカデミーモデルは学習者が，(a) 宿題を行わない，(b) 自己指導的な学習プロセスのやり方を知らない，(c) 学業的な成功を得るために必要な思考，感情，活動の生成方法を知らない，(d) 目標の設定の仕方を知らない，(e) 読み，書き，コンピュータのスキルがない，(f) 効果的なテスト準備ができない，(g) 課された課題を遂行する自身の能力に関する信念を有していないといったことを踏まえて構築されたものである。

学習アカデミーモデルで基本となるのは，教師の 4 つの基本的な役割である。

- 生徒の手本となる。教師は生徒に習得してほしいものと同じ自己調整プロセスの手本を示す。

- 適切な学習プロセスをたどることができるよう，生徒を励ます。
- 課題や方略分析を教える。生徒が効果的な学習方略を考えたり実行したりするのを助け，課題分析の遂行や，方略目標を追求する機会を与える。
- 生徒が結果のチェックと方略内省を行うのを助ける。学習課題を行った後，教師は事前に決めた基準に基づいて，生徒の注意を，自身がどれだけ進歩したかに向けるように促す。

　学習アカデミーモデルは，学習者が宿題や学習時間の結果，より多くのことを習得できるようにするための指導の枠組みである。Zimmermanは，学校における責任感や自己管理を生み出すうえで，この時期の宿題が重要となるため，中学生に基づいてモデルを提供している。学習アカデミーは，学習者が自己調整学習スキルを学び，向上させていくのを助けるうえで，教師はさまざまな役割を担いうると考える。アカデミーモデルは，宿題遂行のプロセスを向上させるうえで学習者がたどるべきステップやプロセスが，ちょっとした指導によって示される学習モデルである。そこで，以下の節では，アカデミーモデルにおける教師と生徒の双方の役割について述べる（表6.1を参照）。

ステップ1：自己評価とモニタリング

　最初のステップは，教師や友人の観察や，課題や以前の成績の自己記録をもとに，自身の能力や有効性に関して判断を行うというものである。ガイドラインを与える，明確な教示とフィードバックを行う，スキルを高めるための日常的な課題を与える，頻繁に診断を行うよう促す，学業的な進歩を強調する，友人の評価や課題モニタリングを促すといったことが，そこでの教師の役割である。そして，学習者自身による課題の遂行に関する能力やスキルの評価が含まれる。学習者の役割は，自身の記録をチェックし，友人と課題を比較し，必要であれば教師によって与えられたガイドラインに従って課題を遂行することで，どのくらい早く，上手に，課題を行えそうかモニターすることである。

　自己調整学習のトレーニングの最初のステップでは，例えば，社会科の教師は，類似，異なる場所，時代，条件，文脈における特定の文化の側面について深く検討するなどの準備を中学生が検討するのを助ける。生徒はその課題を遂

表6.1 自己調整学習トレーニングの学習アカデミーモデルと、教師や生徒への適用例

自己調整トレーニングの学習アカデミーモデル	学習アカデミーの下位プロセス	自己調整スキルの獲得を助ける教師の役割	自己調整スキルを獲得するための生徒の課題	教師と生徒の間の協同の例
自己評価とモニタリング	教師や友人の観察や自身の課題記録、以前の成績から自身の能力や有用性を判断する	・ガイドラインとフィードバックを与える ・明確な指示やフィードバックを与える ・スキルを高め、診断ができるよう日々の課題を与える ・生徒の学業的な進歩を捉える ・学習者同士の相互評価や課題モニタリングを促す	・宿題遂行に関する自身の能力やスキルを評価する ・自身の記録を見ながらどのくらいの時間でどのくらいうまく課題を遂行できたかをモニターする ・友人の課題遂行や教師からのフィードバックをもとにしたガイドラインと見比べる ・必要に応じてガイドラインにしたがい課題をやり直す	・学習者が類似した場所や異なる場所、時間、条件、文脈における文化の側面について理解を深めるために何を準備しておくべきか考える ・課題遂行に関する自身の能力を判断する
目標設定と方略プランニング	具体的かつ短期的な目標を設定し、目標達成に必要な学習方略を選択する	・課題評価のやり方を教える ・具体的かつ短期的な目標のつくり方をサポートする ・学習方略の使用の手本となり、教える ・いつ、どこで、誰と、どのように宿題をするかを考える機会を与える	・課題を評価し、具体的かつ短期的な目標を設定する ・目標を設定し、学習方略を選択する ・いつ、どこで、誰と、どのように宿題をやるか決める	・歴史的な観点の違いや、解釈というものが個人、経験、社会的伝統によって影響を受けることが理解できるような機会を与える ・記憶のための工夫、索引カードを用いる。生徒から求められれば、教師は生徒を援助する

第6章　自己調整の学習アカデミーを通じた宿題遂行の成功

方略の実行とモニタリング	・生徒は学習方略を実行し、学習目標や学修の進歩をモニターする	・フィードバックの社会的情報源として機能する ・自己モニタリングのツールや宿題ログを与える ・効果的に課題遂行できるよう適切な環境を推奨し、生徒の進捗状況を診断する	・課題遂行における進捗状況をモニターし行動プランを遂行する ・事前に選択した方略を実行し、自身の進歩をチェックしながら宿題を行う ・必要に応じて教師や友人に援助要請を行う ・適切な社会的関係性を選択し、環境をコントロールする ・自身の方略をモニターする	・教師は、政府が人々のニーズに対応し、変化し、社会的同調を促し、文化を迎えているかを辿れるような自己モニタリングのフォーマットを与える
方略結果のモニタリング	・事前に設定した基準や目標と照らし合わせて遂行結果や方略の有効性を評価する	・生徒の進捗状況を診断する ・結果に関するフィードバックを行う ・効果的な方略を継続して使う、もしくは新たな方略を用いることを提案する ・生徒が課題遂行のサイクルプロセスを理解できるよう援助する ・生徒の進歩や自己効力に関するフィードバックを与える	・課題をどのくらい遂行できているかについて、自己診断、自己テスト、自己省察を行う ・課題遂行について十分に進歩できているかをチェックする ・何が終わっていて何が十分にできていないかチェックする ・自身で設定した基準や教師から与えられたフィードバックと照らし合わせて進歩をチェックする	・教師は生徒が個人的な経験を他の環境的文脈（アメリカの経済的事情）と結びつけるよう支援する ・生徒は遂行した課題のリストを作成し、自身が設定した基準と比較する ・生徒は自身の進歩や、自身の努力がコースでの満足のいく成績につながったか否かを評価する

201

行するうえでの能力を判断し，自身の進歩をモニターする。

ステップ2：目標設定と方略プランニング

　第二ステップは，学習者の短期的な目標の設定と，目標達成に必要な学習方略の選択に焦点を当てたものである。ここでの教師の役割は，課題をどのように評価すればよいのかを生徒に教える，学習者が特定の短期的目標を同定できるように助ける，学習方略の使い方の手本となり教える，生徒にいつ，どこで，誰と，どのように宿題を行うかを考える機会を与える，学習方略の使い方を教えるというものである。

　例えば，中学生の社会科の宿題では，歴史的な視点から違いを理解する，また，個人的な経験や社会的な価値観，文化的な伝統によって解釈の仕方が影響を受けることを認識するといった課題が出される。この課題を遂行するには，生徒は特定の期日までにどのくらい実行できそうかについて，具体的な目標を設定し，どこで誰とその課題を行うかを決め，与えられた課題を行ううえで適切な方略の範囲（記憶を高める工夫をする，課題をいくつかに分割する，重要単語のカードのような索引カードをつくる，チューターや友人に相談する，教師に援助要請する）を選択する。

ステップ3：方略の実行とモニタリング

　第三ステップでは，生徒は学習方略を実行し，学習目標や学業的な進歩についてモニターする。つまり，学習者は，課題遂行における自身の進歩をモニターしながら，目標を達成するための行動プランを実行するのである。このステップにおいて，教師とチューターは，課題を確実に遂行していくためのフィードバックを与える重要な社会的情報源となる。

　教師の役割は，生徒が課題を確実に遂行できるようにフィードバックを与えること，また，生徒が自身の進歩を自己モニターし，特定の方略の進歩をチェックできるように，自己モニタリングツールや宿題ログを与えること，また，課題を効果的に遂行できる適切な環境設定を勧めることである。また，教師は生徒の進歩の診断も行う。

　生徒が行うべきことは，課題遂行の進歩をモニターしながら，自身の目標達

成のための行動プランを実行することである。生徒は，事前に選択した方略を実行し，その進歩をチェックし，必要であれば教師や友人に援助要請しながら宿題を行う。また，生徒は自身の方略実行をモニターしながら，適切な社会的関係性を選択し，環境のコントロールを行う。中学校の社会科の学習の例として，政府が人々のニーズにどのくらい対応しているか，社会的な適合を促しているか，文化に影響しているかをたどれるよう，教師は自己モニタリングの枠組みを与える。

ステップ4：方略結果のモニタリング

　最後のステップは，課題をどのくらいうまく遂行できたかの自己診断，自己評価，自己内省である。この作業には，自身の方略が事前に定められた基準や，目標に対して機能したかどうかの評価が含まれる。このステップにおいて，教師は生徒の進歩を診断し，結果に関するフィードバックを与える。教師はさらに，効果的な方略や新たな方略を使用できるようにアドバイスを与え，自己調整プロセスのサイクルを振り返ることで，課題遂行におけるサイクルプロセスを理解できるようにする。また，教師は生徒の進歩や自己効力レベルに関するフィードバックを与える。

　生徒が行うべきことは，自身が課題遂行に対してきちんと進歩したかを判断することである。生徒は，何ができていないのか，何がまだ不十分なのかを考える。また，自身の設定した基準や，教師から与えられたフィードバックと自身の学業的な進歩を比べる。例えば，学習者は，個人的な経験を，現在のアメリカの経済状況やアメリカの政策におけるティーパーティー〔訳注：保守派による市民運動〕の影響といった他の環境文脈に関連づける宿題を遂行するように指示される。生徒は，遂行した課題のリストを作成し，自身が設定した基準や教師から与えられたフィードバックと比較する。生徒は，どのくらい課題について理解が深まったのか，自身の努力が社会科コースの十分なパフォーマンスにつながったのかを評価する。

　Zimmermanによれば，生徒は自己調整のサイクルプロセスを行うことで効果的な時間管理ができるようになり，それが自己効力信念を高めることにつながる。こうした主体的かつ自己指導的な学習の結果として，学習者は将来の類

似した状況における課題も遂行できると信じるようになる。自身の作業を遂行できると感じられるのである。同時に，このサイクルプロセスによって，自己効力信念について自己モニターや自己評価を行えるようになる。宿題遂行に関する自己効力信念の評定は，学習者が基準に基づいて適切に反応し，適応できるようになるうえでも重要である。学習者は自身の宿題得点と自己効力信念のレベルを比較する。これらの得点をグラフ化することで，パフォーマンスの向上につながる自己調整反応が高められる。図6.2はRobert A. Reidel（ロバート・A・ライデル）が描いた社会科の教師の風刺画であり，学習アカデミーモデルの枠組みにおける教師と生徒の社会科クラスでのやりとりを表している。

学習アカデミーの自己調整トレーニングにおける自己記録

　学習のアカデミーモデルにおいて，教師は生徒が学習プロセスを自己モニターできるようなフォーマットを与える。こうしたフォーマットの例に，生徒が自身の宿題の学習プロセスや時間をモニターする宿題時間ログがある。この宿題ログでは，生徒は，(1) その日，またはその週に与えられた宿題，(2) 宿題を始めた時間，(3) 宿題を終えた時間，(4) 宿題遂行にかかった時間，(5) 宿題をやった場所，(6) 誰と宿題をやったか，(7) 宿題をやったときに妨害はあったか，(8) 宿題遂行に関する自己効力の度合い，といった情報を報告する。宿題ログは，生徒が自身の進歩を判断する際に用いるフィードバックとして機能する。

　宿題ログを用いることで，生徒は課題に要した時間が期待していた結果につながったか否か，どこで誰と課題を行ったかがパフォーマンスにつながったか否か，妨害によって課題遂行が影響を受けたか否かをモニターすることが可能となる。例えば，リビングでテレビをつけたまま宿題をすると課題遂行の妨げになると生徒が結論づければ，ベッドルームで，自分の机で勉強するなど，別の場所を選択するようになるかもしれない。同様に，一人で勉強すると満足のいく結果につながらないとわかれば，課題遂行に助けとなる相手と一緒に勉強するようになろう。さらに，宿題をしている間に友だちから電話が妨げになったことに気づけば，課題を行う際に電話の電源を切るようになるであろう。

図6.2　学習アカデミーモデルの枠組みにおける教師と生徒のやりとりを描いた漫画

【漫画のセリフ】
①教師「前の2つの社会科の勉強の漫画が遅れてるよ。すまないが，成績を保留にしないといけないね」
　生徒「はい，問題を決めるのが遅れてしまって。ハンドボールに行かないといけないし，とにかくサマースクールに行かないといけないですね」
②教師「おーい。課題を提出して，頑張りを見せてくれたら……つまり，今はハンドボールをしないこと。そうすれば，保留を決定するかについて協力するよ」
　生徒「何ができるか考えてみます。お母さんは呼ばないでね」
③(友だちへのeメールの文面)「私抜きで試合を始めて。ほんとに急いで課題をやらないといけないの」
④教師「この漫画は悪くないね。間違いなくもっとよくなるよ」
　生徒「ありがとう！　これで保留はなし？」
　教師「もうちょっとだね。もう一つの課題を受け取らないと」
⑤生徒「もう一つの漫画です。先生が言っていた修正も加えました」
　教師「素晴らしい！　本当に感動したよ。すごく感動した。これは家族に伝えないと！」
⑥(その夜…)　生徒の親「あなたをすごく誇りに思うわ！　大学に行く最初の家族になるのね」
　生徒「頑張るよ。この先生は本当に素敵よね」

【解説】
①最初のコマでは，教師と生徒が話しており，生徒がとにかくサマースクールに行くだろうと信じていることから，教師は生徒の自己効力感の低さを感じている。
②2コマ目では，教師は生徒にもう一度チャンスを与え，学業的な報酬を得るために，すぐにできるようなことを後回しにさせた。
③3コマ目では，生徒は教師の優しい言葉を思い出し，友だちに断りを入れるなど，徐々に自己規律をみせるようになっている。
④4コマ目では，教師は学業的な課題を続けるための自己効力感や動機づけを構築している。
⑤5コマ目では，生徒はもう一つの漫画を持っており，教師はそれを喜んでいる。教師が喜んでいるのを見て，生徒もいい気分になっている。
⑥6コマ目では，生徒の家族は教師からの電話に喜んでいる。生徒は教師や家族からの一連のサポートや自身の努力を通して学業的満足遅延を学び，自己効力感を高めている。

生徒の報告する宿題ログの情報をもとに，教師は方略使用や作業場所の管理に対して変化を促す。教師はフィードバックを与え，生徒が自身の進歩をモニターするのを助け，現実的な目標を設定するのをサポートする。教師は，普段の勉強時間の設定や，普段の勉強場所の選択，何を優先的に行うべきか，妨害を避けるためにどうすべきかについて生徒に助言し，また，学業的な成功に対する自己報酬が行えるようサポートを行う。このようにして，最終的に生徒の宿題に対する態度を受動的なものから主体的なものへと変え，また，徐々に教師に依存したモニタリングから生徒の自己指導的な宿題遂行へと変えていくことが可能となる。

　宿題ログを使った例として，Zimmermanは，友だちと一緒に宿題を行い，多くの時間を恋愛話や噂話に費やしてしまうマリアという女の子について紹介している（Zimmerman et al., 1996）。明らかにマリアは勉強に問題を抱えており，学習方略をきちんと使えていない。また，宿題をうまく遂行していくことに関して自己効力が低い。しかし，教師のサポートとともに，マリアは数学の課題を遂行するうえで，社会的な妨害を避け，学業的な進歩をモニターすること，効果的な学習方略を使用すること，課題に時間をかけ，邪魔をする友だちがいない図書館を課題の遂行場所として選択することが必要であるとわかった（例えば，社会的な目標と学業的な目標の対立）。マリアは宿題を遂行するために，主体的で自己指導的な行動をとることを決め，自分の作業やスキルを向上させ始めたのである。しかし，一人で課題に取り組み，新たな学習方略を学ぶ必要があったことから，課題の成績が低いという問題に悩んだ。それでも，マリアは数学の宿題の成績を徐々に上げ，自己効力が向上し，効果的な学習方略を用いるようになった。

　マリアがスキルを高めようと決めたうえで，小テストの得点に関する自己効力信念を記録し続けたことが重要なステップであった。学業的な成績と自己効力信念の比較を視覚的に表すことで，診断や評価，それに伴う帰属を促すツールとして機能し，今後の行動や宿題プランの修正，循環的プロセスにおける方略の選択といった適応につながったといえる。介入研究では，動機づけ信念に対してパフォーマンスをグラフ化することの効果が支持されている。例えば，Zimmermanのアカデミーモデルに続いて，CampilloとPool（1999）は，

小テストに対するライティング自己効力の推定値をグラフ化することで，危機的状況にある大学生が自身のライティング成績を正確にモニターし，学習方略を正確に選択できるようになったことを示している。同様に，HanlonとSchneider（1999）では，学業に困難を抱える生徒の数学の熟達度を高めるために，Zimmermanのアカデミーモデルを適用して自己効力トレーニングを通じた介入を行い，自己効力の判断と数学の小テスト成績を比較することで，短期的な目標が設定できるようになり，自己モニタリングを行うようになった。マリアもまた，時間管理を行えるようになり，5週間後，彼女の自己効力信念のレベルが小テスト得点と一致するようになった。宿題ログを用いることで，望ましい学業成績につながる自己モニタリングと自己評価スキルが高められたのである。

マリアの事例は，学習アカデミーモデルという，Zimmermanの概念化に基づく実際の介入に関する議論につながる。研究者たちは，すべての学力層の生徒たちの学習経験を深めるために，学習アカデミーモデルに即した学習介入をデザインしてきている。

自己調整トレーニングの学習アカデミーモデルに基づく介入

Zimmermanの自己調整トレーニングにおける学習アカデミーモデルは，小学校，中学校，高校，大学の児童・生徒・学生の宿題にうまく適用されている。こうした介入は，自己評価やモニタリングのステップにおいて，生徒が自身の学習の進歩を診断できるようなガイドラインを含む自己モニタリングのフォーマットを教師が生徒に与えるなど，このモデルの基本的な原理に沿ったものとなっている。教師は，生徒が目標を設定して方略プランニングを行うような課題を，毎日または毎週課す。生徒も教師からフィードバックを受けたうえで自身の進歩を評価する。教師は新たな方略の機能をモニターし，生徒は行動や自己モニタリングの計画を立て，適切な学習方略を実行する。生徒は成果をモニターし，方略を改善する。その間，教師は新たな方略の使用をモニターし続け，必要であれば生徒が方略を改善するのを助け，生徒の自信を確認する。

小学校での介入

　Zimmermanの自己調整トレーニングにおける学習アカデミーモデルに基づき，StoegerとZiegler（2008）は，ドイツの公立学校に在籍する小学校4年生を対象に行った，教室ベースでの自己調整学習のトレーニングに関する介入研究を報告している。介入の目標は，時間管理に焦点を当てた宿題行動のトレーニングである。具体的には，4年生における時間管理スキルを高めることが目的であった。この学年の後，生徒はさまざまな教師がいる次の段階に移行する〔訳注：ドイツの小学校は4年生までであり，その後ギムナジウムなどの上部学校へ編入する〕が，違う教育システムに移行した後でも動機づけが低下しないよう，自己調整スキルや自己効力をターゲットとした介入を行う必要があったため，研究者はこの学年での介入を計画したのである。生徒はトレーニング群と統制群にランダムに配置された。トレーニング群の生徒は，通常の授業や宿題活動を行う一方で，5週間にわたって自己調整のトレーニングを受けた。

　介入は5週間にわたって行われた。介入には数学の宿題行動の自己評価やモニタリングが含まれた。宿題ログを用いて，生徒はいつ，どのくらい勉強したのか，休憩をとったか，どのような妨害があったのか，一人で行ったか，誰かと一緒に行ったか，どこで行ったかなど，学習行動について報告を行った。

　それぞれの週で，生徒は書き込めるスペースがある表形式の宿題ログを渡される。トレーニングはZimmermanによる4つのステップ：自己評価とモニタリング，目標設定と方略プランニング，方略の実行とモニタリング，方略結果のモニタリングに基づいていた。トレーニングの結果，効果が示され，トレーニング群の生徒は統制群の生徒に比べ，時間管理スキルや学習の自己内省が高まっていた。生徒の自己効力感はトレーニングを通じて向上し，トレーニング群の生徒は動機づけ，努力の意思，興味，習得目標志向性が高まったと報告した。また，彼らの無力感は低下した。数学の練習問題やクイズの成績に関しては，トレーニング群に直接的な伸びはみられなかったが，統制群と比較した相対的な伸びについては有意であった。StoegerとZieglerは，トレーニングの結果はZimmermanの学習アカデミーモデルの有効性を支持しており，Zimmermanの提唱したトレーニングは教室環境でも用いることができると結

論づけている。

高校での介入

　高校の生徒については，Cooper, Horn と Strahan（2005）が，Zimmerman の自己調整トレーニングにおける学習アカデミーモデルに基づきながら，特に，生徒の宿題の遂行に焦点を当てた介入プログラムを開発している。この介入の目的は，42人の高校生の宿題遂行の質や動機づけを高めるための介入に対して，生徒や教師がどのように反応するかを調べ，より高いレベルでの自己調整を促すことである。7人の英語の教師が3か月にわたり，週に1度研究者と会った。教師は生徒が授業と宿題に高いレベルで取り組めるような介入を考えた。研究者は教師に対して，高次の推論を要する質問を生徒にすること，宿題や小テストを課すこと，生徒の反応を確認すること，教授方略のプランニングを行うことなどができるようサポートを行った。介入には観察，事例ノートの作成，インタビューが含まれていた。研究者は，(1) 参加している教師はどのくらい自己調整や高次の推論を促しているか？ (2) 自己調整や高次の推論を促そうとする教師のこうした取り組みに対して，生徒はどのように反応するのか？　という2つの具体的な問いをもっていた。

　研究者は生徒と教師を観察し，インタビューを行った。教師たちはノースカロライナ州のピードモントにある学校において，それぞれの学級の中でプログラムを実施した。Zimmerman の宿題ログを用いながら，教師は生徒の自己調整行動を調べた。生徒は宿題が終わった日付，いつ，どこで，誰とその課題を行ったか，妨害はなかったか，そして自己効力のレベルについて記録した。

　介入の結果，何人かの生徒は宿題をプロンプトなしで行っていることが示された。さらに，教師たちは，宿題ログは生徒と教師にとって，そのときは退屈な作業のように思えるが，生徒が自己モニター，診断を行うのを助け，最終的に成績が向上すると報告している。4人の教師は，自己調整方略を教えることが生徒の助けになることや，生徒を自己調整的にしようとする教師の努力に対して生徒が反応したことを報告している。目標設定に関して，生徒がもっとも頻繁に設定する遂行目標は高い成績を収めるというものであるが，同時に彼ら

は，まだ読んでいない本を読む，もっとよい読み手になるといった習得目標も報告していた。宿題を一人で行ったと報告する生徒がいた一方で，教師への援助要請や少人数での議論，クラス全体での読みと質問回答を好む生徒もいた。研究者は，介入を行う中で生徒が自己調整や目標設定に対する気づきを示したと結論づけている。

専門学校での介入

Zimmermanの学習アカデミーモデルに基づき，Bembenutty (2009, 2010) はニューヨーク市立大学で困難を抱える学生の自己調整スキルを高めるための介入を行った。学生はセメスターの期間，自己調整のトレーニングセミナーを受けた。58人の学生が数学コースの導入と大学生活コースの導入を同時に受講した。学生は全員，社会的に低くみられているマイノリティである。このプログラムの目的は，大学生が自身の学習プロセスについて活動的な主体となり，自己評価，目標設定，自己モニタリング，自己適応（Adjustment），効果的な学習方略を行えるようにサポートすることであった。

まず，学生の数学学習に対する自己効力信念，満足遅延の意志，数学コースに対する内発的興味，結果期待，自己調整方略の使用を測定した。学生はZimmermanの作成した4つの宿題ログを2週間使用した。宿題ログでは，学生は数学の宿題，その日の目標，どこで，いつ，誰と宿題を行うか，妨害の有無，宿題遂行の満足度について記録をつけた。

宿題ログのコーディング後（コーディング手続きについては，Bembenutty, 2009を参照），相関分析を実施した。宿題を行わなかったという報告と，宿題遂行は負の関連を示した。一般的な目標は学習に対する自己効力と有意に関連していた。一般的な目標と具体的な目標の関連も統計的に有意であった。時間管理の正確さは宿題遂行や中間成績と正の関連を示し，満足遅延との関連も有意な傾向であった。自身の勉強時間の成果に対する満足度は，最終的なコース成績や自己効力と有意な正の関連を示した。この知見に基づくと，宿題ログを有効に使用し，時間管理を行った学生は，妨害を避けて宿題を遂行することに高い自己効力信念や満足度を示し，高い中間成績や最終的なコース成績

を示した。Bembenutty は，この研究の結果は自己調整トレーニングにおける Zimmerman の学習アカデミーモデルの有効性を支持するものであると結論づけている。

私立大学での介入

　Bembenutty と White（2012）は，自己調整における Zimmerman の学習アカデミーモデルを，ニューヨークにある宗教系私立大学の学生 133 人に実施した。この学生たちは高等教育において圧倒的に低くみられていたグループのメンバーであり，概して学習スキルを欠いており，時間管理に困難を抱え，学業的な問題解決スキルも欠いていた。彼らに 6 週間にわたって，クラスでの具体的なプロジェクトに関係する宿題活動を記録する宿題ログを使用した。学生たちは 9 人の異なるインストラクターのもとで 12 回の授業を受けた。インストラクターは宿題ログを毎週実施し，回収した。
　この介入の主な関心は，毎週行われる宿題ログに加え，宿題の実践や信念に関する自己報告にあった。宿題ログでは，学生は 1 週間に行った宿題の量や頻度，一般的もしくは具体的な目標，時間管理，勉強の相手，妨害，宿題遂行の満足度について報告した。この介入の主な目的は，(1) 動機づけ信念，自己調整方略や援助要請方略の使用，満足遅延，宿題実践の関連を検討すること，(2) 動機づけ信念，自己調整方略や援助要請方略の使用，満足遅延，宿題遂行における個人差がそれぞれ，最終的なコース成績や宿題遂行の満足度に対して独自の説明力をもつかどうかを検討すること，であった。
　この介入の中で，効果的な宿題遂行のプロセスは，まず目標設定と方略のプランニングから始まり，方略の実行とモニタリング，結果のモニタリング，そして最後は自己評価で終わる。最初の目的に関して，この研究の結果，宿題ログで特定の目標を報告した頻度が最終的なコース成績や自己効力と関連していたのに対し，宿題を報告しない頻度は最終的なコース成績と負の関連を示した。妨害を回避することと宿題結果に高い満足度を得ることは成績に対して正の関連を示した。記録された宿題の数はコース成績，結果期待，適応的な援助要請と正の関連を示した。こうした結果は自己調整トレーニングにおける

Zimmermanの学習アカデミーモデルの有効性を支持するものといえる。2番目の目的に関しては，自己効力信念，学習方略の使用，援助要請がそれぞれ独自に最終的なコース成績や宿題遂行に対する満足度を予測していた。

大学の教育心理学クラスでの介入

Wong（2005）は，学生の教育心理学の学習に対するアプローチを改善し，教育心理学に対する自己効力を高める介入を行った。マレーシアの学部プログラムの1年目に属する25人の学生が介入に参加した。この研究は，同様の意味をもつ異なる言葉を使用しつつ，Zimmermanの4ステップである，（1）状況に対する最初の内省，（2）改善方法のプランニング，（3）プランの実行とその機能の観察，（4）内省，に従って行われた。介入は8週間実施された。介入の最初と最後には，教育心理学に関する5つのトピックについて到達度テストが実施された。自己効力が測定され，学生は介入の最初と最後に内省の書き込みを行った。学生はサイクルモデルにおける4つのステップについて教示やガイダンスを受け，授業者は課題の遂行をモニターした。

介入の最後には，学生の自己効力が向上した。また，書き込まれた内省の分析では，介入について十分な気づきを得ており，介入の効果を実感し，高い学業成績を収めたことが明らかとなった。Wongは，自己調整学習（SRL）の学習アカデミーモデルの原理を適用することで，教育心理学の成績を高め，学生の自己効力が向上すると結論づけている。

まとめると，これまでのこうした介入はどのくらいZimmermanの学習アカデミーモデルを支持しているだろうか？　こうした介入で用いられている手続きや方法はZimmermanの理論的なアプローチと一致するものである。動機づけ信念や学業成績を視覚的に表示しながら，週ごとの宿題ログを行わせることで，学習者は自身の学習の状態や，学業的な熟達レベル，選択した方略の有効性，課題に対するプランニングや目標調整を行いやすくなる。介入の結果，学生は自身の成績の評価の正確さを高め，最終的に自身の判断をより正確に評定できるようになることが示されている。同様に，こうしたプロセスを記録することで，成績の自己モニタリングを促し，それによって学業成績が向上すると

いえる。

　こうした介入は，自己調整学習の枠組みにおける，学習者の主体的で自己指導的な学習に対する関心が高まっていることを示している。前記で議論されている介入や，その他の介入に関する知見は，Zimmermanの学習アカデミーモデルを支持し続けている。例えば，Chen（2011）は台湾の大学生に対して，自己調整スキルを高める介入を行っている。同様に，カリフォルニアのDemboとSeli（2004）は，学習について学ぶコースの一環として，個々の事例研究を行い，6週以上にわたってZimmermanの学習アカデミーモデルを遂行している。StoegerとZiegler（2005）は，自己調整学習プログラムを数学で予想外に低い成績を収める有能な小学生に対して実施しており，Shih, Kao, ChangとChen（2010）は，英語学習で研究を行っている。これらはいずれもZimmermanの学習アカデミーモデルの有効性を支持するものであった。学習アカデミーモデルでは，自立すること，自身の学習に責任をもつこと，自己モニタリングの調整や宿題活動の自己評価を行うことが求められる。Zimmermanの自己調整トレーニングモデルは，一般的な学習者の学習経験や，具体的な学業上の問題点を表現し描写する，理論的かつ実践的な適切な枠組みとなっている。宿題ログや日誌は，生徒が宿題を行う際に，こうしたアカデミーモデルを実行するために用いられる有効なツールであるといえる。

教員養成課程学生を対象とした学習アカデミーモデルの介入

　この節では，Zimmermanの学習アカデミーモデルに基づき，教員養成課程において行われた，自己調整的な非実験的介入の実践とその効果について記述する。生徒の学習経験の質を高めることを目的として，教員養成課程の学生らがZimmermanの学習アカデミーモデルに則って宿題ログの設計に関するトレーニングを受けた。この介入に参加したのは，中学校・高校で7〜12年生の指導を担当している教員養成課程の学生であった。本節では，介入アプローチの具体的な要素や実践の手続き，事例のデータについて取り上げ，議論する。この介入の対象は，7〜12年生の生徒らではなく，あくまでも教員養成

課程の学生である。生徒の取り組みについて検討することもあるが，それは教員養成課程の学生らが宿題中の自己調整プロセスをどれだけ理解できていたかを確認するためのものである。

参加者および講座の概要

教員養成課程学生

　学部生・大学院生向けの教育心理学の講座を履修した，社会科の教員養成課程の学生27人が本介入プログラムの参加者であった。彼らは，最初の教員免許取得に向けて，協力校の教員や大学の指導教員の助言を受けながら，中学校または高校で教えており，その合間に最後の教員養成課程の講座を受講しているという状況だった。彼らは，ニューヨークの都市部にある学校で教育実習を行っていた。担当教科は，社会科，アメリカ史，経済，世界史，法律のうちの1〜2科目であった。

教育環境

　教育心理学の講座を担当したのは，自己調整理論を専門とする常勤の大学職員であった。講座には，認知発達や行動理論，構成主義理論，認知理論，学級経営，指導方略などといった伝統的な教育心理学のトピックも含まれていた。しかし，カリキュラムの中には，自己調整理論に基づく直接的な教授も含まれていた。例えば，学期末には単元のまとめとしてポートフォリオを作成させたが，そこには指導案も含めることになっており，生徒の自己効力をどう高めるか，自己調整や多文化理解をどう育てるか，生徒の学業的満足遅延をどう支援するかといった問題も扱われていた。参加した学生たちは，学級の中でどのように自己調整を実践したのかについて，単元のまとめや指導案，7〜12年生の生徒らのパフォーマンスなどを指標として提出することが求められた。

介入の構成要素

　本介入では，Zimmermanの学習アカデミーモデルについて学んだ学生たちが，宿題ログを設計するという課題に取り組んだ。宿題ログは，参加学生が担

当する 7 〜 12 年生の生徒（そのうちの少なくとも 1 人以上）に対して与えることを想定しており，生徒が（週末も含めて）1 週間分の宿題における学習プロセスを改善できるように設計された。宿題ログは，宿題をやる前，宿題に取り組んでいる間，宿題が終わった後の 3 時点でそれぞれ生徒が自己評価を行うというものである。参加学生は，少なくとも 1 つ以上，自己調整的な要素を宿題ログのターゲットとして特定するように指示された。結果として，自己調整の中でどの要素に焦点が当てられたかは，参加者によってさまざまであった（例：自己効力，目標設定，援助要請，自己モニタリング，学習方略の使用）。また，参加者は Zimmerman ら（1996）の宿題ログを活用することも認められていた。彼らは協力校の教員から助言を受ける立場にあったため，宿題ログを学級全体（もしくは少なくとも 1 人以上の生徒）に対して与えてもよいかどうか，あらかじめ教員の許可をとるよう指示された。

分析ユニット

前述したように本介入の特徴は，宿題ログを用いながら少なくとも 1 つ以上の自己調整的な要素に焦点を当てることで，7 〜 12 年生の生徒の宿題における自己調整を促進・評価する能力を教員養成課程学生らに身につけさせるということであった。したがって，分析の対象となるユニットは教員養成課程の学生である。換言すると，本介入は，宿題における自己調整を生徒に対して実践するうえで必要な，教員養成課程の学生としての認識やスキルを向上させる目的で設計された。こうした認識やスキルを伸ばすために，参加者が生徒に対してどのように宿題ログを運用していたのかを私たちが評価した。考察では 7 〜 12 年生の中高生らがどのように宿題ログに取り組んだかについても検討するが，対象は生徒ではなく，あくまでも教員養成課程の学生である。

教員養成課程の学生に対する課題

大学からの課題の一部として，参加者は，(1) 担当生徒の特徴を記述する（例：年齢，学年，性別，受講している授業，学業成績），(2) 宿題ログの構成要素を選んだ目的とその理由を述べる，(3) 生徒が取り組んだ宿題の量や質と宿題ログの関連を分析する，(4) 次に宿題ログを課すとしたらどのような点が改善で

きるかを示す，(5) 生徒が実際に使用した宿題ログを提出する，といった課題に取り組むよう指示された．

教員養成課程の学生による宿題ログの分析：一般的な傾向

27人の参加学生全員が宿題ログに関するレポートを提出した．参加者のほとんどが，学級の中で1～2人の生徒だけに宿題ログを与えることにしていた．参加者らは，生徒から提出された宿題ログをもとに分析を行った．以下に示す一般的な傾向から示唆されるように，参加者らは生徒をよく理解しており，自己調整スキルの獲得を支援することができていた．

宿題の課題設定

生徒が宿題ログに記入した課題のほとんどは，参加学生によって指示されたものであった．記入されていた課題の多くは，具体的な目標（例：「ユダヤ人ゲットーについて1段落分取り組む」）ではなく，大まかな目標（例：「小テストに向けて勉強する」）を反映していた．このことは，参加学生の約75％が，具体的な目標を設定することの重要性を生徒に伝えられていなかったことを示唆している．しかし，残りの参加者はそれがうまくできていた．

時間管理

時間管理は，生徒が宿題にかかると予想した時間に対する実際の学習時間によって算出された．予想時間と実際の学習時間の間のズレは，生徒の能力や宿題の難易度に左右されるにもかかわらず，ほとんどの生徒が宿題にかかる予測時間をうまく調節していた．具体的にいうと，参加者の95％が，宿題をうまく遂行するには時間を管理・調節することが重要であることを生徒に指導できていたと推察される．

宿題に取り組んだ環境

7～12年生の生徒全員が，家（例：寝室やリビング），図書館，または家庭教師の家で宿題に取り組んだと報告していた．宿題が出されるごとに，生徒らは

宿題に取り組んだ場所を宿題ログに記録していた。宿題への取り組みに対する生徒の自己満足度と参加学生による評定を見てみると，生徒が1週間を通して，かなり適切に学習場所を選択できていたことが推察される。このことから，フィードバックを通じて，参加者の95％が，宿題を遂行するうえで学習環境を選択することが重要であることを生徒に理解させることができていたと推察される。

宿題遂行中の援助要請

参加学生の報告によれば，生徒のうち95％は宿題に自力で取り組んだと報告していた一方で，5％の生徒は親や友だち，インターネットなどの力を借りながら宿題に取り組んだと報告していた。このうち，自力で取り組んだ生徒は，宿題でも教師から「良好」と評価されていた生徒であった。このことから，参加学生らは，〔訳注：必ずしも「良好」と評価されていない生徒が〕宿題の遂行を手助けする自己調整方略の一つとして，援助要請が重要なものであることを理解していたことが示唆される。

妨害

参加学生のレポートによれば，参加学生らは，宿題遂行中に生徒がどのような妨害を経験していたかについて知ることができたという。生徒らは，宿題遂行中にかなりの頻度で妨害を経験したと報告していた。妨害要因としてもっともよく報告されていたのは，家族，テレビ，コンピュータ，テキストメッセージ，Facebook，インターネット，音楽，電話であった。しかし，成績優秀な生徒ほど妨害を経験しなかったと報告しており，このことは宿題に対する満足感の度合いと関連していた。本介入のターゲットは教員養成課程の学生であることから，参加学生らが，妨害要因の存在が宿題の遂行に干渉しうることについてよく理解していたことは明らかである。

宿題パフォーマンスに対する満足度

満足度とは，宿題遂行の質に対して生徒自身がどの程度満足しているかを表す指標である。生徒らの宿題ログの分析によって，参加学生らは，宿題中に妨

害が少なかった生徒に比べ，妨害が多かった生徒のほうが宿題遂行の質に対する満足度を低く報告していたことを理解していた。一方で，参加学生らは，生徒のおよそ60％は宿題遂行の質に対して中程度から高程度の満足度を報告していたことも明らかにした。

本節のまとめ

本介入の目的は，教員養成課程の学生が生徒の学習経験や自己調整を促進できるようになるために，Zimmermanの学習アカデミーモデルに基づいて，宿題ログを設計するうえで必要な認識やスキルを育てることであった。介入の効果は，参加者が自己調整スキルに焦点化した宿題ログをどれだけ効果的に設計することができたかと，生徒の記述から自己調整スキルをどのように読み取ったかによって理解することができる。

講座の最終レポートでは，それぞれの参加者が生徒の宿題ログを評価した。これらのレポートから，自己調整のプロセスがどのように宿題に適用されるかについて参加者らがよく理解していたことが読み取れる。例えば，参加者らは，生徒の自己調整スキル（例：時間管理，援助要請能力，妨害への対処方法，時間の予測，環境制御の仕方）と宿題における成績との関連や，生徒の満足度と宿題の完遂度との関連などを見出した。この過程をもう少し詳しく理解するために，次節では本介入の実践事例を1つ取り上げる。

本介入を実施したある事例の紹介

参加者の一人であるマリーは，自分が担当するアメリカ史の授業を受講していた11年生の生徒2人に対して宿題ログを実践した。図6.3に示すように，生徒1（ターニャ）はほとんどA評価をもらっており，学級の中でもとても優秀な成績であった。一方，図6.4に示すように，生徒2（スヴェトラーナ）はほとんどBかC評価であり，学級の中でも平均的な成績であった。マリーは，この2人の生徒が1週間を通して宿題に自己調整的に取り組めるよう，宿題ロ

第6章　自己調整の学習アカデミーを通じた宿題遂行の成功

曜日	1 宿題	2 必要な時間の予想	3 自信度評定（宿題実施前：1-10）	4 開始時間	5 自信度評定（宿題実施中：1-10）	6 終了時間	7 自信度評定（宿題実施後：1-10）	8 課題遂行時に使った方略	9 妨害	10 課題の遂行に対する満足度（1-10）
土曜日										
日曜日										
月曜日	教科書398ページ，問いに答える	10分	10	4:50	9	5:02	10	ノート	テレビ	10
火曜日	Castle learning*	25分	9	5:10	9	6:18	9	ノート	テレビ	8
水曜日	焦点質問	15分	10	6:02	10	6:22	10	ノート	テレビ	10
木曜日	焦点質問	10分	8	7:00	9	7:30	9	ワークシート	Facebook	10
金曜日										

訳注：＊はアメリカの小中高校生対象の学習用有料サイトサービス。

図6.3　ターニャの宿題ログ

曜日	1 宿題	2 必要な時間の予想	3 自信度評定（宿題実施前：1-10）	4 開始時間	5 自信度評定（宿題実施中：1-10）	6 終了時間	7 自信度評定（宿題実施後：1-10）	8 課題遂行時に使った方略	9 妨害	10 課題の遂行に対する満足度（1-10）
土曜日	エッセイ	10分	8	5:30	7	6:00	8	The DBQ	コンピュータ	8
日曜日	エッセイ	5分	8	6:10	6	6:20	9	The DBQ	コンピュータ	8
月曜日	398ページを読んで次の質問に答える：あなたはそれが何だったかわかりますか？	15分	6	3:30	6	3:35	8	教科書	妹と両親	8
火曜日	castle learningのユニット1・2を終わらせる	2時間	5	5:30	4	6:30	8	Castle learning	Facebookとゲーム	9
水曜日	焦点質問に答える	5分	6	5:43	7	5:50	9	Castle siteの知識	なし	9
木曜日	焦点質問に答える	10分	5	5:30	6	5:40	8	ノート	Monと家族	9
金曜日	アメリカは誤りに関与していたか？	10分	5	3:45	6	3:55	8	ノート	なし	8

図6.4 スヴェトラーナの宿題ログ

グを記録させた．マリーは，11列からなる宿題ログを作成した（図6.3と図6.4を参照）．最左列は曜日を記入する欄であり，生徒らが曜日感覚を保ち，いつ何をやる必要があるかをいつでも確認できるようにするために設けられた．

　列1（宿題の課題）では，大まかな課題もしくは具体的な課題について記入させた．ターニャは，週末（金曜～日曜日）は何も記入せず，また大まかな目標しか記入しなかった．スヴェトラーナは，大まかな目標と具体的な目標をどちらも記入していたが，ほとんどは大まかな目標であった．これに対して教師がすべきなのは，より具体的な目標を設定できるように支援し，生徒の強みや弱みを考慮して実践的で現実的な目標を特定することである．マリーは1週間に，それぞれの生徒が立てた目標がどのように学習成果に反映されたかについてフィードバックを行った．この過程では，教師はコーチとして機能している．

　列2（必要な時間の予測）は，生徒が時間を管理するのを支援する目的で設計された．生徒らは，時間を自己調整するために，課題を終わらせるのに必要な時間を見積もった．この欄は，列4（開始時間）と列6（終了時間）とも関連している．ターニャはスヴェトラーナに比べ，必要な時間の予測がうまく調整できていないのがわかる．この過程で教師は，予測した時間と実際に必要だった時間が合っていたかどうかについてフィードバックを行った．ここでの教師の目標は，生徒が予測時間，スキル，課題の性質，実際にかかる時間についてうまく調整できるようになることであった．

　列3（宿題前の自信度）は，列5（宿題中の自信度）と列7（宿題後の自信度）と関連している．これら3つの列を記入することで，宿題前・宿題中・宿題後において生徒がどのくらい自信があったのか，その自信がどのように変化していったかについて，生徒と教師が知ることができるとマリーは説明した．ターニャは，宿題前から宿題後まで一貫して高い自信度を示していた．それに対してスヴェトラーナは，最初はやや低めであったが徐々に上がっていった．ここでの教師の役割は，生徒の自己効力を調節するのを支援することである．このために，マリーは，生徒がどのような信念をもっていて，宿題に取り組む過程でどのように上昇あるいは下降したかについて発問をした．生徒が自己効力を過剰に高くあるいは低く見積もっている場合には，言語的なプロンプトや発

問，モデリングなどを用いて，適切なレベルへと戻すよう促した。実態と自己評価が乖離している生徒からは，反発を受けることがよくあった。例えば，過大評価していた生徒は「それが私の学習のやり方なのです。学習方略を変える必要なんてありません」といったことを述べ，過小評価していた生徒は「自分の取り組みについてモニタリングしたり評価したりしても学習の助けにはなりません。計画なんて立てる意味はないのです」といったことを述べていた。

列8では，宿題を終わらせるために使った方略を記入させた。マリーは，そうした方略を記入させることにより，「その方略が有効だったかどうかや，改善するには今後何をすべきかについて，生徒と教師が振り返り，評価することができる」と考えていた。ターニャはノートとワークシートしか方略として使わなかったのに対し，スヴェトラーナは教科書やノートなど多様な方略を使っていた。生徒が有効な方略を使っている場合には，教師は具体的なフィードバックを与えて生徒を称賛した。

マリーによれば，列9（妨害）は，「生徒が宿題に取り組む際に経験した妨害を記録するために使う」ものであった。彼女はこの列の意義について，「生徒がこの記録を見返すことで，次回はより効率的に宿題に取り組めるように，妨害要因を制御することができる」と考えていた。Facebookのように，ターニャとスヴェトラーナがどちらも妨害要因として記録したものもあった一方で，2人の間には違いもみられた。例えば，ターニャはテレビによって3度妨害されているのに対し，スヴェトラーナは特に妨害を経験しなかった日が2日間あった。一方，スヴェトラーナにとって家族は頻繁に妨害要因となっていた。ここでの教師の役割は，妨害があったとしても動機づけを高く保つと同時に，将来的には妨害を避けることができるよう支援することである。

列10（取り組んだ課題に対する満足度）は，宿題が終わった後に記入する欄である。マリーによれば，「取り組んだ課題に対してどのくらい満足したかを生徒自身が評定する。生徒はこの欄を振り返り，宿題プロセスのどこかを改善させることで，次回以降に宿題に取り組む際，より高い満足度が得られるようにすることができる」。全体的にみて，ターニャはスヴェトラーナよりも満足度を高く評定する傾向にあった。ここでの教師の役割は，満足度が学習成果と密接に関連していることに気づかせ，宿題を頑張れたポジティヴな要因とネガ

ティヴな要因について振り返りを促すことである。

ターニャとスヴェトラーナへの介入に関する参加学生の内省

　マリーはターニャについて，「宿題に取り組んだ時間は，自分で設定した時間を超過していた。課された宿題にはすべて取り組み，それぞれの宿題で満点を獲得していた。しかし，金曜は学校を欠席したため，その日の宿題には取り組むことができなかった」と分析した。また，妨害を取り除いて宿題を終わらせられるようにするといった，宿題の遂行を手助けするような方略を使っていたとマリーは振り返った。

　一方，スヴェトラーナについては，「宿題に取り組んだ時間は，自分で設定した時間を超過しなかった。課された宿題にはすべて取り組み，すべての宿題で満点を獲得した」と分析した。また，プリントやインターネットなどを使って調べ物をするなど，より多様な資源を使うことができたはずだと考察した。また，マリーはスヴェトラーナについて，今後は妨害を減らして課題を終わらせられるようになると考えられること，時間がたつほど自信が増していたこと，宿題の遂行の質に対して満足できていたことなどにも言及した。

　マリーは，今後も「1週間に限らず1か月かけて宿題ログを課し続けることで，数週間分の記録を分析することができる」と述べ，毎週「生徒の成長に対してフィードバックをしたり，生徒が将来自己調整スキルを高めていくためにどんなことができるかといった点についてアドバイスをしたり」していきたいと語った。この介入を通じてわかったのは，自己モニタリングというのが，生徒が自律的・自立的になるために教師が伝えることのできる重要な自己調整スキルであるということである。

　本節を通じて，宿題の効果を評価するという介入の正当性が示され，それをすることで，信頼できるポジティヴな成果が得られるということが明らかになった。Zimmermanが提唱した理論的見地や具体例は，教師や生徒の教授・学習を促進するうえで明確なガイドラインを示している。Zimmermanの学習アカデミーモデルは，対象となる生徒や教室環境，学習の文脈，教育水準などさまざまな状況を超えて一貫して効果的であることが示された。今後の研究で

は，自己調整を達成するうえで自己モニタリングが重要であることを考慮する必要がある。次節では，この点についてもう少し詳しく議論する。

ここからどこに向かうのか？──今後の研究に向けて

本節では，学習アカデミーモデルの効果を裏づける実証的な知見の状況について概観し，宿題の自己調整に関する研究で今後どんな展開が求められるかについて検討する。アカデミーモデルを裏づける実証的知見は頑健なものである。これまでに，さまざまな国で，多様な発達段階の学習者を対象として研究が蓄積されてきた。それらすべての研究が，Zimmerman の理論的見地を支持している。しかし，今後アカデミーモデルに基づいて宿題研究を行う際には，さらに次のような未開拓の領域を切り開いていく必要がある。1点目に，宿題中の自己調整を達成するには，自己モニタリングを非常に重要な要素として扱うべきである。Zimmerman は，自己調整に関連する信念だけではなく，観察可能な行動を強化することを主張してきた（Cleary & Zimmerman, 2004, 2006; Zimmerman, 2008; Zimmerman & Labuhn, 2012; Zimmerman & Paulsen, 1995）。自己モニタリングツールは，学習者の自己調整的な行動を支援するのに使うことができ（Schmitz & Perels, 2011），Zimmerman も生徒の宿題行動を理解・評価できるツールとして高く評価している。宿題中，生徒は教師から直接指導を受けることができず自立的に取り組まねばならないため，特に自己モニタリングは重要とされる（Zimmerman & Paulsen, 1995）。

2点目に，Zimmerman の学習アカデミーモデルでは，学習が行われた文脈が考慮されていることは言うまでもない。学業場面でのスキル獲得は，学習者が置かれている文化や言語の熟達度，家庭での習慣，民族性，社会経済的状況などと切り離して考えることはできないのである。今後の研究では，こうした学習者の宿題への取り組みを説明する文脈的な要因にも注意を払う必要がある。例えば，前述した中学生のマリアがホームレスだったとしよう。彼女には必要なリソースがないため，アメリカ経済がいかに女性の雇用の実態に影響を与えているかに関するオンラインのスピーチを観るといった宿題を社会科で出されたとしても，取り組むことができない。

3点目に，Zimmermanの学習アカデミーモデルでは，生徒による一時点での自己報告データだけに頼るのは望ましくないことが指摘されている。マリアの例では，長期間にわたって彼女の宿題への取り組みを得ることで，時間や環境を超えて彼女の行動パターンを一般化することができたのである。

4点目に，Zimmerman（2008）は，宿題への取り組みを測定するうえで，もっと他の測定法についても検討すべきであると述べている。特に，コンピュータを使って学習中の心理的プロセスの変化を追跡する方法や，学習中の思考や認知プロセスを報告させる発話思考法などを勧めている。ログを使うのに加えて，文脈を循環的に分析できる学習日誌や，直接的な観察，ポートフォリオなどを用いた質的測定なども有効とされる。また，Zimmermanは，文脈の連続的な変化や課題ごとでの変化などをミクロ分析で検討することも重要としている。以上のような方法はすべて，生徒の宿題に対する動機づけや取り組みを測定するのに有効である。

5点目に，調査や質問紙による研究は，生徒の宿題プロセスに関する情報を得るうえで合理的なやり方であるが，それだけに頼るのではなく，面接法や対話的質問，創造的なプロセス（絵を描くプロセスなど），芸術パフォーマンス，ロールプレイングなどと組み合わせて測定すべきである。また，調査や質問紙を実施する際は，実験群と統制群を設ける，マルチレベル分析を行う（Trautwein, Lüdtke, Schnyder, & Niggli, 2006）といったように，因果推論の手法と組み合わせて行うべきである。

6点目に，宿題における自己調整の研究をする際には，必ず生徒の特徴に関する内生変数（例：能力，動機づけ，学習習慣），教科，学年を考慮に入れる必要がある（Cooper, 2001）。また，課された宿題の量や頻度，目的といった情報も含めることができる（Cooper, 2001）。

7点目に，宿題に関する介入を効果的に行うためには，週ごとに宿題ログを記録させて循環的な傾向性を捉えることが重要である。こうしたログをつけさせることで，生徒自身が学習を管理するのを促すこともできる。また，その週の取り組みと照らし合わせて動機づけ信念をグラフ化することで，学習の熟達度の「リアリティ・チェック」を行うことができる（Campillo & Pool, 1999; Hanlon & Schneider, 1999）。こうした自己モニタリングプロセスによって，生徒

自身が学習状況を診断し，行動を改善するための意思決定を行う力を高めることができるであろう。

8点目に，Zimmermanの学習アカデミーモデルでは，教師が生徒の学習に対して重要な役割を果たすと考えられている。すなわち，教えることに対する自己効力や多文化理解，学級経営スキル，学習内容の知識，指導方略やスキルの使用といった，教師側のさまざまな特徴によって，生徒が自己調整アプローチをうまく適用できるかどうかが決まるのである。また，教師が宿題に対して書き込むフィードバックや，評価の方針と手順，試験の仕方，授業中の説明や議論の活用方法なども，生徒の特徴に合わせて適切に組織化する必要がある。バラク・オバマ大統領から，2012年のもっとも優れた教師として表彰されたRebecca Mieliwocki（レベッカ・ミルウォーキー）も，こうした視点が重要であると強調している。彼女は次のように述べている。

> 私に備わっているのは，優れた教師たちが共通してもっている次のような資質である。私は，自分の仕事に対して絶対的な情熱をもっている。自分の生徒の潜在能力を信じる強い意志をもっている。日々，自分のやっていることをよりよくすることを渇望している。すべての生徒を温かい心で迎え入れ，彼らが教室で発揮する個性的な才能のすべてを受け入れている。
> （Bruce, 2012, para. 6）

教育実践的示唆：学業的満足遅延と宿題行動契約

Zimmermanの理論と研究に基づき，本節では，学業的満足遅延と宿題行動契約に焦点を当てる。これらの概念は教育実践的な示唆に富み，また宿題への取り組みがうまくいくかどうかを規定する重要な要因であるといえる。

学業的満足遅延

学習アカデミーモデルが全体的にうまく機能するには，生徒は目の前の満足を遅延させることができなければならない。学業的満足遅延とは，学習者が，より重要で価値のある学業的成果や目標の達成に向けて，即時的に手に入る報

酬や欲求を後回しにしようとする姿勢のことを指す（Bembenutty & Karabenick, 1998, 2004）。例えば，友だちからパーティに誘われ，とても興味がそそられるけれども，それを断って重要な宿題に取り組むといった状態である。Zimmerman（1998）によれば，「未熟な自己調整学習者は，遠い目標が達成されるまでの間，満足を遅延するために，他者の存在を頼りにしたり，一時的な動機づけをつくり上げたりしなければならない」（p. 6）という。Zimmerman（1990）は「最終的に高い成績を収めるためには，学習中，即時的な娯楽の時間をある程度犠牲にしなければならない。このように欲求を犠牲にできる姿勢を身につけるには，自分の学習能力に対する自信と，満足遅延をするという決意が必要である」（p. 12）と主張している。同様に，Wigfield, Klauda と Cambria（2011）も，生徒が課題の達成度をモニタリングする際に満足遅延がもっとも重要な役割を果たすことを指摘している。

生徒が完全に自己調整的になるには，学習課題や宿題を習得するために満足遅延ができなければならない。Bembenutty と Karabenick（1998, 2004）の研究では，学業的満足遅延と学業達成（動機づけや認知的・自己調整的な要素を含む）との間に強い関連があることが示されている。学業的満足遅延ができないのであれば，効果的な教育経験は見込めない。また，生徒だけでなく教師も学業的満足遅延の知見に精通していなければ，有効な授業や宿題指導は見込めない。

確かに，宿題ログを課すことによって自己モニタリングを促すことはできる。しかし，もし教師が学業的満足遅延の重要性を認識せず，そうした視点を日々のカリキュラムの中に落とし込まなかったとしたら，たとえ十分なスキルをもった学習者であっても，たちまち目の前の欲求に飛びついてしまうであろう。例えば，生徒が宿題に取り組んでいる間にも，魅力的なメディアやテクノロジー（例：テキストメッセージ，Facebook，Twitter，LinkedIn，チャットルーム）によって妨害されてしまうことがある。したがって，毎日の授業や宿題の中で，学業的満足遅延の視点を取り入れなければならない。宿題中の学業的満足遅延を促すための第一歩として，自己モニタリングを促す型を与え，いつ・どこで・誰と・どのくらい課題に取り組んだかを記入させるというのは有効である（Bembenutty, 2009）。

Bembenutty（2009）は，動機づけ信念と自己調整プロセスが大学生の宿題遂

行と学業達成に対して果たす役割について検討した。この研究は，Zimmerman (2000) の自己調整モデルに基づいて実施された。パス解析の結果，宿題にしっかり取り組んでいた学生は，(a) 多様で効果的な自己調整学習方略を使っていたこと，(b) 長期的な学業的目標のために積極的に満足遅延を行っていたこと，(c) 自己効力や結果期待，内発的動機づけなどが高く，より動機づけられていたこと，(d) 宿題をうまく遂行できなかった学生に比べ，高い学業成績を収めていたことが明らかにされた。これらの結果から，Zimmermanの自己調整プロセスが，宿題に対する取り組みやエンゲージメントにも深く関係していることが支持された。

　自己調整や宿題の研究領域では，自己調整や宿題に関する誤った認識が蔓延している。例えば，本来，自己調整は行動や認知，環境を主体的に調整しエンパワーすることへの称賛であるにもかかわらず，自由を奪う苦痛なものであるという考え方に支配されがちである。学習者にとって，自己調整は学びへの情熱を反映するはずである。また教師にとって，自己調整は第一に学びへの情熱であり，第二に教えることへの情熱である。教えることへの情熱は，William James (1899) が教師について述べた次の表現にも表れている。

> 教える際には，生徒の頭から他のあらゆる注意の対象がなくなるくらい，教える内容に対して興味をもった状態になるよう働きかけなければならない。さらに，そこで教わったことが生徒にとって死ぬまで忘れられないくらい印象的に伝えなければならない。そして最終的には，その教科とのつながりで次にどんなステップがあるのかが知りたくて夢中になってしまうくらい，生徒を好奇心に満ちた状態にしなければならない。(pp. 9-10)

　Jamesの言葉は，「頭から他のあらゆる注意の対象がなくなるくらい」という表現にみられるように，学習者自身が宿題や学習課題に取り組む際にいかに情熱をもつべきかということもまた示している。図6.5は，美術の教師であるJohn Riveaux (ジョン・リヴォー) が描いたものである。この図は，生徒が宿題に取り組む際によく経験する困難や，宿題をうまく遂行するには課題に対する集中を持続する必要があることなどを表現している。

第6章　自己調整の学習アカデミーを通じた宿題遂行の成功

図6.5

この絵は，生徒が宿題をしている際の，満足を遅延しようとする意志を表現している。真ん中の生徒が浮遊しているのは，勉強中や宿題中の修練に対する強い意志と，満足遅延ができる能力を表現している。図中に描かれている本は，学業の厳しさと学習の象徴である。背景には，スポーツや映画，メリーゴーラウンド，マシュマロ，うるさいマーチングバンドなどといった，妨害要因のパレードが表現されている。これらは人生における妨害の象徴であり，また宿題中に生徒がしばしば経験する誘惑の象徴である。優秀な生徒は，感傷的になって「何も成し遂げないまま時間だけが過ぎているのではないか」と心配する。USBポートのイラストは，妨害要因となるテクノロジーがそこらじゅうに存在していることへの気づきを表現している。生徒は，宿題をうまく遂行するために自己調整と満足遅延に熱心に取り組む必要があるのである。

229

宿題行動契約

　宿題の遂行に対する行動契約は，学習の自己調整を促進し，宿題提出の質を向上させると考えられる。行動契約（behavioral contract）とは，生徒と教師の間の合意であり，場合によっては親や友だち，その他の学校関係者なども含むことがある。契約には，基本的に次のような要素が含まれる（Jones & Jones, 2010）。

- 教師と生徒は宿題に関する問題点を特定する必要がある。教師にとって，問題を認識することは難しくないことが多い。なぜなら，教師は宿題提出の量や質を常に記録しているはずだからである。
- 教師と生徒は，なぜ彼らが宿題に関して困難を抱えているかを明らかにする必要がある。教師は，「宿題が生徒にとって簡単すぎる，あるいは難しすぎるのだろうか。生徒は長時間机に座らなければならないのだろうか」といった問いを発する。
- 教師と生徒は，生徒が宿題によりよく取り組めて，教室で能力を最大限発揮できるように，支援の計画を立てる。
- 教師と生徒は，宿題に取り組めた場合と取り組めなかった場合の強化の仕方とその効果を明確にする。教師と生徒それぞれの責任を明確化し，両者がそれに合意している必要がある。
- 教師と生徒は，定期的に計画の進捗を確認し，必要に応じて修正する。

結論

　自己調整と動機づけに関する Zimmerman の研究成果は，教育学や心理学だけでなく，スポーツや健康，音楽といった他の領域に対しても大きな影響を及ぼしてきた。Zimmerman から学び，また彼と共同で研究を行うことはエキサイティングで価値のあることだった。本章では，宿題への適用という文脈から，Zimmerman の自己調整トレーニングとしての学習アカデミーモデルの主要な要素を概観した。また，Zimmerman の自己調整トレーニングを利用した

介入プログラムについても紹介し，教員養成課程の学生が 7 〜 12 年生の生徒の学習経験を高めるために宿題ログを活用するという介入プログラムの実践と効果についても紹介した．

　研究のデータから，教師が学習アカデミーモデルを適用することによって，人間としての主体性や，予見や内省を通した動機づけの自己調整，自己制御の訓練，満足遅延などを促進するような，生涯にわたって有効な道具を学習者に身につけさせることができると考えられる．Zimmerman の自己調整に関する研究から，具体的な目標を通じて自己効力感と自己調整を養うことで，知識やスキルの獲得につながり，それによって個人のレベルだけでなく，教育システム，とりわけ宿題においても持続的な効果がもたらされるといえる．

文献

Alleman, J., Brophy, J., Knighton, B., Ley, R., Botwinski, B., & Middlestead, S. (2010). *Homework done right: Powerful learning in real-life situations*. Thousand Oaks, CA: Corwin Press.

Bandura, A. (1997). Self-efficacy: The exercise of control. New York, NY: Freeman. Bembenutty, H. (2009). Self-regulation of homework completion. *Psychology Journal, 6*(4), 138–153.

Bembenutty, H. (2010). Homework completion: The role of self-efficacy, delay of gratification, and self-regulatory processes. *The International Journal of Educational and Psychological Assessment, 6*(1), 1–20. Retrieved from http://tijepa.books.officelive.com/Documents/A1_V6.1_TIJEPA.pdf

Bembenutty, H. (2011). Meaningful and maladaptive homework practices: The role of self-efficacy and self-regulation. *Journal of Advanced Academics, 22*(3), 448–473. doi:10.1177/1932202X1102200304

Bembenutty, H. & Karabenick, S. A. (1998). Academic delay of gratification. *Learning and Individual Differences, 10*, 329–346. doi:10.1016/S1041-6080(99)80126-5

Bembenutty, H. & Karabenick, S. A. (2004). Inherent association between academic delay of gratification, future time perspective, and self-regulated learning. *Educational Psychology Review, 16*(1), 35–57. doi:10.1023/B:EDPR.0000012344.34008.5c

Bembenutty, H. & White, M. (2012, April). *Academic performance and satisfaction with homework completion among college students: Do self-efficacy, self-regulation, help seeking, and class context make a difference?* Paper presented during the annual meeting of the American Educational Research Association, Vancouver, Canada.

Bennett, S. & Kalish, K. (2006). *The case against homework: How homework is hurting children and what parents can do about it.* New York, NY: Three Rivers Press.

Bruce, M. (2012, April, 24). *Obama honors National Teacher of the Year*. Retrieved from http://abcnews.go.com/blogs/politics/2012/04/obama-honors-nationalteacher-of-the-year/

Buell, J. (2004). *Closing the book on homework: Enhancing public education and freeing family time.* Philadelphia, PA: Temple University Press.

Campillo, M. & Pool, S. (1999, April). *Improving writing proficiency through self-efficacy training*. Paper presented at the annual meeting of the American Educational Research Association, Montreal, Canada.

Chen, P. (2011). Guiding college students to develop academic self-regulatory skills. *Journal of College Teaching and Learning, 8*(9), 29–33.

Cleary, T. J. & Zimmerman, B. J. (2004). Self-regulation empowerment program: A school-based program to enhance self-regulated and self-motivated cycles of student learning. *Psychology in the Schools, 41*, 537–550. doi:10.1002/pits.10177

Cleary, T. J. & Zimmerman, B. J. (2006). Teachers' perceived usefulness of strategy microanalyic assessment information. *Psychology in the Schools, 43*, 149–155. doi:10.1002/pits.20141

Cooper, H. (1989). *Homework*. New York, NY: Longman.

Cooper, H. (2001). *The battle over homework: Common ground for administrators, teachers, and parents* (2nd. ed.). Thousand Oaks, CA: Corwin Press.

Cooper, J. E., Horn, S., & Strahan, D. B. (2005). "If only they would do their homework": Promoting self-regulation in high school English classes. *The High School Journal, 88*(3), 10–25. doi:10.1353/hsj.2005.0001

Cooper, H., Robinson, J. C., & Patall, E. A. (2006). Does homework improve academic achievement? A synthesis of research 1987–2003. *Review of Educational Research, 76*, 1–62. doi:10.3102/00346543076001001

Cooper, H., Steenbergen-Hu, S., & Dent, A. L. (2012). Homework. In K. R. Harris, S. Graham, & T. Urdan (Eds.), *APA Educational Psychology Handbook* (Vol. 3, pp. 475–495). Washington, DC: American Psychological Association. doi:10.1037/13275-019

Cooper, H., & Valentine, J. C. (2001). Using research to answer practical questions about homework. *Educational Psychologist, 36*(3), 143–153.

Dembo, M. H. & Seli, H. P. (2004). Students' resistance to change in learning strategies courses. *Journal of developmental Education, 27*(3), 2–11.

Dettmers, S., Trautwein, U., Ludtke, O., Kunter, M., & Baumert, J. (2010). Homework works if homework quality is high: Using multilevel modeling to predict the development of achievement in mathematics. *Journal of Educational Psychology, 102*(2), 467–482. doi:10.1037/a0018453

Dumont, H., Trautwein, U., Ludtke, O., Neumann, M., Niggli, A., & Schnyder, I. (2012). Does parental homework involvement mediate the relationship between family background and educational outcomes? *Contemporary Educational Psychology, 37*(1), 55–69.

Epstein, J. L. (1988). *Homework practices, achievements, and behaviors of elementary school students*, Report No. 26. Washington, DC: Office of Educational Research and Improvement.

Gilbertson D., & Sonnek. R (2010). Interventions for homework problems. In G. G. Peacock, R. A. Ervin, E. J. Daly III, & K. W. Merrell (Eds.), *Practical handbook of school psychology: Effective practices for the 21st century* (pp. 353–370). New York, NY: Guilford Press.

Good, W. R. (1926). Opinions on homework for elementary school pupils. *Elementary School Journal, 27*(122), 8–25.

Hanlon, E. H. & Schneider, Y. (1999, April). *Improving math proficiency through selfefficacy training*. Paper presented at the annual meeting of the American Educational Research Association, Montreal, Canada.

James, W. (1899). *Talks to teachers on psychology and some of life's ideals*. Retrieved from http://www.ttrb.ac.uk/viewArticle2.aspx?contentId=11037

Jones, V. & Jones, L. (2010). *Comprehensive classroom management: Creating communities of support and solving problems* (9th ed.). Boston, MA: Allyn & Bacon.

Keith, T. Z. & Cool, V. A. (1992). Testing models of school learning: Effects of quality of instruction, motivation, academic coursework, and homework on academic achievement. *School Psychology Quarterly, 3*, 207–226.

Kitsantas, A., Cheema, J., & Ware, H. (2011). The role of homework support resources, time spent on homework, and self-efficacy beliefs in mathematics achievement. *Journal of Advanced Academics, 22*(2), 312–341.

Kitsantas, A. & Zimmerman, B. J. (2009). College students' homework and academic achievement: The mediating role of self-regulatory beliefs. *Metacognition Learning, 4*, 97–110. doi:10.1007/s11409-008-9028-y

Kohn, A. (2006). *The homework myth: Why our kids get too much of a bad thing*. Cambridge, MA: Da Capo Life Long.

Kralovec, E. & Buell, J. (2000). *The end of homework: How homework disrupts families, overburdens children, and limits learning*. Boston, MA: Beacon Press.

Lee, J. F. & Pruitt, K. W. (1979). Homework assignments: Classroom games or teaching tools? *Clearing House, 53*, 31–35.

Patall, E. A., Cooper, H., & Robinson, J. C. (2008). The effects of choice on intrinsic motivation and related outcomes: A meta-analysis of research findings. *Psychological Bulletin, 134*, 270–300.

Ramdass, D. & Zimmerman, B. J. (2011). Developing self-regulation skills: The important role of homework. *Journal of Advanced Academics, 22*(2), 194–218.

Schmitz, B. & Perels, F. (2011). Self-monitoring of self-regulation during math homework behaviour using standardized diaries. *Metacognition Learning, 6*, 255–273. doi:10.1007/s11409-011-9076-6.

Schunk, D. H. (2012). Social cognitive theory. In K. R. Harris, S. Graham, & T. Urdan (Eds.), *APA Educational Psychology Handbook* (Vol. I, pp. 101–123). Washington, DC: American Psychological Association. doi:10.1037/13273-005

Shih, K., Kao, T., Chang, C., & Chen, H. (2010). Development and evaluation of a self-regulatory-learning-cycle-based system for self-regulated learning. *Educational Technology & Society, 13*(1), 80–93.

Stoeger, H. & Ziegler, A. (2005). Evaluation of an elementary classroom self-regulated learning program for gifted mathematics underachievers. *International Education Journal, 6*(2), 261–271.

Stoeger, H. & Ziegler, A. (2008). Evaluation of a classroom based training to improve self-regulation in time management tasks during homework activities with fourth graders. *Metacognition in Learning, 3*, 207–230. doi:10.1007/s11409-008-9027-z

Strang, R. (1968). *Guided study and homework: What research says to the teacher?* Series No. 8. Washington, DC: Association of Classroom Teachers of the National Education Association.

Trautwein, U., Ludtke, O., Schnyder, I., & Niggli, A. (2006). Predicting homework effort: support for a domain-specific, multilevel homework model. *Journal of Educational Psychology, 98*, 438–456. doi:10.1037/0022-0663.98.2.438.

Vatterott, C. (2009). *Rethinking homework: Best practices that support diverse needs.* Alexandria, VA: Association for Supervision and Curriculum Development.

Walker, J. M. T. & Hoover-Dempsey, K. V. (2001, April). *Age-related patterns in student invitations to parental involvement in homework.* Paper presented at the annual meeting of the American Educational Research Association, Seattle, WA.

Warton, P. M. (2001). The forgotten voices in homework: Views of students. *Educational Psychologist, 36*(3), 155–165.

Wigfield, A., Klauda, S. L., & Cambria, J. (2011). Influences on the development of academic self-regulatory processes. In B. J. Zimmerman & D. H. Schunk (2011). *Handbook of self-regulation and performance* (pp. 33–48). New York, NY: Routledge

Wong, M, S. L. (2005). Exploring the effects of a cyclical model of self-regulated learning in learning educational psychology. *Jurnal Penyelidikan MPBL 6*, 11–21.

Xu, J., Coasts, L. T., & Davidson, M. L. (2012). Promoting student interest in science: The perspectives of exemplary African American teachers. *American Educational Research Journal February, 4*, 124–154.

Xu, J. & Corno, L. (1998). Case studies of families doing third-grade homework. *TeachersCollege Record, 100*(2), 402–436.

Xu, J. & Corno, L. (2003). Family help and homework management reported by middle school students. *Elementary School Journal, 103*(5), 503–517.

Zimmerman, B. J. (1990). Self-regulated learning and academic achievement: An overview. *Educational psychologist, 25*(1), 3–17.

Zimmerman, B. J. (1998). Developing self-fulfilling cycles of academic regulation: An analysis of exemplary instructional models. In D. H. Schunk & B. J. Zimmerman (Eds.), *Self-regulated learning: From teaching to self-reflective practice* (pp. 1–19). New York, NY: Guilford Press.

Zimmerman, B. J. (2000). Attaining self-regulation: A social cognitive perspective. In M. Boekaerts, P. R. Pintrich, & M. Zeidner (Eds.), *Handbook of self-regulation* (pp. 13–39). San Diego, CA: Academic Press.

Zimmerman, B. J. (2002). Achieving self-regulation: The trial and triumph of adolescence. In F. Pajares & T. Urdan (Eds.), *Adolescence and Education* (Vol. 2, pp.1–27). Greenwich, CT: Information Age.

Zimmerman, B. J. (2008). Goal setting: A key proactive source of academic selfregulation. In D. H. Schunk & B. J. Zimmerman (Eds.), *Motivation and selfregulated learning: Theory, research, and applications* (pp. 267–295). New York, NY: Lawrence Erlbaum Associates.

Zimmerman, B. J., Bonner, S., & Kovach, R. (1996). *Developing self-regulated learners: Beyond achievement to self-efficacy*. Washington, DC: American Psychological Association. doi:10.1037/10213-000

Zimmerman, B. J. & Kitsantas, A. (2005). Homework practices and academic achievement: The mediating role of self-efficacy and perceived responsibility beliefs. *Contemporary Educational Psychology, 30*, 397–417. doi:10.1016/j.cedpsych.2005.05.003

Zimmerman, B. J. & Labuhn, A. S. (2012). Self-regulation of learning: Process approaches to personal development. In K. R. Harris, S. Graham, & T. Urdan (Eds.), *APA Educational Psychology Handbook* (Vol. I, pp. 399–425). Washington, DC: American Psychological Association. doi:10.1037/13273-014

Zimmerman, B. J. & Paulsen, A.S. (1995). Self-monitoring during collegiate studying: An invaluable tool for academic self-regulation. *New Directions for Teaching and Learning, 63*, 13–27. doi:10.1002/tl.37219956305

第 7 章

大学生をより方略的で自己調整的な学習者にするための支援

Claire Ellen Weinstein（クレア・エレン・ウェインステイン），
Taylor W. Acee（テイラー・W・エース）

訳：梅本貴豊（京都外国語大学）

　認知・教育心理学における学習方略，そして方略的学習や自己調整学習における理論と研究は，学ぼうとしている情報を積極的に処理するための学習方略を用いることで，より意味のある想起可能な記憶を形成し，自らの学習をよりよいものにできるということを示してきている（Mayer & Alexander, 2011; Paris & Paris, 2001; Weinstein & Mayer, 1986; Woolfolk, 2009）。VandenBos（2007）は，学習方略を「学習を促進するための心的および行動的な方略であり，例えば，心的イメージの形成，項目の体制化，存在する関連性の探索や想起の実行である」（p. 530）と定義している。方略的および自己調整的な学習は，強い関連をもつものの，概念的には異なるものである。これらに注目する研究者や教育者はまた，批判的思考や問題解決などの複雑な認知的課題における優れたパフォーマンスや学習を促進するためには，学習方略に認知，メタ認知，動機づけ，感情と行動を積極的および計画的な活用が伴うということに関して，おおよそ意見が一致している（Zimmerman & Schunk, 2011 を参照）。方略的学習と自己調整学習の相互作用的でダイナミックなモデルは，学生が自身の学習に対して責任をより強くもつことの重要性を強調しており，現在の理論や研究はそういったモデルの中に学習方略を位置づけている（Pintrich, 2000, 2004; Weinstein, Acee, & Jung, 2010; Weinstein, Husman, & Dierking, 2000; Zimmerman, 2000, 2011）。多様な教育場面や仕事現場での訓練といった環境の中で生き残り，そして成長していくことができる生涯学習者を育成するためには，方略的学習と自己調整学習を促すことが必須である。

　アメリカの高等教育における入学者が激増し，大学レベルの授業への学業的準備が不十分な新入生や在学生の割合が高くなることで（Aud et al., 2011），

大学準備性とはどのようなものなのかといった定義の幅が広がり（Conley, 2007），そして学習における成功を支援する方略的な介入と自己調整的な介入に対する注目が高まっていった（Weinstein, Acee, & Jung, 2011）。アメリカ大学テスト（American College Testing: ACT）の得点基準に基づくと，大学の代数学の授業についてはわずか43％の生徒しか，英作文の授業については66％の生徒しか受講のための十分な準備ができていないことが，2010年の高校卒業クラスに関する近年の国別報告書によって示されている（ACT, 2010）。

　大学での成功に必要な学生の基礎的なスキルの育成を支援するためには，単位を伴う大学のコースを受講する前に，学部は学生に対して，リーディング，ライティングあるいは数学の補習教育コースの受講を要求することが多い（Arendale, 2010）。リーディング，ライティングと数学の内容に関する基礎的な知識やスキルを学生に教えるのは必要なことだが，大学レベルの取り組みにおいて学業的に成功する準備ができていない学生を支援するためには，こういったコースだけでは不十分なことが研究によって報告されている（Bailey, 2009; Conley, 2007）。全国のデータは，大学に入学した36％の学生が少なくとも1つの補習教育コースを受講していることや（Aud et al., 2011），これらのコースの合格率が散々なものであることを示している（Parsad, Lewis, & Greene, 2003; Russell, 2008）。結果的に，ワシントンの政策担当者は，補習教育の改善を主要な国家の課題と位置づけている。特に，この補習教育の改善は，大学レベルの取り組みへの準備が不十分な学生の入学率がより高い二年制の大学において重要である（Russell, 2008）。これらの学生を支援するために，高等教育において流行してきている一つの方法は，方略的で自己調整的な学習における勉強スキル，学習方略などの内容を，高等教育機関のさまざまな側面に統合することである（例えば，学習支援センター，チュータリングやメンタリングのプログラム，ファカルティ・ディベロップメント）。

　Barry J. Zimmermanは，多くの分野において，大学生の自己決定的な学習方略の使用に関する理論，研究，実践に大きな影響を与えてきた。自己調整学習（Zimmerman, 2000, 2011）という彼のモデルは，循環する学習段階と自己調整過程を重視しており，それらは学生の意図的な学習方略の選択，実行と評価の基盤となるものである。この分野におけるBarryの初期の研究は，学

習者の動機づけ，メタ認知と行動に関する自己調整学習過程を定義することに貢献し，そして，自己調整学習過程と学業パフォーマンスとの関連を確証した（Zimmerman, 1986a, 1989, 2008, 2011; Zimmerman & Bandura, 1994; Zimmerman & Martinez-Pons, 1986, 1988）。自己調整学習における彼の先駆的な取り組みは，学生の学習方略の意図的な使用に関する近年の研究や，学生への学習方略使用の教授実践の発展における，確かな基盤を構築することにつながった。Zimmerman の自己調整学習モデルはまた，Weinstein の方略的学習モデル（Weinstein et al., 2010; Weinstein et al., 2000）と，多様な学習方略と自己調整方略の効果的な選択の仕方や使用の仕方を大学生に教えるという方略的学習コースにおける彼女の多くの実践に対して大きな影響を与えた。彼女のモデルの系譜は 1970 年代の中期から始まり（Weinstein, 1975, 1978），その後いくつかの変化を経てきた。より近年のモデルにおいては，自己調整の要素に強調が加えられており，こういった部分は明らかに Zimmerman（2000, 2011）のモデルの影響を受けている。

　この章では，教育心理学における学習方略研究の進展と，方略的で自己調整的な学習の相互作用的でダイナミックなモデルの発展について議論を行う。Weinstein の自己調整学習モデルを Zimmerman のモデルと比較しながら説明し，高等教育の環境における学生の生き残りや成長を支援するためのモデルの有用性について議論する。また，大学生の方略的で自己調整的な学習の促進を支援するためにデザインされた介入とイニシアチブのタイプを概観し，学生がより方略的な学習者になることを支援する Weinstein の方略的学習コースと，Weinstein と彼女の共同研究者が開発したいくつかの実践について説明する。

　最後に，親愛なる素晴らしい友人であり，共同研究者，メンター，先生でもある Barry Zimmerman についての第一著者の私信によって，この章を終えたい。

方略的および自己調整的な介入と Zimmerman の理論・研究とのつながり

　Zimmerman の取り組みや，教育，心理学，スポーツや医療といった信じら

れないくらいさまざまな分野に対するその重要性を振り返ってみると，それによって得られた概念的，実験的および応用的な学識は驚異的なものであることがわかる。加えて，この研究は非常に多くの研究者や実践者に多大なる影響を与え，彼の影響力は大きく広がっていった。第一著者，そして彼女の共同研究者や多くの指導生が何年にもわたって行ってきた研究も，まさに誠実なものである。方略的学習モデルが開発されたのは，自己調整に関する Zimmerman の研究が発展するよりも前のことではあるが，そのモデルの進展によって自己調整過程や方略に関する彼の多くのアイデアが取り入れられていった。

Zimmerman の研究に関して私たちが特に焦点を当てていたのは，学習方略に関する部分，方略的学習モデルにおける自己調整の要素の継続的な発達 (Weinstein et al., 2010; Weinstein et al., 2000)，学習・勉強方略インベントリー (the Learning and Study Strategies Inventory: LASSI; Weinstein, Palmer, & Schulte, 2002; Weinstein, Schulte, & Palmer, 1987) による方略的な学習の測定，大学の文脈において方略的な学習を促す介入の開発などである。Zimmerman (2000, 2011) の自己調整モデルをすべて説明しようとすると，この章で取り扱う範囲を逸脱してしまう。しかしながら，Weinstein の方略的学習モデルと Zimmerman の自己調整モデルを簡潔に比較し，学習方略がどれだけ Zimmerman のモデルに適したものであるかについて議論する。それから，Weinstein の方略的学習モデル，測定尺度と介入についてのより詳しい説明を続けていく。

Weinstein の方略的学習モデル (図 7.1 と Weinstein et al., 2010; Weinstein et al., 2000 を参照) と Zimmerman の自己調整モデル (2000, 2011) は，相補的なものである。それらが異なるのは，モデルが取り扱う範囲とどの部分を強調しているのかという点だけである。両者のモデルとも，学習を改善するために学習者が意識的に活用したり変更したりできる要因である，学生の態度，信念，目標や方略の使用を強調している。方略には，情報処理，理解のモニタリング，動機づけの調整，目標設定，自己観察と自己内省などに関するものがある。Zimmerman のモデルは，自己調整の循環過程と，学習者が自らの動機づけ，メタ認知と行動を管理するために活用できるさまざまな自己調整過程と方略を中心に位置づけている。Weinstein のモデルでは，スキル，意志，自己調整，学習環境といった方略的な学習を構成する要素の相互作用と，それぞれの要素

第7章 大学生をより方略的で自己調整的な学習者にするための支援

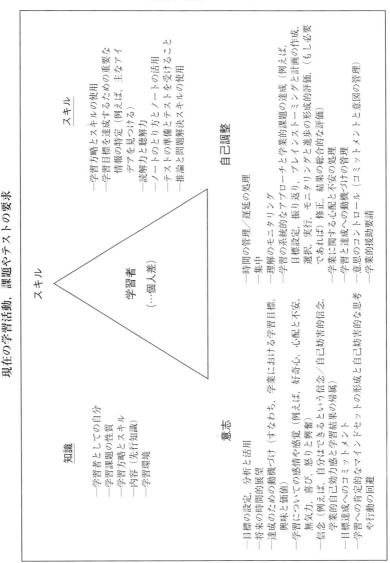

図7.1 方略的学習モデル
©C. E. Weinstein, 2006.

に関する幅広い方略の発達と活用の重要性を強調している。Weinstein のモデルは，方略的な学習（すなわち，成功する学習とは，学業的な環境と教室の環境におけるスキルや，意志と自己調整の要素の相互の関連の中で生じ，全体性〈gestalt〉をもつものである）を表したモデルである。そして，Zimmerman のモデルは自己調整の循環過程モデルであり，人，環境，行動といった要因の循環的な相互の関連を強調する社会認知的な見解に位置づけられている。

　学生が認知的な学習方略を活用することは，方略的学習と自己調整学習の両者において重要な側面とされている。方略的学習モデルにおけるスキル要素は，認知的な学習方略と，以下に示す方略知識の違いに特に焦点化されている。

- 宣言的知識──さまざまな学習方略を知っている
- 手続き的知識──さまざまな学習方略の効果的で効率的な使い方を知っている
- 条件的知識──特定の学習方略を使うことが有用なときや状況を知っている

　Zimmerman の自己調整モデルは，学習課題をうまく達成するための，学生の認知的な学習方略の使用について扱っている。Zimmerman（2000, 2011）の自己調整モデルは，自己調整の3つの循環段階（すなわち，予見，遂行，自己内省）と，それぞれの段階に属する自己調整の下位プロセスを強調している。予見段階は，課題分析や自己動機づけ信念に関連する下位プロセスに関わるものである。遂行段階は，自己コントロールや自己観察に関連する下位プロセスに関わるものである。そして，自己内省段階は，自己判断や自己内省に関連する下位プロセスを扱うものである。

　方略的プランニングは，Zimmerman のモデルにおける予見段階の重要な下位プロセスである。方略的プランニングは，目標達成を支援する特定の勉強方法や学習方略の使用に対する意図を，学習者が設定することに関わるものである。例えば，歴史コースにおける教科書のある章の内容を範囲とする小テストに向けて勉強することは，次の学習方略の使用に関する方略的プランニングの形成につながる。すなわち，(a) その章のそれぞれの節の要約的な記述の作成，

(b) その章で議論される重要な情報に関する概念地図の形成，(c) 想定される小テストの問題の作成とそれらへの回答，である。Weinstein の方略的学習モデルによると，現在の課題において特にどの学習方略が効果的なのかといった条件的知識に加えて，さまざまなタイプの学習方略についての宣言的知識は，うまくいく方略的プランをつくり出すために重要な役割を果たす。そして，自己調整の遂行段階の中で，学生は学習方略を実際に使用し始めるのである。

　Zimmerman のモデルの遂行段階において示されている自己コントロールの下位プロセスには，課題方略，イメージ化，自己教示と注意の焦点化などがある。それらの下位プロセスのいくつか，特に課題方略やイメージ化は，Weinstein の方略的学習モデルのスキル要素の中で議論される学習方略（例えば，情報処理の方略，メインアイデアの選択，ノートのとり方やテストの受け方といった方略）に相当するものである。遂行段階においては，学習方略や他の課題方略を効果的かつ効率的に実行するスキルや手続き的知識が特に重要となる。例えば，方略的プランを学習に組み入れたり，学習するコースでの情報を覚えておいたりするために，ノートをとることが重要な方略であることを，ほとんどの大学生が知っている。しかしながら，事例をつくり出したり，新しい情報を先行知識と関連づけたり，要約したりといった積極的な過程を含むような有用なノートのとり方を，学生は必ずしも知っているわけではない。何をするのかに関する知識は，予見の段階で特に重要であるが，一方で，どのようにするのかに関する知識は，遂行段階において必要不可欠なものである。Zimmerman のモデルは，自己観察（例えば，メタ認知的モニタリングと自己記録）を通して，学生は，その必要性に気づき，学習方略を課題に対して使用するにつれて手続き的知識を洗練することができることを示している。同様に，Weinstein のモデルでは，重要なメタ認知的方略として，理解モニタリングと自己テストを強調している。それらは，学習がどの程度うまく行われているのかを評価するためのチェックポイントの設定や，必要であれば学生の方略的なアプローチを改善するために修正を施すといったことに関わるものである。

　Zimmerman のモデルにおける自己内省の下位プロセスである自己評価は，パフォーマンスや学習に対する自身の成功や間違いからの振り返りに関するものである。学生は，異なる分野や学習課題についてのさまざまな勉強方法や学

習方略についての自身の既有知識を修正することや,新しい知識をつくり出すことができる。こういった情報は,その後の方略的プランニングにおいて活用することができる。そのため,自己調整は循環的な性質をもつのである。自己調整や学習方略に関する研究によって,動機づけ,自己調整,学習方略の使用とパフォーマンスとの間に,強い関連があることが示されている（Pintrich & De Groot, 1990）。例えば,学習方略の使用が,動機づけの要素（例えば,自己効力感や目標志向性）とパフォーマンスとの関連を媒介するという研究結果がある（Al-Harthy, Was, & Isaacson, 2010; Diseth, 2011; Fenollar, Ramán, & Cuestas, 2007; Sins, van Joolingen, Savelsbergh, & van Hout-Wolters, 2008）。

学習方略

以下の節では,学習方略研究の進展と,Zimmerman の理論や研究との関係性について説明する。研究の進展によって,学業的成功のためには学習方略の使用が重要になることが明らかにされている。

学習方略研究の進展

自身をとりまく世界について知りたい,自身が生き残るために重要な情報を記憶しておきたい,そして,その情報を子どもたちに教えたいといった人間の欲望の存在は,大昔にさかのぼっても確認することができる。例えば,洞窟の壁画の一部は,動物の移動や季節の天気のパターンを記録しておいたり,子どもたちに文化や安全性を教えたりするものであったと信じる人類学者たちがいる。しかしながら,1970年代まで研究者は,人がより効果的に学び,情報を記憶するために使う方略についての系統的な調査を始めていなかった。認知的な学習方略における初期の研究によって,基本的な課題や複雑な課題に対してリハーサル方略,精緻化方略や体制化方略を用いることを通して,学習と記憶が向上することが示された（Weinstein & Mayer, 1986）。例えば,Weinstein (1975, 1978) は,特定の科目の分野に限定されない一般的な学習方略の使用を

学生に対して教授できることや，それらの方略を使用することによって自由再生や対連合，そして読解力に関する課題の学習が促進されることを明らかにした。積極的な認知的処理が有意味学習を導くことを示した Wittrock（1974）の生成型学習の理論や，自身の思考について考え，調整することの重要性を強調した Flavell（1979）のメタ認知に関する研究などの先駆的な研究は，当時の心理学の主流となっていた見解に挑むものであった。その当時，学習者は知識を受け取るだけの受け身の存在であると仮定され，学習の能力とは，積極的に学習方略を使用しても修正することができない発達的な現象であるとされていた。認知的な学習方略の研究が盛んになるにつれ，実験的な学習の状況でなければ，学生は学習方略を自ら使用することはほとんどないということが明らかにされていった（Pressley & McCormick, 1995; Zimmerman, 2008）。学生に学習方略の使用を教えることが重要なのは明らかとなったが，それだけでは学習者のパフォーマンスに継続的な効果を与えるには不十分であった。研究者と実践者はまた，認知，メタ認知，動機づけ，感情と行動の要因の相互の関連についても考慮する必要があった（Weinstein et al., 2010）。Zimmerman（2008）は，「自己調整の研究において初期の定義は，*Contemporary Educational Psychology* の特集号が刊行された 1986 年のアメリカ教育研究学会（American Educational Research Association）年次大会のシンポジウムのときになされたものである（Zimmerman, 1986b）。それは，学習方略，メタ認知的モニタリング，自己概念の知覚，意志方略と自己コントロールのような過程に関して一つの題材を対象とした研究を統合しようとするものであった」(p. 167) と指摘している。近年の方略的学習と自己調整学習のモデルは，それらの要因が循環的に相互に関連し合って，どのように学習やパフォーマンスに影響していくのかという点を重視している。そのため，認知的な学習方略は，方略的学習と自己調整学習の両者において，重要な要素の一つとされている。次の節では，Weinstein の方略的学習モデルについて議論する。

方略的学習モデル

　方略的学習モデル（Weinstein et al., 2010; Weinstein et al., 2000）は，4 つの主な

要素をもち，それぞれの要素にはいくつかの成分が含まれる（図7.1を参照）。4つの主なカテゴリ，あるいは要素は，スキル（例えば，認知的な学習方略，勉強スキル，推論スキル），意志（例えば，達成動機づけ，学習へのポジティヴ感情，学習に対する自己効力感），自己調整（例えば，時間管理，理解モニタリング，方略的プランニング，援助要請），そして，学習環境（例えば，学習課題の性質，教員の期待と信念，利用可能な資源）である。このモデルは，要素の直接的な影響および，それらの要素間の相互作用的な影響の両方を重視しており，さらに特定の学習環境と学習文脈におけるそれぞれの成分についても強調している。

　方略的学習モデルの根本的なコンセプトは，学習者がスキル，意志，自己調整と学習環境といったモデルの主となる4つの要素の成分を把握する必要があるというものである。4つの分野の成分の相互の関連は，方略的学習，学習の転移，そして究極的には，学生の学業的成功，学校への在籍や卒業においてきわめて重要である。

スキル要素

　さまざまな成分がスキル要素を構成している。それらすべての成分のそれぞれが重要ではあるが，学習の目標に到達するためには，それらの成分がどのように相互に関連し合うのかについてもまた，学生は把握しておかなくてはならない。この節の目的は，それらの成分のいくつかを，それぞれ強調しながら示していくことである。4つのカテゴリの成分がすべて記されたリストについては，図7.1を参照されたい。

　スキル要素には5つのタイプの知識が含まれ，それらは学生がより効果的で効率的な学習者になることを支援するものである。学習者としての自身についての知識は，重要なものである。なぜならそれは，（方略的学習と自己調整学習における重要な特徴とされる）学習者としての自己意識やメタ認知的意識や，学習について方略的に思考する能力を発達させるためのカギとなるからである（Weinstein et al., 2000; Winne, 2011; Zimmerman & Moylan, 2009）。この知識には，学習者としての自身の強みや弱点についての知識や，学習に対する自身の態度，動機づけや不安のレベルについての知識が含まれる。学習者としての自身についての知識は，改善する必要のない分野や，与えられた学習文脈の中で

困難さが予期される分野などについて，きわめて重要な情報を提供する。これによって学習者は，生じうる問題を避けたり，問題を最小化したりしようと取り組むことができる。例えば，自分は科学のコースを好きではないという知識や，過去に科学の試験を受けた際に感じた困難さに関する知識によって，学生は，勉強グループに参加したり，大学の学習センターにおいて科学のチューターを利用することを発見したりといった潜在的な利益を得ることができる。学生は，次のようないくつかの質問に対する答えについて振り返り，考える必要がある。自分の好みは何か？　自分の強みは何か？　自分の弱点は何か？　自分の関心や才能は何か？　現在の自分の勉強の癖や習慣はどのようなものか？　学生は，学習者としての自身についての知識によって，学業的成功に必要な学習活動や勉強を達成するために必要な資源を，統合することができるようになる。ここで記しておきたい重要なことは，資源の管理が，どのくらいの頻度でチューターに会いに行くのかや，終わらせなくてはいけない読み物の量といったような外的な資源のことだけではなく，認知的方略，感情，感覚，そして，時間管理のような個人的な資源をどのように統合できるのかにも関わるということである。外的および内的資源の管理は，オンラインの学習環境においてでさえも重要である。なぜなら，スケジュールの管理や課題に取り組むことに対して，学生はよりいっそうの責任をもつことになるからである（Bol & Garner, 2011; Winters, Greene, & Costich, 2008）。

　2つ目のカテゴリである学習課題についての知識には，与えられた学習課題（例えば，コンピュータで教科書を読む，期末レポートを作成する，論述試験を受ける，ノートをとる，オンラインのチャットに参加する，口頭でのプレゼンテーションを行う）をうまくこなすためには何が必要であるかについての理解が含まれる。そして，こういった理解には，課題を達成する手段や，達成にどのくらいの時間が必要かといった内容が含まれる（Weinstein et al., 2000; Winne, 2011）。このタイプの知識は，望む結果を達成するためには，学習者は何を考えることが必要なのか，そして，何をすることが必要なのかを明確にすることを助ける。

　新しい学習内容を獲得し，統合，思考し，そして適用するための方略とスキルについての知識が，3つ目のカテゴリである。学習および思考の方略とスキルは，学習の目標を達成するために私たちが用いる道具である。それらの方略

やスキルは，意味をつくり出したり，私たちの学習の進度をモニターしたり，そして，その後の想起や適用を促進するように新しい情報を保持したりすることを促進する (Paris & Paris, 2001)。

　学習方略は，単純な言い換えといったものから複雑な内容の分析といったものまで，多岐にわたるものである (Pintrich, 1999; Weinstein & Mayer, 1986)。それぞれの方略の基盤として共通に存在する要因が，学生の積極的な関与である。積極的な認知的関与は，有意味学習においてきわめて重要である。学生が消極的であれば，彼らの学習目標の達成は期待できないであろう。私たちは，学ぼうとしている内容に対して積極的に取り組むことによって，そして，積極的に取り組むことを促進する学習方略を使用することによって，意味や記憶を構成していくのである。方略的な学習者は，利用することができる多様な方略を身につけているため，また別の学習目標に向けて学習方略をつくり出すことや，あるいは，学習上の問題が生じた際にそれらを使用していくことができる。

　学習方略のもっとも単純な形式は，教科書の難しい部分を繰り返し読んだり，方程式や公式を繰り返したりといったような，反復や概観に関するものである。もう少し複雑なものとして，勉強している内容を言い換えたり，自分自身の言葉で要約したりすることが加えられる。他には，学習内容に対するある種のスキーマをつくり出して学んでいる情報を体制化する，といったことに焦点を当てている方略もある。例えば，物語の主な出来事や登場人物の概要をつくる，歴史上の出来事の年表をつくる，科学的な現象を分類する，外国語の単語を品詞に分けたりするなどは，すべて体制化方略にあたる。私たちが学んでいるものをより意味のあるものにして覚えやすくするための，精緻化や分析に関する学習方略もある。例えば，関連する先行知識を利用するために類推を使う，2つの競合する科学的理論から提示された説明を比較したり対比したりする，政策的な提言に含まれる裏の意味について考える，などが精緻化方略の例である。

　学生には，多様な学問と同様に毎日の学習状況に対して使用・適用できるような学習へのアプローチ，方略や方法のレパートリーが必要である (Weinstein et al., 2010)。なぜ学生が勉強および学習方略やスキルのレパートリーを発展さ

せていくことが必要なのかには，主に2つの理由がある。1つ目は，方略の優先順位や，あるいは，もっとも効果的だろうと考える方法について注意深く結論を下すために，学習者は，学習のための多様な方略や方法について前もって知っておくことが必要だからである。2つ目は，学生が学習上の困難さに出くわした際，その問題を解決するために使用可能な一連の方策をもっていることが重要だからである。

　学習における熟達者を育成するために必要な知識の4つ目の分野は，内容についての知識であり，しばしば先行知識として参照されるものである。ある科目についてすでに知っていることがあれば，その科目において何か新しいことを学ぶことは，さらに容易となる（Hailikari & Nevgi, 2010）。この理由としては，私たちがすでに有している既有知識の基盤が，新しい情報を獲得したり，理解したり，そして統合したりすることを促進するために使用できるということがあげられる。先行知識を活性化したり，それを新しい知識と統合したりすることによって，学習が促進され，新しい情報がより記憶されやすくなる（Acuna, Rodicio, & Sanchez, 2011; Wetzels, Kester, & van Merrienboer, 2011）。

　学習文脈についての知識は，スキル要素の最後の知識の成分である。学生は，現在の学習文脈について，あるいは今学んでいる内容を活用することができるその後の学習文脈について知っておく必要がある（Husman, Derryberry, Crowson, & Lomax, 2004; Husman & Hilpert, 2007）。個人的，社会的，学業的および職業的な目標を達成するために必要な学習内容の重要性や有用価値を明確にしたり，内在化したりすることで，学生は自身の学習や動機づけを高めることができる（Acee & Weinstein, 2010）。学生は，自身の動機づけを行動に移すために，学習の結果について十分に価値づけを行わなくてはならない。

意志要素

　このモデルの2つ目の主要な要素は，意志である。学生は，新しい内容をどのように勉強するのか，そしてどのように学ぶのかについて知っているだけでは不十分である。学生はまた，それをしたいと思わなくてはならないのである。動機づけは，「目標志向的な活動が始発され，持続する過程」（Schunk, Pintrich, & Meece, 2008, p.378）や，「目標や結果の追求において身体的，あるい

は心的な努力を行うための人がもつ意志」(VandenBos, 2007, p. 594) といったように定義されている。動機づけには多くの成分があり，それぞれが相互に関連し合い，さまざまな要因から引き起こされるものである (Eccles & Wigfield, 2002; Schunk, Pintrich, & Meece, 2008 を参照)。例えば，価値の知覚や期待信念 (Eccles et al., 1983; Wigfield & Eccles, 2000)，帰属信念 (Weiner, 1985, 2000)，目標志向性 (Dweck & Leggett, 1988; Elliot, 1999; Elliot & Murayama, 2008)，目標の特性 (Acee, Cho, Kim, & Weinstein, 2012; Austin & Vancouver, 1996; Locke & Latham, 2002)，そして未来展望 (Husman et al., 2004; Husman & Hilpert, 2007) などである。目標を設定し，分析して活用することは，動機づけの中心的な成分といえる。学習の目標を達成したいという気持ちは，動機づけだけではなく，目標を達成するために必要な思考や行動の始発・持続を支援する推進力となる。図 7.1 の意志要素においてリスト化されている特定のトピックについては，本書のいくつかの章においてさらに詳細に議論されている。

自己調整要素

　このモデルにおける思考，信念，活動の自己調整は，学習の自己管理という側面に焦点を当てている (Pintrich, 2000, 2004; Zimmerman, 2000, 2011; Zimmerman & Schunk, 2011)。方略的な学習者は，学習環境の要求や資源を鑑みながら，自己調整を通して自身のスキルや意志の要因を管理する (Weinstein et al., 2010)。本質的に自己調整は，望む結果を達成するために，関連のある要因に対する意識，振り返りとコントロールを伴うものである (Winne, 2011)。

　方略的な学習者は，マクロレベルとミクロレベルにおいて調整を行う。マクロレベルでの調整は，広く，しばしばいくつかの段階があり，幅広い適用性をもつ過程に関するものである。例えば，時間管理とは何で，どのように行うのか，そして，いつそれを使うのかについての学習は，自己調整のマクロレベルだといえる。それは，幅広く多様な状況において，そして幅広く多様な学習課題に対して適用することができるであろう。自己調整のミクロレベルは，化学の試験における時間の活用についてモニタリングするといったような，特定の課題に関する特定の処理や，方法の使用に関するものである。調整のミクロレベルは，方略的学習モデルの他のカテゴリや成分と結びついたとき，学生が特

定の課題に関する特定の目標を達成するために使用する特有の自己調整方略を選択したりつくり出したりすることを促進する。したがって，ミクロレベルの方略は，狭い範囲で適用されるものである。ミクロレベルの方略とは，方略的学習モデルのすべての要素におけるマクロレベルでの幅広い方略を，実際の学習において適用するものであるといえる。

　方略的学習モデルの自己調整の要素は，Zimmermanの自己調整モデルと多くの共通点をもっている。計画，実行，評価に関する多くのマクロレベルの過程は，Zimmermanの予見，遂行，自己内省の段階に一致するものである。また，特定の学習課題に対して意識を高めることや，振り返りやコントロールを行うことに関するミクロレベルは，Zimmermanのモデルの遂行段階に関連する過程と対応する。

　時間管理とは，自己調整における主要な要素の一つであり，学習課題や目標の追求において，学習者の時間に関する資源の活用についてのものである（Weinstein et al., 2000）。時間の活用に対する自己調整は，望む学習結果の達成を促進する時間管理のモニタリングとコントロールに関連し，訓練することができる。そして，学習の行動や成功との間に正の関連が示されている（Ramdass & Zimmerman, 2011; Stoeger & Ziegler, 2008）。

　他の自己調整の主要な要素は，学習や学習課題の達成への系統的アプローチの活用である。学習への系統的アプローチは，自己調整学習に必須の8つのステップを伴い（Weinstein et al., 2000），Zimmerman（2000, 2011）の自己調整モデルにおいて示されている循環的な自己調整の段階に一致するものである。最初のステップは，あるコースの特定の評価，アセスメント課題に対するパフォーマンスや，特定の学習課題に対するパフォーマンスの熟達といった，望む結果への目標を設定することである。その効果を最大限にするには，設定する目標を，広く支持されている有効な目標の特徴に整合させる必要がある。つまり，明確で測定可能，挑戦的で現実的な目標であり，特定の開始日と終了日が設定されているものである（Acee et al., 2012; Locke & Latham, 2002）。

　2つ目のステップは，学習者のスキルや意志のレベルの観点から課題の特有の要求についてじっくりと考え，取り組む学習課題を振り返ってそれらの要求を明確化し，そして，その課題がどのように学習者の目標に関連するのかを

判断するものである。方略的な学習者はまた，関連する他の外的な文脈の要因についてもしっかりと考えるであろう。例えば，望む結果の達成を促進する資源，教員の期待，そして，引き出すことができるソーシャルサポートなどといった要因である。

　方略的な学習者は，それらすべての要因について振り返りつつ，計画を立てるといった3つ目のステップに進んでいく。その計画には，与えられた状況において望む結果を達成するため，複数の潜在的な方略をブレインストーミングすることが含まれる。4つ目のステップにおいて，学習者は，望む結果を達成するためにもっとも効果的で効率的だと考えられる方略を，潜在的な方略の中から選択する。それから学習者は，選択した方略を積極的に使用する（5つ目のステップ）。そして，学習の進行中に，使用されているそれぞれの方略の有効性を評価することによって，方略がどのくらいうまく使用されているのかをモニターし，形成的な評価を行う（6つ目のステップ）。もし満足のいく結果であれば，学習者は計画に従って学習を続けていく。もし満足のいくものでなければ，方略的な学習者は方略を修正したり，変えたりする（7つ目のステップ）。それから，変化した結果をモニターし，評価を行う。必要であれば，学習者は，学習の目標それ自体を修正するといった決断を下すことさえあるかもしれない。最終的に，学習課題がうまくいくか，あるいは，うまくいかずに終えられたとき，自己調整学習者は8つ目となる最後のステップを行うこととなる。それは，似たような課題を行う際の今後の参考となるように，適用した学習方略の効果や効率，そして，達成した結果について総合的な評価をすることである。このステップは，今後，うまくいかなかったアプローチを避けることと，類似する課題に対する効果的なアプローチの一式をつくり上げることを促進して認知的効率性を高めることの両者に貢献するものである。方略的な学習者はまた，自身のストレス，動機づけ，集中と理解のレベルについてのモニターの仕方や，管理の仕方についても知識をもっている。学生は，自身の理解状況をモニターして管理するため，学習目標を満たしているかどうかを判断するための自己診断や自己テストの使い方についても，知っておく必要がある。自己診断にはさまざまな形式がある。それらには，読みながら言い換えを行うといった単純なものや，あるいは，新しい情報やスキルを他の誰かに教えるといった

複雑なものなどがある。他にも，新しい知識を適用しようとすることを含むような，モニタリングの形式がある。例えば，図表にしたり，概説や要約をしたりといったように，その知識を別の形式に変形させるといったものである。それぞれの活動は，勉強および学習している内容を学生自身が本当に理解しているのか確かめることを促進する。しばしば学生は，自分は理解していると信じているため，この信念を確認または否定するために自分をテストするということをしない。彼らが間違っていたとき，つまり，ただの知識の錯覚であったとき，学生は自身の目標を達成したと考えてしまい，そうではないことに気づかない。

熟達した学習者はまた，自身の理解に問題が生じた際，解決方略をつくり出すことができる。解決方略とは，学習上の問題の改善を促進するために，学生が用いるアプローチや方法のことである。これらの方法には，教科書の中の混乱を招くような部分を読むといった非常に単純なものから，問題解決のやり方を通して推論を行うもの，チューターに助けを求めに行くもの，難しい内容を一緒に勉強するために同じコースを受講する他の誰かと協力するといったものまで，幅広い活動が含まれる。それぞれの活動は，学習および理解に関する問題解決を促進するようにデザインされている。学生がさまざまな解決方略をもつことは重要であり，それによって彼らは，起こりうるさまざまな学習上の問題に対して対処ができるようになる。

学習環境要素

方略的学習モデルはまた，学習者の外側に存在する学習および学業的環境における要素を含む。それらは，モデルの境界の外に位置づけられ，次のものが含まれる。学習者が利用可能な資源，教員の期待，学習活動や課題，プロジェクトやテストの性質と時間制限，そして社会的文脈の性質と利用可能なソーシャルサポートのレベルなどである。

利用可能な資源とは，学習者が知識を獲得する際に活用できる道具や学習教材のことであり，問題集，読み物，コンピュータ，参考資料，図表，実例や事例の研究といったものがそれにあたる。利用可能な資源にはまた，教員の執務時間，研究室，チューター，学習スキルセンター，ティーチングアシスタント

やアドバイザーといった，大学の資源も含まれる。

　教員の期待という要素は，指導者（そして／あるいはコースの開発者）が抱く期待に関するものである。これらの期待には，学生のスキルのレベル，その学生がどのような課題をこなすことができるのか，その学生に適している教授方法はどのようなものかなどが含まれる。教員あるいはコース開発者の期待と学習者の能力／要求との一致の程度は，情報の獲得や保持，今後の転移に対して大きな影響を与えうる。もし教員の期待が学習者の能力を超えていると，学習者は情報を得ることができず，頑張って学習したり，授業の内容を利用したりすることに対して動機づけられないかもしれない。もし教員の期待が学習者の能力よりも下であれば，学習者は退屈して授業の内容に価値を置かないことが考えられるため，その後の経験は，学習の，あるいは授業内容を利用するといった動機づけにつながりにくい（Tsiplakides & Keramida, 2010; Woolley, Strutchens, Gilbert, & Martin, 2010）。

　課題，プロジェクトやテスト，そして時間制限などの学習活動の性質とは，新しい情報を得たり，自身の新しい知識やスキルを活用したりするために，学習者が行わなくてはならない特定の課題や課題の要求に関するものである。これには，講義を聴くこと，ノートをとること，ロールプレイング，習熟を確認すること，レポートを書くこと，あるいは制限時間のあるテストを受けることなどが含まれる。授業で課される特定の課題の性質は，学習者のスキルのレベル，意志や自己調整といった，学習の成功の程度を決めるものと関連する（Weinstein et al., 2010; Winne, 2011）。もし学習者に欠けているスキルや動機づけに関する活動が要求されるような課題の場合には，彼あるいは彼女は，活動のパフォーマンスに難しさを感じるかもしれないし，課題を完全に避けてしまおうとするかもしれない。加えて，コースの課題を行うための時間制限や，学習者に影響するような他の時間制限（例えば，コースに関連しない外部の締め切り）は，学習の結果に影響する。もし授業の時間が制限されていたら，学生はそのプログラムで得た知識を活用するような練習を行うことができないかもしれない。また，もし短い時間の中で大量の情報が提示されたら，学習者は圧倒されてしまうであろう。これは特に，彼もしくは彼女の学習方略やスキルが限られたものである場合に顕著である。

社会的文脈／サポートは，学習者が仲間，学校の友人，家族，そして大学の学生サポートの人たちから受けるサポートに関するものである。これには，ルームメイトや，学習者が一緒に勉強したり授業の経験を共有したりすることができる他の学生たち，そして，きょうだいや親からの助言などが含まれる。また，モデリング，仲間や家族の人たちの信念，そして，学校や特定のコースに対する支援的あるいは対立的な視点も，コースの内容を受け入れるかどうかに関する参加者の動機づけや，学習者の授業への参加のレベルに影響を与える (Rosenthal & Bandura, 1978; Schunk, 1987; Schunk et al., 2008)。

　これらのすべての外的な要因は，モデルの要素であるスキル，意志や自己調整の内的な要因と相互に関連する。方略的学習の概念は，システム理論やゲシュタルト心理学から現れたものである（Blunden, 2011; Humphrey, 1924)。その意味では，このモデルは，ある要因の変化が他の要因の変化を生み出すといったダイナミックなシステムを意味している。すべてのシステムにおいてそうであるように，すべての要因を考慮することが重要である。方略的な学習者は，それらの要因をできるだけ多く意識し，コントロールしようとする。これによって，新しい知識を獲得し，保持し，既有知識と統合することができ，そして究極的には，必要なときに転移をさせることができる。学生はこのモデルから，一つの要因の変化が他の方略的学習の要因に与える効果を確かめることができる。例えば，学生がもっている学習者としての自分自身についての知識は，自身にとって特に問題となる課題の特徴を同定することに役立つ。それらの潜在的な問題を特定することは，すでに知っている学習方略や勉強スキルについて考えることを促進する。そして，それらの学習方略や勉強スキルは，問題を処理することに役立つであろう。その分野ですでに勉強した内容について学生が考えることによって，新しい内容をより意味のあるものにすることが可能となり，彼らはうまく課題を達成することができる。

　Weinsteinと彼女の仲間は，方略的学習モデルを活用し，方略的学習の診断的／標準的な自己報告の尺度を開発した。LASSIは，方略的学習モデルのスキル，意志と自己調整の要素における各成分への学生の意識と使用を測定するようにデザインされた（学生が直接的にコントロールできるわけではないため，学習環境の成分については扱われなかった)。LASSIは，おおよそ70％のアメリカの短

大と大学において幅広く活用され，25以上の言語に翻訳された。高校生向けの尺度も存在し，高校において，また，多くの夏の大学への移行プログラムにおいても活用されている。次の節では，LASSIについて論じた後，方略的学習コースについて議論を行う。このコースは，方略的学習モデルを活用して開発されたものであり，コースの前後のアセスメントを行う尺度としてLASSIが組み込まれている。

大学という文脈における方略的学習と自己調整学習の評価

方略的学習と自己調整学習の3つの評価尺度が開発されてきており，それらは幅広く利用され，お互いに関連性が深いものである。ZimmermanとMartinez-Pons（1986, 1988）の自己調整学習面接尺度（self-regulated learning interview scale: SRLIS），Weinsteinら（1987, 2002）のLASSI第2版，そして，Pintrich, Smith, GarciaとMcKeachie（1991）の学習の動機づけ方略質問紙（Motivated Strategies for Learning Questionnaire: MSLQ）である。これらそれぞれの測定尺度は，もともと1980年代に開発され，それらが対象とする内容の分野は重なり合っている。すべての尺度は，動機づけ，メタ認知，そして行動といった要因に関連する3つの自己調整学習の基準の定義に合った分類のシステムを用いている（Zimmerman, 2008）。異なるのは，学術的な名称，強調する過程，そして，用いられる自己報告の手続きの特徴である。例えば，SRLISインタビューは今後についての自己報告尺度であり，LASSIとMSLQはともに回顧式の測定尺度である。それぞれの尺度において，動機づけはきわめて重要な要素とされ，MSLQにおいてはいくつかの下位尺度に分割されているが，LASSIではただ1つの包括的な尺度が存在するだけである。SRLISインタビューにおいては，不安反応は反応の自己評価という形式で測定されるが，一方で，LASSIでは，独立した不安の尺度が存在する。MSLQにおいては，動機づけの下位尺度として不安が含まれている。これらすべての評価尺度は，方略的な自己調整学習者としての大学生の強みや弱点に関する重要な情報を与えてくれるが，LASSIは，次の節で詳細を述べるような介入の中で用いられて

きた。そのため，以下において，LASSIのより詳細な説明を行っていく。

　LASSI（Weinstein, Palmer, & Schulte, 2002）は，80の項目からなる10の下位尺度で学生の学習および勉強の方略使用について評価するものである。それらの方略とは，方略的学習モデルにおけるスキル，意志や自己調整の要素に関するものである（Weinstein & Palmer, 2002）。学生は，5段階のリッカート尺度を用いてそれぞれの項目に回答する。1はいつもあてはまらない，2はあてはまらない，3はややあてはまる，4はかなりあてはまる，5はとてもよくあてはまるを意味する。10の下位尺度とは，不安，態度，集中，情報処理，動機づけ，メインアイデア選択，自己テスト，勉強補助，テスト方略，時間管理である。これまでの研究によって，これらの要因が大学における成功に対して有意に関連すること，そして，教育的な介入を通してそれらを学ぶことができ，促進されうることが，何度も示されてきている（Albaili, 1997; Cano, 2006; DeRoma, Bell, Zaremba, & Abee, 2005; Mireles, 2010; Mireles, Offer, Ward, & Dochen, 2011; Proctor, Prevatt, Adams, Hurst, & Petscher, 2006）。全10個の下位尺度におけるCronbach（クロンバック）のα係数は，0.73から0.89の範囲内にある（Weinstein & Palmer, 2002）。Weinsteinと彼女の共同研究者たちは，LASSIに対するメタ認知の尺度を開発し，その尺度はLASSIのすべての下位尺度と0.7以上の相関を示した。これは，メタ認知が方略的学習と自己調整学習における多くの要素の基盤となっていることを示している。

　LASSIは，次のように利用されている。(a) 教育的な介入によって，学生のもっとも強化された分野を明確にするための診断的尺度。(b) 改善とさらなる強化のために，個人の改善策となる計画を立てる際の基盤。(c) 教授方法や課題などを決めるために，教員が個々の学生の得点やクラスの傾向を調査する手段。(d) 方略的学習の介入やコースの成功の程度を評価する道具。(e) アドバイス／カウンセリングの道具。

　方略的な学習者は，宣言的知識と手続き的知識，条件的知識から，そして，LASSIの尺度のそれぞれのカテゴリにおけるスキルから，有益な情報を得ることができる。彼らはまた，特定の学習の目標や目的を達成するために，カテゴリの中から，もしくは，カテゴリをまたがってどのようにさまざまな要素を取り上げるのか，どのように選ぶのかといったことについても知っておく必要

がある。例えば，次回の記述テストに対して強い不安を抱いている学生は，学習の計画を立てたり，課された教科書の章を読むときに用いる学習方略を選んだりする前に，不安を処理したり減少させたりする方略を用いる必要があるであろう。次の章では，それぞれの LASSI の下位尺度と，それらが概念的にもっとも関連する方略的学習モデルの要素について説明する。

方略的学習のスキル要素にもっとも関連する LASSI の尺度

　方略的学習のスキル要素にもっとも関連する LASSI の下位尺度は，情報処理，メインアイデア選択，そしてテスト方略である（Weinstein & Palmer, 2002）。これらの尺度は，重要な新しい情報，アイデア，手続きに対する重要性を明確にすること，獲得すること，そして，構成することに関連する学生の学習方略，スキル，思考過程を調べたり，テストや他の評価に対してどのように準備を行うのか，新しい知識をいかに説明するのかを調べたりするものである。

　情報処理尺度とは，イメージ的，言語的，そして視覚的な精緻化方略や体制化方略，学習方略としての推論の過程を学生がどれだけうまく活用しているのかを評価するものである。それらの学習方略は，新しい知識やスキルの学習を促進したり，彼らがすでに知っていることと学んだり覚えたりしていることとの関連づけを促進したりするものである。学生は，授業の読解の宿題について要約したり言い換えたりしようとしているか？　学生は，授業で提示された内容を自身の先行知識と関連づけようとしているか？　メインアイデア選択尺度とは，あまり重要ではない情報や補足的な詳細から切り分けて，さらに勉強を進めるための重要な情報を明確にするといった学生のスキルを評価するものである。学生は，授業においてカギとなるポイントを明確にできるか？　学生は，教科書の中で強調すべき重要な点がどこかを決めることができるか？　テスト方略尺度とは，学生のテストを準備する方略の使用とテストを受ける方略の使用の両方を評価するものである。学生は，異なるタイプのコースにおけるテストに対する勉強のやり方を知っているか？　学生は，記述問題に対する自身の回答を批評しているか？

方略的学習の意志要素にもっとも関連する LASSI の尺度

　方略的学習の意志要素に関連する LASSI の下位尺度は，不安，態度，動機づけである。これらの尺度は，学生が自身の学業的パフォーマンスに対して抱く不安，新たな情報を学ぶことへの感受性，大学の学習に対する態度と興味の程度や，学習において求められることをうまくやり遂げるために必要な努力につながる勤勉性，自己統制，意志の程度を測定する。不安尺度とは，学校や自身の学習のパフォーマンスに対して，学生がどの程度不安を感じているのかを評価するものである。学生は，集中するのが難しいほど不安を感じているか？　学生は，低い成績で容易に落胆してしまうか？　態度尺度とは，大学の学習や学業的な成功を達成することに対する学生の態度や興味を評価するものである。学生自身の教育的な目標はどれだけ明確になっているのか？　学生にとって，学校は本当に意味があるのか，あるいは，価値があるのか？　動機づけ尺度とは，学習において求められることをうまくやり遂げるために必要な努力につながる勤勉性，自己統制，意志を評価するものである。学生は，授業の課題を遅れずにこなしているか？　学生は，難しい授業をすぐに諦めてしまうか？

方略的学習の自己調整要素にもっとも関連する LASSI の尺度

　方略的学習の自己調整要素に関連する LASSI の下位尺度は，集中，自己テスト，勉強補助と時間管理である。これらの尺度は，効果的に時間を活用すること，注意を焦点化することや長時間にわたって集中を維持すること，クラス，課題やテストにおいて求められる学習をきちんと行っているかを確かめること，検討会，チューター，あるいは教科書の特集ページといった学習支援を活用することを通して，学生が全体的な学習過程をどのように管理し，自己調整し，コントロールしているのかを測定するものである。集中尺度とは，学習課題に対して自身の注意を向けたり，注意を維持したりするための学生の能力を評価するものである。学生は，容易に気をそらしてしまうか？　学生は，学校の課題に集中することができるか？　自己テスト尺度とは，学んでいる情報や課題の理解の水準を規定する，学生の批評や理解モニタリングのテクニックの

使用を評価するものである。学生は，テストの前に批評を行っているか？　学生は，読解をしながら，内容を吟味するために定期的に立ち止まっているか？　勉強補助尺度とは，新しい情報を学んだり覚えたりすることを補助するような，援助のテクニック，もの，あるいは資源を学生が見出しているのか，そして活用しているのかを評価するものである。学生は，練習問題をうまくこなしているか？　学生は，学校組織における補助を見出しているのか，あるいは活用しているか？　時間管理尺度とは，学生の学習課題に対する時間管理の原則と時間管理の方略の使用を評価するものである。学生は，計画的にうまく行動しているか？　学生は，スケジュール上の問題点を予測しているか？

方略的学習と自己調整学習の介入

　方略的学習と自己調整学習の介入には，より集中的に行うものやそうでないものもあり，そして，高等教育機関におけるさまざまな学生（例えば，数学および／もしくはリテラシーにおいて受講の準備がまだできていない学生，学業的な警告を受けている学生，過度な困難さを経験しているわけではないが補助的な学習サポートが必要な学生）に役立つような，多くの異なる形式のものがある。学習センターは，参加自由のワークショップの提供，および／もしくは，方略的学習や自己調整学習に関するプリントの配付を行うこともある。学業的なアドバイザー，チューター，そして補助的な教員が，形式的もしくは非形式的な形で方略的学習の指導を行うこともあるであろう。メタカリキュラムのアプローチには，大学の単位を伴うコース（例えば，経済学，化学），もしくは，数学，リーディングやライティングといった補習教育コースにおける方略的学習や自己調整学習の指導が含まれる。例えば，Mireles (2010) と Mireles ら (2011) は，数学の補習教育コースに焦点を当て，5週間の集中的なサマープログラムへの移行プログラムを構成し，評価を行った。このプログラムには，方略的学習のワークショップ，問題解決方略，チュータリングの義務化，協働学習，そして，モデリング，実践，日常の学習への移行と自立を利用したアルゴリズム的な指導テクニックが取り入れられている。この研究の結果は，プログラムのはじめから終わりにかけ，LASSI の 10 の下位尺度のすべてにおいて有意な向上がみら

れたことを示している。メタ認知的スキルと自己調整スキルに焦点を当てた90分のセッションを，大学生の経済学コースに取り入れたDeCorteとMasui（2004）の研究もある。研究の結果，介入群の学生らは，統制群と対照群の学生らに比べ，彼らの経済学コースにおいてメタ認知的スキルと自己調整スキルをより多く用いていること，テストの得点と単位取得の割合がより高いということが明らかにされた。そして，介入群の学生らは，その介入が取り入れられていない統計学コースに対して，より学習を転移させていた。

また，gStudyのような，大学生のためのオンラインの自己調整学習の資源も存在する（Winne et al., 2006）。gStudyは，学生にツールを提供するソフトウェアであり（例えば，強調，注釈，質問，説明，プランニング，目標設定，関連づけ，批評），自己調整過程を促進するための応用的な人工知能ステムである。Weinsteinのオンラインのシステムとして，Becoming a Strategic Learnerがある。LASSIの指導システムは（Weinstein, Woodruff, & Awalt, 2002），学生に対して重要な概念，方略，実践を指導するために，文章，図表，活動を用いるものであり，LASSIの10の下位尺度による測定も行われる。これらのシステムは，この章で議論している方略的学習コースにおいて活用されている。

方略的学習と自己調整学習のコースは，学びのための学習や学習フレームワーク・コースとして扱われることがあり，特に，メタカリキュラムに統合された学習内容に関するコースと組み合わせるとき，より短期集中的，包括的で強力な方略的学習と自己調整学習を促進するための方法の一つになると考えられる。学生に個々の学習スキルを教えるような基礎的な勉強スキルコースとは異なり，方略的学習と自己調整学習のコースでは，学生に対して学習，認知，動機づけと自己調整に関する理論，真正な学習課題に対する学習方略と自己調整過程の適用，そして，学びの分野を超えて学習を転移させる方略などを教える。高等教育機関は，1920年代から学生の勉強や学習を支援するコースを提供してきたが，方略的学習と自己調整学習のコースや学習フレームワーク・コースのようなコースは，1970年代まで存在しなかった（Hodges & Agee, 2009; Maxwell, 1997）。1977年に，方略的学習のモデルをベースとし，高等教育において単位を伴う方略的学習コースが構成され，成功を収めた。その最初の開発者の一人がWeinsteinである（このコースとその有効性に関する研究は，以下で説

明していく)。

テキサス大学オースティン校における方略的学習コースの説明

　導入部分において記したように，この章で焦点を当てている特定の適用例は，1学期の長さの方略的学習のコースの例である。方略的学習と自己調整学習のコースの実施は，学生がより方略的で自己調整的な学習者になることを支援する強力な方法である（例えば，Hodges, Dochen, & Sellers, 2001; Hofer & Yu, 2003; Mckeachie, Pintrich, & Lin, 1985; Weinstein et al., 1998）。

　方略的学習モデルに基づき，診断的／標準的な尺度として LASSI の活用を取り入れることで，テキサス大学オースティン校（UT）の EDP310 と呼ばれるコースがきわめてうまくいっていることが示された。このコースは，卒業するまで仲間よりも高いレベルで学習することができるような，より方略的で自己調整的な学習者になるために学生を支援するものである。例えば，ある研究では（Weinstein, 1998），そのコースを履修した学生とそうでない学生（一般的な学生の母集団）の卒業の割合を比較するため，UT の1年生は5年間にわたって追跡的な調査を受けた。コースを受講していない学生が5年で卒業した割合は55％であり，当時の UT における学生の典型的な数値であった。1年次の1学期か2学期のどちらかでコースを受講し，ドロップアウトしなかった学生や過度な欠席によって授業を落第しなかった学生における卒業の割合は71％であった。それらの学生は，EDP310 のコースを受講しなかった学生よりも言語や数学の SAT（大学進学適性試験）得点が有意に低かったのだが，この結果に嘘偽りはない。そのコースを受講した学生のほとんどは，学業的な警告を受けていたためにアドバイザーやカウンセラーから受講するように言われており，そして，多くの学生はこのコースに対してやる気が低かったため，これらの結果はさらに注目すべきものであった。私たちは，統計的な統制を行った群や補欠者による統制群などを設定して実践を繰り返したが，同様の結果が得られた。加えて，公表されていないが，私たちのコース内で行われた評価では，Brown, Fishco と Hanna（1993）のネルソン・デニー読解テストに対して，学生は平均して24～28パーセンタイルの得点の向上を示した。以下では，この

コースの構成の概要，コースの内容，そしてこのコースでの指導方法などについて説明していく。

　EDP310（個人の学習スキル）は，UT の教育心理学部で実施している3単位での評価のコースであり，1日50分で週に3日間，15週にわたって行われた。これは，9から16の複数のクラスからなるコースで，学術的な予算に基づいて各学期で実施される。EDP310 は，すべてのクラスにわたって共通のカリキュラムで共通の評価が行われるコーディネイト・コースである。Weinsteinは，2人のアシスタント・コーディネーターの大学院生と複数の指導者の援助を受け，コースを構成していった。共同コーディネーターと指導者は，すべて上学年の博士課程の学生であり，基本的には UT の教育心理学部において学習，認知，動機づけと指導の研究を行っていた。クラスの指導者として選ばれた学生は，厳しい面談の過程を経て，大学の教育方法に関する博士課程レベルのコースと，大学生の学習と在籍傾向に関する大学のコースの履修を終えなければならなかった。加えて，それぞれの学期に先立って，新しい指導者全員が6日間のトレーニングにすべて参加した（経験のある指導者は，1日の参加であった）。追加のトレーニングが，週に2時間のスタッフ・ミーティングの中や，それぞれの学期の間に行われる2回の指導の観察の後に行われた。

　このコースは，規則のうえでは自由選択のコースであるため，履修にあたっては UT における専攻や学位は問われなかった。しかしながら，前述したように，このコースにおける大半の学生は，学業達成が低くなるリスクが予想されたり，もしくはすでに学業的な警告を受けていたりしたために，履修することを要求された学生である。結果的に，コースの履修を嫌がったり，参加への意欲が低かったりする学生が多くなる。1年生に対して履修の枠を多く設けているのだが，それ以外の学生も EDP310 を履修している。なぜなら，学校の1年目を終えて学業的な警告を受けている状況にあったり，大学でのパフォーマンスを向上させたかったり，もしくは，ほとんどないことだが，大学院の準備として履修したりする学生もいるからである。2005年のコース登録のデータは，以下のデモグラフィックの内訳を示している。女性58%，男性42%；1年生29%，2年生42%，3年生20%，4年生9%；アフリカ系アメリカ人5%，アジア系20%，白人48%，ヒスパニック23%，アメリカ先住民3%。これらの

数値は，当時のUTの人数割合を示すものである。現在は，EDP310コースには9つのクラスがあり，それぞれのクラスには最大28人の学生が在籍している。大学教員のコーディネーターと2人の大学院生のアシスタント・コーディネーターが共同して，コースの内容と構成を設計し，それぞれの学期のコースでどのような評価を用いるのかも決めている。彼らはまた，コースの管理や新任の教員へのトレーニングの補助も行っている。アシスタント・コーディネーターは，少なくとも2つの学期において，このコースの指導者を務めなくてはならない。

　方略的学習のモデルは，コースの内容を選択したり構成したりするために活用されている。トピックは4つのすべての要素の中から選択されるが，スキル，意志，自己調整の要素が強調されている。このモデルにおける要素に加えて，学習ノートのとり方のような，いくつかの伝統的な勉強スキルに関するトピックも含まれている。近年のEDP310におけるコースのトピックと評価のスケジュールについては，付録に示している。学生たちは，方略的学習モデルや，このモデルのそれぞれの変数の背後に存在する中心的な理論的発想について教えられる。学生たちはまた，それぞれの分野の向上に活用できるスキル，方略，アプローチについても教えられる。学生たちは，他の授業で直面するような多様な学習状況において，それらの方略を活用するように指導を受ける。EDP310は，ブレンド型の配信コースであり，応用，モデリング，小グループ活動とクラス全体での議論を行うクラス内での指導に加えて，多くの内容がBecoming a Strategic Learnerのオンラインシステム（Weinstein, Woodruff, & Awalt, 2002）を通して提供される。また，一連の読み物や配布プリントについても活用されている。

　方略的学習モデルは，全体のコースを構成するフレームワークとして活用されている。コースの最初に，学生たちはきわめて簡略なモデルの説明を受けることになる。コースが進むにつれ，新しい概念や方略が方略的学習モデルに統合されていく。これによって，学期の残りが4分の1になった時期には，学生は全体的なモデルと，学習課題や問題に関連する要素の位置づけを把握することができる。指導は，知覚，振り返りとコントロールや活動といったメタ認知のモデルに基づいて行われる。評価，教材，教育的な練習，そし

て，教員によって，学生は，方略的学習を促進する異なるトピックの分野について知り，それらの分野における自身の強みや弱点について振り返るようになる。さらに，学生は，より効果的で効率的に学習の目標や仕事の目標を達成したり，自分自身を改善したりすることを促進する方法についても学ぶこととなる。このアプローチと Zimmerman の自己調整モデルの間には，明確な関連がある。EDP310 は，Zimmerman のモデルや彼の初期の自己調整に関する研究（Zimmerman, 1986a; Zimmerman & Martinez-Pons, 1986）に先立って，1975年に開発された。しかし，コースは進化していき，過程，指導，内容における多くの変化については，Zimmerman の研究の影響を大きく受けてきた。私たちはまた，事前，最中，事後の課題の過程や方略の指導を改善するために，Zimmerman の研究を活用してきた。

　EDP310 では，多くの異なるタイプのクラスにおいて指導が行われている。それぞれのタイプのクラスで指導されているメタ認知の過程や方略知識のカテゴリといった，クラスのタイプにおける指導の概要については，表7.1 を参照していただきたい。コンテクスト・クラス，関連するオンラインシステムを用いないコンテント・クラスと，関連するオンライン指導システムを使用するコンテント・クラスという 3 つのクラスのタイプが存在する。コンテクスト・クラスでは，参考文献，構成，足場かけ，学級風土，コースの目的，教員の期待，そして，学生／指導者の EDP310 に対する約束といった枠組みについて，（「何」に関する）宣言的知識と（「どのように」に関する）手続き的知識が教授される。シラバスの紹介や分析などを含むコンテクスト・クラスの例としては，コミュニティ形成のためのアイスブレーキングの活用，自律性支援を行うための構造化された議論の活用，そして，コースの過程や課題において学生に意思決定の機会を与えることなどがあげられる。関連するオンラインシステムを用いないコンテント・クラスとは，内容を学ぶために，読み物のみを使用して授業内で指導を行うクラスである。例えば，ノートのとり方に関する方略は，現在，どのオンラインシステムの中にも含まれていない。そのため，教員はクラスの中でこのトピックに関する指導を行い，有効であると考えらえるノートのとり方の方略に関する基本的な情報（宣言的知識）や，どのようにそれを用いたり自分自身の方略を発展させたりするのか（手続き的知識），そして，与えら

表 7.1 Weinsteinの方略的学習コース (ECP310) におけるクラスのタイプ

	コンテクスト・クラス	関連するオンラインシステムを使用しないコンテント・クラス	関連するオンライン指導システムを使用するコンテント・クラス	
			意志に関するトピック	スキルと自己調整に関するトピック
トピック	例： ・事前と事後の評価の実施 ・コースの概観 ・コースのシラバスと期待されること ・コミュニティの構築 ・自律性支援 ・学習環境	例： ・方略的学習モデル ・系統的アプローチ ・評価のフィードバックと振り返り ・学生の振り返り ・内容の概観と改革の方略	不安 態度 動機づけ	集中 情報処理 主となるアイデアの選択 自己テスト 勉強の補助 テストの受け方 時間管理
指導するメタ認知的過程				
知覚	例：事前の評価を受ける			
振り返り	例：学習に関する自分の記録	例：内容の概観	✓	例：事前のテスト得点に対するフィードバックと振り返り
コントロール	例：コースのシラバスと期待されることの活用	例：系統的アプローチの活用		
指導する方略知識のタイプ				
宣言的知識	✓	✓		✓
手続き的知識	✓	✓		✓
条件的知識		✓		✓

注：「✓」は，指導するメタ認知的過程や方略知識のタイプを示す。

れた課題に対して特定の方略がいつ有効で，いつ有効でないのかといった条件的知識などを教授する。これとは反対に，3つ目のクラスのタイプのカテゴリが，関連するオンライン指導システムの要素を活用するコンテント・クラスである。

　EDP310は，ブレンド型のコースである。指導の一部は授業で行われ，一部はLASSIの10個の下位尺度の対応する10個のオンラインシステムを通して行われるが，広範囲にわたる追加の課題もまた存在する。また，これらの相互作用的なオンラインの指導システムでは，メタ認知的モデルを活用し，知覚，振り返り，コントロールが指導される。その指導の際には，情報を与えるプレゼンテーション，広範囲にわたる一連の振り返り，そして，学生が多様な内容の分野，学習とパフォーマンス課題にわたって使用することができるコントロール方略の典型例に関する宣言的知識，手続き的知識と条件的知識を提供するように構成された活動を用いる。それぞれのシステムは，学生がその分野と関連する自身の知識の振り返りを促進するように，そして，なぜその分野において改善することが必要なのかを理解するように構成されている。そのシステムはまた，学生に対して勉強のための課題や，彼らが学んでいる課題の応用を導く活動を提供し，そして，新しい，もしくは改善された学習方略を使用する練習なども提供する。それぞれのシステムで，学生は，内容についてノートをとること，選択した活動をすべてこなすこと，そして，そのシステムのトピックを他のシステムや方略的学習モデルの中で学んだ内容と統合し，1段落か2段落の長さの文章を書くことが求められる。トピックそのものや，トピックの内容に関する学生の先行知識と経験にもよるが，それぞれのシステムは，すべて終えるまでにだいたい2時間半から4時間ほどかかる。振り返りと活動に対する学生の反応は，オンラインかプリントによって捉えるようになっており，教員は好きなほうの形式でそれらを手に入れることができる。私たちはまた，授業中の小グループの取り組み，ペア・アンド・シェアの取り組みと議論のような活動のいくつかを記録した。関連するオンライン指導システムを使用するクラスは，教員と学生主導の議論を通して批評されるため（そして，新しいトピックを扱うクラスの最初に用いられる，簡単に答えられる小テストを通して評価されるため），宣言的知識に焦点を当てる必要がない。これによって，手続き的知

識と宣言的知識を磨くことにより，多くの授業の時間を使用できる。

　EDP310において多様な教授方法が用いられるが，おそらく効果的な学習方略の使用を学ぶためにもっとも重要な方法は，フィードバックを活用したガイド付きの練習である。多様な学習課題や状況にわたって，学生が方略的学習のやり方を活用するような練習ができるということは，きわめて重要なことである。また，それらの方法の理解や活用の両方の向上を促進するため，学生が教員やクラスメイトからフィードバックを受けることも重要である。こういった理由のため，EDP310を履修している学生は，このコースで学んでいる方略を適用することができるように，少なくとももう一つのコースを同時に履修することが求められている。

　学期の最初に学生に対して行われる事前の評価は，EDP310において，方略的学習や自己調整学習に関連する学生の強みや弱点を，学生自身や教員に気づかせる役割を果たす。この事前の評価によって，学生と教員は，どの部分に対して集中的に努力を行えばよいのかを特定することができる。EDPでは，28人までの人数でそれぞれのクラスが構成されているため，個別での指導は困難である。評価は，学生自身にとってもっとも有益だと考えらえる内容に焦点を当てた個別カリキュラムを作成する分野を明確化することに役立つ。これはまた，学習ログ，小レポート，振り返り，進歩の分析，そして他の課題や活動を通して行われるものである。事前の評価と事後の評価（同様の尺度）はまた，コースの評価と修正に関するフィードバックにもなる。事後の評価によって，学生は進歩を評価し，今後改善し続けていく方略やスキルに関する活動計画の作成につながる。例えば，事前のLASSIによって，学生は自分の強みに気づくとともに，EDP310を履修している現在の学期の間に，学業的成功を促進するために改善しなければならない分野についても気づくことができる。そして事後のLASSIによって，学生は，まだ改善が必要な分野を評価することができる。LASSIは，目標志向性，援助要請，読解の理解などの尺度と合わせて用いられる。カリキュラムを発展させるために，もしくは，コースの目標が達成できたかどうかに関してコーディネーターや指導者を評価するために，尺度が追加されることも多い。また，学生のコースの内容の学習について評価し，そしてフィードバックを行うために，コースの中で3回の試験も行われる。最

後に，学生は，個人の学習の記録，自身の進歩もしくは進歩を阻害する問題についての一連の小レポート課題と，学んだ内容の他のコースへの適用についての最後の仕上げのプロジェクトのような課題を仕上げることとなる。

方略的学習に関する今後の研究の方向性

　高等教育と学習の訓練を進展させ続けるための学術的な準備を明確化するためには，方略的学習と自己調整学習に対する認知，メタ認知，動機づけ，感情と行動の変数の貢献（例えば，学習へのポジティヴ感情）と，阻害（例えば，高い不安）の両方についての研究が今後必要となるであろう。それらの個々の変数の，もしくは組み合わせについての理解をより深めることで，すべての教育水準において，幅広く活用できるような方略やスキル（例えば，精緻化の使用といった一般的な学習方略）の介入と，特定の内容に対する方略やスキル（例えば，代数学の方程式を学習するための精緻化方略）の介入の両方の基礎として用いることが可能な，より正確で有益な概念モデルにつながっていくであろう。加えて，個々の学生の強みや問題のある分野に対してそれらの介入を応用していくことに焦点を当てた研究もまた，今後必要となるであろう。近年では，学生の強みや弱点の個人差を説明しようとしてモデルが適用されているが，より系統的で効果的な指針が必要である。

　方略的学習や自己調整学習を評価することに関しても，今後の研究が必要である。ZimmermanとMartinez-Pons（1986, 1988）のSRLIS, Pintrichら（1991）のMSLQとWeinstein, PalmerとSchulte（2002）のLASSIといったような包括的な評価の継続的な発展によって，私たちはより正確な評価を行って学生の強みと弱点の分野を特定し，全体的な改善策を導き出すことができるのである。しかしながら，広いレベルの診断的／標準的尺度に加えて，私たちはまた，特定の内容の学習に対する測定や，コンピュータの履歴，発話思考法，勉強についての日誌，直接的な観察とマイクロアナリシス（Zimmerman, 2008）といったようなオンラインでの自己調整の測定についても，今後開発していく必要がある。一般的な方略をあるトピックの分野に対して適用することで，特定

の内容についての方略となるということも事実ではあるが，一般的な方略の下位概念となる方略や特殊な方略もあるであろう。例えば，数学，外国語学習，歴史といったような特定の内容の分野における学習に対して有効な方略である。この部分については，まだ系統的な検討がなされていない。

　他にも，系統的な研究や研究の拡張が必要な分野として，介入の期間や評価に関するものがある。近年，ほとんどの研究における介入は，短大や大学の実際のコースやプログラムにおいてではなく，実験的な環境において行われている。これに関して主となる根本的な一つの問題は，研究者と高等教育機関との間の協同性が欠けていることである。より精緻な介入と同様に，高等教育での介入結果の成功や持続を調べるフォローアップのための長い期間も必要である。幸運にも私たちは，EDP310コースにおけるいくつかの学期の学生たちに対して，5年間のフォローアップを行うことができた。しかし，このくらいの期間にわたって行っている研究はほとんどない。

方略的学習における現在と今後の研究から得られる教育的示唆

　大学生への入学や成功，そして個人的な教育の目標や社会的な教育の目標を達成するための方略的学習に関する研究から，多くの教育的な示唆を得ることができる。プログラムは，高校生を対象としたもの，サマープログラムへの移行や高大接続のためのもの，上学年の学生および／もしくは大学レベルの学習に対して準備が不十分だと考えられる学生のためのものなどに発展および拡張している。これらのプログラムは，生徒の高等教育への入学を促進するだけではなく，生徒の成功や在籍傾向を高めることにもつながる。例えば，テキサスにおける高等教育調整委員会（the Higher Education Coordinating Board: THECB）は，サマープログラムへの移行プログラムの多様なやり方を示しており，そして，さまざまな要素の効果を評価したり，アメリカン・カレッジ・テスト（ACT）のコンパス・アセスメント（Compass assessment），カレッジボード（the College Board）のアクプラサー・アセスメント（Accuplacer assessment）とピアソン・エデュケーション（Pearson Education）のテキサス高等教育アセスメント（Texas Higher Education Assessment: THEA；これらについての取り組みと現在進

行中のプロジェクトの結果に関する報告についてのより詳しい情報は，THECB のウェブサイト www.thecb.state.tx.us を参照）のようなテストにおいて，入学時の得点が低い学生が大学レベルのコースにおいてうまく取り組むために，それらの要素がどのように貢献するのかについて検討している。加えて，多くの大学やほとんどのコミュニティ・カレッジは，数学，リーディング，ライティング，個人の発達，学習方略について焦点を当てたいくつかの補習教育を行っている。これらのプログラムの特徴は非常に多岐にわたるため，方略的学習や自己調整学習についてのより包括的な視点がなお必要とされている。

　方略的学習や自己調整学習はまた，高等教育におけるさまざまな異なる文脈で指導されている。例えば，テキサス大学オースティン校における認知的学習方略プロジェクトの一部として，大学の教員はメタカリキュラム――履修しているコースにおいて，どのように内容を学ぶのかと，何を学ぶのかを学生に教えるもの――の活用についての訓練を受けている。学生サポートの人たち，チューター，カウンセラー，メンター，指導教員を対象に，ワークショップも開催されている。ほとんどの大学の学習センターは，現代の状況に合わせた勉強スキルのクラスやワークショップを開催しており，脱落や失格の割合が平均よりも高い特定のクラスを対象にして行われていることも多い。また，学生が自身の方略的学習や自己調整学習の改善のために利用することができる教科書や自己支援的な本も多い（例えば，Nist-Olenjnik & Holschuh, 2011; Sellers, Dochen, & Hodges, 2011; VanderStoep & Pintrich, 2007）。Lucy Macdonald（ルーシー・マクドナルド）の HowToStudy.org と Becoming a Strategic Leaner，LASSI オンライン指導システム（Weinstein, Woodruff, & Awalt, 2002）のようなオンライン教材もまた，個人で，もしくは学習の文脈において利用することができる。

　今後は，学生がオンラインでの教材を利用することだけではなく，e-learning に特化した教材を開発することもさらに必要となろう。大学の教育が，e-learning や，先述した EDP310 方略的学習コースのような（オンラインと対面での要素の両方を含む）ブレンド型のコースのように変われば，これらを受講する学生はさらなる自己調整を行うことがより重要となるであろう。1つもしくはそれ以上のオンラインのコースにおいて脱落していたり，もしくは合格となる得点を取得できていない学生は多い（Hachey, Wladis, & Conway, 2009;

Patterson & McFadden, 2009)。少なくともこういった状況の一部が，効果的な方略やスキルを欠くことが多い学生たちへの，洗練された自己調整の過程やスキルの必要性をさらに高めることにつながっている。LASSIをオンラインの学習文脈において活用した結果は，その必要性を裏づけている。

　また，研究者，実践者，大学の管理者，そして大学機関の研究者間の密接な連携も必要である。私たちの分野における応用的な研究の多くは，制限があり，公表することができない。特に，コミュニティ・カレッジにおいては，公表することへのプレッシャーがほとんどないため，研究結果は，出版の形として，もしくは，学会発表でさえもたやすく利用できないことが多い (Simpson, 2002)。このため，方略的学習と自己調整学習において重要な示唆をもってはいるが，大学の研究のもとに隠れてしまっているような研究を引用することが困難となる（私たち自身の多くの研究結果に対して参考文献を引用することが困難となる）。異なる利害関係者が協力することは，理論，研究，実践を豊かにし，さらに，多くの学生が高等教育に関する知識を得ることや，学習の環境で成長すること，教育に関する目標や就職に関する目標の達成を促進することにつながっていく。

結論

　いくつかの高等教育のあり方に対する要求が高まっているが，高等教育への移行の準備が不十分な生徒が多い。アメリカの労働力に関する予測では，今，そして今後の，すぐに変化していってしまう科学技術の世界や，世界経済に対して適合していくことができるような高いスキルを有した従業員と雇用者が必要であることが強調されている。今日の仕事やキャリアにおいては，一つの内容の分野や，一連のスキルに対する熟達では不十分であり，オン・ザ・ジョブ・トレーニングや教育を継続していくことがより必要となるであろう。イノベーションの最先端に居続けるためには，人々を，生涯を通して自身の学習を管理し，スキルを発展させ，目標を達成するための動機づけを生み出すことができるような方略的，そして自己調整的な学習者になるために教育することが

必要であろう。それゆえ，高等教育機関は，学生がより方略的で自己調整的な学習者になることを促進するための多くの試みを行っていくことがきわめて重要なのである。方略的学習や自己調整学習に関する理論，研究，応用的な実践は，それらの要求を満たすような，さらなる効果的な介入の開発につながる確かな基盤を与えてくれる。なぜなら，それらは，学習における成功の可能性を高めるために，どのように勉強して学んでいくのかということを，学生自身が積極的に改善していくことができるという証拠を示すからである。この章で議論を行った方略的学習や自己調整学習のようなモデルによって，研究者，教育者，そして学生は，学習やパフォーマンスに影響を与える多くの要因を体系化するために使用できる枠組みや，学習における成功の確率を高めるためにどのように学ぶのか，何を学ぶのかといったことをコントロールするために修正していく必要がある要因を特定するための枠組みを得ることができる。

　Zimmerman の自己調整のモデルは，循環する学習段階と，学習や達成目標を追求する中での学習方略，動機づけ，メタ認知，感情，行動を活用していくような自己調整に関わる重要な過程についての枠組みを与えてくれる。同様に，Weinstein の方略的学習モデルは，学生の学習に影響を与える一連の要因を体系化し，そして，多様な学習環境にわたって学習や達成を促進するために自身が活用できるようなスキル，意志，自己調整に関する多くの学習方略の発展と活用へと学生を導いていくための枠組みを与えてくれる。この章で概観したように，高等教育での介入の多くの成功事例は，Zimmerman の自己調整のモデルと Weinstein の方略的学習モデルに由来していたり，もしくは，それらのモデルの影響を受けていたりしている。国際的にも国内的にも注目が集まり，そして，学習への準備ができていない学生に対して役立てるために，政策担当者，専門機関，財団からこの分野に対して多くの投資が行われるようになってきており，応用的な研究を拡大していくチャンスが急激に大きくなってきた。この試みが成功するかどうかは，大学でのさまざまな側面にわたって方略的学習と自己調整学習の内容を扱い，その教育を効果的に実行できるかどうかに依存する部分がある。この教育には，学習サポートセンターとプログラム，コースに基づく介入とコースに基づかない介入，オンラインとハイブリッド型の介入，アドバイジングとカウンセリングのプログラム，そして，教

員や職員のファカルティ・ディベロップメントなどが含まれる。短期的なワークショップから3単位にあたる集中コースまで,現在では多くの介入が存在するが,この分野におけるさらなる研究と発展が必要であり,もっともよいやり方が見つかるのはまだこれからである。

　最後に私たちは,小学校,中学校,高校の児童・生徒のニーズに関するさらなる研究と発展的な取り組みが必要であるということを強調したい。今日,9年生のうちの25%が高校を卒業できてないということが明らかにされており,私たちはこれを改善していかなくてはならない。

最後のコメント——Claire Ellen Weinstein からの私信

　私たちは皆,Barry の研究が非常に多くの分野における研究や応用的な取り組みに対して,多大なる影響を与えていることを知っている。しかし,彼が,彼の指導生,共同研究者,友人,学生と同世代の人々,そして医療現場の患者に与えた大きな影響については,すべての人が知っているわけではない。彼の洞察に満ちた理論,創造的な研究と継続的な努力は,それらの人々の成功と生活の質に大きな影響を与え,彼らは多くの恩恵を得たのである。喘息のような長期にわたる持病をもつ患者への医療コンプライアンスについて彼が行った研究に対して,アメリカ肝臓学会から贈られた傑出した貢献への賞（医師以外で受賞したのは初めて）から,教育心理学におけるこれまでの功績に対して,アメリカ心理学会（the American Psychological Association）の教育心理学部会から贈られたソーンダイク賞（Thorndike Award）まで,彼の受賞は多岐にわたっており,伝説的なものであるといえるであろう。しかしながら,おそらく Barry のもっとも素晴らしい功績は,共同研究者や友人に対する彼の温かさ,関心,援助,サポートであろう。Barry は,彼の指導生や共同研究者に対して誠実な気遣いをみせる素晴らしいメンターである。Barry,彼の取り組みはこれまでも,そして今でもゆるぎない信念によるものである。そして,彼を友人と呼べることを,私は光栄に,誇りに,そして嬉しく思っている。Barry,人生に乾杯！

文献

ACT. (2010). *ACT profile report—National: Graduating class of 2010*. Retrieved from http://www.act.org/newsroom/data/2010/pdf/profile/National2010.pdf?utm_campaign=cccr10&utm_source=profilereports&utm_medium=web

Acee, T. W., Cho, Y., Kim, J., & Weinstein, C. E. (2012). Relationships among properties of college students' self-set academic goals and academic achievement. *Educational Psychology: An International Journal of Experimental Educational Psychology, 32*, 681–698. DOI:10.1080/01443410.2012.712795

Acee, T. W. & Weinstein, C. E. (2010). Effects of a value reappraisal intervention on statistics students' motivation and performance. *Journal of Experimental Education, 78*, 487–512. doi:10.1080/00220970903352753

Acuna, S. R., Rodicio, H. G., & Sanchez, E. (2011). Fostering active processing of instructional explanations of learners with high and low prior knowledge. *European Journal of Psychology of Education, 26*, 435–452.

Albaili, M. A. (1997). Differences among low-, average- and high-achieving college students on learning and study strategies. *Educational Psychology, 17*, 171–178.

Al-Harthy, I. S., Was, C. A., & Isaacson, R. M. (2010). Goals, efficacy, and metacognitive self-regulation: A path analysis. *International Journal of Education, 2*, 1–20.

Arendale, D. (2010). *Access at the crossroads: Learning assistance in higher education*. San Francisco, CA: Jossey-Bass. doi:10.1002/aehe.3506

Aud, S., Hussar, W., Kena, G., Bianco, K., Frohlich, L., Kemp, J., & Tahan, K. (2011). *The condition of education 2011* (NCES 2011-033). Washington, DC: U.S. Department of Education, National Center for Education Statistics.

Austin, J. T. & Vancouver, J. B. (1996). Goal constructs in psychology: Structure, process, and content. *Psychological Bulletin, 120*(3), 338–375.

Bailey, T. (2009). Challenge and opportunity: Rethinking the role and function of developmental education in community college. *New Directions for Community Colleges, 2009* (145), 11–30. doi:10.1002/cc

Blunden, A. (2011). Vygotsky's idea of a Gestalt and its origins. *Theory & Psychology, 21*, 457–471.

Bol, L. & Garner, J. K. (2011). Challenges in supporting self-regulation in distance education environments. *Journal of Computing in Higher Education, 23*, 104–123. doi:10.1007/s12528-011-9046-7

Brown, J. I., Fishco, V. V., & Hanna, G. (1993). *The Nelson-Denny reading test*. Itasca, IL: The Riverside Publishing Company.

Cano, F. (2006). An in-depth analysis of the Learning and Study Strategies Inventory (LASSI). *Educational and Psychological Measurement, 66*, 1023–1038.

Conley, D. T. (2007). *Redefining college readiness*. Eugene, OR: Educational Policy Improvement Center.

De Corte, E. & Masui, C. (2004). The CLIA-model: A framework for designing powerful learning environments for thinking and problem. *European Journal of Psychology of Education, 19*, 365–384.

DeRoma, V. M., Bell, N. L., Zaremba, B. A., & Abee, J. C., (2005). Evaluation of a college transition program for students at-risk for academic failure. *Research & Teaching, 21*, 20–33.

Diseth, A. (2011). Self-efficacy, goal orientations and learning strategies as mediators between preceding and subsequent academic achievement. *Learning and Individual Differences, 21*, 191–195.

Dweck, C. S. & Leggett, E. L. (1988). A social-cognitive approach to motivation and personality. *Psychological Review, 95* (2), 256–273. doi:10.1037/0033-295X.95.2.256

Eccles, J. S. & Wigfield, A. (2002). Motivational beliefs, values and goals. *Annual Review of Psychology, 53*, 109–132. doi:10.1146/annurev.psych.53.100901.135153

Eccles, J. S., Adler, T. F., Futterman, R., Goff, S. B., Kaczala, C. M., Meece, J. L., et al. (1983). Expectancies, values, and academic behaviors. In J. T. Spence (Ed.), *Achievement and achievement motivation* (pp. 75–146). San Francisco, CA: W. H. Freeman.

Elliot, A. J. (1999). Approach and avoidance motivation and achievement goals. *Educational Psychologist, 34* (3), 169–189.

Elliot, A. J. & Murayama, K. (2008). On the measurement of achievement goals: Critique, illustration, and application. *Journal of Educational Psychology, 100*, 613–628. doi:10.1037/0022-0663.100.3.613

Fenollar, P., Román, S., & Cuestas, P. J. (2007). University students' academic performance: An integrative conceptual framework and empirical analysis. *The British Journal of Educational Psychology, 77*, 873–891. doi:10.1348/000709907X189118

Flavell, J. H. (1979). Metacognition and cognitive monitoring: A new area of cognitive-developmental inquiry. *American Psychologist, 34*(10), 906–911.

Hachey, A. C., Wladis, C. W., & Conway, K. M. (2009). Is the second time the charm? Investigating trends in online reenrollment, retention and success. *The Journal of Educators Online, 9*, 1–25.

Hailikari, T. K. & Nevgi, A. (2010). How to diagnose at-risk students in chemistry: The case of prior knowledge assessment. *International Journal of Science Education, 32*, 2079–2095. doi:10.1080/09500690903369654

Hodges, R. & Agee, K. S. (2009). Program management. In R. F. Flippo & D. C. Caverly (Eds.), *Handbook of College Reading and Study Strategy Research* (2nd ed., pp. 351–378). New York, NY: Routledge.

Hodges, R. B., Dochen, C. W., & Sellers, D. (2001). Implementing a learning framework course. In J. L. Higbee & P. L. Dwinell (Eds.), *NADE Monograph: 2001 A Developmental Odyssey* (pp. 3–13). Warrensburg, MO: National Association for Developmental Education.

Hofer, B. K. & Yu, S. L. (2003). Teaching self-regulated learning through a "learning to learn" course. *Teaching of Psychology, 30*, 30–33.

Humphrey, G. (1924). The psychology of the gestalt: Some educational implications. *Journal of Educational Psychology, 15*, 401–412.

Husman, J., Derryberry, P. W., Crowson, M. H., & Lomax, R. (2004). Instrumentality, task value, and intrinsic motivation: Making sense of their independent interdependence. *Contemporary Educational Psychology, 29*, 63–76. doi:10.1016/S0361-476X(03)00019-5

Husman, J. & Hilpert, J. (2007). The Intersection of students' perceptions of instrumentality, self-efficacy, and goal orientations in an online mathematics course. *Zeitschrift fur Padagogische Psychologie, 21*, 229-239. doi:10.1024/1010-0652.21.3.229

Locke, E. A. & Latham, G. P. (2002). Building a practically useful theory of goal setting and task motivation: A 35-year odyssey. *American Psychologist, 57*(9), 705–717. doi:10.1037//0003-066X.57.9.705

Maxwell, M. (1997). Improving student learning skills: A new edition. Clearwater, FL: H&H publishing.

Mayer, R. E. & Alexander, P. A. (Eds.). (2011). *Handbook of research on learning and instruction.* New York, NY: Routledge.

McKeachie, W. J., Pintrich, P. R., & Lin, Y. G. (1985). Teaching learning strategies. *Educational Psychologist, 120*, 53–160.

Mireles, S. V. (2010). Developmental mathematics program: A model for change. *Journal of College Reading and Learning, 40*, 81–90.

Mireles, S. V., Offer, J., Ward, D. D., & Dochen, C. W. (2011). Incorporating study strategies in developmental mathematics/college algebra. *Journal of Developmental Education, 34*, 12–41.

Nist-Olenjnik, S. & Holschuh, J. P. (2011). *College rules!: How to study, survive, and succeed in college* (3rd ed.). New York, NY: Ten Speed Press.

Paris, S. G. & Paris, A. H. (2001). Classroom applications of research on self-regulated learning. *Educational Psychologist, 36*, 89–101.

Parsad, B., Lewis, L., & Greene, B. (2003). *Remedial Education at Degree-Granting Postsecondary Institutions in Fall 2000.* Washington, DC: National Center for Education Statistics. Retrieved from http://nces.ed.gov/pubs2004/2004010.pdf

Patterson, B., & McFadden, C. (2009). Attrition in online and campus degree programs. *Online Journal of Distance Learning Administration, 12*(2). Retrieved from http://www.westga.edu/~distance/ojdla/summer122/patterson112.html.

Pintrich, P. R. (1999). The role of motivation in promoting and sustaining self-regulated learning. *International Journal of Educational Research, 31*, 459–470.

Pintrich, P. R. (2000). The role of goal orientation in self-regulated learning. In M. Boekaerts, P. R. Pintrich, & M. Zeidner (Eds.), *Handbook of self-regulation* (pp. 452–502). San Diego, CA: Academic

Press.

Pintrich, P. R. (2004). A conceptual framework for assessing motivation and selfregulated learning in college students. *Educational Psychology Review, 16*(4), 385–407. doi:10.1007/s10648-004-0006-x

Pintrich, P. R. & De Groot, E. V. (1990). Motivational and self-regulated learning components of classroom academic performance. *Journal of Educational Psychology, 82*, 33–40. doi:10.1037/0022-0663.82.1.33

Pintrich, P. R., Smith, D. A., Garcia, T., & McKeachie, W. J. (1991). *A manual for the use of the motivated strategies for learning questionnaire (MSLQ)* (Technical Report No. 91-B-004). Ann Arbor, MI: National Center for Research to Improve Postsecondary Teaching and Learning.

Pressley, M. & McCormick, C. B. (1995). *Advanced educational psychology: For educators, researchers, and policymakers.* New York, NY: HarperCollins.

Proctor, B. E., Prevatt, F., Adams, K., Hurst, A., & Petscher, Y. (2006). Study skills profiles of normal-achieving and academically-struggling college students. *Journal of College Student Development, 47*, 37–51. doi:10.1353/csd.2006.0011

Ramdass, D. & Zimmerman, B. J. (2011). Developing self-regulation skills: The important role of homework. *Journal of Advanced Academics, 22*, 194–218.

Rosenthal, T. L. & Bandura, A. (1978). Psychological modeling: Theory and practice. In S. L. Garfield & A. E. Bergin (Eds.), *Handbook of psychotherapy and behavior change: An empirical analysis* (2nd ed., pp. 621–658). New York, NY: Wiley.

Russell, A. (2008). *Enhancing college student success through developmental education. American Association of State Colleges and Universities—Policy Matters: A Higher Education Policy Brief.* Retrieved from http://www.aascu.org/uploadedfiles/aascu/content/root/policyandadvocacy/policypublications/pmaug08.pdf

Schunk, D. H. (1987). Peer models and children's behavioral change. *Review of Educational Research, 57*, 149–174.

Schunk, D. H., Pintrich, P. R., & Meece, J. L. (2008). *Motivation in education: Theory, research, and applications* (3rd ed.). Upper Saddle River, NJ: Prentice Hall.

Sellers, D., Dochen, C. W., & Hodges, R. W. (2011). *Academic transformations: The road to college success* (2nd. ed.). Boston, MA: Prentice Hall.

Simpson, M. L. (2002). Program evaluation studies: Strategic learning delivery model suggestions. *Journal of Developmental Education, 26*, 2–10.

Sins, P. H. M., van Joolingen, W. R., Savelsbergh, E. R., & van Hout-Wolters, B. (2008). Motivation and performance within a collaborative computer-based modeling task: Relations between students' achievement goal orientation, self-efficacy, cognitive processing, and achievement. *Contemporary Educational Psychology, 3*, 58–77. doi:10.1016/j.cedpsych.2006.12.004

Stoeger, H. & Ziegler, A. (2008). Evaluation of a classroom based training to improve self-regulation in time management tasks during homework activities with fourth graders. *Metacognition and Learning, 3*, 207–230. doi:10.1007/s11409-008-9027-z

Tsiplakides, I. & Keramida, A. (2010). The relationship between teacher expectations and student achievement in the teaching of English as a foreign language. *English Language Teaching, 3*, 22–26.

VandenBos, G. R. (Ed.). (2007). *APA dictionary of psychology.* Washington, DC: American Psychological Association.

VanderStoep, S. W. & Pintrich, P. R. (2007). *Learning to learn: The skill and will of college success* (2nd ed.). Boston, MA: Prentice Hall.

Weiner, B. (1985). An attributional theory of achievement motivation and emotion. *Psychological Review, 92*(4), 548–573.

Weiner, B. (2000). Intrapersonal and interpersonal theories of motivation from an attributional perspective. *Educational Psychology Review, 12*(1), 1–14.

Weinstein, C. E. (1975). *Learning of elaboration strategies.* Unpublished doctoral dissertation, University of Texas at Austin, Austin, TX.

Weinstein, C. E. (1978). Elaboration skills as a learning strategy. In H. F. O'Neil, Jr. *Learning Strategies* (pp. 31–55). New York, NY: Academic Press.

Weinstein, C. E., Acee, T. W., & Jung, J. H. (2011). Self-regulation and learning strategies. *New Directions for Teaching & Learning, 2011*(126), 45–53. doi:10.1002/tl.443

Weinstein, C. E., Acee, T. W., & Jung, J. H. (2010). Learning strategies. In B. McGaw, P. L. Peterson, & E. Baker (Eds.), *International encyclopedia of education* (3rd ed., pp. 323–329). New York, NY: Elsevier.

Weinstein, C. E., Hanson, G. R., Powdrill, L., Roska, L. A., Dierking, D., Husman, J., & McCann, E. (1998). The design and evaluation of a course in strategic learning. In J. Higo & P. Dwindle (Eds.), *Developmental education: Meeting diverse student needs.* Chicago, IL: National Association of Developmental Education.

Weinstein, C. E., Husman, J., & Dierking, D. R. (2000). Self-regulation interventions with a focus on learning strategies. In M. Boekaerts, P. Pintrich, & M. Zeidner (Eds.), *Handbook of self-regulation* (pp. 724–747). San Diego, CA: Academic Press.

Weinstein, C. E. & Mayer, R. E. (1986). The teaching of learning strategies. In M. Wittrock (Ed.), *Handbook of research on teaching* (3rd ed., pp. 315–327). New York, NY: Macmillan.

Weinstein, C. E. & Palmer, D. R. (2002). *User's manual for those administering the learning and study strategies inventory* (2nd ed.). Clearwater, FL: H & H Publishing.

Weinstein, C. E., Palmer, D. R., & Schulte, A. (2002). *The learning and study strategies inventory* (2nd ed.). Clearwater, FL: H & H Publishing.

Weinstein, C. E., Schulte, A., & Palmer, D. R. (1987). *The learning and study strategies inventory.* Clearwater, FL: H & H Publishing.

Weinstein, C. E., Woodruff, T., & Awalt, C. (2002). *Becoming a strategic learner: LASSI instructional modules*. Clearwater, FL: H & H Publishing.

Wetzels, A. J., Kester, L., & van Merrienboer, J. J. G. (2011). Adapting prior knowledge activation: Mobilisation, perspective taking, and learners' prior knowledge. *Computers in Human Behavior, 27*, 16–21. doi:10.1016/j.chb.2010.05.004

Wigfield, A. & Eccles, J. S. (2000). Expectancy-value theory of achievement motivation. *Contemporary Educational Psychology, 25*(1), 68–81. doi:10.1006/ceps.1999.1015

Winne, P. H. (2011). A cognitive and metacognitive analysis of self-regulated learning. In B. J. Zimmerman & D. H. Schunk, *Handbook of self-regulation of learning and performance* (pp. 15–32). New York, NY: Taylor & Francis.

Winne, P. H., Nesbit, J. C., Kumar, V., Hadwin, A. F., Lajoie, S. P., Azevedo, R., et al., (2006). Supporting self-regulated learning with gStudy software: The learning kit project. *Technology, Instruction, Cognition and Learning, 3*, 105–113.

Winters, F. I., Greene, J. A., & Costich, C. M. (2008). Self-regulation of learning in computer-based learning environments: A critical analysis. *Educational Psychology Review, 20*, 429–444. doi:10.1007/s10648-008-9080-9

Wittrock, M. C. (1974). Learning as a generative process. *Educational Psychologist, 11*(2), 87–95.

Woolfolk, A. (2009). *Educational psychology* (11th ed.). Boston, MA: Prentice Hall.

Woolley, M. E., Strutchens, M. E., Gilbert, M. C., & Martin, W. G. (2010). Mathematics success of Black middle school students: Direct and indirect effects of teacher expectations and reform practices. *The Negro Educational Review, 61*, 41–59.

Zimmerman, B. J. (1986a). Becoming a self-regulated learner: Which are the key subprocesses? *Contemporary Educational Psychology, 11*, 307–313.

Zimmerman, B. J. (Ed.). (1986b). Special issue on self-regulated learning [Special issue]. *Contemporary Educational Psychology, 11*, 305–427.

Zimmerman, B. J. (1989). A social cognitive view of self-regulated academic learning. *Journal of Educational Psychology, 81*(3), 329–339.

Zimmerman, B. J. (2000). Attaining self-regulation: A social cognitive perspective. In M. Boekaerts, P. R. Pintrich, & M. Zeidner (Eds.), *Handbook of self-regulation* (pp. 13–39). San Diego, CA: Academic Press.

Zimmerman, B. J. (2008). Investigating self-regulation and motivation: Historical background, methodological developments, and future prospects. *American Educational Research Journal, 45*(1), 166–183. doi:10.3102/0002831207312909

Zimmerman, B. J. (2011). Motivational sources and outcomes of self-regulated learning and performance. In B. J. Zimmerman & D. H. Schunk, *Handbook of self-regulation of learning and performance* (pp. 49–64). New York, NY: Taylor & Francis.

Zimmerman, B. J. & Moylan, A. R. (2009). Self-regulation: Where metacognition and motivation intersect. In D. J. Hacker, J. Dunlosky, & A. C. Graesser (Eds.), *Handbook of Metacognition in Education* (pp. 299–316). New York, NY: Taylor & Francis.

Zimmerman, B. J. & Bandura, A. (1994). Impact of self-regulatory influences on writing course attainment. *American Educational Research Journal, 31*, 845–862. doi:10.3102/00028312031004845

Zimmerman, B. J. & Martinez-Pons, M. (1986). Development of a structured interview for assessing students' use of self-regulated learning strategies. *American Educational Research Journal, 23*, 614–628.

Zimmerman, B. J. & Martinez-Pons, M. (1988). Construct validation of a strategy model of student self-regulated learning. *Journal of Educational Psychology, 80*, 284–290.

Zimmerman, B. J. & Schunk, D. H. (Eds.). (2011). *Handbook of self-regulation of learning and performance*. New York, NY: Taylor & Francis.

付録 EDP310 コースにおけるコースのトピックの概要、2011 年秋学期

日付	準備物	トピック	授業のはじめに提出する物	授業の課題
8月24日 (水)		コースの導入		
8月26日 (金)	読む物： 「テキサス人の成功例上位10のリスト」	事前評価： LASSI と目標志向性 テキサス人の成功例上位10のリスト		
8月29日 (月)	読む物： シラバス、コースのスケジュール、宿題の説明	コースで期待されること： 黒板とオンラインシステム 宿題の記述 宿題の質 参加 指導者とのコミュニケーション		これまでの自分の学習経験のまとめ
8月31日 (水)		事前評価： ネルソン・デニー 援助要請		
9月2日 (金)		コミュニティの構築		
9月5日 (月)		休講：労働の日		
9月7日 (水)	読む物： 「方略的学習モデル」	方略的学習モデル なぜこのモデルが重要なのか？ どんな構成要素があるか？		情報処理と自己テストに関する統合的な宿題
9月9日 (金)		「内容の概観」1日目 情報処理 自己テスト 動機づけ 態度	これまでの自分の学習経験のまとめ	
9月12日 (月)		「内容の概観」2日目		
9月14日 (水)		「内容の概観」3日目		
9月16日 (金)				
9月19日 (月)	読む物： 「情報処理に関する読み物」	知識を獲得するための情報処理	情報処理と自己テストに関する統合的な宿題	
9月21日 (水)		知識を獲得するための情報処理		

第7章　大学生をより方略的で自己調整的な学習者にするための支援

日付	読む物	トピック	宿題	統合的な宿題
9月23日(金)	読む物：[自己テストに関する読み物]	知識を獲得するための情報処理／自己テスト		動機づけと態度に関する統合的な宿題
9月26日(月)		自己テスト		
9月28日(水)	読む物：[系統的アプローチ]	系統的アプローチ		
9月30日(金)	読む物：[知識のタイプ]	知識のタイプ		
10月3日(月)		系統的アプローチ		
10月5日(水)	読む物：[目標，目標志向性に関する読み物]	動機づけ	動機づけと態度に関する統合的な宿題	
10月7日(金)	読む物：[態度に関する読み物]	動機づけ／態度		時間管理と不安に関する統合的な宿題
10月10日(月)		1回目の試験の概要		
10月12日(水)		1回目の試験		
10月14日(金)	読む物：[学習環境に関する読み物]	学習環境／構成要素／方略		
10月17日(月)	読む物：[学業的援助要請に関する読み物]	学業的援助要請のタイプ／状況的な分析／1回目の試験のフィードバック		
10月19日(水)				勉強補助とテストの受け方に関する統合的な宿題
10月21日(金)		時間管理	時間管理と不安に関する統合的な宿題	
10月24日(月)		先延ばし		
10月26日(火)	読む物：[不安に関する読み物]	不安		集中とメインアイデアの選択に関する統合的な宿題
10月28日(金)		不安の対処		

10月31日 (月)	勉強補助	勉強補助とテストの受け方に関する統合的な宿題	
11月2日 (水)	勉強補助 テストの受け方		
11月4日 (金)	テストの受け方		
11月7日 (月)	集中	集中とメインアイデアの選択に関する統合的な宿題	
11月9日 (水)	リーディング、リスニングとノートの取り方 読む物: 「読解方略に関する読み物」「ノートの取り方に関する読み物」		
11月11日 (金)	メインアイデアの選択		
11月14日 (月)	2回目の試験の概要		
11月16日 (水)	2回目の試験		
11月18日 (金)	事後評価: LASSIと目標志向性		最終の宿題
11月21日 (月)	事後評価: ネルソン・デニー 援助要請 2回目の試験のフィードバック		
11月23日 (水)	個人のプロジェクトの日		
11月25日 (金)	休講: 感謝祭による休み		
11月28日 (月)	総括の日		
11月30日 (水)	総括の日		
12月2日 (金)	あなたはここからどこへ向かうのか？他のオンライン資源についても議論する	最終の宿題	

第 8 章

自己調整学習方略としての援助要請

Stuart A. Karabenick（スチュアート・A・カラベニック），
Jean-Louis Berger（ジャン゠ルイ・バーガー）

訳：瀬尾美紀子（日本女子大学）

　Barry J. Zimmerman は，自己調整学習（SRL）は他者を含んでよいし事実含んでいるということを長年にわたって認めてきた。他者とは，学習者の成功に必要なリソース（例えば，情報やスキル）を与えて助けてくれる人のことである。SRL の研究の発展について彼が近年述べているように，「SRL は学習を個人的に方向づける形式であり，特に重要なものであるが，仲間や親，教師への援助要請のような社会的な学習形式においても重要とみなされる」（Zimmerman, 2008, p. 167）。この見方は，20 年以上前の Zimmerman と Martinez-Pons（1988）が述べた次の結論に由来している。「自己調整学習的な生徒は，受け身的な学習者ではなく，必要なときには情報や助けを能動的に探そうとする……それは自己調整的な学習者のもっとも広く強調される特徴の一つといえる（Zimmerman, 1986）。そして，私たちのデータはその理論的な重要性を支持している」（p. 289）。この見方は，その後の出版物（Zimmerman & Martinez-Pons, 1990）において再強化された。援助要請を行う生徒たちが他の自己調整学習方略も同じようによく用いていることを示す証拠を提供されて（Karabenick & Knapp, 1991），研究者たちは援助要請の自己調整的な見方を共有した。Zimmerman と Schunk の SRL を取り上げた著作に援助要請を含めたこと（Newman, 1994, 2008）は，この見方を強化した。

　援助要請は，課題を完成したりテストで満足のいく結果を出したりといった学習面の目標達成を促すために，他者や他のソース（sources）からの援助を求めるプロセスとして定義される。援助を要請することは，行動的（Pintrich & Zusho, 2002），あるいは社会的自己調整である（例えば，Newman, 1994; Zimmerman, 2008）と考えられることが，今ではかなり認められている。つまり，

援助要請は，認知的，行動的，情動的に関わる自己調整学習者に使用されるツールの中に含まれている（Butler, 1998, 2006; Karabenick, 1998, 2003, 2004; Karabenick & Newman, 2006; Nelson-Le Gall & Resnick, 1998; Newman, 2000; Skinner & Zimmer-Gembeck, 2007; Zusho, Karabenick, Bonney, & Sims, 2007）。

　Nelson-Le Gall（1981, 1987）と他の研究者たち（例えば，Ames, 1992; Gross & McMullen, 1983）は，依存的な行動（Beller, 1955; Winterbottom, 1958）としての援助要請の概念を変えることによって，その基盤をつくった。その変更に欠かせなかったのが，Nelson-Le Gallの道具的援助要請の明確化と解釈であった。直接的な援助（つまり，実行的〈*executive*〉援助要請と呼ばれる）よりも，説明やヒントを求めるような，困難を克服するためにちょうど必要な援助を得ることによって，道具的援助要請は学習や理解を促進することができ，援助の必要性や他者への依存を減らすことができる（Nelson-Le Gall, 1981, 1985; Nelson-Le Gall, Gumerman, & Scott-Jones, 1983）。道具的援助要請は，能動的で学習のプロセスに対して一般に有益であることから，適応的，方略的，適切，自律的であるものとして扱われている（Bembenutty, 2006; Butler, 1998; Karabenick, 1998; Karabenick & Newman, 2006, 2009, 2010; Nelson-Le Gall, 1981; Newman, 2008; Ryan, Patrick, & Shim, 2005; White, 2011）。

　他者に直接あるいは間接的に関わる援助要請は，自己調整学習方略の中でもユニークなものである。援助を求めたり求めに応えたりする複雑な関係性の中で，生徒―教師の相互作用は基本的な例である。テクノロジーを介した援助要請は，他者の存在がリアルであったり，想像されたり，示唆されるときに，社会的なものでありうる（Karabenick, 2010）。他方で，社会的な相互作用は，リハーサルや精緻化のような認知的な方略（例えば，誰かに詩を朗読するといったことはあるかもしれないが）の本質的なコンポーネントではない。メタ認知的プランニング，モニタリング，そして調整も，自分の理解レベルを判断するために他の学習者からの情報を考慮するといったようなことや（Karabenick, 1996），数学の問題を協働的に解決する（つまり，社会的に共有されたメタ認知；Iiskala, Vauras, Lehtinen, & Salonen, 2011）ような例はあるものの，他者との相互作用は含まない。援助要請における社会的な相互作用に関する性質の一つの結論は，他の自己調整学習方略が社会的相互作用の影響を比較的受けないのに対して，

援助要請は影響を受けやすいということである。

　本章の目的は，援助要請プロセスについて述べることと，人や場面が援助要請プロセスに与える影響，特に，必要なときにも援助要請する気持ちを減らしてしまうようなコストについて説明することである。長年観察され報告されてきた，必要な援助要請を行わない実態（例えば，Dillon, 1988; Good, Slavings, Harel, & Emerson, 1987）は，援助要請が生徒のためになる可能性があることを示す介入の必要性を表している。そうした背景のもとで，私たちは，学習者の適応的援助要請，すなわち能動的な方法で学習のためになる援助要請を促進するようにデザインされたいくつかの介入方法の概要を説明する。両方のセクション（プロセスの説明，介入方法の説明）は，Zimmermanの研究成果が示す方法を含み，援助要請の使用や発達は，課題分析，自己動機づけ信念，自己コントロール，自己観察，自己判断，自己反応といった自己調整プロセスと一致していることを含む（Zimmerman, 1989, 2000）。

援助要請のプロセス

　援助要請のプロセスモデルは，援助要請をするときに影響を与える，一連の段階と意思決定ポイントを含む（例えば，Gross & McMullen, 1983; Karabenick & Newman, 2009; Nelson-Le Gall, 1981）。表8.1の最初の列で示されているように，これらの段階と意思決定ポイントは次のようになっている。(1) 問題が存在しているかどうか決定する，(2) 援助が必要か／ほしいかどうかを決定する，(3) 援助を要請するかどうか決める，(4) 援助のタイプ（目標）を決める，(5) 誰に援助を求めるか決める，(6) 援助を求める，(7) 援助を得る，そして，(8) 援助を受け取る，というプロセスである。最適な流れの例は次の通りである。数学の課題を完成させようとしている生徒が数時間取り組むが，問題を解くことができない。彼女は援助なしで解くことができないと判断し，このタイプの問題を解く一般的な方法を知りたいと思う。彼女のクラスメイトが解き方を知っているかもしれないと思い，情報を提供してくれる友だちを呼ぶ。そして，助けてもらいながら問題を解く。その段階や意思決定は，必ずしもモデル

表 8.1 援助要請プロセスの段階と SRL の三段階モデル

援助要請プロセスの段階	自己調整のプロセス	Zimmerman モデルの SRL の段階
1 問題が存在するかどうか判断	課題分析	予見
2 援助が必要かどうか判断		
3 援助を要請するかどうか決定	方略的プランニング	
4 援助(目的)タイプを決定		
5 誰にたずねるか決定		
6 援助を求める	自己コントロール	遂行
7 援助を得る		
8a 援助を受ける―援助を判断あるいは評価	自己判断:自己評価	自己内省
8b 援助を受ける―援助に反応する	自己反応:自己充足,適応的な推測	

の順序通りに起きるわけではないことが留意されるべきである。特に,学習者はそのステップに関与していることを意識しているわけではない。むしろ,ほとんどの場合,そのプロセスは自動的でコントロールされた認知的・動機づけ的な処理の組み合わせを含むであろう。例えば,生徒の気づきは援助要請の決定から始まり,利用可能なリソースのアセスメント(例えば,教師や他の生徒)は援助要請の決定に関するコストと利点を考える前後においてなされる。自動化は援助要請することがよく理解されているときや,援助要請がほとんど,あるいは,まったく熟考されずに行われている限り起きる。

　Zimmerman の自己調整学習モデル(Zimmerman, 2000)は,自己調整の循環的で手続き的なミクロな説明を提示している。そのモデルは方略的援助要請の使用にあてはまり,前述したモデル以上の詳細を場合によっては提供する。特に,ここで述べられている8つのステップモデルは,Zimmerman の SRL モデルにうまくマッピングされる(表 8.1 の「Zimmerman モデルの SRL 段階」と「自己調整のプロセス」の列を参照)。援助要請のステージ1~5のプロセスは,予見段階の部分で,行動のためのステージを設定するプロセスや,行動のための努力や決定に影響を与えるプロセスである。動機づけ的な自己信念はこの段階

でもっとも大きな影響をもつ．ステージ6〜7は遂行段階にあたり，行動中に生起し，注意に影響を与えるプロセスを含む．最後にステージ8（援助を受けるプロセス）は，自己内省のステージであり，行動の結果の後に起こるプロセスを含み，学習者がどのようにその経験に反応するかに影響を与える．私たちは，ステージ8を2つの下位ステージにさらに分ける．ステージ8aは，援助を受けるプロセスを含み，それが学習者の援助要請の目標（例えば，答えあるいはヒント）に適切に対応したものになっているかどうかを判定する．ステージ8bは，その判定に対する返答を返すこと──どれくらい満足したかや，援助要請に対する示唆への反応──を含む．循環的な形では，この最後のステージが，生徒が援助要請を行う次の機会の予見段階のプロセス（援助を要請するかどうか，ステージ8のプロセスをどうするか，誰にどのように援助を求めるかのバリエーション）に影響を与える．

　認知的プロセスという意味で，プロセスモデルとの対応は注目に値する．問題があるかどうか，援助は必要かどうかを決めることは，課題分析プロセスに対応する．一方で，ステージ3〜5（援助要請するかどうかを決め，援助タイプと誰に要請するかを決める）は Zimmerman が方略的プランニングと呼ぶプロセスに関連する．自己動機づけの4つのタイプが，Zimmerman の SRL モデルにおける予見段階では活性化すると考えられている．援助要請の観点では，次のものが含まれる．自己効力感（求めている援助を得るためのリソースを整理することができるという信念），結果期待（求めている成果を得るためにはどうすればいいかわかること），課題価値（援助要請の利益とコスト），目標志向性（例えば，知識あるいはスキルの発達とデモンストレーション〔訳注：知識・スキルの発達に焦点化された目標か，あるいはそれらの有能さを示すことに焦点化された目標か〕のどちらがより重要か）である．それぞれの動機づけは，遂行段階に影響を与える．援助要請の場合，自己動機づけ信念は，援助要請の傾向と援助のタイプに影響を与えるであろう．目標志向性（あるいは達成目標）と援助要請の関連は，動機づけと援助要請の結びつきを検討した研究の中でもっとも多く研究されてきた（以下を参照）．

　遂行段階の2つのステージ（援助を求めて得る）は，文脈や場面に適用可能な一般的な自己コントロール方略である．SRL のフレームワークでは，

ZimmermanとMoylan（2009）が，援助要請は情報探索の社会的な形態として記述している。これらのステージは，他者に大きく依存していたり，自己コントロールとは反対のことのようにみえるが，何を，いつ，誰に対して尋ねるかに関する知識が必要なのである。つまり，自己調整学習の形態を反映しているのである。

　援助要請プロセスの最後のステージ（例えば，援助を受け取るプロセス）が，Zimmermanのモデルを用いてどのように検証されるかが重要である。ここでは，自己判断（自分自身の遂行に関する自己評価と自己反応）と，知覚された満足あるいは不満足の程度や，「さらに学ぶには自己調整の方法をどのように修正する必要があるか」について推測すること（Zimmerman, 2000, p. 23）が明らかにされる。この最後のステージの間，生徒は「自分が受けた援助は必要な情報をもたらしたか？」というような自己評価的判断を行う。この判断は，援助要請に関する自分の目標（ステージ4）との比較からなされる，すなわちモニタリングプロセスである。さらに，自己反応の2つのプロセスがある。1つは，一定程度の自己満足を経験することで，さらなる援助要請の要求を促したり抑えたりする。生徒によって求められる援助のタイプと教師や仲間によって与えられる援助のタイプが一致することは，満足の一つの形である。例えば，急をしのぐ援助を求めて，そうした形で援助を受けることは自己を満足させ，これからも同様の援助を求める可能性を高める。2つ目は，適切な，あるいは防衛的な推論は，援助要請の使用を学習のための適切な方略に修正するように導くことができる。Zimmermanが防衛的推論と呼ぶケースでは，生徒たちは，次の機会で必要な場合にも援助要請を避けることによって，将来の不満足や否定的感情から自分自身を守る。これらの自己反応プロセスは，援助要請モデルの第一ステージにフィードバックする。つまり，ZimmermanのSRLのモデルを，先行研究が明らかにしたように援助要請のステージに適用することは，自己調整方略のダイナミックで循環的な形に焦点を当てる。以下では，より詳細な援助要請プロセスについて，実証的知見を交えながらみていこう。

援助要請の必要性，援助要請行動，援助要請意図

　学習のつまずきに直面したり，期待よりも低い成果であったときに，援助へのニーズを調整することは重要なことであり，より大きな必要性が援助要請のより高いレベルへ変換されることは直感的に理解されるであろう。そうした関係は，必要性が中くらいから低い範囲に存在する。しかしながら，必要性と援助要請の単調な関係性は，必要性がとても高い場合には崩れ，援助をもっとも必要とする人は援助を求めないという法則に対する証拠が提出されている。必要性と援助要請の非単調的関係（逆U字型）は，GPAがC+からB-の学生においてもっとも多くみられる（Karabenick & Knapp, 1988a）。援助要請の必要性がとても高い学生が援助要請を行わないのは，援助が有効であると学生が思えないことが理由の一つである。その他の理由として，学生が自分の無知をさらすことによって脅威を受けることである。援助要請スキルが欠けていることも同様に影響しているかもしれない。本章でみていきたい。

　この非単調的な関係性は，重要なポイントを表している。つまり，援助の必要性のレベルは，行動から直接的に推測されないということである。援助の必要性は，独立した証拠（例えば，同様の課題における以前の成績レベル）を通して知られたり，あるいは，失敗経験を誘発する操作を実験的に行うことで査定される（Newman, 2000）。非単調な関係は，援助要請行動と援助要請意図の間に相違があることを示している。意図は援助の必要性に対して援助を要請する程度を表している。そうした条件的記述は，援助要請の研究における基準になり，適切に動機づけられた生徒は必要な場合に援助を要請しようとし，そうでない場合には要請しようとしないということが明らかにされている（Karabenick & Knapp, 1991; Karabenick & Newman, 2010）。

　援助の必要性に関する知識は，援助のリクエストに対応するとき（それはしばしば質問という形をとる），あるいは生徒が必要な援助を要請することに失敗するときにおいて，重要である。リクエストから援助の必要性を推測することが一般的に可能であるが，援助は必要性以外の他の理由，つまり気に入られるためや，管理ができていることを示すために（例えば，課題を習得したことを

示す）行われることもある。しかしながら，質問しないことは，さらに複数の意味をもつ。なぜならば，必要性を感じていないことを表しているのかもしれないが，質問の仕方に関する知識をもっていない可能性（例えば，Renkl, 2002），あるいは，質問に対して教師が受容的ではないことを感じたり，恥ずかしく思っている可能性もある（Karabenick & Sharma, 1994）。

援助要請の目標

はじめに述べておくと，学習者の援助要請の目標を定義することは，援助を要請することが，Zimmerman の自己調整モデルの遂行段階において，適切な人から必要な援助を得るための社会的方略としての援助要請を具体化した，自己調整学習方略であると理解する重要なステップである（Zimmerman & Campillo, 2003）。道具的援助要請と実行的援助要請の目標の区別に加えて，援助要請のより適応的あるいは適応的でない形がそれぞれ検討されてきている。Butler（1998）は次の3つの援助要請志向性を明らかにした。(a) 自律的志向（理解やコンピテンシーを高めることに焦点を当てる），(b) 能力焦点志向（能力のなさを表さないことを目標とする），(c) 実行的志向（実行的援助要請と類似）。さらに，Ryan ら（2005）は，援助要請は，適応的，依存的，回避的なものに分類できることを提案した。Newman（2008）は，適応的な援助要請者を，援助要請の必要性を正確に査定し，援助を適切な要求として整え，最適なリソースを理解し，要求のための方略をデザインし，課題をマスターしたり問題を解く能力のために受けた援助を生産的に処理するような人と定義した。言い換えれば，適応的な援助要請者は，短期的・長期的な有効性を最大化するために，理想的な方法で援助要請プロセスをうまく切り抜けるのである。

援助要請と達成目標志向性

達成目標志向性（学習に対する生徒の目標とアプローチ）は，援助要請と結び

ついている (Butler & Neuman, 1995; Karabenick, 2004; Karabenick & Newman, 2009, 2010; Newman, 2007; Ryan, Hicks & Midgley, 1997)。(理解に注目する) 熟達志向の生徒たちは，道具的な援助要請をより求めようとし，援助要請を恐れることはなく，また回避しようとせず，実行的援助要請を求めようとしない。一方，(他者よりもよい成果を上げることに注目する) 遂行接近志向の生徒たちと，(他者より劣る成績をとることを心配する) 遂行回避志向の生徒たちは，援助要請することを恐れ，道具的援助要請を回避しようとし，その場しのぎの理由で援助を要請しようとする (Karabenick, 2003; Ryan & Pintrich, 1997)。

　目標志向性は，Zimmerman のモデルにおける方略プランニングの重要な予測因と考えられている。予見プロセスとしての目標志向性は学習に対する努力や努力の質を高め，目標志向性と援助要請タイプの関連があることが明らかにされている。Zimmerman は，熟達目標をもつ生徒が，遂行目標をもつ生徒よりも，自己内省プロセスに優れているとしている (Zimmerman & Moylan, 2009)。したがって，受ける援助の処理の仕方は，目標志向性の機能に応じて異なる。もし，道具的援助要請は深い学習を，実行的援助要請は浅い学習を導くものと考えるならば，モデルは，達成目標がどのように援助要請に影響を与えるかについての理論的・手続き的な説明を与える。熟達目標は道具的援助要請との，遂行目標は実行的援助要請との実証的な関連が示されている。

学習文脈の影響

　Bandura の社会的認知学習理論 (Bandura, 1986) に基づく SRL の社会的認知モデル (Zimmerman, 2000) では，人，環境，行動は相互作用的に影響を及ぼす。環境は，援助要請プロセスの各段階において，影響を及ぼすように思われる。例えば，教室環境は，先生に援助要請するかしないか，あるいは，他の生徒に援助を要請するかしないかといった (予見段階の) 方略の選択に影響する。

　クラスの達成目標構造の認知に関して，小学校や中学校で，熟達目標構造 (つまり，理解や改善を強調する) のクラスの生徒たちは，必要な援助要請を回避しないことが示されている (Ryan, Gheen, & Midgley, 1998; Turner et al., 2002)。

遂行目標構造(能力と生徒間の比較を強調する)のクラスの影響は,中学校で始まり,高校の間も続く(Karabenick, Zusho, & Kempler, 2005; Ryan et al., 1998)。一方,熟達目標構造の影響は,大学生になるまでの間,減少する(Karabenick, 2004)。

目標構造の研究から,中学校と高校で,より高いレベルのサポート(生徒の協働や質問に対する教師のサポート,教師の公正さや尊敬,ケアリングなどの複合的な指標による測定)があると実感している生徒たちは,適応的な援助要請を行うことが明らかにされている(Karabenick et al., 2005)。教師がサポート的であると生徒たちが感じているクラスでは,疑問をもち,尋ねることが禁止されず,必要なときに質問が行われる(Karabenick & Sharma, 1994; Kozanitis, Desbiens, & Chouinard, 2007 も参照)。援助要請スキルは環境による影響を受けるだけでなく,多様な介入の方法によって促進される。

適応的援助要請を促進するための介入

援助要請プロセスの蓄積されたエビデンスおよび理解と,Zimmerman たちによる SRL のアプローチは,適応的援助要請を促す介入方法の基盤を提供している。適応的援助要請の促進には,学習者が援助要請を行う能力やリソースをもつことを含む,包括的なアプローチが必要である(Karabenick & Dembo, 2011; Karabenick & Newman, 2009)。研究の多様な流れに基づいて,表8.2の2列目では,援助要請プロセスの各ステージに必要なコンピテンシーとリソースの4つのクラスをリストアップしている(複数のステージに必要なものもいくつかある)。

認知的コンピテンスは,援助が必要とされるときや質問の方法について理解していることを含む。社会的コンピテンスは,異なる条件のもとで誰がもっとも援助可能かに関する知識や,社会的に望ましい方法で援助してくれる人にアプローチするスキルをもっていることを含む。情動的リソースは,学習者が困難に対処したり,無力や無能力を認識されることへの心配といった感情を含む。文脈的人間関係的なリソースは協働的に作業する能力を含む。これには,

第8章　自己調整学習方略としての援助要請

表8.2　援助要請プロセスの各段階における基本的なリソースとコンピテンシー

段階		リソース／コンピテンシー			
		認知的	情動的	文脈的	社会的
1	問題が存在するかどうか判断	X			
2	援助が必要かどうか判断	X	X		
3	援助を要請するかどうか決定		X	X	
4	援助（目的）タイプを決定	X	X		
5	誰にたずねるか決定		X		X
6	援助を求める	X	X	X	X
7	援助を得る	X	X	X	
8	援助を受ける	X			

注：Karabenick, S. A., & Dembo, M. (2011). The self-regulation of seeking help: Theory, research and application. *New Directions for Teaching and Learning, 126,* 37 を改変。

表8.3　援助要請で必要とされるリソース／コンピテンシーに関する介入

介入	リソース／コンピテンシー			
	認知的	情動的	文脈的	社会的
遂行をモニターするための目標 （ステージ1）	X			
学習言語スクリプト （ステージ6と7）	X			
課題／目標分析 （ステージ1と2）	X			
誤答分析 （ステージ8）	X			
マスタリー志向的学習環境の構成 （ステージ3）		X	X	
教室規範の確立と説明 （ステージ4と5）		X		
認知行動システム （ステージ4，5，6）			X	
ソーシャルスキルトレーニング （ステージ6と7）				X
テクノロジー環境 （すべてのステージ）	X	X	X	X

注：Karabenick, S. A., & Dembo, M. (2011). The self-regulation of seeking help: Theory, research and application. *New Directions for Teaching and Learning, 126,* 33-43 を改変。

教師—学習者の関わりに関するルールや，教師や仲間，両親からの期待を理解していることを含む。表8.3に，それぞれのコンピテンシーやリソースに対応した介入方法を示す。ここで提案されている介入方法は，学習や人間関係に関する行動を改善する多くの教授方法によって適応化がなされているが，援助要請行動と関連して使用や研究が行われているわけではない。つまり，学習や遂行を妨害するものを克服するために，何がわからなくて，どのように援助にアクセスするかについてのよりよいアイデアをもつときに，援助を要請するだろうということを示している。

認知的コンピテンス

メタ認知，すなわち自分の知識についての知識 (Flavell, 1979) は，一般的にプランニング，モニタリング，調整を含んでおり，学業的な成功にとって重要な要因であることが示されてきた。自分自身の知識にどれくらい気づけるかには個人差がある。この気づきは自己調整プロセスにおいてもっとも重要である。Tobias と Everson (2009) は，「学習者が以前に学んだことや知っていることと，知らないことや学ぶべきこととの区別をつけることに失敗すれば，より高度なメタ認知方略に従事すること，つまりある教授場面における学習を評価すること，あるいはより効果的な学習方略を使用することなどは，期待できない」(pp. 107-108) と述べている。例えば，実証的な知見として，メタ認知がもっとも正確な生徒（つまり，自分自身の知識状態をもっともわかっている）は，より効果的に，つまりもっとも必要なときに援助を要請する (Tobias & Everson, 2002)。一方，メタ認知が不正確な生徒は，実際に必要なときだけでなく，必要ではないときにも援助を要請する。以下では，メタ認知スキルを改善するための教授方略を紹介する。

　パフォーマンスのモニターを助ける目標：正確な自己モニタリングは，より適応的な援助要請に必要な条件である (Tobias, 2006)。学習者は学習面で問題があることがわかっているけれども，彼らが，習得に失敗したコンピテンシーが何かを理解していることは，決定的に重要な意味をもつ。自己モニタリ

ングの正確さを増すことは，教授目標や目的に関する簡潔な言葉を含めて授業概要を提示するといったようにシンプルであり，基準が示されている教材が割り当てられている場所や目標の例によってフォローされることである。これによって，生徒は何がわかっていて何がわからないかを判断することができ，援助が必要かどこで必要かについてより正確な判断や，より正確なモニタリングができる。

　Zimmerman のモデル（Zimmerman & Moylan, 2009）は，自分自身の知識に関する知識を改善する目的をもった2つのプロセスを含んでいる。それは，メタ認知的モニタリングと自己判断で，遂行中と自己内省の段階でそれぞれ行われる。メタ認知的モニタリングは，自分の遂行，プロセス，成果を非公式的に追跡することである。自己判断は，基準や目標と自分自身の遂行を比較することである。両方のプロセスが，自分は何をわかって何をわかっていないかをより明確にし，援助のための要求をまとめることに役立てられる。

　<u>学習言語スクリプト</u>：構造化された話し言葉の練習ルーティンは，学習者のリテラシースキルの改善に役立つ構造化されたスクリプトを提供でき（Levy & Dutro, 2008），援助を要請したり受けたりするスキルを改善する。「ペアとシェア」のシンプルなテクニックは，そうしたスキルの練習において学習者のためのフォーラムとして用いられる。学習者 A が「私は3番の問題を解けなかった，助けてくれる？」と述べたときの対話について考える。学習者 B が「私がそれぞれのステップをどんなふうに進めているか見て」と続ける。シンプルであるが，そうした公的な表明や対話はとても効果的である。Newman (2008) は，教室において普段行われている援助要請に関する多くの質問を明らかにしている。その中には，予見に関わるものとして次のような質問を含む。「何を尋ねるべきか？」（課題分析），「誰に尋ねるべきか？　どのように質問をまとめるべきか？　どの友だちが一番答えをわかっていそうか？」（すべて方略プランニングプロセス）。生徒の質問は，訓練可能な SRL スキルが欠如している証拠とみなすことができる。これらについては，そうした対話の中で練習できる。

　<u>課題／目標と誤答分析</u>：学習や課題遂行に必要な知識，つまり事前スキルと新しい知識（Dick, Carey, & Carey, 2009）を明確化することは，Zimmerman

の課題分析プロセスに対応し，援助の必要性を理解することに役立つ。指導者にとっては，「自分の生徒がやりたいことは何か？」「生徒たちがそのために理解する必要があることは何か？」を尋ねることと同じである。目標が生起すると，学習者がその目標に達するために獲得しなければならない能力の輪郭を描くように，教師は後方で働く。一方，課題あるいは目標分析は，課題の完成に必要な知識やステップをコミュニケーションすることによって，インストラクショナル・デザインのために使われる。その情報は，援助要請プロセスの要点である，学習者の理解レベルのモニターを支援するために使われる。誤答分析もまた，援助要請の適応的な使用を支える。援助を与えた後，問題解決をしながら各ステップを説明することで，誤った答えにどのように学習者が至ったか，そのプロセスを学習者に教えることができる。間違いを振り返って，新しい問題を解こうとすることは，なぜ間違いが起きたかについての理解を容易にして，学習者が受けた援助を処理することを助ける。

情動的リソース

　<u>認知的行動システム</u>：援助要請研究は，多くの学習者にとって援助要請には個人的なコストがあることを示し，学習者たちは，それらのコストを与える信念に対処するための有用なプロセスから恩恵を受けるであろう。理性感情行動療法（Ellis, 1998），認知療法（Beck, 1995），そして認知行動調整（Meichenbaum & Goodman, 1971）は，援助要請に関する態度や感情，信念の変化に用いられる認知行動システムであり，そのプロセスに関するモデルとして役に立つ。例えば，理性感情療法は，学習者が自分自身の感情状態や，どのようにその状態が変化しているかに気づくことを支援する。生徒たちは，感情に影響を与えている自動思考を検出したり，思考プロセスの背景にある信念を明確化したりできる。3つ目に，自動思考や信念を評価したり疑ったりできる。最後は，不適応的な思考や信念を排除することや，よりポジティヴな信念や言葉に置き替えることへ焦点化される。

　先に述べた学習スクリプトやシェアリング・ダイアログのように，不適応

『自己調整学習の多様な展開』[正誤表]

511頁 図14.2

原書の図に誤りがありました。
引用元の文献 (*Health Education and Behavior*, 28(6), p. 777) の図に基づき下図の通り訂正いたします。

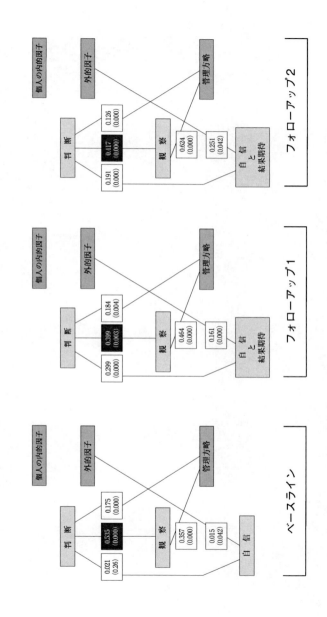

的思考の言語化プロセスと，より適応的な思考に置き換えることは，有益である。プロセスをより低学年の学習者に対して調整する必要がある点に留意すべきである。次の事例を考えてみる。A（出来事の活性化）：フィルは歴史のテストで落第点をとって，援助を求めることを決める。B（イラショナル・ビリーフや無力感）：「自分が援助を求めると，先生は自分のことをバカだと思うだろう」，C（結果）：フィルは無力感と不安を感じ，援助を要請しないことを決め，そして自分は授業でうまくいかないだろうと信じる。D（イラショナル・ビリーフを疑う）：「自分は，この試験では成績が悪かった。誰もがいつかは援助を必要とする。援助を与えることは先生の仕事だ。先生は，自分が必要なときに援助を求めるなら自分のことを賢いと思うかもしれない。テストで悪い成績だったことについて何か手を打つつもりだ」，E（新しい効果）：「自分はテストでよい成績がとれなくてがっかりしている。でも，これからどうすればよいか計画がある。その中には，わからなかったときに助けを求めることも含まれている。自分はよい生徒になれると思う！」。Zimmermanのモデルに対応させるなら，このタイプの介入は，方略プランニングプロセスと，自己コントロールをターゲットにしている。対照的に，課題／目標と誤答分析の介入は，課題分析プロセスを促進する。これら2つの介入方法は補完し合うものとしてみることができる。

環境的リソース

熟達的な学習環境の構成：熟達志向的な教室環境において，学習者は適応的に援助を要請することが先行研究によって示されている。教師は，遂行目標とは異なる達成目標である熟達目標を強調する文化や雰囲気を創ることによって，学習者の目標志向性に影響を与えることができる（Karabenick & Newman, 2009）。TARGETと呼ばれるフレームワーク（例えば，Ames, 1992; Maehr & Anderman, 1993）では，次の6つの教授領域によって熟達目標志向的なクラスに導くことができる。課題（task）タイプ，自律性あるいは権威（autonomy or authority）の程度，学習者による結果の認知（recognized），グループワーク

(grouping)，評価手続き (evaluation)，時間スケジューリング (time)。基本的には，熟達目標を強調することは，遂行に着目すること（特に仲間との比較）を強調しない間において，学習者を課題や改善に注目させる。そのような教室の目標構造のシフトは，援助を要請することによって明らかになる能力の欠如やつまずきのコスト，能力がないことへの注目を減らす。

　Zimmerman のモデルによると，熟達あるいは遂行志向的な学習環境を構成することは，予見や遂行段階の自己調整だけでなく，自己内省段階にも影響を与える。事実，そうした教室の目標構造の変化によって，生徒たちが援助を受けるプロセスはかなり異なるものになるであろう。熟達志向的な教室環境では，受ける援助が，学習を改善するための道具的なもので，次の機会の援助要請を促すことが期待できるものである。さらに，特に他者との比較による弱点を示すわけではないため，受けた援助が満足と判断される。

　<u>援助要請の教室規範の確立</u>と説明：確かな規範を確立することは，教室で感じる援助要請に対するコストを減らすことに貢献する。教師が，学期の早い段階で確立したいと願うルールや手続きについて話すことが重要である。もしかすると，起こりうる場面について議論するためのシナリオを使うことも重要であろう。例えば，ある教師は，プレゼンテーションが質問によって中断されてもよいと考えるが，一方で多くの教師は話が終わるまで質問を待ってほしいと考える (Karabenick & Sharma, 1994; Kozanitis et al., 2007)。授業時間に生徒が協働的に作業することを許可する教師もいれば，授業外でのみ許可する教師もいる。教師が授業のルールややり方について話すことは，生徒がどのように援助を得るか理解することに役立つし，いつ，どんなタイプの援助リソースが利用可能かもわかる。

社会的コンピテンス──社会的スキルトレーニング

　援助要請と援助授受は，多くの重要な社会的スキルを必要とし，そうしたスキルを習得していない学習者もいる。知識がないことは仲間との積極的な相互作用から遠ざけ，援助の要求を制限する。Goldstein と McGinnis (1997) によ

る学習者の社会的スキル改善のトレーニングは，援助要請プロセスに適用できる多くの有用なスキルを含む。そのような社会的コンピテンシーは，例えば，会話の開始，質問，援助要請，他者を援助すること，困惑したときの対処，失敗への対応，そして多くの他のスキルにおいて，重要である。例えば，援助要請のスキルを教えるステップは以下のように提案されている（カッコは訓練者の注；Goldstein & McGinnis, 1997, p. 71）。

1. もっと知りたいと思うことを決める（あなたがわからないことについて尋ねる）。
2. 誰に尋ねるかを決める（誰がトピックに関してベストな情報をもっているかについて考える）。
3. 援助要請の方法について考えて選択する（言葉を考え，手を挙げる）。
4. 援助要請の適切な時間と場所を選ぶ（間隔を置いたり，プライバシーに配慮する）。
5. 質問する。

　この方法（スキルマスタリングと呼ばれる）は，次の4つの要素を含んでいる。モデリング（誰かがスキルを見せること），ロールプレイング（スキルを自分で試してみること），フィードバック（どれくらいうまくできたか誰かが教えてくれること），転移（そのスキルが実際に必要な場面でスキルを試すこと）。これらのスキルを改善するために，学習者はビデオを見て，宿題に取り組み，スキルを使う練習を行い，それらの行動に関するフィードバックを受ける。このアプローチは，自己調整スキルとしての援助要請にZimmermanの社会認知的な視点を適用したものである。Zimmerman（2000）は，自己調整スキルあるいは方略の発達を以下の四段階のプロセスとして述べている。まずモデルを観察する段階（代理経験），真似ること（モデルの模倣），自己コントロール（構造化された条件のもと方略を使用する），そして最終的な目標としての自己調整段階である（変化した条件のもと方略を適応的に適用できる）。このモデルは，GoldsteinとMcGinnis（1997）の心理社会的スキル介入において例示された方略モデリングの有効性を支持している。

援助要請を支援する技術的環境

　適応的な援助要請を促進する介入では，近年のソーシャルメディアの進展とそれによってもたらされる利点を考慮に入れなければならない。実際，アプリケーションによっては，援助要請プロセスのすべての段階に影響を与えることができ，すべてのコンピテンシーを含むことができるほど，テクノロジーが浸透している。援助要請をサポートする情報通信技術（information and communication technology: ICT）の多様なシステムが，はじめにそれらの議論が行われたとき（Keefer& Karabenick, 1998）から，かなり広がってきている。それらは，コンピュータ媒介コミュニケーション（computer-mediated communication: CMC），インテリジェント学習環境（intelligent learning environments: ILE），学習とコースの管理システム（learning and course management systems: LMS, CMS；例えば，Blackboard），教育における iPad の急速なプレゼンスの広がり（例えば，電子ブック）である。Kitsantas と Debbagh (2010) は，これらが SRL を促進する集積的学習テクノロジー（integrative learning technologies: ILT）の多様な形態であり，Zimmerman のアプローチの適用可能性に対する支持的証拠を提供するものとして考えられることを示唆している。

　援助要請のコストを減らすのは，おそらく，テクノロジーが身の周りに豊富にあることである。そうしたテクノロジーを媒介した援助リソースの助けによる援助要請は，基本的には努力が必要ではなく，匿名性があり，脅威を感じることが少ない。非同期的コンピュータ媒介コミュニケーション（ACMC；例えば，電子メール，オンラインディスカッション，ショートメッセージ，SNS）は，同期的 CMC（例えば，チャット，音声，ビデオ）では可能ではない，リフレクションのための時間（短くても）が与えられるといった付加的な長所をもっている。以前から示されてきたように，インテリジェントシステムによる援助は，同じコンピュータインターフェイスを介して遠く離れた人によって同じ情報を与えられる条件と比較して，援助要請の割合を（おおよそ2倍に）増やした（Karabenick & Knapp, 1988b）。Kitsantas と Chow (2007) は，大学生の援助

要請の志向性と影響に関する仮説を支持している。予測通り，オンラインのコンピュータによるコースの受講者は，脅威を感じることが少なく，より援助を要請することを報告している。一般的に学生は，援助要請のもっとも効果的な方法である CMC（電子メール）を用いている。近年の研究では，CMC 環境における援助要請の利点が確認されている（Puustinen, Volckaert-Legrier, Coquin, & Bernicot, 2009）。

　認知的チューター（Cognitive Tutor）とその仲間の援助チューター（Help Tutor）のバリエーションは，適応的援助要請のモデルに基づいている（Aleven, McLaren, & Koedinger, 2006; Aleven, Stahl, Schworm, Fischer, & Wallace, 2003）。ILE の目的は答えを単純に提供することよりも知識や理解を増やすことであるため，学習者は援助のタイプ（例えば，答えあるいは説明によるヒント）を選ぶことが許可（推奨）される。かつてのイノベーションと同様に，近年のイノベーションは，援助要請プロセスに関するインストラクションの提供と，生徒の援助要請や自己調整スキルの練習によって，デザインされている（Roll, Aleven, McLaren, & Koedinger, 2007）。

　これらのイノベーションの否定的側面の一つは，間接的な道具的援助（例えば，用語集にアクセスする）よりも，生徒たちが過度にその場しのぎの援助（例えば，システムの乱用〈gaming the system〉），つまり直接的なヒントによる援助を用いることである。そのような行動は非適応的と考えられてきているが，より穏やかな別の説明も可能である。この説明では，直接的なヒントを得ることは，適応的で望ましいかもしれないことを提案している。多くの医学生によって調整されてきたアプローチでは（Yudelson et al., 2006），例えば，直接的なヒントは自己指示的と考えられる。つまり，ヒントは有用な情報の異なる形式と考えられる。言い換えれば，援助要請や授受のタイプが重要というほど単純なわけではなく，援助要請の自己調整において，援助がどのように機能し，どのように処理されるかが重要なのである。この領域の新たな発展によって，そうした傾向を説明するモデルの精緻化が進められている。

　これらのテクノロジーの主要な結果の一つは，学習者同士や学習者と教師，そして ILE との相互作用の追跡に関する情報の利用可能性である（Winne et al., 2006; Wood & Wood, 1999; 同じく Mäkitao-Siegl, Kohnle, & Fischer, 2010）。Winne

らは，学習者によって残されたトレースが自己報告よりもより妥当性の高いSRL の証拠であることを支持している。教室以外で使われるのと同じように，教室で使われる同期的・非同期的コミュニケーションシステムは，援助要請やその他の SRL スキルをより完全に理解するために，生徒の学習プロセスを追跡する機会を拡大できる。一事例のみではあるが，Puustinen と Bernicot（2009）は，匿名オンラインにおける生徒たちの援助要請を分析し，高い頻度で要求がなされ，高圧的で性急な要求が生じることを明らかにしている。

テクノロジーは，Zimmerman やその他の SRL のモデルに対して重要な論点を提起している。もし，援助要請が社会的相互作用を含んでいると仮定すれば，ILE やその他のインテリジェントシステムは，援助要請の定義に関する概念的な挑戦をもたらし（Keefer & Karabenick, 1998），SRL の他の方略とは別のものと仮定される。もし，援助要請が社会的相互作用プロセスの定義によるものであれば，インテリジェントシステムの援助要請をどのように理解できるだろうか？　人工知能の複雑な問題（例えば，チューリングテスト〔訳注：ある機械が人工知能であるかどうかを判定するテスト〕の適用）はさておき，社会的な影響に対する一つのチャネルとしてのインテリジェントシステムを考えることは重要であろう。社会的影響は，他者の存在が現実的（例えば，教室にいる教師）である場合，想像される場合（例えば，お母さんはどう考えるだろうか？），あるいは，示唆される場合（私が援助を求めていることを誰かが知るだろう）に存在することができる。その定義が与えられれば，ILE はシステムが暗黙裡に社会的である程度について検証されうる（Karabenick, 2011）。

この基準によれば，学習者が援助要請を考えるときに他者を想像するかどうかが重要である。gStudy（Winne et al., 2006）のような，システムとの相互作用による学習軌跡（例えば，Google やソーシャルメディアの追跡と同様な）を残す学習システムの使用は，学習者がシステムによって提供される援助へのアクセスについて理解する方法を改善することができる。ILE（と情報探索）がどのように援助要請に影響を与えるかは，援助要請をどのように社会的と感じているか，援助要請のコストと利益，人工システムに埋め込まれた学習文脈の動機づけ関連要因に依存している（Schofield, 1995）。Zimmerman らは，援助要請を社会的自己調整の一つの形態と位置づけている（Zimmerman, 2008）。社会的影響

が必ずしも明確でないようなときにも,先述の分析で社会的であると考えられてきた包括的な見方は,それらのモデルが技術的に援助要請を促進することを含んで適用されるように,コンテクストを拡大する。

援助要請の実証研究と介入研究への示唆と展望

　本章では,生徒の援助要請,重要なリソース,そして援助を求めたり得たりするために必要な能力に影響を与える人的要因と文脈的要因と,リソースや能力を育成する介入方法についてレビューしてきた。これらは,現時点での知識に基づくガイドであるが,適応的な援助要請を促進するためには,既存の理論や実証的知見を教育実践に適用する翻訳的な研究が必要とされる。例えば,学習者は,必ずしもモデルに示されたような段階に従って,援助要請を行っているわけではない。生徒がどのようにこれらの段階を決めていくのか,特に,人や状況変数と発達レベルがプロセスを媒介や調整するかどうかを詳細に説明するような研究が求められる。明らかにされた影響が,自己調整的な援助要請を改善する最適な方法に対する示唆を与えるかもしれない。また,その他の論点に,すべての段階が等しく援助要請に影響を与えるかどうかということが含まれる。言い換えれば,すべての段階は,援助を要請したり得たりするために必要であり十分なのだろうか？　どの段階が,援助要請に影響の大きい役割を果たしているのだろうか？　一連の検討は,これらの問いや,援助要請について理解するための示唆,それらの知識に基づいて推奨される介入の効果について調べることが保証される。

　この研究は,特に年長の生徒が効果的な学習のために必要な自己調整スキルをもっていると仮定していることを考慮に入れなければならない。注目に値する研究 (Simpson, Hynd, Nist, & Burrell, 1997) では,多くの生徒たちが適応的な援助要請に必要な能力を欠いていることを示している。成功する生徒はそうでない生徒よりも,重要な自己調整スキルを身につけていることが明確な証拠として示されている。学習スキルのテキストとコース (Dembo & Seli, 2008; Weinstein, Husman, & Dierking, 2000) は,これらの欠如を修正するようにデザイ

ンされているけれども，援助要請に焦点を当てることはめったにない。ここで述べられたコンピテンシーや介入は，今後検討されるべきである。

　さらに，教師は必要な援助を求めることの重要性を強調する（例えば，ティーチングアシスタントや教師にアプローチすること，あるいは他の生徒と学習することなど；協同学習の技法については，Barkley, Cross, & Major, 2005 を参照）。そのような提案が，学習を改善するための協同の利点に基づく研究（例えば，Barkley, Cross, & Major, 2005; Webb, Ing, Kersting, & Nemer, 2006）によって示唆されるような，援助要請プロセスに関する情報を伴うことはほとんどない。Barkley らは協同学習における議論テクニックとしてペア‐シェアというシンプルな方法を導入しているが，そこでは議論テクニックや援助要請行動を改善するのに役立つような言語的スクリプトを含めていない。幼稚園から高校の教師たちや大学講師が，短期的にも生涯学習のためにも，特にそうしたスキルが要求されることが増える情報環境において，役立つ援助要請スキルの有用性を得ることができる適切な情報を，生徒たちに提供するために教授する時間をとることが提案されている。

結論

　援助要請研究と発展は，Zimmerman とその研究グループによって開拓された SRL のアプローチの範囲に収まることは明白である。表 8.1 に示したように，援助要請プロセスの段階は，SRL モデルの予見，遂行，自己内省の段階に対応して位置づけられ，SRL が適応的な援助要請を含む場合に学習の成功や成果が上がるといった結論を強化する。さらに，Zimmerman のモデルは，援助要請の手続き的な視点によるこれからの研究を示唆している。例えば，目標志向性と援助要請の関連はよく検討されている一方で，予見段階で働く他の自己動機づけ信念との関連について検討されるべきである。自己効力感，課題価値，そして結果期待が，援助要請の遂行や自己内省段階に影響する目標志向性とどのように関連するか？　援助を受けた後，自己内省プロセスは次の予見プロセスにどのようにフィードバックするか？　援助要請に対するミク

ロあるいは発達的な視点を取り入れた研究は，自己調整的な援助要請のダイナミックな情報を提供するであろう。そうした研究は，私たちが最初に強調した Zimmerman のモデルが，SRL 方略としての援助要請の初期の確立に大きな影響があったことを教えてくれるかもしれない。

謝辞

　本章の草稿に対する有用なコメントをいただいた Kara Makara と Fani Lauremann，そして，Glen Raulerson，Pat Cotter，Pam MacInnis-Weir に感謝したい。本章は，第一著者がアメリカ国立科学基金（the U. S. National Science Foundation）からの補助金（DUE-0928103）を受けている間に準備された。

文献

Aleven, V., McLaren, B., & Koedinger, K. (2006). Toward computer-based tutoring of help-seeking skills. In S. A. Karabenick & R. S. Newman (Eds.), *Help seeking in academic settings: Goals, groups and contexts* (pp. 259-296). Mahwah, NJ: Lawrence Erlbaum Associates.

Aleven, V., Stahl, E., Schworm, S., Fischer, F., & Wallace, R. M. (2003). Help seeking and help design in interactive learning environments. *Review of Educational Research, 73*(2), 277-320. doi:10.3102/00346543073003277

Ames, C. (1992). Classrooms, goals, structures, and student motivation. *Journal of Educational Psychology, 84*(3), 261-271. doi:10.1037/0022-0663.84.3.261

Bandura, A. (1986). *Social foundations of thought and action: A social cognitive theory*. Englewood Cliffs, NJ: Prentice Hall.

Barkley, E. F., Cross, K. P., & Major, C. H. (2005). *Collaborative learning techniques: A handbook for college faculty*. San Francisco, CA: Jossey-Bass.

Beck, J. S. (1995). *Cognitive therapy: Basic and beyond*. New York, NY: Guilford.

Beller, E. K. (1955). Dependency and independence in young children. *The journal of Genetic Psychology: Research and Theory on Human Development, 87*(1), 25-35. doi: 10.1080/00221325.1955.10532913

Bembenutty, H. (2006, April). *Preservice teachers' help seeking tendencies and self-regulation learning*. Paper presented at the annual meeting of the American Educational Research Association, San Francisco,

CA.

Butler, R. (1998). Determinants of help seeking: Relations between perceived reasons for classroom help-avoiding and help-seeking behaviors in an experimental context. *Journal of Educational Psychology, 90*(4), 630-644. doi:10.1037/00220663.90.4.630

Butler, R. (2006). An achievement goal perspective on student help seeking and teacher help giving in the classroom: Theory, research, and educational implications. In S. A. Karabenick & R. S. Newman (Eds.), *Help seeking in academic settings: Goals, groups, and contexts* (pp. 15-44). Mahwah, NJ: Erlbaum.

Butler, R., & Neuman, O. (1995). Effects of task and ego achievement goals on help-seeking behaviors and attitudes. *Journal of Educational Psychology, 87*(3), 261-271. doi:10.1037/0022-0663.87.2.261

Dembo, M., & Seli, H. (2008). *Motivation and learning strategies for college success: A self-management approach* (3rd ed.). New York, NY: Taylor and Francis.

Dick, W., Carey, L., & Carey, J. O. (2009). *The systematic design of instruction* (7th ed.). Columbus, OH: Merrill.

Dillon, J. T. (1988). The remedial status of student questioning. *Journal of Curriculum Studies, 20*(3), 197-210. doi:10.1080/0022027880200301

Ellis, A. (1998). *How to control your anxiety before it controls you*. New York, NY: Citadel Press.

Flavell, J. H. (1979). Metacognition and cognitive monitoring: A new area of cognitive-developmental inquiry. *American Psychologist, 34*(10), 906-911. doi:10.1037/0003-066X.34.10.906

Goldstein, A., & McGinnis, E. M. (1997). *Skill streaming the adolescent* (Revised ed.). Champaign, IL: Research Press.

Good, T. L., Slavings, R. L., Harel, K. H., & Emerson, H. (1987). Student passivity: A study of question asking in K-12 classrooms. *Sociology of Education, 60*(3), 181-189. Retrieved February 2, 2012, from http://www.jstor.org/stable/2112275

Gross, A. A., & McMullen, P. A. (1983). Models of the help seeking process. In B. M. DePaulo, A. Nadler, & J. D. Fisher (Eds.), *New directions in helping: Vol. 2. Help seeking* (pp. 45-70). San Diego, CA: Academic Press.

Iiskala, T., Vauras, M., Lehtinen, E., & Salonen, P. (2011). Socially shared metacognition of dyads of pupils in collaborative mathematical problem-solving processes. *Learning and Instruction, 21*(3), 379-393. doi:10.1016/j.learninstruc.2010.05.002

Karabenick, S. A. (1996). Social influences on metacognition: Effects of colearner questioning on comprehension monitoring. *Journal of Educational Psychology, 88*(4), 689-703. doi:10.1037/0022-0663.88.4.689

Karabenick, S. A. (1998). Help seeking as a strategic resource. In S. A. Karabenick (Ed.), *Strategic help seeking: Implications for learning and teaching* (pp. 1-11). Mahwah, NJ: Lawrence Erlbaum Associates.

Karabenick, S. A. (2003). Seeking help in large college classes: A person-centered approach. *Contemporary

Educational Psychology, 28(1), 37-58. doi:10.1016/S036 l-476X(02)00012-7

Karabenick, S. A. (2004). Perceived achievement goal structure and college student help seeking. *Journal of Educational Psychology, 96*(3), 569-581. doi:10.1037/0022-0663.96.3.569

Karabenick, S. A. (2011). Classroom and technology-supported help seeking: The need for converging research paradigms. *Learning and Instruction, 21*(2), 290-296. doi:10.1016/j.learninstruc.2010.07.007

Karabenick, S. A., & Dembo, M. (2011). The self-regulation of seeking help: Theory, research and application. *New Directions for Teaching and Learning, 126*, 33-43.

Karabenick, S. A., & Knapp, J. R. (1988a). Help-seeking and the need for academic assistance. *Journal of Educational Psychology, 80*(3), 406-408. doi:10.1037/0022-0663.80.3.406

Karabenick, S. A., & Knapp, J. R. (1988b). Effects of computer privacy on help seeking. *Journal of Applied Social Psychology, 18*(6), 461-472. doi:10.1111/j.1559-1816.1988.tb00029.x

Karabenick, S. A., & Knapp, J. R. (1991). Relationship of academic help seeking to the use of learning strategies and other instrumental achievement behavior in college students. *Journal of Educational Psychology, 83*(2), 221-230. doi:10.1037/0022-0663.83.2.221

Karabenick, S. A., & Newman, R. S. (Eds.). (2006). *Help seeking in academic settings: Goals, groups, and contexts*. Mahwah, NJ: Erlbaum.

Karabenick, S. A., & Newman, R. S. (2009). Seeking help: Generalizable self-regulatory process and social-cultural barometer. In M. Wosnitza, S. A. Karabenick, A. Efklides, & P. Nenniger (Eds.), *Contemporary motivation research: From global to local perspectives* (pp. 25-48). Gottingen, Germany: Hogrefe & Huber.

Karabenick, S. A., & Newman, R. S. (2010). Seeking help as an adaptive response to learning difficulties: Person, situation, and developmental influences. In E. Baker, P. L. Peterson & B. McGraw (Eds.), *International encyclopedia of education*. (3rd ed., pp. 653-659). Amsterdam: Elsevier.

Karabenick, S. A., & Sharma, R. (1994). Perceived teacher support of student questioning in the college classroom: Its relation to student characteristics and role in the classroom questioning process. *Journal of Educational Psychology, 86*(1), 90-103. doi:10.1037/0022-0663.86.1.90

Karabenick, S. A., Zusho, A., & Kempler, T. M. (2005, August). *Help seeking and perceived classroom context*. Paper presented at the biennial meeting of the European Association for Research on Learning and Instruction, Nicosia, Cyprus.

Keefer, J. A., & Karabenick, S. A. (1998). Help seeking in the information age. In S. A. Karabenick (Ed.), *Strategic help seeking: Implications for learning and teaching*. (pp. 219-250). Mahwah, NJ: Erlbaum.

Kitsantas, A., & Chow, A. (2007). College students' perceived threat and preference for seeking help in traditional, distributed, and distance learning environments. *Computers and Education, 48*(3), 383-395. doi:10.1016/j.compedu.2005.01.008

Kitsantas, A., & Dabbagh, N. (2010). *Learning to learn with integrative learning technologies: A practical guide for academic success*. Charlotte, NC: Information Age Publishing.

Kozanitis, A., Desbiens, J-. F., & Chouinard, R. (2007). Perception of teacher support and reaction towards questioning: Its relation to instrumental help-seeking and motivation to learn. *International Journal of Teaching and Learning in Higher Education, 19*(3), 238-250. Retrieved February 2, 2012, from http:// www.isetl.org/ijt1he/pdf/IJTLHE238.pdf

Levy, E., & Dutro, S. (2008). *Constructing mean: Explicit language for content instruction*. San Clemente, CA: E. L. Achieve.

Maehr, M. L., & Anderman, E. M. (1993). Reinventing schools for early adolescents: Emphasizing task goals. *The Elementary School Journal, 93*(5), 593-610. Retrieved February 2, 2012, from http://www.jstor.org/stable/1001830

Makitalo-Siegl, K, Kohnle, C., & Fischer, F. (2011). Computer-supported collaborative inquiry learning and classroom scripts: Effects on help-seeking processes and learning outcomes. *Learning and Instruction, 21*(2), 257-266. doi:10.1016/j.learninstruc.2010.07.001

Meichenbaum, D., & Goodman, J. (1971). Training impulsive children to talk to themselves: A means of developing self-control. *Journal of Abnormal Psychology, 77*(2), 115-126. doi:10.1037/h0030773

Nelson-Le Gall, S. (1981). Help-seeking: An understudied problem-solving skill in children. *Developmental Review, 1*(3), 224-246. doi:10.1016/0273-2297(81)90019-8

Nelson-Le Gall, S. (1985). *Help seeking behavior in learning. Review of research in education* (Vol. 12, pp. 55-90). Washington, DC: American Educational Research Association.

Nelson-Le Gall, S. (1987). Necessary and unnecessary help-seeking in children. *Journal of Genetic Psychology, 148*(1), 53-62.

Nelsol1-Le Gall, S., Gumerman, R. A., & Scott-Jones, D. (1983). Instrumental help-seeking and everyday problem-solving: A developmental perspective. In DePaulo, U. M., Nadler, A., & Fisher, J. D. [Eds.], New directions in helping, 265-281. New York, NY: Academic Press.

Nelson-Le Gall, S., & Resnick, L. (1998). Help seeking, achievement motivation, and the social practice of intelligence in school. In S. A. Karabenick (Ed.), *Strategic help seeking: Implications for learning and teaching* (pp. 39-60). Hillsdale, NJ: Erlbaum.

Newman, R. S. (1994). Academic help seeking: A strategy of self-regulated learning. In D. H. Schunk & B. J. Zimmerman (Eds.), *Self-regulation and performance: Issues and educational applications.* (pp. 283-301). Hillsdale, NJ: Erlbaum.

Newman, R. S. (2000). Social influences on the development of children's adaptive help seeking: The role of parents, teachers, and peers. *Developmental Review, 20*(3), 350-404. doi:10.1006/drev.1999.0502

Newman, R. S. (2008). The motivational role of adaptive help seeking in self-regulated learning. In D. H. Schunk, & B. J. Zimmerman (Eds.), *Motivation and self-regulated learning: Theory, research, and applications* (pp. 315-337). Mahwah, NJ: Erlbaum.

Pintrich, P. R., & Zusho, A. (2002). The development of academic self-regulation: The role of cognitive and motivational factors. In P. R. Pintrich & J. S. Eccles, (Eds.), *Development of achievement motivation: A volume in the educational psychology series* (pp. 249 -284). San Diego, CA: Academic Press.

Puustinen, M., & Bernicot, J. (2009, August). *The form and the function of French students' technology-mediated requests for help: The complementary contribution of two theoretical approaches*. Paper presented at biennial meeting of the European Association for Research on Learning and Instruction, Amsterdam.

Puustinen, M., Bernicot, J., & Bert-Erboul, A. (2011). Written computer-mediated requests for help by French-speaking students: An analysis of their forms and functions. *Learning and Instruction, 21*(2), 281-289. doi:10.1016/j.learnin-struc.2010.07.005

Puustinen, M., Volckaert-Legrier, O., Coquin, D., & Bernicot, J. (2009). An analysis of students' spontaneous computer-mediated help seeking: A step toward the design of ecologically valid supporting tools. *Computers and Education, 53*(4), 1040-1047. doi:10.1016/j.compedu.2008.10.003

Renkl, A. (2002). Worked-out examples: Instructional explanations support learning by self-explanations. *Learning and Instruction, 12*(5), 529-556. doi:10.1016/ S0959-4752 (01)00030-5

Roll, I., Aleven, V., McLaren, B., & Koedinger, K (2007, August). *Modeling and tutoring help seeking with a cognitive tutor*. Paper presented at the biennial meeting of the European association for Research on Learning and Instruction, Budapest.

Ryan, A. M., Gheen, M., & Midgley, C. (1998). Why do some students avoid asking for help? An examination of the interplay among students 'academic efficacy, teachers' social-emotional role, and classroom goal structure. *Journal of Educational Psychology, 90*(3), 528-535. doi:10.1037/0022-0663.90.3.528

Ryan, A. M., Hicks, L., & Midgley, C. (1997). Social goals, academic goals, and avoiding help in the classroom. *Journal of Early Adolescence, 17*(2), 152-171. doi:10.1177/0272431697017002003

Ryan, A. M., Patrick, H., & Shim, S. 0. (2005). Differential profiles of students identified by their teacher as having avoidant, appropriate or dependent helpseeking tendencies in the classroom. *Journal of Educational Psychology, 97*(2), 275-285. doi:10.1037/0022-0663.97.2.275

Ryan, A. M., & Pintrich, P. R. (1997). Should I ask for help? The role of motivation and attitudes in adolescents' help seeking in math class. *Journal of Educational Psychology, 89*(2), 329-341. doi:10.1037/0022-0663.89.2.329

Schofield, J. W. (1995). *Computers and classroom culture*. Cambridge, MA: Cambridge University Press.

Simpson, M. L., Hynd, C.R., Nist, S. L., & Burrell, K. I. (1997). College academic assistance programs and practices. *Educational Psychology Review, 9*(1), 39-87. doi:10.1023/A:1024733706115

Skinner, E. A., & Zimmer-Gembeck, M. J. (2007). The development of coping. *Annual Review of Psychology, 58*, 119-144. doi:10.1146/annurev. psych.58.110405.085705

Tobias, S. (2006). The importance of motivation, metacognition, and help seeking in web-based learning.

In H. F. O'Neil & R. S. Perez (Eds.), *Web-based learning: Theory, research, and practice* (pp. 203-220). Mahwah, NJ: Erlbaum.

Tobias, S., & Everson, H. T. (2002). *Knowing what you know and what you don't: Further research on metacognitive knowledge monitoring* (College Board Rep. No. 200-203). New York, NY: College Board.

Tobias, S., & Everson, H. T. (2009). The importance of knowing what you know. In D.J. Hacker, J. Dunlosky & A. C. Graesser (Eds.), *Handbook of metacognition in education* (pp. 107-127). New York, NY: Routledge.

Turner, J. C., Midgley, C., Meyer, D. K., Gheen, M., Anderman, E. M., Kang, Y., & Patrick, H. (2002). The classroom environment and students' reports of avoidance strategies in mathematics: A multimethod study. *Journal of Educational Psychology, 94*(1), 88-106. doi:10.1037//0022-0663.94.1.88

Webb, N. M., Ing, M., Kersting, N., & Nemer, K. M. (2006). Help seeking in cooperative groups. In S. A. Karabenick & R. S. Newman (Eds.). *Help seeking in academic settings: Goals, groups, and contexts* (pp. 45-88). Mahwah, NJ: Erlbaum.

Weinstein, C. E., Husman, J., & Dierking, D. R (2000). Self-regulation interventions with a focus on learning strategies. In M. Boekaerts, P. R. Pintrich, & M. Zeidner (Eds.), *Handbook of self-regulation* (pp. 727-747). San Diego, CA: Academic Press.

White, C. M. (2011). Predicting success in teacher certification testing: The role of academic help seeking. *The International Journal of Educational and Psychological Assessment, 7*(1), 24-44. Retrieved from http://tijepa.books.officelive.com/Documents/A3_V7_l_TijEPA.pdf

Winne, P. H., Nesbit,J. C., Kumar, V., Hadwin, A. F., Lajoie, S. P., Azevedo, R., et al. (2006). Supporting self-regulated learning with gStudy software: The learning kit project. *Technology, Instruction, Cognition and Learning, 3*(1/2), 105-113.

Winterbottom, M. R. (1958). The relation of need for achievement to learning experiences in independence and mastery. In J. W. Atkinson (Ed.), *Motives in fantasy, action, and society* (pp. 453-478.). New York, NY: Van Nostrand.

Wood, H. A., & Wood, D. J. (1999). Help seeking, learning, and contingent tutoring. *Computers and Education, 33*, 153-169. Retrieved February 3, 2012, from https://www.tlu.ee/~kpata/haridustehnoloogiaTLU/tutoring.pdf

Yudelson, M., Medvedeva, O., Legowski, E., Castine, M., Jukic, D., & Crowley, R. S. (2006, December). *Mining student learning data to develop high level pedagogic strategy in a medical ITS.* Paper presented at the Workshop on Educational Data Mining at The Twenty-First National Conference on artificial Intelligence (AAAI 2006), Boston, MA. Retrieved February 3, 2012 from https://www.aaai.org/Papers/Workshops/2006/WS-06-05/WS06-05-011.pdf

Zimmerman, B. J. (1989). A social cognitive view of self-regulated academic learning. *Journal of*

Educational Psychology, 81(3), 329-339. doi:10.1037/0022-0663.81.3.329

Zimmerman, B. J. (2000). Attaining self-regulation. A social cognitive perspective. In M. Boekaerts, P.R. Pintrich, & M. Zeidner (Eds.), *Handbook of self-regulation* (pp. 13-39). San Diego, CA: Academic Press.

Zimmerman, B. J. (2008). Investigating self-regulation and motivation: Historical background, methodological developments, and future prospects. *American Educational Research Journal, 45*(1), 166-183. doi:10.3102/0002831207312909

Zimmerman, B. J., & Campillo, M. (2003). Phases and subprocesses of self-regulation. In J. E. Davidson & R. J. Sternberg (Eds.), *The nature of problem solving* (pp. 233-262). New York, NY: Cambridge University Press.

Zimmerman, B. J., & Martinez-Pons, M. (1988). Construct validation of a strategy model of student self-regulated learning. *Journal of Educational Psychology, 80*(3), 284-290. doi:10.1037/0022-0663.80.3.284

Zimmerman, B.J., & Martinez-Pons, M. (1990). Student differences in self-regulated learning: Relating grade, sex, and giftedness to self-efficacy and strategy use. *Journal of Educational Psychology, 82*(1), 51-59. doi:10.1037/0022-0663.82.1.51

Zimmerman, B. J., & Moylan, A. R. (2009). Where metacognition and motivation intersect. In D. J. Hacker, J. Dunlosky, & A. C. Graesser (Eds.), *Handbook of metacognition in education* (pp. 299-315). New York, NY: Routledge.

Zusho, A., Karabenick, S. A., Bonney, C. R., & Sims, B. (2007). Contextual determinants of motivation and help seeking in the college classroom. In R. P. Perry, & J. C. Smart (Eds.), *The scholarship of teaching and learning in higher education: An evidence-based perspective* (pp. 611-660). New York, NY: Springer.

第9章

生徒の学習とパフォーマンス改善に向けた
キャリブレーションの正確さに関する情報の活用

Peggy P. Chen（ペギー・P・チェン），Paul D. Rossi（ポール・D・ロッシ）

訳：田中瑛津子（名古屋大学），深谷達史（広島大学）

　この数十年，メタ認知は研究対象として関心を集め，他の教育研究の領域と比べると不釣り合いなほど，注目度が高まった（de Bruin & van Gog, 2012）。特に，授業内で生徒の自己モニタリングや自己調整をどのように向上させるかについて，関心が高まっている。メタ認知はこれまでさまざまに定義されてきたが，もともとは自身の認知的なプロセスについての知識および理解と定義されてきた。後に自身の動機づけ，感情，運動技能の認識などの心理的側面を含むものとして拡張された（Flavell, 1979, 1987）。主たる理論家たちも同様に，メタ認知的知識，モニタリング，コントロールなどを含むものとして，メタ認知を概念化している（Dunlosky & Metcalfe, 2009; Nelson & Narens, 1990）。メタ認知的モニタリングはメタ認知の一側面で，進行中の認知的な活動について人が自身の理解度をどう判断・評価するかを指す（Dunlosky & Metcalfe, 2009）。例えば，生徒が小説を読む際，再読したり，自分の理解に疑問を感じていったん読み止まったりして，自分の理解度を見定めることにより，自身の学習の正確さをモニターするであろう。教育の文脈で考えると，生徒は問題を正しく解けているかどうかを判断したり，実行中の課題についてどの程度完成に近づいているかを評価したり，教材の内容をどれほど学習できたかを推測したりするなど，しばしば認知的なモニタリングのプロセスを経る。
　この章では，他のメタ認知的プロセスと比べると教育の文脈で研究されることの多い，メタ認知的モニタリングの一種である，キャリブレーションに焦点を当てる。キャリブレーションは，ある課題についての自身の知識・技能に関するメタ認知的モニタリング判断であり，自分が判断した知識レベルと実際の成績とのズレとして定義されてきた（Hacker, Bol, & Keener, 2008）。キャリブ

レーションは，メタ認知と自己調整をもっとも明確に関連づけるものの一つであるといえる。キャリブレーションの根底にあるメカニズムは，Zimmerman の自己調整モデルにおける，自己観察，自己評価，自己反応など，いくつかの下位プロセスと同じ特徴をもっている。その意味で，Zimmerman (2000) の提唱した三段階の循環的自己調整モデルはキャリブレーションと結びつきがある。Zimmerman のモデルは，生徒の自己指導的学習行動，動機づけ，メタ認知的プロセスを包括的に説明する。私たちは，Zimmerman のモデル，それから，そのモデルとメタ認知とキャリブレーションとの関連を全面的に参考にし，落ちこぼれの危険性がある高校生がハイステイクスな (high-stakes) テスト〔訳注：進学や卒業に関わるような重要度の高いテスト〕に合格することを支援する介入プログラムを開発した。

　いかなる学習場面においても，生徒は継続的にある程度メタ認知的なプロセスを経ている。例えば，標準テストの言語能力セクションに向けて学習している生徒は，単語カードを使った勉強法のみに頼って語彙を学習することに困難を感じ，より多くの単語の意味を識別しやすくなるように個人的な経験に基づいたイメージを生成するという，より効果的な方法を選択するかもしれない。さらに，この生徒は自分の語彙レベルを自覚することによって，なじみのある語彙よりも見慣れない言葉を学習するのにより時間をかけることを決断しうる。しかしながら，落ちこぼれの危険性がある生徒は，自身の知識レベルや特定の学習課題に合わせた適切な学習方法の選択について，メタ認知的意識が十分ではない可能性がある。そのような生徒は，自分が何を知っているかについての認識が不正確であるか，もしくは自身の学習行動を修正しようという動機づけが低いために，最適ではない学習方法をとることに固執する傾向がより強い。これらの2つの例は，生徒によってメタ認知的意識は異なる可能性があり，その違いが学業達成に多大な影響を与えうるということを例示している。

　キャリブレーションは，後続の学習における選択の基盤として機能するため，教育の文脈において特に重要となる。自身の達成度についての現実的な予測および評価や，自分の知識・技能レベルについての正確なモニタリングは，たいていクラスでのより高いパフォーマンスにつながる。特に，ハイステイクスな学習場面やテスト場面においては，それが顕著である。例えば，子どもの

ころから化学に興味をもつキャリブレーションスキルが高い生徒は，近々実施されるハイステイクスな理科のテストで出題される単語のリストを見直すことに時間を割くであろう。今までの経験に基づき，テストで少なくとも90％のスコアをとれるだろうと自信をもって判断し，実際にその予測を裏づける成績をとる。キャリブレーションスキルの高いこの生徒の場合，高い自信には高い成果が伴う。しかし，代数Ⅱなどの他の科目においては，その生徒は違う形でキャリブレーションの高さを発揮するかもしれない。つまり，自信がなく，実際に成績も低いということが起こりうる。このような状況では，この生徒はある領域についての自分の知識技能が欠落していると自覚しており，実際にテストで悪い点数をとる。しかしながら，この生徒は少なくとも，その学習内容について無知であるということを自覚している。違いは，キャリブレーションのスキルの高い生徒であれば，自分が何かについて無知であると自覚したときには，より多くの努力を注ぐ傾向があるという点である。彼らは動機づけによって自分の達成度を変化させるための対策を講じ，正確な知識に基づいて考えるため，より適応的で効果的な学習方法をとりやすい。

　このようなキャリブレーションと生徒の達成度との正の関係は，多々報告されてきた（Bol, Riggs, Hacker, Dickerson, & Nunnery, 2010; Chen, 2003; Pajares & Graham, 1999）。キャリブレーションのうまい学習者は，自分が知っていることと知らないことの両方についての正確な判断に基づいて学習方法を選択する可能性が高いため，より高い成績を収めるのである。また，キャリブレーションのうまい学習者は，課題を達成するために，自身の能力を過大評価することが少なく，課題分析の際に批判的思考を発揮し，効果的に学習方略を選択して遂行するということが，研究によって示されている。また，彼らは自己評価のためにフィードバック情報を活用し，洗練されたメタ認知的スキルを保持し，次の学習に向けて必要な調整を行う（Hacker, Bol, & Bahbahani, 2008; Stone, 2000; Zimmerman, 2008）。したがって，キャリブレーションスキルの高い学習者は，低い学習者と比較して（幼児期から大学まで，かつ，さまざまな学習領域において），一貫してより高い学業的成果を示す（Bol & Hacker, 2001; Chen & Zimmerman, 2007）。例えば，キャリブレーションスキルの低い学習者は，近々実施されるテストの学習内容について，自分の知識量を過大評価することで，同じレベル

の知識量であるがより正確に自分の知識レベルを把握している生徒よりも，より早く学習行動を終えてしまう可能性がある。その結果，キャリブレーションスキルの高い生徒に比べて，テストで低い点数をとる可能性がより高くなる。学業成績が悪い生徒は卒業あるいは進級すらできず，高等教育や就職へのチャンスが大幅に制限される可能性があるため，キャリブレーションスキルが低いことの重大さは明白である。概していえば，メタ認知的モニタリングプロセスであるキャリブレーションは，生徒が自分の現在の能力を判断したり，ある特定の学習場面における達成度を評価したりするための基盤としての役割を果たしうる。そのような正確なモニタリングの過程は，その生徒が学習目標を達成したり課題をやり遂げるために，どの程度努力し，方略を用い，行動を積極的に調整するかに影響を与える。何より，この節で取り上げられた研究は，生徒のキャリブレーションの正しさが学業成績にポジティヴな影響を与えることを明確に示している。

　キャリブレーションは，自己調整学習（SRL）モデルにおける下位プロセスとして名前があがっているわけではないが，Zimmermanはメタ認知的モニタリングプロセスの重要性，特に，遂行段階における自己観察および自己内省段階の自己評価の重要性を明確に指摘している。キャリブレーションプロセスの概念的な基盤は，ZimmermanのSRLモデルにおけるこれら2つの下位プロセスにほぼ対応している。キャリブレーションスキルの高い生徒のほうがより高い学業成績を収められるのは，より優れた自己モニタリングと，自分の技能や知識レベルについての情報を蓄えるためのより正確なフィードバックメカニズムに由来する。このような正確な評価は，学習サイクルの次の段階における効果的な学習行動の選択の基盤となる。この章では，学校場面でのキャリブレーションへの介入の基盤として用いられたZimmerman（2000）の自己調整の三段階モデルに焦点を当てながら，メタ認知と自己調整の関連について議論する。はじめに，メタ認知のさまざまな理論的モデルと，キャリブレーションのプロセスがこれらのモデルとどのように関連しているのかについて述べる。そして，学級内で行われたキャリブレーションへの介入の効果に焦点を当てながら，キャリブレーションの正確さについての研究を概観する。ただし，この章の中心的な目的は，キャリブレーションと，自己観察（メタ認知的モニタリン

グ）や自己内省（自己評価）などのZimmerman（2000）の自己調整の三段階モデルにおけるいくつかのプロセスとの関連について述べること，落ちこぼれの危険性がある高校生の学習や学業成績を向上させるキャリブレーションへの介入プログラムを開発する基盤として，このモデルがどう活用されたかを明確に示すことにある。そして，今後の研究に対する示唆とともに，Zimmermanの三段階モデルにおけるキャリブレーションの重要性を詳しく述べてこの章を締めくくる。

メタ認知とは——キャリブレーションに焦点を当てて

メタ認知という用語は，Flavellによって1970年代に初めて紹介された（Flavell, 1979, 1987）。この概念が開発された当初は，広くて「曖昧」なものであった（Brown, 1987）。概念を明確化するため，Flavell，Nelson，Narensなどの多くの著名な心理学者たちが，この構成概念の特徴を示すためのさまざまなモデルを提案した。Flavell（1979, 1987）は，もともとメタ認知を認知的なものについての知識や認知として定義したが，後に自分や他者の動機づけ，感情，運動技能など，心理的なものについての知識や認知を含む定義へと拡張した。彼のモデルにおいては，メタ認知はメタ認知的知識（自身の認知および心理的なものについての知識や信念）とメタ認知的経験（複雑さや持続性の異なる感情的な経験および自覚的で認知的な経験）という2つの構成要素からなる。Flavell（1979, 1987）は，このモデルの2つの要素をさまざまな要因や変数に細分化した。メタ認知的知識の構成要素は，人変数（認知的な生き物としての自分や他者についての信念），課題変数（認知的活動に取り組む際に出来事や状況から得られる利用可能な情報），そして方略変数（目標達成を可能にする方略や手続きについての知識）に分けられる。これらの変数は互いに相互作用し，その人の行動や結果に影響を及ぼす。例えば，ジョンは自分が親友ほど数学が得意ではないと考えているとする（メタ認知的知識の人要素）。彼は宿題の二次方程式（課題）を解く際に，親友が用いている手っ取り早い解法（とりうる一つの方略）をとるよりも，数学の教師が教示した一つ一つを解く丁寧な手続き（別の方略）に従って解くことにす

るかもしれない。この例において，彼は自分のメタ認知的知識のこれらの要素を統合して判断している。実際，彼はいくつかの手っ取り早い解法を知っていると同時に，その課題を解くには複雑な複数の手続きが含まれていることを認識していたために，手っ取り早い方法を用いて誤答するリスクをとるのではなく，確実に目標を達成することができる方法を選択した。

2つ目の構成要素であるメタ認知的経験について，Flavell (1987) は「何らかの認知的活動や，課題と関連する認知的・感情的な意識経験であり，たいていは活動中に生じるもの」(p. 24) と述べている。例えば，たくさんの読み物の課題に困惑している生徒は，自分が理解できていないことに突然不安になり，教師に援助を求めたいと思うかもしれない。教材を理解しておらず，複雑な認知的課題（例えば，読解）を理解したいと感じるこうした経験は，メタ認知的経験であると考えられる。生徒は，学習場面においてはいつでも（事前・最中・事後）メタ認知的経験を経る可能性があり，特に課題が困難で解けない，読み物が複雑すぎて解釈できない，詳細が難しすぎて覚えられないなどと感じたときには，そうした経験をしやすい。Flavell (1979, 1987) のメタ認知のモデルは，この領域のその後の研究の基盤となったため，特に重要であった。

1990年代には，研究者たちはメタ認知について，いくつかの構成要素をもつ別の動的な理論的枠組みを提唱した（Nelson, 1996; Nelson & Narens, 1994）。まず，彼らは認知的プロセスを対象レベルとメタレベルの2つに分けた。対象レベルは認知（例えば，「これは2桁の掛け算である」）によって構成され，メタレベルはメタ認知，すなわち対象レベルについての認知（例えば，「もっとも少ない手順で正しい答えを得るにはどの解法を使うべきか」）によって構成される。モデルの2つ目の構成要素は，これら2つのレベル間での情報の流れに関係する。NelsonとNarens (1994) によると，メタレベルは能動的かつ調整的なもので，モニタリングを通じて対象レベルから情報を得る。モニタリングによって，人は認知的レベルの状態について知ったり，認知的レベルの状態に関するより高次な表象を得ることができる。また，モニタリングを通じて，認知レベルで働く内容知識や技能，方略について情報を得られる可能性がある。さらに，メタレベルでは，コントロールあるいは調整行動を通じて，対象レベルに情報を送る。つまり，コントロールを行うことによって，メタレベルあるいはメタ認知

的レベルの知識を活用し，対象レベルあるいは認知的レベルにおいて，何をすべきで何をすべきでないか，調整したり命令したりするのである。一連の認知的活動の最中，これら2つのプロセスが同時に働くことで，対象レベルとメタレベルの間で，情報（モニタリング）と命令（コントロール）が伝達される。NelsonとNarensのモデルは目標志向的でもあり，メタレベルには，目標そのものと，目標を達成するために対象レベルを調整する方法が含まれる。Nelson（1996）が述べているように，「メタレベルでは対象レベルと相互にやりとりすることで，目標が達成される」（p. 106）。

　NelsonとNarens（1994）は，学習や情報処理の3つの段階である習得，保持，検索の中で生じる，モニタリングやコントロールに関連するさまざまな構成要素やプロセスを定義することにより，彼らのメタ認知の枠組みを精緻化した（Nelson & Narens, 1994; Hacker, Bol, & Keener, 2008 も参照）。先の例にあてはめてみると，二次方程式を解く難しさに関するジョンの評価プロセスは，学習の習得段階で行われ，具体的には「学習容易性」についてのモニタリングプロセスであったと考えられる。これと同じ段階で行われた（親友ではなく）教師の方略に従うという彼の選択は，コントロールのプロセス，つまり方略選択にあたると考えられる。学習の保持の段階では，生徒は自分の知識の維持に関するプロセスを実行する。例えば，先の例にあげたジョンは，近々行われる二次方程式のテストに向けて家庭学習をしているときに，教師の方略をきちんと覚えられているかどうかについて，学習度判断（モニタリングプロセス）をする可能性がある。自分自身の知識が正しいと感じられるかどうかに基づいて，学習を終えるか，もしくは継続するであろう（コントロールのプロセス）。

　検索段階においては，自己テストや実際のテスト中に，自分が正しく解答したかどうかを考えるため，自分の回答について確信度判断を行うであろう。NelsonとNarens（1994）の三段階モデルを用いて，Hacher, Bol と Keener（2008）は，モニタリングプロセスであるキャリブレーションは，達成度についての認知と実際の達成度との一致度であると主張した。キャリブレーションは，検索の前（事前判断）か後（事後判断），もしくは両方で生じる。キャリブレーションはコントロールのプロセスにも情報を与える。先の例でいうと，ジョンは実際のテストを受けたり，問題に解答したりしようとする直前に，そ

のような事前判断を行うであろう。もしジョンが，問題が難しすぎると感じれば，親友の方略を試すリスクはとらず，より確かな方法をとるであろう。問題を解いた後に自分の計算手続きをチェックするかしないかなどの事後判断も，テスト中のコントロールのプロセスに情報を与える。

　まとめると，これらのメタ認知のモデルは，人が認知的活動を行う際の情報処理の性質を理解するのに，有益な枠組みを与えてくれる。特に，NelsonとNarensのモニタリングとコントロールのモデルは，人々が認知的・メタ認知的能力およびそのプロセスにおいて，自己調整的かつ目標志向的であることを示している。モニタリング（すなわち，対象レベルからメタレベルへの情報の流れを調整する）とコントロール（すなわち，メタレベルが進行中の対象レベルの活動を修正する）という内在的な心理的プロセスのこうしたやりとりを理解することで，メタ認知の一つの構成要素であるキャリブレーションについて深く理解できる。これらメタ認知モデルの図解や詳しい議論は，NelsonとNarens（1990, 1994）に示されている。また，事前判断と事後判断（すなわち，キャリブレーション）を区別する特徴は，Hacker, BolとKeener（2008）において強調されている。次の節では，キャリブレーションの構成要素とメタ認知との関係についてより詳しく述べる。

キャリブレーションの性質と特徴

　キャリブレーションは，その人の達成度の判断と実際の達成度との一致度や正確さの度合いである（Hacker, Bol, & Keener, 2008; Nietfeld, Cao, & Osborne, 2005）。キャリブレーションの測定に関心をもつ研究者は，課題遂行の前および／あるいは後に，学習者の判断を調べる。達成度の予測に関しては，学習者が自身の知識・技能の現状について判断し，それと課題の複雑さなど一定の客観的基準と比較を行う。一方で，キャリブレーションの判断は，学習課題を遂行した後にも測定されることがある。このような場合には，学習者はどれほど基準を満たすことができたかを評価する。こうした事前および事後の「達成度」判断の両方が，モニタリングプロセスであり，キャリブレーションの一種

であると考えられている。キャリブレーションは，特定の技能や知識の検索の前もしくは後に行われる学習度判断を伴うため，モニタリングプロセスであると考えられている。Hacker, Bol と Keener（2008）が指摘したように，事前判断は，学習場面において習得，保持の後に起こるが検索よりは前に起こる，予見的な（すなわち，ターゲットとなる課題の前に判断される）モニタリングプロセスなのである。事後判断は，学習や遂行場面の後に生じる回顧的な（すなわち，ターゲットとなる課題の後に判断される）モニタリングプロセスである。

　キャリブレーションに関する論文では，学習場面やテスト場面において，どうやって学習者が事前判断と事後判断を行っているかについて，多くの研究者が注目してきた（Bol & Hacker, 2001; Bol, Hacker, O'Shea, & Allen, 2005; Hacker, Bol, & Bahbahani, 2008; Nietfeld et al., 2005）。また，自己効力感が実際の達成度と関連していることから，生徒の自己効力感の正確さという観点からキャリブレーションに注目した研究者もいる。こうした研究では，自己効力感のキャリブレーションそれ自体が，事前判断あるいは予見的なモニタリングプロセスとなる（Brannick, Miles, & Kisamore, 2005; Chen & Zimmerman, 2007; Klassen, 2002, 2007; Pajares & Graham, 1999）。同様に，この章の後半の節では，落ちこぼれの危険性がある高校生がハイステイクスなテストに合格するのを支援するためにデザインされた介入を示す。そこでは，生徒たちの予見的なモニタリングプロセスについて，自己効力感のキャリブレーションを測定することによって評価する。ここまでは，事前判断，事後判断の両面からキャリブレーションを概念的に定義してきた。続いて，私たちの介入の目的を踏まえ，また実験参加者がどのようにキャリブレーションの正確さに関する情報を使うかについて検討するため，研究者がどのようにこの構成要素を測定してきたのかについて述べる。

キャリブレーションの正確さの測定

　キャリブレーションの正確を測定するさまざまな方法について，メタ認知的判断の測定についての文献から指針を得ることができる。Schraw（2009）によると，メタ認知的判断を測定する際の主な関心は，学習者の確信度とそれに対

応する実際のパフォーマンスがどれほど一致しているかについて検討することである。さらに，Schraw は判断についての測定を 2 つのカテゴリ（絶対的正確さと相対的正確さ）に大別した。絶対的正確さの指標は，正しく答えられた項目の数や割合といったパフォーマンスの結果に対してどれだけ確信度が一致しているかを示す。これらの指標は，テストの 1 つの問題（項目レベル）もしくはテストの複数の問題（全体レベル）などの基準となる課題について，確信度の高さとパフォーマンスの結果を示す。相対的正確さは，1 つの確信度もしくは複数の確信度と，パフォーマンスの結果との関連を示す。相対的正確さを用いることで，「項目一つ一つについての確信度判断の正確さではなく，生徒の複数のパフォーマンスの結果についての複数の確信度判断の一致度」（Schraw, 2009, p. 419）を測定することができる。つまり，絶対的正確さは判断の正確さに着目しており，相対的正確さは判断の一貫性を評価している（Schraw, 2009）。

　キャリブレーションについての研究，特に教育的文脈における研究のほとんどは，何らかの形で絶対的正確さの指標を用いてきた。Bol ら（2005）は，全体レベルでのキャリブレーションの絶対的正確さの単純な測定法について例を示した。彼らの研究では，テストの前もしくは後に，生徒に確信度を事前もしくは事後判断させた（例えば，「あなたはどれくらいの割合で問題に正解できると思いますか？」「最後まで解いてみて，どのくらいの割合で正解できたと思いますか？」）。生徒の成績が算出されると，生徒の事前判断スコアや事後判断スコアから，全体のテスト得点を引く。もしある生徒が 80 点だと予測したが実際には 60 点だった場合，彼女は +20 という過大評価を示す差得点となる。他方，もし別の生徒は 60 点だと予測したが実際には 70 点だった場合，彼の差得点は -10 となり過小評価となる。この例では，差得点が -10 の生徒のほうが，+20 点分過大評価であった生徒よりも，より正確であると考えられる。差得点は，0 に近いほど，より正確であることを示し（Hacker, Bol, & Keener, 2008），正や負の符号はそれぞれ過大評価と過小評価を示している。キャリブレーションの絶対的正確さの測定は，局所的（1 つの問題に対する判断）もしくは全体的（テスト全体の得点に対する判断）に算出されうる。絶対的正確さの指標が主に教育的文脈で用いられているため，また，特定の項目あるいは一連の問題全体についての判

断と成績の一致度を得ることができるため，この章の後半で紹介する介入においては，絶対的正確さの指標を用いる（全体レベルおよび項目ごとの局所レベルの測定）。

クラス内での介入を目的としたキャリブレーション研究の展開

　この節では，学習や学級内での文脈におけるキャリブレーションの介入プログラムの効果を扱った研究について簡潔にレビューし，それらの知見がZimmerman の自己調整モデルに基づいた私たちの介入プログラムの開発に，どのような示唆を与えたかについて議論する。これまでの研究は一貫して，成績のよい学生と比較して，成績の悪い学生（子どもも大人も両方）ほどキャリブレーションが不十分で，自身の学業的技能や知識に対して多大な過大評価をすることを示してきた（Bol et al., 2005; Klassen, 2002, 2007; Pajares & Graham, 1999）。言い換えると，成績の低い学生はメタ認知的モニタリングのスキルに欠けており，課題をうまく遂行するための自分の知識・技能の高さを大幅に見誤る傾向がある。パフォーマンスに対するそのような素朴な楽観主義は，学生の学習や達成に弊害をもたらしうる。キャリブレーションスキルに乏しい人は，自分の能力を誤って評価しているか，課題の困難度を誤って評価しており，その結果，難しい課題に対して粘り強く努力をしたり，教師や仲間，その他のリソースから援助を求めたりする傾向性が低い。

　キャリブレーションの初期の研究は，学習，記憶，メタ認知研究に端を発しており，ほとんどが大人（特に大学生）を対象にし，学級内などの自然な環境ではなく実験的状況で実施されてきた（Hacker, Bol, & Keener, 2008）。そうした生態学的妥当性の低さは，研究結果の一般化可能性を限定し，実践的な教育への示唆，特に学級内の文脈についての示唆を最小限に制限してきた。しかし近年においては，いくつかのキャリブレーション研究が学級内で実施されてきた。興味深いことに，研究デザインや介入の焦点（例えば，対象者にフィードバックを与える，学習者にモニタリングスキルを教える，学習進度を記録するためのガイドラインを生徒に与えるなど）によって研究の結果はしばしば異なっており，

また，測定における特定性のレベル（すなわち，局所的な項目レベルの確信度評定か，それともテスト全体レベルの確信度評定か）によっても異なっている。研究が一貫して示していることは，大学生の達成度の高さが，キャリブレーションの正確さに影響を与えており，より成績の高い学生のほうが，成績の低い学生よりもキャリブレーションのスキルが高く，正確であるということである（Bol & Hacker, 2001; Hacker, Bol, & Bahbahani, 2008）。なお，同様の結果は，小学校高学年の生徒や中学生にも確認された（Bol, Riggs, Hacker, Dickerson, & Nunnery, 2010; Huff & Nietfeld, 2009）。しかしながら，Nietfeld ら（2005）の研究では，生徒のキャリブレーションの正確さと達成度の高さに相関がみられなかった（キャリブレーションが課題遂行後に全体として測定された場合）。キャリブレーション研究はほとんどの場合，学生の達成度とキャリブレーションの正確さの間に正の相関を見出してきたが，より本質的な疑問は，介入がキャリブレーションを向上させるとともに達成度も高めるのかということである。

大学の授業における研究では，Flannelly（2001）が看護学生のキャリブレーション（特にバイアスという指標を用いた判断）について研究を行い，確信度評定と達成度についてのフィードバックを受け取った実験群において，フィードバックを受け取らなかった統制群と比較して，正確さが有意に上昇したことを見出した。Flannellyの研究は単発の介入（学生は，練習テストの後に解答集を受け取った）であったが，フィードバックのみでも生徒の判断の偏りを減少させることができるという結果が得られた。Nietfeld, Cao と Osborne（2006）は，キャリブレーションの正確さの長期的な向上のため，大学生に対して学期を通じてモニタリングの訓練とフィードバックを与えたところ，統制群に比べてキャリブレーションの正確さが向上したことを示した。彼らはさらに，キャリブレーションの高さや向上の程度が，最終テストの得点の分散を他の変数とは独立に説明することを示した。

Huff と Nietfeld（2009）は，事前事後実験デザインを用いて，小学5年生を対象に，明示的なモニタリングへの介入を組み込むことによって，キャリブレーションの正確さと読解のパフォーマンスの両方を向上させたことを示した。Bol, Hacker, Walck と Nunnery（2012）は，高校の生物の授業において，集団を単位としたキャリブレーションと個人を単位としたキャリブレーションの両

方について検討した。キャリブレーションのガイドライン（テスト勉強中に事前判断をするために用いられた）を与えられた学生は，与えられなかった学生よりも，キャリブレーションが正確で高いテスト成績をとったため，キャリブレーションのガイドラインは生徒のキャリブレーションと成績の両方に正の影響を与えるということが示された。Flannelly（2001）の研究では，参加者に対してキャリブレーションの正確さのモニタリングについて明確な教示はしなかったが，正確さの向上（すなわち，確信度判断のバイアスの低下）は主にフィードバックを受けた結果であることが示された。生徒のキャリブレーションの正確さにも正の影響を与えると示された介入は，フィードバックの提供，モニタリングスキルの明示的な教授，キャリブレーションモニタリングの訓練，学習進度を記録する方法についてのガイドラインの提供などの要素を含んでいた（Huff & Nietfeld, 2009; Nietfeld et al., 2006; Bol, Hacker, Walck & Nunnery, 2012）。

　残念なことに，他のキャリブレーションの正確さに対する訓練についての研究では，あまり肯定的な結果は示されていない。例えば，Bolら（2005）は，1学期間にわたって多数の練習テストを用いた介入を行ったが，キャリブレーションの正確さに有意な変化はみられなかった。同様に，Nietfeldら（2005）は，1学期間用いられた教材に関する3回のテストにわたって，モニタリングの正確さに変化がなかったことを見出した。ただし，彼らは，キャリブレーションを改善するために正確さに関する情報をどう振り返り活用するかを，学生に対して丁寧に教授していない。これまでレビューした研究は研究デザインがさまざまであるが，キャリブレーションの正確さの効果の知見についての矛盾した結果は，キャリブレーションの正確さをどのようにモニターするかについての明示的な教授を含むかどうかと関係していると考えられる。

　私たちは，キャリブレーションへの介入プログラムを計画し開発する際に，この先行研究の結果を参考として用いた。一方で，Zimmermanの三段階の循環的モデルの循環的で再帰的な性質は，フィードバックを介入に統合するのに理想的であり，またキャリブレーションの先行研究において報告された介入の構成要素の多くと関連が深いため，このモデルも参考として用いた。例えば，HuffとNietfeld（2009）は，理解度を高めるために自己モニタリングなどの自己調整テクニックを用いたり，特定の内容領域に関連する方略に焦点化した

フィードバックを与えたりした。Zimmerman モデルの遂行段階を改善するものとして、自己モニタリングの要素であるこれらの介入が加えられればもっとも効果的な介入となるであろう。さらに、Nietfeld ら（2006）の研究の参加者には、その週に議論された内容に関するモニタリングのワークシートが配付され、彼らのキャリブレーションの正確さについてのフィードバックが与えられた。この研究の実験条件の1つ目の要素は、遂行段階を改善するうえで応用可能であるが、自己内省の段階で配付された場合には、フィードバックの要素がもっとも効果的であろう。Bol, Hacker, Walck と Nunnery（2012）の研究では、宿題中にキャリブレーションのガイドラインを用いることが効果的であると示され、遂行段階の改善の助けになると考えられる。私たちは、ハイステイクスなテストや学習状況に直面している成績のよくない生徒を対象とした介入を開発する際に、これらの有効な方法（Flannelly, 2001; Huff & Nietfeld, 2009; Nietfeld et al., 2006; Bol, Hacker, Walck & Nunnery, 2012）の構成要素を Zimmerman の循環的自己調整モデルに統合しようと試みた。

Zimmerman の自己調整学習（SRL）モデル

　学業的自己調整は、目標を設定したり、方略を選択し実行したり、自身の動機づけを維持したり、自己モニタリングを行ったり、望ましい結果を得る目的で必要な修正をしたりすることで、学業的スキルを獲得するために学習者が行う、計画的で先を見越したプロセスであると定義されてきた（Zimmerman, 2008）。自己調整的な学習者は、継続的なモニタリングや方略使用を通じて、自身の行動、学習環境、動機づけ、メタ認知および認知的プロセスを能動的かつ効果的に管理する（Greene & Azevedo, 2007）。したがって、高度に自己調整的な学習者は、学業に従事する間、これらのプロセスや学習中の行動を継続的かつ注意深く反復し、順応させ、修正する。研究では、効果的に自己調整を行う学習者は、課題を分析したり、近接的な目標を設定したり、実行中の課題を遂行するのに適切な方略を選択したりするなど、能動的なプロセスを実行することが示されている。さらに、高度に自己調整的な学習者は、学習課題に取り

第9章　生徒の学習とパフォーマンス改善に向けたキャリブレーションの正確さに関する情報の活用

組んでいる間，モニターと自己コントロールを行う。そして，こうした人々は課題遂行後だけではなく課題遂行中にも，自己評価や調整を行っている。したがって，彼らが新しい学習にとりかかる際にも，こうした認知，行動，動機づけによって継続的にフィードバックが得られる（Schunk, 2001; Zimmerman, 2002, 2008）。正確な自己観察と自己評価は，効果的な自己調整にとって重要なだけではなく，モニタリングとコントロールプロセス間の相互作用，そして正確なキャリブレーションとの関連性を反映している。これらのプロセスは，学習者がサイクルの一連の段階において自身の信念，行動，方略の修正を行う際に用いる情報を提供する。

　数十年の間，Zimmerman は広く自己調整学習について著作を残してきた。なかでも，私たちは彼の三段階の動的フィードバックループモデル（Zimmerman, 2000）に焦点を当てる。Zimmerman（2000）の三段階自己調整学習（SRL）モデルの下位プロセスである自己観察や自己判断は，この章の焦点であるキャリブレーションにとって特に重要である。このモデルは予見，遂行，自己内省という3つの段階から構成される。SRL のそれぞれの段階において，さまざまなメタ認知的プロセスや行動を実行する際，学習者は自身の動機づけ信念に導かれる。予見段階は，2つの主要な下位プロセス，すなわち，課題分析と自己動機づけ信念を伴う。これらは学習やパフォーマンスに先行する。具体的にいうと，この段階は，目標設定（例えば，先の目標に到達するために当面の目標に優先順位をつける）や方略的なプランニング（例えば，実行中の課題を遂行するために，自身の認知やメタ認知を導くのに適切な方略を選択したり創出したりする）など，学習者が課題分析のプロセスを実行することを含む。Zimmerman（2000）によると，これら2つのメタ認知プロセス（目標設定と方略的なプランニング）を行うかどうかは，学習者の自己効力信念，結果期待，課題への興味，目標志向性などの自己動機づけ信念による。これらの信念は，予見段階の目標設定や方略的なプランニングに影響を与えるだけでなく，遂行段階の下位プロセスにも影響を与える。予見段階においては，自己調整的な学習者は自己動機づけが高い状態にあり，自己効力感（すなわち，実行中の課題をうまく実行できるかについての自信に関する信念）や結果期待（すなわち，異なる結果についての知識と認知）を高くもちやすい。彼らはまた，課題への興味や価値づけ（すなわち，課題に対す

る内発的興味）を示し，明確な学習目標志向性（学業的な達成のために課題に取り組む理由）をもっている傾向にある。

　Zimmerman（2000）モデルの2つ目の段階は遂行段階であり，2つの主な下位プロセス，すなわち自己コントロールと自己観察からなる。学習や課題解決の間，高度に自己調整的な学習者は，自己調整的でない学習者よりも，自己コントロールを行う傾向にある。具体的には，メタ認知的方略（例えば，課題の特定の構成要素に的を絞って開発された課題方略や，学習の効果を高める心的なイメージを形成するイメージ化）を用いたり，時間をよりよく管理したり，学習を動機づけるために自身で目標を設定したり，学習の質を高め課題を遂行するために学習環境を構造化したり，援助や情報を求めたりする（Wolters, 2003）。さらに，自己調整的な学習者は，メタ認知的モニタリング（すなわち，学習の進度や結果を心の中でひそかにチェックする）や自己記録（すなわち，学習の進度や結果を明示的かつ意識的に記録し追跡する；Zimmerman, 2011）などの自己観察プロセスを通じて，自身の進み具合をコントロールする傾向にある。循環的サイクルの遂行段階において，学習者はもっとも直接的に学習内容や課題に取り組むため，ZimmermanのSRLモデルにおけるこれらの自己観察のプロセスは，キャリブレーションに焦点を当てるこの章において特に重要である。この段階で，彼らは自身の学習時間を修正し，学習進度をモニターし，自分が何を知っていて何を知らないか，もしくはどれほど実行中の課題がよくできているかに基づいて，学習方略を選択したりもする。そして，遂行段階において生成された情報の正確さが学習者にフィードバックされることで，学習者は自身の学習成果の有効性を評価する。メタ認知的意識の一種であるキャリブレーションは，自身のパフォーマンスに対する認知のモニタリングを実際のパフォーマンスと比較することによって得られる情報やフィードバックを提供するため，調整という観点から重要である。キャリブレーションの方略を用いた介入についてのこの後の記述では，キャリブレーションのフィードバックがZimmermanの循環モデルの文脈において，どのように機能するかについて詳細に議論する。

　Zimmerman（2000）の循環的なSRLモデルの3つ目は，自己内省段階である。この段階は，学習やパフォーマンスへの反応である2つの主要なカテゴリ，すなわち自己判断と自己反応からなる。自己判断は，自身の成果につい

て基準と比較して評価することや，結果の原因を帰属することを伴う。したがって，正確なキャリブレーションは効果的な自己判断の必須条件である。パフォーマンスの基準と実際のパフォーマンスとのギャップへの気づきは，学習結果の原因帰属に影響を与える。遂行後に行われたキャリブレーション（すなわち，事後判断）は，自身のパフォーマンスの評価を実際のパフォーマンスの結果と関連づける，比較のための機能を有している。自己内省段階のもう一つの重要な構成要素は自己反応であり，これは学習者の満足，不満足のレベル，そして結果に対する適応的もしくは自己防衛的な反応にあたる。学習者がさらに学習を行い予見段階にもう一度進むかどうかは，これらの自己内省にかかっている。研究では，効果的な自己調整を行う学習者は，先を見越した予見的な過程に関わり，遂行中はモニタリングと自己コントロールを行い，自己内省の間には自己評価と修正を行うことが示されてきた。Zimmermanの理論的モデルによると，学習者が新しい課題に取り組む際，この自己評価によって予見段階へとフィードバックが与えられたり，自己調整のサイクルが継続されたりする (Schunk, 2001; Zimmerman 2000, 2008)。自己反応はキャリブレーション能力に影響を与えうる。というのも，学習の結果に対して否定的な自己反応を経験した学習者は，次のサイクルのループに適切にその情報を「送り出す」ことができない可能性があるからである。それゆえ，彼らは，自身の知識についての事前の評価を正しく修正したり新しい学習方略を用いたりしない可能性がある。

　Zimmermanの循環的なモデルの3つの段階がフィードバックループという形で記述されていることは，非常に重要な点である。Zimmerman（2000）によると，前の段階からのフィードバックが進行中の段階の調整のために用いられ，さらにその調整の結果，こうした情報が次の段階へ「送り出される」。したがって，自己調整は循環的であると考えられる。さらに，フィードバックは学習の重要な構成要素であり，生徒の学習を導き，動機づけるのに必要不可欠である（Shute, 2008）。効果的なフィードバックのためには，フィードバック情報は評価的ではなく，サポーティヴで，タイミングよく与えられ，具体的であるべきである。特に，生徒の現在の学習課題や成果についての理解と，彼らが到達目標としている理解とのギャップを埋めるため，フィードバックは，間違いや誤概念（Shute, 2008）を伴う可能性のある課題に対する生徒の反応の

正確さに関わるものでなければならない（Hattie & Timperley, 2007）。Hattieと Timperley（2007）によると，そのギャップを埋めるフィードバックは，次の3つの疑問に答えるものであるべきである。すなわち，「私はどこに向かうのか」（どの方向に向かっていて，学習目標は何か），「どうやって向かうのか」（そこへ到達するためにどんな方略を用いる必要があるのか），「次はどこへ向かうのか」（以前の目標に続く次の目標は何か）である。フィードバックは調整機能をも有しており（Hattie & Timperley, 2007），Zimmermanのモデルで述べられている通り，どの段階で生成されたフィードバックであっても，後続の段階における動機づけ，行動，認知，メタ認知のための基盤を形成する。

Zimmermanのモデルとキャリブレーションとの関わりは間接的ではあるが，それらは特に自己観察（メタ認知的モニタリング）と自己内省（自己評価）という点から考えて，実質的には重なりがある。次の節では，キャリブレーションに焦点を当てた介入について述べ，その介入の実施について議論するとともに，プロセスに関するフィードバックをZimmermanの循環的モデルのどこにどのように統合するかについて示す。

介入のデザインと実行

この節では，落ちこぼれとなる危険性がある高校生がハイステイクスなテストに合格するのを支援するためのキャリブレーションへの介入について記すことを目的とする。まず，介入が初めて実施されたあるサマープログラムの背景について記述することで，介入の文脈について示す。次に，生徒と彼らのチューターの両方に対する介入の目的について議論する。さらに，生徒に自信（自己効力感）を判断させる機会を与えたり，キャリブレーションの正確さについての情報を提供したり，フィードバックをもとに自己内省したりすることを含む，介入の要素について論じる。また，チューターが，彼らの指導生の成績と，指導生が正しく答えられるかについてのチューター自身の自信とを判断するキャリブレーションの訓練に，どのように取り組んだかについて記述する。最後に，5週間のサマープログラムの間にどのように介入が実施されたかについ

いて述べる。

　私たちのキャリブレーションの介入は，夏の補習的な集中プログラムのために特別に開発され，生徒が学習内容を学ぶ際に循環的なキャリブレーションのモニタリングが組み込まれるようにデザインされた。1世紀以上の間，ニューヨーク州は9〜10年生の高校生にリージェンツテストに合格することを求めている。このテストは，年の最後に実施され，統合代数（IA）や生態環境（LE）など，核となる領域における技能を評価するものである。毎年，ニューヨーク州の多くの生徒がこれらの単位を落とし，65点という合格得点をとることができない（異なる受験者やテスト形式間で長期的に結果を比較するため，テストの素点を報告するのではなく，変換し尺度化された得点が用いられ報告される）。一日中行われる集中サマープログラムでは，プログラム終了までに，学習に困難を抱く学生がこれらの教科でリージェンツテストに合格するよう追加的な指導援助が提供される。このプログラム独自の特徴は，日常的に生徒の手助けをするピアチューターをクラス内で採用していることである。第一著者は，週ごとに各生徒のキャリブレーションに関する情報について，生徒と彼らのチューターの両方にフィードバックを提供した。介入は数学（IA）と科学（LE）の両方をターゲットとした。毎週模試を受けることに加えて，生徒は自己調整的なモニタリング方略（例えば，キャリブレーションの正確さ）の使い方を教示されるとともに，5週間のコースを通じて循環的で調整的な思考ができるよう，形成的，総括的なフィードバックを受け取った。

介入の目標

　この介入は，チューターと生徒の両方のメタ認知的意識とスキルを向上させるためにデザインされた。生徒に対する介入の主要な目的は，それぞれの学習領域（LEとIA）における主なテーマについて，自身の強みと弱点を同定できるようフィードバックを用いて，生徒がよりよくキャリブレーションができるよう支援することである（すなわち，彼らの知識・技能についてのモニタリングの正確さを向上させる）。生徒の認知的プロセス，知識・技能のレベルに対す

る意識を向上させることで,望ましい学習目標への到達に向けて,より効果的に取り組むことができるであろう。さらに,Zimmermanの三段階の循環モデル(2000)から予測されるように,メタ認知的意識(すなわち,パフォーマンス)の向上は,生徒が学習方略を採用したり修正したりすることにつながるとともに,学業成績を向上させるための調整(すなわち内省)においても役に立つであろう。

　チューターに関していうと,介入の内容は,それぞれの学習領域における主要なテーマについての各指導生の強みと弱みに気づくという観点から,彼らのキャリブレーションの向上を手助けするよう開発された。つまり,チューターは,指導生の知識について自信度判断をしたり,これらの判断の正確さについて評価したりした。フィードバックを通じてチューターは,各指導生の技能レベルに関して現在進行形で変わる自身の認識をモニターし,指導生が伸ばす必要のある特定の技能や知識に焦点を当てた。さらに,チューターは目標とする得点(すなわち,リージェンツテストに最低限合格できる65点)に近づいているかどうかを確認するために,指導生の模試の全体の成績についてもモニターした。介入のもう一つの要素によって,チューターは,指導生に主要な各テーマを教えることについての自信度と,各指導生のそれぞれの主要テーマにおける実際の得点を比較できた。こうしたフィードバックにより,各生徒の必要性に応じた教授の有効性をモニターする仕組みがチューターに与えられた。その結果,チューターは現在の教え方とその効果を内省するとともに,指導生にとってよりよい方略に修正するよう促された。生徒への介入と同様に,チューターは,指導生のパフォーマンスのみならず,自分の教え方に関する自信についても継続的にフィードバックを受け取った。

介入の構成要素

　介入のデザインは,学業的自己調整の社会的認知モデル,特にZimmermanの三段階モデルの理論枠組みを参考にした(Bandura, 1997; Schunk & Meece, 2006; Zimmerman, 2008)。この枠組みでは,キャリブレーションの判断が形成的

フィードバックとして用いられたり，モデルの連続的な反復に循環的に組み込まれたりする際の，いくつかの特定の方法が強調されている。Shute (2008) の定義によると，形成的フィードバックとは，「学習の向上の目的のために，思考や行動を修正することを意図して学習者に伝えられる情報」(p. 154) である。この概念は，フィードバックの目的や目標に関係している。Hattie と Timperley (2007) によると，フィードバックの目的は，成績に反映される学習者の現在の理解度と将来の達成目標とのギャップを減らすことである。つまり，効果的なフィードバックのためには，学習者の適切な技能レベルをターゲットとしなければならない。形成的フィードバックは，結果ベースにもプロセスベースにもなりうる (Bulter & Winne, 1995)。結果についてのフィードバックは，基準となる課題における生徒のパフォーマンスの結果から得られ，一方，プロセスについてのフィードバックは，どのようにその課題に取り組んだかに焦点を当てる。本研究における介入では，生徒がより効果的に自己調整することを促すよう，両方の種類のフィードバックが用いられた。

　この介入の構成要素は，(1) 各学習領域 (LE と IA) における主要なテーマに関する自己効力判断を求めること，(2) 模試での生徒の成績について全体的な予測を取集すること，(3) 複数のリージェンツテストの模試を通じて知識・技能のレベルを評価すること，(4) キャリブレーションの判断についてのフィードバックを生徒に与えること，からなる。それぞれの構成要素は Zimmerman の循環的モデルの各段階における下位プロセスに対応している。すなわち，自己効力判断 (動機づけ信念) とテスト得点の予測は自己動機づけ (予見段階) に対応し，模試を受けることで自己コントロールの機会を与え (遂行段階)，キャリブレーションの正確さについてのフィードバックは自己評価 (自己内省段階) に対応している。

　<u>自己効力感についての判断</u>：介入に自己効力判断を加えたことには，3つのメリットがある。第一に，自己効力判断を行うことによって，生徒が自身の動機づけ信念について検討する機会を得るということである。Zimmerman と Labuhn (2012) によると，先を見越した学習者は予見段階において自己効力信念を大いに参考にする。したがって，私たちはこの構成要素を，確信度についての自己評価をさらに促すことによって能動的な学習を促進する手立てとして

取り入れた。第二に，各模試が終了し採点された後にキャリブレーション得点を算出し，キャリブレーションについてのフィードバックを与えるために，自己効力判断の構成要素によって，実際の成績と比較可能な情報を集めることができる。第三に，それぞれの学習領域（LEもしくはIA）における主要なテーマについて，確信度を自己評価してもらうことである。このように介入を構造化することは，自己効力判断は課題の特定の種類に関連づけられたときにもっとも効果的であるというBandura（1997）の提案にならうことにもなる。このことを心にとめて，生徒に各学習領域における多数の「主要なテーマ」それぞれに対して自己効力判断を求めた。例えば，LEの7つの主要なテーマは，(1) 生物と非生物の類似点と相違点，(2) 遺伝，(3) 時間による変化，(4) 生殖と成長，(5) 動的平衡，(6) 物理的環境における自立と依存，(7) 人間の環境への影響，である。付録Aに，プログラム中に生徒に配付された自己効力判断のシートの例が示してある。生徒はそれぞれの主要テーマについて，例題に解答する力がどれだけあるかについて確信度を評定する。付録Aの例題は，例示のためのものであり，実際に介入で用いられた項目とは異なる。介入においては，生徒が自己効力判断を回答しやすいよう，公開された過去のリージェンツテストの実際の問題を用いた。

　模試の得点予測：各主要テーマについての自己効力判断と同様に，次に受ける模試の総合得点について，生徒は全体としての自己効力判断を行った。それにより，生徒はそれぞれのテーマにおいてどれだけ解答できたかの評価だけではなく，全体の統括的な評価を行う機会を得る。さらに，この全体的な判断は，各生徒の全体的なキャリブレーションの正確さ得点を算出するため，尺度化されたテスト得点と比較される。

　リージェンツテストの模試：介入のこの構成要素によって，生徒がニューヨーク州のリージェンツテストをすべて受ける練習をする機会を複数回与えることができる。このテストはニューヨーク州のリージェンツ委員会によって事前に公表され，一般にも入手可能な項目から構成される。このプログラムに参加した落ちこぼれの危険性がある生徒は，リージェンツに合格した経験がないため，模試を複数回実施することは，本番のテストに慣れるために必要である。ZimmermanとLabuhn（2012）の循環的モデルの遂行段階についての記述

によると,メタ認知的モニタリングは遂行のプロセスと結果を頭の中でチェックすることを含む。参加者は落ちこぼれの危険性がある生徒であることから,生徒が学習の不十分な点をより認識できるよう,主要テーマに対応した自己効力判断を行わせることに加え,主要な考えに基づいて項目をグルーピングすることで,彼らが自身のパフォーマンスをモニターすることを支援した。このような形で情報を示すことで,生徒の自己効力判断を領域全体だけではなく,その分野の特定の領域知識に関連づけた形で,生徒が自身のパフォーマンスをチェックすることをサポートできる。

特に模試の問題が実際のテストの問題と実質的に異なる形式である場合には,どんな介入においても,模試の実施だけでは成績やキャリブレーションの正確さを向上させるには十分でないことに注意しなくてはいけない(Bol & Hacker, 2001)。このため,テスト結果に基づいてフィードバックをより実質的に用いる方法を教示することで,生徒とチューターの両方が自身の成果と知覚された能力(すなわち,自己効力感)を正確にモニターし,それらを向上できるようにした。模試が採点された後,キャリブレーションの正確さを示すために,自己効力判断,得点の全体的判断,そして模試の成績を,すべて介入のフィードバックの構成要素に組み込んだ。

<u>生徒へのキャリブレーションについてのフィードバック</u>:この介入におけるフィードバックの目的は,Zimmermanのモデルに基づいて概念化すると,サイクル中の遂行段階と自己評価の段階において,キャリブレーションの正確さについての情報を与えることにあった。この情報は,5週間のプログラムを通じて,どれほど学習が進んだかを,生徒がモニターするのに役立つ。自己モニタリングスキルを高めたり,自身の知識や学習を正確に評価できたりするように,週ごとのフィードバックが介入に含められた。目標は,特定の技能や知識を向上させることに向けて努力することで,学習者が週ごとのフィードバックを用い,学習のギャップを減らしていくことであった。

模試が採点された後,試験の結果を示した個別につくられた1ページのフィードバックシート(付録Bを参照)を受け取った。そこには,模試の得点と,生徒が試験前に提示した全体的な成績の予測得点が記載された。また,各主要テーマについて,そのカテゴリで正しく解答できた問題の数の横に,生徒

の事前の自己効力感の評定が示された。それによって，生徒はそれぞれの領域について自身の確信度判断と実際のパフォーマンスを比較できた。さらに，その問題がどの内容の知識・技能を測定するものだったのかについてヒントを与え，生徒がリージェンツテストのさまざまなテーマにおける自身の成績を解釈できるよう，それぞれの主要テーマを代表する例題も別紙にて提供された。

　主要テーマによってフィードバックシートを構成する理論的根拠は，生徒が自己効力判断と実際の成績とを比較するためであり，それによって主要テーマごとのキャリブレーションの正確さをモニターすることができる。彼らの予測の正確さや成績を把握するのに加えて，生徒は以前の学習アプローチを振り返り，自身の学習内容についての知識の強みと弱みを評価する機会を与えられる。自己内省を促すため，生徒には以下の質問がなされる。(1)「リージェンツの模試の総合得点を見て，勉強法を変えるのにどの程度この結果を活用しましたか？」，(2)「リージェンツの模試のそれぞれの主要テーマの得点を見て，改善が必要な特定のテーマに焦点を当てることで勉強の仕方をどの程度変えましたか？」。Zimmerman のモデルと関連づけると，これらの質問によって生徒は，遂行段階において用いた学習方略をどのように適用し修正したかについて，自己内省する機会が与えられる。この自己内省は，次の学習サイクルにおけるプランニングを手助けすることとなる。

　評価とフィードバックを頻繁に行うことは，生徒によりよい自己モニタリングスキルを身につけさせたり，より正確に自身の知識や学習を評価させたりする機会を与えるツールとなる。さらに，頻繁なフィードバックを受けた生徒は，キャリブレーションの正確さが向上する可能性がある。Zimmerman, Moylan, Hudesman, White と Flugman (2011) は，数学の補講において大学生のキャリブレーション訓練を行い，自己効力信念を学期中の試験の際に項目ごとに測定したところ，その学期間のコースを通じて，彼らのキャリブレーションの正確さと自己効力信念が高まった。同様に，Nietfeld ら (2006) は，モニタリング訓練とフィードバックを受けた実験群の大学生のほうが，統制群に比べて，1学期の間にキャリブレーションの正確さを向上させたことを示した。

　<u>チューターに対するキャリブレーションについてのフィードバック：介入</u>

には，生徒によりよい自己モニタリングスキルとキャリブレーションを身につけるように促すという目的の他に，チューターに自身の教え方の有効性についての内省を促すというもう一つの目的があった。生徒に対するフィードバックと同様に，チューターが教え方について自己モニタリングするスキルを伸ばし，指導生の知識をより正確に評価できるようにするための方策として，頻繁なフィードバックが行われた。Zimmermanのモデルからみると，チューターへのフィードバックの目的は，生徒へのフィードバックの目的と同様である。つまり，チューターが自身の教え方や指導生の学習内容についての知識と理解をよりよくモニターできるよう，キャリブレーションの正確さについての情報を継続的に提供するためである。また，チューターは自己内省段階において，自身の教授方略をどのように適用するかについて考える機会も与えられる。

　この目標は，それぞれのチューターに，各指導生が主要なテーマそれぞれにおいてどれほどの成績を達成できるかについての判断をして，実際の結果とその判断を比較する機会を与えることによって達成される。模試に先立って，チューターは，各指導生が主要なテーマについての代表的な問題にどれほど正答できるかを予測する（付録Cを参照）。同時に，学習領域全体に関わる総得点の予測も各指導生について行う。テストが採点された後，チューターは各生徒と同じ成績についてのフィードバック，すなわち，主要テーマそれぞれの成績と総合得点を受け取る。チューターの受け取るフィードバックには，どれほど効果的に主要テーマについて各生徒に教えられたかについて，彼らが1週間ごとに行った自信度判断も含まれている。それによって，チューターは，自身の教え方の有効性についてのキャリブレーションの正確さについても評価することができる（付録D）。

　チューターに対する介入の最後の構成要素は，自身の教授／チュータリング方略の有効性についての評価を促すことである。この目的を達成するために，チューターは生徒のテスト結果を見て，もっとも指導が必要な主要テーマについて指導生と取り組んだ数日後に，次の2つの質問に回答することによって自己評価を促された。(1)「各指導生のリージェンツ模試の総合得点を見て，次の指導計画を変更するのにどの程度この結果を活用しましたか？」，(2)「各指導生のリージェンツ模試のそれぞれの主要テーマの各得点を見て，改善が必

要な特定のテーマに焦点を当てることで,どの程度指導の仕方を変えましたか?」。

前述した介入の各構成要素,すなわち,自己効力判断,模試,フィードバック情報は,統合的に機能し,学習分野の主要なテーマそれぞれに準じて,チューターと生徒の両方のキャリブレーションを向上させるようデザインされた。生徒がもっとも過大評価の傾向を示したテーマにターゲットを絞ることは,「難易度」効果,すなわち,難しい項目に対して過大評価をし,やさしい問題について過小評価をする傾向性(Harcker, Bol, & Keener, 2008)に対処することにもなる。この効果によって,生徒は「もっとも難しく,さらなる学習努力をもっとも要する学習課題に対して,皮肉にも最小の時間を割り当てる」(Hacker, Bol, & Keener, 2008, p. 439)可能性があるため,学習中に過度に自信をもった領域に特に焦点を当てて教えることは,この問題に直接的に対処する一つの方法である。生徒が学習すべき特定の領域を同定したら,チューターの援助のもと,その課題や環境において適切で有効な学習方略をともにつくり上げられる(Zimmerman & Moylan, 2009)。

次の節では,落ちこぼれになる危険性がある生徒を対象としたサマープログラムのあるクラスにおいて,これらの介入の構成要素がどのように実施されたかについて論じる。また,チューターと生徒が,一連の自己調整のサイクルを通じて,どのようにキャリブレーションについてのフィードバックを効果的に用いたかについて,Zimmerman (2002) のモデルの段階における特徴に対応する形で議論する。

介入の実施

介入の実行について議論する際,さまざまな介入の構成要素がどのようにプログラムのカリキュラムの文脈の中に組み込まれているかについて示す。サマープログラムの指導者は,落ちこぼれになる危険性がある生徒の知識を高め,最終的にリージェンツテストに合格するよう支援するために複数の週を設けた。介入のための構成要素は5週間というプログラムのスケジュールに対応

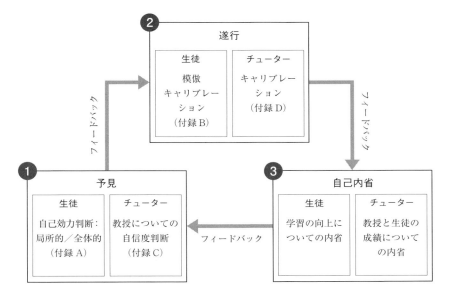

図 9.1　Zimmerman の自己調整の三段階モデルに基づいた介入の構成要素

するよう構成され，適宜模試を採点したりフィードバックを用意したりするための時間も組み込まれた。

　本節を通じて参照される図 9.1 は，どのように介入が実施されたか，生徒およびチューターに対するさまざまな介入の構成要素が，Zimmerman の三段階モデル（Zimmerman, 2008; Zimmerman & Moylan, 2009）の下位プロセスとどのように対応しているかを図示している。5 週間のプログラムの 1 週間ずつが，三段階のサイクル 1 回分，すなわち，予見，遂行，自己内省に対応している。

　授業は月曜日から木曜日まで実施され，それぞれ 5 時間で，1 週間あたり約 20 時間であった。およそ 90 人の生徒が，年齢も学年も近いがリージェンツに合格し IA もしくは LE の領域で平均以上であると考えられる 25 人のピアチューターとともに取り組んだ。4 つのクラス（IA と LE がそれぞれ 2 クラス）は，約 20〜25 人の生徒からなっていた。各クラスには，2 人の教師が日々の教授を行うとともに，3〜5 人の指導生を担当している 6 人のチューターに指導を行った。チューターは，5 週間のコースの間，同じ生徒と取り組むよう割

り当てられた。

　プログラムの間，毎週主要なテーマが教えられたが，教師とチューターは，それぞれの週に焦点を当てるテーマを，生徒の必要性に合わせて1つか2つ選んだ場合もあった。チューターは生徒と一緒に，練習問題，教師から出された問題，宿題の問題，生徒から出た特定の質問に取り組んだ。教師の教授と指導グループの編成は，このプログラムによって開発され，私たちの介入からは影響を受けなかった。私たちは，介入以外の授業のカリキュラム／指導には一切指示をせず，そうしたすべての要素は教師の裁量に任された。私たちの介入をプログラムのカリキュラムへ統合する際には，クラスでの教示やチュータリングセッションに対して混乱が最小限となるようにした。3時間を要する週ごとの模擬テストを除けば，介入に要する時間は1週間で約30分ほどであった。

　先に述べた通り，このプログラムの介入の構成要素は，Zimmermanモデルの三段階の特定の下位プロセスと対応している。プログラムは水曜日に始まるため，5週間にわたって，予見段階に対応する介入の構成要素は毎週水曜日に実施された。最初の水曜日には，生徒は項目ごとと全体についての自己効力判断を提出した（付録Aを参照）。同時にチューターは，同じ項目について各指導生がどの程度知識を有しているかを判断し，次に受けるリージェンツ模試（付録Cを参照）について各指導生の総合得点を予測した。木曜日には，遂行段階として，生徒に3時間のリージェンツ模試を受けさせた。金曜日と週末にテストを採点し，個々に応じたキャリブレーションについてのフィードバックを準備した。また，チューター自身のキャリブレーションの情報についても，彼らの指導生のテスト結果と，自身の教え方に対する有効性についての確信度判断とを比較することで算出された。

　生徒が次の月曜日にクラスに戻ってきたときに，テスト結果とキャリブレーションについてのフィードバックシート（付録B）が渡され，そこには彼らのテスト成績が自己効力判断と比較する形で記載されていた。また，チューターも，指導生のテスト結果と，指導生の現在の知識レベルを診断するチューターの正確さに関わるキャリブレーションのフィードバックを受け取った（付録D）。その月曜日には，チューターと生徒の両方が，キャリブレーションについてのフィードバック情報を確認する時間をとり，その後，学習の仕方もしく

は指導の仕方にその情報を活かすため，口頭で短くやりとりするように促された。この期間には，リージェンツ模試で測定されたすべてのテーマと，チューターと生徒の両方が重点を置くと決めた特定のテーマについて包括的な振り返りを行った。水曜日には，生徒に自己内省のための質問が提示され，フィードバックを受け取った結果，この3日間に学習方法がどのように変化したかについて評価した。自己内省を促すため，生徒には以下の質問が与えられた。(1)「リージェンツの模試の総合得点を見て，勉強法を変えるのにどの程度この結果を活用しましたか？」，(2)「リージェンツの模試のそれぞれの主要テーマの得点を見て，改善が必要な特定のテーマに焦点を当てることで勉強の仕方をどの程度変えましたか？」。同様に，チューターも各指導生のテスト結果と，前に行った教え方についての自信度評定を見て，この期間，それぞれの主要テーマに対する指導生の成績を高めるために，どの程度教え方を修正したかを内省した。その週の水曜日に，生徒とチューターは，もう一度次の木曜日に受ける模試の自己効力判断を求められ，もう一度学習サイクルが始まる。

このような生徒とチューターの両方に対する介入の構成要素は，残りの4週間も繰り返された。しかし，プログラムの最終週（5週目）には，生徒は模試を受けず，合格点をとる必要のある領域の公式リージェンツテストを受験した。模試は行わないため，介入に関わる授業時間は1週間で約1時間であり，自己効力感についての判断とキャリブレーションの正確さのフィードバックに対する内省が，それぞれ30分かけて行われた。

5週間のプログラムを通じてフィードバックを与えることは，この介入の主要な目標であり，ZimmermanのSRLの循環的段階モデルの中核をなす。週ごとのフィードバックの目的は，生徒が自身の予測と実際の成績を主要な概念ごとに，そして総合得点として比較し，キャリブレーションの正確さをモニタリングすることを継続的に支援することであった。生徒は，どのように勉強すべきかについてモニターと内省を行ったり，次の週にどのトピックに長く取り組む必要があるかを決めたりするため，フィードバックを活用することができた。同様に，チューターへの毎週のフィードバックも，チューターが主要なテーマに沿って指導生の成績をモニタリングし，指導生への指導方法をより効果的に改善することを促すようデザインされた。ZimmermanとLabuhn(2012)

において示されるように，フィードバックによって，自己指導的な学習のさまざまな段階において学習者が自身の取り組みを見直し，特定の技能や知識を伸ばす機会が何度も与えられるため，フィードバックはSRLモデルの重要な要素である。

今後の研究への展望

　ZimmermanのSRLモデルは，困難な学習状況において生徒の自己指導性を高めるためのプログラムをデザインするうえで参考になる，とても強力な枠組みである。しかしながら，ほとんどの研究は，モデル全体（すなわち，すべての下位プロセス）ではなく，特定の下位プロセスについてのみ検討してきた。本研究における介入は，第一著者が取り組んでいるサマープログラムにほぼ基づいたものであるため，先行研究と同様，最初の取り組みにおいてはZimmermanモデルの特定の下位プロセス，すなわち自己動機づけ信念（自己効力感），メタ認知的モニタリング（特にキャリブレーション判断），自己評価に重点を置いていた。今後の研究では，モニタリングの正確さと，今回の介入では扱われなかった，Zimmermanの自己調整モデルの他のプロセスとの関連性について検討する必要がある。例えば，目標志向性や結果期待（予見段階の下位プロセス）などの生徒の動機づけ信念は，キャリブレーションの正確さに実質的に影響を与えるであろう。また，遂行段階の特定の下位プロセスも，キャリブレーションの正確さに影響を与える可能性がある。記憶術としてイメージを用いる，気持ちをそらすものを排除して課題に集中するための注意焦点化を用いるなど，特定の課題に対する方略を選択することもこれに含まれる。究極的には，ZimmermanのSRLモデルにおける下位プロセスはキャリブレーションの正確さに影響を与えるため，それらの複雑な相互作用に焦点を当て，通常の授業，また，通常の学年暦においてこの介入を全体的に実施し効果を検討することを提案する。

　さらに，キャリブレーションの正確さについての今後の研究は，真正性の高い学級の中で行い，生態学的妥当性を高めるように文脈化されるべきである。

また，今後の研究においては，学業レベルがより多様な集団を対象として，キャリブレーションの正確さを高める訓練の効果について検討するため，複数の方法を混合したデザインを用いることも提案する。Hacker, Bol と Keener (2008) によって示されている通り，キャリブレーションの正確さについての学級で行われた研究のほとんどは量的研究である。インタビューや自由回答，思考発話法などの質的研究法を用いることで，生徒の確信度判断と実際の成績との相違について，より豊かな説明ができる可能性がある。

また，生徒のキャリブレーションの正確さと自己調整的な学習を向上させることを目的としたどんな介入研究でも，生徒の学習とパフォーマンスへの長期的な効果を検討することが必要である。今のところ，キャリブレーション訓練の長期的な効果はほとんど調べられていない。ほとんどの先行研究は，1学期間に限られており，長期間のメタ認知的スキルの発達を測定していない (Nietfeld et al., 2006)。したがって，生徒たちが自分自身でモニタリングを継続し，介入後もキャリブレーションの正確さを向上させているかを見定めるため，長期的な研究が求められる。今後の研究では，一つの教育場面で学習されたキャリブレーションの正確さについてのモニタリングスキルが，他の教育場面に転移するかどうかを検討する必要がある。数学の授業でキャリブレーションを向上させた生徒は，他の教科においても正確さを向上させるのか。読解においてキャリブレーションを向上させた生徒は，科学の成績を向上させるためのメタ認知的スキルも用いるようになるのであろうか。

チューターのキャリブレーションに関するスキルの向上を目的としたこの介入の構成要素もまた，より十分な検討が必要である。成績を上げるために指導生とともに取り組んだピアチューターは，独自の研究対象である。ピアチューターは，先生であり学習者でもあるため，学習者としてのみならず，教授の有効性という観点においても，キャリブレーションの向上が重要となる。指導生の知識・技能のモニタリングを高めたピアチューターは，同時に自身の学習のモニタリングについても向上させる可能性がある。落ちこぼれになる危険性がある生徒にピアチューターをつけるという，学校環境に対してより頑健な介入をデザインするうえで，この領域の研究は有益であろう。

最後に，おそらくもっとも重要なことは，キャリブレーションの正確さを向

上させるようデザインされたどんな介入でも，繰り返しフィードバックを与える際に，生徒にモニタリング訓練を明示的に行う必要があるということである。Nietfeldら（2006）は，モニタリング訓練を受けた大学生は，訓練を受けなかった者と比べて，キャリブレーションの正確さが向上したことを示した。同様に，HuffとNietfeld（2009）およびBol, Hacker, WalckとNunnery（2012）の研究においても，モニタリング訓練を行っており，どちらにおいても学習者のキャリブレーションの正確さの向上が認められた。単にフィードバックの情報を学習者に示すだけでは，どのように確信度の判断やパフォーマンスをモニターするのか（すなわち，キャリブレーションの正確さの基盤を形成する要素）を教えるのに十分ではない。

結論

　この章では，ハイステイクスなテストに対して説明責任をもつ授業場面において，Zimmermanの自己調整学習の三段階の循環モデルを用いて，落ちこぼれになる危険性がある生徒のメタ認知的意識，特にキャリブレーションの正確さを向上させることに焦点を当てた。キャリブレーションは，メタ認知的な構成概念であり，モニタリングやコントロールといった根底にある心理学的プロセスを反映している。自己モニタリングや自己評価といったメタ認知的なプロセスに焦点化しながら，Zimmermanの三段階SRLモデルを参考にすることで，このモデルの循環的でフィードバックを伴う性質が，サマープログラムの中で複数回の反復を行いながら，生徒たちに学習や技能を継続的に実行する機会を与えた。私たちは，落ちこぼれになる危険性がある生徒が学び，再学習し，最終的にはハイステイクスなテストに合格できる可能性を高めるために介入を設計した。さらに，介入によってチューターは，自身の指導の有効性と指導生の必要性に関する知識について内省した。そうすることで，最終的には指導生が学習内容を習得し，テストに合格する支援ができると考えられる。

　この介入は，集中的なサマープログラムの中で特別に実施され，Zimmermanの三段階モデルを生徒が経験するプロセスを描き出すために生態環境と統合代

数を学習内容として用いたが，通常授業の時間割および／もしくは学習内容を補足するために，この介入を調整できると私たちは考えている。概して，この介入は補足的にデザインされたもので，授業やカリキュラムに取って代わるものではない。つまり，生徒のニーズやカリキュラムの必要性に応じて，このSRLに関わる介入の長さや回数を調整することが教育者には求められる。また，クラス内でピアチューターを用いている教師は，チュータリング方略の有効性をモニターさせるために，ピアチューターをキャリブレーションのプロセスに取り組ませることも可能である。

夏に行われたこの5週間にわたる介入では，ZimmermanのSRLモデルの3つの段階および特定の下位プロセスにおける学習の困難に的を絞るため，継続的なフィードバックを用いた。この枠組みでは，キャリブレーションの正確さの判断，自己評価の正確さ，学習中の学習方略の活用を向上させるには，自己モニタリングや構造化されたフィードバックが重要であることが強調される。Zimmermanのモデルの循環的で再帰的な性質によって，結果およびプロセスに対するフィードバックの実施が効果的になるため，落ちこぼれになる危険性がある生徒のSRL行動（特にキャリブレーションの正確さに対するモニタリング）の向上，そして知識や特定の学習領域の技能の向上を試みる私たちにとって，この枠組みは理想的なものとして機能する。私たちが実施したことは，Zimmerman（2000）の自己調整学習の循環的三段階モデルを用いた試みの一つであり，このモデルは，さまざまな学習文脈における生徒の自己指導性を向上させるための介入を，今後もガイドし続けると私たちは考えている。

付録 A

フォーム：生態環境 _____　　生徒 ID：_____

生態環境に関する問題に対する自信度

指示：この調査の目的は，あなたが各主要テーマを代表する問題について，正しく解答できる自信をどれほどもっているかを知ることです。各スケールにつき，1つだけ数字を丸で囲んでください。問題には解答しないでください。

[LE の主要テーマの問 1, 2, 3, 4, 7 はスペースの都合上省略]

LE 問 5：動的平衡
脳内の一部である視床下部は体温を調整している。身体全体の体温が下がった場合，視床下部は身体を温めるために筋肉を震わせるよう信号を送る。これはどの種類のフィードバックメカニズムの例でしょうか。

問題には解答しないでください

あなたは上記の問題に正しく解答できる自信がどの程度ありますか？

1	2	3	4	5	6	7
まったく自信がない			まあまあ自信がある			とても自信がある

LE 問 6：物理的環境における自立と依存
ジュゴンは水中に住む大きな草食動物であり，狩りや水産業による乱獲で危機にさらされています。もしジュゴンが絶滅したら，彼らの生息地に存在する生産者である植物に対し，どのような結果がもたらされるでしょうか。

問題には解答しないでください

あなたは上記の問題に正しく解答できる自信がどの程度ありますか？

1	2	3	4	5	6	7
まったく自信がない			まあまあ自信がある			とても自信がある

生態環境に関する模試全体の自信度

指示：明日のリージェンツテストの模試で，あなたは何点とると思いますか？（0 から 100 のうち，1つの数字を丸で囲んでください）

0　5　10　15　20　25　30　35　40　45　50　55　60　65　70　75　80　85　90　95　100

第 9 章　生徒の学習とパフォーマンス改善に向けたキャリブレーションの正確さに関する情報の活用

付録 B

生態環境　生徒用リージェンツ模試の得点レポート

生徒 ID：_____
生徒氏名：_____

このレポートは、先週受験したリージェンツテストの模試におけるあなたの成果を示しています。この結果は手元に残しておき、学習の指針として活用してください。

生態環境：主要テーマ（基準 4）	正答した多肢選択式問題の数	自由回答形式の問いにおいて獲得した得点	模試を受ける前のあなたの自信度* 1　2　3　4　5　6　7 まったく　　　まあまあ　　　とても 自信がない　自信がある　自信がある
生物と非生物の類似点と相違点	8 問中 ___ 問	2 点中 ___ 点	
遺伝	5 問中 ___ 問	3 点中 ___ 点	
時間による変化	5 問中 ___ 問	該当なし	
生殖と成長	4 問中 ___ 問	6 点中 ___ 点	
動的平衡	5 問中 ___ 問	7 点中 ___ 点	
物理的環境における自立と依存	4 問中 ___ 問	8 点中 ___ 点	
人間の環境への影響	3 問中 ___ 問	6 点中 ___ 点	
生態環境：総合得点	正答した多肢選択式問題の数	自由回答式の問いにおいて獲得した得点**	スケール得点　　テスト前に予想した得点
総合得点	34 問中 ___ 問	45 問中 ___ 問	

* 先週のリージェンツ模試を受ける前に、各主要テーマについて、同様の問題に正答できる自信がどの程度あるかを回答したもの。
** 自由回答式の問いにおける総合得点には、表に列挙されたポイントとは関連のない範囲の問題も複数含まれている。

この週ごとの模試結果は参考のために手元に置いておくこと

付録 C

フォーム：生態環境 ＿＿＿＿＿＿＿＿＿＿＿＿＿＿　　チューター ID：＿＿＿＿＿＿＿＿
　　　　　　　　　　　　　　　　　　　　　　　　チューター氏名：＿＿＿＿＿＿＿

第一部：各指導生はどの程度生態環境に関する問題に回答できるか

指示：各指導生が生態環境に関する問題にどの程度回答できると思うか，1～7から選んで判断してください。各スケールにつき，1つだけ数字を丸で囲んでください。

[主要テーマの問1, 2, 3, 4, 7についての判断はスペースの都合上省略]

LE 問 5：動的平衡
脳内の一部である視床下部は体温を調整している。身体全体の体温が下がった場合，視床下部は身体を温めるために筋肉を震わせるよう信号を送る。これはどの種類のフィードバックメカニズムの例でしょうか。

問題には解答しないでください

a. あなたは，（指導生1の名前）が上記の問題に正しく解答できる自信がどの程度ありますか？

1	2	3	4	5	6	7
まったく 自信がない			まあまあ 自信がある			とても 自信がある

b. あなたは，（指導生2の名前）が上記の問題に正しく解答できる自信がどの程度ありますか？

1	2	3	4	5	6	7
まったく 自信がない			まあまあ 自信がある			とても 自信がある

c. あなたは，（指導生3の名前）が上記の問題に正しく解答できる自信がどの程度ありますか？

1	2	3	4	5	6	7
まったく 自信がない			まあまあ 自信がある			とても 自信がある

LE 問 6：物理的環境における自立と依存
ジュゴンは水中に住む大きな草食動物であり，狩りや水産業による乱獲で危機にさらされています。もしジュゴンが絶滅したら、彼らの生息地に存在する生産者である植物に対し、どのような結果がもたらされるでしょうか。

問題には解答しないでください

a. あなたは，(指導生1の名前) が上記の問題に正しく解答できる自信がどの程度ありますか？

1	2	3	4	5	6	7
まったく 自信がない			まあまあ 自信がある			とても 自信がある

b. あなたは，(指導生2の名前) が上記の問題に正しく解答できる自信がどの程度ありますか？

1	2	3	4	5	6	7
まったく 自信がない			まあまあ 自信がある			とても 自信がある

c. あなたは，(指導生3の名前) が上記の問題に正しく解答できる自信がどの程度ありますか？

1	2	3	4	5	6	7
まったく 自信がない			まあまあ 自信がある			とても 自信がある

第二部：各指導生はテスト全体でどの程度回答できるか

指示：明日のリージェンツテストの模試で，各指導生がどの程度の得点をとるか判断してください。

1. 明日のリージェンツテストの模試で，あなたは＿＿＿(指導生1の名前)＿＿＿が何点とると思いますか？（0から100のうち，1つの数字を丸で囲んでください）

0 5 10 15 20 25 30 35 40 45 50 55 60 65 70 75 80 85 90 95 100

2. 明日のリージェンツテストの模試で，あなたは＿＿＿(指導生2の名前)＿＿＿が何点とると思いますか？（0から100のうち，1つの数字を丸で囲んでください）

0 5 10 15 20 25 30 35 40 45 50 55 60 65 70 75 80 85 90 95 100

3. 明日のリージェンツテストの模試で，あなたは＿＿＿(指導生3の名前)＿＿＿が何点とると思いますか？（0から100のうち，1つの数字を丸で囲んでください）

0 5 10 15 20 25 30 35 40 45 50 55 60 65 70 75 80 85 90 95 100

付録 D

生態環境 チューター用フィードバックレポート

チューターID：_____
チューター氏名：_____

このレポートは、あなたのグループの指導生の成果を示しています。あなたと指導生の結果が示されていますので、手元に残しておき、チュータリングの指針として活用してください。

生徒氏名：_____

指導生の結果：

生態環境：主要テーマ（基準4）	正答した多肢選択式問題の数	自由回答形式の問いにおいて獲得した得点	模試を受ける前のあなたの自信度 * 1　2　3　4　5　6　7 まったく　　　まあまあ　　　とても 自信がない　　自信がある　　自信がある
生物と非生物の類似点と相違点	8問中 ___ 問	2点中 ___ 点	
遺伝	5問中 ___ 問	3点中 ___ 点	
時間による変化	5問中 ___ 問	該当なし	
生殖と成長	4問中 ___ 問	6点中 ___ 点	
動的平衡	5問中 ___ 問	7点中 ___ 点	
物理的環境における自立と依存	4問中 ___ 問	8点中 ___ 点	
人間の環境への影響	3問中 ___ 問	6点中 ___ 点	
生態環境：総合得点	正答した多肢選択式問題の数 34中 ___ 問	自由回答式の問いにおいて獲得した得点 45問中 ___ 問	スケール得点 ___ テスト前に予想した得点 ___ （第一週は該当なし）

総合得点 ___

* 先週のリージェンツ模試を受ける前に、各主要テーマを指導生に教えるにあたり、あなたにどの程度自信があるかを回答したもの。

この週ごとの模試結果は参考のために手元に置いておくこと

文献

Bandura, A. (1997). *Self-efficacy: The exercise of control*. New York, NY: Freeman.

Bol, L. & Hacker, D. (2001). A comparison of the effects of practice tests and traditional review on performance calibration. *Journal of Experimental Education, 69*, 133–152. doi:10.1080/00220970109600653

Bol, L., Hacker, D. J., O'Shea, P., & Allen, D. (2005). The influence of overt practice, achievement level, and explanatory style on calibration accuracy and performance. *The Journal of Experimental Education, 73*, 269–290. doi:10.3200/JEXE.73.4.269-290

Bol, L., Riggs, R., Hacker, D. J., Dickerson, D., & Nunnery, J. (2010). The calibration accuracy of middle school students in math classes. *Journal of Research in Education, 21*, 81–96. Retrieved from http://www.eeraonline.org/journal/v20n2.cfm

Bol, L., Hacker, D. J., Walck, C. C., & Nunnery, J. A. (2012). The effects of individual or group guidelines on the calibration accuracy and achievement of high school biology students. *Contemporary Educational Psychology, 37*, 280–287.

Brannick, M. T., Miles, D. E., & Kisamore, J. L. (2005). Calibration between student mastery and self-efficacy. *Studies in Higher Education, 30*, 473–483. doi:10.1080/03075070500160244

Brown, A. (1987). Metacognition, executive control, self-regulation and other more mysterious mechanisms. In F. Weinert & R. Kluwe (Eds.), *Metacognition, motivation, and understanding* (pp. 65–116). Hillsdale, NJ: Lawrence Erlbaum.

Butler, D. L. & Winne, P. H. (1995). Feedback and self-regulated learning: A theoretical synthesis. *Review of Educational Research, 65*(3), 245–281. doi:10.3102/00346543065003245

Chen, P. P. (2003). Exploring the accuracy and predictability of the self-efficacy beliefs of seventh-grade mathematics students. *Learning and Individual Differences, 14*(1), 77–90. doi:10.1016/j.lindif.2003.08.003

Chen, P. & Zimmerman, B. (2007). A cross-national comparison study on the accuracy of self-efficacy beliefs of middle-school mathematics students. *Journal of Experimental Education, 75*(3), 221–244. doi:10.3200/JEXE.75.3.221-244

de Bruin, A. B. H. & van Gog, T. (2012). Improving self-monitoring and self-regulation: From cognitive psychology to the classroom. *Learning and Instruction, 22*(4), 245–252. doi:10.1016/j.learninstruc.2012.01.003

Dunlosky, J. & Metcalfe, J. (2009). *Metacognition*. Thousand Oaks, CA: Sage Publications, Inc.

Flannelly, L. T. (2001). Using feedback to reduce students' judgment bias on test questions. *Journal of Nursing Education, 40*, 10–16.

Flavell, J. H. (1979). Metacognition and cognitive monitoring. *American Psychologist, 34*, 906–911. doi:10.1037/0003-066X.34.10.906

Flavell, J. H. (1987). Speculations about the nature and development of metacognition. In F. Weinert & R. Kluwe (Eds.), *Metacognition, motivation, and understanding* (pp. 21–29). Hillsdale, NJ: Lawrence Erlbaum. doi:10.1016/S0885-2014(87)90104-3

Greene, J. A. & Azevedo, R. (2007). The theoretical review of Winne and Hadwin's model of self-regulated learning: New perspectives and directions. *Review of Educational Research, 77*, 334–372. doi:10.3102/003465430303953

Hacker, D. J., Bol, L., & Bahbahani, K. (2008). Explaining calibration accuracy in classroom contexts: The effects of incentives, reflection, and explanatory style. *Metacognition and Learning, 3*(2), 101–121. doi:10.1007/s11409-008-9021-5

Hacker, D. J., Bol, L., & Keener, M. C. (2008). Metacognition in education: A focus on calibration. In J. Dunlosky & R. Bjork (Eds.), *Handbook of memory and metacognition* (pp. 429–455). Mahwah, NJ: Lawrence Erlbaum.

Hattie, J. & Timperley, H. (2007). The power of feedback. *Review of Educational Research, 77*, 81–112. doi:10.3102/003465430298487

Huff, J. D. & Nietfeld, J. L. (2009). Using strategy instruction and confidence judgments to improve metacognitive monitoring. *Metacognition Learning, 4*, 161–176. doi:10.1007/s11409-009-9042-8

Klassen, R. M. (2002). A question of calibration: A review of the self-efficacy beliefs of students with learning disabilities. *Learning Disability Quarterly, 25*, 88–103. doi:10.2307/1511276

Klassen, R. M. (2007). Using predictions to learn about the self-efficacy of early adolescents with and without learning disabilities. *Contemporary Educational Psychology, 32*, 173–187. doi:10.1016/j.cedpsych.2006.10.001

Nelson, T. O. (1996). Consciousness and metacognition. *American Psychologist, 51*, 102–116. doi:10.1037/0003-066X.51.2.102

Nelson, T. O. & Narens, L. (1990). Metamemory: A theoretical framework and new findings. In G. H. Bower (Ed.), *The psychology of learning and motivation* (pp. 125–173). New York, NY: Academic Press. doi:10.1016/S0079-7421(08)60053-5

Nelson, T. O. & Narens, L. (1994). Why investigate metacogntiion? In J. Metcalfe & A. P. Shimamura (Eds.), *Metacognition: Knowing about knowing* (pp. 1–25). Cambridge, MA: MIT Press.

Nietfeld, J. L., Cao, L., & Osborne, J. W. (2005). Metacognitive monitoring accuracy and student performance in classroom. *The Journal of Experimental Education, 74*, 7–28.

Nietfeld, J. L., Cao, L., & Osborne, J. W. (2006). The effect of distributed monitoring exercises and feedback on performance, monitoring accuracy, and self-efficacy. *Metacognition and Learning, 1*, 159–179. doi:10.1007/s10409-006-9595-6

Pajares, F. & Graham, L. (1999). Self-efficacy, motivation constructs, and mathematics performance of entering middle school students. *Contemporary Educational Psychology, 24*, 124–139. doi:10.1006/ceps.1998.0991

Schraw, G. (2009). Measuring metacognitive judgments. In D. J. Hacker, J. Dunlosky, & A. C. Graseer (Eds.), *Handbook of metacognition in education* (pp. 415–429). New York, NY: Routledge.

Schunk, D. H. (2001). Teaching elementary students to self-regulate practice of mathematical skills with modeling. In D. H. Schunk & B. J. Zimmerman (Eds.), *Self-regulated learning: From teaching to self-reflective practice* (pp. 137–159). New York, NY: Guilford.

Schunk, D. H. & Meece, J. L. (2006). Self-efficacy development in adolescence. In F. Pajares & T. Urdan (Eds.), *Self-efficacy beliefs of adolescents* (pp. 71–96). Greenwich, CT: Information Age Publishing.

Shute, V. J. (2008). Focus on formative feedback. *Review of Educational Research, 78*, 153–189. doi:10.3102/0034654307313795

Stone, N. J. (2000). Exploring the relationship between calibration and self-regulated learning. *Educational Psychology Review, 12*, 437–475. doi:10.1023/A:1009084430926

Wolters, C. A. (2003). Regulation of motivation: Evaluating an underemphasized aspect of self-regulated learning. *Educational Psychologist, 38*, 189–205.

Zimmerman, B. J. (2000). Attaining self-regulation: A social cognitive perspective. In M. Boekaerts, P. R. Pintrich, & M. Zeidner (Eds.), *Handbook of self-regulation* (pp. 13–39). San Diego, CA: Academic Press.

Zimmerman, B. J. (2002). Achieving self-regulation: The trial and triumph of adolescence. In F. Pajares & T. Urdan (Eds.), *Academic motivation of adolescents* (pp. 1–27). Greenwich, CT: Information Age Publishing.

Zimmerman, B. J. (2008). Investigating self-regulation and motivation: Historical background, methodological developments, and future prospects. *American Educational Research Journal, 45*, 166–183. doi:10.3102/0002831207312909

Zimmerman, B. J. (2011). Motivational sources and outcomes. In B. J. Zimmerman & D. H. Schunk (Eds.), *Handbook of self-regulation of learning and performance* (pp. 49–64). New York, NY: Routledge.

Zimmerman, B. J. & Labuhn, A. S. (2012). Self-regulation of learning: Process approaches to personal development. In K. R. Harris, S. Graham, & T. Urdan (Eds.), *APA educational psychology handbook* (Vol. 1, pp. 399–425). Washington, DC: American Psychological Association. doi:10.1037/13273-014

Zimmerman, B. J. & Moylan, A. R. (2009). Self-regulation: Where metacognition and motivation intersect. In D. J. Hacker & J. Dunlosky (Eds.), *Handbook of metacognition in education* (pp. 299–315). New York, NY: Routledge.

Zimmerman, B. J., Moylan, A. R., Hudesman, J., White, N., & Flugman, B. (2011). Enhancing self-reflection and mathematics achievement of at-risk urban technical college students. *Psychological Test and Assessment Modeling, 53*, 141–160. Retrieved from http://www.psychologie-aktuell.com/index.php?id=204

第10章

利用・産出欠如の学生に対するメタ認知的スキルの訓練

Marcel V. J. Veenman (マーセル・V・J・ヴィーンマン)

訳：深谷達史 (広島大学)

　メタ認知とは認知についての認知である（Flavell, 1979）。メタ認知は2つの要素からなる。1つは自分の認知システムについての知識であり，もう1つは自身の認知システムをコントロールすることである（Brown, 1987; Schraw & Dennison, 1994）。1つ目の要素であるメタ認知的知識は，人の特徴，課題の特徴，方略の特徴の間の相互作用に関する記述的知識〔訳注：宣言的知識ともいわれる〕を表す（Flavell, 1979）。一例として，ある学習者は，自分は数学が苦手で，たくさん練習が必要だと知っているかもしれない。ただし，自分の傾向性についてメタ認知的知識をもっているからといって，この知識が実際に学習行為を調整するために使用されるとは限らない（Veenman, Van Hout-Wolters, & Afflerbach, 2006; Winne, 1996）。メタ認知的知識が不正確ないし不完全である場合もあるし（例えば，学習者が数学の難しさを過小／過大に評価してしまうなど），学習者が特定の状況（例えば，宿題中）にその知識を用いる有用性を認識することに失敗する場合もある。もしくは，学習者がその知識を用いるスキル（例えば，数学における問題解決スキル）を欠如していることもあろう。動機づけの観点から考えると，学習者は課題を達成する成果を低く（ときにはマイナスに）評価しているため，興味を欠いているかもしれない（Zimmerman, 2000）。

　2つ目の要素であるメタ認知的スキルは，自分の学習行動をコントロールするのに必要なスキルを実行することを表す。方向づけ，目標設定，プランニング，モニタリング，評価，総括はいずれもそうしたスキルの表れである（Veenman, 2011a）。メタ認知的スキルは直接的に学習行動を形成し，結果的に学習成果に影響する。広範なレビュー研究で示された結果（Wang, Haertel, & Walberg, 1990）に沿って，Veenman（2008）は，メタ認知的スキルへの習熟が

種々の課題や領域での学習成果の分散のうち,およそ40％を説明すると推定した。したがって,メタ認知的スキルの活用に習熟することは学習能力として不可欠だといえる。

　一部の研究者は自己調整とメタ認知的スキルを同じものだとしてきた(Brown & DeLoache, 1978; Veenman, 2007 を参照)。しかし,自己調整学習(SRL)理論によると,自己調整は認知的,メタ認知的な過程や動機づけ,感情的な過程をやりくりすることと,より広範に定義される(Zimmerman, 1994)。他方,メタ認知的スキルは,認知的過程をメタ認知的に調整することに限られる。この章では,メタ認知的スキルの教授や訓練に焦点を当てる。メタ認知的な教授には,スキルの獲得のみならず,適切な状況であればいつでもスキルを活用できるよう促すことも含まれる。自己調整はスキルと意志によるものである(Zimmerman, Greenberg, & Weinstein, 1994)。このことは,SRLにおける動機づけの役割に関するZimmermanの萌芽的な研究に表れている。本章の主要な焦点はメタ認知的スキルではあるが,これらのスキルを適用する学習者の動機づけは無視できるものではない。まず,本章では教授における原理を議論する。これらの原理の一つは,メタ認知的スキルを用いることを促す動機づけの役割を認めている。これらの原理の重要性を示すために,効果的な訓練プログラムの実例も紹介する。次に,数学におけるメタ認知的教授法のプログラムとその実施手続きが詳細に示される。このプログラムはZimmerman (2000, 2008) のモデルの自己調整のサイクルを表すものである。最後に,メタ認知的スキルの評価がメタ認知的教授の成功の条件となっていることを論じる。

メタ認知的教授法と訓練法の一般的原則

　メタ認知的スキルを効果的に教授するうえで3つの重要な原理が存在する。すなわち,(a) 学習の文脈に教授を文脈化すること,(b) 情報提供に基づく訓練(informed training) を行うこと,(c) 長期的な訓練を行うこと,である(Veenman et al., 2006)。最初の原理,文脈化された教授によると,メタ認知的教授は,メタ認知的な過程と課題遂行に必要なこととの関連性が保証された特

定の学習文脈に埋め込まれていなければいけない。方略教授と内容教授とを統合することは，一般的にも（例えば，Glaser, 1984; Perkins & Salomon, 1989），特にメタ認知的スキルの訓練に対しても（Bransford, Sherwood, Vye, & Rieser, 1986; Veenman, Elshout, & Busato, 1994; Volet, 1991），主張されてきた。

　文脈化された教授によって，学習者は，課題の特定の特徴と，どのメタ認知的知識が課題遂行のいつに求められるかという条件的知識とを結びつけることができる（Veenman, 2011a）。例えば，問題解決（与えられたことと求めることの不一致など）というよりも，文章の学習（文章中のキーワードやテーマなど）といった異なる課題間の特徴が目標設定の契機となるであろう。特定の学習状況において適切なメタ認知的知識を適用するため，学習者は，関係性のある条件を認識する必要がある。メタ認知的教授を学習の文脈に埋め込むことに失敗した研究（例えば，De Jong & Ferguson-Hessler, 1984; Stoutjesdijk & Beishuizen, 1992）は，やはり効果が出なかった。例えば，StoutjesdijkとBeishuizen（1992）は，文章を学習する前に，メタ認知教授を示したシートを提示したが，文章を学習する間，それ以上の指示を与えなかった。課題を行う前にプリントでメタ認知教授を単に提示するだけでは，学習者はメタ認知的スキルを獲得もできなければ，よりよく文章を理解することもない。同様に，学校で教わる内容から孤立して教えられれば，学習スキルを学ぶことも意味をなさない（Zimmerman et al., 1994）。メタ認知的スキル教授は学習文脈の中でこそ実現されなければならない。

　2つ目の原理である情報提供に基づく訓練（Campione, Brown, & Ferrara, 1982）は，メタ認知的スキルを用いる有用性と価値を学習者が知らされることを必然的に伴う。学習者は，課題を開始する時点から自己調整学習を始発するよう動機づけられていなければならない（Zimmerman, 1994）。もし成功するという期待が低かったり，メタ認知的スキルを用いることの価値が適切に認識されていなかったりすれば，学習者はこれらのスキルを用いることはないであろう。こうした状況では，どんなメタ認知的教授もうまくいかない。ただし，学習者はスキルを獲得する最中にも，さらなる努力を行うよう動機づけられるべきである（Veenman, 2011a）。

　学習者がメタ認知的スキルを自発的に活用できない場合，教えられたスキルを実行する当初は，余分な努力とワーキングメモリ空間が必要となる。その結

果，特に課題が困難な場合，一時的にワーキングメモリに過度な認知負荷がかかってしまう。実際，スキル獲得に必要な努力量によって，課題成績は一時的に低下しうる（Puntambekar & Stylianou, 2005）。結果として，なぜメタ認知的スキルを用いることが最終的には課題成績を高めるのかを認識するまでに，学習者は教えられたスキルを使うのをやめてしまう傾向にある。ここで，自己動機づけに関する信念が，訓練されたスキルを持続的に活用するうえで重要となる。最終的には，メタ認知的スキルをスムーズに用いることで，学習者はその努力に応じた認知面，動機づけ面，行動面の成果を経験し，有能さとコントロール感を高められるはずである（Zimmerman & Tsikalas, 2005）。情報提供に基づく訓練の原理は，教師に実践上の示唆を与える。教師は，明示的ではなく暗黙的な教授を行う傾向にある。つまり，教師は，授業の一部としてメタ認知的活動例を自発的に用いるものの，概して，それらの活動のメタ認知的な意味や，そこで使われるスキルの最終的な価値を十分に説明しない。Veenman, De Haan と Dignath（2009）は，中等教育学校のさまざまな教科の授業を観察し，メタ認知的教授の96％は暗黙的に行われており，明示的なものは4％しかなかったと結論づけている。このように，教師は無意識的に，情報提供に基づく訓練の原理を無視してしまっている。明示的な教授を行うことで，教師は，パフォーマンスをどう効果的に高められるかということに生徒の注意を向けさせられるであろう。

　3つ目の原理である長期的な訓練は，メタ認知的スキルのスムーズで持続的な応用を保障することを表す。一つのルールは，訓練の期間が長いほど，訓練の結果も良好であることだ（Dignath & Büttner, 2008）。しかし，メタ認知的教授に必要な時間は，教授するスキルの数や獲得が求められるスキルの複雑さ，学習者個人の能力のレベルに依存する（Veenman, 2011a）。限られた数のスキルを習得したり，具体的な活動を伴う比較的単純なスキル（例えば，ノートテイキングや計算のチェックなど）を訓練したりする場合，あるいは他の課題や領域において何らかのメタ認知的能力をすでに有しているスキルに対しては，訓練の期間は相対的に短くなるかもしれない。他方，スキルの使い方をモデリングや実践を通じてゼロから学ぶ必要がある複雑なスキルに対しては，獲得のプロセスはかなり広範囲にわたるものになるであろう（Anderson, 1996; Veenman,

2011a; Zimmerman, 2000)。（特に，学習障害を有した生徒に対しては）一貫した持続的なメタ認知的スキルのレパートリーを獲得するのに1年かそれ以上の年月を要することもある（Pressley & Gaskins, 2006）。

　Veenman（1998, Veenman et al., 2006）は，メタ認知的スキルの最大限の教授と訓練のために，これらの3つの原理をWWW&Hルール（何をwhat，いつwhen，なぜwhy，どのようにhow やるか）として捉えた。メタ認知的教授において，何を，いつ，なぜ，どのように，ということに注意を向ける価値は，過去においても認められてきた（Borkowski, Carr, & Pressley, 1987; Brown, 1978; Schraw, 1998; Zimmerman, 1994）。これらの先行研究は，メタ認知的機能に関する画期的な出来事としての役割を果たした。スキル獲得の初期の段階において，状況における特徴（つまり，それが行動を起こす条件となる）と，とりうるメタ認知的行動とを関連づけるため，WWW&Hルールを明示的に教授することは学習者にとって重要である（Veenman, 2011a）。

　メタ認知的教授の4つ目の原理を付け加えるとしたら，学習障害もしくは失敗の恐怖に苦しむ生徒がもつ，自己調整に関する貧弱な信念を再帰属することに関わるものである（Veenman, 1998）。Zimmerman（2000, 2008）によって主張されているように，この原理は，メタ認知的活動を起こすために，肯定的な自己動機づけ信念が必要であることを明らかに示している。Borkowski, Estrada, MilsteadとHale（1989）によると，学習障害をもつ生徒は，課題における自分のパフォーマンスに対して自分が影響を及ぼせないと考えることが多いという。彼らの自己効力感は低く，課題に失敗すると考えてしまい，結果的に学習性無力感に陥ることもある。特にメタ認知的スキルを応用することで，自分のパフォーマンスをコントロールできるということが教えられる再帰属訓練を通じて，こうした無力感を打ち破ることができる。能力の欠如のせいだと考える不適応な帰属は，努力や援助要請など，コントロール可能な要因に帰属するよう正当化されなければならない。認知行動的な訓練や合理的感情訓練はこうした目的に対して有用な技法となるかもしれない。

　しかし，すべての学習者にとってメタ認知的訓練の必要性が同じであるわけではない。メタ認知的行動が乏しい学習者は，利用欠如か産出欠如のいずれかに原因がありうる（Veenman, Kerseboom, & Imthorn, 2000; Veenman, Kok, & Blöte,

2005）。利用欠如を示す学習者は，自由に活用できるメタ認知的スキルを保持していない〔訳注：こうした状態を媒介欠如と呼ぶ理論も存在する〕。例えば，彼らは行動をどう計画してよいかがわからない。実際に，彼らはプランニングとはどういうものかや，いつそれを行うべきかが十分にわからないかもしれない。課題遂行中に声に出しながら考えさせると，メタ認知に問題のある学習者は，しばしばプランニングと，そのときに「何かをすること」とを混同しており，前もって考えたり順序立てて行動したりする価値を認識していないことがわかる（Veenman & Elshout, 1991）。メタ認知的スキルを欠如したこのような学習者は，ゼロから（つまり，WWW&Hルールに十全的に従って）教授や訓練を受けなければならない。他方，産出欠如の学習者は，メタ認知的スキルを保持しているものの，何らかの理由で利用可能なスキルを自発的には用いない（Brown & DeLoache, 1978; Flavell, 1976）。例えば，彼らは行動をいつ計画しモニターするのか知らなかったり，特定の課題に対するこれらのスキルの関連性を認識していなかったりするかもしれないし，テスト不安によりこれらのスキルの利用が阻害されることもある（Veenman et al., 2000）。明らかに，こうした学習者は，他の状況下ではスキルを用いた行動をとることができるため，メタ認知的スキルをどう用いるかについてはすべての訓練を受ける必要はない。利用可能なス・キ・ル・の産出が欠如しているということは，特定の学習文脈においてスキルがい・つ・，あるいはな・ぜ・適用されるべきかがわかっていないことを意味するのである。それゆえ，メタ認知的教授も，WWW&Hルールのうちこれら2つの要素に限定しうる。例えば，産出欠如の学習者には，課題を遂行している最中に，スキルを活用することを思い出させる手がかりやプロンプト（促し）を与えることができる。利用欠如の学習者には単に手がかりを与えるだけではメタ認知的行動は促されず，パフォーマンスも高まらない（Connor, 2007; Muth, 1991; Veenman et al., 2000, 2005）。

訓練プログラムの例

　PressleyとGaskins（2006）は，読解能力が非常に低い生徒たちに対する特

別な学校（special benchmark school）における教授法を開発した。一日を通して，すべての教科の教師がさまざまなメタ認知的な読解に関する教授に取り組んだ。教師は絶え間なく生徒に読解理解方略（例えば，読解の目的を決めたり，文章のテーマや主要な考えを理解したり，その後の展開を予測したり，新しい情報を既有知識と関連づけたり，自己質問を通して理解をモニターしたり，再読や別の情報源を参照し不理解を解消したり，文章を要約したり，読解のプロセスを評価したりするなど）の使用を説明し，モデルを示して促した。そこでは，いつどのように方略を用いるのかも明示的に扱われた。その学校で4～8年間を過ごした後には，ほとんどの生徒が国の読解テストで平均値以上の得点を示し，通常の学校へと戻っていった。

　時間管理に関する教室プログラム（Zimmerman et al., 1994）では，大学の学生が1学期にわたり，目標設定や課題分析，学習計画のやりくり，時間管理，ノートづくりやテスト準備のためのスキル，フィードバックの活用，ストレスやいらつきへの対処を通じて，方略的な学習者になるための訓練を受けた。当初，時間管理は別のコースとして教えられてきたが，方略使用があまり持続しなかったように思えた。数年後，学期のはじめに時間管理のコースが導入され，学期のカリキュラムに統合して教えられた。学生は，その学期の他の講義で時間管理スキルを練習し，応用できた。時間管理のコースをカリキュラムに埋め込むことで，学期の最後の平均成績（GPA）は四段階でおよそ0.5ポイント上昇した。

　Azevedo, Greene と Moos（2007）の研究では，大学生がハイパーメディアで血液の循環系について学習した。そのうちの半分がハイパーメディア環境での作業中，チューターからメタ認知的プロンプトを受けた。これらのプロンプトは，学生に学習目標を立て，既有知識を活性化し，時間と努力をプランニングし，目標に対する理解状態と進捗をモニターし，要約・仮説生成・図表作成などの方略を適用することを促すものであった。プロンプトを受けたグループは，プロンプトを受けない統制グループに比べて，自己調整的な活動により多く従事し，事前から事後にかけた内容知識テストの向上がより大きかった。加えて，プロンプトを受けたグループは，循環系に関してより洗練された，高いレベルのメンタルモデルを獲得していた。

IMPROVE（Kramarski & Mevarech, 2003; Mevarech & Fridkin, 2006）という訓練プログラムでは，数学的問題解決の最中に，学習者がメタ認知的な質問生成に取り組む。これらの自己質問は，問題の性質の理解や既有知識の活性化，解決ステップの計画，結果の評価に関わるものである。MevarechとFridkin（2006）の研究では，大学入学数学テストに落第した入学前の生徒が，50時間の数学のコースを受講した。IMPROVE訓練を受けたグループでは，統制群に比べて，事前テストから事後テストにかけた数学的知識や数学的推論の向上が有意に大きかった。さらに，KramarskiとMevarech（2003）は，小グループでの協同的環境におけるIMPROVE訓練が，個々に受けるIMPROVE訓練よりも，より高い数学成績につながることを示している。

　これらは知見のハイライトのほんの一部であり，メタ認知的訓練の肯定的な結果を示した研究は他にも多く存在する（例えば，Brown & Palincsar, 1987; Masui & de Corte, 1999; Mettes, Pilot, & Roossink, 1981; Van Luit & Kroesbergen, 2006; Veenman et al., 1994; Volet, 1991; Zohar & Ben-David, 2008; 概略については Dignath & Büttner, 2008 も参照）。これらの研究に共通しているのは，情報提供に基づく訓練を通じて，与えられた課題の文脈の中で，適切なタイミングで的確なメタ認知的活動を促していることである。結論として，うまくいったメタ認知的スキルの教授プログラムは，前述した3つの原理とWWW&Hルールに従っているといえる。次の節では，メタ認知的スキルの教授・訓練プログラムの一つについてより詳細に解説する。

数学のメタ認知的スキルの教授・訓練

　過去20年の間に，オランダの数学教師の養成者と教育心理学者のグループが，初等教育学校の後半と中等教育学校の前半で教える数学教師を対象とした，リメディアル教授プログラムを開発した。このプログラムは，オランダで今や広く使用される診断・改善ツールのパッケージとともにルーズリーフとして印刷されるようになっている（Duinmaijer, Van Luit, Veenman, & Vendel, 1997-2011）。数学に問題を抱える生徒はまず，どんな問題を抱えているかを明確にす

るために,数学の下位領域から構成される診断テストを受ける。次に,数学の問題の性質を診断する,つまり,どの知識・技能の要素が欠如あるいは誤って応用されているかを正確に特定するため,個別的なプロセス診断が用いられる。最後に,より一般的な,あるいは数学に特定化されたさまざまなリメディアルツールが提供される。この一般的なツールの一つが,メタ認知的スキルの訓練と関連する (Veenman, 1998, 2000)。ツールの核となる要素が,数学の問題（特に,複雑な文章題）を解決している間に学習者が応用しうる,メタ認知的活動の段階ごとの行動計画である（表10.1を参照）。行動計画のすべての段階が,想定された活動を描いた図とともに別々のカードに印刷されている。

　行動計画の構成は,予見段階,遂行段階,自己内省段階という自己調整学習のサイクルに基づいている (Kitsantas & Zimmerman, 2006; Zimmerman, 2000, 2008; Zimmerman & Tsikalas, 2005)。Zimmerman のモデルは,学習課題を遂行する適切な自己調整行動を示す,全般的で規範的なモデルである。Zimmerman によると,学習者は課題を実際に遂行する前にしっかりと準備をすべきだという。この予見段階では,学習者は目標を設定し,方略的な行動を計画する。彼らはまた,自己効力感や課題に対する興味のような動機づけ信念を扱う必要もある。遂行段階に進むと,適切な方略を自己教示したり,それらの方略の使用をモニターしたりして,課題遂行をうまくコントロールしなくてはならない (Veenman, 2011a を参照)。ただし,こうしたことは,注意を焦点化したり,課題を完遂する動機づけを維持したりする意志のコントロールも通じて行われる。最後に,自己内省段階では,学習成果に対する評価と内省が行われるが,学習者は将来のパフォーマンスに対して有効なやり方で成功や失敗の原因を適切に帰属させなくてはならない。このプロセスは循環的なものである。というのも,遂行段階でうまくいかなくても,自己内省の結果,適切な結果を達成しようと新たな試みが引き起こされたりするからだ。実際,学習者は課題遂行を追究する動機づけを維持しながらも,課題遂行に対する新しい視点をもって再度,予見段階に進むであろう（これを再方向づけという；Veenman, 2011a)。循環段階における Zimmerman の区別は,問題解決の研究における課題分析,実行,評価の循環的プロセス (Newell & Simon, 1972; Schoenfeld, 1987 を参照) に類似している。動機づけ信念や評価 (appraisals) は Zimmerman の循環モデルに

内在する一部ではあるが，ここではメタ認知的自己調整に焦点を当てる。

　予見段階では，課題分析は目標設定や方略的計画といったメタ認知的行動を表す。予見段階の行動（表10.1のステップ1～6）は，課題を実際に遂行する準備にあたる（Veenman, 2011a）。ステップ1で，学習者は問題文全体をまず読み分析するよう促される。成績の低い学習者は問題文のほんの一部しか読まない傾向があり，それがしばしば問題の不完全な表象につながってしまう。ステップ2にある絵を描くことは，問題を具体化する助けとなる。描いた絵が本当に数学の問題と関連しているかを確かめることが重要である。特に，8～11歳くらいの子どもは，問題理解につながらないかわいい絵（笑った太陽など）を描くのに努力を費やしたりもする（Van Essen & Hamaker, 1990）。ステップ3と4は，学習者に問題文で与えられたことと求められていることを要約するよう促し，初期状態と目標状態とを対比させることで目標構造の形成を始発させるものである。ステップ5で結果を予測させることは，目標に対する進捗をモニターし，答えを評価する（主観的）基準を与える。予測を過大に評価する子どももいることから，教師はこれらの予測が現実的なものかどうかをチェックすべきである。

　最後に，ステップ6は，目標を達成するための問題解決行動のプランニングを表す。行動をプランニングすることは，求められた行動を同定し，次に選択された行動を体系化することからなる。成績の低い学習者はたった1つ先のステップを計画するだけにとどまる傾向がある。そのステップを実行した後には，次のステップの計画を立てる（Elshout, Veenman, & Van Hell, 1993）。不十分な計画のもとでは，学習者は問題解決の過程で迷ってしまうリスクを負う。その学習者は単位を変換するなど必要な中間ステップを忘れ，最終的な目標がわからなくなってしまったりする。十分な計画を立てることは認知的な負荷が大きいが，遂行段階のステップは明確となる。

　自己コントロールや自己観察（あるいはモニタリング）は遂行段階のメタ認知的活動である（ステップ7～10）。この段階の主要な焦点となるのは，計画の体系的な実行および目標に向かう進捗のモニタリングである（Veenman, 2011a）。ステップ7は，学習者に計画をやり通すことを思い出させる。成績の低い学習者は問題解決行動がめちゃめちゃになりがちで，1つの失敗から次の失敗へと

表 10.1　メタ認知的プランニングのための段階ごとの行動計画

予見段階：

1) 問題文章全体を徹底的に読む
   1a) 問題文章中の重要な用語に線を引く
   1b)（二段組の図に）問題文章中の関連する情報とそうでない情報を書く
2) 問題を絵に表してみる
3) 何を知る必要があるか（何を求められているか）を自分の言葉で書く
4) すでに知っていること（文章で与えられていること）を書く
5) おおよその結果について手がかりをもっているか？
6) 問題をどのように解くか計画を立てる
   6a) 問題を解くためにどの数が必要かを考える
   6b) 問題を解くためにどのステップをとる必要があるかを考える
   6c) 最初にとるステップと次にとるステップを考える

遂行段階：

7) 段階的に計画を実行する
8) 行うすべてのことを段階的に書き出す。
9) 同時に，正しいことを行っているか確かめるために自分をモニターする（その計画で正解に至れるかを考える）
   9a) もしそう思うのであれば，計画を継続する
   9b) もしそう思わないのであれば，新しい計画を考える（6に戻る）
10) もし答えを見つけたら，できるだけ完璧に答えを書き出す

自己内省段階：

11) 計算をチェックする
    11a) 答えは当初（5で）そうなるべきだと想定したものと一致しているか？
         違う場合は，再計算することで計算ミスがないかをチェックする
    11b) 異なる方法で解を計算する（6に戻る）
12) 質問に戻る。その質問に対する答えを見つけたか？
13) もしすべてが一致していれば，完全な答えを出す
14) 問題をどう解いたかを振り返る
    14a) 何がうまくいったか？
    14b) 何がうまくいかなかったか？　それはなぜか？

注：Veenman, M. V. J. (2000). Materiaal voor leerlingen, algemeen: metacognitieve werkaarten.［生徒のための教材一般版：メタ認知的ワークシート］In A. F. Duinmaijer, J. E. H. van Luit, M. V. J. Veenman, & P. C. M. Vendel. (Eds.). *Hulp bij leerproblemen; Rekenen-wiskunde* (pp. G0050.1-13). Zoetermeer: Betelgeuze から。

つまずきが波及してしまう（Elshout, 1988）。うまくいかないときに，行動が無秩序になってしまうことで，問題解決のステップをたどって誤りを探すことができなくなってしまう。他方，明確なステップにより，ステップを修正することが可能となる。行ったステップを書き出すことで（ステップ8），こうした明確化も促進される。計画を実行する間，学習者はときどき計画により問題解決が近づいているかを考えるべきである（ステップ9）。もしそうでないなら，特に目標から遠ざかってしまっている場合，学習者は予見段階に戻って再方向づけを行うべきであろう。これが，自己調整サイクルの中の最初の主要な循環過程である。結果が得られ目標に至ったと思われたら，量や単位（時間や分，キロメートルやメートル）も含めて答えをすべて書き出す必要がある（ステップ10）。成績の低い学習者は数だけを書いてしまうことが多いが，完全な答えを書くことで適切に自己内省段階に入ることができる。

　自己内省段階（ステップ11〜14）は，自己判断および適応的な反応に関する活動に関わる。これらの活動におけるメタ認知的機能は，結果を評価・解釈し，将来の出来事に対して，内省を通じて一連の行動から学ぶことにある（Veenman, 2011a）。評価は2つの別々の形態をとる。まず，正解が数学的に正しいことを確認すること（ステップ11），そして，問題文の質問に対する答えとして計算の結果を見直すことである（ステップ12）。否定的な評価だった場合には，問題解決の手続きを見直すか，予見段階まで戻ることで再方向づけを図るべきである。これが自己調整サイクルにおける2つ目の主要な循環過程である。まずいことに，14歳以下の子どもは，答えに至る前の評価を抜かしてしまう傾向がある（Van der Stel & Veenman, 2010）。答えを出すことに対する子どもの熱心さは，彼らの衝動性あるいはその年齢の前頭前野の未成熟さによるのかもしれない（Crone, 2009）。そのため，ステップ11と12は，学習者をいったん立ち止まらせ，ステップ13で完全な答えが与えられる前に結果をもう一度考えさせる。メタ認知的な観点からみると，課題はまだ完全には終了していない。ステップ14は，問題を解いた方法をまとめ，失敗について内省することを促す。これらの内省的な活動もまた，子どもの問題解決行動には自発的に生起しにくいものである（Van der Stel & Veenman, 2010）。内省に取り組むことで，将来似た問題を解決する手順の記憶痕跡はより強くなり，同じ間違いを繰り返

さずに済むかもしれない。

　この行動計画は、数学の問題解決に対してデザインされたものだが、物理学のような他の科学領域の問題解決にも容易に適用されうる（Elshout et al., 1993; Mettes et al., 1981 を参照）。加えて、文章の学習にも似た行動計画を考案することができる。実際にステップを実行することは両課題間で異なるものの、メタ認知的スキルの多くは問題解決と文章学習で重なっている（Van der Stel & Veenman, 2010）。付録には、Pressley と Afflerbach（1995）による文章学習のプロセスの詳細な分析に基づき、文章学習の行動計画が掲載されている。Pressley と Afflerbach（1995）は、構成的な読解に関連する 150 もの異なる活動を区別したことに注意が必要であろう。しかし、メタ認知的教授の行動計画に含まれるステップの数は実践的な理由のため制限されるべきである。

　自己観察（モニタリング）と自己判断（評価）から得られるフィードバックは予見段階を再び始めることにつながるため、自己調整のプロセスは循環的である（Cleary & Zimmerman, 2001）。問題解決の過程がうまくいかなかったときには、これらのフィードバックループによって、問題の答えを見出せずに失意のもとで問題解決の過程が突然終わることなく、学習者はそこからうまく逃れられる。しかし、もう一度トライしようとする動機づけを高めるには、学習者は、うまくいかなかったいらだちに対処できる方法を学ばなければならない（Zimmerman, 2000）。自己調整のこうした繰り返しのサイクルが成果をもたらしうることを経験することで、学習者は、はじめの失敗がもたらす有害な効果から自己効力感を守ることができる。こうしたことは、学習障害の学生に特に関連したことである。というのは、自己効力感と結果期待が低いことで、彼らはすぐに諦めてしまいがちだからである（Zimmerman, 2000）。

メタ認知的行動計画の実行

　表 10.1 の行動計画では、数学的問題を解いている間、いつ、どんなメタ認知的活動を行うべきかが記されている。予見から遂行、自己内省に至る規定された過程に標準的な要素が存在する。目標が達成されたかどうかの評価を考え

る前に，目標を設定する必要があるのは明瞭であろう。事実，メタ認知的活動は相互依存的なものである。予見段階の方向づけ，目標設定，プランニングは，遂行段階の活発な自己コントロールやよりよいモニタリングにつながり，これらの活動はさらに自己内省段階の評価や内省の状態を改善する（Veeman, Elshout, & Meijer, 1997; Veenman et al., 2005; Veenman & Spaans, 2005）。しかし，行動計画そのものから，メタ認知的スキルをどのように実行するかについて情報が得られるわけではない。例えば，行動計画からは，関連する情報とそうでない情報をどう区別するか，計画をどう立案するか（ただし，6a～6c の下位ステップは有用であろう），目標に対する進捗をどうモニタリングするか，計算をどうチェックするか，問題解決の過程をどう内省するかなどはわからない。また，行動計画を立てても，これらの活動を遂行することがなぜ適切なのかを学習者に説明したことにはならない。

　教室の壁にフローチャートを貼ったり，メタ認知的行動計画を示したカードの束を与えたりするだけでは，利用欠如の学習者には十分ではない。こうした学習者は，モデリングや足場かけを通して行動計画を実行するよう，十分に教授および訓練される必要がある（Brown & Palincsar, 1987; Kramarski & Mevarech, 2003; Veenman, 1998, 2011a）。メタ認知的モデリングでは，教師はまず WWW&H ルールに基づいて学習者に各ステップを説明しながら，行動計画のカードからメタ認知的ステップを実行してみせる。スキル獲得のこの初期段階では，漠然としたステップを具体化し，学習者が適用できるようにしなければならない。例えば，学習者には，プランニングとは，特定の順で一つ一つ取り組めるように複雑な問題を細かな部分に分解することだ，と伝えられる。次に，教師の言葉かけによる支援を受けながら，学習者はそのステップを実行し始める。例えば，教師は次のような質問で，ステップ 14a と 14b の行動を足場かけできる。絵は正しいかな？　計画は正しいかな？　どんな計算間違いをしたのかな？　もっと効率的な方法で答えを出せるかな？　さらに練習を重ねることで，学習者はより自立した学習者に近づくはずで，足場かけは徐々になくなっていく。まず，教師は必要でない限り，言葉かけをすることを控える。次に，必要なときに利用できるようカードは残しておくが，カードを使わずにステップを行うよう試みる。最後には，外的な支援なしにステップをスムー

ズに適用できるようになるはずである。実際，このモデリングと足場かけの方法は，スキル獲得に関するZimmermanの社会的認知モデルに従っている（Zimmerman, 2000）。観察レベルでは，学習者はまずスキルを用いるモデル（例えば，教師）を観察することで，スキルの主な特徴を帰納する。次に，模倣レベルでは，教師による修正を受けながら，学習者はモデルを真似してスキルを使い始める。さらなる練習を通して，モデルがいなくても自立的にスキルが用いられる自己コントロールレベルに至る。最後に，自己調整レベルでは，状況の要請に応じた柔軟な方法でスキルを活用できる。観察レベルから自己調整レベルまで，モデル（とカード）による足場かけは徐々に取り除かれていく。

　こうしたモデリングと足場かけの全体的な手続きには，教師によるかなりの時間的投資を必要とすることは明白であろう。数学に大きな問題を抱える学習者に対して，こうした長期間の投資は効果をもたらす（Van Luit & Kroesbergen, 2006）。数学的な学習障害をもつ生徒は，種々のメタ認知的スキルをしばしば欠いており，時間と努力なしにこれらの問題を克服することは期待できない。しかし，数学に関する問題を有する他の学習者でも，より特定の領域においては不十分であるかもしれない。主にプランニング活動に問題のある学習者を例として考えよう。もしプランニングだけが乏しいとしても，問題解決の過程全体が失敗する可能性がある。そうした事例では，行動計画のすべてのステップを必ずしも訓練させる必要はない。モデリングと足場かけの焦点となるのは，まずはプランニングのステップであるべきであろう。このような制限的な訓練は，教師に要する時間と努力は少なくて済む一方で，他方では，教師の診断スキルがより求められることとなる。特定のメタ認知的問題を診断するには，主要な問題と小さな問題を区別することに有能でなければならない。加えて，プランニングが修正されれば，他のメタ認知的スキルがうまく行えるようになったかどうかを教師は確かめる必要がある。プランニングの問題に隠されていた問題が明らかになるか（その場合，その問題が扱われる必要がある），あるいは，プランニングの問題が修正されることで関連する問題も解決されるかである。診断の問題については後でまた論じることとする。

　産出欠如をもつ学習者は，通常の状況におけるメタ認知的スキルの何を，い つ，なぜ，どのようにといった側面は理解している。しかし，彼らが利用可能

なスキルを産出できない課題状況が存在するのである。行っている課題の複雑さが学習者を圧倒しており，木を見て森を見ずの状況に陥っているのかもしれない。あるいは，テスト不安による心配事が，ワーキングメモリにおけるスキルの実行を妨げているのかもしれない（Veenman et al., 2000）。すでに述べたように，メタ認知的スキルの使用を促すことで，彼らにいつ，そしてなぜスキルを用いるのかを思い出させる必要がある。スキルをどう用いるかを徹底的にモデリングしたり足場かけしたりする必要はなく，教師の時間と努力はそこまで必要ないであろう。では，手がかりを与える効果についてどんなことがわかっているのか？

　2つの研究でメタ認知的手がかりの効果が調べられている。Veenmanら（2005）は中等教育学校の生徒（12～13歳）41人に数学の文章題3問2セットを解くよう求めた。最初の問題セットでは，それ以上の教示は与えられずに問題を解いた（手がかりなし条件）。2つ目のセット（手がかりあり条件）では，参加者はカードで6つのメタ認知的手がかり（ステップ3，4，6，9，11とステップ12・13を合わせたもの）を与えられた。参加者は，2つ目の問題セットを解く際にこれらの手がかりを使用するよう伝えられたが，どのように用いるかは教示されなかった。つまり，これらの手がかりはメタ認知的スキルを用いるリマインダーとしての役割をもっていただけであった。発話思考と体系的な観察が，参加者のメタ認知的活動を評価するのに使用された。手がかりを与えることで，メタ認知的活動のレベルとともに数学の問題のパフォーマンスも有意に向上した。メタ認知のデータを詳しく調べることで，手がかりが与えられた活動のみならず，6つの手がかりの対象となっていない活動（ステップ5や14など）においても，メタ認知の向上がみられたことが示された。

　同じ方法を使って，Veenmanら（2000）はテスト不安の高い中等教育学校の生徒20人と，不安の低い生徒10人（いずれも12～13歳）に，手がかりの有無が異なる数学問題の2つのテストセットを解決してもらった。全体的に，不安の低い生徒は不安が高い生徒に比べて，活発なメタ認知的活動と高い数学の成績を示した。また，両方のグループにおいて，メタ認知的活動と数学成績に対する手がかりの正の主効果が認められた。しかし，テスト不安が低い生徒は高い生徒と比較して，手がかりの効果がより顕著にみられた。テスト不安が高

い生徒のメタ認知のデータを詳しく調べてみると,手がかりによって60％の生徒は改善した一方で,40％は改善しないか,ときにはより悪くなっていた。手がかりの正の効果がみられなかった後者のグループは,利用欠如に苦しめられていると考えられた。結論として,さらなる教授や訓練を行わずに単に手がかりを与えることは,産出欠如を弱める一方で,利用欠如の生徒にとってはむしろ有害である可能性があるといえる。

メタ認知的スキルの診断

　学習者にメタ認知的教授を経験させる前に,学習者が本当にメタ認知的な問題によって苦しんでいるのかどうかを確かめる必要がある。低い課題成績の主要な原因として,例えば領域固有の知識・技能の欠如などの他の要因は除外されなければならない。それ以上に,教師はどういったメタ認知的スキルが誤ったり欠如していたりするのかを正確に診断する必要がある。こうしたメタ認知的スキルの診断のためには,課題遂行の前後で簡単に実施ができるという理由で,しばしば自己報告式のツール（特に,Pintrich & De Groot, 1990が開発したMSLQなどの質問紙）が用いられる。しかし,自己報告式のツールには妥当性の問題が存在する（詳細な議論については,Veenman, 2011a, 2011bを参照）。一言でいえば,自己報告は学習者が記憶を再構築して回答する必要があり,結果として,記憶の誤りや歪曲,再解釈に影響を受けてしまう可能性がある。先行研究をレビューした研究の中で,Veenman（2005）は,メタ認知的方略の使用に関する自己報告は,課題状況の中の実際のメタ認知的行動とはほとんど一致しないことを示した。人々は,以前報告したことを実際にはほとんど行わず,行ったことを後で正確に報告することもしなかった。加えて,質問紙からは,問題のある,あるいは,保持していないスキルといった診断のための詳細な情報は十分得られない。おそらく,質問紙は,認知システムに関するメタ認知的知識の状態を反映しているものの,実際のメタ認知的な調整行動を表すものではないのである（Veenman, 2011a, 2011b）。

　ZimmermanとMartinez-Pons（1986, 1988）は,質問紙の代わりに,自己調

整学習面接計画（the self-regulated learning interview schedule: SRLIS）と呼ばれる面接法を開発した。生徒に現実にありそうな6つの仮想的な学習の文脈（教室，家庭学習，作文の課題，数学の課題，テストの準備と遂行，やる気が低いときの宿題）が提示され，自己調整学習方略の使用について尋ねられる。生徒の自発的な自己報告は，自己調整学習に関する14のカテゴリにより得点化される。なお，SRLIS得点は教師評定によって妥当性をチェックされている（$r=0.70$）。質問紙と比してSRLISが勝っているのは，非常に詳細で，特定の質問項目に制限されない情報を収集できる点にある。数学的な問題解決におけるメタ認知的な問題を診断するために，Duinmaijerら（1997-2011）は同様のアプローチをとっている（ただし，実際の数学の問題が用いられている）。数学のテストの結果から，教師は学習者にとってつまずきのある問題を選定する。数学の問題を解決した直後に，学習者はその問題にどのように取り組んだかを報告するよう求められる。必要あらば，報告された活動のWWW&Hを明確にするため，補足的な質問を与えられる。こうして，報告されたメタ認知的な活動の目録が出来上がり，ここから学習者に欠如している活動が浮かび上がる。教師にとって面接法は実用性の高い診断法であるが，限界も意識しておくべきである（Veenman, 2003）。面接は回顧的な自己報告を求めるため，先述した記憶の再構築という問題に対して影響を受けやすい。加えて，質問するという状況は社会的に望ましい答えを引き起こしやすく，実際には起こっていない活動の報告を促してしまうことさえある（Veenman, 2011b）。一般的には，より具体的で精緻化された報告ほど信頼性が高い。これらの論点は，治療的な教授の次の段階で確かめることができる。自己報告が疑わしい場合には，課題遂行中のオンラインの観察を報告することもできる。

　観察あるいは発話思考によって得られるオンラインの測定により，課題遂行中に実際に用いられているメタ認知的スキルについて，妥当性が高く，詳細なデータを得ることができる（Veenman, 2011a, 2011b）。発話思考では，学習者は難しい課題を遂行しながら，解釈を行わずに考えていることを声に出すよう求められる。それをテープで記録し，後で分析することもあれば，コード表によって教師が逐次的に得点化することもある。例えば，表10.1の行動計画は数学のメタ認知的スキルを得点化するコード表としても使用できる（Veenman et al., 2000, 2005)。各段階の活動がみられなかったり誤って行われたりした場合には 0 が，完全ではなく部分的に行われた場合には 1 が，完全に正しく行われた場合には 2 が割り当てられる。あるステップが他のものより先に生起する場合，（自己調整の循環的性質を踏まえると）教師は正しい順番かつ正しいタイミングでステップが行われたかどうかも考慮する必要がある。この得点化によって，学習者がどのメタ認知的スキルは自発的に生成でき，どのスキルは（部分的に）欠如しているのかを正確に把握できる。次に，類題が与えられ，教師は欠如した，あるいは不完全なステップに対して手がかりを与える。この 2 つ目の課題の得点化によって，手がかりが与えられたステップに対して学習者が陥っているのが，利用欠如なのか産出欠如なのかを区別できる。明らかに，この診断手続きは時間と労力を要するものだが，さらなる教授に対して明確な出発点となる。

メタ認知的教授・訓練後の評価

治療的な教授・訓練を行った後には，介入の有効性は，課題成績に改善がみられたかのみによりしばしば評価される。多くの研究で，実際のメタ認知的行動に教授が効果を及ぼしたかどうかが報告されていない（Veenman, 2007）。教授の有効性を示すためには，教授がメタ認知的行動を改善し，メタ認知的行動の改善が学習成果を高めたという因果を明らかにすべきであろう。媒介となるメタ認知的行動が評価されていなければ，学習成果に対する教授の効果は，課題に長く取り組んだことや，教師から注意をたくさん受け動機づけが高まったことなど，交絡要因のためだったとも考えられてしまう。したがって，持続的な効果が得られるかどうかを確かめるためにも，学習者のメタ認知的スキルを教授・訓練後にも再度評価することは不可欠である。

今後の研究に対する展望

　治療的な教授においては，教授や訓練はしばしば一対一の個別的な状況で行われる。メタ認知的スキルの欠如がしばしば他の課題ないし領域固有の学習の問題を伴うことに加え，メタ認知的スキルを習得している間に特異的な誤りを修正するという理由で，メタ認知的な問題が大きな学習者には，特定のつまずきに対処するために個別的なアプローチが求められるのである（Veenman, 1998）。Pressley と Gaskins（2006）の研究の教師は，個々の生徒の特有の必要性に合わせてメタ認知的訓練を適用したことも理由となって効果を上げた。

　メタ認知的問題がより軽い学習者には，個別化された訓練の代替として，小集団での協働学習が適切かもしれない。相互教授法（Brown & Palincsar, 1987）という有効なプログラムでは，生徒は小集団の中で文章を協働的に学習しながら，教師はメタ認知的スキルの使用に対してモデルを示したり足場かけしたりする。生徒に議長となってもらう小集団活動は，スキルの獲得や学習パフォーマンスに対して効果的であるように思われる。同様に，Molenaar, Van Boxtel と Sleegers（2010）は，小学生児童を対象とし，協働的にエッセイを書かせる際，メタ認知的な足場かけを与えた小集団が足場かけを与えない小集団に比べ，グループディスカッション中のメタ認知的活動をより多く示したことを報告している。概して，協働的な学習状況でのメタ認知的教授は，メタ認知的教授のみを与える場合や協働学習のみを行う場合よりもよい結果を生むようである（Brown & Palincsar, 1987; Kramarski & Mevarech, 2003; Manlove, Lazonder, & De Jong, 2007）。協働学習中にメタ認知的教授を与えるプラスアルファの価値は，課題に取り組む際に学習者が積極的にメタ認知的スキルの応用について議論してくれる点にある。しかしながら，メタ認知的問題が大きな生徒を対象とした場合の，協働的な状況でのメタ認知的教授の効果についてはほとんど明らかになっていない。

　教育でのコンピュータの導入に伴って，コンピュータに基づく学習環境（computer-based learning environments: CBLEs）がメタ認知的問題の診断とメタ認知的教授にも用いられてきた（Veenman, 2007; Winters, Greene, & Costich,

2008)。近年，Zimmerman（2008; Bembenutty, 2008 も参照）は，オンラインで登録されたコンピュータのログファイルを用いて自己調整活動を診断する可能性を述べている。CBLEs で課題を遂行している間，学習者のすべての活動がバックアップファイルにイベントとして記録される（Winne, 2010; Veenman, Wilhelm, & Beishuizen, 2004）。明らかに，この種の課題はコンピュータ版に適しているはずで，他の方法では，診断の生態学的妥当性が損なわれてしまうであろう。しかし，軌跡を追うことのできる事象は，メタ認知的な熟考が伴わない，学習者の具体的で顕在的な行動に制限される。実際，学習者の活動のメタ認知的性質は，研究者によって推論されなければならない（Veenman, 2013）。これは簡単なことではない。コンピュータ上の課題を分析することで，関連したメタ認知的活動を選定する必要があり，さらには，選定した結果がオンラインの他の指標（例えば，観察あるいは発話思考法）に対して妥当性があるかどうかを検討しなければならない。しかし，学習者の診断に対する侵襲性が低い点，また，同時により大規模な集団に実施できる点は，ログファイルを登録する利点である（Veenman et al., 2006）。

　CBLEs は，産出欠如の学習者に対してメタ認知的手がかり・プロンプトを与えるうえで特に有用である（Veenman et al., 1994）。CBLEs で学習者の活動を追うことで，手がかり・プロンプトが課題遂行段階に対して適切となりうる。例えば，課題のはじめに目標設定やプランニングの手がかりが提示されたり，課題遂行中にモニタリングの手がかりが繰り返し提示されたり，課題終了時に評価のための手がかりが提示されたりする。しかし，CBLEs で単に手がかりやプロンプトを与えても必ずしも効果があるわけではない（Winters et al., 2008 を参照）。というのも，利用欠如の学習者にはモデリングや足場かけがさらに必要となるためである。そのため，多くの CBLEs では段階的な行動計画に基づく固定的でメタ認知的な足場かけが提供される（例えば，Elshout et al., 1993; Kapa, 2001; Kramarski & Hirsch, 2003; Manlove et al., 2007; Teong, 2003）。これらのプログラムは，足場かけの全体的な正の効果を明らかにしたが，すべての学習者が等しく利益を得るわけではない。特に，メタ認知的に問題がある学習者は，さらなる援助がなければ固定された足場かけから利益を得ることがあまりできない（Elshout et al., 1993）。彼らはメタ認知的活動の関連性（例えば，な

ぜ）を認識せずに，足場かけを無視してしまうかもしれない。彼らは，足場かけに埋め込まれた，課題の特徴と行動の関連性（例えば，いつと何の関連）に気づかない可能性がある。ここでの学習のパラドックス（Bereiter, 1985）は，メタ認知的な足場かけから利益を得るためには，メタ認知的スキルにおいて一定の水準に至っている必要があるということである。固定的な足場かけでは，メタ認知的な問題がある学習者のパラドックスを解決できない。したがって，人間のチューターがCBLEsにおいてさらなる教授と支援を行うために活用される（Azevedo et al., 2007）。インテリジェントチュータリングシステムを通じて，学習者のニーズに合わせてメタ認知的な足場かけを適用する試みはやっと端緒についたところで，これまでには効果があった，なかったというどちらの結果も報告されている（Puntambekar & Stylianou, 2005; Roll, Aleven, McLaren, & Koedinger, 2007; Winters et al., 2008）。

結論

　慎重な学習者は，安全により遠くまで行ける。したがって，メタ認知的教授は，学習者に対して行動する前に考え，見通し，行動中も思考し続け，後には振り返り考え直すことを動機づけるものでなければならない。加えて，メタ認知的教授では，漸進的かつ循環的な方法でこうしたことを促す。この格言は，学業的な状況のみならず，スポーツにおいても自己調整を研究したZimmerman（Cleary & Zimmerman, 2001; Kitsantas & Zimmerman, 2006）にとっても魅力的だったはずであろう。スキルを活用する動機づけに加え，必要なメタ認知的スキルを高めることで，より思慮深く行動するよう促すことができるかもしれない。

　教授・訓練を開始する前に，学習者のメタ認知的問題の範囲と性質を診断すべきである。面接法や発話思考法を用いて，どのメタ認知的スキルに問題があるのか，ないのかだけでなく，そのスキルは産出はされないが利用可能なのか，それとも利用もまったくされないのかについて情報を収集する。後者だと確かめられれば，メタ認知的スキルを教授・訓練することになる。WWW&H

ルールに従って，Zimmermanの自己調整サイクルにおけるメタ認知的活動に対して本格的なモデリングと足場かけを行うことで，利用欠如を修正する必要がある。一方，産出欠如の学習者は，いつ，どのようにメタ認知的スキルを用いればよいかを思い出させる必要があるだけである。課題遂行中に十分な情報提供を通じて手がかりあるいはプロンプトを与え，メタ認知的スキルを促すだけで，産出欠如を解消するのには十分であろう。訓練の効果を確かめるために，学習の成果を評価することに加えて，メタ認知的スキルの程度が再度評価されるべきである。メタ認知訓練が有効に働いたのであれば，以前にはうまく進めなかったレベルまで到達すると思われる。

付録

文章の学習におけるメタ認知的訓練の段階的行動計画

1. 読解の目標を設定するために課題全体を徹底的に読む
    a. どんな目的で文章を読むか？
    b. 読解後，テストで多肢選択ないし自由回答式の設問に答えるのか，プレゼンテーションをするのか，論文を書くのか？
2. タイトルを読み文章のすべての見出しをざっと読む
3. 文章の主なトピックは何かを自分の言葉で書く
4. トピックについてすでに知っていること（既有知識）を書く
5. 文章がどんな結論に向かっているかについて手がかりをもっているか？
6. 文章をどのように読むか計画を立てる
    a. 文章のどの部分をどの順序で読むかを考える
    b. 文章のどの部分に対してより多くの注意を払うかを考える
    c. 読解の目標に関連がないため，文章のどの部分を無視するかを考える
7. 計画を実行し，読み始める
8. 文章の主要なアイデアを言い換えてメモする
    a. アイデア間の関連を明示的に探す
    b. アイデア間の一貫している点／一貫していない点を探す
9. 同時に，文章の理解状態をモニターする
    a. もし言葉の意味がわからなければ，辞書で調べるか，文脈から意味を推測する
    b. もし段落の意味がわからなければ，段落をもう一度読むか，読み戻って前の情報を探すか，さらなる情報を探して読み続ける
    c. 文章の全体的な理解が読解の目標および計画に合致しているかどうかをチェックする（もし合致していなければ，ステップ1あるいは6に戻る）
10. 主要なアイデアと文章の端的な要約との統合を試みる
11. 要約を評価する
    a. 要約は当初（5で）そうなるべきだと想定したものと一致しているか？違う場合は，2つの違いは何かをチェックする
    b. 理解を確かめるために文章について自分自身の質問を考える
12. 課題に戻る。読解の目標を達成したか？
13. もしすべてが一致していれば，要約を記憶する
14. 文章をどう学習したかを振り返る
    a. 何がうまくいったか？
    b. 何がうまくいかなかったか？　それはなぜか？

文献

Anderson, J. R. (1996). *The architecture of cognition*. Mahwah, NJ: Erlbaum.

Azevedo, R., Greene, J. A., & Moos, D. C. (2007). The effect of a human agent's external regulation upon college students' hypermedia learning. *Metacognition and Learning, 2*, 67–87. doi:10.1007/s11409-007-9014-9

Bembenutty, H. (2008). The last word. An interview with Barry J. Zimmerman: Achieving self-fulfilling cycles of academic self-regulation. *Journal of Advanced Academics, 20*, 174–193.

Bereiter, C. (1985). Toward a solution of the learning paradox. *Review of Educational Research, 55*, 201–226. doi:10.3102/00346543055002201

Borkowski, J. G., Carr, M., & Pressley, M. (1987). "Spontaneous" strategy use: Perspectives from metacognitive theory. *Intelligence, 11*, 61–75.

Borkowski, J. G., Estrada, M. T., Milstead, M., & Hale, C. A. (1989). General problem-solving skills: Relations between metacognition and strategic processing. *Learning Disability Quarterly, 12*(4), 57–70. doi:10.2307/1510252

Bransford, J., Sherwood, R., Vye, N., & Rieser, J. (1986). Teaching thinking and problem solving. *American Psychologist, 41*, 1078–1089.

Brown, A. L. (1978). Knowing when, where, and how to remember: A problem of metacognition. In R. Glaser (Ed.), *Advances in instructional psychology* (Vol. I, pp. 77–165). Hillsdale, NJ: Erlbaum.

Brown, A. (1987). Metacognition, Executive control, self-regulation, and other more mysterious mechanisms. In F. E. Weinert & R. H. Kluwe (Eds.), *Metacognition, Motivation and Understanding* (pp. 65–116). Hillsdale, NJ: Erlbaum.

Brown, A. L. & DeLoache, J. S. (1978). Skills, plans, and self-regulation. In R. S. Siegel (Ed.), *Children's thinking: What develops?* (pp. 3–35). Hillsdale, NJ: Erlbaum.

Brown, A. L. & Palincsar, A. S. (1987). Reciprocal teaching of comprehension skills: a natural history of one program for enhancing learning. In J. D. Day & J. G. Borkowski (Eds.), *Intelligence and exceptionality: New directions for theory, assessment, and instructional practices* (pp. 81–131). Norwood, NJ: Ablex.

Campione, J. C., Brown, A. L., & Ferrara, R. A. (1982). Mental retardation and intelligence. In R. J. Sternberg (Ed.), *Handbook of human intelligence* (pp. 392–490). Cambridge: Cambridge University Press.

Cleary, T. J. & Zimmerman, B. J. (2001). Self-regulation differences during athletic practice by experts, non-experts, and novices. *Journal of Applied Sport Psychology, 13*, 185–206. doi:10.1080/104132001753149883

Connor, L. N. (2007). Cueing metacognition to improve researching and essay writing in a final year high school biology class. *Research in Science Education, 37*, 1–16.

Crone, E. A. (2009). Executive functions in adolescence: Inference from brain and behavior. *Developmental Science, 12*, 1–6. doi:10.1111/j.1467-7687.2009.00918.x

De Jong, T. & Ferguson-Hessler, M. G. M. (1984). Strategiegebruik bij het oplossen van problemen in een semantisch rijk domein: electriciteit en magnetisme. [The use of strategy in solving problems in a semantically rich domain: Electricity and magnetism]. *Tijdschrift voor Onderwijsresearch, 9*, 3–15.

Dignath, C. & Buttner, G. (2008). Components of fostering self-regulated learning among students. A meta-analysis on intervention studies at primary and secondary school level. *Metacognition and Learning, 3*, 231–264. doi:10.1007/s11409-008-9029-x

Duinmaijer, A. F., Van Luit, J. E. H., Veenman, M. V. J., & Vendel, P. C. M. (1997–2011). *Hulp bij leerproblemen; Rekenen-wiskunde [Help with learning disabilities; Mathematics]*. Zoetermeer: Betelgeuze.

Elshout, J. J. (1988). Intelligentie en goed beginnen. [Intelligence and good novice behavior.] In G. Kanselaar, J. L. Van Der Linden, & A. Pennings (Eds.), *Begaafdheid. Onderkenning en beïnvloeding* (pp. 46–54). Amersfoort: Acco.

Elshout, J. J., Veenman, M. V. J., & van Hell, J. G. (1993). Using the computer as help tool during learning by doing. *Computers & Education, 21*, 115–122. doi:10.1016/0360-1315(93)90054-M

Flavell, J. H. (1976). Metacognitive aspects of problem solving. In L. B. Resnick (Ed.), *The nature of intelligence* (pp. 231–235). Hillsdale, NJ: Erlbaum.

Flavell, J. H. (1979). Metacognition and cognitive monitoring: A new area of cognitive-developmental inquiry. *American Psychologist, 34*, 906–911.

Glaser, R. (1984). Education and thinking. The role of knowledge. *American Psychologist, 39*, 93–104. doi:10.1111/j.1745-3992.1994.tb00561.x

Kapa, E. (2001). A metacognitive support during the process of problem solving in a computerized environment. *Educational Studies in Mathematics, 47*, 317–336.

Kitsantas, A. & Zimmerman, B. J. (2006). Enhancing self-regulation of practice: The influence of graphing and self-evaluative standards. *Metacognition and Learning, 1*, 201–212. doi:10.1007/s11409-006-9000-7

Kramarski, B. & Hirsch, C. (2003). Using computer algebra systems in mathematical classrooms. *Journal of Computer Assisted Learning, 19*, 35–45. doi:10.1046/j.0266-4909.2003.00004.x

Kramarski, B. & Mevarech, Z. R. (2003). Enhancing mathematical reasoning in the classroom: The effects of cooperative learning and metacognitive training. *American Educational Research Journal, 40*, 281–310. doi:10.3102/00028312040001281

Manlove, S., Lazonder, A. W., & De Jong, T. (2007). Software scaffolds to promote regulation during scientific inquiry learning. *Metacognition and Learning, 2*, 141–155. doi:10.1007/s11409-007-

9012-y

Masui, C. & de Corte, E. (1999). Enhancing learning and problem solving skills: Orienting and self-judging, two powerful and trainable learning tools. *Learning and Instruction, 9*, 517–542. doi:2048/10.1016/S0959-4752(99)00012-2

Mettes, C. T. C. W., Pilot, A., & Roossink, H. J. (1981). Linking factual and procedural knowledge in solving science problems: a case study in a thermodynamics course. *Instructional Science, 10*, 333–361.

Mevarech, Z. & Fridkin, S. (2006). The effects of IMPROVE on mathematical knowledge, mathematical reasoning and meta-cognition. *Metacognition and Learning, 1*, 85–97. doi:10.1007/s11409-006-6584-x

Molenaar, I., Van Boxtel, C. A. M., & Sleegers, P. J. C. (2010). The effects of scaffolding metacognitive activities in small groups. *Computers in Human Behavior, 26*, 1727–1738. doi:10.1016/j.chb.2010.06.022

Muth, K. D. (1991). Effects of cuing on middle-school students' performance on arithmetic word problems containing extraneous information. *Journal of Educational Psychology, 83*, 173–174.

Newell, A. & Simon, H. A. (1972). *Human problem solving*. Englewood Cliffs, NJ: Prentice-Hall.

Perkins, D. N. & Salomon, G. (1989). Are cognitive skills context-bound? *Educational Researcher, 18*(1), 16–25. doi:10.2307/1176006

Pintrich, P. R. & De Groot, E. V. (1990). Motivational and self-regulated leaning components of classroom academic performance. *Journal of Educational Psychology, 82*, 33–40. doi:10.1037/0022-0663.82.1.33

Pressley, M. & Afflerbach, P. (1995). *Verbal protocols of reading: The nature of constructively responsive reading*. Hillsdale, NJ: Erlbaum.

Pressley, M. & Gaskins, I. (2006). Metacognitive competent reading is constructively responsive reading: How can such reading be developed in students? *Metacognition and Learning, 1*, 99–113. doi:10.1007/s11409-006-7263-7

Puntambekar, S. & Stylianou, A. (2005). Designing navigation support in hypertext systems based on navigation patterns. *Instructional Science, 33*, 451–481.

Roll, I., Aleven, V., McLaren, B. M., & Koedinger, K. R. (2007). Designing for metacognition – applying cognitive tutor principles to the tutoring of help seeking. *Metacognition and Learning, 2*, 125–140. doi:10.1007/s11409-007-9010-0

Schoenfeld, A. H. (1987). *Cognitive science and mathematics education*. Hillsdale, NJ: Erlbaum.

Schraw, G. (1998). Promoting general metacognitive awareness. *Instructional Science, 26*, 113–125.

Schraw, G. & Dennison, R. S. (1994). Assessing metacognitive awareness. *Contemporary Educational Psychology, 19*, 460–475. doi:10.1006/ceps.1994.1033

Stoutjesdijk, E. & Beishuizen, J. J. (1992). Cognitie en metacognitie bij het bestuderen van informatieve tekst. [Cognition and metacognition during the study of informative texts.] *Tijdschrift voor Onderwijsresearch, 17*, 313–326.

Teong, S. K. (2003). The effects of mathematical training on mathematical word problem solving. *Journal of Computer Assisted Learning, 19*, 46–55.

Van der Stel, M. & Veenman, M. V. J. (2010). Development of metacognitive skillfulness: A longitudinal study. *Learning and Individual Differences, 20*, 220–224. doi:10.1016/j.lindif.2009.11.005

Van Essen, G. & Hamaker, C. (1990). Using self-generated drawings to solve arithmetic word problems. *Journal of Educational Research, 83*, 301–312.

Van Luit, J. E. H. & Kroesbergen, E. H. (2006). Teaching metacognitive skills to students with mathematical disabilities. In A. Desoete & M. V. J. Veenman (Eds.), *Metacognition in mathematics education* (pp. 177–190). New York, NY: Nova Science Publishing.

Veenman, M. V. J. (1998). Kennis en vaardigheden; Soorten kennis een vaardigheden die relevant zijn voor reken-wiskunde taken. [Knowledge and skills that are relevant to math tasks]. In A. F. Duinmaijer, J. E. H. van Luit, M. V. J. Veenman, & P. C. M. Vendel, (Eds.), *Hulp bij leerproblemen; Rekenen-wiskunde* (pp. G0501.1–6). Zoetermeer: Betelgeuze.

Veenman, M. V. J. (2000). Materiaal voor leerlingen, algemeen: metacognitieve werkkaarten. [Materials for students, general: Metacognitive worksheets.]. In A. F. Duinmaijer, J. E. H. van Luit, M. V. J. Veenman, & P. C. M. Vendel, (Eds.), *Hulp bij leerproblemen; Rekenen-wiskunde* (pp. G0050.1–13). Zoetermeer: Betelgeuze.

Veenman, M. V. J. (2003). Problemen bij bevraging van metacognitieve activiteiten. [Problems with inquiry after metacognitive activities.] In A. F. Duinmaijer, J. E. H. van Luit, M. V. J. Veenman, & P. C. M. Vendel (Red.), *Hulp bij leerproblemen: Rekenen-wiskunde* (pp. G0051.1–5). Zoetermeer: Betelgeuze.

Veenman, M. V. J. (2005). The assessment of metacognitive skills: What can be learned from multi-method designs? In C. Artelt & B. Moschner (Eds), *Lernstrategien und Metakognition: Implikationen fur Forschung und Praxis* (pp. 75–97). Berlin: Waxmann.

Veenman, M. V. J. (2007). The assessment and instruction of self-regulation in computer-based environments: A discussion. *Metacognition and Learning, 2*, 177–183. doi:10.1007/s11409-007-9017-6

Veenman, M. V. J. (2008). Giftedness: Predicting the speed of expertise acquisition by intellectual ability and metacognitive skillfulness of novices. In M. F. Shaughnessy, M. V. J. Veenman, & C. Kleyn-Kennedy (Eds.), *Meta-cognition: A recent review of research, theory, and perspectives* (pp. 207–220). Hauppage, NY: Nova Science Publishers.

Veenman, M. V. J. (2011a). Learning to self-monitor and self-regulate. In R. Mayer & P. Alexander (Eds.), *Handbook of research on learning and instruction* (pp. 197–218). New York, NY: Routledge.

Veenman, M. V. J. (2011b). Alternative assessment of strategy use with self-report instruments: A discussion. *Metacognition and Learning, 6*, 205–211. doi:10.1007/s11409-011-9080-x

Veenman, M. V. J. (2013). Assessing metacognitive skills in computerized learning environments. In R. Azevedo & V. Aleven (Eds.), *International handbook of metacognition and learning technologies* (pp. 157-168). New York: Springer.

Veenman, M. V. J., De Haan, N., & Dignath, C. (2009). *An observation scale for assessing teachers' implicit and explicit use of metacognition in classroom settings.* Paper presented at the 13th Biennial Conference for Research on Learning and Instruction, EARLI, Amsterdam.

Veenman, M. V. J. & Elshout, J. J. (1991). Intellectual ability and working method as predictors of novice learning. *Learning and Instruction, 1*, 303–317.

Veenman, M. V. J., Elshout, J. J., & Busato, V. V. (1994). Metacognitive mediation in learning with computer-based simulations. *Computers in Human Behavior, 10*, 93–106.

Veenman, M. V. J., Elshout, J. J., & Meijer, J. (1997). The generality vs. domainspecificity of metacognitive skills in novice learning across domains. *Learning and Instruction, 7*, 187–209.

Veenman, M. V. J., Kerseboom, L, & Imthorn, C (2000). Test anxiety and metacognitive skillfulness: Availability versus production deficiencies. *Anxiety, Stress, and Coping, 13*, 391–412.

Veenman, M. V. J., Kok, R., & Blöte, A. W. (2005). The relation between intellectual and metacognitive skills at the onset of metacognitive skill development. *Instructional Science, 33*, 193–211.

Veenman, M. V. J. & Spaans, M. A. (2005). Relation between intellectual and metacognitive skills: Age and task differences. *Learning and Individual Differences, 15*, 159–176. doi:10.1016/j.lindif.2004.12.001

Veenman, M. V. J., Van Hout-Wolters, B. H. A. M., & Afflerbach, P. (2006). Metacognition and Learning: Conceptual and methodological considerations. *Metacognition and Learning, 1*, 3–14. doi:10.1007/s11409-006-6893-0

Veenman, M. V. J., Wilhelm, P., & Beishuizen, J. J. (2004). The relation between intellectual and metacognitive skills from a developmental perspective. *Learning and Instruction, 14*, 89–109. doi:10.1016/j.learninstruc.2003.10.004

Volet, S. E. (1991). Modeling and coaching of relevant metacognitive strategies for enhancing university students' learning. *Learning and Instruction, 1*, 319–336.

Wang, M. C., Haertel, G. D., & Walberg, H. J. (1990). What influences learning? A content analysis of review literature. *Journal of Educational Research, 84*, 30–43.

Winne, P. H. (1996). A metacognitive view of individual differences in self-regulated learning. *Learning and Individual Differences, 8*, 327–353.

Winne, P. H. (2010). Improving measurements of self-regulated learning. *Educational Psychologist, 45*, 267–276. doi:10.1080/00461520.2010.517150

Winters, F. I., Greene, J. A., & Costich, C. M. (2008). Self-regulation of learning with computer-based learning environments: A critical analysis. *Educational Psychology Review, 20*, 429–444. doi:10.1007/

s10648-008-9080-9

Zimmerman, B. J. (1994). Dimensions of academic self-regulation: A conceptual framework for education. In D. H. Schunk & B. J. Zimmerman (Eds.), *Self-regulation of learning and performance. Issues and educational implications* (pp. 3–21). Hillsdale, NJ: Erlbaum.

Zimmerman, B. J. (2000). Attainment of self-regulation: A social cognitive perspective. In M. Boekaerts, P. Pintrich, & M. Zeidner (Eds.), *Handbook of self-regulation, research, and applications* (pp. 13–39). Orlando, FL: Academic Press.

Zimmerman, B. J. (2008). Investigating self-regulation and motivation: Historical background, methodological developments, and future perspectives. *American Educational Research Journal, 45,* 166–183. doi:10.3102/0002831207312909

Zimmerman, B. J., Greenberg, D., & Weinstein, C. E. (1994). Self-regulating academic study time: A strategic approach. In D. H. Schunk & B. J. Zimmerman (Eds.), *Self-regulation of learning and performance. Issues and educational implications* (pp. 181–199). Hillsdale, NJ: Erlbaum.

Zimmerman, B. J. & Martinez-Pons, M. (1986). Development of a structured interview for assessing students' use of self-regulated learning strategies. *American Educational Research Journal, 23*(4), 614–628. doi:10.3102/00028312023004614

Zimmerman, B. J. & Martinez-Pons, M. (1988). Construct validation of a strategy model of student self-regulated learning. *Journal of Educational Psychology, 80*(3), 284–290. doi:10.1037/0022-0663.80.3.284

Zimmerman, B. J. & Tsikalas, K. E. (2005). Can computer-based learning environments (CBLEs) be used as self-regulatory tools to enhance learning? *Educational Psychologist, 40,* 267–271. doi:10.1207/s15326985ep4004_8

Zohar, A. & Ben-David, A. (2008). Explicit teaching of meta-strategic knowledge in authentic classroom situations. *Metacognition and Learning, 3,* 59–82. doi:10.1080/09500690802162762

第11章

学習テクノロジーと自己調整学習
——実践への示唆——

Anastasia Kitsantas（アナスタシア・キトサンタス），Nada Dabbagh（ナダ・ダバグ），
Faye C. Huie（フェイ・C・ヒューイ），Susan Dass（スーザン・ダス）

訳：伊藤崇達（九州大学）

　Zimmerman（1989）による独創的な論文の中で自己調整学習の社会的認知理論が提示されて以来，何十年もの間，膨大な数の研究が行われてきている。これらは，自己調整が伝統的な教室においていかに作用するか，また，多様な領域にわたって機能するのかについて明らかにしてきている。新しい学習テクノロジーが導入されるとともに，もはや，伝統的な教室は，科目を受講する手段として唯一のものではなくなっている。それどころか，高等教育におけるオンライン科目の登録数の増加率には目覚ましいものがあり，高等教育を受ける学生の4分の1以上が，1年のうちに少なくとも1科目はオンライン科目を受講している計算になる（Allen & Seaman, 2010）。2014年までに，1000万人以上が，何らかのタイプのオンライン学習に携わることになるだろうと予測されている（Flores, 2010）。オンラインないしブレンディッド学習に関する研究で，学習の自己調整がどのようになされているかについて調べている研究は概して限られているが（Hodges, 2005），Zimmerman（2008）は，テクノロジー志向の学習環境は，学習者が自らの自己調整スキルを形成していくうえで，有力な媒体となりうるであろう，と述べている。

　Zimmermanによれば，自己調整学習とは，知識を得たりスキルを身につけたりする際，他者（すなわち，教師，親，仲間）に依存することなく行われる行動のことを指している。自己調整学習者は，自らの学習過程に対して，メタ認知，行動，動機づけの面で能動的に関与している者とされる（Zimmerman, 1989）。スキルのある自己調整学習者は，特定の課題にうまく取り組めるという自信が強く（例えば，自己効力感）（Zimmerman & Kitsantas, 2005），過程を志向した目標を設定し，達成度をモニターし，遂行の自己評価を行う。

どのようにすれば自立した学習者になれるかを教えることは，すべての教育段階の授業者にとって重要なことであるが，本章では，とりわけ，中等教育後の段階の授業者が，学生が自立した学習者になれるよう促していくにあたって，学習テクノロジーをどのように利用していけばよいかについて，焦点を当てることにする。具体的には，次のようなことを取り上げていくこととする。オンラインやブレンディッド学習環境において，いかに自己調整学習が支援されるのか，そして，学生の自己調整を高め，支援していくうえで，学習テクノロジーにはどのような可能性があるのか。加えて，大学の授業において，テクノロジーを利用した教育を行い，いかにして自己調整過程が促進され，支援され得るかということをシナリオによって例示することである。

オンラインとブレンディッド学習環境における学習テクノロジー

　オンラインとブレンディッド学習について取り上げている論文では，多くの専門用語が出てくる。この文脈において，オンライン学習とは，対面での物理的なやりとりのないものであり，もっぱらオンラインで与えられる学習経験で，同期的・非同期的にインターネットないしウェブによるテクノロジーや装置を介したものとして定義される（Dabbagh & Bannan-Ritland, 2005）。ブレンディッド学習は，オンラインと教室の2つの方法を合わせて授業が行われるものであり，ハイブリッド学習あるいはハイブリッド授業としても知られている。科目のコンテンツやイベントの30％から80％が，オンラインで配信される（Dabbagh & Bannan-Ritland, 2005）。オンラインとブレンディッド学習は，学習テクノロジーによって支援される。学習テクノロジーは，インターネットとウェブの技術上の特性と教育上の特性の両者を統合したウェブツール，ソフトウェア・アプリケーション，プラットフォーム，移動端末などからなる（Kitsantas & Dabbagh, 2010）。さらに具体例として，授業科目と学習の管理システム（Blackboard, Moodle など），非同期的・同期的コミュニケーション・ツール（ディスカッション・ボード〔訳注：インターネットの掲示板での意見交換の場〕，チャット・セッション，ウェブ会議など），ソーシャルメディア・ツール（ブログ，

ミニブログ，wikisなど)，ソーシャル・ネットワーキング・プラットフォーム (Facebook, LinkedInなど)，クラウドコンピューティング・テクノロジー (Google Appsなど)，バーチャルワールド (Second Life, Active Worldsなど)，デジタルオーディオプレイヤー (iPodなど) のように，いつでも，どこでも学習が可能なモバイルテクノロジー，ワイヤレスタブレット，ネットブック，電子書籍リーダー (Kindleなど)，スマートフォン (iPhone, BlackBerryなど) があげられる。オンラインやブレンディッド学習によって示されるモデルが，競争力を備え，成長を続けていくうえで，きわめて重要で，有益でもあることを高等教育機関は認めている。さらには，国の非営利組織，プロジェクト・トゥモロー (Project Tomorrow) によるスピーク・アップ (Speak Up) という戦略が，教育における子どもたちの声を勇気づけることに力を注いでおり，次のようなことを明らかにしている。オンラインとブレンディッド学習は，子どもたち自らが「学習過程をさらに個に応じたものにすること」(Project Tomorrow, 2011, p. 9) を可能にするものであり，また，仲間や専門家と協働する機会を提供する社会に根ざした学習を促進するものとして認識されている，ということである。

　学習者が，学びのニーズを満たすのにどんなテクノロジーを選び，利用しているかを調べることで，教育者たちが，オンラインとブレンディッド学習の経験にどのように働きかけ，有効なものにしていけばよいかについて，価値のある見方が得られるであろう。例えば，2010 ピュー・インターネット・アメリカンライフ・プロジェクト (2010 Pew Internet and American Life Project) は，オンラインでの経験の世代間の差を明らかにしている (Zickuhr, 2010)。すべてのアメリカの成人 (18歳以上) の79％が，さまざまなオンラインでの活動にインターネットを利用しており，一方，成人の全人口 (約8000万人) の30％を占めるミレニアル世代 (またY世代として知られている世代，もしくは，1977年から1994年の間に生まれた人たち) のインターネットの利用は35％であった。ピュー・プロジェクトはまた，ミレニアル世代と10代の若者が，ウェブでのソーシャルサービスのもっとも積極的な参加者であることを明らかにしている。例として，ソーシャル・ネットワーキング，テキストメッセージ，オンラインゲーム，ブログ，バーチャルワールドに入る体験，オンラインでのビデオ視聴などがあげられる。実際のところ，典型的な大学生 (18歳から24歳) の社会的な活

動範囲は，電子メールのやりとりが平均で87，携帯電話は146，ソーシャル・ネットワークでは438人の友人がおり，ある一つの調査（n=144）では，参加者のたった29％のみが対面でのコミュニケーションを好むというものであった（O'Malley, 2010）。

　高校生と大学生が今まで以上につながりをもっていることは明白であり，テクノロジー，とりわけ，ワイヤレスないしモバイルテクノロジーによって，いつでも，どこでも，つながることができるようになっている。調査研究は，次のようなことも示している（Project Tomorrow, 2011）。全体としてみると，子どもたちは，教師や学校の支援なしに，新たに登場しているテクノロジーを積極的に学習に用いるようになってきている。そして，21世紀の学習はこうあるべきという自らのビジョン——学習は，対人的な関係に基づき，自由で，デジタル情報を豊かに利用したものでなければならないというビジョン——を抱いており，モバイル学習の可能性を重視している。

　大学では，授業科目や学習の管理システム（例えば，Blackboard）のような学習テクノロジーを導入する事業に余念がない。これにより，授業科目や学習活動に，いつでも，どこでもアクセスできるようにし，さらに，若い世代の人たちのニーズに合わせて，ソーシャル・ネットワークのためのプラットフォームを取り入れてみたりしている（Dabbagh & Reo, 2011）。しかしながら，きわめて重要な教育的な介入，すなわち，自己調整学習が完全に見過ごされてしまっている。テクノロジー利用の世代間の傾向や21世紀の学習はこうあるべきというビジョンを鑑みると，今後ますます重要になってくることは，学生たちを指導して，自らの学習経験を最適なものに計画させることと，学習過程を自らコントロールできるよう促すことである。しかしながら，自己調整学習や自立した学習を成立させるうえで，学習テクノロジーの巧みな利用があって初めてこのことは成し遂げられる（Kitsantas & Dabbagh, 2010; McLoughlin & Lee, 2008）。以下では，学習テクノロジーの利用によって，オンラインやブレンディッド学習における自己調整学習の支援を試みた研究をレビューしていくことにする。Zimmermanの自己調整学習の三段階の循環モデルに依拠して，焦点化を行い，レビューをまとめていく。また，学習テクノロジーを利用して，学生に自己調整学習に取り組ませる際の大学教員の役割について述べ，そして，ブレン

ディッド学習の授業科目で自己調整学習を支援していくにあたり，さまざまな学習テクノロジーを教員がどのように取り入れていけばよいかについて，シナリオ形式で示していくことにする。

オンラインとブレンディッド学習環境での自己調整学習に関する研究

　自己調整学習はいくつかの主要な過程で構成されており（Zimmerman & Schunk, 2008），これらは循環的に維持される3つの段階の中に埋め込まれている（Zimmerman, 2000）。この3つの段階とは，予見，遂行，自己省察のことである。フィードバックのある自己志向的なシステムの中で，これらは循環的に相互に関連し合っており，学習者は，学習を最適なものにする現在の要件や新たな要件を満たすべく，自己調整の方略を絶えず調節し続けるのである。このような学習のサイクルは，動機づけを高めることになる。その一つの理由としては，学習者が，望ましい成果を目指して，自らの学習経験を自らの力で効果的にコントロールしていけるという信念を強固なものにするからである。図11.1 に Zimmerman のモデルを図示しておく。

　予見の段階は，次にあげる2つの下位カテゴリに区分される。(1) 目標設定と方略的プランニングという課題分析の下位過程，(2) 自己効力感，課題の興味，目標志向性などの動機づけ概念，である。成果を上げている学習者が実行する2つの主要な自己調整過程として，目標設定とプランニングをあげることができる。

　<u>目標設定とプランニング</u>：目標設定は，学習行動を導くことができるようにさまざまな目標を設定していく過程のことと定義される。すなわち，目標設定によって，学習者は，自ら学ぶ努力を方向づけていくことができ，その結果として，特定の成果や習熟度の達成も可能となる。それぞれの目標には，達成可能性，具体性，困難度など，異なった次元や特性がある。概して，目標を成し遂げる学習者は，遠い目標よりも近接した目標をもち（Latham & Seijts,

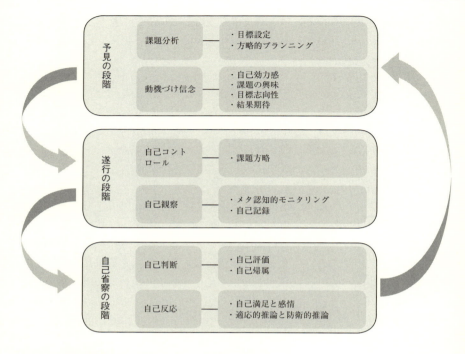

図 11.1 自己調整学習に関する Zimmerman のモデル

1999),結果志向というより過程志向の目標をもつ (Zimmerman & Kitsantas, 1997) 傾向にある。

　オンライン学習における目標設定の役割を検証している研究が多くある (Conway & Sharkey, 2002; Hu & Gramling, 2009)。例えば,Hu と Gramling は,オンラインで学習している人が,どのくらいの頻度で自己調整学習方略を実行しているか,また,どのような方略をもっとも有効であると認識しているかについて調べている。12 人の学生に対して一連のインタビューと自由回答式の質問による調査が行われ,活用してもっとも効果的であった方略の一つが目標設定であると学生らは感じていることを明らかにしている。インターネットの掲示板での意見交換と課題(ディスカッション・ボード)が,目標設定を支援し,活動への焦点化と組織化を容易にするもっとも重要なオンラインツールで

あった。同様に，KitsantasとDabbagh（2004）は，WebCTのような授業科目の管理システムに埋め込まれた協働とコミュニケーションを支援するツールが，目標設定を促し，これを支えるツールとして有用であることを確認している。別の研究では，オンライン学習そのものが，目標設定とプランニングを促すことが示されている（Conway & Sharkey, 2002; Lynch & Dembo, 2004）。特に，ConwayとSharkey（2002）の研究では，次のようなことが明らかになっている。配信される授業科目の特質として，学習者は，何を学ぶべきか，どのようなことで援助を要するかについて目標をもち，課題を成し遂げていくうえで，必要となってくる目標をもつよう促されている。同様に，LynchとDembo（2004）の研究で示されていることは，自己調整が，学習者が形成すべき重要なスキルではあるが，オンラインでの授業科目が適確な形で設計されていなければ，まさに科目そのものの特質として，学習の自己調整が促されることはない。例えば，TerryとDoolittle（2006）は，オンライン学習場面での目標設定や時間管理方略といったように，自己調整過程を促す方法について提言をしている。提言には，日程表のようなものを使い，次のプロジェクトの期日や試験の日程について自動的に知らせ，思い起こさせることなどが含まれている。

　自己効力信念：学習者の動機づけ信念に焦点を当てた研究もなされてきており，これは，予見の段階の重要な構成要素をなすものである。動機づけの構成概念の一つである自己効力感は，オンラインやブレンディッド学習においても大きな注目を集めてきている。自己効力感は，文脈特有の構成概念であり，ある目標を成功裡に遂行できるという，個人が抱く信念のこととして定義される（Bandura, 1986）。教科学習での自己効力感は，さまざまな情報源を通じて規定されるが，習熟する体験や代理的な経験は，そのもっとも有力なものとされる（Bandura, 1986）。オンラインでの学習においては，いくつかの異なる領域や活動にわたって，自己効力感が検討されている。具体的には，インターネット自己効力感（例えば，インターネットが利用できるという自信：Lynch & Dembo, 2004），オンライン・テクノロジー自己効力感（例えば，電子メール，ディスカッション・ボード，ファイルのダウンロードなど，オンラインツールを効果的に使う自信：Miltiadou & Hu, 2000），オンライン授業で学ぶ自己効力感（例えば，オンラインやブレンディッド授業で，他者よりも優れた成績をとる自信：Artino & McCoach, 2008）

があげられる。こうした自己効力感のタイプは，それぞれに密接な関連があるが，独自の構成概念としての特徴もある。オンラインやブレンディッド学習において，自己調整学習という文脈の中で，それぞれのタイプの自己効力感について考慮していく必要がある。

　研究結果が示していることとして，効力感が高く，自らのオンライン学習の能力や科目の経験について満足している学習者ほど，オンラインでの授業科目をより好んでいると報告する傾向にある（Artino, 2010）。加えて，ブレンディッド学習環境の中で高い自己効力信念を報告する学習者が，より高いレベルの成果を上げている。例えば，理論的枠組みとして，Zimmerman の自己調整のモデルに基づき，Lynch と Dembo（2004）は，ブレンディッドによる授業科目を受講した大学生 94 人を対象に，いずれの自己調整過程（内発的目標志向性，学習に関する自己効力感，インターネット利用の自己効力感，時間管理，援助要請）が，学業達成のもっとも強い予測因であるかについて調べている。とりわけ，授業の 75％はオンラインで，対面は 25％にすぎなかった。研究の結果から，5 つの自己調整過程のうち，学習に関する自己効力感が学業達成と関連のある唯一の変数であることが明らかになっている。

　別の研究者（Spence & Usher, 2007）は，コンピュータについての自己効力感に比べて，自己調整学習に関する自己効力感（例えば，自己調整学習過程に効果的に関与できるという自信）のほうが，達成と大きな関連があることを明らかにしている。とりわけ，コンピュータについての自己効力感（コンピュータをうまく利用する効力感がどのくらいあるか）と，さまざまな側面の自己効力感——数学自己効力感，成績に関する自己効力感（授業科目で特定の成績をとる効力感がどのくらいあるか）——の両者について，伝統的な対面形式とオンラインでの数学の補習クラスを受講している学生を対象に，どのような差異がみられるか，また，エンゲージメントや達成にどのような影響を及ぼしているのかについて比較検討が行われた。結果として，伝統的な授業科目を受講していた学生に比べ，オンラインの授業科目を受講していた学生のほうが，コンピュータについての高い自己効力感とエンゲージメントを報告していた。さらには，オンラインの数学の授業科目を受けた学生よりも，伝統的な数学の授業科目を受けた学生のほうが，成績に関する自己効力感が高く，最終の成績も高いという結果と

なった。しかしながら，数学の成績に関する自己効力感を共変量として投入すると，両者の学習グループ間の達成度について，もはや差異は認められなくなった。別の言い方をすれば，授業科目が，オンライン学習か，あるいは，伝統的な対面での学習であるかにかかわらず，数学の成績に関する高い自己効力感をもっておれば，高い水準の成績を収める傾向にあるということである。このことは，学習環境（伝統的かオンラインか）にかかわらず，成績のもっとも重要な予測因は，数学における自己効力感であるということを示唆している。

　研究者の中には，次のようなことを述べている人たちがいる（Hodges, Stackpole-Hodges, & Cox, 2008; Matuga, 2009）。学習者の動機づけ信念を向上させるためには，オンラインないしブレンディッド学習環境を適切な形で構成し，自己調整や動機づけを育むことを意図しなければならない。学習者がどのように学習を自己調整したらよいかに関する訓練がなされなければ，それは，達成と自己効力信念の両者に対して悪影響を及ぼすことになるであろう。しかしながら，自己調整は学習されるスキルであり，対面であれオンラインの学習環境であれ，結局のところ，学習をいかに自己調整すればよいかについて学ぶ必要があるということを繰り返して強調しておきたい。

　Zimmermanのモデルの遂行の段階には，自己コントロールと自己観察の2つの下位カテゴリが含まれる。予見の段階は，学習課題に取り組む以前のさまざまな動機づけ信念を重視しているが，遂行の段階は，学習者がさまざまな方略を用いて，学習の過程に取り組んでいく活動の段階を表している。

　<u>自己コントロール方略</u>：自己コントロール方略とは，イメージ化（表象形成），注意集中，環境構成，課題方略など，多様な方略アプローチをとるのみならず，特定の課題でもっとも効果のある方略を計画的に採用していく。しかしながら，自己調整を行っていない学習者は，暗記や反復といった表面的な方略を用いる傾向にあり，課題を分析して，もっとも効果的かつ効率的な方略を選択するといったようなことはしない（Kitsantas, 2002）。自己調整学習者を育てるよう計画されたオンライン学習環境について何らかの実証を試みた研究は限られている。Yang（2006）は，大学生を対象にさまざまな学習方略（例えば，精緻化，要約，体制化，自己指導）の利用を促すオンライン学習環境が構築できることを示している。

自己モニタリング：主要な過程の第二の下位カテゴリは，自己観察，すなわち，自己モニタリングのことであるが，これは，学習者が進捗状況を認知的に追跡していくことを表している。オンラインやブレンディッド学習の文脈における自己モニタリングの過程を検討している研究が数多くある（Cho, Demei, & Laffey, 2010）。例えば，Geddes（2009）は，大学1年生が，最初の学期において，授業者や仲間に質問するよりも，Blackboardにあるオンラインでの成績一覧表という機能を使い，自分の成果をモニターする傾向にあることを示している。成績一覧表によるモニタリングはまた，授業科目の最終成績の正の予測因でもあり，もっとも高いレベルの学習と遂行目標（遂行回避目標志向とは異なる）と関連があった。さらに，非同期的な学習環境でのモニタリングは，共同体感覚や社会的存在感など，さまざまな社会的な結果変数に対しても予測力をもつことが示されている。特に，Cho, DemeiとLaffey（2010）による研究は，能動的な学習者が，社会的環境のモニタリングを行うほど，授業の中で，より強い社会的なつながりを経験する傾向にあることを示している。全体として，これらの研究結果が示唆していることは，オンラインでのモニタリング・ツールが提供され，頻繁に更新されるべきであるということであり，授業者は，学習者に効果的かつ効率的にモニターさせ，連帯感を経験させる必要がある。

　自己省察は，Zimmermanのモデルの最後の段階であり，自己判断と自己反応という下位カテゴリで構成される。この段階で，学習者は，通常，個人的な，あるいは，自ら課した基準や目標と比較して，自らの遂行を自己評価する。それから，学習者は，こうした評価を活用し，続く努力の予見の段階に影響を及ぼしていくことになる。自己判断とは，自らの学習成果についてどのように判断し，評価するかということであり，自己反応とは，これらの成果に対して，さまざまな感情的な反応や推論による反応をすることである。学習課題を完了した後に，この段階に従事することで，学習者は，自らの遂行について振り返ることができ，意味のある原因帰属を行い，最終的に，将来において設定すべき目標のタイプを知ることができる。自己省察の段階の自己調整過程が，オンラインないしブレンディッドによる授業環境の中で，いかに作用するかについて検討を行っている。

　自己評価の観点から，Cambell（2009）は，オンライン日誌の利用が，学習

やその目標について自己省察し，評価を行う学習者の能力に影響を及ぼすものであるかどうかについて調べている。オンライン日誌には，青年期の生徒が，自らの好みや性格に基づき，日誌のさまざまな側面を変更できる個性化ツールが含まれている。研究結果から，オンライン日誌は，より頻繁に生徒が自らの学習目標について振り返ることができ，将来の目標設定を支えるもので，感情を記録することで私的なストレスの対処法としても役に立つ重要な活動であることが明らかにされている。

　同様の研究知見として，生物化学を学ぶ大学生を対象に，自己評価を促す手がかり（プロンプト）を含めたオンラインでのチュートリアルにおいても示されてきている（Hejmadi, 2007）。とりわけ，Hejmadi は，さまざまな自己評価の側面を結びつけたオンライン教材が利用できることで，学習成果に寄与できることを明らかにしている。実際に，学生は，さまざまなトピックの理解度を試すことができ，これは，学習をよりよく方向づけていくうえで，有効なものであった。また，学習経験について振り返ること，仲間の振り返りを見直すこと，経験の違いについてオンラインでの議論に参加すること，オンラインの学習ポートフォリオを作成することなど，これらのオンラインでの活動が，自らの学習についての自己省察を行うのに有効であるばかりか，将来の目標の設定，プランニング，関わりのある活動のマネジメントに取り組んでいくにあたっても，有効であることが実証されている（Morgan, Rawlinson, & Weaver, 2006）。同様に，Terry と Doolittle（2006）は，授業者は，活動とその成果について学習者に整理をさせ，確認の印を付けさせる教材を提供し，そして，頻繁にフィードバックを行うべきであり，そうすることで，学習成果に関する適応的な自己評価による判断を支援すべきであると提言している。著者たちはまた，次のような提言をしている。授業者は，オンラインでの学習過程の足場づくりとして，チェックリスト，整理道具，目標を与えるべきである。さらには，効果的な自己調整学習に取り組んでいけるように学習者を支援するべく，定期的に足場づくりの過程が実行されモニターされなければならない。

　全体として，研究によって示唆されていることは，目標設定（Hu & Gramling, 2009），自己効力感（Hodges et al., 2008），課題方略（Lynch & Dembo, 2004），自己モニタリング（Cho et al., 2010）などの自己調整学習のさまざまな過程が，オ

ンラインやブレンディッド学習環境において支援できるということである。実のところ，より伝統的な学習の文脈と比べると，オンライン学習は，自己調整学習を促す，さらに強固な文脈となりうるかもしれない。しかしながら，自己調整は，複雑な構成概念であり，とりわけ，オンラインとブレンディッド学習の文脈において，包括的に捉えることは，方法論上，難しい。加えて，授業者は，授業科目の計画にあたって，多くの自己調整方略（例えば，時間と環境の管理，援助要請方略）を組み入れておらず，したがって，学習者は自らの意思でこれらの過程に取り組む必要性があまりない，と論じている研究者もいる（例えば，Lynch & Dembo, 2004）。例えば，授業者は，週に3回，オンラインで授業を行うのが通常であるが，学習者に対し，その場でフィードバックを与えてしまっている。次節では，オンラインやブレンディッド環境において，自己調整学習を促していくうえで，それぞれの学習テクノロジーがいかに利用できるかについて概説していくことにする。

学習テクノロジーを用いて自己調整学習を支援する際の授業者の役割

先述の通り，実証研究が明らかにしていることは，授業科目の中に組み込まれた特定のウェブツールと学習管理システム（Course Management System: CMS / Learning Management System: LMS）[訳注]によって，さまざまな自己調整学習の過程を支援できるということである（Dabbagh & Kitsantas, 2004）。このようなツールとしては，協働とコミュニケーション・ツール（電子メール，ディスカッション・ボード，チャット，グループ・ツールなど），コンテンツ作成と配信ツール（シラバス・ツール，課題ツール，リソース・ツールなど），管理ツール（学習者とその情報を管理するためのツール），学習ツール（授業科目の用語集，画像データベース，検索エンジンなど，自らの学習経験を個に応じたものにするツール），評価ツール（小テスト作成ツールなど）があげられる。学習者が，オンラインやブレンディッド

> [訳注]：インターネット上での学習において，学習者の管理を行うシステムのことである。教材の配信や，進捗状況，成績の管理などを行う機能をもっている。

学習の中で、これらのツールを効果的に利用できるよう方向づけを行っていくにあたり、授業者が重要な役割を果たすことになる。具体的には、授業者は、どのようにして目標や評価規準（例えば、ルーブリック、フィードバック）を提供していけばよいか、留意しなければならない。もしも規準が高すぎたり、規準がわかりにくいものであれば、学習者の自己効力感の水準は、おそらく低下していくことになるはずである。実際に、次のようなことを述べている研究者（Barnard-Brak, Paton, & Lan, 2010; Dabbagh & Kitsantas, 2009）もいる。自己調整というのは、まず経験のある個人による支援があって初めて獲得されるスキルであるので、熟慮のうえ、綿密な授業計画を立てなければ、自己調整スキルの形成は難しく、そして、授業の中には、実際に自己調整する力が育つことを意図した要素を組み込んでいかなければならない。

　ブレンディッド学習の文脈において、自己調整する力を育てるうえで、授業者はいかなる役割を果たせばよいか。このことを実証的に明らかにするため、DabbaghとKitsantas（2009）は、経験のある授業者が、どのようにLMSを利用して自己調整学習を支援しているのか、また、自己調整学習の成立を図る活動を意図的に計画しているのかどうかについて調べている。その結果として、オンラインでの経験のある授業者は、特定のLMSツールを利用して、それぞれに応じた自己調整過程を支援していることが明らかとなった。例えば、コンテンツ作成と配信ツールは、25％の授業者によって、学習者に目標設定をさせるために利用されていた。管理ツールは、84％の授業者によって、時間の計画と管理を支援するために利用されていた。本研究によって、LMSツールによって支援できる自己調整の過程が異なっていることが、さらに確かめられているが、授業者は、いつも意図をもって、これらのツールを利用し、学習者の自己調整を支援しているわけではないことも明らかにされている。

　対面での授業科目に対して、オンラインでの授業科目で優れた成果を収めるには、必然的に自立性と自己充足を伴うのかもしれない（Kramarski & Dudai, 2009; Kramarski & Mizrachi, 2006）。つまり、オンラインでの科目を担当する授業者のほうが、おそらく、学習者に対して、特定の課題に関し、体系的なガイダンスを行う傾向が強いのであろう。先に提言したように、オンラインやブレンディッド学習の文脈において学習者による自己調整の支援を行うために、学習

テクノロジーを活用するさまざまな方法について，授業者に知らせて，研修を行っていく必要がある（これらの結果の要約については，表11.1を参照）。

　Zimmerman のアプローチを採用して，学習者に自己調整に取り組ませることを意図した学習システムの開発を試みている研究者も出てきており，こうした努力が有望な結果を生み出しつつある。例えば，Schober, Wagner, Reimann と Spiel（2008）は，心理学の学生に研究法と評価について紹介し習熟させることを意図したブレンディッド学習システムの効果について調べている。システムでは，内容（心理学研究法）と学習スキル（自己調整）の指導を統合することが試みられた。Zimmerman の三段階モデルをもとに，自己調整学習の要素が組み入れられた。このプログラムは，第一に，学習の計画を立てることをガイドし，達成すべきさまざまな学習目標を設定することを支援した（予見の段階）。第二に，目標を成し遂げつつ，それぞれの方略をどのように利用すればよいかを指導した。第三には，授業者から与えられるフィードバックに基づき，自らの学習を自己評価するよう促した（自己省察の段階）。どの程度，心理学研究法の指導に成功したか，また，どのくらい適切に自己調整学習を促せたか，これらのことに関して，著者らはシステムの評価を行っている。そして，自己調整の訓練を伴うオンラインでの授業を受けた学生と，訓練のない授業を受けた学生を取り上げて，両者の達成度と自己調整について比較検討が行われている。その結果として，事実に関する知識（暗記／低い水準の知識）では，両群の達成度に違いはみられなかったが，複雑な論理的知識（例えば，問題解決や理解）に関しては，オンラインでの授業のみを受けた学生に比べ，自己調整の訓練も合わせて受けた学生のほうが，成績が優れていた。

　要約すると，先行研究によって，学習テクノロジーは，適確な設計がなされれば，オンラインでもブレンディッド学習環境でも，自己調整学習を支援し促すことができるということが明らかにされている。実際のところ，授業者との対面でのやりとりが限られているため，学習者には，一定程度の自己指導性を発揮することが求められ（Kramarski & Mizrachi, 2006），また，自己調整学習を支援していくうえでは，多様な学習テクノロジーが活用できる（Campbell, 2009; Cho et al., 2010; Kramarski & Michalsky, 2009; Lynch & Dembo, 2004）。そのため，オンラインやブレンディッド学習環境において自己調整学習のさまざまな要素

第 11 章　学習テクノロジーと自己調整学習

表 11.1　LMS ツールと自己調整方略についての対応づけ

自己調整過程	LMS ツールのカテゴリ	授業者の役割の例	学習者の活用例
目標設定	協働とコミュニケーションツール	・目標設定の支援	・授業者と目標についてやりとりするのに電子メールを使い、フィードバックを受けること
課題方略	コンテンツ作成と配信ツール	・有意義な形で授業科目の内容にふれることを支援	・オーディオやビデオを利用して、学習内容を視聴したり処理したりすること（たとえば、iPod やウェブを通じて音声や動画を作成、配信したり、ダウンロードしたりすること）
自己モニタリング	学習ツール	・達成度のモニタリングを支援	・オンライン日誌を使い、学習に費やしている時間を記録すること
自己評価	評価ツール	・学習の自己評価を支援	・オンライン日誌を使い、自らの学習について振り返り、他者からフィードバックを受けること
時間の計画と管理	協働とコミュニケーションツール	・時間をより効果的に管理することを支援	・オンラインでの授業科目の日程表を活用し、課題の優先順位を決め、活動を管理すること

を取り入れる（例えば，授業者によるメタ認知的なガイダンス，さまざまな学習方略の提供）には，それぞれの自己調整過程の支援に合わせて，特定の学習テクノロジーやツールを組織的に活用していく必要がある（Dabbagh & Kitsantas, 2004, 2005, 2009; Kitsantas & Dabbagh, 2010）。これまでレビューしてきた研究によって，オンライン学習において自己調整学習を支援するにあたり，学習テクノロジーが果たす役割に関して検討が進められ，先駆けとなるような実証的な知見がもたらされてきた。しかしながら，ブレンディッドないしオンラインの授業科目の中に，Zimmerman の三段階の自己調整の要素をいかに組み入れていけばよいか，包括的な検証はいまだなされていない。以降では，授業者が，ブレンディッド授業で，思慮深く学習テクノロジーを活用して，それぞれの自己調整学習過程をいかに支援できるか，このことをシナリオ形式で例示していきたいと思う。

ブレンディッド授業のシナリオ
―学習テクノロジーの利用でいかに自己調整学習を促すか？―

　ブレンディッド授業にどのようにして自己調整過程を組み入れることができるか，大学の上級生の経済学の授業を取り上げて，シナリオによって例示することにする。ブレンディッド授業では，スケジュールに従い（例えば，隔週で），教室で会うのが通常で，また，1 つないしそれ以上の学習テクノロジーを活用して，学習の支援も行う。このシナリオでは，オンラインでの授業と交流を支援し，運営していくにあたって，LMS と三次元のバーチャルワールドが利用されている。ここでは，まず，それぞれの学習テクノロジーが備えている機能について述べたうえで，実際のシナリオについて説明していくことにする。

LMS とバーチャルワールドの説明

　本章で先述したように（表 11.1 を参照），LMS は，協働とコミュニケーション・ツール，コンテンツ作成と配信ツール，管理ツール，学習ツール，評価

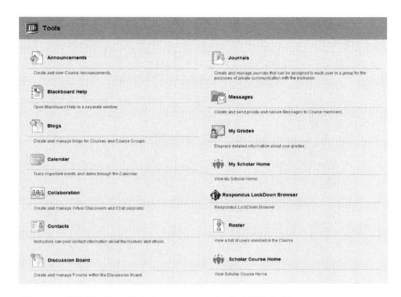

図 11.2　学習管理システムの Blackboard にある機能の例

ツールを通じて，オンラインでの学習と交流を支援することができる。図11.2に，LMS の Blackboard にあるこれらのツールの具体例を紹介しておく。しかしながら，必ずしもすべての LMS のツールが，オンラインやブレンディッド授業において利用されるわけではない。例えば，授業者は，すでに LMS に実装されている日程表のツールは使わずに，授業科目の日程表をシンプルな文書ファイルで作成して，投稿することを選ぶかもしれない。授業で特定の LMS が利用されないのなら，混乱させないよう，学習者の視野からは「隠された」ものにする必要がある。それぞれの指導の文脈に合わせて，LMS の設定を適宜，変更することが可能で，ツールとのリンクを学習者に見せることもできるし，隠すことも可能である。

　LMS では，授業科目の内容や活動が，ウェブページ上のフォルダーシステムにおいて，学習者に提示されることが多い。授業科目のホームページ上に，授業科目のメニューが提示され，そこには，内容や活動，ツールとのリンクが張られている。例えば，授業科目のメニューには，協働とコミュニケーショ

ン・ツールであるディスカッション・ボードへのリンクが張られているかもしれない。LMS の協働とコミュニケーション・ツールとしては，他に，電子メールシステム，チャット機能，ブログや wiki などのソーシャルメディア・ツールがあげられる。また，授業者が，授業科目のシラバス，課題，ルーブリック，リソースを作成し，アップロードしたり，学習者のほうが，課題を提出し，自分の成果を確認したり，授業者からのフィードバックを受け取ったりするのに，コンテンツ作成と配信ツールが用意されている。

　三次元のバーチャルワールドは，個人をアバター〔訳注：自分の分身のようなもの〕として登場させる学習テクノロジーであるが，オンライン上での「世界」において交流し，協働し，人工物を創造することができる。そして，これは，豊かで臨場感のある学習経験をもたらす実感と存在感とともに実現されるものである（Dass, Dabbagh, & Clark, 2011）。多くのタイプのバーチャルワールドが存在し，ロールプレイゲーム，手続きの訓練，シミュレーション，社会化（対人関係づくり）が可能である。バーチャルワールドの中には，公にされ，自由にアクセスできるものもあれば（例えば，Second Life, Active Worlds, OpenSim），一方で，権限の与えられたメンバーだけがアクセスできる，私的なものもある（例えば，大学で開発されたバーチャルワールド）。

　インターネットにアクセスする際に Firefox や Safari のようなブラウザ〔訳注：インターネットを閲覧するソフトウェアのこと〕を利用するのと同じように，オンラインのバーチャルワールドにアクセスする際には，ビューアーが利用される。ビューアーをダウンロードすると（例えば，Second Life, Imprudence），インターネット上のバーチャルワールドへログインすることができ，アバターを作成し，探索を始めることができる。ブラウザと同様にビューアーにも，機能性が組み込まれている。Second Life のビューアーには，（仮想）世界の中で電子メールや文字でのチャットによってコミュニケーションがとれる機能があり，また，マイクロフォン，通常はマイク付きのヘッドフォンを使えば，声でのやりとりも可能になる。探索機能もあり，例えば，バーチャルワールドの内の活動や場所を探し当てること（例えば，ダンスやオークション），アバターを移動させる統御装置，位置を定めたり別の場所へ瞬間移動したりする地図システム，訪れた場所のスナップ写真を撮影するカメラなどが含まれている。

教育の観点から，バーチャルワールドには，次のようなエリアも設けるよう設計されている。講義，社会化（対人関係づくり），リソース，協働，課題提出などである。講義のエリアとしては，例えば，プロジェクターのボードがあり，劇場のようなスタイルで座席が用意されていて，そこに座り，講義を受けたり，グループでプレゼンテーションを行ったりするかもしれない（図11.3を参照）。授業者のオフィスアワーのためのプライベートな場所として，一階建ての建物で，机と椅子も完備された個室が用意されることもありえよう。学生と授業者が話し合いをするという個室が設置された目的がわかるように，見た目の手がかりが用意されているのである。おそらく，それぞれのトピックについて，内容が異なっているということが，ひと目でわかるように，湖のそばに建物が並べられたりするかもしれない（図11.4を参照）。また，コーヒーショップのエリアが，社会化（対人関係づくり）のために設けられるかもしれない。共同体感覚や所属感を高めて，協働を促し，最終的には，援助要請が行いやすくなることが目指される。バーチャルワールドでは，現実世界と同じように掲示板が使われ，多数の人が一斉に見ることができる大きな平面上に，情報が提示される。中心エリアにある掲示板には，授業科目のシラバスや日程表，ルーブリックなどの管理上の資料が投稿され，学生が「この世界の中に」着いたときには，いつでも，授業科目のイベントや期待されていることなどが，ひと目でわかるようになっているであろう。

シナリオの説明

　このシナリオの中では，科目を通じてさまざまな教授方略が用いられ，6つの経済学の概念が教えられる。概して，講義スライド，バーチャルワールドでの実地見学，ロールプレイ活動，この活動の集団討論，課題となった資料を通じて，それぞれの概念に関する概説がなされる。この授業科目のもっとも重要なねらいは，ロールプレイ活動を通じて，中級レベルのミクロ経済学の概念を学ばせることであり，最終的には，直接的な体験に基づき，概念について議論できるようになることが目指される。三次元のバーチャルワールドでは，共有財産や公的保護などの経済学の概念について経験し，お互いに自由に意見交換

図11.3　バーチャルワールドの講義エリア

図11.4　バーチャルワールドにおいて学習内容がモジュール化されていることを示す湖畔の建物群

することができる。ロールプレイ活動は，大学の私的なオンラインの三次元のバーチャルワールドで行われるが，一方で，実地見学は，公的にアクセスが可能な Second Life のバーチャルワールドで行われる。

バーチャルワールドでの実地見学は，そのとき，学習している経済学の概念と結びつけて，小グループをつくり，集まって，Second Life の中にある特定の場所を見学しに行くことになるであろう。Second Life の実地見学の場所に集団で訪問するだけでなく，各グループは，授業の前に，そのとき学んでいる資料について意見交換を行い，そして，わかったことで重要なことをまとめて，クラス全体で意見交換を行う，そうした実践が可能である。個別の課題としては，LMS を利用してディスカッション・フォーラムに参加すること，経済学の概念についてそれぞれ500字でレポートを書く準備をすること，自ら選んだ経済学のトピックについて10ページの最終レポートをまとめることが考えられるであろう。

次節では，科目の授業者が，さまざまな学習テクノロジーをどのように活用すれば，Zimmerman のモデルを支持することができるかについて述べていくことにする。あくまでも，ここでの焦点は，授業者が，学習テクノロジーをどのように利用すれば，学習者の自己調整が高められるかを示すことにある。方略についてレビューをするが，対面での学習環境でも，いかにこれが成し遂げられるか，ということを示すことを目的としているわけではない。

学習テクノロジーを活用した
Zimmerman の自己調整に関するモデルの応用

　Zimmerman のモデルのそれぞれの段階について，LMS とバーチャルワールドがいかに自己調整過程を支えうるか，述べていくことにする。

予見の段階
　学習者が学習活動に取り組み始める前の時点で，予見の段階は生起する。この段階において，課題にふさわしい方略や目標を確認し，自己効力感のような特定の動機づけ信念を抱くようになる。そのため，授業者に求められること

は，LMSを利用して，学習者の目標設定を支援できるような授業の計画を熟慮し，また，目標設定と自己効力感の両方を支えるような活動を選んでいく必要がある。

課題分析

先に述べた通り，LMSでは，目標設定や方略的プランニングのための手がかり（プロンプト）として，授業科目で期待されていることに学習者の注意を向ける手助けとなるよう，フォルダーシステムとウェブページのリンクを利用して，特定の活動を表すエリアが作成される。学習者によるプランニングと目標設定を支援すべく，それぞれの経済学の概念と関係のあるコンテンツが，配置されることになる。授業科目のメニューには，科目のシラバス，日程表，ルーブリックへのリンクが張られることになる。シラバスやルーブリックは，電子ファイルであることが通常なため，学習者は，これらをダウンロードし，印刷することができ，また，個人的な見通しがもてるように，これらを活用することもできる。そして，時間の管理を行うため，科目の日程表にアクセスすることができる。学習者は，個人の日程表の中に授業科目の課題を加えるだけでなく，授業科目の資料や課題に意識を向ける予定時間を設けるよう，勧められる。このような日程表の活動は，遠い学習目標ではなく，近い学習目標を設定することを促すものである。LMSの特質上，学習者は，自らの学習を支援する最善の方法について計画が立てられるよう，授業科目のリンクやツールを何度も探索することができる。

さらに，LMSを利用すれば，授業者は，学生の学習や課題の完遂を支援しうるさまざまな文書をアップロードすることが可能になる。例えば，レポートや電子上のディスカッション・フォーラムなど，それぞれの教育活動に関するルーブリックは，学習者が自ら計画を立てた後，自らの達成度の自己評価をするメカニズムをもたらすことになる。以前の受講者の見本のレポートを，LMSの指定されたエリアにアップロードすることも可能である。この見本に課題のルーブリックを合わせれば，自己効力感の情報源である代理的経験として機能するだけでなく，マスタリー型の目標設定を支援することにもなる。

LMSの課題提出のエリアは，特に，学習者の時間管理を支援するとともに，

内容に関する自己効力感を育成するよう,設計することができる。経済学の各概念についてのレポートのように,それぞれの課題を,定められた期日に従って,日付の順で一覧にすることが可能である。外から見える形で課題を追跡しつつ,多くの足場づくりをしてやる必要がある,悪戦苦闘している学習者にとって,この一覧表は,とりわけ有用であろう。いったん課題が提出されれば,一覧表からは,自動的に取り除かれることになる。このように減少していく一覧表は,課題を追跡するメカニズムとして作用するだけでなく,学期を通じて達成感をもたらすことにもなり,また,成し遂げたことをそのまま自分の努力に帰属させることにもなる。

動機づけ信念

この章で先に述べたように,自己効力感や課題価値のような動機づけ信念は,学習者の活動や学習に影響を及ぼす,きわめて重要な役割を果たしている。自己効力感は,特定の目標を達成する方略を実行するうえでの重要な前提条件である。授業者は,さまざまな形の学習者の自己効力感に対して,計画的に働きかけていくことができる。このシナリオの中で,授業者がその目標に定めることができるのは,内容についての自己効力感と,さまざまなテクノロジー,LMS,バーチャルワールドについての自己効力感である。

具体的には,授業者は,学習のねらいの一つとしてテクノロジーに基づくスキルを強調し,そして,優れた成果を収めるにはこれらのスキルが重要であるということに,学習者の注意を向けさせることが可能である。多くの学生にとって,バーチャルワールドは,比較的新しいテクノロジーであるので,バーチャルワールドに固有の機能を効果的に活用する基本的スキルに慣れるよう,しっかりとしたオリエンテーションの授業を用意する必要がある。これは,バーチャルワールドを活用する自己効力感の基盤をなすものである。スキルとしては,アバターを歩かせたり飛ばせたりして動かすことや,コミュニケーション・ツールや瞬間移動を使う,といったことがあげられる。授業者は,適切なところで,バーチャルワールドのスキルと,別のなじみのあるテクノロジーで使われるスキルの両者を比較して,学習者が新しいテクノロジーを利用できるように足場をかけてやる必要がある。一例として,瞬間移動について,

次のような説明をすることができる。これは，ブラウザでウェブサイトを移動するようなものだが，二次元の別のウェブサイトに移動するのとは違い，アバターを三次元のバーチャルワールド内の別の場所に移動させることである。同じように，文字でのチャットは，携帯電話のテキストメッセージと比べることができる。

　バーチャルワールドがもつ機能の基本をマスターするに従い，授業者は，さらに複雑な活動を指導の中に入れていく必要がある。少しずつ，バーチャルな学習環境の中で経験を重ね，調整が図れるようにしなければならないであろう。例えば，学習者が，音声でのチャットの利用法を身につけたら，まず二人組で実践練習をし，次は4人のグループで，というように，集団のサイズを大きくしていけばよい。2人での意見交換では，会話は，単純に行きつ戻りつしながら進んでいく。集団のサイズが大きくなるにつれ，すべての声を確実に聞き取るには，異なったコミュニケーション・スキルが求められるようになる。話し手は，自分の考えを説明しながら，意図的にポーズを入れるようなこともあるかもしれない。これによって，相手は，会話を前へ進める前に，意見を伝える機会を得ることになる。あるいは，話し手のほうから，グループのメンバーに意見を求めるかもしれない。これらとともに，授業科目を通じて，テクニカル・サポートが容易に得られるようにする必要があり，そうすることで，技術上の困難は緩和され，テクノロジーに関する自己効力感も向上することになる。

　オリエンテーションの授業ではまた，LMSと関連したテクノロジーに基づくスキルに慣れさせる必要があろう。多くの学生は，LMSを利用することに慣れているのかもしれないが，それぞれの授業科目に合わせて，かなりの自由度をもってLMSの設定が変更できる。とりわけ，授業科目に固有のニーズがあれば，それに合わせてLMSを調整し設計しなければならない。そのため，学習者が強い自己効力感を抱けるよう支援することが重要であり，システムの中を見て回って，リソースがどこにあるのかもすぐにわかるようにしておかなければならない。授業者は，学習者がシステムに慣れるよう，「借り物競走」のような活動を計画する必要があり，授業で求められるLMSのスキルを実践練習させ，そして，授業科目のLMSにあるすべてのエリアを探索するよう誘

導しなければならない．借り物競走を行うエリアには，科目のコンテンツ，お知らせ，意見交換，管理，メール，名簿，チャットなどの場所が含まれることになるであろう．例えば，借り物競走をやり切るには，文書をアップロードしたり，オンラインのディスカッション・フォーラムに参加したりといったさまざまな課題に取り組んで，成功しなければならない．授業者からの電子メールによる指示で，学習者は，一連の課題をこなしていくことになるが，授業者の真似をして，電子メールで，クラスの名簿にある次の人に自己紹介をしたりするであろう．こうした課題を通じて，学習者は，LMSの中で，電子メールを作成したり，クラスの名簿がある場所を確認したりすることになる．この他にも，授業科目のコンテンツのエリアからファイルをダウンロードしたり，課題の提出エリアにファイルをアップロードしたりすることも要求されるかもしれない．このような借り物競走によって，この科目で共通して必要になるテクノロジーのスキルのいくつかを実践練習させることになる．

　そのうえ，学習者には次のようなことも求められるかもしれない．なぜこの授業科目を受講しているのかを明らかにすること，そして，ディスカッション・フォーラムを使って，その理由を投稿すること．クラスの目標と各個人が抱いている期待とが結びつけられるよう，授業者自身がディスカッション・フォーラムに参加するのもよい．この活動は，さまざまな意味で有用である．個人的な意義をもたらし，内発的動機づけと課題価値を高めること，グループディスカッションの記録とその実用性に慣れるようになること，共同体感覚が強まり，仲間と積極的なやりとりをしようとするようになり，仲間に対して援助要請がしやすくなること，こういった有用性が考えられる．以上，述べてきたようなオリエンテーションの課題を通じて，学習者は，LMSツールに関する自己効力感を形成し，授業科目で期待されていることについて熟知するようになる．クラスでの対面のディスカッションは，仲間と仲間の関係を促すものであるが，その一方で，システムに組み込まれているメール，名簿，インスタント・テキスト・メッセージは，すぐに利用できる手段であり，教室の外でのコミュニケーションや協働，仲間の援助要請を支援してくれる．

　ブレンディッド学習環境においていかにうまく遂行できるかという意味で，テクノロジーに関する自己効力感が重要であるのは確かなことだが，さらに重

要になってくるのは，内容についての自己効力感であろう．具体的にいえば，授業者は，学習内容に応じて，授業科目をいくつかの部分に分けてモジュールとし，取り組みやすい課題にして提示することができる．その結果として，学習者は，習熟経験を重ねやすくなるであろう．そして，将来の学習内容や課題に対してより強固な自己効力感を抱くことにもなる．さらに，授業者は，学生たちの課題のお手本として，過去のプロジェクトの例を提示することもできる．課題を取り組みやすいものにし，過去の例も合わせて示すことで，自己効力感の情報源となる代理経験と熟達経験を学習者にもたらすことになるであろう．そして，さらに，内容に関する自己効力感とともにテクノロジーに関する自己効力感も合わせて向上させる手立てを講じることで，学習者の全体としての自己効力感にも正の影響をもたらすはずであり，最終的な達成レベルも優れたものになるはずであろう．

　授業者はまた，バーチャルワールドのロールプレイ活動を利用して，学生の動機づけ信念をより強いものにし，その参加を促すことができる．具体的には，このシナリオの中では，消防署のような公共財や公共サービスを生み出すことと関連づけて，社会学や経済学の概念について指導できるよう，活動の計画を立てることが可能である．それぞれの学生は，ハリケーンの被害を受けやすい島にある家の建物が割り当てられるかもしれない．こうした活動の中で，家が被った損害の大きさに応じて，所得が学生によって異なってくる．つまり，損害が小さくなるほど，所得の割合も大きくなってくる．それから，授業者は，バーチャルワールドの中に，気象観測所のようなさまざまなリソースを提供していくこともできる．気象観測所に対して，3，4人といったように，適切な人員が配置されれば，100％保護されることになる．人員が下回れば，保護される割合も小さくなる．さらに，「(仮想)世界の中に」ロールプレイ活動を組み入れて，結末の異なる選択肢をもっと増やしていくことも可能である．例えば，ハリケーンへの対応の場合，個別の備えをして，家の中に留まることもできるが，所得率は低下することになるであろう．続いて，修理に要する時間が，お金を稼ぐのに必要な時間を減じることにもなる．一緒になって家を守るため，交代で気象観測所に待機するのか，個別の備えをして家にいるのか，学生たちには選択肢があることになる．このような決断には，個人の信頼やお

互いの目標，公共財の感覚が影響を及ぼすことになり，最終的には，各自の所得が左右されることになる。学生の参加の動機づけを促すために，バーチャルワールド内にある看板に，この科目の過去最高になる所得を掲示して，動機づけと目標の両者に働きかけることもできるであろう。このような「名誉の壁（wall of fame）」〔訳注：優れた成果を上げた者を称える意味で，壁面に氏名の一覧を掲示すること〕において，学生のアバターや所得の大きさ，所得を得るために用いた方略が，有効であることが明らかとなり，これは参加を続ける誘因としても作用するであろう。

　以上についてまとめると，予見の段階の自己調整学習を促すうえで，役に立つ技法のいくつかを示してきた。LMS の設計や，バーチャルワールドでの活動の利用によって，内容とテクノロジーの両方の自己効力感が育成できる。次項では，こうしたブレンディッド授業で，どのようにすれば学習テクノロジーによって遂行の段階を支援できるかを，みていくことにする。

遂行の段階

　この段階において，学習者は，学習活動の最中に，自分の遂行を自己コントロールしたり自己観察したりする。授業者は，学習者が自ら営む活動を支援したり促したりできるような，フィードバックの手段や活動を取り入れることになる。これを例示するにあたり，本項では，授業者が，どのようにして，一つの活動を計画し，さまざまな手がかりを与えていくのか，そして，それによって，学習者の自己モニターや自己評価を促していくことができるのかについて，説明していくことにする。

　学習のこの段階において，授業者は，さまざまな課題方略を学習者が利用できるように促す必要がある。例えば，イメージ化（表象形成）のような課題方略は，Second Life の実地見学をさせ，経済学の概念の実際を観察することで促される。オークションの活動を例にとれば，指定された Second Life のオークションの場所に小グループで訪問すれば，特定のタイプのオークションへの参加の仕方について，メンタルモデルが形成できる。この時点で，入札される品目の情報を概観し，オークションの進行を観察するであろう。授業者は，課題を与え，その中で，資料をもとにして，採用されている入札方略のそれぞれ

について，理論的にまとめることを学生に指示する。

最終的には，LMSのディスカッション・フォーラムにおいて，個人個人で，実地見学を通じて得た成果を持ち寄り，共有することができる。このフォーラムは，1週間，開かれており，学生たちは自分のノートを投稿することができ，また，別の結果について異なる解釈を示すといったように，お互いの投稿にコメントを返すこともできる。フォーラム自体が，活動を視覚的に思い出させる役割を果たしており，また，グループのメンバーの完全な参加を促すものでもある。より多くのノートが投稿されるにつれて，経済学の概念と関わりあるものとして，実地見学によって何が提供されたのか，自分が学んだことは何だったのかについて，比較検討を通じて，自己評価を始めるかもしれない。これは，自己モニタリングを促すものである。バーチャルワールドは，いつでも利用できるので，仲間が得た知見の妥当性を確かめるために，再度，実地見学した場所へ戻ることもできる。授業者は，LMSで意見交換の様子をモニターし，フィードバックとしてノートを投稿し，そうすることで，学生たちが，情報が完全なものであるかどうかを確かめ，そして，理解を深められるよう，足場づくりをすることができる。こうした類の活動によって，学生に対し，次のようなことを促せる。ノートをとること，結果を要約すること，学んだことを振り返ること，自分が観察したことと経験したことについて仲間のものと比較検討を行うこと。

このディスカッション・フォーラムでは，また，授業者は，遂行の測度となる簡明なルーブリックを示す必要がある。例えば，投稿の長さ（2段落など），頻度（1週間にわたって投稿をする必要がある，など），エントリー数（例えば，5），投稿の質（例えば，資料からの引用がある，あるいは，実地見学の場所での個人的な観察によって立証している）といったルーブリックがあげられる。さらに，授業者は，ルーブリックを活かして，実地見学の活動がうまくいくよう準備をし，深く思考することをガイドする必要があろう。それから，最小限の投稿数を明確に示せば，努力の調整や時間の管理を行う力を養うのに有効であるが，一方で，投稿の質を重視すれば，課題方略（例えば，要約，精緻化，リハーサル）の実行を促すことになる。LMSは，学生の投稿数を自動的に追跡してくれるので，学生自身で自らの遂行を自己モニタリングすることが容易にもなる。

多くのLMSには，学生が自分の成績に自由にアクセスできる，安全な手段が組み込まれている。オリエンテーションの一部として，このエリアを使いこなせるように，学生を指導しておく必要がある。そうすることで，学期を通じて，自らの努力と遂行をモニターすることができる。授業者は，LMSによって，採点した課題についてコメントをつけることが可能である。このため，学期を通した自己モニタリング活動によって，学生自身が自らの遂行を改善し続けることができるように，フィードバックとガイダンスを提供していくことも必要である。

　要約すると，このようなブレンディッド授業での遂行の段階において，授業者は，多様な技法を利用して，自己調整学習を促していく必要がある。例として，実地見学の活動に基づくイメージ化（表象形成），自己モニタリングと自己評価の手段としてのディスカッション・フォーラム，期待される遂行をガイドする簡明なルーブリックがあげられる。次項では，自己省察を取り上げることにする。

自己省察の段階

　学習活動を完了したら，授業者は，自らの遂行について振り返るように，学生をしっかりと指導しなければならない。振り返りによって，次に必要となる学習のための努力が，どのようなものであるかを理解でき，そして，学生自身で，学習の自己調整を行っていくことにもなる。ブレンディッド授業を担当する授業者が，どのようにして，Zimmermanのモデルのこの段階を支援していけばよいかについて，2つの例を取り上げることにする。1つ目の例の中で，授業者は，それぞれの経済学の概念について，類似した特質をもつ活動を取り入れるよう入念に計画をするであろう。これにより，学習者は，授業科目を通して一貫した形で，自らの遂行を評価することができる。2つ目の例の中で，授業者は，学期全体にわたるレポートの手がかりを与えることで，適応的な原因帰属が行えるよう支援を行うであろう。

　この授業科目は，事実上，モジュール方式であるため，授業者は，6つの概念のそれぞれに類似したタイプの活動を開発する必要がある。それぞれのタイプの活動に合わせて，学習者は，定期的に遂行の自己評価を行い，改善に適

した新たな課題方略を見つけ出すが，これは，自然な手段を用いて行われることになる。こうした自己評価を促すために，授業者は，学生に電子メールを送らなければならない。第一の経済学の概念のための活動と課題のすべてが終わり，成績評価がつけられ，学生へ返却がなされたところで，メールを送る必要がある。授業者は，達成度の自己評価，効果的であると感じた課題方略やオンラインツール，効果的でなかったもの，自己評価に基づいてこれらの方略やツールをどのように変更する予定か，こういったことをメールで報告するように，学生らに要求しなければならない。例えば，資料についてノートをとることが有益であると気づく学生もいれば，一方で，調べるつもりだった経済学の概念について，これを確かめるためには，小グループで Second Life の実地見学の課題について意見交換することが有効だと気づく学生もいるであろう。後者の学生は，バーチャルでの実地見学に行く際に，探す予定のものについて，しっかりと準備をするようになっていくであろう。授業者は，すべての学生から自己評価のための情報を集める必要があり，また，LMS のディスカッション・フォーラムにこれらを投稿する必要がある。そうすることで，学生は，それぞれの方略やツールをどのように活用したらよいか，質問をしたりコメントしたりできるようになる。学生自身も，LMS のディスカッション・フォーラムに自らの自己評価を，直接，投稿できるのであるが，授業者への電子メールは匿名でなされるべきで，はじめのうちは，他者とは別な形で，自らの学習について振り返らせるとよいであろう。学習の進行に合わせて，授業科目のそれぞれのモジュールが終わったところで，このような手順をそのまま続けていくのかどうかを，判断する必要がある。

　さらには，中間時点で，熟達あるいはプロセス関連目標に焦点を当てた授業者によるコメントや成績評価を行うことで，学生はこれを，改善に向けた努力を振り返り，軌道修正するための基盤にすることができる。例えば，1週間にわたるディスカッション・フォーラムを進めるにあたり，ルーブリックを示すことで（例えば，規準と達成度を比べ，対比させることで），学生は，成功の原因は運のような外的で統制不可能な出来事ではなく，自己コントロールによる努力および／または効果的な方略の選択によるものであると認識できるようになる。

また，それぞれの経済学の概念に課される個人レポートは，授業者がフィードバックする必要のある習熟度のレベルを，学習者自身で示すことができる手段となる。授業者に求められることは，資料，実地見学，ロールプレイ活動から，明確に何かを引き出すような課題づくりをすることである。そうすることで，学生は，自身の概念理解の程度をはっきり示すことができる。それぞれの経済学の概念について課せられるレポートと比べ，学期の全体にわたるレポートは，おのずと幅広いトピックを扱うことになり，また，とても長いものになるのが通常である。そういうものなので，取り組みやすくなるように，課題をいくつかの下位課題に分割することが求められる。例えば，トピックの選択，オンラインでのレポート，草稿，最終レポート，というような形に分割される。分割された課題は，学期の全体にわたって課されることになるので，それぞれが，次の課題提出の基礎をつくることになる。授業者は，学生の達成度や，経済学の概念についての考え方に焦点を当ててコメントを返し，そして，学生の能力レベルや運といったことには言及しないようにし，向上に向けてフィードバックを提供していく。最終的な成果となるものには，中間時点でのフィードバックや継続してきた努力が反映されることになる。結果的に，学生は，自身の成果を方略の使用や学期全体に及ぶ努力によるものとして，認めるようになるであろう。

　自己省察の段階において，ここでは，授業者は，どのようにして，学習テクノロジーを使い，それぞれの経済学の概念と類似性をもつ活動を入念な形で計画することができるのか，また，その結果として，学生は，授業科目を通じて，一貫して自らの遂行を自己評価することができるのかということを明らかにしてきた。学生が努力を続け，成果を適応的な要因に帰属する手がかりを与えるために，多数に及ぶ課題をどのように活かしていけばよいか，ということについても具体的に示してきた。

シナリオの要約

　このシナリオには，まず，学習テクノロジーの利用についての提言が含まれていた。そして，大学の上級レベルの経済学の授業科目において，ブレン

表11.2 LMSテクノロジーとバーチャルワールドに関する自己調整学習過程の具体例

自己調整過程	指導の具体例	授業者が行う活動	学習者が行う活動
目標設定とプランニング	・授業科目の内容のモジュール化	・バーチャルワールドの三次元の空間を利用したり、LMSのフォルダーシステムを活用したりして、授業内容を個別のトピックに分割すること	・扱いやすい大きさのトピックのエリアで活動すること
	・借り物競走の実施	・さまざまなコンテンツや活動エリア（課題提出エリアなど）に学習者を訪問させること。この科目で期待していることをまず伝えること	・オンライン上のそれぞれのエリアで、この科目で期待されていることについて確認すること
	・プロジェクトのプランニングとガイダンスの実施	・長期間にわたる課題をどのように下位課題に分割したらよいかについて、助言や提案をすること	・助言や提案を各個人の日程表の中に取り入れること
課題方略	・課題方略とオンライン学習ツールの確認と利用のための手がかりを与えること	・別の学習の仕方について、ツールや方略に関する手がかりを与えたり投稿したりすること	・自らの学習の中で採用しているさまざまな方略について評価すること
自己効力感（テクノロジー）	・授業科目で使われるスキルの実践	・借り物競走の際に、授業科目で必要となるスキルを実践させること	・習熟するまでスキルを実行すること
自己効力感（内容）	・課題の追跡を行うこと	・すべての課題を時系列でリストにすること。LMSの自動的にリストを利用していく機能をリストから削除していく機能を使うこと	・リストを利用して、課題の取り組みを続けること
	・過去のレポート／プロジェクトの模範例を提示すること	・学習者に期待していることを伝えるために、模範例を使うこと	・過去の学生がどのように優れており、また、どのようにすれば、模範例にならって プロジェクト計画ができるかをみること
イメージ化（表象形成）	・過去に見たことのある行動を再現するような活動に取り組むこと	・Second Lifeのオークションのような活動の模倣ができるように、(仮想)世界の中、あるいは、クラスの中で、活動を導くこと。	・クラスの活動において活かすお手本とし、自らの観察を利用すること

第11章　学習テクノロジーと自己調整学習

注意の焦点化	・学習者が活動するエリアを明確に区切ること	・それぞれの経済学の概念について、活動と内容が評価できるように、区分された別の場所を設けること	・ある特定の活動を達成するのに、オンライン上の視覚的に異なるエリアにアクセスすること
時間の管理	・授業科目の日程表を作成すること	・クラスの活動、トピック、課題を、日付順にして、シンプルなオンライン上の日程表を作成すること	・活動の計画が立てられるよう、予定されているイベントについて繰り返し見返すこと。これは、各個人の日程表に合併していくことが可能である
自己モニター	・学期の全体にわたるレポートを途中で提出できるものにするのに分割して課すこと	・印刷可能な日程表をチェックリストとして渡し、課題提出のエリアを見直させ、学生に思い出させ、そうして、すべての課題を確かに提出させるようにすること	・日程表を印刷するか見直すかして、課題提出のエリアを訪問できる。そして、すべての課題が提出できていることを確かめること
自己評価	・課題の提出を評価する手段を提供すること ・クラスの活動を見直す手段を提供すること	・最終的な成果に向けて準備された途中の課題で、タイミングよくフィードバックを与えること ・現在のトピックを見直す場所を設け、Second Lifeの場所のトピックとの関わりを与え、学習者に結果をオンラインで投稿するよう、求めること	・これまでに重ねた努力と現在進行中の努力の双方が、いかにレポートの全体について自己評価ができているかを、吟味すること ・学習者が、自身の理解と達成について自己評価をしながら、その結果について投稿すること
援助要請	・仲間同士のコミュニケーションの手段を設けること ・仲間同士のコミュニケーションのための多様な手段を提供すること ・授業者のオフィスアワーを設けること	・クラスでの話し合いの場を設けることで、学生が質問の投稿ができ、仲間による支援が提供できるようにすること ・電子メール、チャット、社会化のエリアなど、援助要請を可能とする多様なコミュニケーション手段を提供し利用すること。また、小グループ活動のためにIP音声のような目新しい方法も利用すること ・バーチャルワールド内、あるいはオンラインでの同期的な意見交換として、オフィスアワーを設けること	・学習者は学びつつ、援助要請ができる可能性のある仲間を見つけ出すこと ・コミュニケーション手段を選択肢の中から選んで利用すること ・授業者のオフィスアワーを利用すること

ディッド学習環境での自己調整学習の形成を図る授業の設計を進めるにあたり，どのような形で Zimmerman の三段階の自己調整モデルを取り入れることができるのかを，明らかにしてきた。この目標を達成するために，多様な学習テクノロジーが利用された。具体的には，多種多様なツールで構成される LMS であり，公的にアクセスできるバーチャルワールド（Second Life など）や，私的なバーチャルワールド（大学でつくられたもの，など）が利用された。予見の段階において，授業者は，学生による目標設定，時間の管理，課題方略の実行を支援するために，LMS や私的なバーチャルワールドのレイアウトを熟慮して決めるのかもしれない。活動も，内容とテクノロジーの両者の自己効力感が育つよう計画されるであろう。遂行の段階では，自己調整学習が，実地見学からのイメージ化（表象形成）の方略によって支援される。達成度の自己モニターや自己観察を促す手段として，投稿がなされる。そして，ルーブリックのような管理上の資料を提示し，期待していることに学習者をガイドしていく。自己省察の段階では，授業者は，それぞれの経済学の概念に関して，反復性（類似性）のある活動を慎重に取り入るようにし，そうすることで，遂行の改善を図るための新しい方略について，学習者に評価をさせ，再度，選択をさせて，適用をさせる。そして，さらには，成果を能力や運ではなく，努力に帰属して，学生が実際に努力をし続けられる手がかりとなるよう，多数に及ぶ課題を課していく必要がある。このような方略は，表 11.2 にまとめているように，決して唯一のものではない。ブレンディッドないしオンライン授業で，自己調整学習過程を促すにあたり，利用できる方法は多様にある。自己調整学習の Zimmerman の三段階モデルを支援するテクノロジーや実践例は，他にも多くのものがありうるであろう。このシナリオでは，ブレンディッド授業において，比較的容易な形で，このモデルが取り入れられるということを具体的に示してきた。けれども，大事なこととして，それぞれの授業者が，自分のクラスに固有のニーズに合わせて，ブレンディッドないしオンライン学習環境を設計し，調整する必要があることはいうまでもない。

今後の研究に向けて

オンラインとブレンディッド学習環境にはさらなる研究が必要で，とりわけ，実験研究が求められる。実験研究を通じて，学習者が優れた成果を収めるうえで，どの自己調整スキルがもっとも重要であるか，どのようにしたら支援が可能であるかを，明らかにしていく必要がある。今後の研究においては，自己調整の構成概念が測定できるよう，方法論として，さらに手堅い手法を用いていくべきである。すなわち，Zimmerman（2008）が提案しているように，自己調整と結びつけるテクノロジーが大きな脚光を浴びてきているが，これを研究手法としてさらに洗練させ，オンラインやブレンディッド学習環境において自己調整が果たす役割を明らかにしていく必要がある。

全体として，自己調整の個別の段階のそれぞれの過程が，オンラインやブレンディッド授業での学業達成に正の影響をもたらしている可能性があることが，研究によって示されている。しかしながら，本章でレビューした研究から示唆されているように，自己調整とオンライン学習との関連性についてさらなる確証を得るには，より強力な研究手法によって解明を進めていく必要があるであろう（Hodges et al., 2008; Kitsantas & Dabbagh, 2010）。加えて，ソーシャルメディアは，その特質として，自己調整学習を促し支える教育的アフォーダンス〔訳注：環境が人の行為を引き出そうと提供（アフォード）している機能をもっていること〕であるということを示す，新たな研究が出てきている（Dabbagh & Kitsantas, 2011）。この研究では，ソーシャルメディアは，学習過程の主体者である個人（パーソナル・エージェンシー〈personal agency〉）という感覚を学習者に抱かせる勇気づけを行うような，そうした学習経験を生み出す教育的アフォーダンスである，ということが示されている。DabbaghとKitsantasは，Zimmermanのモデルをもとに，循環的な三水準からなる教育指導の枠組みを開発しており，これは，大学教員が，ソーシャルメディアを使い，自己調整スキルの足場づくりを進めることをガイドできる枠組みとなっている。この枠組みの3つの水準は，ソーシャルメディア・テクノロジーに備わり，これが可能とする認知的なアフォーダンスに基づいたものであり，(1) 個人的な情報の管

理，(2) 社会的な相互作用と協働，(3) 情報の集積と管理，からなるものである。個人的かつ社会的な学習経験を生み出せるようにソーシャルメディアを利用したときに，学習者は自己調整学習に専念するということが，手堅い実証によって示されている。しかしながら，この枠組みそのものは実証的な検討はいまだなされていない。そのため，今後の研究において検証が求められることは，望ましい学習成果が上げられるよう，学習者を支える個人的かつ社会的な学習環境を創造していくことを目指して，学習者を動機づけ，勇気づけるということに，どの程度，効果性がみられるかを，解明していくことである。

　最後に，オンラインでの自己調整の測定は，学習の進行中にさまざまな測度を自動的に管理するという意味で，それ自体が挑戦しがいのある課題である。とりわけ，テクノロジーは，教育指導やチュータリングに関して，目覚ましい改善をもたらしてきた。オンライン学習環境が自己調整学習にもたらす効果の測定法については，さらなる探究が必要である（Schraw, 2010）。一つの可能性のある方法は，マイクロアナリティック・アプローチであり，この手法は，文脈に固有の反応についてリアルタイムで定性的かつ定量的に測定していくというものである（Cleary, 2011）。

結論と教育への示唆について

　本章の主テーマは，オンラインとブレンディッド学習の文脈において，学習テクノロジーをどのように活用すれば，自己調整学習を支援していくことができるか，ということであった。このレビューから明らかになったことは，さらに体系的な実証研究が求められ，成果を上げている学習者が行っている自己調整過程とはどのようなものであるのかを，深く検証していく必要があるということである。そして，こういった類の指導や学習の文脈において，自己調整を指導し支援していくにあたり，授業者は，どのような学習テクノロジーを利用することができるのかについて，さらに詳しく検討していくことが求められる。ここでは，Zimmerman の三段階の自己調整モデルをブレンディッド授業にどのようにしたら取り入れられるかについて，シナリオ形式で例示もしてき

た。

　学習テクノロジーを用いて自己調整学習を支援するということに関して，いくつかの教育上の示唆がある。教育のテクノロジー分野が進展を続け，新たなテクノロジーが登場してきているが，これに伴い，授業者の研修のあり方に大きな関心が寄せられるようになってきている。学習者の自己調整を育んでいくにあたり，実際にこれらのテクノロジーを活用してみようという意欲を高め，よりよい研修のあり方とはどのようなものであるかということに目が向けられ始めている。教職の高度化プログラムがあるが，これらは，自己調整学習の支援のためのテクノロジーの活用法を身につけられるよう，計画される必要がある。例えば，授業者は，どのテクノロジーを学習者に提供するか，選択肢としてどのようなものを用意するかについて取り決める必要がある。これは，授業科目の要求を満たし，学習目標を達成していくうえで，役に立ちうるものでなければならず，また，学習者がそれぞれに抱いている興味をさらに意義があるものにし，そして，さらに個性化を図っていくような形で探究させるようなものでなければならない。加えて，授業者が，教育指導に際して採用する方法と内容は，「結果」によるものではなく，「過程」によるものであるべきである。最終的に，学習者は，授業者からのフィードバックをもとに，テクノロジーに関する自らの好みや学習のニーズ，社会的習慣に合わせて，どのテクノロジーを利用するかを，決めていく必要がある。

　結語として，ブレンディッドとオンライン学習環境における教育指導に関する研究が進められ，理論化がなされてきているが，このありように関して，自己調整学習に関するBarry Zimmermanの理論が，大きなインパクトを与え続けている。新しい学習テクノロジーの出現と呼応して，この分野が進展を遂げるとともに，今後，何十年にもわたって，パイオニアといえるZimmermanの自己調整に関する理論と研究が，重要な役割を果たし続けるであろう。オンラインとブレンディッド学習の文脈における学習の本質を理解するには，Zimmermanの理論と研究が，これからも不可欠な役割を果たすものと考えられる。

文献

Allen, I. E., & Seaman, J. (2010). Class differences: Online education in the United States, 2010.[Report]. Retrieved from http://sloanconsortium.org/publications/survey/pdf/class_differences.pdf

Artino, A. R., Jr. (2010). Online or face-to-face learning? Exploring the personal factors that predict students' choice of instructional format. *Internet and Higher Education, 13*, 272–276.

Artino, A., R., Jr., & McCoach, D. (2008). Development and initial validation of the Online Learning Value and Self-Efficacy Scale. *Journal of Educational Computing Research, 38*(3), 279–303. doi:10.2190/EC.38.3.c

Bandura, A. (1986). *Social foundations of thought and action: A social cognitive theory*. Englewood Cliffs, NJ: Prentice-Hall.

Barnard-Brak, L., Paton, V. O., & Lan, W. Y. (2010). Profiles in self-regulated learning in the online learning environment. *International Review of Research in Open and Distance Learning, 11*(1), 61–80.

Campbell, C. (2009). Middle years students' use of self-regulating strategies in an online journaling environment. *Educational Technology & Society, 12*(3), 98–106.

Cho, M. H., Demei, S., & Laffey, J. (2010). Relationships between self-regulation and social experiences in asynchronous online learning environments. *Journal of Interactive Learning Research, 21*(3), 297–316. doi:2010-18783-001

Cleary, T. J. (2011). Emergence of self-regulated learning microanalysis: Historical overview, essential features, and implications for research and practice. In B. J. Zimmerman and D. H. Schunk (Eds.), *Handbook of self-regulation of learning and performance* (pp. 329–345). New York, NY: Routledge.

Conway, J. J., & Sharkey, R. R. (2002). Integrating on campus problem based learning and practice based learning: Issues and challenges in using computer mediated communication. *Nurse Education Today, 22*(7), 552–562.

Dabbagh, N., & Bannan-Ritland, B. (2005). *Online learning: Concepts, strategies, and application*. Upper Saddle River, NJ: Prentice Hall, Inc.

Dabbagh, N., & Kitsantas, A. (2005). The role of Web-based pedagogical tools in supporting student self-regulation in distributed learning environments. *Instructional Science, 25*, 24–37.

Dabbagh, N., & Kitsantas, A. (2004). Supporting self-regulation in student-centered web-based learning environments. *International Journal of e-Learning, 2*(4), 40–47. doi:2005-06641-005

Dabbagh, N. & Kitsantas, A. (2009). Exploring how experienced online instructors use integrative learning technologies to support self-regulated learning. *International Journal of Technology in Teaching and Learning, 5*(2), 154–168.

Dabbagh, N., & Kitsantas, A. (2011). Personal learning environments, social medial, and self-regulated learning: A natural formula for connecting formal and informal learning. *Internet and Higher Education, 15*, 3–8.

Dabbagh, N., & Reo, R. (2011). Impact of Web 2.0 on higher education. In D. W. Surry, T. Stefurak, & R. Gray (Eds.), *Technology integration in higher education: Social and organizational aspects* (pp. 174–187). Hershey, PA: IGI Global.

Dass, S., Dabbagh, N., & Clark, K. (2011). Using virtual worlds: What the research says. *Quarterly Review of Distance Education, 12*(2), 95–112.

Flores, J. (2010). *Moving ahead academically in 2010. Media Planet, Online Learning 3rd Edition, June 2010.* Retrieved from http://www.usdla.org/assets/pdf_files/Online_Education_USAT_Final.pdf

Geddes, D. (2009). How am I doing? Exploring on-line gradebook monitoring as a self-regulated learning practice that impacts academic achievement. *Academy of Management Learning & Education, 8*(4), 494–510. doi:2010-00338-002

Hejmadi, M. V. (2007). Improving the effectiveness and efficiency of teaching large classes: Development and evaluation of a novel e-resource in cancer biology. *Bioscience Education e-Journal, 4*(2), 215–255.

Hodges, C. B. (2005). Self-regulation in web-based courses: A review and the need for research. *Quarterly Review of Distance Education, 6*(4), 375–383.

Hodges, C. B., Stackpole-Hodges, C. L., & Cox, K. M. (2008). Self-efficacy, self-regulation, and cognitive style as predictors of achievement with podcast instruction. *Journal of Educational Computing Research, 38*(2), 139–153. doi:10.2190/EC.38.2.b

Hu, H., & Gramling, J. (2009). Learning strategies for success in a web-based course: A descriptive exploration. *Quarterly Review of Distance Education, 10*(2), 123–134.

Kitsantas, A. (2002). Test preparation and test performance: A self-regulatory analysis. *Journal of Experimental Education, 70*(2) 101–113.

Kitsantas, A., & Dabbagh, N. (2004). Promoting self-regulation in distributed learning environments with web-based pedagogical tools: An exploratory study. [Special Issue]. *Journal on Excellence in College Teaching, 15*(1&2), 119–142.

Kitsantas, A., & Dabbagh, N. (2010). *Learning to learn with Integrative Learning Technologies (ILT): A practical guide for academic success.* Greenwich, CT: Information Age Publishing.

Kramarski, B., & Dudai, V. (2009). Group-metacognitive support for online inquiry in mathematics with differential self-questioning. *Journal of Educational Computing Research, 40*(4), 377–404. doi:10.2190/EC.40.4.a

Kramarski, B., & Michalsky, T. (2009). Investigating pre-service teachers' professional growth in self-regulated learning environments. *Journal of Educational Psychology, 101*(1), 161–175.

Kramarski, B., & Mizrachi, N. (2006). Online discussion and self-regulated learning: Effects of instructional methods on mathematical literacy. *Journal of Educational Research, 99*(4), 218–230.

doi:10.3200/JOER.99.4.218-231

Latham, G. P., & Seijts, G. H. (1999). The effects of proximal and distal goals on performance on a moderately complex task. *Journal of Organizational Behavior, 20*, 421–429. doi:10.1002/job.70

Lynch, R., & Dembo, M. (2004). The relationship between self-regulation and online learning in a blended learning context. *International Review of Research in Open and Distance Learning, 5*(2), 1–16.

Matuga, J. M. (2009). Self-regulation, goal orientation, and academic achievement of secondary students in online university courses. *Educational Technology & Society, 12*(3), 4–11.

McLoughlin, C., & Lee, M. J. W. (2008). Personalized and self regulated learning in the Web 2.0 era: International exemplars of innovative pedagogy using social software. *Australasian Journal of Educational Technology, 26*(1), 28–43.

Miltiadou, M., & Yu, C. H. (2000, October). *Validation of the Online Technologies Self-Efficacy Scale (OTSES)*. Paper presented at the AECT International Convention, Denver, CO. Retrieved from http://www.eric.ed.gov/PDFS/ED445672.pdf

Morgan, J., Rawlinson, M., & Weaver, M. (2006). Facilitating online reflective learning for health and social care professionals. *Open Learning, 21*(2), 167–176. doi:10.1080/02680510600715594

O'Malley, G. (2010, February 22). Social studies: Study reports students access an average of 14.3 screens, have potential to reach 671. *Online Media Daily*. Retrieved from http://www.mediapost.com/publications/?fa=Articles.showArticle&art_aid=122938

Project Tomorrow. (2011). *The new 3 E's of education: Enabled, engaged, empowered—How today's students are leveraging emerging technologies for learning*. Irvine, CA: author. Retrieved from http://www.tomorrow.org/speakup/pdfs/SU10_3EofEducation_Students.pdf

Schober, B., Wagner, P., Reimann, R., & Spiel, C. (2008). Vienna E-Lecturing (VEL): Learning how to learn self-regulated in an Internet-based blended learning setting. *International Journal on E-Learning, 7*(4), 703–723. doi:2008-14478-007

Schraw, G. (2010). Measuring self-regulation in computer-based learning environments. *Educational Psychologist, 45*(4), 258–266. doi:10.1080/00461520.2010.515936

Spence, D. J., & Usher, E. L. (2007). Engagement with mathematics courseware in traditional and online remedial learning environments: Relationship to self-efficacy and achievement. *Journal of Educational Computing Research, 37*(3), 267–288. doi:10.2190/EC.37.3.c

Terry, K. P., & Doolittle, P. (2006). Fostering self-regulation in distributed learning. *College Quarterly, 9*(1). Retrieved from http://www.senecac.on.ca/quarterly/2006-vol09-num01-winter/terry_doolittle.html

Yang, Y. (2006). Effects of embedded strategies on promoting the use of self-regulated learning strategies in an online learning environment. *Journal of Educational Technology Systems, 34*(3), 257–269.

Zickuhr, K. (2010, December 16). Generations 2010: Pew internet and American life project.

Washington, DC: Pew Research Center. Retrieved from http://www.pewinternet.org/Reports/2010/Generations-2010.aspx

Zimmerman, B. J. (1989). A social cognitive view of self-regulated academic learning. *Journal of Educational Psychology, 81*(3), 329–339. doi:10.1037/0022-0663.81.3.329

Zimmerman, B. J. (2000). Attaining self-regulation: A social-cognitive perspective. In M. Boekaerts, P. R. Pintrich, & M. Zeidner (Eds.), *Handbook of self-regulation* (pp. 245–262), San Diego, CA: Academic Press.

Zimmerman, B. J. (2008). Investigating self-regulation and motivation: Historical background, methodological developments, and future prospects. *American Educational Research Journal, 45*(1), 166–183. doi:10.3102/0002831207312909

Zimmerman, B. J., & Kitsantas, A. (1997). Developmental phases in self-regulation: Shifting from process goals to outcome goals. *Journal of Educational Psychology, 89*, 29–36. doi:10.1037/0022-0663.89.1.29

Zimmerman, B. J., & Kitsantas, A. (2005). The hidden dimension of personal competence: Self-Regulated learning and practice. In A. J. Elliot & C. S. Dweck (Eds.), *Handbook of competence and motivation* (pp. 204–222). New York, NY: Guilford Press.

Zimmerman, B. J., & Schunk, D. H. (2008). Motivation: An essential dimension of self-regulated learning. In D. H. Schunk & B. J. Zimmerman (Eds.), *Motivation and self-regulated learning: Theory, research, and applications* (pp. 1–30). New York, NY: Lawrence Erlbaum Associates.

第 12 章

自己調整介入と音楽における熟達

Gary E. McPherson（ゲーリー・E・マクファーソン），Siw G. Nielsen（シーヴ・G・ニールセン），
James M. Renwick（ジェームズ・M・レンウィック）

訳：解良優基（南山大学），中谷素之（名古屋大学）

　毎年，世界中で何百万人もの子どもたちが楽器を学び始める。多くの学習者は，高いレベルの熟達へ至るために必要な献身を理解しないまま，友人や家族と楽しむことのみを目的として学習を始める（McPherson & Zimmerman, 2011）。しかし，学習を始めて数週間もたてばやる気を妨げる要因が数多く現れ始め，満足できる演奏を続けるために十分なスキルを獲得するには深いコミットが必要であることに気づき始める（McPherson, Davidson, & Faulkner, 2012）。
　文脈がフォーマルであろうとインフォーマルであろうと，楽器を学ぶためには多くの努力と独学が必要なことは明らかである。練習で MP3 プレイヤーからの曲をカバーするにせよ，YouTube を使ってウクレレを学ぶにせよ，あるいはフォーマルな楽器の授業に参加するにせよ，いずれの場合も自身の学習をコントロールし，効果的に進めるためには多くの自己調整の手法を獲得する必要がある（McPherson & Zimmerman, 2002, 2011）。スポーツを学ぶ者は，情報的フィードバックやよく定義されたトレーニング課題の提供に際して彼らのコーチを頼る。一方で，多くの音楽の学習者の場合，特に家庭において一人で練習をするときは，自身の上達の責任のほとんどを自分自身で引き受けるか，学習を形成するために仲間や家族を頼らなくてはならない。こうした状況では，この「自由」──学習にかけた時間の長さと取り組んだ努力の質という点──をどのように管理するかについての知識が，パフォーマンスに影響する主要な要因としてあげられる（Barry & Hallam, 2002; Pintrich, 1995）。これらのことや，その他のさまざまな楽器の学習に関するプロセスを理解するために，音楽教育の研究者たちは Barry J. Zimmerman の自己調整学習の研究を参考に研究課題を形成してきた（Bartolome, 2009; Leon-Guerrero, 2008; Miksza, 2006; Nielsen,

2004; Renwick, McCormick, & McPherson, 2011)。そして，それらは音楽学習の多様な側面を研究するための有用な視点として用いられてきた（McPherson & Zimmerman, 2002; Schunk & Zimmerman, 1998 を参照）。

　本章の目的は，私たちが楽器の初学者から熟達者までを対象に行ってきた研究に基づいて，学習者の自己調整を促すためのいくつかの介入のタイプについて説明することである。はじめに，Nielsen（2001）が中級者・熟達者におけるさまざまな演奏のプロセスを研究するために適用した Zimmerman（2000）の自己調整の三項モデルについて手短に記述する。彼女の循環的な自己調整のモデルを用いることで，私たちはどのように自己調整の各プロセスが展開し，練習や演奏中の行動を意識的なコントロールのもとに置くことができるのかを説明する。これらは，初学者・中級者レベルの演奏者を対象にした McPherson と Renwick（2001）の研究で適用された，音楽における自己調整の心理的な側面を詳細に説明する際の背景となる。このような音楽における自己調整の側面を扱うことで，学習者が有能で自己調整的な演奏家へ発達することを支援するために，もっとも効果的な介入の種類を記述することができる。そこには，集中力を維持して学習を持続させるための自己動機づけの発達，学習を促進するために適した学習方略の適用，音楽に注意を費やして練習することのできる時間の計画・管理，自己選択を通した行動の質の向上，学習中のフィードバックに対する反応・修正，音楽の練習に取り組むための物理的環境の整備，そして，音楽の学習がより豊かに向上するような形で親や教師，仲間と社会的に関わることを促す介入が含まれる。そして，本章は，音楽領域の自己調整学習研究についての今後の有意義な研究課題として検討しうる主要な問題点を提起することをもって結論とする。これらのアイデアは，過去 40 年間にわたって先駆的な仕事をしてきた Barry J. Zimmerman の先行研究に基づいている。彼の研究は私たちの研究のモデルであり，これからもそうあり続けるであろう。

自己志向的フィードバックループ

　Zimmerman（2000）によれば，社会認知的な観点からの自己調整とは，「個

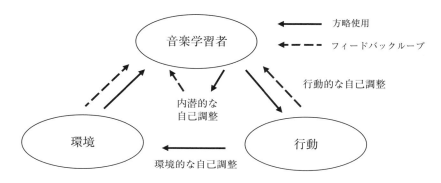

図12.1 音楽における自己調整の三項モデル
B. J. Zimmerman (1989). A social cognitive view of self-regulated academic learning. *Journal of Educational Psychology, 81*, p. 330 より引用。© 1989 American Psychological Association.

人的な目標を達成するために計画され，循環的に適用される自己生成的な思考，感情，および活動」(p. 14) を指す。学習者は，音楽への取り組みにおけるさまざまな側面を習熟させるために特定の活動やプロセスを適用する。そのため，Zimmerman (2000) は，それらをプランニングする際に循環的に用いられる個人の主体性 (personal agency) の役割を強調した。社会認知的な観点からは，音楽の学習者である彼（女）らの社会的な環境や構造に対して働きかける個人の主体性が重視される (Zimmerman, 1989)。Zimmerman (1989) は，図12.1のように個人的，行動的，そして環境的な自己調整のプロセスを関連づけた。例えば，音楽の学習者は，(a) 課題や環境に適した方略を用いるため（行動的フィードバックループ），(b) どれくらい，そしてどのような指導を必要としているのか，あるいは，より難易度の高い課題をいつ選ぶかを決定するため（環境的なフィードバックループ），そして，(c) 学習中および演奏中に，認知面と感情面を「順調に機能させる」ため（内潜的フィードバックループ；Lehmann, Sloboda, & Woody, 2007を参照），といった3つの目的から自己志向的フィードバックを必要とする。

これらの研究を音楽の学習プロセスに応用するために，Nielsen (2001) は，演奏の熟達者が用いた学習方略を分析した結果に基づき，音楽における自己調整のサイクルモデルを提案した。このモデルは，熟達した学習者が難易度の高

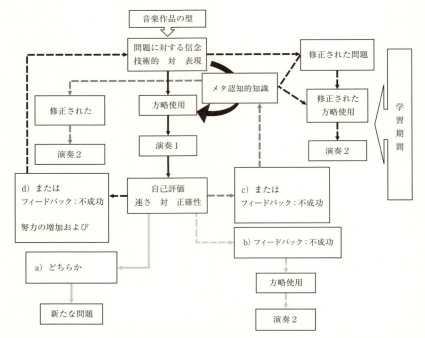

図 12.2　練習中に用いられる学習方略の自己調整サイクル：基本的な第一段階とそれに続く問題解決活動の四類型

S. G. Nielsen (2001). Self-Regulating Learning Strategies in Instrumental Music Practice. Music Education Research, 3, p. 155 から許可を得て転載。©2001 Taylor & Francis Ltd.

い演奏を学ぶことを最適化するために用いる，広範な自己調整スキルを記述している点で意義がある。

　図12.2では，実線の矢印が解決される問題，演奏者の方略の使用，曲の演奏，演奏の自己評価の高さを示す。Nielsenは，演奏者が自身の演奏を進歩したという意味で成功と評価したとき，彼らは新たな問題に焦点を当てる傾向があることを示している（薄いグレーの実線矢印）。また，演奏はうまくいかなかったと評価しても，音楽上の問題を解決するために選択した方略に価値があると信じているときは，彼らはさらに努力をしたり，同じ方略を使い続けたりする（薄いグレーの点線矢印）。演奏がうまくいかず，使用した方略が問題を捉えることに適していないと感じた場合は，メタ認知的知識を再度検索し，方略を修正

して問題解決を継続する（濃いグレーの点線矢印）。4つ目の選択肢（黒い点線矢印）は，演奏がうまくいかず，解決に取り組んでいる最初の問題の本質が改善していないときに生じる。このような状況では，彼らは方略を修正する必要がある。例えば，難易度の高い部分に対して，過度に音楽的に，もしくは情感を込めて演奏するよりも，堅実性を考慮してより技術的に安全な演奏プランを選ぶことがあるであろう。最適な練習条件では，以上のそれぞれの練習のやり方が高度なメタ認知的知識と自己調整に媒介される。

音楽領域における自己調整学習研究の枠組み

Zimmerman（1998a, 1998b）は，自己調整を，特性や能力，あるいは発達段階のような固定的な特徴のものとは捉えず，学習者が自身の学習を促進するために活用する文脈特定的なプロセスの集合体と考えた。McPhersonとZimmerman（2002, 2011）は，音楽における自己調整の6つの次元のうち1つかそれ以上に影響を及ぼすものとして，それらのプロセスを記述している（表12.1を参照）。各次元は，自己調整のプロセスの発達を促進する社会化プロセス

表12.1　音楽における自己調整の次元

次元	社会化プロセス		自己調整プロセス
動機	他者によって代理的あるいは直接的に強化される	→	自身による目標設定，自己強化，および自己効力感
方法	課題への方略は，社会的にモデリングあるいは指導される	→	自己始発的な内潜的イメージと言語的方略
時間	時間の使用は他者から計画・管理される	→	時間の使用は自己によって計画・管理する
行動	演奏は，他者からモニターされ，評価を受ける	→	演奏は自己モニタリングし，自己評価を行う
物理的環境	環境は他者から構造化される	→	環境は自身によって構造化される
社会	他者から援助は与えられる	→	自分から援助を求める

注：McPherson, G. E. & Zimmerman, B. J. (2011). Self-regulation of musical learning: A social cognitive perspective on developing performance skills (pp. 130-175). In R. Colwell & P. Webster (Eds.), *MENC handbook of research on music learning. Volume 2: Applications*. New York: Oxford University Press より引用。

の研究で土台として用いることのできる科学的な疑問に由来する。表 12.1 は、音楽の効率的な学習に深く関わる重要なプロセスを考える基盤と、学習の最適化を支える方略を提供した。そして、これは私たちの過去 10 年の研究、特に、McPherson（マクファーソン）によるオーストラリアの若い音楽の学習者 157 人を対象とした 14 年にわたる縦断研究の大枠となった点で非常に重要な価値をもつ（McPherson et al., 2012）。

動機

楽器の学習をするためには、子どもたちは多くの潜在的な阻害要因がある中で集中し、異なる課題を進めていかなくてはならない（McPherson & Zimmerman, 2002, 2011）。何もない通常の日であっても、騒がしい作業環境や他者からの干渉、あるいは、適切でない練習のやり方や混乱、興味や目標の変更といった数多くの個人的要因によって音楽の学習者は阻害を受ける可能性がある。集中力を維持させるためには、強い意志と個人の自己動機づけが必要となる。表 12.1 に示したように、他者による代理的もしくは直接的な強化は、音楽の学習者をさまざまな条件下での忍耐を可能にする自己動機づけを高めるために必要な種類の自己調整プロセスを発達させることにつながる。

音楽の学習に際して子どもたちは、学習を開始させるための興味と動機づけに基づき、どれくらい作業の準備が大変かに関して明確な予期をもっている（McPherson et al., 2012）。したがって、私たちは音楽の教育者を訓練する際に、子どもたちの動機づけ信念についての役割の理解と評価、そして、いかに促進することができるかという点について働きかける。音楽は、日常生活や将来、金銭を稼ぐための労働に必要不可欠なものというよりも、しばしば余暇活動やレクリエーションとしての意味合いが大きい。このような音楽学習の特質を踏まえると、なぜ一部の子どもたちが自身の学習を管理するために十分な自己動機づけをもっている一方で、その他の子どもたちは平凡なレベルを達成するための決定や関与すらも欠いているのかを理解することは、音楽教育の研究者として私たちが特に関心をもつ点である（McPherson & Zimmerman, 2011; Robinson, 2011）。

多くの欧米諸国では，決められた時間，楽器の練習に取り組んだ子どもたちに対して，ステッカーやお小遣いなどの外的報酬を与えるといったシステムの広がりがみられる。多くの研究（Deci, Koestner, & Ryan, 1999）は，このような報酬によって，演奏が上達するにつれて生じる技術習得への喜びや舞踏作品の活気といった，音楽的な行動に対する内発的動機づけが弱められることを示してきた。したがって，学校や家庭での介入においては，このような動機づけ的な風土の影響を注意深くコントロールする必要がある。

　広く普及している伝統的な音楽学習のその他の特徴として，専門家志向の演奏の訓練では，教師によって課される教材が非常に管理的になっている点があげられる。子どもたちが母語の読みの学習をするとき，一般的には，学習初期の段階では注意深く一連の学習教材が与えられるものの，スキルが発達して個人的興味が出現し始めると，教師は生徒に何の本を読むか自分で決めるように働きかけるであろう。しかし，一般的にフォーマルな音楽の訓練は，教師の強い主導によって曲目を選択することが「正しい」テクニックの発達のためには必要であるという見方に基づいて行われる。学校の吹奏楽部に所属する青年のクラリネット奏者を対象にした私たちの事例研究（Renwick & McPherson, 2002）では，学習者が教師に与えられた課題を練習しているときに比べ，個人的興味の出現に基づいて自身で選んだ音楽を練習しているときのほうが，学習の持続性は12倍に増加し，高度な学習方略も自発的に適用していた。

　このような社会化に携わる者による統制的行動のアンダーマイニング効果に関する問題は，親や教師が自律性支援的なアプローチを通していかに自己動機づけを促進するかに関して，より広い視野から考えることを促す（Renwick & Reeve, 2012）。例えば，生徒の努力や取り組みを向上させるテクニックの一つは，なぜ彼（女）らが面白くもない活動に取り組む必要があるのかについての合理的な理由を示すことである。例として，教師が生徒に，音階の練習がどのようにある調の範囲での即興的演奏を学ぶのに役立つのかを理解させることができる。このようなタイプの直接的な介入は，すべての能力群の学習者に対して，平凡な練習の一部が新しいスキルを興味深く創造的な形で適用する機会へとつながりうることを理解させる点で有用である。

方法

　方法の次元によって，音楽の学習者があるアプローチではなく，別のアプローチを選択あるいは適用するためのスキルや知識，そして理解について説明することができる。この次元では，練習や演奏を「どのように」行うかという点に焦点を当て，演奏者が自身の音楽的な能力を高めるために用いる課題特定的な方略を明らかにしようとする。表 12.1 に記したように，練習や演奏に関連した課題の方略は，しばしばモデルの存在や指導によって社会的に生じる段階から，良質な授業の受講や経験の蓄積によって次第に自分から始発するようになる（McPherson & Zimmerman, 2011）。このような音楽の練習中の効率性や有効性の観点から，もっとも高いレベルの自己調整的音楽家は，「演奏を改善するより高度な方略の自発的な発明」（Nielsen, 1999, p. 275）を学び，身につけるよう体系的に取り組むのである。

　学習者が音楽的な能力を獲得するにつれて高度化していくスキルのアウトラインを描くために，さまざまな研究が行われてきた。これらの研究によれば，専門技術の発達につれて異なる変化が生じるものの（Barry & Hallam, 2002; Gruson, 1988, Hallam, 1994; Miksza, 2007），若い学習者の練習時間の 90％以上は，演奏を改善するための特別な方略を使うことはせずに，単に曲の最初から最後まで通して演奏がされていた（McPherson & Renwick, 2001）。多くの初学者は，自身の演奏のどこがうまくいっていないかについて自覚できていない可能性がある。自身が成し遂げようとしている演奏と「現在」の演奏とを比較するためには，どこが間違っているかをモニターし，特定する能力が必要であるが，彼らはそのような能力が十分発達していない（Barry & Hallam, 2002）。ゆっくりと彼らのスキルが発達するにつれ，彼らは個々の音についてつまずいたところを修正していく「弾き直し（stutter）」によって間違いに対応し始める（Williamon & Valentine, 2000）。次に，彼らの中でより大きな構造化への意識が成長するにつれて，彼らは音符のまとまりを徐々に大きくしながら，難しいセクションについて特定し，そこを改善するために注意を焦点化できるまで演奏を繰り返し始める（Gruson, 1988）。したがって，若い演奏家は，最初は正しい音を手に入れることに注意を向けがちであるが，次第にリズムや他の技術的な側面に，そ

して最後に演奏の表現的な次元へと注意を向けるようになる（Barry & Hallam, 2002）。

対照的に演奏の熟達者は，特定の種類の方略のみではなく幅広い学習方略を演奏の練習中に用いる傾向がある（Nielsen, 2002）。それらのもっとも重要なものの一つは，まずはリハーサル方略であり，これは，学習者がまだ習得できていない演奏セクションに努力を焦点化させる方略である。次に，精緻化方略は，異なる状況下でも演奏できるように楽句のスピードや演奏の解釈に変化をつける方略である。そして，体制化方略は，練習日誌に何を学んだのかについて記録をつけたり，楽しさを求める演奏よりも先に習得にチャレンジしている演奏へと焦点を当てて練習順序を編成することを指す。最後に，批判的思考方略は，より高度な演奏の解釈を形成するために異なる技術や演奏方法での演奏を試すことなどを含む。これらの4つの学習方略についてNielsen（2002, 2004）は，リハーサル方略（例：私は，重要な技術的・音楽的なパートを選択して何度も繰り返す），精緻化方略（例：私は，音楽を聴いたことによって得た演奏解釈とレッスンによって得た別の演奏解釈とを関連づけることによって，音楽的なアイデアを発展させようとする），批判的思考方略（例：私は，担当楽器がうまく演奏できているかどうかという技術面での解決や演奏解釈についてしばしば自問していることに気づく）の3つの方略を，体制化方略（例：練習しているとき，私は音楽を通してもっとも重要な音楽的なアイデアを見つけようとする）よりも多く用いる傾向にあることを明らかにした。

いくつかの興味深い楽器特有の違いも明らかにされてきた。例えば，歌手は楽器演奏者よりも精緻化方略を多く用いる傾向がある。おそらく，一般的に歌手の練習には歌詞と音の両方の記憶が含まれているからであろう（Ginsborg, 2002）。ある楽器の演奏者，例えば弦楽器の演奏者は，他の楽器の演奏者よりもリハーサル方略や精緻化方略を用いることが少ない。これらの結果により，それぞれの楽器を演奏する際に生じる楽器固有の要求は，演奏の熟達者が自身の学習を行う際に課題へ取り組む時間に加え，用いる方略にも影響を与えることが示された（Jørgensen, 1997）。その他にも，演奏の熟達者や演奏家が使用する方略について，個人内における多様性を扱う研究が数多く行われている（例えば，Chaffin, Imreh, & Crawford, 2002; Ginsborg, 2002; Hallam, 2001; Miklaszewski,

1989)。

　練習に対して，より自己調整的なアプローチができるように促す介入プロセスには多種多様なものがある。過去15年間にわたり，若い学習者が音楽を視覚的（初見視奏，習得済みの曲目の演奏），聴覚的（聞き覚えの演奏や暗譜演奏），そして創造的（即興演奏）に演奏する際に用いる認知的方略について明らかにされてきた。若い学習者は，必ずしも常に演奏の中においてどのように考えたらいいのかを理解することができないため，音楽的に考えられるように介入を受ける必要がある。例えば，楽譜を初見視奏するとき，学習者は自身の演奏について考え，内省できるようになる必要がある。そのためには，教師主導による外的な心理的方略の教授を受けることが有効である。McPherson（2005）は，初見視奏の能力を測定するための標準化された測度の曲を用いて検討を行った結果，学習を始めて1年目の生徒のうち，演奏を始める前に最初の小節を調べる者はたった25％，調号および拍子記号に注意を向けた者はそれぞれたった23％と45％，演奏について正しいテンポを確立していたのはたった17％，そして，演奏を始める前に演奏時に障害となりそうな箇所を調べることに時間をとった者は驚くことにたった5％しかいなかったことを明らかにした。類似した結果は，他の測度を用いた研究でも実証されている。例えば，練習で，何をどのように演奏したかを記録する練習日誌を継続的につけていた生徒は，学習の1～3年目の最後の時点で，彼らの友人よりも習得済みの曲目の成績が有意に高かった。同様に，学習しなければならない曲目に先に焦点を当て，すでに演奏できる曲の練習は後にまわした学習者も，3年間の各年度当初においてそれぞれよいパフォーマンスを示した（McPherson, 2005）。

　聞き覚えの演奏や暗譜演奏といった聴覚的な演奏や，即興演奏などの創造的な演奏のスキルについては，準備段階に用いる認知的方略の質と実際の演奏の質との間に明確な正の相関がみられる（McPherson & Renwick, 2011 を参照）。認知的方略について，概念的（楽器と無関係），運動感覚的（いくらかは楽器と身体運動とが関連），あるいは音楽的（楽器と音とが関連）なアプローチのいずれかにコーディングすることは，なぜ，ある生徒は学習へと力を入れることができる一方で，他の生徒はひるんでしまうのかを理解するために有用な手段である。例えば，子どもたちが曲のカバーや暗譜演奏をする前に行う楽譜の学習時に用

いる概念的方略は，メロディの輪郭や上がり下がり，もしくはそれぞれの音符の音名を考えることを含むものである（例：「私は，心の中でそれを唱え，忘れないようにする」「私は，音符を見続けながら音名を何度も繰り返し言う」）。これらは，典型的には彼らが演奏に用いる楽器の問題や，メロディがどのように響くかといった問題とは独立している。

運動感覚的な方略は，楽器の指使いと一緒にリズムやピッチをおおよそで唱えることなどを含むものである。これは，一部のセクションだけで用いることもあるし，最初から最後まで通して行われることもある。このカテゴリの方略を用いる学習者のほとんどは，記憶しようとしている例曲について，ピッチは気にすることなく，どのような指使いをしたらいいかを考えながらリズムを唱えていた。

音楽的方略を用いる子どもたちは，楽器の指使いと音とを心理的なリハーサルによって結びつけることができる。この方略は，例曲の学習に加え，記譜を包括的に処理し，最終的に演奏されるのと同じような形で曲の最初から最後までを通して演奏することによって生じる。これらの生徒は，彼らの目，耳，そして手を協働させる点でもっとも高度に発達した能力を示した（例：「私は，楽器を演奏しながら歌っていた」）。音楽的方略を用いているとカテゴライズされた生徒のほとんどは，楽器の指使いをしながらメロディを心の中で，あるいは実際に声に出しながら歌うことで心的な練習を行っていた。彼らは，音楽をカバーすることができるようになるまで繰り返しその練習を行い，メロディをさかのぼって演奏するように言われると見本通りの正確な演奏をみせた。

演奏の進歩を理解することは，単に練習時間の量と習熟レベルとの関係を検討することにはとどまらない。私たちが子どもたちの3年間の学習の発達をみて彼らの反応を分析した知見からも示されているように，熟達した演奏家は楽器の高度な演奏方略を非常に早い段階から有している。そして，そのような演奏家は卓越した成果を上げることを示す豊富なエビデンスが存在する（McPherson, 2005）。重要なこととして，以下の3点があげられる。彼らはいつ，どのように方略を適用したらいいかを知っている（特に，より挑戦的な音楽課題を達成したいときにいつそれを頼むか）。また，彼らの演奏の出来ばえは努力の質（特に，個人的な課題を遂行するために適切な方略を使うために費やす努力）と結びつ

いていることについても彼らは全般的に理解している。さらに，彼らは自身の演奏をコントロールするための行動を協働させることができる（McPherson et al., 2012）。この意味で，音楽演奏の5つの各側面で高い達成を示している子どもたちは，熟慮された練習（deliberate practice）（Ericsson, Krampe, & Tesch-Römer, 1993）によって示唆されているやり方で演奏をモニターおよびコントロールする能力の発達段階初期にある子どもといえる。これらの先行研究では，より難しいスキルを習得するために，常に挑戦的なレベルの課題に挑むことで自分を高める必要性が強調されている。

　私たちの研究で得られた明確な示唆の一つは，生徒の演奏で生じる間違いに対して敏感に反応することの重要性を教師が認識することである。特に新しいスキルの導入期においては，なぜそのような間違いが起きたのかを分析し，生徒が何を考えているのかを理解しようとすることが重要である。子どもたちに自己調整スキルを用いるよう働きかけること，すなわち，彼らが何を，どのようにしているのかを内省するように促したり，演奏への別のアプローチを考えさせたりすることは，音楽の教授をさまざまな形で改善することの役に立つと私たちは考えている。

　また，上記はより発達した演奏家に向けた適切な介入の考案とも関連する。一部の研究は，課題をより有意味なものに再構成するために，学習者に対して不可欠な部分を残して課題を減らすように働きかけようとしている。2人の熟達したオルガン奏者を対象にして学習方略を検討した Nielsen（1999, 2001）の研究では，この点に焦点を当てている。この研究では，スコアの目視検査に加えて，曲の大部分ないし全体を最終的な曲のテンポに近いテンポで演奏することを通して，関連の深い問題領域を選択するために必要不可欠な能力をどのように獲得するのか検討している。このような問題領域は「作業領域（working areas）」と定義され，彼らの練習中に他の箇所とは分けて注意を向けられた。いくつかのパートを統合して曲とするために，生徒は部分ごとに分けて演奏したり，各部分を異なるテンポで演奏したり，長短の部分を散在させたりしていたが，これらはすべてパートの複雑性に従ったものである。この研究では，熟達者の音楽の生徒はしばしば曲の中でも複雑なパートをさらに小さいユニットに小分けし，複雑になるほど細かく部分に分割していた（Chaffin et al., 2002;

Miklaszewski, 1989)。また，いずれの生徒も異なるパートに基づいた練習を発展させ，選んだ解決方法がうまく機能しないときはそれぞれの問題に対して異なる解決方法を試した（Nielsen, 1999）。

　類似した方略は，2人の熟達したジャズの生徒を対象としたケーススタディでもみられている（Nielsen, 2010）。著名なジャズの演奏家からジャズの曲を教わる生徒は，ソロ形式の曲についての最初の学習期間において，以前演奏したソロ形式の曲の復習を選択した。この課題を念頭に置き，生徒たちは以前演奏した曲の技術的に難しい節に焦点化する方略や，それらの節を全体としてまとめる方略などを含んでいる適切な曲目を選択した。例えば，耳によってソロを学ぶとき，ある生徒は徐々に長い部分を一定のテンポで演奏する前にMP3プレイヤーを用いて繰り返しソロの細部を調べたり，短い部分を聴いては練習するということを繰り返していた。いずれの生徒も非常に集中的かつ細かいやり方で上記の種類の方略を以前演奏したソロ形式の曲の学習で用いていたが，彼女たちは，技術的に難しい節において小さなアドリブを加えるなどの別の方略も用いていた。

　ここまでの説明に枠組みを与える手段として，Zimmermanの視点が参考になる。すなわち，自己調整は社会的な起源をもつものから自身に源をもつものへと発達する連続的なものとする考え方であり，4つの異なる次元が提案されている。4つの次元とは，観察，模倣，自己コントロール，そして自己調整である（Zimmerman, 2000; Schunk & Zimmerman, 1997, 2003）。この連続性に沿う学習者は，より効率的かつ自己調整的に学ぶと考えられている。音楽の文脈で再解釈すると，初学者がスキルをもっとも効率的に獲得するのは，効果的な教授と社会的モデリング，課題構造，そして励ましを受けたときであると考えられる（Schunk & Zimmerman, 2003）。観察的なレベルでは，若い演奏家たちは観察しているモデル（例えば，教師や他の生徒など）から学習方略の特徴を引き出すことができるかもしれない。とはいえ彼らは，彼らの行動レパートリーの中に学習中のスキルを完全に統合させるために練習をする必要があるであろう。練習中の改善は，学習者にとって指導やフィードバック，そして社会的報酬を与えてくれるモデルや，自分が習得を目指しているスキル面を改良しようという欲求に応えてくれるモデルを観察する機会を得たときに生じる。この過程にお

ける学習者の方略や反応は，彼らの望ましいモデルを真似しようとする努力に基づいている。これは，スキル（例えば，ピアノの運指の問題）が最初はモデルの観察（聴くことを含む）を通して認知的に獲得されるべきものであるということを意味する。

　学習者は，真似ようとしているモデルにもっとも近いレベルで演奏することができるようになったら，模倣の段階へと移行する。先ほどの例でたとえると，ピアニストが習得しようとしている指の動作について，この段階では彼（女）らの教師のデモンストレーションと同レベルとはいえず，指の協働やスピードも完全に自動的で一貫しているわけではないものの，基本的なスキルは示すことができている。観察と模倣の段階では，学習は主に社会的なものである。3つ目の段階は，自己コントロールである。この段階は，学習者が転移を図る課題を演奏している間に一人で方略を用い始めたときに現れる。ただし，それらの方略の使用が内在化していたとしても，彼らが真似しようとしていた表象的な基準には影響を受けてしまう（Schunk & Zimmerman, 2003）。この段階について，さらに私たちの例を拡張させよう。ピアニストは，今や楽節を一人で演奏することができるようになっており，ピアノをこの技術で演奏するために必要な身体的スキルの基礎は習得している。しかし，いまだにモデルにした演奏の聴覚的なイメージや，自己強化のプロセスに加えて他の内在化された表象に頼る必要がある。この段階における自己コントロールされた努力は一人で行うものの，他の曲目の中の類似した例を扱って練習するなどの構造化された文脈の中で行われる。最後に，スキルが自動化し始めたら，学習者は文脈の変動（例えば，エチュードかソナタか）に応じて変化を加えて練習することができる（例えば，スピードや強弱など）。この段階で，学習者は演奏に対する自身の個人的な反応や聴衆の反応を基準としてスキルを調整するなど，個人的な成果をシフトさせる。このような自己調整学習の4つ目の段階は，生徒が異なる状況に応じて学習や演奏の方略を修正し，適応させることによって，学習者が多様な個人的・状況的な条件に対応したときに生じるのである。並行して，自分で設定した目標や自己効力感の知覚は生徒を達成に動機づける。

時間

　自己調整的な学習者は，そうでない学習者よりも効率的に自身の時間の使い方を計画・管理することができる（Zimmerman, 1994, 1998a）。したがって，音楽研究者として私たちは，学習者の時間の使い方がどのように社会的に計画・管理される状態から自身で計画・管理できる状態へ移行するのかという点を理解することに関心をもってきた。

　若い音楽家が楽器のスキルを発達させていくにつれ，練習もより効率的になっていくことは明らかである。生徒が家庭で行った練習セッションの最初から最後までを記録したビデオテープを検討した私たちの研究の結果，学習1年目では練習時間の73％（レンジは57〜82％）が楽器の演奏に費やされていた。これが3年目になると，84％（レンジは76〜90％）にまで上昇したことから，ここでの学習者たちは彼らの時間をより効率的に使い始めたことが示唆される。ただし，生徒ごとの個人差もまた大きかった。生徒たちが演奏していた時間の大部分は，曲目の学習に占めていた（1年目：84％；3年目：93％）。また，技術的訓練（音階やアルペジオ奏法の練習）が残りの時間に行われていた。興味深いことに，音楽家たちの練習中の演奏以外のことをしている時間（1年目：27％；3年目：16％）は，印刷された楽譜を見たり，おしゃべりしたり話かけられていたり，空想をしたり，娯楽に反応したり，あるいは不満を表出したりといった非演奏的な活動に費やされていた。練習中の演奏以外のことをしている時間のうち，休憩に使われていた時間は6％以下であった（McPherson & Renwick, 2001）。

　主要教科における研究では，自己調整の苦手な子どもたちは，勉強からどうにか回避しようとするか，あてがわれた時間よりも短い時間しか学習に使わないことが明らかにされている（Zimmerman, Greenberg, & Weinstein, 1994）。これは，私たちが行った初学者の練習についての分析にもあてはまっていた（McPherson & Renwick, 2001）。もっとも非効率的な学習者は，練習セッション全体のうちの約21％を母親との練習課題についての会話や繰り返し演奏に失敗した際の愚痴に費やしていた。また，いつ練習をやめていいか尋ねるために親を呼んでいた子どももみられた。

これらの一連の研究は，家庭での練習の「フォーマル」な側面と「インフォーマル」な側面を扱った他の研究知見とも合致する (Sloboda & Davidson, 1996)。これらの研究では，さまざまなレベルの音楽の訓練において，優秀な音楽家はそうでない友人たちよりも有意に多くの量の音階や曲，そして技術的な訓練などの「フォーマル」な練習を行っていることが示されてきた。しかし，彼らはお気に入りの曲について聞き覚えで演奏したり，即興的演奏をしたりするなどの「インフォーマル」な練習についても同様に多く報告していた。きわめて優秀な生徒は，練習における自由と規律の正しいバランスを理解できることから，このような「インフォーマル」な形での練習は音楽的な成功に貢献することが理論的に示されている。その他の知見（例えば，McPherson & McCormick, 1999）も考慮すると，練習中に認知的に取り組む生徒は，より多くの練習をするだけでなく，楽器をより楽しみ，そしてより学習を効率化することが示唆される。結論として，改善のための練習（あるいは，教師を楽しませる練習）と自分が楽しむための練習のバランスの成立を支援することは，若い音楽家が自己調整的な学習者となり，かつ充実した音楽家に発達するために必要な動機づけ的なリソースを育むための重要な手段といえる。

　また，音楽家は自身の時間の使い方を調節・管理できる能力が求められる。若い音楽家であっても，リサイタルや試験などの重要な演奏が近づく数週間前になって練習時間の質と量を高めることは珍しいことではない (Hallam, 2001; Sloboda & Davidson, 1996)。したがって，私たちが推奨する介入手法では，学習者に対して練習セッションにおける時間の使い方をより深く理解させることに焦点化している。伝統的な行動主義の研究 (Madsen & Geringer, 1981) では，注意力と注意の散漫さをモニターするためのデバイスの使用が検討された。しかし，社会的認知が強調される現代の自己調整では，教師の理解を助けるための強力なツールになると私たちは信じている。例えば，生徒の時間の使い方の自己モニタリングは，特定の課題に費やす時間と流麗さの最適な発達がいかに密接に関連しているかを生徒に理解させる。例として，私たち自身の教育実践においては，楽器演奏の初学者に対して，彼らが学習している曲の難しい部分を連続して3回正確に演奏できるまで練習するよう求めることで熟達を強調し続けたり，既定の熟達の基準を達成されたといつ彼らが判断するのかを尋ねる

ことにレッスンの時間を費やしたりすることが効果的であることを示した。このような音楽の自己調整における自己モニタリングと自己アセスメントの中心的な要因は，生徒がプロセスをモニターしスキルに習熟することの奨励を強調するものである。このことは，私たちの研究（McPherson, Davidson, & Faulkner, 2012）にも含まれる，多くの音楽教師が典型的に生徒に勧めるような毎日一定時間練習するやり方よりもはるかに効率的である。

行動

自己調整的な学習者は，自分が何かを理解できていないときや，特定のスキルを学ぶ場面で困難を迎えているときに，自分自身で気がつくことができる（Thomas, Strage, & Curley, 1988）。結果的に，フィードバックを選択し，それらに対して修正して対応するといった能力は，自己調整のプロセスの中でも中心的なものとなる（Zimmerman, 2000）。この章の他の部分でも推察したように，生徒のパフォーマンスは知識の豊富な他者（例えば，教師や親）から社会的にモニターされ，評価されうる。しかし，真の自己調整的な学習者になるためには，自己モニタリングと自己評価ができるようになる必要がある（McPherson & Zimmerman, 2011）。

生徒たちが自身のパフォーマンスをモニターおよびコントロールするための主要な手段は，彼らが何を知っていて何を知らないのかに関する思考と，自身の学習を調整することに関する思考を用いることである（Shuell, 1988）。自己調整的な学習者はそれぞれの次元について，以下の2点によって発達させる。まず，問題を記憶・学習し，そして解決する自身の能力に対して強く自覚化することである。次に，学習，思考，問題解決する際，彼らの認知的活動を管理するためにより方略的な努力の仕方を開発することである（Bruning, Schraw, Norby, & Ronning, 2004）。私たちはこれらに基づき，音楽家への介入においては，新しい曲を学ぶためにどれくらいの時間がかかりそうか，正確に演奏するために有効な別の方略はないか，そして，演奏を改善するために何をする必要があるのかといった点について，彼らがより自覚的になれるよう支援することを目的にすべきであると信じている（Barry & Hallam, 2002）。しかし，一方でこ

れらの種類の自覚のみでは不十分である。自身の認知的プロセスについてモニターし，コントロールすることを合わせて学習しない限りは，彼らは効率的な学習者になる可能性は低い（Bruning et al., 2004; Miksza, 2006, 2007 も参照）。このようなことから，優れた教授実践においては，生徒に対して自身の心の中で今何が起こっているかを記述するよう促している。このとき，特定の音楽の局面でどのように音を響かせたいのか，また，彼らがもっとも音楽的な感覚を感じられるように演奏するための思考をどのようにモニターし，コントロールできるのかという点についての自覚を促す調査的な質問を用いる（Pogonowski, 1989）。

私たちが生徒の練習において用いている回顧的発話思考プロトコル（Nielsen, 1997; Renwick, McPherson, & McCormick, 2008）は，教師と生徒に対してこのような認知的・メタ認知的なプロセスへの洞察を深めるよう支援する手法である（Woody, 1999/2000）。しかし，おそらくもっとも重要なメタ認知的スキルは，自身の強みと弱みを正確にアセスメントする能力である（Hallam, 1997, 2001）。この能力は，さまざまな異なる演奏状況に対応し，音楽演奏において直面する種々の技術的・表現的問題を乗り越える有用な幅広い方略を適用する際に重要である。音楽家によってかなりのばらつきがあると思われるが，その中でも熟達者は音符を習得し，事前のプランニングをすると同時により実行可能な演奏解釈を構成することができる。対照的に若い学習者は，演奏の準備におけるエビデンスがなく，しばしば自身の学習の効率性に関する評価を過度に教師に頼っている。結果的に，彼らには，自身がどのように演奏しているかについての感覚よりも，どのように自身の集中力と注意を音楽に集中させるかについての指導が必要となる場合が多い（Hallam, 2001）。自己指導発話の使用は，特に正確性が高まるにつれて演奏の流麗さの向上を効率化させることができる（Hallam, 1997）。

以上を整理するために，私たちは人が自身を評価する際に利用する4つの一般的な基準について述べたZimmerman（2000）の説明を用いる。4つの基準とは，熟達，過去のパフォーマンス，標準，そして協働である。熟達の基準では，難易度の低いものから高いものまでを段階化した連続性を活用する。例えば，段階的な音楽の試験や，次第に難易度が上がるように注意深く構造化され

た楽器の演奏法の本などにこうした熟達志向をみることができる。このように目標を階層化したプロセスを用いることで下位目標が連続的に配置され，学習者にとっては自身の熟達の指標が提供される。そのため，学習者が自己評価をする際には熟達基準が採用されやすくなる。例えば若い音楽家は，本の中の前半の曲目は後半のものよりも簡単であることや，1冊目の本は2冊目の本よりも簡単であることに気づくであろう。過去のパフォーマンスあるいは自己基準は，現在の達成レベルと以前のレベルとを比較することである。このタイプの評価の利点は，学習者の反復練習の結果生じる学習の進捗に焦点を当てる点である。

　熟達および過去のパフォーマンスによる評価基準は，いずれも学習者自身のパフォーマンスの変化についての判断である一方で，標準の基準は自身の進捗と他者の進捗との比較を含んでいる。このような基準は，音楽においてさまざまな形でみられる。特に，アンサンブルにおいては自分の演奏と他のメンバーの演奏とを比較する。このタイプの自己評価の主な難点は，学習者の注意を彼らの仲間との比較などの社会的な要因に焦点化させてしまうことである。また，例えば音楽のコンクールにおいて，それまでに重ねた努力によって以前よりも演奏は進歩していたにもかかわらず負けてしまった場合などには，標準の基準はネガティヴな機能的側面が強調されやすい。最後に，協働の基準は，グループ活動と関連するものである。アンサンブルにおいて，トランペット奏者の役割は，フルートの演奏者の役割とは明確に異なる。なぜなら，それぞれの楽器はアンサンブルにおいて異なる機能を果たしているからである。トランペットの演奏における成功基準は，アンサンブルの別のセクションにおいて用いられるものとは異なり，究極的にはフルート奏者がどれほど他のアンサンブルのメンバーとうまく協調できるかが成功基準となる。これらの4つの評価基準についてのレビュー（Covington & Roberts, 1994; Zimmerman, 2000）では，熟達の基準が標準の基準よりも動機づけや達成を促進することが示唆されている。

物理的環境

　自己調整的な学習者は，物理的環境がどのように自身の学習に影響を及ぼし

うるかを理解している。そのため，自身の学習を行う場所に対して積極的に構造化し，コントロールしようとする (Zimmerman, 1998a)。子どもたちは，教師がいつもよい姿勢を示してくれたり，母親が練習の妨害とならないようにテレビを切ってくれたりするといったスキルの重要性を次第に理解するようになっていく。

　とりわけ楽器が大きかったり，動かすことができないような状況において，子どもたちは練習環境を自分で選ぶことができない。例えば，ピアノが居間のテレビの近くに置いてある場合はストレスの原因となりやすい。特に，子どもは練習したいと思っているのに，他の家族はテレビを見ながらリラックスしたいと考えている，といったときには緊張が生じる。練習中の動画の分析から (McPherson & Renwick, 2001)，多くの楽器の演奏者たちが練習するときにさまざまな形で練習する場所を選んでいることに，私たちは気がついた。私たちが観察していた生徒のうちの数人は，日ごとに練習場所を変えていた。これは，その日の家族の状況に応じて適切な練習場所を彼らが意識的に選択していたことを示唆している。そうすることにより，彼らは必要なときに他の家族のメンバーからの協力を得やすくなる一方で，ペットやテレビ，そしてまた家族の他のメンバーからはより妨害されやすくもなる。親子へのインタビューから得られた追加データは，これらの多くの物理的環境には譜面台と適切な椅子が備わっているという私たちの結論を支持していた。しかし，楽器の学習の初期段階であっても，子どもたちの間の個人差は目立っていた。一部の子どもは楽器を正しく持ち，背筋を伸ばして立ったり座ったりすることで望ましい行動を示し，適切な演奏場所で演奏する一方で，別の子どもは演奏の姿勢がまったく安定していなかった。ある練習動画の中では，若い学習者は彼の楽器であるベルをベッドの上に置き，自身は枕の上であぐらをかいていた。練習のために楽器を家に持ち帰った初日から，子どもたちの物理的環境の構造化の仕方は明確に異なっていた。結果的に，多くの子どもたちが物理的環境の構造化や，楽器の持ち方において明らかに不適切な行動をとっていた（詳細は，Austin & Berg, 2006; Pitts, Davidson, & McPherson, 2000 を参照）。

社会的要因

　学習に影響する社会的要因を理解することには，他者から与えられる手助けと個人的に求める手助けとの微妙な違いを知ることも含まれる。保護者からのサポートは明らかに必要不可欠なものである。特に，学習開始から最初の数か月，若い学習者は練習することを忘れずにいる必要がある。

　McPhersonとDavidson (2002) の縦断調査では，楽団に所属する3，4年生の児童157人の親からのリマインダーが急激に減少したことを報告している。重要な点として，学習初期に母親は，子どもが練習に耐える能力とともに，子どもの練習を断続的にリマインダーや励ましによって調整するエネルギーを投じるための彼女たち自身の能力についてもアセスメントしたのだと彼らは結論づけている。このような保護者の関与の変動は，子どもたちの楽器の学習継続に向けた動機づけに影響していた (McPherson & Davidson, 2002; 2006; Pitts et al., 2000; また，Zdzinski, 1996 も参照)。母親によるコメントと練習のリマインダーの報告に基づき，私たちは一部の母親たちが自身の子どもたちよりもはるかに早く子どもの潜在的な音楽性を諦めたと示唆するに至った (McPherson & Davidson, 2002)。このような結果は，直接強化の社会化プロセスが，若い学習者が音楽に関与し続けるために必要な自信を発達させる能力へと，どのようにポジティヴないしネガティヴに影響しうるかを示している。類似した研究では，成功した学習者の保護者はしばしば子どもの学習への熱心な興味を示し，子どもの練習において体系的な助言を与えることが示されている (Lehmann, 1997; Sosniak, 1985)。このような保護者の熱心な興味は，若い音楽の学習者の自信，動機づけ，そして持続性を蓄積させ，結果的に彼らを演奏家として成功させるのである (Sosniak, 1987, 1990)。

　音楽の成績も関与の程度も幅広い257人のイギリスの生徒（年齢は8歳から18歳）を対象にした他の研究 (Davidson, Sloboda, & Howe, 1995/1996; Sloboda & Davidson, 1996) では，成績の高い生徒の保護者は，特に学習初期の段階において積極的に子どもの練習をサポートすることを明らかにした。保護者たちは，子どもに練習を思い出させたり，励ましたり，情緒的なサポートを与えており，またいくつかのケースでは直接的な指導も行っていた。彼らの関与は，子

どもたちが自身の学習を自己調整する能力が覚束ない発達の初期段階においてもっとも顕著であった。そして，それぞれの子どもが自己動機づけを発達させ，レッスンや練習に対して自律的になり始めると，音楽的な背景をもたない保護者の多くは，子どもたちの音楽への関与にあたって情緒面へのサポートは維持するものの，直接的な関与からは手を引くようになる。対照的に，成績の低い生徒たちは，学習を始めた初期のうちはほとんど保護者からのサポートを受けていない傾向がみられたが，彼らの10代の時期，練習への動機づけとレッスンへの参加に対する保護者からのプレッシャーは驚くほど増加した（Davidson, Howe, Moore, & Sloboda, 1996；また，Davidson, Howe, & Sloboda, 1997; Davidson et al., 1995/1996; Slovoda & Davidson, 1996 も参照）。

　いつ，そしてどのくらいの時間練習をするのか（あるいは，何の楽器を学ぶか，音楽学習にどのように関与し始めるかといったことも）は，しばしば家庭環境内の協議によって決められる。したがって，家庭環境の微妙なダイナミクスや，それらが子どもたちの楽器の学習への動機づけをどのように促進あるいは抑制させうるかを教師が理解しておくことは，きわめて重要なことである。Pomerantz, Grolnick と Price（2005）の研究に基づいて作成された図12.3は，私たちの訓練したような音楽教育者が，このような親子のダイナミクスについて理解するうえで有用な枠組みである。私たちは，子どもの学習において保護者が果たす重要な役割について訓練生に理解させるためにこのモデルを用い，そのための議論や介入エクササイズを考案している。まずは，保護者に目標（すなわち，価値，信念，態度，熱意）を形成させることに焦点を当てるよう訓練生に働きかける。私たちは，保護者が音楽の価値についての態度や価値観をどのように子どもに伝えるかといったことの重要性や，領域特定的かつ目標志向的な行動や態度を規定する情緒的風土をつくり上げることの大切さについて時間をかけて議論する。後者の行動や態度は，子どもたちにとって動機づけを維持することや，音楽的なコンピテンスの発達に伴い自身の能力を信じること，音楽的なアイデンティティの感覚を得ること，そして，学習を続けたいという願いを維持することに寄与する。なお，これらは教授法を理解するうえでも重要な次元である。そのため，私たちの訓練生を適切な教師—生徒間の相互作用をめぐる議論に焦点化させる前段としても，このアプローチは特に有用である

第 12 章　自己調整介入と音楽における熟達

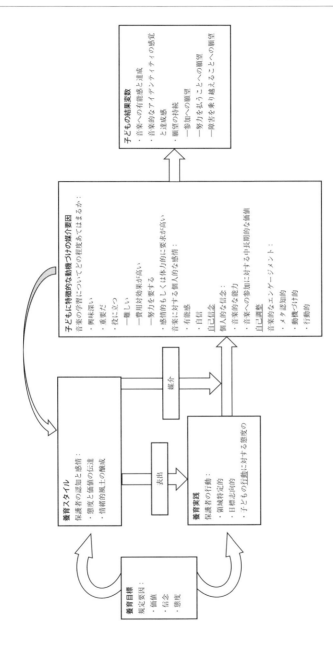

図 12.2　子どもの音楽の学習における親子間交流
G. E. McPherson (2009), Psychology of Music, p. 4. より。許可を得て転載。Copyright 2009 by Sage Publishing.

ことがわかってきた。図12.3の左側の3つのボックスについて，養育を教授へ，保護者を教師へとそれぞれ置き換えることで，この図は私たちが考える重要な教師―生徒間の相互作用を適切に定義するものへと再概念化される。

　教師と生徒の関係性の深まりは，音楽家の自己の概念化と音楽的な目標に影響を及ぼす。生徒が成熟し，より有能な演奏家になるにつれて，彼らは教師の職業的資質と個人的資質とを区別し始める。例えば，生徒は教師のことを高圧的で厳格な人である一方で，素晴らしい演奏家でもあると感じるかもしれない（Sloboda & Davidson, 1996）。さまざまな研究の視点から，子どもたちの最初の教師にとってもっとも重要な資質は，音楽への愛を上手に伝達し，広めることであるとされている（McPherson & Davidson, 2006）。このような資質を示す教師に教わる生徒たちは，学習を楽しくて面白いものだと認知するため，動機づけを高めやすい。後に子どもたちが楽器のスキルを成長させ始めると，教師や保護者から受ける外的に強化されてきたサポートは，スキルのさらなる改善と発展に焦点化された学習への内発的な願望へと発展する。ここでの自己動機づけは，生徒が学習のことを自身でコントロールできる対象であると認知し，なおかつその後も保護者や教師からの外的な強化に頼る必要がなくなることを意味する（Sloboda & Davidson, 1996）。

　きょうだいや仲間の影響は，教師と同じくらい重要かもしれない。Davidson, HoweとSloboda（1997）によれば，きょうだい間の競争的で個人的な葛藤が若い子どもの音楽的な発達を妨害ないし刺激することもある一方で，年上のきょうだいは弟や妹にとってしばしば教師的な役割をとるとされる。また，生徒たちが真似しようとするかもしれない年長のロールモデルや仲間の影響は非常に大きいと考えられるにもかかわらず，音楽の研究者からは事実上注意を払われていない。アンサンブル内の他の演奏家に助言を求めるという行動を一つ取っても，自身の演奏に資する情報を求める姿勢ができていることを示しうるのである。

今後の音楽教育への介入研究

　本章で私たちは，Zimmermanの自己調整学習の概念を積極的に取り入れた

音楽研究が，私たちの音楽的な発達に対する理解へ大きな影響を与えたことを示してきた。それでもなお，自己調整学習を音楽に適用したこれらの研究には，以下に示すようないくつかの重要な限界点があった。(a) それらの多くが，記述的あるいは相関的な研究である点，(b) 音楽的行動について信頼性の高い分析をすることの複雑さゆえに，少数サンプルをもとにした研究である点，(c) 多くの研究が，かなりの程度において教師主導の学習状況であるか，表記されたスコアの「正しい」演奏のようによく構造化された問題解決課題の状況であるかのいずれか，または両方に焦点化されている点の3点である。

　Barry J. Zimmermanと彼の学識に影響を受けた者たちによる仕事をもとにして，音楽の自己調整学習研究は今後10年間でこの基盤をさらに発展させていくであろう。その点について私たちが自信をもつ理由は数多くある。もっとも重要な調査の中には，自己調整学習の構成要素のうち動機づけ的要因と行動的要因の相対的な重要性に関するものがある（例えば，Pintrich & De Groot, 1990; Renwick et al., 2011）。初期の音楽の介入研究（例えば，Kenny, 1993）で演奏の改善がみられなかったのは，あまりに介入期間が短かったからかもしれないため，このような研究によって介入の必要な期間を明らかにすることが求められる。また，自己調整スキルを高めることを意図した介入において，楽器の特異性に応じたもっとも効果的な介入を調べる研究も有益であろう。例えば，バイオリニストたちは専門的な教師と一緒にグループで練習するのと，弦楽器以外の楽器の演奏者とともに学習方略の比較を通して学ぶのとどちらがより効果的か？　音楽の自己調整学習における全般的なスキルは，より高度な音楽的訓練に特徴的な一対一のレッスンの激しい流動性に対してどの程度まで転移させることができるのであろうか？

　この章を読んだ読者のうち音楽以外の分野を専門とする人は，私たちが記述するさまざまな学習方略（例えば，プランニング，自己記録，そして自己報酬：Zimmerman & Martinez-Pons, 1990）をすでに認識していたと思われる。多くの生徒は，学校でこのような一般的な自己調整スキルを教えられる。そこで彼らは学んだスキルを音楽の学習に対して一般化するかもしれないし，しないかもしれない。したがって，音楽の自己調整学習の介入研究がもつ今後の課題として，学校で子どもたちが音楽以外の領域において学んだ学習方略がいつ有効に

機能するのか，また，本質的に音楽としての特徴をもつ方略がいつ必要なのかをみていくことが求められる。

　生徒が学んだり教えられたりする音楽の教材について，生徒自身が選択したり，個人的に興味をもっていたりすることが動機づけに及ぼす効果を調べた大規模サンプルの研究はみられない。しかし，この章の前半で私たちがみてきたケーススタディは，この分野に注目を集めることが有益であることを明確に示唆している（Cordova & Lepper, 1996）。これに関連して，自己調整学習の研究者が待望していることは，「インフォーマル」な学習領域についての研究知見が現れることである。これは，多くの著名な音楽家が典型的に示す自発的な学習のアプローチであり，学校場面でも少しずつ試行されつつあるものである（Green, 2008）。ここでは，生徒は教師から最低限の指示しか受けず，構造化されていない音楽的な問題に対して友人グループで協調的に解決しようとする。さらに，学習教材の選択についても大部分が自由である。

　最後に，子どもたちがより効果的な学習を保証するために環境を構造化する方法に注意を向けた音楽の研究はごく少ない。私たちの研究に基づき，物理的環境は子どもたちの音楽的な発達に対して以前想像していたよりも重要な要因であることが明らかになっている。学習者が物理的環境の構造化を通して自身の学習を効率化し，自己調整的な学習者になることを支援する介入の糸口を探るために，今後より多くの研究が必要である。

　高度に洗練された自己調整スキルをもつことは一つの重要な要因であるが，「困難やストレッサー，あるいは気を散らすものに直面した際に継続的にそれらを適用する」（Zimmerman, 1995, p. 219）ことができるかどうかという問題はまったくの別問題である。音楽というすべての年齢の学習者にとってとりわけ挑戦的な学習領域において，困難やストレッサー，あるいは気を散らすものの存在は，大人へ成長した後も演奏家や歌手として積極的な参加を続ける音楽学習者がほとんどいないことの主な理由の一つである。結論として，音楽の研究が発展し，音楽教育がその後に続くことによって，研究者は本章で強調されたような音楽的精神の自己調整的な発達を研究する領域を超えた，より豊富な研究題材を見つけ出すであろう。

結論

　本章では，学齢期の学習者たち——特に，ここでは音楽的な発達段階のうち初学者と中級者——の発達を促進するために，私たちが見出してきた介入を説明する手段として自己調整の理論を用いてきた。私たちの研究が明らかにしてきた中でももっとも重要な介入は，教師主導による心理的方略の教授である。ここでは，学習者が音楽を演奏する際に課題に適した方略の使用を促すことや，学習者がより高次なレベルで機能できるように足場かけをすることなどが含まれる。このような手続きは，多くの楽器のレッスンにおいて教師のステートメント指向的行動——すなわち，課題をどのように遂行すべきかということについての教師の発話が大部分を占め，生徒からの質問は少ないやりとり——が中心的となりがちな音楽においては特に重要である（Hepler, 1986; Weerts, 1992）。例えば，Rostvall と West（2003）は，楽器の教師が生徒に対して，自身で演奏したり見本を見せたりすることよりも，どのように演奏されるべきかについての行動に関する短い発話で話しかける傾向があることを示した。そうすることで，このような教師は生徒に，「彼らが学ぶメロディについて聞き，心的表象を形成する機会をほとんど与えなかった」（p. 218）。個人やグループでのレッスンを対象としたさまざまな実証的知見が，このようなタイプの直接的な教授はすべての年齢の生徒において結果的に注意力を減少させることを示している（Kostka, 1984; Price, 1989; Spradling, 1985; Witt, 1986）。

　私たちはこれらの知見を受け，私たちが訓練しているような音楽教育者たちに対して，彼らの生徒の演奏の間違いへの敏感な反応や，支援の重要性を認識してもらえるように働きかけている。これは，生徒たちがなぜそのような間違いをしたのかを，彼らが分析できるようにするためである。生徒が何を考えているかを理解することは，特に新しいスキルの学びの導入時には重要である。生徒に今何をしているのか，それをどのようにしているのかを内省させ，演奏に対して他のアプローチがないかを問いかけることは，音楽の指導を改善させることにつながると考えられる。ただし，自身の学習に対して不満や困難を感じている子どもたちや，学習の最初の数か月や数年で脱落したり，乗り切れな

い子どもたちに対しては特に長い道のりになる。

　最後に，私たち3人の著者は，Barry J. Zimmermanの過去40年間にわたる洞察的な研究に対して敬意を表する。彼の著作は，私たちの音楽に対する思考やその他に対して彼が想像しえなかったほどの大きな影響を与えてきた。自己調整的な学習者という概念を拡張させ，この概念が何を意味し，何を含んでいるのかを明らかにしてくれた彼の学問的な貢献に私たちは深く恩を感じている。バリーの知恵は，世界中の若者や大人がどのように音楽を学ぶのかに対する私たちの思考と理解にこれからも影響を与え続けるであろう。

文献

Austin, J. R. & Berg, M. H. (2006). Exploring music practice among sixth-grade band and orchestra students. *Psychology of Music, 34*, 535-558. doi: 10.1177/0305735606067170

Barry, N. H. & Hallam, S. (2002). Practice. In R. Parncutt & G. E. McPherson (Eds.), *The science and psychology of music performance: Creative strategies for teaching and learning* (pp. 151-165). New York, NY: Oxford University Press.

Bartolome, S. J. (2009). Naturally emerging self-regulated practice behaviors among highly successful beginning recorder students. *Research Studies in Music Education, 31*, 37-51. doi: 10.1177/1321103X09103629

Bruning, R. H., Schraw, G. J., Norby, M. M., & Ronning, R. R. (2004). *Cognitive psychology and instruction* (4th ed.). Upper Saddle River, NJ: Merrill.

Chaffin, R., Imreh, G., & Crawford, M. (2002). *Practicing perfection: Memory and piano performance*. Mahwah, NJ: Erlbaum.

Cordova, D. I. & Lepper, M. R. (1996). Intrinsic motivation and the process of learning: Beneficial effects of contextualization, personalization, and choice. *Journal of Educational Psychology, 88*, 715-730. doi: 10.1037/0022-0663.88.4.715

Covington, M. V. & Roberts, B. W. (1994). Self-worth and college achievement: Motivational and personality correlates. In P. R. Pintrich, D. R. Brown & C. E. Weinstein (Eds.), *Student motivation, cognition, and learning: Essays in honor of Wilbert J. McKeachie* (pp. 157-187). Hillsdale, NJ: Erlbaum.

Davidson, J. W., Howe, M. J., Moore, D. G., & Sloboda, J. A. (1996). The role of parental influences in the development of musical performance. *British Journal of Developmental Psychology, 14*, 399-412. doi: 10.1111/j.2044-835X.1996.tb00714.x

Davidson, J. W., Howe, M. J., & Sloboda, J. A. (1997). Environmental factors in the development of musical performance skill over the life span. In D. J. Hargreaves & A. C. North (Eds.), *The social psychology of music* (pp. 188-206). Oxford: Oxford University Press

Davidson, J. W., Sloboda, J. A., & Howe, M. J. (1995/1996). The role of parents and teachers in the success and failure of instrumental learners. *Bulletin of the Council for Research in Music Education, 127*, 40-44.

Deci, E. L., Koestner, R., & Ryan, R. M. (1999). A meta-analytic review of experiments examining the effects of extrinsic rewards on intrinsic motivation. *Psychological Bulletin, 125*, 627-668. doi: 10.1037/0033-2909.125.6.627

Ericsson, K. A., Krampe, R. T., & Tesch-Römer, C. (1993). The role of deliberate practice in the acquisition of expert performance. *Psychological Review, 100*, 363-406. doi: 10.1037/0033-295X.100.3.363

Ginsborg, J. (2002). Classical singers learning and memorising a new song: An observational study. *Psychology of Music, 30*, 58-101. doi: 10.1177/0305735602301007

Green, L. (2008). *Music, informal learning and the school: A new classroom pedagogy*. Aldershot, UK: Ashgate.

Gruson, L. M. (1988). Rehearsal skill and musical competence: Does practice make perfect? In J. A. Sloboda (Ed.), *Generative processes in music: The psychology of performance, improvisation, and composition*, (pp. 91-112). Oxford: Clarendon Press.

Hallam, S. (1994). Novice musicians' approaches to practice and performance: Learning new music. *Newsletter of the European Society for the Cognitive Sciences of Music, 6*, 2-9.

Hallam, S. (1997). Approaches to instrumental music practice of experts and novices: Implications for education. In H. Jørgensen & A. C. Lehmann, (Eds.), *Does practice make perfect?: Current theory and research on instrumental music practice* (pp. 89-107). Oslo: Norges musikkhøgskole.

Hallam, S. (2001). The development of expertise in young musicians: Strategy use, knowledge acquisition and individual diversity. *Music Education Research, 3*, 7-23. doi: 10.1080/14613800020029914

Hepler, L. E. (1986). *The measurement of teacher/student interaction in private music lessons, and its relation to teacher field dependence/field independence*. Unpublished doctoral dissertation, Case Western Reserve University, Cleveland, OH. Retrieved from Proquest Dissertations and Theses (UMI No. AAT8627848).

Jørgensen, H. (1997). Time for practising? Higher level music students' use of time for instrumental practising. In H. Jørgensen & A. C. Lehmann, (Eds.), *Does practice make perfect?: Current theory and research on instrumental music practice* (pp. 123-139). Oslo: Norges musikkhøgskole.

Kenny, W. E. (1993). *The effect of metacognitive strategy instruction on the performance proficiency and attitude toward practice of beginning band students*. Unpublished doctoral dissertation, University of Illinois at Urbana-Champaign, Urbana, IL. Retrieved from Proquest Dissertations and Theses (UMi

No. AAT 9305576)

Kostka, M. J. (1984). An investigation of reinforcements, time use, and student attentiveness in piano lessons. *Journal of Research in Music Education, 32,* 113-122. doi: 10.2307/3344978

Lehmann, A. C. (1997). The acquisition of expertise in music: Efficiency of deliberate practice as a moderating variable in accounting for sub-expert performance. In I. Deliège & J. A. Sloboda (Eds.), *Perception and cognition of music* (pp.161-187). Hove, England: Psychology Press.

Lehmann, A. C., Sloboda, J. A., & Woody, R. H. (2007). *Psychology for musicians: Understanding and acquiring the skills.* Oxford: Oxford University Press.

Leon-Guerrero, A. (2008). Self-regulation strategies used by student musicians during music practice. *Music Education Research, 10,* 91-106. doi: 10.1080/14613800701871439

Madsen, C. K. & Geringer, J. M. (1981). The effect of a distraction index on improving practice attentiveness and musical performance. *Bulletin of the Council for Research in Music Education, 66-67,* 46-52.

McPherson, G. E. (2005). From child to musician: Skill development during the beginning stages of learning an instrument. *Psychology of Music, 33,* 5-35. doi: 10.1177/0305735605048012

McPherson, G. E. (2009). The role of parents in children's musical development. *Psychology of Music, 37,* 91-110. doi: 10.1177/0305735607086049

McPherson, G. E. & Davidson, J. W. (2002). Musical practice: Mother and child interactions during the first year of learning an instrument. *Music Education Research, 4,* 141-156. doi: 10.1080/14613800220119822

McPherson, G. E. & Davidson, J. W. (2006). Playing an instrument. In G. E. McPherson (Ed.), *The child as musician: A handbook of musical development* (pp. 331-351). Oxford: Oxford University Press

McPherson, G. E., Davidson, J. W., & Faulkner, R. (2012). *Music in our lives: Rethinking musical ability, development and identity.* Oxford: Oxford University Press.

McPherson, G. E. & McCormick, J. (1999). Motivational and self-regulated learning components of musical practice. *Bulletin of the Council for Research in Music Education, 141,* 98-102. Retrieved from http://www.jstor.org/stable/40318992

McPherson, G. E. & Renwick, J. M. (2001). A longitudinal study of self-regulation in children's musical practice. *Music Education Research, 3,* 169-186. doi: 10.1080/14613800120089232

McPherson, G. E. & Renwick, J. M. (2011). Self-regulation and mastery of musical skills. In B. J. Zimmerman & D. H. Schunk (Eds.), *Handbook of self-regulation of learning and performance* (pp. 234-248). New York, NY: Routledge.

McPherson, G. E. & Zimmerman, B. J. (2002). Self-regulation of musical learning: A social cognitive perspective. In R. Colwell & C. Richardson (Eds.), *The new handbook of research on music teaching and learning* (pp. 327-347). New York, NY: Oxford University Press.

McPherson, G. E. & Zimmerman, B. J. (2011). Self-regulation of musical learning: A social cognitive perspective on developing performance skills. In R. Colwell & P. Webster (Eds.), *MENC handbook of research on music learning. Volume 2: Applications* (pp. 130–175). New York, NY: Oxford University Press.

Miklaszewski, K. (1989). A case study of a pianist preparing a musical performance. *Psychology of Music, 17*, 95-109. doi: 10.1177/0305735689172001

Miksza, P. (2006). An exploratory investigation of self-regulatory and motivational variables in the music practice of junior high band students. *Contributions to Music Education, 33*, 9-26.

Miksza, P. (2007). Effective practice: An investigation of observed practice behaviors, self-reported practice habits, and the performance achievement of high school wind players. *Journal of Research in Music Education, 55*, 359-375. doi: 10.1177/0022429408317513

Nielsen, S. G. (1997). Verbal protocol analysis and research on instrumental music practice. In A. Gabrielsson (Ed.), *Proceedings of the third triennial ESCOM Conference* (pp. 183-188). Uppsala, Sweden: Uppsala University.

Nielsen, S. G. (1999). Learning strategies in instrumental music practice. *British Journal of Music Education, 16*, 275-291.

Nielsen, S. G. (2001). Self-regulating learning strategies in instrumental music practice. *Music Education Research, 3*, 155-167. doi: 10.1080/14613800120089223

Nielsen, S. G. (2002). Musical practice in the conservatoires: Strategies advanced students use in self-regulated learning. In I. M. Hanken, S. G. Nielsen & M. Nerland (Eds.), *Research in and for higher music education: Festschrift for Harald Jørgensen* (pp.69-84). Oslo: Norwegian Academy of Music.

Nielsen, S. G. (2004). Strategies and self-efficacy beliefs in instrumental and vocal individual practice: A study of students in higher music education. *Psychology of Music, 32*, 418-431. doi: 10.1177/0305735604046099

Nielsen, S. G. (2010, September). *Learning pre-played solos: Two case studies*. Paper presented at the the Student Ownership Conference, Royal Academy of Music, Stockholm, Sweden.

Pintrich, P. R. (1995). Understanding self-regulated learning. In P. R. Pintrich (Ed.), *Understanding self-regulated learning* (pp. 3-12). San Francisco, CA: Jossey-Bass Publishers.

Pintrich, P. R. & De Groot, E. V. (1990). Motivational and self-regulated learning components of classroom academic performance. *Journal of Educational Psychology, 82*, 33-40. doi: 10.1037/0022-0663.82.1.33

Pitts, S., Davidson, J. W., & McPherson, G. E. (2000). Developing effective practice strategies: Case studies of three young instrumentalists. *Music Education Research, 2*, 45-56. doi: 10.1080/14613800050004422

Pogonowski, L. (1989). Metacognition: A dimension of musical thinking. In E. Boardman (Ed.), *Dimensions of musical thinking* (pp. 9-19). Reston, VA: Music Educator National Conference.

Pomerantz, E. M., Grolnick, W. S., & Price, C. E. (2005). The role of parents in how children approach achievement: A dynamic process perspective. In A. J. Elliot & C. S. Dweck (Eds.), *Handbook of competence and motivation* (pp. 259-278). New York, NY: Guilford.

Price, H. E. (1989). An effective way to teach and rehearse: Research supports using sequential patterns. *Update, 8*, 42-46.

Renwick, J, M., McCormick, J., & McPherson, G. E. (2011). *An investigation of self-determined motivational beliefs and self-regulated practising behaviours*. Manuscript submitted for publication.

Renwick, J. M. & McPherson, G. E. (2002). Interest and choice: Student-selected repertoire and its effect on practising behaviour. *British Journal of Music Education, 19*, 173-188. doi: 10.1017/S0265051702000256

Renwick, J, M., & McPherson, G. E., McCormick, J. (2008, July). *Effort management, self-monitoring and corrective strategies in the practising behaviour of intermediate instrumentalists: Observations and retrospective think-aloud protocols*. Paper presented at the International Society for Music Education world conference, Bologna, Italy.

Renwick, J. M. & Reeve, J. (2012). Supporting motivation in music education. In G. E. McPherson & G. Welch (Eds.), *The Oxford handbook of music education*. NY: Oxford University Press.

Robinson, K. (2011). *Out of our minds: Learning to be creative* (2nd ed.). Southgate, Chichester, UK: Capstone.

Rostvall, A. L. & West, T. (2003). Analysis of interaction and learning in instrumental teaching. *Music Education Research, 5*, 213-226. doi: 10.1080/1461380032000126319

Schunk, D. H. & Zimmerman, B. J. (1997). Social origins of self-regulatory competence. *Educational Psychologist, 32*, 195-208.

Schunk, D. H. & Zimmerman, B. J. (Eds.). (1998). *Self-regulated learning: From teaching to self-reflective practice*. New York, NY: Guilford Press.

Schunk, D. H. & Zimmerman, B. J. (2003). Self-regulation and learning. In W. M. Reynolds & G. E. Miller (Eds.), *Handbook of psychology: Educational psychology* (pp. 59-78). Hodoken, NJ: John Willey & Sons.

Shuell, T. J. (1988). The role of the transfer in the learning and teaching of music: A cognitive perspective. In C. Fowler (Ed.), *The Crane symposium: Toward an understanding of the teaching and learning of music performance* (pp. 143-167). Potsdam, NY: Potsdam College of the State University of New York.

Sloboda, J. A. & Davidson, J. W. (1996). The young performing musician. In I. Deliège & J. A. Sloboda (Eds.), *Musical beginnings: Origins and development of musical competence* (pp. 171-190). Oxford: Oxford University Press.

Sosniak, L. A. (1985). Learning to be a concert pianist. In B. S. Bloom (Ed.), *Developing talent in young people* (pp. 19-67). New York, NY: Ballantine Books.

Sosniak, L. A. (1987). The nature of change in successful learning. Teachers College Record, 88, 519-535.

Sosniak, L. A. (1990). The tortoise, the hare, and the development of talent. In M. J. A. Howe (Ed.), *Encouraging the development of exceptional skills and talents* (pp. 477-506). Leicester, England: The British Psychological Society.

Spradling, R. L. (1985). The effect of time out from performance on attentiveness and attitude of university band students. *Journal of Research in Music Education, 33,* 123-137. doi: 10.2307/3344732

Thomas, J. W., Strage, A., & Curley, R. (1988). Improving students' self-directed learning: Issues and guidelines. *The Elementary School Journal, 88,* 313-326. Retrieved from http://www.jstor.org/stable/1001959

Weerts, R. (1992). Research on the teaching of instrumental music. In R. Colwell (Ed.), *Handbook of research on music teaching and learning* (pp. 577-583). New York, NY: Schirmer Books.

Williamon, A. & Valentine, E. (2000). Quantity and quality of musical practice as predictors of performance quality. *British Journal of Psychology, 91,* 353-376. doi: 10.1348/000712600161871

Woody, R. (1999/2000, December/January). Getting into their heads. American Music Teacher, 49, 24-27.

Witt, A. C. (1986). Use of class time and student attentiveness in secondary instrumental music rehearsals. *Journal of Research in Music Education, 34,* 34-42. doi: 10.2307/3344796

Zdzinski, S. F. (1996). Parental involvement, selected student attributes, and learning outcomes in instrumental music. *Journal of Research in Music Education, 44,* 34-48. doi: 10.2307/3345412

Zimmerman, B. J. (1989). Models of self-regulated learning and academic achievement. In B. J. Zimmerman & D. H. Schunk (Eds.), *Self-regulated learning and academic achievement: Theory, research, and practice* (pp. 1-25). New York, NY: Springer.

Zimmerman, B. J. (1994). Dimensions of academic self-regulation: A conceptual framework for education. In D. H. Schunk & B. J. Zimmerman (Eds.), *Self-regulation of learning and performance: Issues and educational applications* (pp. 3-21). Hillsdale, NJ: Erlbaum.

Zimmerman, B. J. (1995). Self-efficacy and educational development. In A. Bandura (Ed.), *Self-efficacy in changing societies* (pp. 202-231). New York, NY: Cambridge University Press.

Zimmerman, B. J. (1998a). Academic studying and the development of personal skill: A self-regulatory perspective. *Educational psychologist, 33,* 73-86. doi: 10.1080/00461520.1998.9653292

Zimmerman, B. J. (1998b). Developing self-fulfilling cycles of academic regulation: An analysis of exemplary instructional models. In D. H. Schunk & B. J. Zimmerman (Eds.), *Self-regulated learning: From teaching to self-reflective practice* (pp.1-19). New York, NY: Guilford Press.

Zimmerman, B. J. (2000). Attaining self-regulation: A social cognitive perspective. In M. Boekaerts, P. R. Pintrich & M. Zeidner (Eds.), *Handbook of self-regulation* (pp. 13-39). San Diego, CA: Academic Press.

Zimmerman, B. J., Greenberg, D., & Weinstein, C. E. (1994). Self-regulating academic study time: A strategy approach. In D. H. Schunk & B. J. Zimmerman (Eds.), *Self-regulation of learning and performance: Issues and educational applications* (pp. 181-199). Hillsdale, NJ: Erlbaum.

Zimmerman, B. J. & Martinez-Pons, M. (1990). Student differences in self-regulated learning: Relating grade, sex, and giftedness to self-efficacy and strategy use. *Journal of Educational Psychology, 82*, 51-59. doi: 10.1037/0022-0663.82.1.51

第13章

体育とスポーツの文脈における自己調整介入の実行

Marios Goudas（マリオ・グダス），Athanasios Kolovelonis（アサオシオス・コロベロニス），
Irini Dermitzaki（イリーニ・デルミザキ）

訳：塚野州一（富山大学）

　現代の学習の理論的アプローチは，生徒が自己調整学習者になるために学習をどのように自己指導するかに主眼を置いている（Zimmerman & Schunk, 2001）。自己調整学習は，生徒の学習過程における主体的役割に重点を置き，「自己調整思考，感情，個人の目標の達成を計画し，循環的に適応する行動」（Zimmerman, 2000, p. 14）に注目している。自己調整学習は，認知的，メタ認知的，動機づけ的，情動的，意思的な過程を必要としている（Boekaerts, 1996; Efklides, 2005）。特に，自己調整スキルと方略は，認知的，メタ認知的，情動的か動機づけ的であり（Dermitzaki, 2005），またそれらは生徒の成績に影響する（Dermitzaki, Leondari, & Goudas, 2009）。そのような自己調整スキルを使う生徒は，より学習するし，成績が上がり，スキルのない友だちよりも生涯学習者になる（Zimmerman, 2000）。そこで，自己調整学習者に育て上げることは，効果的な学習の向上に関心をもつ教育者にとっては，やりがいのある課題なのである。

　自己調整の発達は，運動とスポーツのスキルにおける学習とパフォーマンスの高レベルの達成を促進する（Zimmerman & Kitsantas, 2005）。スポーツと体育の自己調整を検討した研究をレビューして，Crews, Lochbaum と Karoly（2001）は，さまざまな理論的アプローチがとられていて，自己調整は1つの方略か方略のセットではなく，「包括的」な用語として使用されてきたことを突き止めた。実際，身体領域の自己調整の文献は，理論的にも方法論的にも決して体系的でなく一貫したものでもなかったのである（Crews, et al., 2001; Gould & Chung, 2004）。そこで，スポーツと体育の自己調整研究を先導する一貫した理論的背景が必要になる。自己調整学習の Zimmerman の理論とモデルは，自己調整学習に及ぼす個人的・行動的・環境的影響の全体的効果を検討している

ので，自己調整発達の理解に適している（Petlichkoff, 2004）。次に，これらのモデルについて簡略に述べ，そのモデルがスポーツと体育の研究にどのように影響してきたかを紹介する。

　Zimmerman（2000）は，自己調整過程と関連する動機づけの信念は3つの循環段階で相互作用するという考えを提案した。その段階とは，予見，遂行，自己内省である。予見段階は，生徒の課題の取り組みに先行し，課題分析（例えば，方略プランニング，目標設定）と動機づけの考え（例えば，自己効力）に伴って生じる。この段階で，生徒は，個人の目標を設定し，これらの目標にどうやって到達するかを予見する。遂行段階は，生徒が自分の目標に到達しようとして学習中に使用する自己観察と自己コントロール過程に伴って生じる。この段階で生徒は課題を遂行し，遂行を自己観察し，目標達成を促進する自己コントロール方略を使う。自己内省段階は，学習努力をたどる過程を伴い，自己判断（例えば，原因帰属）と自己反応（例えば，満足）に伴って生じる。自己調整というこの見方は，それぞれの段階の過程，信念，自己内省が次の段階の間に学習の努力に影響するので循環的である（Cleary & Zimmerman, 2001）。さらにZimmerman（2000）は，生徒の自己調整スキルは4つの連続するレベルを通って発達することを提案した。つまり，観察，模倣，自己コントロール，自己調整である。まず，生徒はモデルがスキルを実行するのを観察する（観察レベル），そして彼らは，対人的フィードバックを受けながらスキルを使う（模倣レベル）。次に，彼らは，中間目標を設定し，遂行を自己モニタリングする実行を自己指導する（自己コントロールレベル）。最後に，彼らは，結果目標に重点を置いた変化する環境条件でスキルを使用し，身につけるのである（自己調整レベル）。これらの4つのレベルの連続する経験は最適学習を生じる（Zimmerman & Kitsantas, 2005）。これらモデルの全体の記述は Zimmerman（2000）を参照されたい。

　Zimmerman のモデルは，スポーツと体育の文脈の自己調整学習介入をデザインし，実行し，評価する適切な枠組みである（Petlichkoff, 2004）。それらは，自己調整学習の過程（つまり，自己調整の循環モデル）を説明し，自己調整スキル（4レベルのトレーニングモデル）を発達させる指導的方法となってくれる。特に，Zimmerman の理論とモデルは，モデルが実際にどんな文脈でも生じ

る，能力ではなく過程として自己調整学習を詳しく説明している（Zimmerman, 2000）。そこで，これらのモデルは，教育全体および，特に体育の学習を調整する生徒の努力を説明するために使用できる。それらは，自己調整方略だけでなく自己効力のような動機づけの考えも含んでいる。さらに，これらのモデルによれば，自己調整学習の発達は，自己の源だけではなく対人的サポートにも根ざしている（Zimmerman, 2000）。社会認知的見方は，自己調整学習の発達における社会化する者（例えば，教師）の役割に重点を置く。このように，体育の教師は生徒の自己調整学習を促進する重要な役目を果たしている。Zimmermanのモデルのもう一つの長所は，それらのモデルにスポーツに共通な過程と技法が含まれていることである（例えば，目標設定，モデリング，フィードバック）。このことにより，スポーツと体育領域でこれらのモデルの導入と実行を促進できる。さらに，これらのモデルは生徒が実行の際にさまざまな自己技法を使えるようにすることを提案している。スポーツと体育の場面で，セルフ・トークのようなさまざまな遂行促進技法が使用される。そのような技法を取り入れると，これらのモデルをスポーツと体育の領域の使用が適切なものになる。

　生徒の自己調整スキルを発達させると，体育の学習とパフォーマンスを向上させる場合がある。そこで，生徒の自己調整の発達の研究は，大きな関心をもたれている（Petlichkoff, 2004）。Zimmermanのモデルと理論は，体育の場合でもそのような研究を導くことができる。これらのモデルは体育における運動およびスポーツスキルについての自己調整学習の発達を検討する研究プログラムに大きく影響した。特に，私たちの研究における枠組みは，循環モデルであり，自己調整学習の発達の4レベルのトレーニングモデルである（Zimmerman, 2000）。社会認知的な見方は，自己調整学習の発達の対人的（例えば，モデリング，社会的フィードバック）と自己（例えば，自己観察）の源の両方の役割を特に重視する。つまり，自己調整過程は効果の対人および自己の源によって獲得され維持される場合がある（Zimmerman, 2000）。さらに私たちは，年少児の自己調整研究は限界があるので，小学5年生と6年生の男女共学の体育クラスに重点を置いたのである（Petlichkoff, 2004）。

　本章の目的は，体育とスポーツの文脈における，運動とスポーツのスキルで

の自己調整学習の発達に関する最近の研究結果を紹介することである。この研究は，Zimmermanのモデルを理論的バックグラウンドとして使い，スポーツと体育の文脈におけるこれらのモデルの効果についてエビデンスを提供する。さらに，本章では，スポーツと体育の自己調整学習を促進する過程と技法の使用について実践的提案の提供を目的とする。これらの提案は，コーチや体育の教師が生徒の自己調整学習の促進に役立つ有効な案内となるであろう。私たちは，自己調整学習発達の4レベルトレーニングモデル（Zimmerman, 2000）に基づく運動とスポーツのスキルを教える指導的方法も示そう。私たちは，この指導方法を，コーチと体育の教師がこの方法を実行する際の重要な問題を理解するのに役立つよう，仮説に基づくケースシナリオで説明する。最後に，理論と先行研究を検討して，指導方法を向上させることに焦点を当てた将来の研究を提言する。

体育の自己調整学習研究

この節で，体育場面で実施された私たちの研究を紹介する。私たちの研究プログラムの目的は，自己調整発達の4レベル過程を検討したZimmermanのオリジナルな研究の幅を広げることである。まず，私たちは4レベルのトレーニングモデルについてもっと詳しく述べ，私たちの研究プログラムをデザインするために先行の研究結果と理論にどのように基づいているのかを説明しよう。次に，私たちの研究プログラムを発展させた主な介入と修正について述べる。それから，私たちの研究結果を説明し，理論と先行の研究を参照しながらそれらを検討する。

4レベルのトレーニングモデル

4レベルのトレーニングモデル（Zimmerman, 2000）によれば，生徒は4つの連続したレベル，つまり，観察，模倣，自己コントロール，自己調整それぞれのレベルによって自己調整スキルを発展させる。まず生徒は，遂行基準を認

知的に取得するためにスキルを実行するモデルを観察する（観察レベル）。それから，彼らは対人的フィードバックを受けながらスキルを練習する（模倣レベル）。そのフィードバックは実行の情報と社会的環境の支援（例えば，コーチ；Smith & Smoll, 1997）を含んでいる。このフィードバックは生徒が自分の間違いを修正し，遂行基準をつくり，その基準を自分の活動レパートリーに組み入れるのに役立つのである。自己コントロールのレベルでは，生徒は自分の学習の目標設定をし，遂行基準を習得しようとし，自己モニタリングし，「行動のいくつかの側面に入念な関心」（Schunk, 1996, p. 360）を払って，自己指導する必要がある。セルフ・トークのような自己コントロールの技法は，「それらのスポーツ関連の思考を反映した自動的陳述とアスリートが指導に使う計画的な技法（例えば，思考停止法）」（Hardy, Oliver, & Tod, 2009, p. 38）を参照したものだが，遂行中に生徒のパフォーマンス向上の支援に使用できる。自己調整レベルで，生徒は遂行結果に重点を置いて，その結果を必要に応じてスキルを調節するために使う。彼らはスキルを調節して，パフォーマンスの明確なスタイルを発展させる条件を変えるためにそれを使用する。

　相互点検方法や自己点検方法のような教授のスタイルは，模倣練習と自己コントロールの練習中に使用できるので，4レベルのトレーニングモデルとも関連している（Zimmerman, 2000）。相互点検スタイルでは，生徒は，課題を遂行する実行者と実行者に即時および進行中のフィードバックを与える観察者の役割を2人で交代して課題を実行する。自己点検スタイルでは，生徒は，自分のパフォーマンスを自己観察し，自己評価して，構造化された場面で自主的に練習するのである（Mosston & Ashworth, 2002）。

　先行研究は4レベルのトレーニングモデルの側面の効果を検討してきた。Kisantas, Zimmerman と Cleary（2000）は，観察学習と模倣学習を続けて経験した少女たちがパフォーマンスを向上させたことを突き止め，自己効力，内発的興味，満足感がより高いレベルであると報告した。Zimmerman と Kisantas（1997）は，最初に中間目標を設定し，それから結果目標に変えた生徒は，最高のダーツ投げの結果を示し，他の目標設定条件の生徒と比べ，自己効力，満足感，内発的興味がもっとも高かったことを報告した。これらの研究は，自己調整学習の発達の4レベルのトレーニングモデルの効果に最初の支持

を示した。

　だが，このモデルの効果に関する多くの問題は，模倣から自己コントロールレベルまでの連続した練習の効果のように，まだ未検討である。この移行は自己調整学習の発達の臨界点だと考えらえている。というのは，生徒は対人的サポートの練習から自己指導の練習へと進むからである（Zimmerman, 2000）。そこで，私たちの研究系列で，模倣と自己コントロールのレベルの連続した練習の効果を検討した。次に，私たちは，研究やその改良で使用された介入の核となる特徴を述べよう。

介入の説明

　私たちの研究方向は4レベルのトレーニングモデルに主眼が置かれた。特に，主な介入の目的は，模倣から自己コントロールのレベルへ連続する練習の効果の検討である。体育の授業中，生徒は個別に単一の練習セッションに参加した。この練習セッションは，模倣レベルと自己コントロールレベルを想定する2つの連続した小区画に分割された，ダーツ投げのスキルが使用された。まず，私たちはすべての生徒に観察学習の経験をさせた（つまり，口頭の指示とモデリング）。それから私たちは，模倣（つまり，対人フィードバックの練習）と自己コントロール練習（つまり，中間目標の設定と自己記録の練習）を連続して行った生徒を，これらのレベルの一つを行わない生徒と，スキルを練習しただけの統制群の生徒と比較した。

　手続きは生徒1人あたり30分ほどかけて行われ，それには最初の案内，教示，モデリング，実験操作，練習セッション，事後テスト測定が含まれている。体育館に着くと，生徒は介入について知らされ，教示が与えられ，ダーツ投げのスキルの実演を観察する。それから，模倣と自己コントロールレベルに対応した，それぞれ8分間の二連続練習セッションのダーツ投げを16分間行った。模倣段階では，生徒は対人フィードバックを受けながらスキルを練習した。すべての生徒がフィードバックの同じ数と質を受けるように，実験者はフィードバックの時間，型，内容を決めたスケジュールを使った。自己コントロール段階では，生徒は，自分のダーツ投げのパフォーマンスを向上させるた

めに中間目標を設定し，自己記録カードを使用してパフォーマンスを自己観察した。操作の厳密さを保証するために，進行中，実験者はそれぞれの生徒と個々に記述されたプロトコルに沿った標準化された方法について話を交わしていた。このプロトコルは，それぞれの研究段階と，実験者が生徒にそれぞれの研究段階で与えた指針が書かれていた。練習のすぐ後で，生徒はダーツ投げのスキルをテストされ，ダーツ投げの練習の楽しさとダーツ投げスキルの満足感のような考えについての短い質問に答えた。

そのうちに，この最初の方法的デザインが幅を広げられて，4つのレベルのトレーニングモデルの他の側面を含むようになった。例えば，私たちは，体育のもっと普通の教授条件で4レベルのトレーニングモデルを行った。特に，私たちは，小グループで練習する生徒を含む模倣レベルから自己コントロールレベルへの連続練習の効果を確かめた。さらに，私たちは，結果の環境上の有効性を増やすために運動スキル（例えば，ダーツ投げ）とスポーツのスキル（例えば，バスケットボールのドリブルとチェストパス）の両方を使用した。

私たちは，これらのモデルにセルフ・トークを取り入れることを提案するために，セルフ・トークと目標設定の併合した効果の実効性も検討した。セルフ・トークのような，自己コントロールの技法の使用により，生徒のパフォーマンスを向上できる。さらに，4レベルのトレーニングモデルを指導法と結びつけて，私たちは，自己調整学習の模倣レベルと自己コントロールレベルの生徒の練習を指導するためにスポーツと体育場面でよく使われる，2つの指導スタイル（つまり，相互点検スタイルと自己点検スタイル）の使用効果を検討した。私たちの研究では，ただ女子青年だけが対象であった先行研究を広げて，体育の共学クラスの男女が参加したのである。

次に，私たちは研究プログラムの結果について述べよう。それは，模倣の練習から自己コントロールの練習への移行目標設定と自己記録，セルフ・トーク，指導スタイルの効果の研究を含んだ4つの節で編成されている。

研究結果

本節では研究プログラムの結果を示す。私たちはこれらの結果を4節にまと

めた。最初の節では，模倣レベルから自己コントロールレベルの連続する練習効果を検討した研究について述べる。研究のこの系列は，模倣段階から自己コントロール段階の移行に主眼を置いた。次に，自己調整過程の効果に重点を置いて，生徒のパフォーマンスの目標設定と自己記録の効果についての結果を述べる。第3節では，Zimmermanのモデルの自己コントロール技法を取り入れることに中心を置いて，生徒のパフォーマンスにおけるセルフ・トークの効果を検討する研究を紹介する。最後に，4レベルのトレーニングモデルの2つの指導スタイル，つまり相互点検スタイルと自己点検スタイルについての結果を示す。

模倣段階から自己コントロール段階への移行

　本節では，模倣レベルから自己コントロールレベルの連続する練習効果についての研究結果を述べる。前記の主な介入を実行して，Kolovelonis, Goudasと Dermizaki（2010）は，模倣レベルにおいて対人フィードバックで続けて練習し，自己コントロールレベルで中間目標を設定してパフォーマンスを自己記録した生徒は，統制群の生徒に比べ，ダーツ投げの高いパフォーマンスを示し，さらに，模倣レベルで対人フィードバックを受けた6年生と自己コントロールレベルで中間目標と自己記録を練習した生徒は，統制群の生徒より満足感と内発的動機づけの高いことを，それぞれ報告した。このように，観察学習，対人フィードバックの模倣の練習，それに目標設定と自己記録の自己調整過程を連続して使うことは効果がある。

　Kolovelonis, Goudas, Hassandra と Dermizaki（2012）は，先行研究のいくつかの限界（例えば，個別参加，事後テストデザイン，使われたスポーツスキルの不足）を対象にして，Kolovelonisら（2010）によって行われた介入を改善しようとした。特に，彼らは，生徒が模倣練習を経験した後，自己コントロールレベルの中間目標か結果目標の設定と自己記録の効果を検討した。彼らはまた事前―事後テストデザインを採用した。それはスキルの繰り返しの実演を含み，小グループの教授とテストを使い，日常のスポーツスキル（例えば，バスケットボールのドリブル）を使用したものだった。彼らは，観察レベルと模倣レベルで対人フィードバックを受け，繰り返しの実演を観察し，自己コントロールレベル

で中間目標か結果目標を設定してパフォーマンスを自己記録した生徒は，事前テストから事後テストにかけてドリブルのパフォーマンスが向上することを突き止めた。さらに，模倣レベルでは対人フィードバックを受けないが，目標設定と自己記録の自己コントロール練習を経験した生徒は，事前テストから事後テストにかけてドリブルのパフォーマンスを向上させたのである。

　Kolovelonis, Goudas, Dermizaki と Kitsantas（2013）は，先行の介入を，模倣レベルで目標を導入し，生徒の成績のキャリブレーションにおけるさまざまな自己調整レベルの練習効果を検討して広げた。キャリブレーションは，生徒のパフォーマンスの認知が実際のパフォーマンスと一致する程度（Keren, 1991）であり，生徒の動機づけ（Schunk & Pajares, 2009）と自己調整（Efklides & Misailidi, 2010）について重要な提言ができる。Kolovelonis らは，模倣練習（つまり，対人フィードバックを受ける）と自己コントロール練習（つまり，中間目標か結果目標を設定する）を連続して経験した生徒は，事前テストから事後テストへドリブルのパフォーマンスを向上させ，統制群の生徒を上回ることを突き止めた。模倣レベルで中間目標か結果目標を導入することは，自己コントロールレベルで同じ目標を設定することと同じ効果があった。これらの結果は，自己調整学習の発達4レベルのトレーニングモデルの効果を支持した。生徒のドリブルのパフォーマンスのキャリブレーションについての模倣レベルと自己コントロールレベルの練習効果については，Kolovelonis らは，パフォーマンスのキャリブレーションのグループ差を認められなかった。模倣練習と自己コントロール練習に自分のパフォーマンスを過小評価した中間目標を設定した生徒以外は，生徒全員がパフォーマンスを過大評価した。同様に，Kolovelonis, Goudas と Dermizaki（2012）は，さまざまな自己調整条件でドリブル練習をした生徒は，キャリブレーションの歪みと正確さの違いはなく，全員がパフォーマンスを過大評価していることを突き止めた。だが，グループとは無関係に，6年生は5年生に比べ，ダーツ投げのパフォーマンスの評価では正確だった。過程をモニタリングする正確さは，動機づけと自己調整に関する重要な提言をもち，スポーツと体育のこの種の研究は限定されているので，さらに今後の研究で追求されたほうがいい要因である。例えば，自分のパフォーマンスを過大評価する生徒は，自分はすでにスキルを習得したと考えて，学習努力を続けたがらな

いのである。

具体的な技法の効果を検討する：目標設定と自己記録

　Kolovelonis, Goudas と Dermizaki (2011a) は，生徒の自己調整学習におけるさまざまな目標と自己記録の効果に重点を置いた。観察学習を経験した後，生徒は16分間ダーツ投げを行い，中間目標，結果目標あるいは中間と結果の複合目標を設定し，成績を評価するための3レベルの尺度のある自己記録カードを使用したパフォーマンスを自己記録する，あるいは自己記録しなかった。生徒は練習中の自分の成績に関する原因と予測も求められた。その結果は，自己記録は先行の結果を支持し (Cleary, Zimmerman, & Keating, 2006; Kitsantas & Zimmerman, 1998, 2006; Zimmerman & Kitsantas 1996,1997)，3レベルの自己記録尺度の効果について追加のエビデンスも出て，5，6年生の生徒のダーツ投げの成績にプラスの効果があることが示された。別々の目標をもつグループ間で違いはみられなかった。中間目標と結果目標の複合の設定は，自己コントロールレベルの中間目標だけか結果目標だけの設定と同じように効果があった。これらの結果は，先行研究でみられた中間目標と結果目標の違いを十分には支持しなかった (Kitsantas & Zimmerman, 1998; Zimmerman & Kitsantas, 1996, 1997)。だが，Zimmerman と Kitsantas (1997) によって提案された中間目標から結果目標への移行のアプローチと同様に，中間目標と結果目標の複合に代わる多数の目標アプローチはともに，少なくとも単純な課題——特に指導時間が制限されている体育場面——ではプラスの効果をもつかもしれない。さらに，先行研究 (Kitsantas & Zimmerman, 1998) と一致して，この研究は，目標を設定しない生徒と比べると目標を設定する生徒は，自分のダーツ投げの低い成績を技術の誤りのせいにし，成績を向上させるために技術の改善に重点を置いていると報告している。

自己コントロール技法の使用：セルフ・トーク

　課題遂行の間，生徒は，パフォーマンスを向上させ目標に到達するために自己コントロール技法を使用したほうがいい (Zimmerman, 2000)。例えば，Kitsantas と Zimmerman (1998) は，ダーツ投げの2つの基本要素である投げ

る過程の分析と技法を調整する方略の使用が生徒のパフォーマンスにプラスの効果があることを突き止めた。スポーツの場面では，セルフ・トーク（Hardy et al., 2009）のような，いろいろな技法が使われている。Kolovelonis, Goudas と Dermizaki（2012）は，生徒のダーツ投げのパフォーマンスの目標設定とセルフ・トークの複合した効果を検討した。生徒は，ダーツ投げの練習中に，ダーツ投げの基本要素と考えられている垂直の前腕運動に注意させるために，「伸ばせ」という合図を使う指示的セルフ・トークを言わされた。結果は，中間目標か結果目標とセルフ・トークを結びつけた小学生は，目標だけの生徒と統制群の生徒より優れていた。これらの結果は，自己調整学習の発達を向上させるために遂行中に自己コントロール技法としてセルフ・トークを使う仮説を支持した（Zimmerman, 2000）。

　セルフ・トークの2つの基本形が区別されてきたことを検討して，Kolovelonis, Goudas と Dermizaki（2011b）は，生徒の体育の成績についての指示的セルフ・トークと動機づけ的セルフ・トークの効果を比較した。指示的セルフ・トークと動機づけ的セルフ・トークは，バスケットボールのチェストパステストの成績には同じ効果があったが，動機づけ的セルフ・トークは，修正された腕立てテストの指示的セルフ・トークに比べてより効果があった。つまり，セルフ・トークは運動課題パフォーマンスの向上には効果的な技法だが，課題の要求は体育の教師がセルフ・トークのもっとも適切なタイプを選ぶときに考慮したほうが望ましいのである。

自己調整の促進役としての教授スタイル

　教授法は，自己調整学習の発達にも影響する。相互教授では，生徒はスキルを練習し，仲間からフィードバックを受け取る。自己点検教授中，生徒は目標を設定し，自分のパフォーマンスを自己モニタリングしながら，練習を自己指導する（Mosston & Ashworth, 2002）。これらの指導フォーマットは，4 レベルのトレーニングモデルの模倣（つまり，対人フィードバックの練習）と，自己コントロール（つまり，目標設定と自己記録の練習）レベルの基本方針と直接関係している。Kolovelonis, Goudas と Gerodimos（2011）は，体育の1セッションにおける生徒のバスケットボールのチェストパスパフォーマンスと関連する心理社会

的変数についての,相互点検スタイルと自己点検スタイルの効果を検討した。彼らは,相互教授フォーマット,自己点検スタイル,あるいは統合した条件で練習した生徒は,チェストパスの正確さと技法で統制群の生徒より優れていることを突き止めた。だが,自己効力,満足感,努力,楽しむことで4つの群に差は認められなかった。もっと長い練習セッションでは,これらの変数にプラスの効果が生じるかもしれない。これらの結果は,模倣レベルと自己コントロールレベルのそれぞれで,教授方法としての相互点検スタイルと自己点検スタイルの使用についての最初のエビデンスを提供したのである。

　遂行されたスキルに関する自分や仲間の成績の状態を正確に識別する生徒の力は,相互点検スタイルと自己点検スタイルの効果と自己調整学習の発達の重要な要素である。KolovelonisとGoudas (2012) は,生徒が仲間と自己の記録に,自分と仲間のパフォーマンスを過大評価しながらも,おおむね正確であることを突き止めた。相互点検スタイルと自己点検スタイルを使用した生徒の間には,記録の正確さでは違いはなかった。さらに,教授スタイルには関係なく,より正確なフィードバックを受けた生徒は,あまり正確でないフィードバックを受けた生徒よりもチェストパスでは優れていた。

研究結果の検討

　私たちは,いくつかの重要なやり方で先行研究の知見 (Kitsantas et al., 2000; Zimmerman & Kitsantas, 1997) の幅を広げ,4つのレベルのトレーニングモデルの効果を確認した。特に,私たちは連続した練習の効果を示すために,模倣レベルから自己コントロールレベルまで先行研究を拡大適用させた。また,私たちは,(a) 運動とスポーツの両方のスキルを使い,(b) 男女共学の体育授業の少年少女を対象にして,(c) グループ練習の生徒を含む実際の生活の教授条件を設定し,このモデルの環境上の有効性を高めた。さらに,私たちは,遂行中の自己コントロール技術としてのセルフ・トーク使用のプラスの効果についてのエビデンスを提供した。セルフ・トークは,自己コントロール技法であり,それはスポーツと体育の文脈で幅広く使用されている。Zimmermanのモデルに自己コントロール技法を取り入れると,これらのモデルをスポーツ場面で使うことをより適切なものにする。また,私たちは,自己調整学習の発達の,模

做レベルと自己コントロールレベルのそれぞれで，相互点検スタイルと自己点検スタイルを統合することを提案した。模倣練習中，生徒は相互点検スタイルを使って自分の仲間から対人フィードバックを受ける場合がある。さらに，自己点検スタイルの使用は，生徒に目標設定と成績の自己記録のスキルを自主的に練習する機会を与えるのである。

　だが，生徒の動機づけ信念に対して実験操作が一貫してプラスの効果をもっていたという先行研究の結果は，私たちの研究では十分に検証されなかった。中学校の生徒に比べ，小学校の児童は，体育への参加には高い動機づけレベルを通常報告している（例えば，Kolovelonis, 2007）。実際，私たちの研究に参加した児童は，動機づけの測度では高得点をとるので，そこでポテンシャルな対応効果の検出は難しい。スポーツ活動に参加する年少の子どものこの生来の熱中性を考えると，体育の教師やコーチは，年少の子どもに能力向上に役立つ自己調整過程を教えることに重点を置くほうが望ましい。

実用化

　Zimmerman（2000）のモデルとそれぞれの研究結果から，体育教師とコーチに実用的な提案が引き出せる。次に，私たちは，研究の中で確かめた自己調整過程に関する提案をし，これらのすべての過程を結合する運動とスポーツのスキルを教える指導方法を紹介する。また，仮定シナリオでこれらの自己調整過程の使い方を示そう。

モデリング

　モデリングは，対人的エージェント（例えば，教師）が自己調整スキルを子どもたちに伝える主要な手段として役立つ（Zimmerman, 2000）。最初の学習段階で，生徒はモデルのすることを観察し，新しいスキルの実行に必要なカギとなる要素を認知的に獲得するためにエージェントの言葉の説明を聞く。モデリングには，運動やスポーツのスキルだけでなく自己調整スキルの使用も含まれ

る。例えば，体育の教師は，練習中のセルフ・トークのような自己コントロール技法の使用を実演することがある。さらに，体育の教師は，自分の生徒に，自己コントロールレベル中に練習を先導する中間目標をどのように選ぶかや，自分のパフォーマンスをモニターするために自己記録のような自己モニタリング技法をどのように使うかを実演する。

指導の点からは，モデリングには，教師や熟達した生徒のスキルの実演に，有効ならばビデオや映画の使用も含めたほうがいい。言葉の指導は，生徒がスキルの重要な要素の焦点化に役立つように行動的モデリングと結びつけられる（Bandura, 1997）。スキルは，生徒が練習を始める前に実演される必要がある。だが，体育の教師は，スキルを習得するのが複雑で難しいとき，遂行基準を獲得しようと努める生徒やクラス全体にスキルを繰り返し実演する。体育の教師とコーチは，すべての生徒がスキルの実演をはっきりと見える場所に立っていることに気を配ることが望ましい（Bandura, 1986）。さらに，体育の教師は，利き手側だけでなく身体の両側を使って運動とスポーツのスキルを実演したほうがいい。

対人フィードバック

対人フィードバックは，肯定的パフォーマンスフィードバック，適切なパフォーマンスの合図，正の強化，帰属的フィードバックを含めるほうがいい。フィードバックのこれらのタイプを提供する効果的方法は，「肯定的サンドイッチ」法（Smith & Smoll, 1997）である。その方法で，生徒は適切なパフォーマンスと正の強化の合図から肯定的フィードバックを受け取る。対人フィードバックは，体育の教師によってだけでなく，教授の相互点検スタイルを使って仲間からも提供される。自己調整学習を発達させるカギとなる点は，対人フィードバックを提供する方法である。特に，生徒がスキルを習得するにつれて，対人フィードバックは次第に控えたほうがいい（Schmidt & Wrisberg, 2008）。そこで，生徒は対人的援助には頼らなくなり，自己モニタリング過程によって内的フィードバック情報を生じ始める。私たちの研究では，均等な実験的措置の必要性から，生徒に同じ量と質の対人フィードバックを提供する所

定のフィードバックスケジュールを使用した。その対人フィードバックは練習の終わりに減らすのである。だが，適用場面では，生徒は同じ量の対人フィードバックを必ずしも必要としない。生徒の中にはフィードバックをあまり必要としない者と，より必要な者がいる。そこで体育の教師は，柔軟に対応し，適切なときに適切な量の対人フィードバックを与えるために，生徒の進行を観察するほうがいい。遂行基準習得の際，生徒の進行のチェックリストの使用は，体育の教師が，いつフィードバックの量を減らすか，いつ生徒に自己モニタリング過程を説明するかを判断するのに役立つのである。そのようなチェックリストで，体育の教師は遂行基準習得の際に生徒の進行を示すことができる。生徒の成功のパフォーマンスが増加する（不成功を上回る）とき，体育の教師は，生徒が自分の実行の多くで成功してフィードバックを全体的に控えるときに，対人フィードバックの提供を次第に減らすのである。

目標設定

　自己調整学習は目標指向過程であり，そこで体育の教師は，運動とスポーツのスキルを教える方法に目標設定を組み込むほうが望ましい。スポーツと体育の場面で，結果目標が，簡単に設定され多くの基準によって評価されるのでよく重用される（Kingston & Wilson, 2009）。だが，新しいスキルを学習する最初の段階では，生徒はスキルの遂行基準を獲得する中間目標も設定したほうがいい。中間目標は，中間の結果に基づく目標を実現するために柔軟にコントロールできる踏み石として使ったほうがいい（Kingston & Wilson, 2009）。重複目標方法は，結果目標と中間目標とを結合する方法である。最初の学習努力の間，生徒は中間目標に中心を置き，スキルを習得した後，生徒は自分のパフォーマンスを最大にする結果目標に重点を置いたほうがいい（Zimmerman & Kitsantas, 1997）。単純な課題では，これらの目標のタイプは，練習のはじめからプラスが見込まれる結果と組み合わせられる場合がある（Kolovelonis et al., 2011a）。

　目標は，具体的で，近接した，意欲をそそるもので，個人向けのものである。さらに，生徒が練習セッション中に求める多くの目標は，少ないままのほうがいい（つまり，1つか2つの目標）。だが，年少の生徒は，自分で適切な目

標を設定するときにつまずくことがある。彼らは，一般的で，非常にやさしいか難しい，また長期間の目標を設定するのである（Zimmerman, 2008）。そこで，体育の教師は，生徒に具体的で，近接の，意欲をそそる目標の設定をしてやり，それを教え，それらを目標にして追求するように説得する。私たちが介入で使用した実際のやり方は，生徒が練習に先立って目標を繰り返して言い，練習中は目標についての合図をするように頼むことであった。別の重要な問題は，目標に達するための生徒の取り組みである。この取り組みは，生徒が自分の目標をカードに書き（例えば，自己記録カード），これらの目標に取り組もうと書くと強化されるのである。生徒は練習中，練習後，練習の終了時に目標を達成する自分の進行もモニターしたほうがいい。

　もう一つの実際の問題は，練習のいつの段階で目標を取り入れるかである。私たちの結果と社会的認知モデルに基づくと，目標は練習のはじめから設定するほうがいい。特に，対人的フィードバックの練習中に，生徒は，遂行されたスキルの遂行基準を示している具体的で明確な中間目標を追求したほうがいい。これらの目標は，生徒がパフォーマンスを自己モニタリングしながら自主的にスキルを練習してさらに追求し，具体的な結果目標と結びつけられるほうが望ましいのである。

自己記録

　自己調整学習者になるには，生徒は内的フィードバックを生じさせるために自分のパフォーマンスをモニターしたほうがいい。自己記録は，運動とスポーツのスキルのパフォーマンスをモニターするために生徒が使用できる簡単な技法である。私たちの研究では，生徒は自分のパフォーマンスを観察し記録するために簡単な記録カードを使った（別表）。この3レベルの自己記録尺度は，パフォーマンスの詳細な説明であり，生徒を混乱させずに必要なフィードバック情報を生徒に与えるだけのスペースがあるので，生徒のパフォーマンスの向上に効果的であった。

　体育の教師とコーチは，自己記録過程がスキルを妨害し，時間を消費することに注意したほうがいい。例えば，多くの人たちは，生徒が体育館の中で鉛筆

と紙を持っているのは難しいか邪魔になると言う。そのような問題事態を避けるために，体育の教師は，あらゆる必要な材料（つまり，記録カード，鉛筆）が生徒に使える安定した記録場所をつくる。そうすれば生徒は，練習中，体育館にこれらの道具を運ばなくてもいい。生徒が体育館を動き回るため自己記録カードを身につけることが難しい場合には，ポケットに入れた短い鉛筆付きの硬い紙に印刷された簡単な小さなカードを使うというもう一つのやり方がある。さらに，やり方と学習過程の自己記録技法の干渉を最小にするために，生徒には一試行ごとではなく一組の試行後や休憩中に記録するよう頼むのがいい。目標数は少ないほうがいいという見方に合わせて，自己モニタリングは毎回1つか2つの要素に重点を置いたほうがいい。

生徒は，大きな全体的身体運動をモニターすることをまず教えられる。というのは，そのような運動とそのときの微細な運動を見分けることは容易だからである。さらに，記録の機械的過程だけでなく，生徒の記録が正確になるように，正確なパフォーマンスを見分ける過程に重点が置かれる。つまり，生徒はただ自分のパフォーマンスを記録するだけでなく，それがこれらの基準に合っているかどうかを判断するのに，その遂行基準と比べてパフォーマンスを振り返るほうがいいのである。

セルフ・トーク

練習中，生徒は，パフォーマンスを向上させ目標に到達するために，セルフ・トークのような自己コントロール技法も使ったほうがいい。体育の教師は，生徒に新しいスキルを学ばせる当初から，セルフ・トークをどのように使用するかを教えることができる。指示的と動機づけ的セルフ・トークは両方とも効果がある。だが課題の要求も検討するほうが望ましい。そこで，合図の言葉の選択過程が非常に大切になる。体育の教師は，それぞれの課題の基本的特徴を見抜き，それぞれの課題の適切な合図の言葉を起用したほうがいい。Landin (1994) によれば，合図の言葉は，次のようなものが適切である。(a) 短く音声学的に単純で，(b) スキルの指示対象要素と論理的に結びつき，(c) 課題の連続するタイミングとリズムと一致するもの。生徒がセルフ・トークの使

用が初めてのときは，体育の教師は適切な合図の言葉を決めるほうがいい。生徒が進歩し，セルフ・トークの使用の経験を積むと，体育の教師は，代わりの合図の言葉のリストを準備したほうがいい。そして生徒はそれぞれ，自分にもっとも適した合図の言葉を選ぶのがいいのである。

　もう一つは，合図の言葉が外言か心の中で発言されるかという問題である。練習の最初の段階の外言的セルフ・トークは，体育の教師が，合図の言葉を適切に使用するなら観察できるという利点をもつ。そして彼らは適切なフィードバックを指示し与えることができる。練習の後では，生徒はセルフ・トークを心の中で使用するかもしれない。だがすべての場合で，生徒の好みを考慮したほうがいいであろう（Hardy et al., 2009）。

　パフォーマンスを向上させるために具体的な合図の言葉の使用を生徒に教えることとは別に，体育の教師とコーチは，生徒が練習や競争中に自分の思考とセルフ・トークに気をつけるよう訓練するほうが望ましい。Zinsser, Bunkerと William（2006）は，生徒やアスリートにセルフ・トークの使用に気づかせ，深い理解を促進する興味深い方法を提案している。これらは，ビデオ映像を見ること，想像力の使用，セルフ・トーク日誌，紙の切り抜き活動による振り返りである。この活動は，対象となる言葉が区別されると，一つのポケットから別のポケットへと切り抜きを移すことである。例えば，生徒が練習中にマイナスの思考を特定すると，彼らは立ち止まり，一つのポケットから別のポケットに切り抜きを移し，マイナス思考をプラス思考に変えて，練習を続けるのである。この活動で，生徒は，練習中のマイナス思考に気づき（例えば，「私は馬鹿だ」「私はこの簡単なショットをミスした」），マイナス思考をプラス思考に変える（例えば，「自分を向上させよう」）練習をするのである。

相互点検スタイルと自己点検スタイルの使用

　相互点検スタイルと自己点検スタイルは，学習の責任を生徒に移し，生徒を独り立ちさせて自己調整学習者にすることによって，生徒の体育の学習とパフォーマンスを向上させることができる。そこで，体育の教師は，自分たちの教授のレパートリーにこれらのスタイルを取り入れたほうがいい。だが，生徒

は生徒中心の教授方法には普通は慣れていないので，体育の教師は彼らにどのようにこれらの教授スタイルで練習するかを教えたほうがいい。これらの指導には，間違いを知らせたり，褒めてやったり，課題の完成を評価するヒントを含んでいる（Metzler, 2000）。

相互点検スタイルにおいて，ペアの組み合わせは，体育の教師が何人かの生徒の先行経験や高い能力を利用したり，これらの生徒をあまり経験のない生徒のチューターとして使う場合を除いて，ランダムに形成され，生徒の性別や能力は混ぜ合わされている。さらに，体育の教師は生徒に自分のパートナーを選ぶ機会を与える。というのは，生徒は，自分の友だちと練習するときに，より気楽になり，もっと具体的なフィードバックを与えることを突き止めたからである（Byra & Marks, 1993）。

自己点検スタイルは，生徒に一人で実行させる。そして，これは生徒の意欲をそそる。それは彼らが慣れていることとは違っているからである。生徒が学習目標を追求することを実行し，これらの目標の達成を観察し記録するために単純なやり方の使用を訓練することは，自己点検スタイルの効果に重要である。生徒は自分のパフォーマンスを自己内省することと，自分のパフォーマンスを遂行基準と比較することを教えられるほうがいいのである。

基準のカードはこれら2つの教授スタイルの効果には重要な要素である。そこでカードは念入りに設計されるほうがいいのである。それらには，パフォーマンスの基準，これらの基準を説明する写真，遂行をチェックするスペースに重点を置いた，やり方の指導，課題の説明を普通盛り込むのである（Mosston & Ashworth, 2002）。基準カードは，大きな文字を入れないほうがいいし，遂行基準は，写真で例示され，短い具体的なキーワードで強調したほうがいい。

次に，私たちは，仮説的ケースに沿ってまず4つの段階の指導方法について述べよう。

運動とスポーツのスキルの指導法

意図的にあるいは意図せずに，体育の教師とコーチは，前述した自己調整過

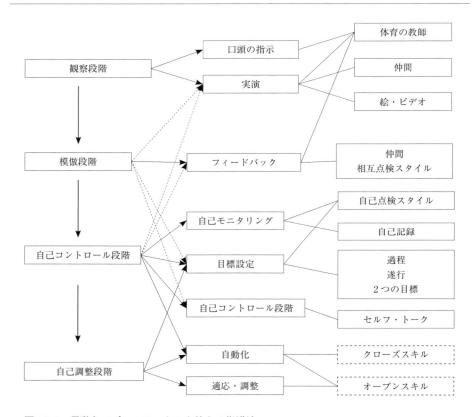

図 13.1　運動とスポーツのスキルを教える指導法
実線の矢印は，それぞれの過程の練習段階を結ぶ。点線の矢印は，前のあるいは次の練習段階に属している過程の練習段階を結ぶ。

程のいくつかを使用する。例えば，コーチと体育の教師は運動とスポーツのスキルを教えるとき，普通モデリングとフィードバックを与えることに重点を置く（Coté, Salmela, Trudel, Baria, & Russell, 1995; William & Hodges, 2005）。だが，自己調整学習の発達は，体育の教師とコーチに構造化された学習環境の構築を求める。その環境は，生徒が目標設定とパフォーマンスの自己モニタリングの練習の自己指導を行うのに役立つのである。4レベルのトレーニングモデル（Zimmerman, 2000）は，統合された方法であり，それは本章で検討されるすべ

ての自己調整過程を次々に取り入れて結合できる（図13.1を参照）。新しいスキルを学ぶことは，順番に観察段階（つまり，口頭指導，スキルの実演），模倣練習（つまり，対人フィードバックの練習），自己コントロールの練習（つまり，目標設定と自己モニタリングの練習），自己調整の練習（条件を変えた実行）を含んでいる。次に，これらの段階について詳しく述べよう。

観察段階：運動とスポーツのスキルの学習は，スキルの実演を伴う口頭の教示を与えることから始まる。教示は短く，適切に選ばれた合図の言葉で提示されたスキルのカギとなる要素に重点を置いたほうがいい。実演は教師，経験を積んだ生徒によって行われ，また写真やビデオも使われる。この観察レベル（Zimmerman, 2000）では，生徒はスキルの次の練習に必要な遂行基準を認知的に獲得する。スキルの繰り返しの実演は，生徒が複雑な課題でつまずいたり，次の段階に進むときにも必要なときがある。さらに，さまざまなモデルの実演を見ることは，生徒がスキルの実行のさまざまな変化に気づくのに役立つのである（Williams & Hodges, 2005）。また，これは生徒の運動のレパートリーの発達を向上させる。この段階では，先行知識との結合が知識の転移を促進するのである（Schmidt & Lee, 2005）。

模倣段階：この段階の間に，生徒は，体育の教師やコーチから遂行基準を獲得し，それらを自分の運動レパートリーに取り込むために，対人フィードバックを受けて，支援的学習環境でスキルを練習する（Zimmerman, 2000）。これらの遂行基準は生徒の練習の目標を示している。さらに，仲間は相互教授スタイルを選ぶフィードバックの提供者として使われる場合もある。対人フィードバックは，肯定的反応，正の強化，パフォーマンスの合図，帰属的で進行的なフィードバックを含んでいる（Schunk, 1999）。対人フィードバックは生徒のスキル習得が進んだ練習の終わりには減らしたほうがいい。そこで，生徒は対人フィードバックへの依存を減らし，自分の内因性のフィードバックを使い始めたほうが望ましい（Williams & Hodges, 2005）。これは，自己調整学習の発達過程における決定的な点であり，生徒が対人サポートの練習から自立的で自主的な練習へ進む際の力になるのである。

自己コントロール段階：この段階の間，生徒は，目標を設定し，自分のパフォーマンスを自己モニタリングして，構造化された場面で自分の練習を自己

指導する（Zimmerman, 2000）。この段階での体育の教師の役割は，生徒の学習努力を向上させる適切な学習環境を用意し構築することである。体育の教師は必要なときに生徒の支援に役立ったほうがいい（例えば，フィードバック，実演）。体育の教師は，生徒が練習に適切な（つまり，近接した，具体的な，意欲をそそる）目標を設定し，指導も自己モニタリング技法を使うようにしたほうがいい。自己点検スタイルはこの段階で使用される。それは目標指向練習と自己モニタリングの過程に生徒を関与させるからである。さらに，この段階では，生徒は目標の到達を促進しパフォーマンスを向上させるために，セルフ・トークのような自己コントロール技法を使うほうが望ましい。これらの自己コントロール技法の効果は，モニターもされたほうがいいし，パフォーマンスの結果はこれらの技法の使用と関連するはずである。

　自己調整段階：自己調整レベルに達した生徒は，スキルを練習し，パフォーマンス結果の観察に基づいた必要な調整をする（Zimmerman, 2000）。スキルのタイプはこの段階のあり方の一つの役割を果たす。環境が安定したところのクローズスキルでは，スキルの自動性が求められるほうがいい。この場合には普通，反復試行とパフォーマンス結果の観察である。だがオープンスキルでは，スキルを修正し，変化する環境条件でスキルを調節する能力を発達させるために，生徒は変化する条件の中でスキルを練習したほうがいい。そこで，スキルのさまざまな角度からの練習（例えば，バスケットボールのさまざまなシュートの位置），変化する条件（例えば，さまざまな相手との練習），ゲームのシミュレーション（さまざまなスキルの組み合わせ），別の厳しい条件（例えば，バスケットボールで2対3で負けているとき）の練習は，生徒が自分のスキルを発達させるのに役立つのである。

指導法を調整すること

　前述した指導方法は，運動とスポーツのスキルの学習を向上させるために使う場合がある。だが，自己調整スキルが文脈依存である（Zimmerman, 2000）ことを考慮して，この指導方法が，さまざまな学習条件や生徒の学習スタイルと調整されると，いっそう効果的である（Coker, 1996）。次に，私たちはこの方法

を調整する提案をしよう。

　運動とスポーツのスキル学習は，生徒が4つの段階を通って順に進むときが最適である（Zimmerman, 2000）。だが，生徒は次の段階に進んでしまっても，前段階の過程を使うことができるし，場合によってはそれが必要である。実際，自己調整スキルは文脈依存であり，生徒は追加の社会的学習経験を必要とするパフォーマンス問題に出合うこともある（Zimmerman, 2000）。例えば，対人フィードバックの練習をした生徒は，体育の教師にそのスキルまたは未習得のスキルの一部をもう一度実演するように頼むことがある。さらに，自己指向的に目標と自己モニタリングを実践し，自分のパフォーマンスに自信のない生徒は，体育の教師に，自分の実行を見守り肯定的なフィードバックをするように頼むかもしれない。

　それぞれの段階の長さは，スキルのタイプと複雑さ，生徒の先行経験，それに課題の進み具合などのさまざまな要素による。例えば，生徒は複雑なスキルを習得するために対人フィードバックのいっそうの練習が必要かもしれない。また，生徒はクローズスキル[訳注]を自動化するために，長い時間練習することがある。他方で，オープンスキルの場合，生徒はスキルの変化する条件やさまざまな側面をもっと練習しなくてはならない。さらに，経験を積んだ生徒は，遂行基準を早く獲得するので，補助練習の段階を早く通過することがあり，そこで自己指導条件と多様なスキルをより多く練習する。生徒はスキルの習得のつまずきに出合うと前の段階に戻ることもある。例えば，練習を自己指導する生徒は，体育の教師にある種の援助かフィードバックかスキルの実演を求めることがある。

　この指導方法は，生徒の先行学習経験や運動能力の違いを考えて，体育の指導過程を個別に使うこともできる。実際，体育の授業で，生徒はいろいろな自己調整レベルで練習し，それぞれの段階のさまざまな練習時間を過ごすことがある。例えば，高い能力を示し，スキルの先行経験をもつ生徒は，目標を設定

　　訳注：スポーツを，①環境の変化する場合：サッカー，バスケットボール，テニスなど，②環境の変化がない場合：体操，アーチェリー，ボウリング，ゴルフなどに分類し，①で用いられるスキルをオープンスキル，②で用いられるスキルをクローズドスキルと呼ぶ。

しパフォーマンスを自己モニタリングしたり，変化する条件でスキルを行う練習を自己指導するが，遂行基準を獲得しようとする他の生徒は，体育の教師やスキルをすでに習得した仲間から対人フィードバックを受けるスキルを練習するのである。さらに，体育の教師は，何人かの生徒の先行経験を，彼らをモデルかチューターにして活用する。同時に，これらの生徒は仲間の学習過程から恩恵を受けることがある。生徒はフィードバックを練習し受理することによってだけでなく，仲間に教えフィードバックを与える過程によってもスキルを学ぶことができる（Mosston & Ashworth, 2002）。体育の教師は，生徒の要求をよく知り生徒に適切なレベルの正しい練習量を与えるために，絶えず自分の生徒のパフォーマンスレベルを見守り評価したほうがいいのである。

指導法を教えること

体育では，生徒はこの指導法を使用する準備が必要である。まず，体育の生徒は，モデルの核となる特性とその原理を理解するためにモデルの理論的知識を教えられる。指導法を使用するためには，彼らは，さまざまな前提条件をもち，さまざまな学習環境をつくり出す一連の教授の出来事（つまり，観察学習，対人フィードバックの練習，自己コントロールの練習）を理解しなくてはならない。指導法の効果のエビデンスを確信することが必要である。次に，生徒は指導法（例えば，どうやって対人フィードバックを準備するかや，生徒がどうやって適切な目標を設定することを援助するか）に含まれているあらゆる過程を使用するように練習させられる。さらに，彼らは，生徒に学習の責任を負わせながら，教授過程に生徒を，参加させる教授スタイルを使う準備が必要である。このことは，指導法の実施を生徒が構造化された場面で自律的に練習するので重要である。そこで，体育の教師は，生徒に自主的に練習する機会を提供するために学習環境を整えたほうがいい。体育の生徒は実習期間にこの教授法を実行するほうがいい。この過程は，この指導法を使用して教えている習熟した教師の観察，メンターの補助的案内のあるこの方法の実行，自然な教授条件（まず，生徒のグループで，それからクラスのレベルで）の指導法の自主的な実施を含むのである。

次に，この指導法を仮定のケースシナリオによって説明する。このシナリオ

で，私たちは，体育の教師が，指導法，生じるかもしれない問題，これらの問題の解決についての提言をどのように実施するかを述べよう。仮定上の行動は，自己調整学習の指導法と社会認知的見方を含む具体的な自己調整過程にも関連している（Zimmerman, 2000）。

実際の事例

　場面の説明：ジョージは中央ギリシャの中規模都市にある共学の小学校の体育教師である。彼は教職歴12年で，その間，自分の知識，指導スキル，職業的地位を向上させることにいつも関心を払ってきた。今年度，彼が体育授業を教えている12のクラス（つまり，1年生から6年生までの2クラスずつ）はそれぞれ平均20人の生徒である。教師は，オープンになっている施設（例えば，バスケットボールのコート）と一つの小さな非公開の多目的レクリエーションルームを使用できる。ギリシャの小学校の体育のカリキュラムには，チームスポーツ（バスケットボール，サッカー，バレーボール，ハンドボール），個人スポーツ（運動競技，体操），フォークダンスがある。小学生は週あたり1回の必修45分の体育の授業を受けている。

　ジョージのいつもの教授法は，口頭指導，スキルの実演，練習中にフィードバックをすることである。次に，彼は生徒に特別な試合や普段の試合で学んだスキルを使用させた。この方法は，生徒の学習にプラスの効果をもつようにみえるが，彼自身は，生徒がパフォーマンスの高いレベルに到達することを助け，自立した学習者にするには不備の点が多いと考えている。実際，社会認知的見方は，自己調整学習の発達に及ぼす対人的ソースと自己のソースの両方の役割に重点を置いている（Zimmerman, 2000）。最近，彼は，体育の運動とスポーツのスキルを教える指導方法のセミナーに参加し，この方法を自分の教授レパートリーに取り入れて実行した。つまり，ジョージは4レベルのモデルを使い，生徒にモデリング，対人サポートの練習，自己コントロールと自己調整練習をさせることにして実行したのである。翌月，彼は，5年生の生徒にバスケットボールの基本的スキル（つまり，ドリブル，パス，シュート）を教えること

を計画した。これらの生徒はバスケットボールの初心者で,校外のバスケットボールのクラブに参加した者は一人もいなかった。

　指導法の実施:体育館に着いて,バスケットボールの単元の授業が始まると,生徒は最初の授業の目的はバスケットボールのドリブルの学習だと教えられた。次に,ジョージは生徒に,運動とスポーツのスキルの過程が向上できる観察学習をさせた。観察学習は,自己調整学習の発達の4レベルのトレーニングモデルの最初の段階である(Zimmerman, 2000)。特に,彼は生徒に,ドリブルの基礎的要素について短い口頭の指導をした。その基礎的要素は,生徒が練習中に習得しなくてはならない遂行基準を示す2つの特別な合図(つまり,指―手首,低いドリブル)に短くしたものである。次に彼は,これらの2つの遂行基準に重点を置き,練習中に生徒にそれに注意するように指示して,ドリブルをやって見せた。

　次に,生徒はペアをつくり,ペアで1個のボールを持ち,相手のサポートを受けながらドリブルの練習をした。一人が練習してもう一人は休んだ。次の3つの基本練習が行われた。(a)両手を使って立ってドリブルをする,(b)片手でドリブルをして15メートル進み,反対の手でドリブルをしながら戻る,(c)両手を使って5つのコーンの間をドリブルしながら行き来する。それぞれの基本練習の説明の前に,ジョージはそれをやって見せ,生徒に2つの遂行基準について注意させた。練習中,ジョージは生徒を見守り,生徒一人一人に肯定的応答をして,パフォーマンスを修正し,正の強化を与えた。彼は,定期的に,すべての生徒に,練習の目標を示すドリブルの2つの基本要素に重点を置くことに注意させた。この対人フィードバックは,生徒が間違いを修正し,パフォーマンスを向上させ,遂行基準を自分のレパートリーに取り入れるのに役立った。自己調整学習の発達の模倣段階では,自己調整スキルの学習のソースは主に対人的である(Zimmerman, 2000)。

　さらに,ジョージは生徒に,練習中にいつでも援助を求めてもよいと言った。あるとき,スポーツに多少の経験のあるヘレンが,安定したドリブル中にボールのコントロールで失敗して,先生に助けを求めた。彼女のやり方を見てジョージは,ヘレンの右足の位置が悪く,ボールが彼女の足に当たって跳ね返ることを突き止めた。彼は足の正しい位置を示し,彼女に肯定的フィードバッ

第13章　体育とスポーツの文脈における自己調整介入の実行

クと正の強化（例えば，「よくやっているよ，ヘレン，片足を後ろにやり，片手でドリブルをし，ボールを低くバウンドしなさい」）をして，ヘレンにそれを繰り返すようにと言った。こうして，ヘレンは教師から支援を受けることができ，時間と努力を節約してパフォーマンスを向上させた。対人サポートがないと，ヘレンは，時間を費やして問題のある結果となるリソースを使う試行錯誤の方法を行ったかもしれない。

　コーンの間のドリブルの基本練習で，ジョージは，多くの生徒がコーンを通り過ぎる際に，別の手を使って低いバウンドのドリブルをしないことに気づいた。そこで彼は練習をやめさせ，生徒に正しい運動をするように注意した。さらに，彼は，具体的な遂行基準を強調しながら適切な実行（つまり，低いバウンド）をやって見せた。スキルの繰り返しの実演は，特に複雑で難しい課題の場合では，パフォーマンスの向上に役立つのである（Zimmerman & Cleary, 2009）。練習が再開され，生徒はボールを低くバウンドさせることに重点を置いた。ジョージは生徒を観察し，彼らに，低いバウンドの遂行基準について肯定的フィードバックを個々に与えた。

　生徒が10分間ドリブルを練習した後で，ジョージは多くの生徒が満足できるレベルで2つの遂行基準を上回ったのを見た。そこで，彼は自己コントロール練習の生徒を含め，4レベルの次の段階に進むことにして実行した。対人フィードバックの練習から自己コントロール練習への移行は，自己調整学習の発達には決定的なのである（Zimmerman, 2000）。目標設定と自己モニタリングは，自己調整学習のこの自己コントロールレベルの大事な成分である。この段階での教師の役割は，適切な学習環境を構築することである。この目的で，ジョージは教授の自己点検スタイルを使用することにして，ドリブルの基準カードを用意した。それぞれの生徒は1枚の基準カードを持った。それはこの教授法が使われる最初だったので，ジョージはまず生徒に基準カードの使い方を説明した。彼はまた，生徒に基準カードの使い方を実演して見せた。それから生徒にコーンの間のドリブル練習をさせ，基準カードを使ってカードに書かれた基準と自分のパフォーマンスを比較させた。彼はまた生徒に3回の試行を一気に行わせた後，自分のパフォーマンスを記録させた。生徒は，自己点検スタイルを使って10分間ドリブルを練習した。この間，ジョージは生徒の練習

を見ながら体育館を歩き，生徒に支援（つまり，フィードバック，実演）していたのである。さらに彼は，生徒が目標を忘れている場合には，それを思い起こさせた。生徒が練習を自己指導する段階でも，彼らは対人サポートが必要なのである。そこで，体育の教師は，必要ならこのサポートを行ったほうがいいであろう。

自己点検スタイルの練習中，ジョージはジョンを含む何人かの生徒が機械的やり方（例えば，彼は，自分のパフォーマンスをこれらの基準と比較する記録カードに含まれている遂行基準を見ないで，実行した後すぐに記録する）でパフォーマンスを自己記録することを観察した。ジョージはジョンのパフォーマンスを観察し，自分の評価をジョンの記録と比較した。この比較から，ジョンはパフォーマンスの評価が不正確であることがわかった。ジョージはジョンに，自分のパフォーマンスの振り返り，パフォーマンスと遂行基準の比較，それに自己記録をさせた。彼はジョンにスキルを実行させ，パフォーマンスを評価させ，これらの評価の振り返りをさせた。それから彼はジョンに，パフォーマンスと評価の正確さのフィードバックを与え，練習中2つの遂行基準に重点を置かせた。つまり，自己調整過程はモデリングとフィードバックのある練習によって意図的に教えたほうがいいのである。

他のある生徒は，自己点検基準カードを使わないでスキルの練習だけをする。ジョージはこの生徒たちに近づき，彼らにドリブルのパフォーマンスを向上させるために基準カードを使用させた。さらに，彼はこの生徒たちに自己点検基準カードを使う練習の短い実演をして見せた。自己コントロール段階の間，生徒は，スキルを習得するために，教師不在の構造化された場面で，スキルの練習をした（Zimmerman, 2000）。これは生徒と教師にとって意欲をそそるもので，そこで，体育の教師は，自己調整するようになり自立した学習者になるように生徒の努力を支援したほうが望ましい。授業の残りで，生徒たちはドリブルの基礎になるゲーム（つまり，ドリブルで追いかける）をした。

次の授業で，ジョージは生徒にドリブルの基本要素をちょっと注意させ，スキルを実演した。次に生徒は5分か10分間自己点検スタイルを使ってドリブルの練習をした。それから，生徒に変化する条件でドリブルをするよう指示しながら自己調整的な練習に取り組ませた。例えば，彼は，ゲームに似た条件を

想定しながら，ボールを奪おうとする敵に対してドリブルをしなければならない基本練習をさせた。個人の条件や文脈条件の変わる中で，スキルを使い適応することは，生徒がスキルを遂行する自己調整レベルに達したことを意味する（Zimmerman, 2000）。この授業の次の部分では，ジョージは生徒に，同じ指導法を使用する次のバスケットボールのスキル（例えば，チェストパス）を説明した。生徒がドリブル，パス，シュートの基本的スキルの遂行基準を獲得すると，ジョージは，生徒がこれらすべてのスキルを習得し，試合の条件でそれらを使用するのに有効なすべてのスキルを結びつける基本練習について説明した。これらの結びつけられたスキルを取り入れる方法は，単純なスキルと似ているし，指導法（つまり，観察学習，フィードバックの練習，自己指導練習）によって提案された段階の順番に従うのである。

　ジョージはまた，6年生にさらに高いレベルの同じスキルを教える必要があった。これらの生徒は，前年度からドリブルである程度の経験を積んでいた。このことは，指導法の実施に影響を与えることがあった。そこで，生徒の先行経験を考えて，ジョージは教授の相互点検スタイルを使うことにして実行した。模倣の練習中，教師に加えて，仲間を練習中の対人サポートに使うのである（Mosston & Ashworth, 2002）。生徒は，このスタイルを使うのは最初なので，短い口頭の指導と，相互点検スタイルの練習についてドリブルのスキルの実演と指導を受けた。それから生徒は，ランダムにペアをつくり，基準カードの指示に従って，2年生に使用されるのと同じ基本練習で10分間ドリブルの練習をした。練習の間，ジョージは体育館を回り，生徒の練習を見た。そして彼らにサポートを与えることができた。さらに，彼はチェックリストを使って，生徒のドリブルの遂行基準を習得する進み具合を評価した。数分の練習後，彼は何人かの生徒がすでに遂行基準を習得したことを確かめたので，これらの生徒に練習を自己指導する機会を与えることにして実行した。そこで彼は，クラスを再編成し，遂行基準を獲得した生徒は自己点検スタイルを使用して練習を続け，他方，遂行基準を未獲得の生徒は対人フィードバック（仲間から，または教師から）を受けながら練習を続けた。さらに，ジョージは，生徒にパフォーマンスの向上の支援をするために，練習に自己コントロール技法（つまり，セルフ・トーク）を導入することを決めた（Zimmerman, 2000）。そこで彼

は生徒に，この2つのドリブルの遂行基準に集中することを支援するために合図の言葉「指—手首」と「低いバウンド」に重点を置いて使うように指示した。

　この仮説のケースシナリオで，私たちは，体育とスポーツの文脈の運動とスポーツのスキルを教える指導法として，体育の教師が4レベルのトレーニングモデルをどのように実行できるかについて述べた。私たちは，体育の教師が指導法の実施中に出合うかもしれない問題と，これらの問題をどのように解決できるかを示した。これらの仮定上の行動は，自己調整学習の社会認知的見方に含まれる自己調整過程と関係している（Zimmerman, 2000）。それぞれの指導環境と生徒のそれぞれのクラスが独自な性格をもっていることを考慮すると，体育の教師は，もし必要ならこの方法を調節するために生徒の進歩と要求を丁寧に見ていたほうがいい。大事なことは，生徒の練習をサポートすることであり，自己調整の能力を発達させるために自主的練習の機会を生徒に与えることである。

　この指導法は，生徒が自己調整能力を発達させることに役立つのである。だが，この方法の効果を確かめるにはさらに研究が必要である。次に，私たちは今後検討されるいくつかの問題について述べよう。

今後の研究

　先行の研究は4レベルのトレーニングモデルの効果のエビデンスを提供した（Zimmerman, 2000）が，このモデルの多くの側面は比較的未検討のままなので，さらに検討が必要である。次に，私たちは，実際の教授条件の4つのレベルのトレーニングモデルの有効性，このモデルに自己コントロール技法を取り入れること，自己効力感の役割，自己調整スキルの転移を含めた今後の研究の4つの方向について述べよう。

　<u>4レベルのトレーニングモデル</u>：今後の研究では，体育とスポーツの文脈では普段の4レベルの教授条件においてトレーニングモデルの効果を検討したほうがいい。これらの介入は，結果の生態学的妥当性を高めるために，異な

る性格（例えば，オープンスキルあるいはクローズスキル，簡単なあるいは複雑なスキル）をもつさまざまな運動とスポーツのスキルを使って，共学の体育の授業の場面で実行するほうがいい。異なる特性をもつスキルには，異なる教授法や指導法をあてはめることが必要である。さらに，4レベルのトレーニングモデルを使う授業の教授を個別に実施する効果については，学習を自己調整する生徒の能力の可能な年齢や性差に重点を置いて検討されるほうがいい。大規模な介入が，一連の授業の4レベルのトレーニングモデルの効果を確かめるために必要である。なぜなら先行の研究はマイクロレベルで行われてきたからである。さらに，4レベルのトレーニングモデルに含まれる下位プロセスの効果を確かめたほうがいい。例えば，模倣練習では，フィードバックの他の種類（例えば，帰属フィードバック）の効果と対人フィードバック（例えば，級友）を与える他の方法の使用を検討したほうがいいのである。

　<u>自己コントロール技法</u>：今後の研究は，自己コントロール技法（例えば，セルフ・トーク）を自己調整学習の発達の多くのレベルの訓練モデルに取り込む効果と，これらの技法を取り入れるこのモデルのもっとも効果的なレベルを検討したほうがいい。例えば，セルフ・トークが模倣レベルと自己コントロールレベルのどちらのレベルで導入されるとより効果的かについての検討が望まれる。さらに，今後の研究は，イメージ化，気晴らし，注意集中技法のようなスポーツで使用される他の自己コントロール技法を取り込んだ効果を検討したほうがいいであろう。

　<u>自己効力</u>：4レベルのトレーニングモデルの実施中に，さまざまな課題についての生徒の自己効力と情動反応の源について調べたほうがいい。生徒の自己効力についてのさまざまな自己調整条件のもとでの練習の効果は，広い範囲で検討されてきた。今後の研究は，自己効力が生徒の自己調整過程（例えば，モデリング，目標設定，自己モニタリング）の使用，活動の選択，4レベルトレーニングモデルの実施にどのように影響するかに重点を置いたほうがいい。さらに，自己調整学習の発達における生徒の情動反応の役割を確かめたほうがいい（Efklides, 2011）。

　<u>自己調整スキルの転移</u>：最後に，今後の研究の有益な分野は，生涯スキルになるための他分野への自己調整スキルの転移と関係している。先行研究

は，自己調整過程が学習とパフォーマンスを向上させることを示してきた。だが，他分野で自己調整スキルを使用する問題はほとんど未検討のままである。Goudas（2010）は，ライフスキルの安定性と転移を検討する段階的方法を提案した。まず，一時的な安定性，つまり，学習したスキルを生徒が学習した場面で適用し続けるかどうかを検討することが望ましい。それから生徒が同じ文脈（例えば，体育）ではなく異なる事態でもスキルを使用するかどうかである。次のステップは，スキルが異なる課題（例えば，数学）の同様の場面（例えば，教室）で，指導なしで使用できるかどうかの検討である。そして最後のステップは，家で勉強などをしているときに，スキルが使用されているかどうかである。さらに，非常に興味深い考えは，自己調整が生涯スキルになるように，目標設定，自己記録とセルフ・トークのような自己調整過程を教えるために4レベルのトレーニングモデルを使うことである。このモデルの連続的性質に沿って，生徒はまず自己調整過程（例えば，セルフ・トーク）の利用を観察し，支持的環境（例えば，セルフ・トークの適切な使用についてのフィードバックを受ける）でこの過程を使い，その効果を自己モニタリングしながら，この過程を自律的に使ったほうがいい。そしてついには，生徒は，条件が変化する中でこの過程を使用し，別の環境にその使用を転移しようとする（例えば，別の課題やセルフ・トークの別のタイプを使用する）のである。

結論

　Zimmermanの自己調整学習の社会的認知モデルは，スポーツと体育を含むさまざまな分野の研究に影響を与えた。これらのモデルは，小学校の体育の自己調整学習の調査に私たちの研究を導いてくれた。これらの研究結果は，小学生がこれらのモデルを含む自己調整過程を効果的に使用できることを示した。応用的視点からは，自己調整学習の発達の社会的認知モデルは，スポーツと体育の運動とスポーツのスキルを教えることと生徒の自己調整学習を発達させるための指導法として使用できるのである。

別表

自己コントロールの練習カード		
名前：ニック・グレイド：5時間目：バスケットボールのドリブル		
私の目標は，手首でボールのバウンドを吸収してドリブルし，ボールを低くバウンドさせることである 次の記号で□に自分のパフォーマンスを記録しなさい 　✓　パフォーマンスが基準と合っているとき 　＋　改善が必要なとき 　−　パフォーマンスが基準に合わないとき	指—手首	低いバウンド

文献

Bandura, A. (1986). *Social foundations of thought and action*. Englewood Cliffs, NJ: Prentice-Hall.

Bandura, A. (1997). *Self-efficacy: The exercise of control*. New York, NY: W.H. Freeman and Company.

Boekaerts, M. (1996). Self-regulated learning at the junction of cognition and motivation. *European Psychologist, 1*, 100–112.

Byra, M. & Marks, M. (1993). The effect of two pairing techniques on specific feedback and comfort levels of learners in the reciprocal style of teaching. *Journal of Teaching in Physical Education, 12*, 286–300.

Cleary, T. & Zimmerman, B. J. (2001). Self-regulation differences during athletic practice by experts, non-experts, and novices. *Journal of Applied Sport Psychology, 13*, 185–206. doi:10.1080/104132001753149883

Cleary, T. J., Zimmerman, B. J., & Keating, T. (2006). Training physical education students to self-regulate during basketball free throw practice. *Research Quarterly for Exercise and Sport, 77*, 251–262.

Coker, C. A. (1996). Accommodating students' learning styles in physical education. *Journal of Physical Education, Recreation and Dance, 67*(9), 66–68.

Cote, J., Salmena, J., Trudel, P., Baria, A., & Russell, S. (1995). The coaching model: A grounded assessment of expert gymnastic coaches' knowledge. *Journal of Sport and Exercise Psychology, 17*, 1–17.

Crews, D. J., Lochbaum, M. R., & Karoly, P. (2001). Self-regulation. In R. Singer, H. A. Hausenblas, & C. M. Janelle (Eds.), *Handbook of sport psychology* (2nd ed., pp. 497–528). New York, NY: John Wiley & Sons.

Dermitzaki, I. (2005). Preliminary investigation of relations between young students' self-regulatory strategies and their metacognitive experiences. *Psychological Reports, 97*, 759–768.

Dermitzaki, I., Leondari, A., & Goudas, M. (2009). Relations between young students' strategic behaviours, domain-specific self-concept, and performance in a problem-solving situation. *Learning and Instruction, 19*, 144–157. doi:10.1016/j.learninstruc.2008.03.002

Efklides, A. (2005). Motivation and affect in the self-regulation of behavior. *European Psychologist, 10*, 173–174. doi:10.1027/1016-9040.10.3.173

Efklides, A. (2011). Interactions of metacognition with motivation and affect in selfregulated learning: The MASRL model. *Educational Psychologist, 46*, 6–25. doi:10.1080/00461520.2011.538645

Efklides, A. & Misailidi, P. (2010). Introduction: The present and the future in metacognition. In A. Efklides & P. Misailidi (Eds.), *Trends and prospects in metacognition research* (pp. 1–18). New York, NY: Springer.

Goudas, M. (2010). Prologue: A review of life skills teaching in sport and physical education. *Hellenic*

Journal of Psychology, 7, 241–258.

Gould, D. & Chung, Y. (2004). Self-regulation skills in young, middles, and older adulthood. In M. R. Weiss (Ed), *Developmental sport and exercise psychology: A lifespan perspective* (pp. 383–402). Morgantown, WV: Fitness Information Technology.

Hardy, J., Oliver, E., & Tod, D. (2009). A framework for the study and application of self-talk within sport. In S. Mellalieu & S. Hanton (Eds.), *Advances in applied sport psychology. A review* (pp. 37–74). New York, NY: Routledge.

Keren, G. (1991). Calibration and probability judgments: Conceptual and methodological issues. *Acta Psychologia, 77*, 217–273.

Kingston, K. M. & Wilson, K. M. (2009). The application of goal setting in sport. In S. Mellalieu & S. Hanton (Eds.), *Advances in applied sport psychology. A review* (pp. 75–123). New York, NY: Routledge.

Kitsantas, A. & Zimmerman, B. J. (1998). Self-regulation of motor learning: A strategic cycle view. *Journal of Applied Sport Psychology, 10*, 220–239. doi:10.1080/10413209808406390

Kitsantas, A. & Zimmerman, B. J. (2006). Enhancing self-regulation of practice: The influence of graphing and self-evaluative standards. *Metacognition and Learning, 1*, 201–212. doi:10.1007/s11409-006-9000-7

Kitsantas, A., Zimmerman, B. J., & Cleary, T. (2000). The role of observation and emulation in the development of athletic self-regulation. *Journal of Educational Psychology, 92*, 811–817. doi:10.1037/0022-0663.92.4.811

Kolovelonis, A. (2007). Grade and gender differences in students' self-determination for participating in physical education. *Education Sciences and Psychology, 11*(2), 23–30.

Kolovelonis, A., & Goudas, M. (2012). Students' recording accuracy in the reciprocal and the self-check style in physical education. *Educational Research and Evaluation: An International Journal on Theory and Practice, 18*(8). 733–747. doi:10.1080/13803611.2012.724938

Kolovelonis, A., Goudas, M., & Dermitzaki, I. (2010). Self-regulated learning of a motor skill through emulation and self-control levels in a physical education setting. *Journal of Applied Sport Psychology, 22*, 198–212. doi:10.1080/10413201003664681

Kolovelonis, A., Goudas, M., & Dermitzaki, I. (2011a). The effect of different goals and self-recording on self-regulation of learning a motor skill in a physical education setting. *Learning and Instruction, 21*, 355–364. doi:10.1016/j.learninstruc.2010.04.001

Kolovelonis, A., Goudas, M., & Dermitzaki, I. (2011b). The effects of instructional and motivational self-talk on students' motor task performance in physical education. *Psychology of Sport and Exercise, 12*, 153–158. doi:10.1016/j.psychsport.2010.09.002

Kolovelonis, A., Goudas, M., & Dermitzaki, I. (2012). Students' performance calibration in a basketball dibbling task in elementary physical education. *International Electronic Journal of Elementary Education, 4*, 507–517.

Kolovelonis, A., Goudas, M., & Dermitzaki, I. (2012). The effects of self-talk and goal setting on self-regulation of learning a new motor skill in physical education. *International Journal of Sport and Exercise Psychology, 10*(3), 221–235. doi:10.1080/1612197X.2012.671592

Kolovelonis, A., Goudas, M., Dermitzaki, I., & Kitsantas, A., (2013). Self-regualted learning and performance calibration among elementary physical education. *European Journal of Psychology of Education, 28*(3), 685–701. doi:10.1007/s10212-012-0135-4

Kolovelonis, A., Goudas, M., & Gerodimos, V. (2011). The effects of the reciprocal and the self-check styles on pupils' performance in primary physical education. *European Physical Education Review, 17*, 35–50. doi:10.1177/1356336X11402265

Kolovelonis, A., Goudas M., Hassandra, M., & Dermitzaki, I. (2012). Self-regulated learning in physical education: Examining the effects of emulative and selfcontrol practice. *Psychology of Sport and Exercise, 13*, 383–389. doi:10.1016/j.psychsport.2012.01.005

Landin, D. (1994). The role of verbal cues in skill learning. Quest, 46, 299–313.

Metzler, M. (2000). Instructional models for physical education. Needhan Heights, MA: Allyn & Bacon.

Mosston, M. & Ashworth, S. (2002). *Teaching physical education* (5th ed.). San Francisco, CA: Benjamin Cummings.

Petlichkoff, L. M. (2004). Self-regulation skills for children and adolescents. In M. R. Weiss (Ed.), *Developmental sport and exercise psychology: A lifespan perspective* (pp. 269–288). Morgantown, WV: Fitness Information Technology.

Schmidt, R. A. & Lee, T. D. (2005). *Motor control and learning. A behavioral emphasis* (4th ed.). Champaign, IL: Human Kinetics.

Schmidt, R. A. & Wrisberg, C. A. (2008). *Motor learning and performance. A situationbased learning approach* (4th ed.). Champaign IL: Human Kinetics.

Schunk, D. H. (1996). Goal and self-evaluative influences during children's cognitive skill learning. *American Educational Research Journal, 33*, 359–382.

Schunk, D. H. (1999). Social-self interaction and achievement behaviour. *Educational Psychologist, 34*, 219–227.

Schunk, D. H. & Pajares, F. (2009). Self-efficacy theory. In K. R. Wentzel & A. Wigfield (Eds.), *Handbook of motivation at school* (pp. 35–53). New York, NY: Routledge.

Smith, R. E. & Smoll, F. L. (1997). Coach-mediated team building in youth sports. *Journal of Applied Sport Psychology, 9*, 114–132. doi:10.1080/10413209708415387

Williams, A. M. & Hodges, N. J. (2005). Practice, instruction and skill acquisition in soccer: Challenging tradition. *Journal of Sports Sciences, 23*, 637–650. doi:10.1080/02640410400021328

Zimmerman, B. J. (2000). Attaining self-regulation: A social-cognitive perspective. In M. Boekaerts, P. Pintrich, & M. Zeidner (Eds.), *Handbook of self-regulation* (pp. 13–39). San Diego, CA: Academic Press.

Zimmerman, B. J. (2008). Goal setting: A key proactive source of academic selfregulation. In D. H. Schunk & B. J. Zimmerman (Eds.), *Motivation and selfregulated learning: Theory, research, and applications* (pp. 267–295). New York, NY: Lawrence Erlbaum Associates.

Zimmerman, B. J., & Cleary, T. (2009). Motives to self-regulate learning. A social cognitive account. In K. R.Wentzel & A. Wigfield (Eds.) *Handbook of motivation at school* (pp. 247–264). New York, NY: Routledge.

Zimmerman, B. J. & Kitsantas, A. (1996). Self-regulated learning of a motoric skill: The role of goal setting and self-recording. *Journal of Applied Sport Psychology, 8*, 60–75. doi:10.1080/10413209608406308

Zimmerman, B. J. & Kitsantas, A. (1997). Developmental phases in self-regulation: Shifting from process goals to outcome goals. *Journal of Educational Psychology, 89*, 29–36. doi:10.1037/0022-0663.89.1.29

Zimmerman, B. J. & Kitsantas, A. (2005). The hidden dimension of the personal competence. Self-regulated learning and practice. In A. J. Elliot & C. S. Dweck (Eds.), *Handbook of competence and motivation* (pp. 509–526). New York, NY: The Guilford Press.

Zimmerman, B. J. & Schunk, D. H. (2001). *Self-regulated learning and academic achievement: Theoretical perspectives* (2nd ed.). Mahwah, NJ: Lawrence Erlbaum.

Zinsser, N., Bunker, L., & Williams, J. M. (2006). Cognitive techniques for building confidence and enhancing performance. In J. M. Williams (Ed.), *Applied sport psychology: Personal growth to peak performance* (5th ed., pp. 349–381). New York, NY: McGraw Hill.

第14章

慢性疾患管理における自己調整介入の使用

Norren M. Clark（ノリーン・M・クラーク）

訳：松山　泰（自治医科大学）

　アメリカの人口のおよそ半分は慢性疾患とともに暮らしている。心疾患，呼吸器疾患，糖尿病，てんかん，消化器疾患および他の多くの疾患で日々の管理が求められる。患者による管理は，病気は治すことができないものの，コントロールはできるという認識のもとに行われる。コントロールとは，病気の悪化や，緊急な対応を要する急性合併症や，個人や家族の生活，学校や仕事，社会との関わりへの妨げを防ぐ，という意味である。慢性疾患を管理するには，正しい治療薬の使用，指定された生活（通常は食事，身体活動，ストレスと関連したもの）の維持，専用の医療機器の使用，医療専門職とのコミュニケーション，もしくはヘルスサービスの使用，いうまでもなく，疾患特有な他の行動規範を要する（Steptoe, 2010）。

　複雑な疾患の管理は実際それが大変ダイナミックな過程だということを物語る。人々が機能する文脈と，管理における効果的な治療アプローチの構成内容は変化し続ける。新しい薬が見つかる。新しい治療へのアプローチが確立する。個人や家族の要求はさまざまである。人が年齢を重ねれば，慢性疾患に関連する身体的，精神的および感情的な変化を経験する。変化とともに新しい管理法を学ぶ必要性が生じるが，自己調整はこの学習が生じる中で手段となる。

　慢性疾患を上手に管理している人への要求こそが，人は自己調整することで，コントロールされた環境を維持するために何が必要かを継続的に学習できるようになることを示している。本章では，どのように自己調整が治療管理の理解に役立つかを示し，慢性疾患管理のモデルを提示してその活用についての詳細を伝えるとともに，より効果的な管理を援助するための自己調整モデルを用いた介入を示し，さらに健康における自己調整について期待される研究領域

を提案する。Zimmerman の業績と疾患管理モデルの確立との関連についても同時に着目したい。

社会的認知理論，自己調整，健康

かつて社会的学習理論と称された研究母体は，現在，社会的認知理論と呼ばれ，長年にわたって，学習における自己調整の役割についての概念や根拠を生み出してきた。新しい行動を人が取り入れるにあたり，行動を形づくる社会的物理的環境を同時に変えうる認知的能力をどのように用いるかについて，多くの理論家がこの理論を発展させることに貢献した。Bandura（1986）の業績は，社会的認知理論を構成する原理を展開し，洗練させ，詳述する基盤となっている。彼は概念的に，そして経験的データの蓄積を通じて，行動学習の周期的特性を明らかにし，個人の特性，現在の行動，現存する個人の環境的特性および環境が，相互的に行動を決定するものであることを示した。それらの特性の一部が，もしくはすべてが修正されるときに改善は起こる。さらに最近，Bandura は 1970 年代から進展させてきた考えをまとめ，自分が改善をもたらす行動に携われるという確信，すなわち自己効力感こそが学習において中心的役割を担うという，総括的な解明に至った（Bandura, 1977, 1997）。

自己調整はかつて，特に Bandura による概念の明確化によって，社会的認知理論の一部としてかなり注目された。自己調整一般が議論されるほか（Vohs & Baumeister, 2011），特定の領域，例えば健康についても広く調査され，状況や病状をモニターするという考えと結びつけられた（Baumeister, Gailliot, DeWall, & Oaten, 2006; DeWall, Baumeister, & Vohs, 2006; Leventhal, Safer, & Panagis, 1983; Ryan, 2009; Ryan & Sawin, 2009）。

社会的認知理論の論理的推測に基づき，Zimmerman は 20 年以上も前から，若者の基本的スキルの獲得のための自己調整への携わり方を明確にする要素を，理論から引き出そうとしていた（Zimmerman, 1989, 1990a, 1990b）。この業績の主たる貢献は，自己調整に関する全体的な考えから離れ，学業における自己調整を形成する段階や下位プロセスを同定した点——すなわち全体の記述か

ら，特定の文脈における特有の認知，行動，社会的過程の記述へと発展させた点である（Zimmerman & Campillo, 2003）。Zimmermanの記述において，3つの自己調整の段階（予見，遂行，自己内省）が示され，読解力や計算力などの学習スキルを獲得するうえで，それらが干渉し合い相互的に影響することが示された（Zimmerman, 2000）。

　Zimmermanの記述では，予見段階は，課題分析の過程であり，目標設定，方略プランニング，自己効力感，結果期待，課題への価値や興味，目標志向といった自己動機づけの信念を伴う。遂行段階は，自己コントロールとともに，自己教示，イメージ化，注意の集中，課題遂行のための方略という一連の下位プロセスで特徴づけられる。これにはメタ認知的モニタリングや，自己記録がしばしば用いられ，すなわち自己観察というものが含まれる。自己内省段階は，さまざまなタイプの自己判断が含まれ，それは自己評価や原因帰属，満足感や適応的推論のような自己反応が含まれる。各々の段階が相互的に他を特徴づけ，相補して新たな能力やスキルの適応を生み出す。

　Banduraらはいくつかの社会的認知理論の原理について，特に個人や集団の健康と自己効力感の関係を調査したが（Baumeister et al., 2006; DeWall et al., 2008; Leventhal et al., 1983; Ryan, 2009; Ryan & Sawin, 2009），Zimmermanも呼吸器疾患の管理に関する保健活動の変化と，彼の言う自己調整の下位プロセスとの関係について，その特徴を調査した（Zimmerman, Bonner, Evans, & Mellins, 1999）。保健領域における同僚とともに，自己調整の原理を使用することで，病状とともに生きる人がどのように喘息管理を推進しうるかを調査した（Clark & Zimmerman, 1999）。彼はまた病気に関する自己調整の個人能力を評価する方法を開発した。この方法は個人の能力に介入できることを目標にしたものである。これはまた介入後の変化を評価するためにも用いられている（Zimmerman, Bonner, & Kovach, 1996）。これらの努力により，Zimmermanの原理がいくつかの重要な小児喘息の研究において応用されることにつながり（Zimmerman et al., 1999, Bonner et al., 2002），Zimmermanのモデルと自己調整の下位プロセスとが学業を超えて応用できることが示された。

慢性疾患の管理のためのモデル

　Zimmerman らの共同研究の結果（Clark, Evans, Zimmerman, Levison, & Mellins, 1994; Clark & Zimmerman, 1990）や，自己調整の下位プロセスや段階の記述を彼が重要視していることを反映させて，慢性疾患の管理のためのモデル（the model for managing chronic disease: MMCD）が開発された（Clark, Gong, & Kaciroti, 2001）。このモデルは，成人が自分自身あるいは自分の子どもに対して，完治しなくとも日常行動でコントロールできる病状を管理するのに必要な特別な能力について調査され，つくられた。これは，長期にわたる疾患と向き合っている多くの人が，いくつかの中からある方法を選んで対応しようとする，という理解をもとに発展したものである。例えば，疾患の影響を減らすために日常生活で人々が行っていることには多くのバリエーションがあるだろうが，これは一部に，医師の推奨が強制的とか，無効であるとか，過度に難しいものがある，と感じるからであろう。慢性疾患を有する人は，推奨された治療を用いる努力はみせるが，例えば，ルーティンに飽きてきた，自己調整スキルに欠けている，競合する優先事項に遭遇するなどの体験によって，努力を続けたりやめたりする。一方，優秀な自己調整学習者と考えられる人は，手際よく臨床的に証明されたレジメン〔訳注：レジメンとは医療介護分野では食事や薬物などについての治療計画を意味する〕を適用したり，さらに体調をコントロールするのに適した方法を探すことを決断したり，しなかったりする。この反応の幅は，慢性疾患を有する人々において自己調整スキルのレベルはさまざまで，関心の程度は違い，行動を変えるのに必要な動機やスキルを進歩させる能力も違い，それを形成する社会や生活環境が異なることを示唆する。

　図 14.1 は MMCD であり，慢性疾患の予防と管理の自己調整のプロセスの相互的かつ連続的な特徴を表している（Clark et al., 2001）。これには，特に動機づけの因子に個人目標を含める点で，Bandura（1991）の自己調整プロセスの解釈と Zimmerman（Schunk & Zimmerman, 1994）のモデルとが引用されている。このモデルでは，自己調整する人間の能力を，望まれる最終地点へ到達するうえでの中心的なものとみなしている（Clark & Starr, 1994）。自己調整の 3

第14章 慢性疾患管理における自己調整介入の使用

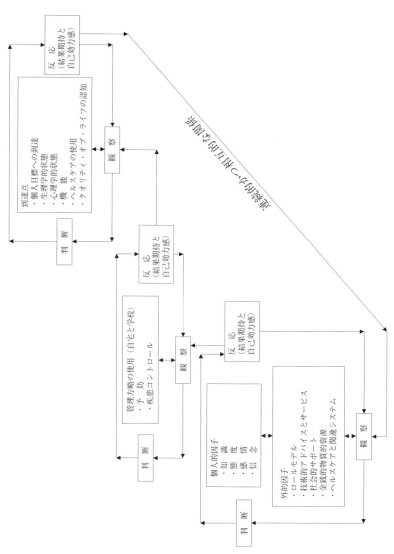

図14.1 疾患の予防と管理における自己調整プロセスの連続的・相互的特徴

"A model of self-regulation for control of chronic disease" N. M. Clark, M. Gong, N. Kaciroti, 2001. *Health Education and Behavior*, 28(6), p. 771. Copyright 2001 by Sage Publications. 許可を得て転載。

つの側面である。観察，判断，反応がこのモデルの核をなしている。観察と判断の過程は Zimmerman の遂行段階と一致しており，反応の過程は彼の自己内省段階のコンセプトに沿っている。疾患管理の内容とスキルは，自己調整の過程から派生し，過程を通じて洗練される。個人は望まれる目標や Zimmerman の予見段階に類似する到達点によって自己調整するよう動機づけられる。目標がより明確であると，人はより自己調整的であろうとする。目標のパワーはその価値やその個人の意義に関連する。このモデルにおいて自己調整的であることは，自分の行動や，行動の文脈を構成する社会的・心理的環境に注意深く，観察に基づいて判断をするということ（習慣，恐怖，伝統とは反すること）である。これには，改善を試みようとした際，個々の目標に向かって挑んだり，たどり着いたりする段階へ適切に反応することが必要である。このモデルは自己調整を形成する過程が連続的で相互的であるという考えを前提としている。このモデルで定義づけられる自己調整のある要素（例えば，観察，判断，反応）が生み出す情報，行動，理解，感覚および結論は他の要素へと連続的に影響する。

　MMCD が示すのは，個人の内的因子や外的因子が，観察，判断および反応を生み出し，またそれらにより修正され，望まれるエンドポイントや目標に到達できるよう疾患管理方略（物理的・社会的環境調整を含む）に取り組むよう導いていることである。反応の一例は，とった行動が期待される結果を生み出すか否かを見極めるというものである（結果期待，すなわち行動が結果をもたらすと信じること）。反応のもう一例は，行動を継続する自信を感じているかというものである（自己効力感；Bandura, 1986）。時を経て，持続的な観察，判断および反応は管理方略の修正を導き，ときに目標自体を修正する。これらの各要素については以下にさらに詳しく論じたい。

　自己観察は，改善の余地のある領域やカギとなる影響を同定するため，自分の行動，関連する物理的もしくは社会的因子を，離れて客観的にみようとする試みである。自己観察努力とはおそらく，例えば，喘息の人が違う環境にさらされたときにピークフローメータを用いて気道の流速を評価したり，心疾患のある人が無症状でいられる身体活動の程度を測定するために歩数計を用いたりする場合である。何が症状を引き起こすかを確かめるため，症状をログブック

や日記に記録することも含まれうる。もしくは単純に重篤な呼吸困難や胸部絞扼感のエピソードが出現する状況を認識することかもしれない。行動に影響するものを記述することで，修正を試みたり新たな実践を導入したりするための選択肢を学習者に向けて伝達できる。

このモデルにおける判断とは，改善方略，すなわち状況の改善（例えば，疼痛コントロール，症状緩和，機能の改善）につながる疾患管理方略を確立して実行するために，観察から生じたデータを使用することである。方略の確立には，観察，判断，反応という同じプロセスがとられ，新しい薬の獲得，活動レベルの向上，環境誘発因子の除去，ストレス緩和テクニックの使用などが含まれるかもしれない。何を試みどのようにそれを実行するかを判断するには，観察がもたらす情報を解析し，成功の可能性，管理可能性，価格，個人的関連性，その他の明確な基準による個人的判断に基づき，可能な解決法を選択することを必要とする。試行は，服薬スケジュールの変更といった小さな改善から，より大きな――例えば，食事内容の有意義な改善のために栄養学的カウンセリングに参加すること，までがターゲットとなる。この過程を通じて，個人は何をすべきか，どのようにするべきか判断を下す。

MMCDにおける反応は，社会的認知理論における2つの重要なコンセプトと関連する。1つは導入した変化が求められた結果を生み出すかどうかを評価すること――例えば，薬のスケジュールの変更が副作用を減らすかどうか，である。これは結果期待のコンセプトである。もう1つは自己効力感――人が再び上手に行動に関わると信じること，である。両方のプロセスに対するポジティヴな反応には，行動改善を「実施する」か，環境の修復が継続されるかが必要である。社会的認知理論で仮定されたように，観察，判断および反応は相互的に規定され，学習者，この場合は疾患の管理者にとって，有意義な結果をもたらす変化を導く過程の中で，互いに形成し活性し合う。

MMCDの下位プロセスは，学業におけるZimmermanの下位プロセス（Zimmerman & Campillo, 2003）と類似しており，各々の行動がきわめて相互的に結びついて自己調整できるようになる，という考え方を確固たるものにする。根本的な構図は相互的であるものの絶対的である。観察は判断につながり，それから行動につながっていき，その後，改善方略を試行することに

よって反応がもたらされる。MMCDでは，自己調整の付加的要素は望ましい改善にたどり着くための要であると考えられている。ある意味で，これらの要素は改善の「内容」によって構成され，内的・外的因子や管理方略と分類され，Zimmermanの自己調整における段階という概念をある程度反映している（Zimmerman & Campillo, 2003）。エンドポイントは読み書きといったZimmermanにおける学業スキルの獲得と等しい。

内的・外的因子

MMCDは疾患管理の行動を起こすときに，個人の内的因子――すなわち，特定の健康問題に関して個人が有している情報や信念に，人は影響されることを仮定している。例えば，喘息の管理を試みるとき，喘息管理における炎症の役割と重要性について，もしくは定量吸入器を使用することについての知識を一部根拠として，吸入副腎皮質ステロイド（抗炎症薬）を使用する（もしくは使用しない）（Clark & Partridge, 2002）。また，結果期待の側面，すなわち個人の目標にたどり着くための薬の使用への信頼性（例えば，薬の安全性，副作用，経済的負担など：Becker, 1985）やコストを上回る利益を信じることが，行動に影響する。人がもつ必要な知識や行動を支持する信念の程度は，ある部分で，外的因子の範囲に依存する。これらは，喘息の状況でロールモデルが努力している様子をどれだけ観察できるかということも含む。情緒的または道具的ソーシャルサポートが授受される対人関係を含む。治療推奨を示す臨床医からの専門的なアドバイスもおそらく含まれる。金銭や他の物的資源（例えば，薬価や薬局までの交通手段）も人の行動に影響するであろう。

管理方略

管理方略は，個人の疾患とその影響とをコントロールする手段から構成される（Clark et al., 1998; Karoly & Kanfer, 1982）。これらの方略が効果的か否か，臨床医の推奨と一致するか否かはさまざまである。加えて，臨床医や健康教育者が称賛するような疾患コントロールに到達する方法を独自に編み出す人（例え

ば，居住区から症状を起こす環境要因を除去する敏感な喘息患者）もいれば，一方で方略的手段を示せない人（例えば，症状さえ減らせばよいと気管支拡張薬を使いすぎる人）もいる。ここでのポイントは，管理方略が人による観察，判断，前述した内的・外的因子に対する反応から発展する，ということである。他の人々（ロールモデル，技術専門職，家族や友人）も選択された方略に影響するが，最終的には，内的・外的因子と自己調整の程度とで形成された個人目標が，どの管理方略を導き，用いるかを決定づける。さらに，これらの因子の組み合わせが特定のプログラムに非常に特異的であるため，一つの行動（例えば，薬を使う）から他の行動（例えば，環境要因の排除）へと一般化できないかもしれない。自己調整（自己調整プロセスの部分としての自己効力感を含む）は，人格やA型気質のようなものではなく，自尊心の高い低いではない。むしろ，与えられた文脈における特有の目標や問題に適応できるスキルから成り立っている。特有の環境における自己調整の能力は，他の環境でより自己調整になることを促すかもしれない。しかしながら，この結果は必ずしもそうではない。

エンドポイント

　疾患管理の行動をとるときの重要な動機づけ要素が個人目標である。目標はきわめて個人に特異的である。教育者もしくは臨床医（もしくは疾患管理をアシストしようとする他の人々）が患者とは異なる目標をもってしまうと，目標達成の可能性は減る。通常，臨床医は臨床におけるゴールドスタンダードと考えられている目標（例えば，喘息患者におけるよりよい最大呼気流量）をもつが，患者はそれを個人の目標（例えば，喘息症状を悪化させる猫を飼っている恋人との時間を過ごす）ほど重要とは受け止めにくい。臨床医や教育者が患者の個人目標への到達に着目したとき，治療レジメンは患者の関心に訴えるようになり，患者によって実施される可能性が高まる。臨床と個人との目標は常には一致しないというエビデンスが見出され，例えば，Juniperら（1996）の調査によれば，呼吸機能検査のクリニカルスコアなどの臨床的な評価と，喘息に関連するクオリティ・オブ・ライフや患者が望んでいることができるかなどの患者自身の評価とにはほとんど相関がない。

慢性疾患管理モデル（MMCD）のテスト

　慢性疾患の管理における特有な困難と，それに伴う高いレベルの自己調整には，概念的な枠組みによって，自己調整への影響や調整の下位プロセスがその影響にどう連動するかを説明することが要求される。もちろん，説明モデルのベストエビデンスは望まれる結果が生み出されることである。記載の通りMMCDは，特に自己調整を，治癒しないがコントロールできる病気をもつ患者の自己管理で機能するもの，と評したうえで開発された。

　このようなモデルの有用性を検討した場合，2つの疑問がすぐに浮かぶ。1つ目の疑問：このモデルの要素は時を経ても変わらないものか。言い換えれば，違った時点でMMCDにおける慢性疾患の自己調整の説明要素の存在や関連を評価した場合，要素は同じように存在し，類似した関連のパターンを示すであろうか。2つ目の疑問：これらの要素は疾患をコントロールするうえで有意義な結果を予想するものであるか。学業においては，例えば，読む力や書く力の獲得は自己調整の一つのエンドポイントの候補にすぎない。慢性的な病状を管理する際に考慮すべきさまざまなエンドポイントには，患者が個人の目標にたどり着くことや，体調を安定させたり改善させたりすること，疾患のレベルに適した必要なヘルスケアを確保すること，許容できるレベルのクオリティ・オブ・ライフを獲得することが含まれる。

　MMCDの有用性という疑問への回答を得るため，私たちは2つの研究を行った。喘息管理の大きな研究プロジェクトがその機会をもたらした。無作為臨床研究が論文で詳細に議論され，大規模な縦断的なサンプルが自己調整の調査のデータとなった（Janevic et al., 2003）。データセットはミシガン州デトロイトおよびニューヨーク市近郊に住む，喘息患児の両親637人の回答からなる。患児は1歳から12歳で，両親は電話で自分たちの自己調整の過程に関して，ベースライン，6か月後，1年後，2年後と，訓練されたデータ回収者からのインタビューを受けた。累積ロジスティック回帰分析によって3つの時点におけるモデル要素の恒常性が検証された。

　図14.2は，3つの時点での自己調整のモデル要素（観察，判断，反応，「自信」

第14章 慢性疾患管理における自己調整介入の使用

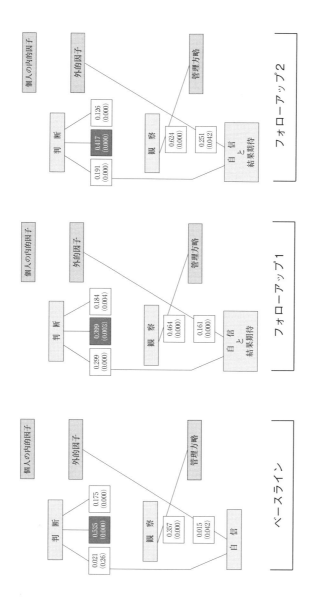

図 14.2 自己調整の段階要素:3つの時点における関連性

"A model of self-regulation for control of chronic disease" N. M. Clark, M. M. Gong, N. Kaciroti, 2001, *Health Education and Behavior*, 28(6), p. 777. Copyright 2001 by Sage Publications. 許可を得て転載。

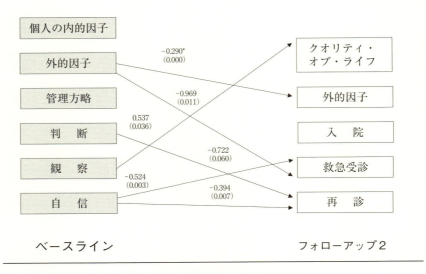

図14.3 最終時点における結果の予測因子としての自己調整の要素
"A model of self-regulation for control of chronic disease" N. M. Clark, M. Gong, N. Kaciroti, 2001, *Health Education and Behavior, 28*(6), p. 778. Copyright 2001 by Sage Publications. 許可を得て転載。

と命名したこれらの最終形で自己効力感と結果期待との融合）における横断的な関連の結果を示したものである。これらの構成要素は質問票の項目で測定され，多彩な喘息の状況で子どもを観察する行動にどれだけ両親が従事し，管理の判断のための情報を使用し，行動が望ましいエンドポイントをもたらすと感じているか，また行動を起こすためにどのくらい両親が自信をもっているか，について調査された。2年の期間にわたり一貫して比較的安定した関係様式が描かれている。喘息管理に関する判断の下位プロセスは，喘息の状況にある子どもを観察する努力と相関する（$r=0.36, p<0.001; r=0.62, p<0.001$）。観察は一貫して多くの喘息管理方略を使用することと相関した（$r=0.36, p=0.000; r=0.46, p=0.000$）。判断と管理方略の使用との間に（$r=0.18, p=0.001; r=0.18, p=0.01$），判断と自信との間に（$r=0.02, p=0.03; r=0.30, p=0.004$）有意な相関が認められた。また，外的因子と自信との間（$r=0.02, p=0.04; r=0.16, p=0.0001$）にも相関がみられた。一貫して，3つの時点それぞれにおいてモデルを構成する個人の内的因子との間に優位な相関がみられなかった。2つの要素（判断と自信；外的因子と自信）に

表14.1 自己調整要素とプログラム参加を統制する結果との時系列的関係と，ベースラインにおけるモデル予測因子の推計値（β）とp値

ベースラインの予想因子	エンドポイントにおける結果（フォローアップ2）				
	クオリティ・オブ・ライフ	両親の報告による重症度	病院への入院	救急外来受診	再診外来受診
個人の内的因子	-0.149 (0.101)	0.011 (.765)	0.401 (0.265)	0.269 (0.140)	0.365 * (0.055) *
外的因子	-0.76 (0.593)	-0.290 * (0.000) *	-0.429 (0.500)	-0.969 * (0.011) *	-0.102 (0.731)
管理方略	-0.107 (0.466)	-0.212 (0.070)	-0.154 (0.896)	0.914 (0.148)	0.342 (0.491)
観　察	0.537 * (0.036) *	0.145 (0.387)	1.250 (0.464)	-0.799 (0.439)	0.428 (0.608)
判　断	-0.203 (0.075)	0.007 (0.923)	0.196 (0.700)	-0.144 (0.677)	-0.722 * (0.060) *
自　信	0.105 (0.117)	0.105 (0.117)	-0.385 (0.184)	-0.524 * (0.003) *	-0.394 * (0.007) *

注："A model of self-regulation for control of chronic disease" N. M. Clark, M. Gong, N. Kaciroti, 2001, *Health Education and Behavior*, 28(6), p. 779. Copyright 2001 by Sage Publications. 許可を得て転載。
* $p < 0.06$.

ついての相関は無視できるほどであるが，モデルの構成要素すべての関連の存在と傾向とが2年にわたって一定のパターンを示した。結果は，時間をかけて個人が疾患を管理するという自己調整が特に重要であることを示すものであった（Clark et al., 2001）。

　同じデータセットを使った第二の研究は，健康転帰の予測因子としてのモデル要素を調査したものである。図14.3は縦断的解析の結果を示したものであり，表14.1はモデル要素を調査したものである。この議論を進めるうえで，自己調整のモデルの下位プロセスと喘息にもたらした結果との関連はもっとも興味深い。これらの下位プロセスの2つは，有意にその後の結果と関連していた。喘息の状況下にある子どもの観察に関する両親のベースラインのスコアが高いほど，2年後のクオリティ・オブ・ライフのスコアは高かった（$r=0.54$, $p=0.04$）。喘息の管理への自信（自己効力感と結果期待）について両親のベースラインでのレベルが高いほど，その後の喘息による救急受診利用は低く（$r=-0.52$, $p=0.003$），子どもの喘息のエピソードをフォローアップする開業医への家族の

再診の必要性が低かった（r=-0.39, p=0.003）。判断は開業医のフォローアップの受診をわずかながら予測した（r=-0.72, p=0.06）。モデルに示された外的因子は疾患の重症度と救急受診とを有意に下げた。管理方略と個人の内的因子は有意ではなかった（Clark et al., 2001）。

これらの研究の結果は，少なくとも子どもの疾患に関する両親の自己調整について，MMCD の自己調整の下位プロセスは異なる時点でも一貫し，明白であることを示している。このことは，それらが偶然な能力ではないことを示唆する。そのうえ，慢性疾患をもつ人々にとっての重要な最終結果と関連していることを示している。すなわち，下位プロセスが福利をもたらす目標へ到達することを導き，改善を動機づけるのである。繰り返すが，モデルの下位プロセスである観察と判断とは，結果を自己記録する研究にみられる Zimmerman の遂行段階と類似する（Kitasantas & Zimmerman, 1998）。

もちろん，モデルは現実を表現しているうちに限って有用であり，慢性疾患に関するモデルの場合，健康福祉において生産的な改善をもたらす方法の探求と関わる。この点に関するモデルの有用性，特に観察，判断および反応の下位プロセスの有用性について検証する努力が疾患管理の臨床研究の中で行われている。これらの研究は，モデルの中で定義されている自己調整のプロセスを包括しながら介入することで，結果に有意な差をもたらすことを示唆している（Clark et al., 1995; Clark et al., 2001; Clark et al., 2007; Clark et al., 2008）。

MMCD の応用

慢性疾患を管理するためのモデルは，喘息（Clark, et al., 2007），てんかん（Clark, et al., 2010b; Dilorio et al., 2010），および患者とのコミュニケーションと臨床医のケア能力とを高める努力について（Cabana et al., 2006, Clark et al., 2008），複数の介入研究において利用されている。これらの個々の研究において，モデルが介入そのものをデザインするために用いられており，介入結果はよりよい健康状態と保健サービスの利用へとつながっている。ここではモデルの応用性を示すため，一つの病状，心疾患に焦点を当てる。このセクションの目標

は，(a) 心疾患を管理するための MMCD の有用性を記し，(b) グループでの MMCD への反応の違いを検証し，(c) MMCD のフォーマットのバリエーションを示し，(d) そして MMCD の実際の実践手技の概要を示すことである。

心疾患と自己調整

　MMCD の自己調整の下位プロセスを含んだ介入研究がいくつか行われている。それぞれが違った対象と，やや異なった段階のプロセスに着目している。ルーブリックである "take PRIDE" は，自己調整を包括する自己調整問題解決アプローチをすべて満たすよう，これらの介入を命名し，P＝problems selecting（問題の選択）；R＝researching the daily routine（日常のルーティンの調査）；I＝identifying a heart management goal（心臓管理目標の同定）；D＝developing a plan to reach the goal（目標に到達する計画の作成）；E＝establishing expectations and rewards（期待と報奨の確立）としている。グループミーティング，指導的電話，個人の自己志向的な作業が介入の特徴である。

　"take PRIDE" の介入には2つの目標がある。1つ目は，参加者が自己調整のプロセスをより意識できるようにすることで，自分の心疾患に関して，自己観察，判断および反応に効果的に関わることができるようにすることである。2つ目は，行動を改善し，導く方略を確立し，病状を管理する社会的・物理的環境を形成していけるように参加者をアシストしていくことである。

　心疾患を管理することは大変個別的な行動である。ある患者は行うことが難しく，ある患者はやさしく感じる。グループ活動と個人活動とにおいて "take PRIDE" を繰り返すことで，参加者は特定の個別の管理優先事項に取り組むことになる。参加者は主治医の推奨から，自分が何を実現することを望んでいるかを選び，観察のプロセスを通じて何が自分の実践力を妨げているかを見定めないといけない。参加者は改善目標を確立し，どの行動方略がもっとも改善に至るために生産的であるかを観察に基づいて決めなくてはならない。彼らは結果期待（その方略が望まれる結果を生み出す，と思わせる何か）と自己効力感（参加者が新たな行動を受け入れ，継続できると感じられるかどうか）とを確立していく。

その過程で参加者は健康教育者やコーチからのサポートを受ける。参加者は違う目標,方略および優先順位をもつが,補強された管理によって症状の統制,身体的・社会的機能レベルの向上,医療資源利用の減少にポジティヴな結果をもたらすという視点をもって,介入の評価が進められる。参加者（とともに医療従事者）の間でこれらの望ましい結果は共有されるが,これは介入の成果の評価法として適切と考える。すなわち,自己調整の「内容」へ介入する際の素材がさまざまであるのと同じく,介入の産物がさまざまであることは,評価の目的に適う。

心疾患管理介入の評価

心血管疾患を有する高齢の男女：最初の take PRIDE の試みは,心血管疾患を有する男女両方を取り込み,心臓のコンディションを管理するための特定の観察,判断および反応におけるスキルの導入を模索することであった（Clark et al., 1997）。主治医の推奨する範囲内で,改善に向けて患者が優先する事項に着目した。636人の高齢者を用いたランダム化比較試験を行い,ファシリテーターとともに 8～10 人でのグループワークを行ってもらった。ビデオ,ミニレクチャーおよび自己調整下位プロセスに基づいたマニュアルを通じて,参加者と共同で,自宅では各自で,達成したいと思う改善の構造を理解してもらい,自己調整下位プロセスや新しい管理方略を体験してもらった。電話インタビューと診療録のレビューとで,ベースライン,12か月,18か月のデータが,ランダムにプログラムに割り当てられた人とコントロール群の人から回収された。項目には健康状態,ヘルスケアの利用,日常機能が含まれていた。12か月のフォローアップにおいて,コントロール群と比較して,プログラム参加者は,sickness impact profile（SIP; Bergner, Bobbit, Pollard, Martin, & Gilson, 1976; Gilson et al., 1975）による測定値において,疾患による心理社会機能への影響が少なく（$p<0.05$）,特に感情的行動（$p<0.05$）と注意力（$p<0.01$）とに差がみられた。男性では身体機能,特に歩行能力（$p<0.05$）,また症状の頻度と重症度とに改善がみられた。18か月まででいくつかの効果が弱くなり,戦略的なフォローアップ活動が効果を継続させるために必要であることが示唆された。女性

における身体活動のアウトカムの欠如は，心疾患管理においてこの点をアシストする介入を再構築する必要性を示唆した。

心疾患のある女性：男性と女性とへの介入で歩行と身体活動レベル（両方とも心疾患管理のカギとなる重要因子）に関して異なる結果が生じることを踏まえ，第二の介入段階として"Women take PRIDE"と呼ばれるものが開発された。このバージョンでは，自己調整の下位プロセスを示す際，身体活動は症例として示され，自分の希望で管理プログラムは選ぶことはできつつ，特定の状況において十分な運動が重要であるかどうかを考えるよう参加者に促した。心臓の状態をコントロールする際に女性特有の困難については，プログラムの実習を通じて情報は提示され，女性のグループリーダーが自己調整プロセスを学ぶ際にコーチとして配属された。

60歳以上の計570人の女性が介入臨床研究に参加した（Clark, Janz, Dodge, Fingerlin, & Schork, 2000）。ランダムにプログラム群かコントロール群に割り当てられた。評価データは電話インタビュー，身体評価および診療録であり，ベースライン，4か月後，12か月後に回収された。介入から1年後，コントロール群と比較して，プログラム群の女性において心臓に関連する症状は少なく（$p<0.05$），SIPで測定した身体機能はレベルが高く（$p<0.01$），体重はより減少した（$p<0.001$）。SIPで測定した精神社会因子に違いは認められなかった。これらの結果は，男女を含めたプログラムの初回の試行の結果とは違っていた。これは身体活動を強調した再考プログラムへ意図的にシフトした結果であるかもしれないし，測定因子を反映したためかもしれない。結果を評価するために使用した標準化されたテストでは，女性の自信の程度や病状の管理者としての自分の見方についての変化を十分に検出できなかった。プログラムの形成的評価で，女性が認知構造への高い満足度を示したり，変化を介入によるものと受け止めたりすることが明らかとなった。しかしながら，自己調整を学ぶ際の焦点のシフトが，女性の身体活動に関する望ましい結果を生み出すことが明らかになった。この研究の重要な結果は，プログラム群の女性がコントロール群に比べてヘルスケアの必要性が少なく，入院日数が46％減少し（$p<0.05$），入院費用が49％減少した（$p<0.10$）ことである。病院のコスト抑止とプログラム費用との比率は5：1と優れていた（Wheeler, 2003）。

心疾患のコントロールに向けてのグループと個人のアプローチ：自己調整基盤の介入をデザインする重要な問いはフォーマットに関するものである。どの学習フォーマットが観察，判断および反応を増強させるために適しているであろうか。自己調整は内在的で認知─行動的活動である。それを学習者自身がグループもしくは個人に教えることについては長所や短所があるのではないか。この問いに対して，二種類の "Women take PRIDE" が試行された。1つ目は他のメンバーからの社会サポートが学習プロセスを促進すると考えるもので，8～10人の参加者が対面し，グループのファシリテーターが活動をガイドするといったものである。もう1つのバージョンは，コーチからの電話ガイダンスを通じて参加者のペースで個人が自宅で行うものをアシストする，というものである。後者のバージョンでは，自己管理型学習は参加者の時間と時間調整の優先を強調するもの，と考えられた。

2つのフォーマットのランダム化比較試験が行われた（Clark et al., 2009）。高齢女性（$n=575$）はフォーマット群かコントロール群のいずれかに割り当てられた。症状，機能的健康状態，体重に関するデータが，ベースライン，4か月後，12か月後，および18か月後に集められた。これにより両方のフォーマットが自己調整のプロセスを学ぶために適していることがわかったが，個々のデータからは異なる結果が示された。自己決定型のフォーマットはコントロールに比べて，心臓に関する症状の数（$p<0.02$），頻度（$p<0.03$），わずらわしさ（$p<0.02$）を減らす点で優れていた。グループ型フォーマットは歩行能力の改善（$p<0.04$）と体重減少（$p<0.03$）とを促し，グループ参加者はプログラムを完遂しやすかった（$p<0.05$）。自己管理型のフォーマットは，症状のコントロールや，高い個別性と個人特異的な治療を要する実践を学ぶために，有効であった。グループ型フォーマットは，社会サポートが重要とされる（例えば，体重減少，身体活動の増強）行動の変容により有効であることが示された。さまざまなフォーマットで自己調整を増強でき，そしてそのフォーマットが結果に影響を与えるであろうことが，結果から確認できた。

take PRIDE 介入の内容とプロセス

　研究の一例として，take PRIDE プログラムの初期段階のものを用いて，どのようにそのプログラムの過程が進化するかを記述してみたい。それは利便性のある場所（例えば，クリニック，コミュニティ組織の場所）での4回のミーティングからなり，健康教育の専門家〔訳注：以後は健康教育者と記載〕がミーティングを進行させる。表 14.2 は自己調整の下位プロセスで整理されたプログラムのこれらの活動のアウトラインである。

　初回のミーティング：基本的にプログラムは望ましい疾患管理の行動と，どのレベルのパフォーマンスが個人に受け入れられるかを重視している。3つのプログラムの要素が第一幕を構成する。1つ目は，健康レジメン帳票における患者向けの医師の推奨や，医師が患者個人にとって臨床的に「良好となる」ために必要と思っている行動の一覧をレビューする点である。2つ目は，ビデオで紹介されるロールモデルの「マーガレット」である。マーガレットは自発的で，自己管理がうまくいっているグループ学習参加者を模擬している。マーガレットは理想化されてはいない。疾患管理における彼女のレベルは到達可能であり，彼女の行動が，個人で自己管理スキルを測定する際の基準となっている。3つ目は，理想的な疾患管理に付随する個人の視点について言及している点である。社会的認知理論では，個人が行動に取り組む理由の一つに，行動が望まれる結果に至るであろうという信念（結果期待）があることを仮定している。例えば，ビデオのケースでは，マーガレットは処方された薬を服用することで気分的にも機能的にもよくなるだろうと信じている。医師の医学的な意見と健康教育者の励ましは，グループメンバーが管理スキルをどのように改善するかを考え，それを行うことで重要な利点を実感するであろう，という信条を促す大切な要素である。

　"take PRIDE" のビデオテープは，ターゲットとしていた問題に寄与する因子を発見するために，どのように習慣的に自己観察ないし調査するかを参加者に伝える。自己観察によって，個人が望ましい目標にどれだけ近づいているのかが決められるようになる。マーガレットは「薬を忘れてしまう」ことを問題として選び，1週間にわたって彼女の内服行動に影響する物理的・社会的環境

表 14.2 自己調整の下位プロセスに対応するためにデザインされた "take PRIDE" プログラムの活動

自己調整の下位プロセス	下位プロセスに対応するプログラムの活動
観　察	ミーティング1と2で自己調整のステップを実施するための模範ビデオを見る。 ミーティング1と2で健康教育者から，これらのステップの中で指導を受ける。 ミーティング1で自己観察のターゲットとなる問題の領域を選択する。 "take PRIDE" ワークブックを使用して，ミーティング1と2との間に与えられた週で，自宅にて，ターゲットの問題領域に関連した自分自身の行動を自己観察する「調査」を行う。 4週にわたる期間でワークブックを継続的に使用し，とった行動とその効果とを表記する。
判　断	ミーティング1で，医師の推奨と参加者の希望とを踏まえて心疾患の管理行動の議論を行う。 (1) 自宅でワークブックを用いた際と，(2) ミーティング2でグループディスカッションした際とで，自己観察を通して吟味した行動の自分自身のパターンの理想を比較する。 (1) 自宅でワークブックを用いた際と，(2) ミーティング2でグループディスカッションした際とで，順守できない一般的な理由を焦点に，自己観察を通して吟味した自分自身の行動を熟考する。 ミーティング2で，ターゲットの管理の問題を解決する行動目標を定める。 ミーティング2で，行動目標を達成するために，人的・社会的・環境的因子を修正できるような計画を，自己観察情報に基づいて立案する。 結果が出るような計画の判断を得るためにワークブックを継続的に使用する。
反応：結果期待と自己効力感	ミーティング1と2の自己調整のプロセスをうまく実施しているビデオの模範を見る。 ミーティング2において，管理可能で達成可能な行動目標を同定する。 ミーティング2において，進歩の明確な認識となる報奨を設ける。これは，自己効力感をもたらす。 ミーティング2で，行動目標に達成する自信を公開する誓約を書く。 ミーティング3と4とで，健康教育者から目標を達成できると諭されたり，グループの他のメンバーから励ましてもらったりしながら，進歩を記録する。 ミーティング4でビデオのモデルが成功や能力を認知する様子をみる。

注："Self-regulation of health behavior: The 'take PRIDE' program" N. M. Clark, N. K. Janz, J. A. Dodge, P. A. Sharpe, 1992, *Health Education and Behavior*, *19*(3), p.345 より引用。Copyright 2001 by Sage Publications. 許可を得て転載。

に関わるイベントを観察し，記録した。彼女は"take PRIDE"ノートに記録し，ノートにあるワークシートを用いて彼女の問題の可能性となる原因を同定し，彼女の行動のパターンを発見するようにした。ビデオテープのグループ視聴に続き，健康教育者はグループメンバーとともに，次のミーティングの前の週の間に彼らのルーティンを調べる手法をレビューした。

"take PRIDE"のプロセスは日常の活動を振り返るのに系統立てた方法を提供する。対象となる問題が起こったとき（例えば，服薬を忘れたとき）を記載し，起こったイベントやその周辺状況を記載する。参加者は自宅で7日間記録を続けるよう求められる。観察期間の終わり，2回目のミーティングの前に，ノートを見直して，行動のテーマやパターン（例えば，ビデオの中で，参加者のモデルであるマーガレットは，習慣的に正午の服薬を忘れる）を探すよう促される。"take PRIDE"のノートに，服薬コンプライアンスの問題に関する研究論文から集められた，因子のカテゴリリストのワークシートがある。グループメンバーはリストを使い，コンプライアンス不良を説明するカテゴリのどれかに彼らの経験が該当するかを判断するよう求められる。また，どうすれば彼らの行動が，対象の問題を解決しうる理想的な行動と比較できるかを考えるよう求められる。

特定の行動に参画することで，参加者は習慣的になる側面に気づくことができる。これは自己診断装置（Bandura, 1986）として，どのような状況がある行動へと導き，効果の改善に向けて日常生活の出来事の多様性を広げるか，よりよい理解が得られるようになる。彼らの行動を観察している週の間，参加者は自己判断も始める。彼らは自己管理のための彼らの基準と自己観察を通じて形成した情報とを比べる。主治医からの推奨，健康教育者の言葉による説得およびビデオのモデルからの情報をもとに，ターゲットとする問題の解決にどのコンピテンスのレベルが必要か，ということを彼らは判断する。基準を考慮した際，私の行動は私の望むレベルにあるのだろうか，と。

2回目のミーティング：2回目のミーティングの目的は，観察の週で参加者がターゲットとする問題を調査した結果として，取り組む行動目標を定め，行動目標に見合う段階的な計画を立て，目標への推進や達成に対する報奨を設けるようにすることである。このグループミーティングは自己判断の発展性を高め，MMCDの自己調整モデルの第三の下位プロセスである，自己内省の推進

を試みる。このセクションでは，グループメンバーはビデオで別の場面を見る。ロールモデルのマーガレットの例で定めた行動目標は，毎日，処方で指示された時間通りに服薬するというものであった。彼女の計画は，薬箱を整頓すること，朝に箱を確認する時間を設けること，電話の上や食卓の近くと記憶を呼び戻すキーとなる場所にリマインダーを設定しておき，服薬の必要性――特に正午の薬の必要性，を思い出させるようにするものであった。彼女は一錠も忘れず服用できた週に，彼女とその友だちとで夜に映画を見に行くという報奨を課すことに決めている。

このミーティングでは，健康教育者は一人のグループメンバーに自己観察の週の結果をシェアするようにお願いする。健康教育者とグループメンバーはそれらの観察から特定の行動目標を定めさせ，それに到達するための段階的な方法を実施するよう手助けする。グループメンバーはまた自分への報奨という概念について議論し，強制力のありそうな数々の報奨についてブレインストーミングを行う。この経験を指標として用いて，各個人は一人のパートナーと，数週で進歩が評価できるような個人行動目標と管理可能で現実的なプランとをつくってもらう。報奨は外的かもしれないし内的かもしれない。例えば，ある人にとって自己称賛は有意義な報奨かもしれない。セッションを通して，健康教育者はグループ参加者が計画を立て，必要な情報を示し，個人同士で計画が実現可能となることを確証するために協働するよう，言葉で励まし，そして褒める。

最後の行動は誓約を書くことである。誓約のコンセプトに関して特に議論することは，参加者の意図を公にすることが，しばしば目標達成への動機づけを高め，自信の程度の表れとなるということである。参加者は記入票に，ある日付までに彼らの目標（もしくは目標のある側面）を満たすように負荷をかけ，健康教育者もしくは他のグループメンバーに自己チャレンジの証人として誓約書にサインをしてもらう。メンバーは健康教育者から3回目のミーティングの前の週に計画を実行するように促される。

ミーティング2では，自己観察の結果として参加者の行動の効果について結論を出す，自己判断というものが強調される。これには状況や問題の評価，それに対する反応，その物理的・社会的文脈の評価を伴う。参加者は，個人的な

基準を用いて対象となる問題に関するパフォーマンスの判定を行う。彼らは，臨床医からの推奨，"take PRIDE"プログラムに参加する他の参加者のアイデア，健康教育者が示した情報に照らして，彼らの基準というものを作成する。

　ミーティング2では自己反応の概念も導入される。自己反応（Seligman, 1975）とは，期待される結果としての自信について，個人の行動や望ましい結果への行動のインパクトを観察・判断したときの反応である。反応は成功をもたらす行動への自己報奨も含めることができ（Clark & Zimmerman, 1990），これは強制力となって行動の反復につながる。行動の効果や熟達の感覚は著しい強制力となり，しばしば外的な報奨よりも強力である（Bandura, 1986）。

　ミーティング2は，自己観察単独では目標達成に向けての行動を確証できない，という考えにも基づいている。自己観察の結果は，ときに記述しているような行動を増やし（Bandura, 1986），ときにそれを減らし，ときに効果がない。目標を設定することは，人々に努力とエネルギーとを注ぐ助けになる。設定する行動目標の種類やそれを実現することは，自分の能力を個人がどう捉えるかによって決まる（Bandura & Cervone, 1983）。目標にたどり着くために方略を用いることは問題解決の基本である（Anderson, 1980; Brim, Glass, Lavin, & Goodman, 1962; Spivack, Platt, & Shure, 1976）。"take PRIDE"プログラムの参加者にとっては，行動目標（例えば，処方された通りにいつも薬を服用すること）に到達することは，例えば気分がよくなる，などの望ましい結果を生み出すものと思われている。結果が強く望まれるほど，そして自己効力感が強いほど，目標に達成する計画を実行するためにいっそう努力する。

　"take PRIDE"の活動は，自己調整の認知的プロセスを通じて，段階的に参加者をガイドしている。そのプロセスと並行して，プログラムには言語的な説得力があり，演習と文書資料とが示される。皆，病状のよりよい管理によってもたらされる利点を強調しており，目標達成の方略が提案され，目標は個人が達成できる範囲にあるという確証を与えてくれる。

　<u>3回目のミーティング</u>：ミーティング3の目的は，参加者が目標へ向かって前進できるかどうかを判断し，計画実施の困難と成果とを評価でき，フィードバックとサポートとを受けられるようにする，というものである。このセッションも自己判断と反応とが強調されている。それぞれが進歩の有無に関する

情報を共有する。計画を実行する困難について議論する。計画は微調整される。情報が参加者の行動目標とアクションプランに関するものになり，健康教育者から高齢の心疾患患者のために服薬，食事療法，運動療法，ストレス緩和について専門的な情報も紹介される。

グループメンバーに進歩の指標を認識させることがプログラムの重要な要素となる。複雑な行動に熟達している人かどうかを見極めることができるのは，継続的に努力するうえで必須である。もし繰り返し心臓の薬を飲み忘れてしまう人がリマインダーをつくり，服用を忘れにくくなったとしたら，自己効力感を得てさらに心臓の薬を飲むことに努力することとなる。

<u>4回目のミーティング</u>：4回目のミーティングの目的は，行動目標達成の進捗を振り返り，"take PRIDE"のプロセスが新たな，または違った目標，もしくは望ましい結果を導いているかどうかを判定することである。最後のグループミーティングは自己効力感を育ませるねらいがある。ビデオの最後のコマが供覧され，そこでマーガレットは服薬をマスターし，さらに彼女は心臓の病状を管理することを追求するようになる。彼女は自分のための新しい行動目標（例えば，彼女の友だちとより多く外出する）を述べる。彼女は自分の状況について強い達成感を得ている。ビデオはグループメンバーによる議論のきっかけに用いられる。ミーティングの議論で強調されることは，示された行動目標に見合った，それぞれが感じる効力感の程度である。健康教育者は称賛と激励を与え，メンバーにPRIDEのプロセスを用いて他に目標にしてみたい管理課題を定めるように指示する。ミーティングは到達した内容との照合を行い，それぞれのメンバーが最初に書いた誓約の内容を振り返って終了となる。この意図は，すべての参加者において部分的にでも，あるレベルの到達とコンピテンシーの改善とがあることを実感させるためである。望まれることは，教育プログラムにガイドされながら自己観察と判断とを経験したことをもとにして，グループメンバーが行動と管理目標とを俯瞰できることである。プログラムは参加者に広すぎる，非現実的な，複雑な目標をつくらせないことを要求する。彼らは変化のすべての指標を認識するよう促される。たとえ小さい進歩でも気づくということが，最終的に望ましい行動を達成できるという強い信念へとつながる。これはまた，自己効力感が目的を達成させるためのさらなる努力をもた

らすという認識を高める。

MMCDの自己調整原理の応用についての観察

　MMCDの要素を応用するということは，観察，判断および反応を特別なスキルとして慢性疾患管理の介入に取り入れることで，個人や家族らが，彼らやヘルスシステム一般における大切なエンドポイントへ到達しやすくすることを意味する。ヘルスケアの専門職に，患者によるスキル獲得とは提供した情報を実践するだけにすぎない，と思わせないようにすることで，提供する慢性疾患のケアの質は大きく変化する。自分の体調を管理している人々を効果的に援助するために，より行動的なアプローチ——例えば自己調整の下位プロセスに目を向けることが必要である。

　MMCDを用いた疾患管理の研究（Clark et al, 2007; Clark et al, 2010a）では，2つのことが明らかとなった。まず，自己調整スキルは介入によって改善するが，3つの要素（観察，判断，反応）における能力というのは必ずしも均一に発達しないということである。観察は判断などに比べると改善しやすいかもしれない。これは，一部は，参加者のスキルのベースラインのレベルによるものかもしれない。ある者はすでに，より観察的でより評価的な判断ができ，強い自己効力感をもち，効果的な行動を選ぶかもしれない。介入の効果は，そのため，これらのプロセスにおいて多様化しうる。次に，疾患をコントロールするために必要な管理方略の数は疾患の重篤さやコントロールのレベルと強く関連することである。より多くの症状はより多くの管理方略を必要とする。モデルの自己調整の要素に基づいた介入は正しい方略が選ばれることを保証するためのものであり，必ずしも少ない方略で正しい結果を保証するものではない。

　慢性疾患の管理に関して，自己調整スキルを強化する方向への転換は，介入を充実させるかにみえる。MMCDの3つの自己調整プロセスに焦点を当てることは，疾患の内容や病態生理など——すなわち健康教育の従来型モデルである情報提供と知識レベルの強化とに基盤するもの，と反して明らかに有益と思われる。これは，慢性疾患を管理する人に情報が不要であると言っているわけ

ではない。むしろ、望ましい情報は、疾患管理の状況を観察、判断および反応するプロセスに関連するものとして必要である。情報はより関連性があり、タイムリーであり、学習のプロセスにおいて主要なものとなる。プログラムの過程で、個人は、例えば自己モニタリングのさまざまな方法を介して、観察のスキルを確立できるようになる。プログラムによって、例えば評価するための基準をつくることを通じて（Cleary & Sander, 2011）、判断する能力を確立することができる。適切に対応する能力を高めることが、例えば自己効力感や方法と結果との関係を現実的に解析することによって可能となる。

プログラムは、学習者が管理代替案の幅を広げる機会をもてるようにという意味でもデザインされているかもしれない。管理を試みることで、学習者は疾患をコントロールするために、さらに確実な既存の方法を想起したり適用したりするかもしれない。代替案の試みは自己調整の基本スキルを改善しやすくする。MMCDの一つの要素となる外的なリソースは重要である。疾患管理において、学習者に効果的で有用な外的リソースを得られるように手助けするよう熱心に配慮することは、たとえすべてでなくとも、多くの疾患の管理介入の必要なコンポーネントとなり、特に低所得の患者の場合は間違いなくそうである。しかしながら、変化の中での自己調整要素のメカニズムの詳細は、いまだに不十分であり、さらなる研究が望まれる。

自己調整についての必要な研究

過去20年にわたるZimmermanの重要な基盤的研究により（Zimmerman et al., 1999; Zimmerman et al., 1996, Zimmerman & Campillo, 2003）、自己調整の下位プロセスの理解への大きな一歩が踏み出された。彼の原理は学業以外の研究でも適用され、健康または努力に関連する領域において新しいモデルがつくられるようになった。この業績は、期待通り、さらに深い概念の研究の可能性と研究の新しい方向性の門戸を開いた。

自己調整には理論的限界があり、自己調整スキルを獲得する際にはいくつかの弊害がありうる。たとえ、もし人々が均一に自己調整できるとしても、彼ら

の自己調整の動機についてはさまざまかもしれない。自己調整プロセスを最大限利用するには，改善への意識的な決断とともに，補足的な準備，慎重さおよび努力が必要である。概念が自律的で内在的な過程として扱われており，今日まで，保健行動に関する理論の中では，自己調整の動機を欠く個人について十分な説明がなされていない。Zimmermanのモデルは学業における自己動機を探求するうえで重要であり，他の研究分野においても発展に導くことができる。MMCDでは，内発的な過程と外発的な過程との間にはっきりとした二元的な区分はないため，モデリング，社会的強制力，言語的指導などといった外発的因子を保健行動の調整を始めるにあたって利用することができるし，最終的に学習者の領域に統制力が移行することを保証している。しかしながら，どのような慢性疾患の介入が学習者の動機に働きかけるかはよくわかっていない。MMCDでは，もっとも強力な個人への動機因子は疾患管理を改善するための個人的な目標であると仮定している。しかしながら，社会的認知理論において議論されるもっとも価値のある個人目標は，常にではなくともしばしば内密的であり，ほとんど公にされず他者と共有されない。外的なプログラムで始まる自己調整プロセスの中で，個人目標を理解して，対応できるようにするにはどうしたらよいであろうか。今後の研究の第一の対象は動機を高める方法の記述である。

　これまで，学業における研究では，達成につながる学習方略の確立には大きな個人差がある，というエビデンスがある（Zimmerman, 2008）。ダイナミックな過程として自己調整を評価する手法は，いくつかの研究者によって慢性疾患の管理と関連づけて開発された。しかしながら，学習の過程で個人差をどのように発見し，測定し，説明するかについてはほとんど知られていない。注目すべきは，方略開発のためのモデルvs新規の方法である（Cleary, 2011; Zimmerman, 2008）。

　自己調整と慢性疾患に関して，すべてのタイプの慢性的な病状が自己調整的コントロールに適しているかどうかを尋ねるのはもっともである。MMCDで示されているプロセスに影響しうる次元は疾患によってさまざまである。これらの違いには，自己調整の行動や方略へ反応する病勢や重症度なども含まれる。糖尿病などの疾患において，自己調整の失敗は急速かつ重篤な身体的影響

を導くかもしれず，喘息への自己調整的行動の効果は変化しやすく出現するまで長くかかるかもしれない。後者の場合，自己調整の改善はより困難かもしれず，なぜなら観察や適切な方略への帰属を達成させるのがより難しいかもしれないからである。さまざまな疾患で，与えられた環境や，環境を超えたさまざまな状況における自己調整モデルの適性に関して比較する調査が必要である。

　調査すべきもう一つの領域は，慢性疾患の患者個人への介入が間欠的で，頻繁に関われない医療従事者が，どのようにクライアントや患者をみる中で自己調整のスキルを育成させられるかというところである。少なくとも一つの研究で（Cabana et al., 2006），自己調整的プロセスを用いたことで患者とのコミュニケーションが改善し，患者教育する臨床医の能力が強化できたという重要な結果が示された。しかしながら，ヘルスサービスの提供が制約された環境において，この新たな役割を実行するうえで医療従事者が構築すべきカギとなる重点，優先事項および行動というのは明らかではない。専門職が幅を利かせて，患者による疾患の管理が軽視されるようなヘルスケアシステムから，自己調整プロセスの中で患者がマネージャーとなり，主治医がコーチする状況へと転換することは大変なことである。この転換を可能にするために，患者に直接携わる医療従事者にとって必要な基本スキルは何であろうか？

結論

　慢性疾患の管理モデルにおける Zimmerman のもっとも重要な功績は，Bandura が示した社会的認知理論の原理を精緻し，自己調整の下位プロセスを明らかにする必要性を認識させたことである。今日のヘルスケア業務の多くが，関連する事実と情報とを個人に伝え，言葉で彼らを異なった行動へと変容させ，問題解決のいくつかの側面を援助することに依存している。これらの変容へのアプローチは有効かもしれないが，多くの個人が，慢性疾患を含めた健康状態のコントロールを学習するという，基本的でもっとも強力な方法に直接関わっていないことになる。自己調整は介入を行ううえで有用な概念と思われる。個人が学習の下位プロセスを認識し評価するような機会をもち，プロセス

に基づいて方略を多様化できるようになれば，私たちはより効率的に健康や疾患の管理行動を変える方法を展開できるかもしれない。自己調整の下位プロセスの役割を認識することについての Zimmerman の貢献は誇張できないほど絶大なものである。

文献

Anderson, J. R. (1980). *Cognitive psychology and its implication*. San Francisco, CA. Freeman.

Bandura, A. (1977). *Social learning theory*. Englewood Cliffs, NJ: Prentice Hall.

Bandura, A. (1986). *Social foundations of thought and action: A social cognitive theory*. Englewood Cliffs, NJ: Prentice-Hall.

Bandura, A. (1991). Social cognitive theory of self-regulation. *Organizational Behavior and Human Decision Processes, 50*, 248–287. doi:10.1016/0749-5978(91)90022-L

Bandura, A. (1997). *Self-efficacy: The exercise of control*. New York, NY: Freeman.

Bandura, A., & Cervone, D. (1983). Self-evaluative and self-efficacy mechanisms governing the motivational effects of goal systems. *Journal of Personality and Social Psychology, 45*, 1017–1028. doi:10.1037/0022-3514.45.5.1017

Baumeister, R. F., Gailliot, M., DeWall, C. N., & Oaten, M. (2006). Self-regulation and personality: How interventions increase regulatory success, and how depletion moderates the effects of traits on behavior. *Journal of Personality, 74*(4), 1773–1801. doi: 10.1111/j.1467-6494.2006.00428.x

Becker, M. H. (1985). Patient adherence to prescribed therapies. *Med Care, 23*(5), 539–555. doi:10.1097/00005650-198505000-00014

Bergner, M., Bobbit, R. A., Pollard, W. E., Martin, D. P., & Gilson, B. S. (1976). The sickness impact profile: validation of a health status measure. *Medical Care, 14*(1), 57–67. doi:10.1097/00005650-197601000-00006

Bonner, S., Zimmerman, B. J., Evans, D., Irigoyen, M., Resnick, D., & Mellins, R. B. (2002). An individualized intervention to improve asthma management among urban Latino and African-American families. *Journal of Asthma, 39*(2), 167–179. doi:10.1081/JAS-120002198

Brimm, O. G., Jr., Glass, D. C., Lavin, D. E., & Goodman, N. (1962). *Personality and decision processes*. Stanford, CA. Stanford University Press.

Cabana, M. D., Slish, K. K., Evans, D., Mellins, R. B., Brown, R. W., Lin, X., . . . Clark, N. M. (2006). Impact of physician asthma care education on patient outcomes. *Pediatrics, 117*(6), 2149–2157. doi:10.1542/peds.2005-1055

Clark, N. M., Cabana, M. D., Nan, B., Gong Z. M., Slish, K. K., Birk, N. A., & Kaciroti, N. (2008). The clinician-patient partnership paradigm: Outcomes associated with physician communication behavior. *Clinical Pediatrics, 47*(1), 49–57. doi:10.1177/0009922807305650

Clark, N. M., Evans, D., Zimmerman, B. J., Levison, M. J., & Mellins, R. B. (1994). Patient and family management of asthma: Theory based techniques for the clinician. *Journal of Asthma, 31*(6), 427–435. doi:10.3109/02770909409089484

Clark, N. M., Gong, M., & Kaciroti, N. (2001). A model of self-regulation for control of chronic disease. *Health Education and Behavior, 28*(6), 769–782. doi:10.1177/109019810102800608

Clark, N. M., Gong, M., Schork, M. A., Evans, D., Roloff, D., Hurwitz, M., . . . Mellins, R. B. (1998). Impact of education for physicians on patient outcomes. *Pediatrics, 101*(5), 831–836. doi:10.1542/peds.101.5.831

Clark, N. M., Gong, M., Wang, S. J., Lin, X., Bria, W. F., & Johnson, T. R. (2007). A randomized trial of a self-regulation intervention for women with asthma. *Chest, 132*(1), 88–97. doi:10.1378/chest.06-2539

Clark, N. M., Janz, N. K., Dodge, J. A., Fingerlin, T., & Schork, M. A. (2000). Changes in functional health status of older women with heart disease: Evaluation of a program based on self-regulation. *Journal of Gerontology Series B: Psychological Sciences and Social Sciences, 55*(2), S117–126. doi:10.1093/geronb/55.2.S117

Clark, N. M., Janz, N. K, Dodge, J. A., Lin, X., Trabert, B. L., Kaciroti, N., . . . Keteyian, S. R. (2009). Heart disease management by women: Does intervention format matter? *Health Education and Behavior, 36*(2), 394–409. doi:10.1177/1090198107309458

Clark, N. M., Janz, N. K., Dodge, J. A., Schork, M. A., Wheeler, J. R., Keteylan, S. J., & Santinga J. T. (1997). Self-management of heart disease by older adults: Assessment of an intervention based on social cognitive theory. *Research on Aging 19*(3), 362–382. doi:10.1177/0164027597193005

Clark, N. M., Janz, N. K., Dodge, J. A., & Sharpe, P. A. (1992). Self-regulation of health behavior: The "take PRIDE" program. *Health Education and Behavior, 19*(3), 341–354. doi:10.1177/109019819201900306

Clark, N. M., Nothwehr, F., Gong, M., Evans, D., Maiman, L. A., Hurwitz, M. E., . . . Mellins, R. B. (1995). Physician-patient partnership in managing chronic illness. *Academic Medicine, 70*(11),957–959. doi:10.1097/00001888-199511000-00008

Clark, N. M., & Partridge, M. R. (2002). Strengthening asthma education to enhance disease control. *Chest, 121*(5), 1661–1669. doi:10.1378/chest.121.5.1661

Clark, N. M., & Starr, N. (1994). Management of asthma by patients and families. *American Journal of Respiratory and Critical Care Med, 149*, S54–66. doi:10.1164/ajrccm/149.2_Pt_2.S54

Clark, N. M., Stoll, S. C., Youatt, E. J., Sweetman, M., Derry, R., & Gorelick, A. (2010a). Fostering epilepsy self-management: The perspectives of professionals. *Epilepsy & Behavior, 19*, 255–263.

doi:10.1016/j.yebeh.2010.08.033

Clark, N. M., Stoll, S. C., Youatt, E. J., Sweetman, M., Derry, R., & Gorelick, A. (2010b). Fostering epilepsy self management: The perspectives of professionals. *Epilepsy & Behavior, 19*, 255–263. doi:10.1016/j.yebeh.2010.08.033

Clark, N. M., & Zimmerman, B. J. (1990). A social cognitive view of self-regulated learning about health. *Health Education Research, 5*(3), 371–379. doi:10.1093/her/5.3.371

Cleary, T. J. (2011). Emergence of self-regulated learning microanalysis: Historical overview, essential features, and implications for research and practice. In B. J. Zimmerman & D. Schunk (Eds.), *Handbook of self-regulation of learning and performance* (pp. 329–345). New York, NY: Taylor & Francis

Cleary, T. J., & Sandars, J. (2011). Assessing self–regulatory during clinical skills performance: A pilot study. *Medical Teacher, 33*(7), e368–e374. doi:10.3109/0142159X.2011.577464

DeWall, C. N., Baumeister, R. F., & Vohs, K. D. (2008). Satiated with belongingness? Effects of acceptance, rejection, and task framing on self-regulatory performance. *Journal of Personality and Social Psychology, 95*(6), 1367–1382. doi:10.1037/a0012632

Dilorio, C. K., Bamps, Y. A., Edwards, A. L., Escoffery, C., Thompson, N. J., Begley, C. E., . . . Price, P. (2010). The prevention research centers' managing epilepsy well network. *Epilepsy & Behavior, 19*, 218–224. doi:10.1016/j.yebeh.2010.07.027

Gilson, B. S., Gilson, J. S., Bergner, M., Bobbit, R. A., Kressel, S., Pollard, W. E., & Vesselago, M. (1975). The sickness impact profile. Development of an outcome measure of health care. *American Journal of Public Health, 65*(12), 1304–1310. doi:10.2105/AJPH.65.12.1304

Janevic, M. R., Janz, N. K., Dodge, J. A., Lin, X., Pan, W., Sinco, B. R., & Clark, N. M. (2003). The role of choice in health education intervention trials: A review and case study. *Social Science and Medicine, 56*, 1581–1594. doi:10.1016/S0277-9536(02)00158-2

Juniper, E. F., Guyatt, G. H., Feeny, D. H., Ferrie, P. J., Griffith, L. E., & Townsend, M. (1996). Measuring quality of life in children with asthma. *Quality of Life Research, 5*(1), 35–46. doi:10.1007/BF00435967

Karoly, P., & Kanfer, F. H. (1982). *Self management and behavior change*. New York, NY: Pergamon.

Kitsantas, A., & Zimmerman, B. J. (1998). Self-regulation of motoric learning: A strategic cycle view. *Journal of Applied Sport Psychology, 10*(2), 220–239. doi:10.1080/10413209808406390

Leventhal, H., Safer, M. A., & Panagis, D. M. (1983). The impact of communications on the self-regulation of health beliefs, decisions, and behavior. *Health Education and Behavior, 10*(1), 3–29. doi:10.1177/109019818301000101

Ryan, P. (2009). Integrated theory of health behavior change: Background and intervention development. *Clinical Nurse Specialist, 23*(3), 161–170. doi:10.1097/NUR.0b013e3181a42373

Ryan, P., & Sawin, K. J. (2009). The individual and family self-management theory: Background and perspectives on context, process, and outcomes. *Nursing Outlook, 57*(4), 217–225. doi:10.1016/j.outlook.2008.10.004

Schunk, D. H., & Zimmerman, B. J. (1994). *Self-regulation of learning and performance: Issues and educational applications*. Hillsdale, NJ: Erlbaum.

Seligman, M. E. P. (1975). *Helplessness: On depression development and death*. San Francisco, CA, Freeman.

Spivack, G., Platt J. J., & Shure M. B. (1976). *The problem-solving approach to adjustment*. San Francisco, CA. Jossey-Bass.

Steptoe, A. (Ed.). (2010). *Handbook of behavioral medicine: Methods and application*. New York, NY: Springer.

Vohs, K. D., & Baumeister, R. F. (Eds.). (2011). *Handbook of self-regulation: Research, theory, and applications* (2nd ed.). New York, NY: Guilford.

Wheeler, J. R. (2003). Can a disease self-management program reduce health care costs? The case of older women with heart disease. *Medical Care, 41*(6), 706–715. doi:10.1097/01.MLR.0000065128.72148.D7

Zimmerman, B. J. (1989). A social cognitive view of self-regulated academic learning. *Journal of Educational Psychology, 81*(3), 329–339. doi:10.1037//0022-0663.81.3.329

Zimmerman, B. J. (1990a). Self-regulated academic learning and achievement: The emergence of a social cognitive perspective. *Educational Psychology Review, 2*(2), 173–201. doi:10.1007/BF01322178

Zimmerman, B. J. (1990b). Self-regulated learning and academic achievement: An overview. *Educational Psychology, 25*, 3–17. doi:10.1207/s15326985ep2501_2

Zimmerman, B.J., (2000). Becoming a self-regulated learner: An overview. *Theory Into Practice, 41*(2), 64–70. doi 10.1207/s15430421tip4102_2

Zimmerman, B. J., (2008). Investigating self-regulation and motivation: Historical background, methodological developments, and future prospects. *American Educational Research Journal, 45*(1), 166–183. doi 10.3102/0002831207312909

Zimmerman, B. J., Bonner, S., Evans, D., & Mellins, R. B. (1999). Self-regulating childhood asthma: A developmental model of family change. *Health Education and Behavior, 26*(1), 55–71. doi:10.1177/109019819902600106

Zimmerman, B. J., Bonner, S., & Kovach, R. J. (1996). *Developing self-regulated learners: Beyond achievement to self-efficacy*. Washington, D.C.: American Psychological Association. doi:10.1037/10213-000

Zimmerman, B. J., & Campillo, M. (2003). Motivating self-regulated problem solvers. In J. E. Davidson & R. J. Sternberg (Eds.), *The Psychology of Problem Solving* (pp. 233–262). New York, NY: Cambridge University Press. doi:10.1017/CBO9780511615771

第15章

自己調整スキル発達モデルのメンタリングへの応用

Maria K. DiBenedetto（マリア・K・ディベネデット），
Marie C. White（マリー・C・ホワイト）

訳：秋場大輔（ニューヨーク市立大学）

　近年，学習や学業における成功の一要素として「メンタリング」が注目を集めている（Lankau & Scandura, 2002）。メンタリングとは，メンターが学業や職務に限らず私的な面も総括的に継続的に網羅し，学習者を成功へと導くべく励ますプロセスのことを指す（Healy & Welchert, 1990）。また，このプロセスにおいてメンターの言動がいかに自発的で自立した学習者としての成長を促すかが，メンタリング関係形成にあたり大切な焦点となる。メンタリングという概念は新しいものではなく，ギリシャ神話の一つとして知られるホメロスの『オデュッセイア』に始まり，さまざまな文学作品のテーマとして描写されてきている（Rose, 2003）。学習者よりも上の立場や経験をもち，成長過程にある学習者を導き，指導し，かつ成長させる者をメンターと呼ぶ（Zarzan, Hess, Schur, Phillips, & Rigotti, 2009）。メンタリングを手段と考慮した場合，学習者を目標に向かいチャレンジさせていくというメンターの能力が原動力となる。メンタリング関係は，学習者のスキルの習得やさまざまな可能性の探索，そして目標達成を育んでいく。

　学業にもあてはまるが，特に職場などでは，メンターがもつ世話人，指導者，そして模範的人物やカウンセラーとしての機能などがメンタリングの定義として描かれてきている。どちらのコンテクストにせよ，メンターは信頼，敬意，誓約などに基づいた相互関係を築いていく。メンターは自己の人生経験や影響力，専門知識などを駆使し，職場や学校に限らず学習者の人間としての成長をサポートしていく（Zellers, Howard, & Barcic, 2008）。メンタリング関係の定義を目的とする研究はこれまで数多くあったが，学習というコンテクストでその発達プロセスにターゲットを定めた研究は斬新なものである（Haggard,

Dougherty, Turban, & Wilbanks, 2011)。実際のメンタリングを評価するにあたっては、メンターの言動のどのような面が学習者の発達や自立した学習へと貢献しているかを分析することが大切とされる。もっとも効果的なメンタリング関係は、アカデミックなコンテクストのみならず職業上の業績向上をももたらすべきであり、そういった面のデータに基づいた研究が望まれるところである。また、メンタリングは自己調整学習や業績を助長すると思われる。Barry J. Zimmerman はメンタリング過程の理解を促す自己調整学習のモデルを発案した。自己調整学習とは、学習目標やスキル習得に向け、学習者が活動、行動、情緒、思考などに取り組むプロセスを指す（Zimmerman, 2000a）。

　豊富な研究と実践に基づき、Zimmerman はメンタリング（特に博士課程在籍の大学院生を対象としたもの）というコンテクストにおける自己調整学習の発達モデルを紹介してきた。このモデルでは、以下の四段階の発達プロセスを通して、学習者は自己調整のコンピテンスを習得していく（Zimmerman, 2000a）。このように大学院生を自己のモデルを用いて自立した学習者として育てて行くことが、彼の研究の興味深いところである。観察、模倣、自己コントロール、そして自己調整という違った段階を通して、Zimmerman は学生の自己調整学習スキルを育んでいる。まず、博士課程在籍の学生に Zimmerman 自らの研究活動を観察させ、そこから彼の研究活動のパターンを模倣することを推奨していく。そして、学生がそういった活動を通してスキル習得を試みるプロセスに、Zimmerman は協力的な姿勢を崩さない。その結果、彼の指導した大学院生は自立した学習者として異なる状況に順応した行動をとることができるようになる（Zimmerman, 2000a）。Zimmerman の大学院生は、大きな不安を経験することなしに依存した学習者からの脱皮を成し遂げたとの自覚を報告している（DiMenedetto, 2011; White, 2011a）。Zimmerman が研究プロジェクトの主導権を学生に徐々に引き渡すに際し、動機とコンピテンスの維持は自己効力の向上によってもたらされる。大学院生を教育心理という分野に不可欠な存在に育てるというメンターとしての目標が、この自己調整学習の最終段階になって達成されるのである（Bembenutty, 2008 を参照）。

　この章は、メンタリング関係の定義に関する2つのモデル、それに自己調整学習のコンピテンス発達のモデルを加えた合計3つのモデルを紹介することを

目標とする。この3つ目のモデルを通して，Zimmermanの自己調整学習コンピテンスのモデルがいかにメンターや学習者の発達という枠組みにあてはまるかを説明していく。Zimmermanの発達モデルを学習者，特に博士課程に属する学生の自己調整学習コンピテンスの助長に応用するという点が，他の章と異なる点である。それに際し，まず効果的とされる2つのメンタリングモデルに関する文献のレビューを行う。この章の第二の目標は，Zimmermanのモデルを博士課程教育の模範的なプロセスとして提示することである。学習者の発達と自立が，いかに自己効力感の向上を通してメンターの緻密な計画により引き起こされるかを，このモデルは明確に示している。また，自己調整学習スキルの発達に関するメンタリングとZimmerman自らのメンタリングメソッドの関連性を描写することが，この章の第三の目標である。Zimmermanの自己調整学習コンピテンスモデルを，彼自身がいかに大学院生のメンタリングに応用したかなどのエピソードを，彼のもとより巣立っていった学生たちによるコメントを通して紹介していく。最後に，メンタリングの自己調整メソッドを教育者に紹介し，さまざまな教育現場への応用や，これからの研究へのアドバイスなども行いたいと思う。

メンタリングの概要

ここ25年から30年にわたり，メンタリングおよびメンタリング関係に関する研究が展開されてきた（Ragins & Kram, 2007）。研究者，教育者，政策立案者，企業に加えて一般人などもメンタリングに興味を示す（Allen & Eby, 2007）。Allen, Eby, Poteet, LentzとLima（2004）によるメタ分析では，メンタリングを受けない者に比べてメンタリングを受けた者は，キャリアにおける成功とのつながりが強いとの結果が出ている。さらにメンタリングは，行動や態度，健康状態，人間関係，動機，そしてキャリアなどあらゆる面において好ましい結果をもたらすとの研究結果も提示されている（Eby, Allen, Evans, Ng, & Dubois, 2008）。Mullen（2011）は，効果的なメンタリングは自己効力感や自己実現を促進するとしている。これらの結果を見る限り，人材養成や教育に関わる者が組

織や後継者の成功を促すにあたり，メンタリング過程の理解が大切となるであろう。

これまでの研究では，若さ，学業，職場というメンタリングの3つの異なる要素に焦点が当てられてきている（Hagaard et al., 2011; Jacobi, 1991; Kram, 1983）。また，Ragins と Kram（2007）による文献レビューでは，当初は単一のメンタリング関係に関する研究が主流であったが，最近は長期にわたって個人が経験するメンタリング関係の数々を総括的に考慮するものが増えている傾向にあることを示唆している。それに加え，メンター側は学習者を数年単位のスパンで引き受け，その指導やサポートに時間を割くのが普通であり，その一方で，学習者も学習，自己効力の向上，学業や職業，個人的目標の達成に向かって時間を費やすことを了解している（Mullen, 2011）。メンタリングを組織的行動の主要素とみなす研究が目立つ一方で，博士課程におけるメンタリングのもつ意義，指導教員と大学院生のメンタリング関係の質と博士課程在籍の学生の成功との関係などにスポットライトを当てた研究は稀である（Mullen, 2009）。

博士課程では，学生の専門的，思考的，そして情緒的成長に担当教員と学生とのメンタリング関係が大きな影響を及ぼすとされる（Bell-Ellison & Dedrick, 2008）。大学院生のニーズや動機は博士課程入学から修了まで劇的な変化を遂げる。担当教員は援助，保護，挑戦，学会への紹介，知名度向上，カウンセリング，受容，肯定，指導などのありとあらゆる役割を遂行する（Rose, 2005）。メンタリング関係はコラボレーションや相互援助に基づいたものが理想的とされる。学生の人間的あるいは学業上の成長が，こういったメンタリング関係の焦点である（Zerzan et al., 2009）。

以下の節では，指導教員が大学院生を入学時の未熟な学習者から自立させ，専門家あるいは学者にするまでの過程を主眼に置いた，異なる分野を代表する2つのメンタリングモデルを紹介する。それに加え，第三のモデルとして博士課程のメンタリング関係が学生を自発的な学習者として育てるプロセスを，Zimmerman の理論を応用して説明する。それぞれメンタリング関係のプロセスを提起し，かつ異なった用途で発案されながらメンタリングに関する重要な情報を提供するなどの理由から，これら3つのモデルをここで紹介することとした。

組織的モデル

　過去30年にわたり，組織的コンテクストにおけるメンタリングに関する研究はKramが先導し，特に個人の専門性の発達について優れた識見をもつ（Chandler, 2011）。Kramはメンタリングの機能をキャリアと心理社会の2つの領域を用いて描写する。支援，業界への紹介，知名度向上，コーチング，保護，新しいことにチャレンジさせるなど，弟子の成長を促す行為をキャリア機能としている。その業界で尊敬され，かつ弟子が望ましいとする性質をもつメンターが，このキャリア機能を果たすことができる。メンターが業界の常識や専門知識，組織内の慣習などをプロテジェ（protégé：弟子）に伝授する。それに加え，メンターは専門とする分野にて弟子がキャリアを高める環境づくりに努力する。一方，ロールモデル，支援を通した肯定と受容，激励，フィードバック，カウンセリングや友情などをメンタリングの心理社会的機能とし，それはプロテジェの専門分野における自己有能感や自己効力感を高める役割をもつ。むろん，心理社会的機能の質はメンターと弟子の対人関係に左右される。

　新人が入社後に昇格するまでに，就任，育成，離別，再定義という4つの段階を経るとKramは唱えている（Kram, 1983, 1985）。これらの段階はメンターと弟子とのメンタリング関係を通して表面化し，プロセスは最低2年から，最高では一生涯かけて培われる。

　就任の段階では，メンターがみせる模範，援助，激励などを通してメンタリング関係をより深いものに育んでいく。メンターはこれを，自己の知識や経験を若い者に伝授する機会とみなす。表15.1にあるように，弟子が必要としているのは援助，教導，カウンセリングや肯定をすることにより知的，専門的，そして心の成長を見守ってくれるメンターである。第二の育成段階では，メンターと弟子の業務増加に伴い2人の間に強い相互関係がつくられる。この段階は，それぞれが相手に対してもつ人間像の確認や否定を伴うため，非常に大切なステップとされる。メンターが指導，ロールモデル，保護，新たなことへのチャレンジ，業界への紹介や知名度向上，援助などの役割を遂行するプロセスを通して，弟子の自己肯定感，自己能力感，習得感などが育まれる。また，こ

表 15.1 メンタリングに関連した 3 つの理論的枠組み

	メンターの特徴	プロテジェの特徴	特色
Kram の組織的メンタリング関係論	・その分野における専門知識・心理社会的およびキャリア役割に重点を置いたモデリング・作業やその過程において以下を与える ○支援 ○業界への紹介 ○知名度向上 ○コーチング ○保護 ○新しいことへのチャレンジ ○支援と激励 ○フィードバック ○カウンセリング ○友情	モデルに以下を求める ・教導 ・コンピテンスや自己価値を高める機会 ・組織的ノウハウ ・チャレンジ ・プロフェッショナルとして成長する機会 ・情緒的サポート ・友情	キャリアや心理社会的機能は、プロテジェの専門分野での成長を目標とする
Zipp と Olson の層状学習メンタリングモデル (LLMM)	メンターは以下の学習に焦点を当てる ・Gagne の思考ヒエラルキー学習 ・Bloom の目標分類における認知的領域 ・学習内容よりも学習プロセスの重視 ・より高度な推論、抽象的な思考、分析的問題解決の3つを包括的な目標とする	学習者がたどる三層のレベル (第一層) ・基礎知識を学び、知識や理解を深める (第二層) ・応用や分析、新しい情報の解釈、適応など研究に関する行動に変化が起こる (第三層) ・情報の統合により、新しいパターンの思考や推論に取り組むことができる ・新しい情報の形成、提示、評価などができる	博士課程生の専門分野における高度な研究や知識を獲得することを最終目的とすべく、それぞれの層の段階的に進ませることを学習目標とする

第 15 章　自己調整スキル発達モデルのメンタリングへの応用

Zimmermanの自己調整モデルにおける、上記理論に関する補足事項			
以下の項目を特に強調するモデリング	メンターは専門分野の権威者である	学生は自己調整コンピテンスの四段階を推移していく	メンタリングの目標は自己調整である
・社会的学習理論における モデリング ・環境設定や社会的影響 ・目標設定 ・自己効力感の形成 ・反復学習と自動化 ・方策的計画 ・自己モニタリング ・メタ思考 ・自己評価 ・自己内省 ・成功の基準の自己設定 ・変動的かつ柔軟性に富んだ反応	メンターは以下を行う ・学生の進歩の具合に合わせた指導とペース配分 ・思考と行動のモデリング ・学生が自己効力感の発達と修得、経験の4つの段階を踏む機会を与える ・学習の自立を第一の目標とする ・とりわけ以下を与える ・ロールモデリングとコーチング ・足場かけを通したサポート ・高難度の課題 ・建設的なフィードバック ・思考行動の調整	学生はメンターに以下を求める ・指導、アドバイス、導きおよび高度な思考や推論のエビデンス ・自己協力感や問題解決力を育む機会 ・作業遂行におけるサポート、激励、観察、そしてフィードバック ・順応や行動の調整を必要とする、困難を乗り越える経験	・目標達成に際し、自己の確信、思考や行動を調整する能力 ・学業やキャリアに限らず、生活上のあらゆる状況において、順応、調節していく能力があるという自己効力感

539

の時点でメンターから弟子という一方的な関係から脱皮し，同僚としての友情が生まれる。

　離別の段階においては，弟子がメンターから徐々に自立するようになり，自律的に業務に取り組むようになる。それに伴い双方が不安感，喪失感，混乱や高揚感，達成感などを経験する。また，メンターが弟子に対する直接的影響力を失うと同時に，弟子側は安心感や擁護されているという感覚を失うことになる。メンターは弟子が自分のもとより羽ばたいていくことにプライドをもつ一方で，弟子は新しいチャレンジをも克服できるという自己達成感を覚える。最後の再定義段階では，双方の間に同僚としての関係が発生するか，関係そのものが消滅する。関係が継続された場合，メンターは距離を置きつつも支援や教導を与えることもあり，メンターと同格となった時点に達したにもかからず弟子側は恩義を感じる。この理論は研究データにより検証されているが，そのコンテクストは経営関係に限られるうえに時間の枠組みに制限がなく，しかもメンターが弟子を育てるにあたり各段階で駆使するメンタリングの方略などに関する具体的な情報は提示されていない。

教育における層状学習メンタリングモデル（LLMM）

　ZippとOlson（2008）は思考処理や論法を通して，博士課程に在籍する学生を力づけ知的開発や知的洗練の促進を図るメンタリングモデルを構築している。この層状学習メンタリングモデル（Layered Learning Mentorship Model: LLMM）では，学ぶ内容に加えて，いかに学ぶかが強調される。また，教員は個々の大学院生との関係に多大なる時間や労力を割き，方略使用やクリティカルシンキングの推奨をしていくことをLLMMでは必須としている。多くの博士課程同様，研究法の教授から学会発表や論文の出版などまでを網羅する研究活動がLLMMの真髄に属する（Zipp, Cahill, & Clark, 2009）。そういった意味で，このモデルは，研究に関するアイデア，研究法や研究結果などに関する学生と教員とのディスカッションを可能にする。博士課程のもつ目的達成に準じて前記のようなメンタリングが実施され，三層から成り立つ学習経験を経て，学生

は受動から能動の存在へと成長していく。

　この三層を通して大学院生は教員にきめ細やかな指導を受け，ブルームの目標分類における6つの段階のうちの第一段階である知識習得を超越した学習に取り組むことが期待される（Zipp & Olson, 2008）。表15.1に記されているように，LLMMの第一の層では大学院初級レベルの講義や研究に関する講義を受け，文献のレビュー，文献解題，アセスメントツールの利用[訳注1]，レビュー論文などを通して知識習得を試みる。教員は質疑などを利用して学生の暗記力や理解力を確認する。第二層においては，研究分野における応用に焦点が当てられる。この時点では，口頭発表，アセスメントツールの利用，研究分析や自己内省などの練習となる研究プロジェクトなどに参加する。一方，教員は学生がいかに洗練された理論を駆使しているかを，問題解決の方法や創出されるアイデアを評価することにより判断する。第三の層では実習や研究，ゼミにおける指導など博士論文を中心とした活動が主となる。博士論文完成の過程を通して，教員は学生が他者に頼ることなく研究の評価や統合などを行う能力を備えているかを見守っていく。

　これら3つの層それぞれにおいて，教員は大学院生に，より高度な思考力や論法，知的処理などを伝授するという役割を果たす。このプロセスは，Gagnè (1962) の提唱した学習理論の思考ヒエラルキーに基づいており，教授法と成人学習論の両方にあてはまる。教授法（pedagogy）とは受動的な子どもに知識を教えていく美学であり[訳注2]，成人学習論（andragogy）とは大人を対象に能動的かつ自立した思想家となるように教えることである（Zipp & Olson, 2008）。LLMMに関する教員や大学院生を対象としたアンケートでは，このモデルが学生の知識や情報理解，応用力，情報分析，そして文献統合と評価などのスキル向上に多大なる貢献をするとの結果が出ている（Zipp et al., 2009）。それぞれ

> 訳注1：2人の著者が博士課程を修了したニューヨーク市立大学の大学院センターの教育心理学部では，アセスメントツール入門の講座が必須科目となっている。しかし，これは臨床系以外の専門分野としては大変に稀なことであり，この描写は一般的なものではないであろう。
> 訳注2：ここで紹介されている教授法（pedagogy）の定義は，教育分野で広く使われている定義と異なることをご留意願いたい。一般的な定義においては年齢制限がなく，学習者を受動的とする傾向もない。

の層を段階的に克服していくとともに，より洗練された思考や論法，分析をマスターすることがLLMMの目的である。このモデルは博士課程のメンタリング関係に効果的な適用ができる一方で，それ以外のコンテクストへの応用はできないうえに，メンタリング関係の情緒面には一切ふれていない。さらに，このモデルは博士課程における教員と学生の関係の説明に適切であるものの，それ以外のコンテクストには適応していない。例えば，博士課程修了後，教員とのメンタリング関係で得た知識を学生は将来的にどのように利用していくのであろうか？

自己調整と博士課程におけるメンタリング関係

先に紹介したメンタリング関係モデルは，発達やモデリングの理論に由来するものであるが，自己効力感，目標設定，自己モニタリング，自己内省，自己評価などの自己調整学習のプロセスを考慮していない。組織的モデル，層状学習メンタリングモデルの双方において，学習者は受動的な観察者ではなく過去の経験や師弟関係，期待，価値観などを持ち合わせる能動的な参加者となっており，学習内容や自己の発達などに影響を与える。そして，学習者の学習や行動的変化は，退屈な説明ではなく教員による手本を中心に起きるであろう（Thomas, Murrell, & Chickering, 1982）。Armstrong（2008）は，教員がBanduraの社会的学習理論をいかに教育現場においてロールモデルとして応用し，学習を効率化できるかを描写する。学習者は，教員がいかにさまざまなスキルを駆使するかを確認し見習うのみならず，教員が他者とどのように接するか，優先順づけをするか，時間管理をするか，数あるコンテクストにおける問題に対処するかなども観察する。ロールモデル（博士課程の場合は指導教員）が対人スキルやコミュニケーション・スキルに優れるなどの理由で皆に好かれており，かつ知識に富み，広く尊敬されている場合，学習者はロールモデルの言動を自分のものとして吸収する傾向にある（Bandura, 1977, 1997）。一方，好ましくないロールモデルについた学習者は，その不適当な言動を疑問に思わずにそのまま模倣してしまうことが多々ある（Bandura, 1986）。

第 15 章　自己調整スキル発達モデルのメンタリングへの応用

　ここでは大学院におけるメンタリング関係の研究を紹介しているが，それは，学生が成功するためには思考，情緒，そして行動を目標達成に向かって計画的に操縦していく必要があるからである（Mullen, 2011）。このように自己調整学習，社会的認知理論，メンタリングプロセスの三要素は関連している。大学院の教員は自らの思考と情緒を調整し，目標に向かう作業遂行を通じて大学院生の学習の手助けをする（Mullen, 2011）。Kram のメンタリング論はこれまでの研究データにより支えられているものの，Kram のあげるキャリアや心理社会的機能や，LIMM にみられる高度な学習を踏まえたうえで，Bandura の社会的思考論にみられるアプローチを支持する声が高まっている（Mullen, 2011）。Zimmerman の自己調整コンピテンスモデルは，他のメンタリングモデルに欠けているとされる基礎理論をその枠組みに織り込み，自立的かつ自発的な学習を最終目標とした発達的な視点も含んで Kram と LIMM の欠点を補充するだけでなく，この枠組みは博士課程におけるメンタリングに限らず幅広い教育的シーンに応用が可能である。メンタリング関係が年単位のものか一生涯にわたるものかにかかわらず，このモデルはメンターと弟子がお互いに学ぶことができる有意義な相互関係を築く総括的な方法を提示するものである。

自己効力感と自己調整学習の基礎理論

　たいていの教育者は生涯学習の概念を植え付けることを教育の主な目的としてあげるであろう（Chickering, 1994）。社会的認知理論によると，モデリングは人格や行動に影響をもたらす環境的要素の中でも非常に大切なものである（Bandura, 1986）。したがってこの考えに基づくと，模範となる人物（モデル）は，自己効力感を伝授し築き上げ，自己調整のプロセスを示す情報源である（Schunk & Zimmerman, 1997）。自己効力感は，与えられた活動を遂行する自らの能力に関する認識と定義され，私たちの行動や努力，根気などを左右する（Bandura, 1986）。モデルを観察する人間の自己効力感は，観察者がモデルと自分を相似していると受け止めたり，モデルを有能と判断した場合などに高まるとされている（Bandura, 1997; Schunk & Zimmerman, 1997）。博士課程で学ぶ学生

にとって，モデリングは特に重要である。例えば，模範となる教員が自己の研究に対する批判に堂々と返答すれば，この教員のもとで学ぶ学生も将来的に同じように対応するであろう。

　自己調整学習の理論的起源は社会的認知理論にあり，環境と個人のもつ特性（情緒や思考など），そして行動の相互関係を重視する（Bandura, 1986）。自己調整的な学習者は，目標達成へ向かって感情，思考，そして行動を自ら引き起こす（Zimmerman, 2000b）。自己調整的な学習者は，方略立て，メタ思考のモニタリング，自己内省などを駆使するとの研究結果が出ており，これらは学業上の成功との関連性が確立されている（DiBenedetto & Zimmerman, 2010）。自己調整学習と自己効力感は，子どもから大学院生まで幅広く応用が利く（Zimmerman, 2000a; Mullen, 2011）。学習者の環境内で起こるモデリングは，自己調整形成の先行要因であると社会思考理論は唱える（Schunk & Zimmerman, 1997）。学習者は連続的に自らの達成度を評価基準やモデルなどを目安として判断し対応するため，自己調整は動的である。

　博士課程の学生が自立した自己調整学習に優れた学習者へと成長を遂げる過程を明らかにする Zimmerman のモデルを理解するにあたり，ここまで論じてきた自己効力感と自己調整は双方とも重要である。Zimmerman の自己調整発達のモデルに，自己効力感は不可欠である。Schunk と Zimmerman（1997）は，学習者の自己効力感は当初モデリングなど外的要因を源泉とするが，最終的に自己調整のスキルを習得するころには内面化されると指摘する。例えば，入学間もない博士課程の学生は，論文に関する的確な分析をしたことに関して担当教員から称賛の言葉をもらうなどの強化子によって自己効力感を見出すが，やがて自らの評価が自己効力感の形成の要因となる。博士課程のメンタリング関係における自己効力感の根源の推移は，Zimmerman のモデルに描写される自己調整学習発達の四段階に沿った大学院生の成長を示唆する。

自己調整コンピテンスの発達段階

　学習者が自己調整を習得するには，教育者による有効な援助が必要とされる

(Zimmerman, Bonner, & Kovach, 1996)。学習者が自己の最終到達点を定められるよう手助けを担う方法を提示しているのが，Zimmerman のモデルがもつ唯一無二の特徴である。このモデルは観察，模倣，自己コントロール，自己調整という順次的な四段階から成り立つ（Zimmerman, 2000b）。このモデルは，「年齢に関わる個人特性や認知的段階の不変的な連続ではなく，社会的学習の相互作用の連続に強調を置く」（Scchunk & Zimmerman, 1997, pp. 199-200）ものである，という点が重要である。博士課程生のメンタリング関係における自己調整コンピテンスの発達段階をここから紹介していくが，表 15.2 にその概要がまとめられている。

　第一段階　観察：この段階では模範となる教員を通した代理的学習が中心となり，これを教員は自己調整に優れた人物の形成の第一歩と捉える。一方，大学院生側は研究，講義の助手，コーチング，論文のレビュー，質疑応答における自らの研究の正当化，あるいは自己効力感の向上など，博士課程の学生としてのありとあらゆる学術的役割を識別，そして差別化していく。また，論文の出版や引用，専門分野における受賞，実験における成功など，教員が収める成功を観察することにより，代理強化が引き起こされる。

　Bandura らは，モデル観察を通して学習者に起こる思考的あるいは行動的変化は，モデル観察なしで発生する可能性が皆無であると主張する（Bandura, 1986; Schunk, 1981; Schunk, 2012）。なお，熟練した大学院教員は博士課程の学生との会話の機会を頻繁に設ける。それに際して教員は自らの自己効力を手本とし，学生も才能をもっていると説得を試み，自己効力感の育成を図る。それに加え，教員は自己調整に優れた行動を実行することにより見本となる。長短期両方の目標設定，方略立て，作業進行の自己モニタリング，口頭および書面によるコミュニケーション，効果的な業務上の対人関係などにおける自己調整のプロセスを提示する。それを観察した大学院生は熟慮，吸収し，いずれは自己効力感を含めた自己調整プロセスを内在化する。教員は学生との会話に基づきメンタリング関係やペース配分を制御し，その中で次のステップへ進む準備具合を判断する。その一方，学生側は教員を尊敬，信頼し，次の段階への移行という決断に同意する。段階移行にはさまざまな方法があるが，自立していくことへの励ましを特徴とする。

表 15.2 自己調整コンピテンス四段階におけるメンタリング関係の特徴

段階	学生の行動	学生の思考や確信	メンターによる自己調整プロセスの促進
観察	判断と差別化。観察，吸収し考慮する。	メンター観察の内在化。	メンターは自己効力感や自己制御のプロセスをモデルする。
模倣	第一段階で観察したメンターのスタイルの模倣。実際にメンターの行動を模倣することによる行動の身体的経験。	自己効力感の内在化に伴う，知覚的，思考的な自己フィードバック。	作業の基準を提示し，方略利用の出来栄え評価を実演。
自己制御	上記で観察，模倣したスタイルの自動化。順応や派生はない。学生は，具象的な評価基準をもつ。プロセス重視。修得を経験する。	モデル模倣の出来栄えによる自己強化。水準の内在化の顕著化に伴う自己効力感の向上。	メンターは，学生が観察した行動を模倣する場，メンターなしでの修得の機会などを与える。
自己調整	自己や環境の変化に順応したタスク遂行。自己モニタリング，自己評価，知識移転などを通して，(プロセスだけでなく) 結果に焦点を当てるようになる。	メンターから学んだことの内在化。自己効力感を持ち合わせ，必要に応じて行動を調節できる。	メンターの役割が同僚関係に近くなる。博士課程生に求められたときのみに援助をする。

　第二段階　模倣：教員を模範として観察した自己調整的思考や行動の傾向を大学院生が模倣し，実際に行動に移すことが第一段階と第二段階との相違点である。模擬論文の執筆，研究のデザイン，研究助手としての作業，ゼミでの発表，他の博士課程生との協力などに取り組むにあたり，学生は教員を模範として習得したスキルの模倣を試みる。それに対して，教員は足場づくり，指導，フィードバックや激励などを与える。また教員は，学生が第一段階で観察した手本の模倣を図るに際し，直接的な社会的強化や自己効力感の促進を図る。こういった注意深く監視された経験を通して，学生は熟達感を覚え，自己

メンターの行動	関係の主導権	自立度
思考的モデリング（発話思考）および行動の実演。	メンターが，学生に合わせてペース配分。学生との会話を通して，次の段階へ進む準備度の判断をする。	学生は完全にメンターに依存している。
スキャフォールディング，建設的なフィードバック，そして激励を施す。練習の機会を与える。社会的強化を直接与え，自己効力感の誘因となる情報を示す。	引き続き学生に合わせたペース配分を行う。メンターの行動模倣の正確さや思考表現により，次の段階へ進む。	自立へと歩み始めるが，まだメンターに依存した状態。
フィードバックやアドバイスを与え，ある程度の自立を勧める。学生が困難に陥った際，ただちに手助けはしないが，学生の予期されぬ状況への反応や対処を見守る。	さらなる訓練が必要かを見極める。メンターは，学生を見守りつつも学生自身に作業をさせる。自己調整スキル発達のペースを，学生に合わせる。	学生は，徐々にメンターから自立する。メンターなしでの訓練を積む。
学生のリクエストに応じてアドバイスを与える。	この段階では，学生が関係管理の主導権をもつようになる。必要なときのみメンターと連絡をとる。	自己調整コンピテンスの修得。学生は自立を成し遂げる。

効力感の発達を実感する。例えば，博士課程の学生は教員との連名での論文出版，教員が見守る中での学会発表，教員のシラバスや教授法を模倣しての講義などを経験するであろう。表15.2に示されるように，学生は教員の専門知識，行動，思考などを可能な限り模倣しなければならない。その模倣が明白となった時点で，教員はさらなる支援，指導，激励などを与え，いっそうの自立へと学生を仕向ける。学生は，必要に応じて教員が早急に援助を与えることを理解したうえで，次の段階への前進に同意する。

　第三段階　自己コントロール：自己調整行動と自己効力感の原動力がメン

ターなど外的な要素から内的なものへと移行することが，この段階の特徴である。博士課程生は，教員に見守られる必要なしに，最初の二段階で習得した自己調整行動を自発的に起こすことができる。しかし，この時点ではまだ教員から学んだ言動を自分なりにアレンジする能力はない。それにあたり，教員はまず十分準備された状況下で学生に自己調整行動を起こさせる。この段階では，大学院生は「学生」としてよりも「博士」としての活動に準じて発達していく。

　学生は教員の表象的な方針を捉え，結果よりもプロセス（すなわち，目標設定，方略使用）を重視しながら自己調整学習の訓練に励む。教員は入念な監督をしながら，学生に経験を積ませ，自己効力感の助長に貢献する。博士論文の予備研究が，そのよい例である。大学院生活の大きな節目となる博士論文のプロセス開始の準備ができていることの示唆を通して，教員は学生の自己効力感を強化する。そして，学生は自ら研究計画を立て，教員の承認を受けたうえで研究を開始し，レポートを書き上げるが，その過程において教員は監督を怠らない。例えば，教員はフィードバックを与え指導を施す。学生の自己強化の程度は，自らの収めた成果が教員のもつ（暗黙の）基準にどれだけ近づけるかによって決まる（Zimmerman, 2000b）。

　仮にこの段階で学生が困難に直面した場合（研究計画発表の際に難題を突きつけられたり，研究データが芳しくなかった，など），教員はただちに介入せず，学生が想定外の状況をいかにして乗り越えるかを見守る。その結果により，教員は学生が次の段階に進む準備ができているか否かを判断し，その意向をその学生に伝える。学生はその分野の専門家である教員に対して信頼感を抱き，教員の判断に同意するであろう。

　第四段階　自己調整：自己調整に優れた人物は，作業遂行を自分自身（体調など）や環境の変化に適合させる能力を持ち合わせている（Zimmerman, 2000b）。大学院でのメンタリング関係においては，学生が教員に頼ることなく方略を順応的に利用することが自己調整の証となる。この時点で学生は，習得プロセスではなく結果そのものを目標とし，方略やスキルを駆使していくが，これは学生がメンターから学んだ自己効力感を内在化し，かつ最低限の支援で自己調整を順応的に操ることにより可能となる。また，そういった学生は自ら

の達成度を変動的に評価することができる。教員のもとで積んだ経験を自分のものとし自立した今，この学生は自分自身の個性を活かした流儀を生み出していく（Zimmerman, 2000a）。この段階では，教員は同僚的な存在となり，学生が支援要請をした際にアドバイスを提供するようになる。以前は教員がもっていたメンタリング関係の主導権を学生が握ることとなるため，この移行のもつ意味は深い。教員はソーシャルサポート源としての地位を維持し，必要に応じて具体的かつ建設的なフィードバックを与える。

　予見，遂行のモニタリング，そして自己内省が必要とされる博士論文完成のプロセスと自己調整との関連性は明白であろう（Zimmerman, 2000a）。博士論文の口頭審査では理論，研究の重要さ，研究法などを説明し，正当化することが必須であるため，高い自己効力感が必要とされる。教員は口頭審査に参席し，無言ながら担当教員としての威厳と権限を学生に感じさせる。口頭審査合格に伴い，メンタリング関係は同格な関係へとの推移を遂げる。

　この第四段階では，修了生が専門分野での業績を積んだり教員との連名出版を続けたりすることで，教員と互いに学び合う関係を築いていくこともあるであろう。それ以外にも，教員は距離を置きながらも研究や論文，キャリアなどに関してのアドバイスやフィードバック源としての存在を維持する。したがって，自己調整コンピテンスや教員からの自立した生活への移行などにみられるような「自立」という概念が，この第四段階のキーワードである。

自己調整コンピテンスの発達に関する研究

　ここまで紹介してきた，博士課程生における四段階の自己調整コンピテンスの発達段階論を直接支持する研究はなされていないが，それに似た「段階のヒエラルキー」が若者を対象としたスポーツや学業に関する研究で確認されている。Ramdass（2011）の小学5年生を対象とした研究では，模倣段階で算数方略のモデル観察をした児童は観察をしなかった者よりも優れた学習成果を出したという結果が得られている。女子高校生をサンプルとしたダーツ（射的競技）の研究でも，第一段階（観察）と第二段階（模倣）に関して同様の結果が出

ている（Kitsantas, Zimmerman, & Cleary, 2000）。また，ZimmermanとKitsantas（2002）による大学のレポート修正に関する研究でも，モデル観察を経て作業中にフィードバックを得た（したがって，模倣した）学生がより質の高いレポートを完成したと報告されている。

　ZimmermanとKitsantas（1997）は，第三段階（自己コントロール）から第四段階（自己調整）への移行をダーツを通して調査した。その結果，的を射るという結果を目標とした女子高生は，フィードバックや練習というプロセスを重視した生徒よりも好ましい結果を出している。追随研究では作文課題を用いて第三段階から第四段階までの推移に注目し，同様のヒエラルキーが明らかになっている（Zimmerman & Kitsantas, 1999）。これらの研究は，いずれもスキル向上に伴い自己効力感も高まっている。こういった結果はZimmermanの自己調整コンピテンス発達モデルの四段階を潜在的に支持するものと考えて差し支えないとはいえ，特に博士課程など多様な学習コンテクストへの応用が切望されるなか，さらなる研究が必要なのはいうまでもない。

自己調整の発達とこれまでのメンタリングのモデル

　Zimmermanのモデルは，特にメンタリング関係の質や心理社会面，キャリア面などでKramのモデルを補足するものである。キャリア面において，上司や大学院教員は部下や大学院生を迎えることを専門知識，知恵，経験やその他の知識などを次の世代へ伝えフィードバックや支援提供を与えることで，バトンタッチを図るチャンスと捉える。大学院教員として，Zimmermanは指導，紹介，コーチングなどKramが描写するさまざまなキャリア機能を果たしてきた。例えば，彼の門下生であるAdam Moylan（アダム・モイラン）は，博士課程在籍中にZimmermanについて次のように述べている。

> Zimmerman教授とは，僕のアドバイザー，大学教員，研究者，そして担当教員として交流してきた。教室やオフィス，研究室，会議などのシーンでご一緒させてもらったさ。彼は自分の専門家としての高いステータスに

もかからず，いつも親しみやすく受容力をもっていたね。いつでも彼の意図は，モデルとして支援とフィードバックを与えることで学生を自立させ，かつ自己調整コンピテンスを育むことだったと思うよ。

メンタリング関係の性質上，上司は部下の成功を切望し，心理社会的スキルを駆使して部下との交流を図る。カウンセリングや自己能力の育成支援，受容や承認などの形で情緒的なサポートを提供する。Zimmermanのモデルでは，大学院教員は学生のニーズを的確に判断し，指導，自己効力感の助長，受容や承認を通して情緒的サポートを与える。Zimmermanを担当教員として博士課程を修了したDarshanand Ramdass（ダーシャナンド・ラムダス）は以下のコメントをしている。

僕が初めて提出した論文の査読結果は，とても長く細目にわたるものだった。論文訂正という壁にぶつかったとき，Zimmerman教授にメールを送ったんだ。彼の応援や過去の振り返りなどが訂正作業に挑む自信を与えてくれた。その結果，2度の訂正を経て論文採用との通知を受け取ることができたんだ。

LLMMモデルとZimmermanのモデルは双方ともメンターと弟子の密接な関係が必要とされ，メンターは弟子の指導に多大なる時間を費やすこととなる。また，両モデルとも順次的であり，特定の段階に進むためにはその直前の段階を征服しなければならない。どちらのモデルも，教員が大学院生の進歩を密接に監督し，頻繁に的確で建設的かつ激励的なフィードバックを提供する。

この章で紹介してきた3つのモデルは，どれも弟子の成長やそれに伴うメンタリング関係の推移を認識している。当初の不均等な関係から，同格としての関係に変わっていく。ただ，Zimmermanのモデルは，有効なメンタリング関係をKramのモデルやLLMMよりも詳しく描写している。

職場や業界における昇進が，Kramのメンタリング関係論の焦点となっている。一方，ZippとOlsonのモデルは，博士課程生の学術界においての思考的および行動的成長に的を定めている。また，Zimmermanのモデルは学生の発

達に伴う変化を中心に展開されている。この変化が，学業に限らずさまざまな状況や環境で学んできた事項を応用する力を学生に与える。以下の通り，教員を模範として自己調整能力に関する自己効力感を高めることが，それを可能とする。

　Zimmermanが強調するのは，他者強化から自己強化への転換という発達である (Schunk & Zimmerman, 1997)。強化は動機の源であるため，これは大変に重要な視点である。博士課程生が自己効力感や習得感の内面化に成功すれば，自らの動機づけが可能となる。Bandura (1997) は，自己効力感が選択，努力や忍耐などにもたらす影響を力説した。自己調整コンピテンスの成長は自己効力の発達と密接な関係にあり，学生の自立とともに顕著となる。自己調整の自は，自立の自でもあるというわけである。

　また，Zimmermanのモデルは「調整」のもつ意味も考慮している。制御する能力が社会的認知理論における調整である。自己調整という概念の自己が示唆するように制御が内的に発動され，したがって学習者は，自発的に目標に向かって自らの思考や活動，行動を調整する能力を習得する (Bandura, 1986; Schunk & Zimmerman, 1997)。目標達成に際し，学習者は，設定された目標やそれに向かって駆使する方略，思考などを調整していく。要するに，「自己調整に優れた学習者に育つ」という考えはZimmermanのモデルならではの概念である。Zimmerman自身が自立という目標を掲げて，各段階を通して大学院生を監督する姿勢に表れている。Zimmermanは，このモデルの4つの段階それぞれを自らのメンタリング関係に擬人化しているのである。

理論の擬人化：大学院教員としてのZimmerman

　博士課程生の担当教員として，Zimmermanは学内外を通じて，自己調整の模範として学生にモデリングの機会を与えた。また研究計画，データ分析から論文の執筆まで，Zimmermanはそのプロセスを説明し，模範となった。思考的モデリングにより彼のもとで学んだ学生は，彼の思考や行動の根拠となる動機を観察することができたのである (Meichenbaum, 1977)。Zimmermanは学生

とのコミュニケーションの際，自己の思考を声に出すことがあるが，これはそのモデリングのよい例である。彼が模範となり，学生がそれを内面化するのが彼の真意であろう。それに加え，Zimmerman は自己の研究スキルを大学院生に観察させる。卒業生の一人である Anastasia Kitsantas（アナスタシア・キッサンタス）は，以下のように述べる。

> 大学院生活の中で一番心に残っているのは，Zimmerman 教授が，私が同席していたデータ収集現場で，自分が何をしているかを声に出して説明してくれたことね。あれは気持ちが高ぶったし，私が将来自立して研究をする自己効力感をもらうよい経験だったわ。

　模倣（第二段階）の時点では，Zimmerman は学生が観察した手本を取り入れて間もないことを考慮し，学生とのやりとりに取り組む。学生を成長させるという目標を意識して，徐々に難易度の高い作業を学生に課し，支援を減らすことで，習得へと導く（Zimmerman, 2000b）。Zimmerman は模範となり，作業水準を説明し，まずプリント課題を用いて学生に練習をさせる。週 1 回のミーティングにおいて，Zimmerman は学生の理論や研究の理解度を口頭で試す。これにより学生側は否応なしに，それまで Zimmerman をモデルとして観察した思考パターンを模倣して口頭で説明することとなり，文献の理解や批評に限らず言語化する能力をも育む。Zimmerman の門下生である Linda Sturges（リンダ・スタージズ）は，博士論文完成の過程において Zimmerman が発達段階を意識しながらペース管理を指導したことを次のように描写する。

> 博士論文の仕上げにかかろうというところで，最終章がどうしても書けなかったの。それを見た Zimmerman 博士はね，自分も若かったころはそうだったよって言ってくれたの。そして私の文章の一節を取って，その書き直しのお手本を見せてくれたわ。それで彼の書き方を模倣しろって激励してくれたの。原稿のフィードバックを受け取ったとき，この経験が自分の作文能力の管理につながったわね。

自己コントロール（第三段階）では，Zimmerman はまず学生とともに目標設定して，学生が自律的に無理なく達成できるような作業の構造化をする。博士号レベルの教員として，学生が他者に頼ることなく達成したときには褒め，それにより学生が自己効力や自己強化を感じるように仕向ける。この段階では，自己調整コンピテンスによって学生が完全に自立することはできないが，学んだことや自発的に取り組むことなどを内面化させていくという効果がある（Schunk & Zimmerman, 2012）。自己コントロールの段階は，したがって教員の目の届かないところでの作業を通して，自立への道を歩み始める移行期間といえるであろう（Zimmerman, 2000b）。Zimmerman の監修のもと博士号を取得した Peggy Chen（ペギー・チェン）は，大学教員のポストの面接試験の準備をしていた際に，次のような経験をしたという。

　　博士論文の完成にとりかかっていたころ，大学講師の公募に応募して，面接までこぎつけたの。Zimmerman 博士は私と模擬面接をするだけのために金曜日の午後に大学に来てくれたの^{訳注}。彼の洞察力，激励や支援のおかげで採用されたわ。

　Zimmerman の大学院生とのコミュニケーションは，教育心理の専門知識の伝授，研究法のモデリング，彼の行動の模倣や自立した行動の機会を与えることなどが中心となる。**自己調整コンピテンス**の発達プロセスにおいて，博士論文はその最終段階とされるが，自己調整的な学習者となってからも Zimmerman 教授のアドバイスを乞う場合もある（White, 2011b）。自己の理論的モデルを駆使して大学院生を自己調整的な教育者や研究者に育て上げていくことも，Zimmerman 教授の功績の特徴の一つである。高く設定された水準は彼が学生に求める成功の度合いを示唆し，メンタリングを通してサポートや激励，そして「自分にはできるのだ」という自己効力感を与える。修了生である

　　訳注：ユダヤ教では金曜の日没以降は安息日とされており，通勤や通学なども含めて仕事や学業関係の作業をすることが禁じられている。そのため Zimmerman 教授も含め多くの信者は，金曜日の昼過ぎに帰宅する。したがって，Zimmerman 教授が金曜の午後に大学へ出向くというのは異例なことと受け止めて差し支えないであろう。

Rajkumari Wesley（ラジクマリ・ウェズリー）は，メンターである Zimmerman 教授との関係を次のように描写し，彼がいかに効果的に学習者の自立に向けたペース配分を行ったかを強調する。

> 彼との面談はピンポイントでチャレンジに富んだものだったわ。Zimmerman 博士は私の研究が進むのをとても喜んでくれた。そして彼は高い基準を設定したから，私は期待に応えられるよう最善の努力をしたわ。彼は私の論文のドラフトを一語一句漏らさず読んで，修正の指示をしたり，納得がいくまで一緒に書き直してくれた。そして Zimmerman 教授がようやく青信号を出してくれたときに，論文の口頭試験の日取りを決めたのよ。

教育的考察

博士課程というコンテクストでのメンタリングの第一の目的は，学生に論文研究を遂行させることである。例えば，担当教員としての Zimmerman は，作文，データ分析，研究法など論文を書き上げるのに必須の特別のスキルの育成を強調する。そのためには，担当教員は個々の学生の知識やスキルを判断し，例えば力不足の学生に特に時間をかけるなど，一人一人の学生のニーズに対応した指導をすることが大切となる。モデリングと監督下の演習が，メンター，教員，講師，教育者などにとってのメンタリング関係の第一歩であり，それが学習者の自己コントロールと自己調整を助長する。豊富な知識や高い技術をもち，かつ自己効力感にあふれ，思考を行動化することにより弟子に伝えることができる専門家が，メンタリング関係には不可欠である（Carroll & Bandura, 1987）。Zimmerman は論文の見本や研究活動のモデリングなどの視覚的情報を織り交ぜ，記憶保持を促す。教員の指揮のもとでの作業遂行は，時間の拘束なしに自立へ向かう励ましを与え，こういった演習は自己効力感の形成の源となる。

あらゆる教育的コンテクストにおいて，教育者が指導法やペース配分を判断

するのにあたって学習者の自己調整コンピテンスが指標となりうる。多くの小中高校教師は自己調整が児童や生徒の活動に大きく関与していることは認識しているが，自己調整コンピテンスの形成に関しての知識にはしばしば欠けている。教員養成課程の主な焦点は科目ごとの教授法であり，心理学的な意味での学習，発達や動機などではない。多くの場合，教師は学力テストなどの準備に追われ，自己調整の指導をする余裕がない（Schunk & Zimmerman, 1998）。ここで紹介された四段階をたどれば自己調整スキル教示が可能であることを，学習者や教育者は知らない。自己調整スキルを有効的に駆使できるようになるためには，難題，ストレス，遊びの誘惑などに屈することなく根気よく応用しなければならない（Zimmerman, Bandura, & Martinez-Ponz, 1992）。そうすれば知的ツール，自己効力感，自己調整能力などを徐々に習得していけるであろう。例えば，数学教師が代数を教えるにあたって，まず数週間のモデリング期間を経てから，教室で生徒各自に類似問題などを用いた模倣をさせつつ一人一人にフィードバックを与える。そして，宿題として同様の問題を与え，教師のいない環境での演習を促す（自己コントロール）。さらに，最終的には難易度の高い問題なども含めた類題を用いたテストが実施される（自己調整コンピテンス）。このように，Zimmerman のモデルが秘める可能性や刺激性は，大学院教育だけにとどまらず子どもの教育にもあてはまる。

今後の研究への推奨

自己調整コンピテンスに関する実証研究は徐々に出てきているとはいえ，まだ研究不足感が拭えない（Zimmerman, 2000b）。ここまで紹介してきた研究では，手本となる教員の観察と模倣を通して，学習者は学習プロセスに関する情報を得て，それが自己調整スキル上達につながる（Kitsantas et al., 2000）。また，学習者が発達段階を踏んでフィードバックを得ることを通して，（動機や強化などの根元）環境的要素から内面的要素へと移行する（Ramdass, 2011; Schunk & Zimmerman, 1997; Zimerman, 2000b; Zimmerman & Kitsantas, 1999）。この場合のフィードバックは当初，模範的教員による社会的強化という形で与えられ，最

終的には自己モニタリングや自己調整コンピテンスの発達とともに自己強化へと変容を成し遂げる。それぞれの段階でどのようなプロセスが起こるのか，そして段階移動の仕組みなどに関してさらなる研究が必要である。また，このような研究は幼少期から博士課程までさまざまなコンテクストで実施されるべきである。

　現時点では，Zimmerman の自己調整コンピテンスの発達モデルを博士課程教育に応用した研究はない。博士課程のスパンのなか，あらゆる時点での師弟関係の特徴を捉えることで，Zimmerman 自身の指導教員としての成功の理解への大きなステップとなるであろう。また，教員が学生の自立を目標として学生の学習や発達をいかに効果的に促進するか，そして学生がそこからどうやって自己調整学習能力を伸ばしていくかなどに関して，この理論には吟味の余地がある。

　それに加え，博士課程の指導教員とその修了生が再会した場合に，Zimmerman のモデルがどのようにあてはまるかの調査も重要となる。例えば，すでに自己調整学習能力を習得した修了生が，指導教員との共同研究に取り組む際，2 人の関係はどのようなものになるであろう。修了生は自己調整能力を備えていることから，2 人の関係は同僚同士のものとなり，したがって四段階から成り立つ Zimmerman のモデルの応用は不適切となるであろうか？　もしくは以前のメンタリング関係の再開となり，教員と大学院生ではなく，今度は「上司と部下」的な師弟関係になるのであろうか？　学習者の自己調整コンピテンス習得後のメンタリングに関する研究はこれまでなく，そういった研究がメンタリング関係の性質のさらなる理解へと導くであろう。

結論

　メンタリングは弟子の人生を大きく左右しうる，重要な関係である。メンタリングが作業効率，成績，博士論文の完成や口頭試験，その他，人生のあらゆる場面での自己調整能力などに好ましい影響を与えることを研究は示唆する（Bandura, 1986; Kram, 1985; Mullen, 2011; Scandura, 1992）。この章では 2 つのメ

ンタリングに関するモデルを組織的コンテクストと博士課程のコンテクストで分析してきた。Kram のキャリア心理社会的機能理論とメンタリング関係の段階はこれまで幅広く研究されてきており，職業的コンテクストへの活用が可能である。Zipp と Olson (2008) の LLMM 理論は，より高度な思考処理とロジックの習得を最終目標としたヒエラルキーに基づき，教員が学生の学習を計画すると提示する。双方ともにメンタリングのプロセスにふれているが，Zimmerman の自己調整発達モデルは特に，博士課程教育も含めさまざまな教育的コンテクストへの適用にふさわしいと主張したい。その理由は，学生とのやりとりを通して，教員が学生の達成度に合うように指導法を調整していくからである。学習者が自立し，自発的となり，かつ自己の成長軌道をコントロールする能力を備えることをこのモデルは最終目標として掲げている。さらなる研究が必要ではあるが，幅広い教育的コンテクストやそれ以外のシーンにおいても，効果的な自己効力感や自己調整スキルの発達促進を目指す教育者にとって，この多層式のモデルは大変な可能性を秘めたものである。

　Zimmerman 自らのメンタリングの特徴は，彼の自己調整コンピテンスの発達モデルに準じている。博士課程生を育てるのに際し，彼は個々の学生の発達過程や各段階においての推進度を踏まえた指導を心がけている。彼自身の知識と理解，そして生徒を導くにあたっての目標などをもとに指導の調整をする。それにより，Zimmerman は個々の学生に自主性をもつ力を与えるのである。Zimmerman が弟子の成功に多大なる達成感をもち，学生を自己調整に優れた教育者，研究者，そして将来のメンターとして育て上げる能力は，彼が後世に残す業績となるであろう。彼に教わったことを内面化することにより，学生たちは，自己調整能力を駆使し，人生におけるさまざまな苦境を乗り越えていくであろう。

付記

　著者順は英語アルファベットに基づいたものであり，2 人の著者はこの章の作成にあたり同等の貢献をした。

文献

Allen, T. D. & Eby, L. T. (Eds.). (2007). *The Blackwell handbook of mentoring; A multiple perspectives approach*. Malden, MA: Blackwell Publishing. doi:10.1111/b.9781405133739.2007.00001.x

Allen, T. D., Eby, L. T., Poteet, M. L., Lentz, E., & Lima, L. (2004). Career benefits associated with mentoring for protégés: A meta-analysis. *Journal of Applied Psychology, 89*, 127–136. doi:10.1037/0021-9010.89.1.127

Armstrong, N. (2008). Role modeling in the clinical workplace. *British Journal of Midwifery, 16*, 596–603. Retrieved from http://www.intermid.co.uk/cgi-bin/go.pl/library/contents.html?uid=2251;journal_uid=12

Bandura, A. (1977). *Social learning theory*. Englewood Cliffs, NJ: Prentice Hall.

Bandura, A. (1986). *Social foundations of thought and action: A social cognitive theory*. Englewood Cliffs, NJ: Prentice-Hall.

Bandura, A. (1997). *Self-efficacy: The exercise of control*. New York, NY: Freeman. Bell-Ellison, B. A. & Dedrick, R. F. (2008). What do doctoral students value in their ideal mentor? *Research in Higher Education, 49*, 555–567. doi:10.10007/s11162-008-9085-8

Bembenutty, H. (2008). The last word: An interview with Professor Barry Zimmerman: Achieving self-fulfilling cycles of academic self-regulation. *Journal of Advanced Academics, 20*(1), 174–193. doi:10.4219/jaa-2008-885

Carroll, W. R. & Bandura, A. (1987). Translating cognition into action: The role of visual guidance in observational learning. *Journal of Motor Behavior, 19*, 385–398. Retrieved from http://www.des.emory.edu/mfp/Bandura1987Translating.pdf

Chandler, D. E. (2011). The maven of mentoring speaks: Kathy E. Kram reflects on her career and the field. *Journal of Management Inquiry, 20*(1), 24–33. doi:10.1177/1056492610369937

Chickering, A. (1994). Exploring lifelong self-development. *NACADA Journal, 14*(2), 50–53. Retrieved from https://www.mcgill.ca/files/oasis/Empowering_Lifelong_Self-Development.pdf

DiBenedetto, M. K. (2011, April). *Barry J. Zimmerman: An educator with passion for developing self-regulation of learning through social learning*. Paper presented at the Annual Meeting of the American Educational Research Association, New Orleans. Retrieved from http://www.eric.ed.gov/ERICWebPortal/detail?accno=ED518491

DiBenedetto, M. K. & Zimmerman, B. J. (2010). Differences in self-regulatory processes among students studying science: A microanalytic investigation. *The International Journal of Educational and Psychological Assessment. 5*(1), 2–24. Retrieved from http://tijepa.books.officelive.com/Documents/V5_TIJEPA.pdf#page=5

Eby, L. T., Allen, T. D., Evans, S. C., Ng, T., & DuBois, D. (2008). Does mentoring matter? A multidisciplinary meta-analysis comparing mentored and non-mentored individuals. *Journal of Vocational Behavior, 72*(2), 254–267. doi:10.1016/j.jvb.2007.04.005

Gagne, R. M. (1962). The acquisition of knowledge. *Psychological Review, 69*, 355–365. doi:10.1037/h0042650

Haggard, D. L., Dougherty, T. W., Turban, D. B., & Wilbanks, J. E. (2011). Who is a mentor? A review of evolving definitions and implications for research. *Journal of Management, 37*(1), 280–304. doi:10.1177/0149206310386227

Healy, C. C. & Welchert, A. J. (1990). Mentoring relations: A definition to advance research and practice. *Educational Researcher, 19*(9), 17–21. doi:10.3102/0013189X019009017

Jacobi, M. (1991). Mentoring and undergraduate academic success: A literature review. *Review of Educational Research, 61*, 505–532. doi:10.3102/00346543061004505

Kitsantas, A., Zimmerman, B. J., & Cleary, T. (2000). The role of observation and emulation in the development of athletic self-regulation. *Journal of Educational Psychology, 91*, 811–817. doi:10.1037//0022-0663.92.4.811

Kram, K. E. (1983). Phases of the mentor relationship. *The Academy of Management Journal, 26*(4), 608–625. doi:10.2307/255910

Kram, K. E. (1985). *Mentoring at work: Developmental relationships in organizational life*. Chicago, IL: Scott, Foresman and Company.

Lankau, M. J. & Scandura, T. A. (2002). An investigation of personal learning, learning in mentoring relationships: Contents, antecedents, and consequences. *Academy of Management Journal, 45*, 779–790. doi:10.2307/3069311

Meichenbaum, D. (1977). *Cognitive behavior modification: An integrative approach*. New York, NY: Plenum Press.

Mullen, C. A. (2009). Re-imagining the human dimension of mentoring: A framework for research administration and the academy. *Journal of Research Administration, 40*(1), 10–31. Retrieved from http://www.srainternational.org/sra03/uploadedfiles/journal/09/JRA_Vol_40_1.pdf#page=12

Mullen, C. A. (2011). Facilitating self-regulated learning using mentoring approaches with doctoral students. In B. J. Zimmerman & D. H. Schunk (Eds.), *Handbook of self-regulation of learning and performance* (pp. 137–152). New York, NY: Routledge.

Ragins, B. R. & Kram, K. E. (Eds). (2007). *Handbook on mentoring at work: Theory, research & practice*. Los Angeles, CA: SAGE.

Ramdass, D. (2011). Enhancing mathematics skill and self-regulatory competency through observation and emulation. *The International Journal of Research and Review, 7*(1), 24–43. Retrieved from http://journalofresearchandreview.books.officelive.com/Documents/A2_V7_1_TIJRR.pdf

Rose, G. L. (2003). Enhancement of the mentor selection using the ideal mentor scale. *Research in Higher*

Education 44(4), 473–494. doi:10.1023/A:1024289000849

Rose, G. L. (2005). Group differences in graduate students' concepts of the ideal mentor. *Research in Higher Education, 46*(1), 53–79. doi:10.1007/s 11162-004-6289-4

Scandura, T. A. (1992). Mentorship and career mobility: An empirical investigation. *Journal of Organizational Behavior, 13*, 169–174. doi:10.1002/job.4030130206

Schunk, D. H. (1981). Modeling and attributional effects on children's achievement: A self-efficacy analysis. *Journal of Educational Psychology, 73*, 93–105. doi:10.1037//0022-0663.73.1.93

Schunk, D. H. (2012). *Learning theories: An educational perspective*. Boston, MA: Pearson Education, Inc.

Schunk, D. H. & Zimmerman, B. J. (1997). Social origins of self-regulatory competence. *Educational Psychologist, 32*, 195–208. doi:10.1207/s15326985ep3204_1

Schunk, D. H. & Zimmerman, B. J. (1998). *Self-regulated learning: From teaching to self-reflective practice*. New York, NY: Guilford Press.

Schunk, D. H. & Zimmerman, B. J. (2012). Self-regulation and learning. In W. M. Reynolds & G. E. Miller (Eds.), *Handbook of psychology. Vol. 7: Educational psychology* (2nd ed.). Hoboken, NJ: Wiley.

Thomas, R., Murrell., P. H., & Chickering, A. W. (1982). Theoretical bases and feasibility issues for mentoring and developmental transcripts. In R. Brown & D. DeCoster (Eds.) *New directions for student services; mentoring-transcript systems for promoting student growth* (pp. 49–65). San Francisco, CA: Jossey-Bass. doi:10.1002/ss.37119821906

White, M. C. (2011a). Predicting success in teacher certification testing: The role of academic help-seeking. *The International Journal of Educational and Psychological Assessment, 7*(1). Retrieved from http://tijepa.books.officelive.com/Documents/A3_V7_1_TIJEPA.pdf

White, M. C. (2011b, April). *Barry J. Zimmerman: An expert mentor through cyclical phases of self-regulatory feedback*. Paper presented at the Annual Meeting of the American Educational Research Association, New Orleans, LA.

Zellers, D. F., Howard, V. M., & Barcic, M. A. (2008). Faculty mentoring programs: Reenvisioning rather than reinventing the wheel. *Review of Educational Research, 78*, 552–588. doi:10.3102/0034654308320966

Zerzan, J. T., Hess, R., Schur, E., Phillips, R. S., & Rigotti, N. (2009). Making the most of mentors: A guide for mentees. *Academic Medicine, 84*(1), 140–144. doi:10.1097/ACM.0b013e3181906e8f

Zimmerman, B. J. (2000a). Attaining self-regulation: A social cognitive perspective. In M. Boekaerts, P. R. Pintrich, & M. Zeidner (Eds.), *Handbook of self-regulation* (pp. 13–39). San Diego, CA: Academic Press. doi:10.1016/B978-012109890-2/50030-5

Zimmerman, B. J. (2000b). Achieving self-regulation: The trial and triumph of adolescence. In F. Pajares & T. Urdan (Eds.), *Academic Motivation of Adolescents* (pp. 1–27). Greenwich, CT: Information Age Publishing.

Zimmerman, B. J., Bandura, A., & Martinez-Pons, M. (1992). Self-motivation for academic attainment:

The role of self-efficacy beliefs and personal goal setting. *American Educational Research Journal, 29,* 663–676. Retrieved from http://www.jstor.org/stable/1163261?origin=JSTOR-pdf

Zimmerman, B. J., Bonner, S., & Kovach, R. (1996). *Developing self-regulated learners: Beyond achievement to self-efficacy.* Washington, DC: American Psychological Association. doi:10.1037/10213-000

Zimmerman B. J. & Kitsantas, A. (1997). Developmental phases in self-regulation: Shifting from process goals to outcome goals. *Journal of Educational Psychology, 89,* 29–36. doi:10.1037//0022-0663.89.1.29

Zimmerman, B. J. & Kitantas, A. (1999). Acquiring writing revision skill: Shifting from process to outcome self-regulatory goals. *Journal of Educational Psychology, 91,* 1–10. doi:10.1037//0022-0663.91.2.241

Zimmerman, B. J. & Kitsantas, A. (2002). Acquiring writing revision and self-regulatory skill through observation and emulation. *Journal of Educational Psychology, 94,* 660–668. doi:10.1037//0022-0663.94.4.660

Zipp, G. P., Cahill, T., & Clark, M. (2009). The role of collaborative scholarship in the mentorship of doctoral students. *Journal of College Teaching and Learning, 6*(8), 29–36. Retrieved from http://journals.cluteonline.com/index.php/TLC/article/view/1111/1095

Zipp, G. P. & Olson, V. (2008). Infusing the mentorship model of education for the promotion of critical thinking in doctoral education. *Journal of College Teaching and Learning, 5*(9), 9–11. Retrieved from http://journals.cluteonline.com/index.php/TLC/article/view/1229/1213

キーワード集

──各章の内容をより深く知るために──

> 本書で扱われている自己調整学習のさまざまな領域，テーマでの展開の中で，特に重要なキーワードとなるものを以下にあげています。近年の学校教育，学習研究などで話題になるトピックもあり，自己調整学習の展開に即して，多様な専門性や領域との接点が生まれてきています。

◆学業的満足遅延（Academic Delay of Gratification）

　学業的満足遅延とは，生徒自身が学習の意図をモニタリングし，将来の学習目標が達成されるまで直近の楽しみを延期するものである。学業的満足遅延の原型である満足遅延理論は，すぐに得られる報酬よりも，より価値のある報酬を得るまで欲求充足を遅延させる行動であり，Mischel（1974）は自己制御の枠組みとして満足遅延を捉えている。満足遅延は，欲求充足の遅延を決心する遅延充足過程と，決心後に欲求充足の遅延から生じるフラストレーションに耐えていく遅延維持過程の2つの過程からなると考えられている。学習面においてBembenutty（2009）では，先行研究のレビューから，学業的満足遅延が自己調整においてカギとなるプロセスであることを示唆している。長期的な将来の目標に関心を示すようになるにつれて，学業的満足遅延は発達していくとされ，例えば，16歳以上の参加者は，即時的な小さい報酬よりも将来的な大きい報酬を選択する傾向があること，将来に対する時間的展望や課題の道具としての有用性と結びついたときに，学業的満足遅延が最大になることが示されている。

　⇒　第6章 参照

Bembenutty, H. (2009). Academic delay of gratification, self-regulation of learning, gender differences, and expectancy-value. *Personality and Individual Differences, 46*(3), 347-352.

Mischel, W. (1974). Processes in delay of gratification. In *Advances in experimental social psychology* (Vol. 7, pp. 249-292). Academic Press.

中西満悠・中谷素之（2014）．大学生の学習に対する自己効力感・将来展望が学業的満足遅延に及ぼす影響の検討．日本教育心理学会第56回総会発表論文集，790．

◆キャリブレーション (Calibration)

　一般的には，計測器具の偏りを正すことにより計測の正確さを保障することをいうが，教育心理学の術語としては，しばしば学習者の予測の正確さを指す。例えばメタ記憶研究では，記憶に関する確信度が実際の記憶パフォーマンスをどの程度予測しているかを示す指標として扱われる。

　自己調整学習研究では，例えば自己効力感と課題遂行の関連について，キャリブレーションが取り上げられる。特定の課題を遂行可能と判断し実際に遂行するとき，または遂行不可能と判断し実際に遂行できないとき，自己効力感は実際の課題遂行を予測し，キャリブレーションが高いことになる。自分の能力を過大評価する生徒，つまり自己効力感が能力と比べて高すぎる生徒は，課題に取り組んで失敗するときに，大きなショックを受けるかもしれない。反対に，自分の能力を過小評価する生徒は，課題の試行を躊躇したり，気乗りしないままに行ったりすることにつながり，課題の成功を妨げるかもしれない。このように，キャリブレーションは学業達成に密に関わっており，教育実践上きわめて重要とされている。

　⇒　第9章 参照

◆ SRLの循環モデル (Cyclic model of SRL)

　自己調整学習は，「予見 (forethought) ―遂行 (performance) ―自己内省 (self-reflection)」の3つの段階から構成されるとされている (Zimmerman, 1989)。予見段階は，実際の課題遂行に先行する段階であり，行為のための段階を設定するプロセスを意味する。学習者は，課題における目標を立て (目標設定)，課題において用いる方略を計画する (方略計画)。遂行段階は，学習時に生起し，学習と動機づけに影響を与えるプロセスを意味する。学習者は，自身の課題遂行をコントロールし (自己コントロール)，自身の課題遂行を観察する (自己観察)。自己内省段階は，課題遂行の休止時や課題遂行時に生起する。学習者は，自己評価や帰属を行ったり (自己判断)，満足感をはじめとした感情を喚起させたりする (自己反応)。これら3つの段階が循環的に生じることにより，自己調整学習が成立することが想定されている。

　⇒　第1章 参照

Zimmerman, B. J. (1989). A social cognitive view of self-regulated academic learning. *Journal of Educational Psychology, 81*, 329-339.

◆援助要請（Help-seeking）

　困難な出来事や障害を抱える人が，他者の援助を能動的に求めることをいう。援助要請は，大きく2つのスタイルが想定されており，解法や解決の仕方について思考したうえでヒントを要請する自律的（適応的）援助要請と，自分で考えることをせずにすぐに直接的な解法を要請する依存的（遂行的）援助要請がある。さらに，援助を求めることで，自尊心を低下させたり，能力のなさを露呈したりするという考えから，援助が回避されることもあり，援助回避を3つ目のスタイルとする向きもある。援助を要請する他者は，専門家である教師に限らず，親や友人などといったインフォーマルな他者も含まれる。

　近年では，熟達目標と自律的援助要請との関連や，援助要請を規定する態度の検討，つまずきの理解と自律的援助要請の関連といった，学業促進に関する検討が進められている（例えば，Newman, 1990; 野﨑, 2003; 瀬尾, 2005）。また，子どもの援助要請に及ぼす周囲からの影響としては，教師の達成目標，教師サポート（瀬尾, 2008）などが検討されている。

　⇒　第8章 参照

Newman, R. S. (1990). Children's help-seeking in the classroom: The role of the motivational factors and attitudes. Journal of Educational Psychology, 82(1), 71-80.

野﨑秀正（2003）．生徒の達成目標志向性とコンピテンスの認知が学業的援助要請に及ぼす影響―抑制態度を媒介としたプロセスの検証―. 教育心理学研究, 51(2), 141-153.

瀬尾美紀子（2005）．数学の問題解決における質問生成と質問要請の促進―つまずき明確化方略の教授効果―. 教育心理学研究, 53(4), 441-455.

瀬尾美紀子（2008）．学習上の援助要請における教師の役割―指導スタイルとサポート的態度に着目した検討―. 教育心理学研究, 56(2), 243-255.

◆宿題（Homework）

　宿題は，学校教育においてなじみ深い家庭学習法の一つであり，多くの国で採用されている。自己調整学習に関する研究においては，学習者の自己調

整学習をもっとも高めるために，通常の教室環境だけでなく家庭環境でもトレーニングを行うことが重要であるとされる。いくつかの実証研究によって，宿題と学業達成や動機づけとのつながりを扱っており，例えば Zimmerman と Kitsantas（2005）は，大学生を対象とした調査の結果，宿題の質が学習者の自己効力感や GPA につながることを示した。また，Trautwein, Lüdtke, Schnyder と Niggli（2006）では，宿題を集中して行っていたか，宿題に真剣に取り組んでいたかといった宿題への努力，宿題にかかった時間などが学業達成と関連することを示した。学業達成と動機づけとの関連について，メタ分析を行った研究を総合した効果量は $d=0.29$ であり，やや効果が認められている（Hattie, 2008）。また，タスク指向の宿題のほうが，深い学習や理解を促進させるような宿題と比べて，その効果が認められ，複雑でなく新規性の高い内容であるほうが宿題の効果がみられることが示唆されている（Hattie, 2008）。

⇒ 第6章 参照

> Hattie, J. (2008). *Visible learning: A synthesis of over 800 meta-analyses relating to achievement*. New York: Routledge.（ハッティ, J. 山森光陽（監訳）(2018). 教育の効果―メタ分析による学力に影響を与える要因の効果の可視化―. 図書文化社）
>
> Trautwein, U., Lüdtke, O., Schnyder, I., & Niggli, A. (2006). Predicting homework effort: Support for a domain-specific, multilevel homework model. *Journal of Educational Psychology, 98*(2), 438-456.
>
> Zimmerman, B. J., & Kitsantas, A. (2005). Students' perceived responsibility and completion of homework: The role of self-regulatory beliefs and processes. *Contemporary Educational Psychology, 30*(4), 397-417.

◆メンタリング（Mentoring）

青少年の発達支援法の一つで，年長の理解者・支援者による，一個人の成長と発達を助けるための日常的・職務上の支援をいう。援助者をメンターといい，被援助者をメンティー（プロテージ）という。基本的には，成熟した年長者であるメンターと若年のメンティーとが一対一で継続的・定期的に交流し，適切な役割モデルの提示と信頼関係の構築を通じて，メンティーの発達支援を目指す関係性とされる。コーチングやカウンセリングは専門家との有限な契約関係に基づく関係である一方で，メンタリングは明確な期日のないインフォーマルな人間関係における関係である。

メンタリングの機能としては，キャリア機能，心理的機能の2つがあるといわれ，関係の始まり（initiation），教養・修練（cultivation），独立（separation），および再定義（redefinition）という段階がある（Kram, 1985）。また，メンタリングの効果としては，自分に自信をもつようになる，親や友人との関係がよくなる，学習態度や授業参加が向上するなどがある。自己調整学習の文脈では，自主的な学習内容の選択や継続が非常に重要とされ，メンターがメンティーの動機づけ維持やスケジュール管理を行うことは学習の継続や修了を強化する効果があると期待されている。教師教育の観点からは，メンター教師が初任の教師とメンタリングを行うことにより，児童の自己調整学習を促進する効果をもつことが示されている（Perry, Phillips, & Hutchinson, 2006）。

⇒ 第15章 参照

Kram, K. E. (1985). *Mentoring at work: Developmental relationships in organizational life*. Chicago, IL: Scott, Foresman and Company.

Perry, N. E., Phillips, L., & Hutchinson, L. (2006). Mentoring student teachers to support self-regulated learning. *The Elementary School Journal, 106*(3), 237-254.

◆メタ認知（Metacognition）

自らの認知プロセスへの気づきのことをいう。自己調整学習者が，学習プロセスのさまざまな段階で，計画を立案し，自己モニターし，自己評価をしていることをいい，自己調整学習の重要な要素である。歴史的には，1970年代にFlavell，続いてBrownによって提唱された概念で，メタ認知研究は，子どもが有効な方略を知りながら，それを自発的に使うことができないのはなぜかという問いを解明しようという目的のもと，検討が始められた（例えば，Flavell, 1979）。自分にとって有効な方略をメタ認知し，自律的に用いるという観点から研究が進められている（伊藤・神藤, 2003）。

メタ認知はいくつかの下位要素から構成され，メタ認知的知識，メタ認知的活動に大別される。メタ認知的知識とは，人一般についての知識，課題についての知識，方略についての知識のことをいう。一方で，メタ認知的活動とは，メタ認知的モニタリングとメタ認知的コントロールをいう。メタ認知的活動は，メタ認知的知識に基づいて行われる。例えば，自分が知っていること・理解していることを認識すると同時に，自分がまだ知らないこと・理解していな

いことを認識するというメタ認知的知識があることにより，学習到達度をモニタリングし，自身の活動のコントロールが可能となる。

⇒　第9章，第10章 参照

　　Flavell, J. H. (1979). Metacognition and cognitive monitoring: A new area of cognitive-developmental inquiry. *American Psychologist, 34*(10), 906-911.
　　伊藤崇達・神藤貴昭（2003）．中学生用自己動機づけ方略尺度の作成．心理学研究，74，209-217．

◆自己調整（的）方略開発（Self-Regulated Strategy Development: SRSD）

　自己調整（的）方略開発（SRSD）は，作文を書く過程に学習者が積極的に関わったり，書く過程に必要な認知活動を自覚したりできるように援助する教育法である（丹治・横田，2017）。SRSDは作文におけるプランニング，文章化，推敲，モニターの過程と方略使用に着目しており，6つの指導段階から構成される。具体的には，作文方略をどのように用いたらよいか議論すること，教師が使用している作文方略を模倣すること，作文方略自体を記銘することといった段階が含まれる（丹治・横田，2017）。また，SRSDの効果については，メタ分析によって有用性が実証されている（Rogers & Graham, 2008）。現在では，教育場面での実用化も積極的に実施されており，HarrisやGrahamらのグループでは，thinkSRSDという教育グループを立ち上げ，多くの学校でSRSDが取り入れられるよう働きかけている。日本においても，小学校での特別支援学級や高校生への介入研究が実施されている（清道，2009; 丹治・横田，2017）。

⇒　第3章 参照

　　清道亜都子（2009）．高校生の作文指導におけるSRSDモデル適用の効果．日本教育心理学会第51回総会発表論文集，60．
　　Rogers, L. A., & Graham, S. (2008). A meta-analysis of single subject design writing intervention research. *Journal of Educational Psychology, 100*(4), 879-906.
　　丹治敬之・横田朋子（2017）．自閉症スペクトラム障害児に対する作文の自己調整方略学習（SRSD）モデルを用いた小集団介入．教育心理学研究，65(4), 526-541．

◆社会的認知理論（Social cognitive theory）

　Banduraが提唱した，社会に生きる人間が周囲の環境との相互作用を通して行動を変容させていく過程を説明する理論。自己調整学習研究の主要な理論

的基盤と位置づけられている．個人要因，行動，環境要因の三者が相互に規定し合う，三項相互性（triadic reciprocality）が想定されている．

伝統的な学習理論では，他者と同様の行動を実際に行い，報酬を通した強化を得ることが，学習の成立条件とされていた．それに対して，Banduraは，上記のような行動や直接的な報酬がない状態においても，他者を観察し，自身の行動として再生することを通して学習は成立するとした．そして，社会的な習慣や態度，価値観，行動など，社会の他の成員からの影響を受けて学習が獲得される過程を説明する理論として，社会的学習理論（Social learning theory）を提唱した．社会的認知理論は，社会的学習理論をさらに発展させたものであり，学習者が環境に影響を受けるだけではなく，学習者もまた環境に影響を与えるという相互作用を想定している．また，個人が自分自身の成長や行為の結果に大きく関与しているというエージェンシーと呼ばれる考え方に基づいている．

⇒ 第1章 参照

◆ STEM教育（STEM Education）

科学・技術・工学・数学を意味する"Science, Technology, Engineering and Mathematics"の頭文字に由来し，主要な理系分野に関する教育のことをいう．1990年代に，アメリカ国立科学財団（NSF）が考案し，2000年代にアメリカで本格的に開始された教育モデルである．その発展型として，環境教育を加えたeSTEM（environmental STEM）や，芸術分野（Art）あるいは応用数学（Applied Mathematics）の要素を含めたSTEAMなどがある．

欧米では，STEM教育は科学と数学を基礎に展開する「科学技術を重視した人材育成」と捉えられている．当該分野の教師の大規模な養成や，高校卒業までに当該分野の経験を有する若者の増加などに対して膨大な予算が投じられており，国家戦略の一つと位置づけられている．日本では，関連する施策として「スーパーサイエンスハイスクール（SSH）」制度の導入や「国際科学技術コンテスト」の開催など，理科教育・科学技術教育の充実といった観点から進められている．

⇒ 第5章 参照

◆リメディアル教育（Remedial education）

　学習の遅れた生徒・学生に対して行う補修教育のこと。狭義には，大学教育を受けるにあたって不足している特定の科目や領域の基礎学力を補うために行われる教育をいう。背景には，大学数の急激な増加や少子化に起因する「大学全入化」により，以前ならば入学試験に合格しなかった学生が大学に入学し，大学入学後に受ける授業に適応できていない現状がある。

　一例としては，推薦入試や AO 入試などで早期に合格が決まった入学予定者に対して課す自宅学習や，大学の講義と並行して行われる高等学校レベルの講座などがある。英語では，"Developmental Education" という語が該当するが，この語には「次の段階に進むための教育」という積極的な意味を内包しており，日本のリメディアル教育が含意する「補修的な教育」という，通常の学習課程への適応が困難な学生を対象として，教育とは少し異なっている。

　⇒　第5章 参照

赤松大輔・林亜希恵・寺尾香那子
（名古屋大学大学院）

監訳者あとがき

　バリー・ジマーマンおよびディル・シャンクが1980年代初頭に提唱し，主要な動向を形づくった自己調整学習（Self-Regulated Learning: SRL）の研究および実践は，その後40年近くを経た今日に至るまで，主体的で能動的な学習者像を描く教育心理学・学習心理学における理論として，学界内外で注目され，欧米を中心に研究が積み重ねられてきた。その理論的背景には，アルバート・バンデューラに始まる社会的認知理論（Social Cognitive Theory），そして社会構成主義や現象学などを有し，幅広い層や領域の学習過程を扱うに至っている。
　本書は，自己調整学習研究の多様な領域への展開について論じられた包括的著作である。その特徴は，理論的動向のみならず，自己調整学習のさまざまな領域への実践性，そして応用的介入について，その内容を豊富な研究知見に基づいて議論している点にある。近年，自己調整学習は，算数・数学，理科などの教科学習はもちろんのこと，それを超えて，ライティングやリーディング，体育やスポーツ，音楽，そして医学などの領域にも幅広い展開を示している。それらの研究は各専門領域では注目されているものの，その源流である自己調整学習という太い縦軸をもとに構成・執筆されたものはほぼみられない。本書は，近年の自己調整学習の多様な展開を知るうえで最適な著作の一つである。学校で生徒や学生の教育や学習の問題に関わる教師はもちろん，スポーツのコーチや音楽の指導者，そしてカウンセラーや教育相談に関わる心理専門職，あるいは医師や看護師などの医療関係者など，幅広い専門家にとって，本書は有益なリソースブックになるであろう。また巻末には，理解の一助として多岐にわたる本書の内容に関わるキーワード集を付した。
　さて本書では，自己調整学習理論の提唱者であるジマーマンから何らかの形で薫陶を受けた，幅広い領域における自己調整学習研究を専門とする中堅・実力派の研究者たちが執筆にあたっている。編著者たちは，それぞれ自己調整学習の各領域において成果を上げている，いわば自己調整学習研究第二世代

の旗手ともいえる研究者たちである。第一編著者のヘファ・ベンベヌティは，ニューヨーク市立大学クイーンズ校教育学系に所属し，本書第6章にもあるように，学業的満足遅延や家庭学習の研究者として著名である。2017年には，日本教育心理学会第59回総会において基調講演に招待され，自己調整学習研究や学業的満足遅延，そして家庭学習に関する豊富な研究成果をわかりやすく紹介し，熱意あふれるスピーチを行っている。

　最後に，自己調整学習研究の開拓者であるジマーマンの業績についてふれておこう。ジマーマンは，ニューヨーク市立大学大学院センターの教育心理学専攻の名誉教授である。2012年には，アメリカ心理学会（APA）第15部会（教育心理学部会）から栄誉あるソーンダイク賞を受賞している。1996～1997年にはアメリカ心理学会第15部会の代表を務め，同学会第16部門（学校心理学部会）シニア科学者賞や，アメリカ教育学会（AERA）で教授・学習の優れた研究に与えられるシルビア・スクリブナー賞など，数々の賞を受けている。また，研究論文，分担執筆は200を超え，数多くの学術専門雑誌の編集委員を務めた。彼の教育心理学・学習心理学に残した大いなる足跡は，本書の各章を執筆する次世代の自己調整学習研究者たちに受け継がれ，次の発展の途上を迎えているといえるだろう。

中谷素之

索　引

【A〜Z】

Becoming a Strategic Learner　261, 264
CBLEs（computer-based learning environments）　⇒コンピュータに基づく学習環境を参照
CMS（Course Management System）　302, 398
EDP310　262, 263, 264, 265, 267, 268, 270, 271, 282
IMPROVE　364
LASSI　240, 255-262, 267-269, 271, 272
LLMM（Layered Learning Mentorship Model）　⇒層状学習メンタリングモデルを参照
LMS（Learning Management System）　302, 398, 399, 401-404, 407-411, 413-415, 416, 418, 420
MMCD（the model for managing chronic disease）　504, 506, 507, 508, 510, 514, 515, 521, 525, 526, 527
MSLQ（Motivated Strategies for Learning Questionnaire）　256, 269, 373
Response-to-intervention（RTI）　118-120, 141
SIP（sickness impact profile）　516, 517
SREP（Self-Regulation Empowerment Program）　⇒自己調整力向上プログラムを参照
SRL（Self-Regulated Learning）モデル　⇒自己調整学習モデルを参照
SRL（Self-Regulated Learning）学級介入　⇒自己調整学習（の）学級介入を参照
SRLIS（self-regulated learning interview schedule）　⇒自己調整学習面接計画を参照
SRSD（Self-Regulated Strategy Development）　⇒自己調整方略開発を参照
take PRIDE　515-519, 521, 523, 524
TREE 方略　85-87, 89, 90, 92
WWW&H ルール　361, 362, 364, 370, 378

【あ】

足場かけ　57, 76, 80, 81, 86, 265, 370-372, 376-379, 455
意志　73, 97, 210, 226, 229, 240, 242, 245, 246, 249-251, 254, 255, 257, 259, 264, 273, 358, 365, 434
意志要素　246, 249, 250, 259
イメージ化　39, 243, 330, 395, 413, 415, 420, 493, 503
インターネット　133, 194, 217, 223, 388, 389, 392-394, 404
インテリジェントチュータリングシステム　378
「インフォーマル」な練習　444
ウェブツール　388, 398
エージェンシー　7, 159
エンゲージメント　17, 18, 22, 188, 192, 228, 394

援助要請　11, 14, 113, 159, 188, 194, 201-203, 210-212, 215, 217, 218, 241, 246, 268, 282-294, 296-298, 300-307, 361, 394, 405, 411
　──方略　211, 398
　──のプロセス　287
エンドポイント　506, 508-510, 512, 525
オペラント条件づけ　3, 5
オンライン学習　29, 30, 387, 388, 392-395, 398, 402, 420-423

【か】

学業的自己調整　157, 158, 328, 334
学業的満足遅延　205, 214, 226, 227
学習環境要素　253
学習管理システム　398
学習ツール　398, 402
学習テクノロジー　302, 387, 388, 390, 391, 398-400, 402, 404, 407, 413, 417, 420, 422, 423
学習方略　9, 12, 14, 29, 40, 79, 115-118, 121, 122, 125, 130, 132, 133, 135, 155, 156, 195, 196, 199, 202, 206, 207, 210, 212, 215, 222, 228, 237-240, 242-246, 248, 252, 254, 255, 258, 261, 267-269, 271, 273, 285, 286, 292, 296, 317, 330, 331, 334, 338, 340, 347, 374, 392, 395, 402, 430, 431, 435, 437, 440, 441, 453, 527
課題分析　47, 49, 56, 57, 60, 64, 65, 111, 113, 115, 122, 125, 130, 131, 153, 158, 196, 199, 242, 287, 289, 297-299, 317, 329, 363, 365, 366, 391, 408, 464, 503
課題方略　153, 243, 330, 395, 397, 413, 414, 416, 420
過程目標　18, 20, 21, 27, 113, 131
観察　6, 8, 10, 13, 19, 22-28, 38, 39-42, 47, 49, 50, 52, 54, 55, 57, 60, 64, 66, 77, 99, 100, 114, 122, 138-140, 144, 159, 164, 165, 173, 198-200, 209, 212, 224, 225, 263, 269, 287, 301, 360, 371, 372, 374, 377, 395, 413, 414, 441, 442, 448, 464, 466-468, 470, 472, 475, 477, 478, 480, 481, 484, 486, 488-491, 494, 505-516, 518, 521-523, 525, 526, 528, 534, 539, 542, 543, 545, 546, 549, 550, 552, 553, 556
　⇒自己観察も参照
　──段階　47, 482, 483
　──レベル　23-27, 57, 64, 65, 371, 464, 467, 470, 483
管理ツール　398, 399, 402
管理方略　393, 506-509, 512, 514, 516, 525
キャリブレーション　156, 157, 169, 172-174, 178, 179, 315-319, 321-340, 342-347, 471
教員養成課程学生　213-215
クオリティ・オブ・ライフ　509, 510, 513
形成的フィードバック　334, 335
結果期待　18, 41, 159, 196, 210, 211, 228, 289, 306, 329, 344, 369, 503, 506-508, 512, 513, 515, 519
結果目標　18, 20, 21, 27, 113, 131, 464, 467, 470-473, 477, 478
原因帰属　19, 20, 113, 115, 125, 134, 160, 331, 396, 415, 464, 503
研究指導法　555, 558
研究者養成　535, 556
健康教育者　508, 516, 519, 521-524
検索　133, 321, 323, 398, 432
効果量　95-97, 100
行動契約　226, 230
行動理論　2-5, 8, 9, 17, 29, 214
コーピングモデル　26, 27
コミュニケーション・ツール　388, 398, 402-404, 409
コントロール　7, 9, 20-22, 41, 65, 153-155, 160,

163, 169, 175, 188, 194, 196, 201, 203, 241, 250, 251, 255, 264, 266, 267, 273, 288, 315, 320-322, 329, 330, 346, 357, 360, 361, 365, 390, 391, 429, 430, 435, 440, 445, 446, 448, 452, 477, 488, 501, 504, 505, 507, 508, 510, 516-518, 525-528, 558　⇒自己コントロール, 遂行／意思コントロール, 動機づけコントロールも参照

コンピュータに基づく学習環境（CBLEs）　30, 31, 376-378

【さ】

再帰属　361
三項相互性　6, 9, 118
産出欠如　361, 362, 371, 373, 375, 377, 379
時間（の）管理　11, 15, 114, 124, 125, 132, 133, 141, 187, 192, 193, 203, 207, 208, 210, 211, 216, 218, 246, 247, 250, 251, 257, 259, 260, 266, 270, 283, 363, 393, 394, 408, 414, 420, 542
時間の計画と管理　399, 401, 430
思考発話　82, 88, 345
自己観察　9, 11, 13, 19, 43, 50, 61, 64, 112, 115, 116, 125, 153, 159, 194, 196, 240, 242, 243, 287, 316, 318, 329, 330, 332, 366, 369, 392, 395, 396, 413, 420, 464, 465, 467, 469, 503, 506, 515, 519, 521-524
自己強化　3-5, 9, 76, 79, 112, 132, 442, 520, 548, 552, 554, 557
自己教示　1, 3-5, 9, 19, 51, 76, 79, 82, 89, 128, 133, 153, 159, 243, 365, 503
自己効力　2, 78, 93, 114-116, 127, 189, 196, 201, 203, 204, 206-212, 214, 215, 221, 226, 228, 231, 335-338, 340-343, 464, 465, 467, 474, 493, 534, 536, 545, 552, 554
――感　6, 7, 9, 11, 12, 14, 18-22, 25-31, 39, 41, 52, 111, 152, 154, 155, 159, 165, 167-170, 173-175, 177, 178, 205, 208, 231, 241, 244, 246, 289, 306, 323, 329, 332, 335, 337, 338, 343, 344, 361, 365, 369, 387, 391-395, 397, 399, 407-413, 418, 420, 433, 442, 492, 502, 503, 505-507, 509, 512, 513, 515, 520, 523-526, 535, 537, 539, 542-556, 558
――信念　169, 173, 195, 197, 198, 203, 204, 206, 207, 210, 212, 329, 335, 338, 393-395
自己コントロール　19, 22-28, 38-43, 47, 65, 76, 77, 113-115, 123, 127, 132, 142, 153, 159, 242, 243, 245, 287, 288, 290, 299, 301, 329, 330, 331, 335, 366, 370, 392, 395, 413, 416, 441, 442, 464, 466-469, 471, 474, 483, 484, 486, 487, 489, 495, 503, 534, 545, 547, 550, 554-556
――（の）技法　467, 469, 470, 472-474, 476, 479, 484, 491-493
――（の）段階　468, 470, 482, 483, 490, 554
――方略　112, 122, 123, 125, 127, 132, 289, 395, 464
――（の）レベル　25, 27, 371, 464, 467-476, 489, 493
自己志向的フィードバックループ　430
自己診断装置　521
自己省察　17, 19-23, 31, 38, 39, 47, 50, 51, 55, 58-62, 64, 65, 67, 74, 391, 396, 397, 400, 415, 417, 420
自己対話　82, 88-90, 92, 112, 115
自己調整
――過程　1, 2, 3, 9-14, 16, 17, 21-23, 26, 28, 30, 31, 41, 238, 240, 261, 388, 391, 393, 394, 396, 399, 402, 407, 422, 464, 465, 470, 475, 481, 483, 487, 490, 492-494
――コンピテンス　543-545, 549-552, 554, 556-558

──スキルの転移　492, 493

──段階　38, 39, 47, 301, 484

──の手順　76, 79

──方略　⇒自己調整学習方略を参照

──方略開発（SRSD）　73-83, 85, 90, 92-102

──要素　246, 250, 259, 526

──力向上プログラム（SREP）　111, 117, 118, 120-122, 124-126, 130, 132-135, 137-141, 143, 145

──レベル　24, 25, 27, 41, 65, 371, 464, 467, 471, 484, 485, 491

自己調整学習（SRL）

　　──者　1, 2, 11-14, 28, 31, 39, 42, 44, 50, 110, 111, 112, 157, 158, 160, 188, 189, 227, 252, 255, 256, 262, 272, 273, 285, 286, 328-330, 387, 395, 443-445, 447, 454, 456, 463, 478, 480, 504, 544, 554

　　──（の）学級介入　110, 112, 117-128, 135, 136, 141, 143, 145

　　──の次元　2, 10, 11, 14, 17

　　──の水準　23, 26

　　──の段階　17, 20, 39, 41, 47, 65

　　──の発達レベル　38, 39, 41, 47, 52, 65

　　──方略　14, 16, 30, 73, 77, 121, 132, 139, 196, 209, 210, 211, 217, 228, 239, 251, 285, 286, 290, 292, 374, 392, 398, 465

　　──面接計画（SRLIS）　373, 374

　　──モデル　239, 288, 289, 306, 318, 328-330, 344, 346, 347

　　──理論　1

自己点検スタイル　467, 469, 470, 474, 475, 480, 481, 484, 489-491

自己動機づけ（の）信念　39, 115, 130, 172, 196, 242, 287, 289, 306, 329, 344, 361, 503

自己内省　111, 115, 117, 122, 123, 125, 127, 129, 130, 133, 134, 141, 154, 155, 159, 160, 162, 166-168, 170-173, 176, 177, 188, 194, 203, 208, 240, 242, 243, 288, 289, 293, 306, 319, 329, 331, 332, 338, 341, 343, 365, 369, 464, 481, 503, 521, 539, 541, 542, 544, 549

　　──（の）段階　112, 113, 123, 124, 127, 134, 140, 153, 158-160, 172, 173, 196, 242, 251, 297, 300, 306, 318, 328, 330, 331, 335, 339, 365, 367, 368, 370, 464, 503, 506

　　──ツール　166, 170-172, 176, 180

自己判断　9, 13, 19, 50, 153, 159, 169, 174, 194, 197, 242, 287, 290, 297, 329-331, 368, 369, 396, 464, 503, 521-523

自己反応　9, 13, 19, 50, 153, 159, 197, 287, 290, 316, 330, 331, 396, 464, 503, 523

自己評価　1, 15, 19-22, 25, 39, 65, 76, 113, 114, 117, 121, 123, 125-127, 129, 134, 154, 160, 169, 173, 174, 176, 179, 188, 196, 199, 203, 204, 207, 208, 210, 211, 213, 215, 222, 243, 256, 290, 316-319, 329, 331, 332, 335-337, 339, 344, 346, 347, 387, 396, 397, 400, 408, 413-417, 432, 445, 447, 467, 503, 542

自己モニター　1, 3, 188, 202, 204, 209, 413, 420

自己モニタリング　3-5, 9, 50, 51, 65, 79, 82, 86, 87, 89, 112, 121, 123, 125, 127-129, 159, 165, 188, 194, 196, 201-203, 207, 210, 212, 213, 215, 223-225, 227, 296, 315, 318, 327, 328, 337-339, 346, 347, 396, 397, 401, 414, 415, 433, 444, 445, 464, 467, 473, 476-479, 482-486, 489, 493, 494, 526, 539, 542, 545, 546, 557

疾患管理　501, 502, 506-510, 514, 516, 517, 519, 525-527

実行的（*executive*）援助要請　286, 292, 293

質問紙　143, 225, 256, 373, 374

指導教員　214, 271, 536, 542, 557

社会数学的規範　46, 49

社会的自己調整　285, 304
社会的認知モデル　162, 163, 293, 334, 371, 478, 494
社会的認知理論　1, 2, 6-10, 17, 77, 97, 98, 117, 188, 189, 387, 502, 503, 507, 519, 527, 528, 543, 544, 552
宿題ログ　189, 202, 204, 206-218, 221, 223, 225, 227, 231
熟達モデル　164
主体性　7, 231, 431
循環的三段階モデル　110, 111, 113, 116-118, 124, 129, 138, 140-142, 145, 347
条件的知識　242, 243, 257, 267, 359
情報提供に基づく訓練　358-360, 364
遂行　12, 18-23, 25-27, 38, 39, 41-43, 46-48, 51, 55, 57, 59, 62, 64, 65, 67, 82, 88, 92, 111, 113, 116, 117, 121, 126, 128, 130, 134, 138, 139, 141, 152-159, 162-164, 166, 167, 170-172, 175, 188, 189, 192-194, 196-204, 206, 209-213, 216-219, 223, 228-230, 242, 251, 288, 290, 293-297, 299, 300, 306, 317, 322, 323, 325, 326, 328-331, 337, 341, 358, 359, 362, 365, 366, 369, 370, 373, 374, 377, 379, 387, 391, 393, 396, 411, 413-415, 417, 420, 439, 455, 464-467, 472-474, 476-479, 481-483, 485, 486, 488-492, 503, 536, 537, 539, 543, 546, 548, 549, 555
──／意思コントロール　17, 18, 31
──（の）段階　22, 39, 49-51, 57, 62, 64, 65, 83, 112, 123, 124, 127, 153, 158, 159, 163, 196, 242, 243, 251, 289, 292, 300, 318, 328-330, 335-338, 342, 344, 365, 366, 367, 370, 377, 392, 395, 413, 415, 420, 464, 503, 506, 514
数学教育　37, 38, 44, 54, 67
スキル要素　242, 243, 246, 249, 258

成人学習論　541
生態学的妥当性　325, 344, 377, 492
精緻化方略　244, 248, 258, 269, 437
セルフ・トーク　465, 467, 469, 470, 472-474, 476, 479, 480, 484, 491, 493, 494
セルフハンディキャッピング　194
宣言的知識　242, 243, 257, 265, 267, 268, 357
相互教授法　376
相互作用論　6
相互点検スタイル　467, 469, 470, 474, 475, 476, 480, 481, 491
層状学習メンタリングモデル（LLMM）　538, 540, 542, 551, 558
ソーシャル・ネットワーク　390
ソーシャルメディア　302, 304, 388, 404, 421, 422

【た】

大学院生　214, 263, 264, 534-536, 540, 541, 543-546, 548, 551-554, 557
対処モデル　164, 177
体制化方略　244, 248, 258, 437
代理的学習　8, 545
妥当性　10, 14, 15, 32, 76, 84, 100, 120, 138, 143, 144, 178, 304, 325, 344, 373, 374, 377, 414, 492
注意の焦点化　153, 243
中間目標　464, 467-473, 476-478
長期的な訓練　358, 360
直接的学習　8
適応的援助要請　287, 294, 303
適応的推論　37, 113, 115, 125, 126, 129, 134, 140, 141, 503
手続き的知識　79, 242, 243, 257, 265, 267
動機　11, 17, 21, 330, 433, 434, 504, 527, 534-536,

577

552, 556
動機づけ　1, 2, 5, 6, 8-13, 18-20, 23, 25, 28-31, 39, 77, 80, 100, 109-112, 116, 123, 125, 127-129, 132, 138, 141, 144, 145, 151-155, 157, 159, 160, 162, 168, 169, 172, 174, 176-178, 188, 193, 195, 196, 198, 205, 208, 209, 222, 225, 227, 228, 230, 231, 237, 239-241, 244-246, 249, 250, 252, 254-257, 259, 261, 263, 266, 269, 272, 273, 282, 283, 288, 289, 291, 304, 315-317, 319, 328-332, 335, 357-360, 365, 369, 375, 378, 387, 391-393, 395, 411, 413, 422, 430, 434, 435, 442, 444, 447, 449-454, 463-465, 470, 471, 473, 475, 479, 504, 506, 509, 514, 522, 552
　──コントロール　112, 123, 127
　──（の）信念　18, 48, 111, 138, 144, 159, 196, 206, 211, 212, 225, 227, 329, 335, 344, 365, 392, 393, 395, 407, 409, 412, 434, 464, 475
　⇒自己動機づけ（の）信念も参照
道具的援助要請　286, 292, 293

【な】

内在化　24, 25, 28, 29, 249, 442, 545, 548
内省　110-113, 115-117, 122, 123, 125-127, 129, 130, 133-135, 140, 141, 153-155, 158-160, 162, 166, 168, 170, 172, 173, 176, 177, 180, 188, 194-196, 199, 203, 208, 212, 223, 231, 240, 242, 243, 251, 289, 293, 297, 300, 306, 318, 319, 328-332, 334, 335, 338, 339, 341, 343, 346, 365, 368-370, 438, 440, 455, 464, 481, 503, 506, 521, 541, 542, 544, 549
「難易度」効果　340
認知的方略　121, 122, 142, 243, 247, 330, 373, 438

【は】

パーソナル・エージェンシー　421
配信ツール　398, 399, 402, 404
ハイパーメディア　363
ハイブリッド授業　388
博士課程　263, 534-536, 538, 540, 542-552, 555, 557, 558
発話思考　144, 225, 269, 372, 374, 377, 378, 446
パフォーマンス志向　20
批判的思考方略　437
評価ツール　398, 402
「フォーマル」な練習　444
プランニング　18, 22, 93, 95, 189, 194, 196, 202, 207-209, 211, 212, 242, 244, 246, 261, 286, 289, 293, 296, 297, 299, 329, 338, 357, 362, 363, 366, 370, 371, 377, 391, 393, 397, 408, 431, 446, 453, 464, 503
ブレンディッド学習　387-391, 393-396, 398-400, 411, 417, 421-423
プロンプト　209, 221, 362, 363, 377, 379, 397, 408
文化　29, 31, 32, 37, 38, 44, 162, 188, 199, 202, 203, 214, 224, 226, 244, 299
文脈化された教授　358, 359
ヘルスケア　510, 516, 517, 525, 528
弁別刺激　3, 4
方略
　──的学習　237, 239, 240, 242, 243, 245, 246, 250, 251, 253, 255-262, 264, 265, 267-273
　──的行動　39, 41, 46, 47, 50, 51, 55, 59, 61, 64, 110, 138, 140
　──に関する計画　111, 114, 115, 117, 121, 123, 125, 126, 130-135
保持　81, 82, 94-96, 98, 100, 143, 187, 190, 192, 248, 254, 255, 317, 321, 323, 362, 373, 555

【ま】

マイクロアナリティック・アプローチ　422
マクロレベル　47, 49, 51, 52, 64, 65, 67, 250, 251
マスタリー志向　20
マスタリーモデル　26
慢性疾患　501, 504, 510, 514, 525, 527, 528
満足遅延　210, 211, 227-229, 231　⇒学業的満足遅延も参照
ミクロレベル　47, 51, 52, 55, 64, 65, 250, 251
メタ認知　1, 5, 29-31, 76, 110, 111, 141, 142, 144, 156, 157, 159, 162, 166, 169, 172-174, 176, 178, 237, 239, 240, 243, 245, 256, 257, 264-267, 269, 273, 286, 296, 315-323, 325, 328-330, 332, 334, 346, 357-379, 387, 402, 446, 451, 463
　——的意識　246, 316, 330, 333, 334, 346
　——的(な)活動　360, 361, 364-366, 369, 370, 372, 374, 376, 377, 379
　——的スキル　110, 261, 317, 345, 357-362, 364, 365, 369-376, 378, 379, 446
　——的知識　315, 319, 320, 357, 359, 373, 432, 433
　——的モニタリング　153, 167, 243, 245, 297, 315, 318, 325, 330, 332, 337, 344, 392, 503
メタ分析　95-97, 187, 535
メンタリング　238, 533-537, 540, 542-545, 548-552, 554, 555, 557, 558
　——組織的モデル　537-540
　——論　543
目標志向性　18, 208, 244, 250, 268, 289, 292, 293, 299, 306, 329, 330, 344, 391, 394
目標設定　9, 15, 22, 51, 55, 59, 64, 79, 89, 111, 117, 122, 123, 126, 127, 129-131, 133, 158, 194, 196, 202, 208-211, 215, 240, 261, 329, 357, 359, 363, 366, 370, 377, 391-393, 397, 399, 408, 420, 464, 465, 467, 469-473, 475, 477, 482, 483, 489, 493, 494, 503, 542, 545, 548, 554
モデリング　24, 26, 27, 40, 46, 51, 57, 64, 65, 76, 118, 121, 127, 132, 163-165, 197, 198, 222, 255, 260, 264, 301, 360, 370-372, 377, 379, 441, 465, 468, 475, 476, 482, 487, 490, 493, 527, 542-544, 552-556
モニタリング　9, 12, 15, 17, 77, 88, 113, 124, 128, 153, 154, 159, 163-166, 168, 189, 196, 197, 199-203, 206-208, 211, 222, 227, 240, 241, 243, 246, 250, 251, 253, 259, 286, 290, 296, 297, 315, 316, 318, 320-323, 325-331, 333, 338, 343-347, 357, 366, 369, 370, 377, 396, 401, 471, 544, 549　⇒自己モニタリングも参照
模倣　23, 24, 28, 38, 40, 41, 47, 64, 77, 122, 198, 301, 341, 441, 464, 466-471, 473-475, 483, 491, 493, 534, 542, 545-547, 549, 550, 553, 554, 556
　——(の)段階　65, 442, 468, 470, 482, 483, 488, 549
　——レベル　24-27, 371, 464, 467-471, 474, 475, 493
問題解決　20, 38, 40, 44-46, 49, 55, 59, 60, 113, 153, 155, 159, 163-165, 168-170, 172, 173, 177, 178, 180, 187, 190, 211, 237, 253, 260, 298, 357, 359, 364-366, 368-371, 374, 400, 433, 445, 453, 515, 523, 528, 541

【や〜わ】

予見　17, 18, 22, 23, 31, 38, 47, 48, 51, 55, 64, 65, 67, 111, 116, 117, 123, 125, 131, 134, 162, 163, 170, 231, 242, 251, 288, 293, 297, 300, 306, 323, 329, 331, 341, 369, 391, 464, 503,

549
──（の）段階　18, 20, 22, 39, 40, 42, 49, 55, 59, 64, 111, 112, 122-124, 126, 127, 153, 158, 159, 161, 173, 196, 242, 243, 288, 289, 293, 306, 329, 331, 335, 342, 344, 365-370, 391-393, 395, 396, 400, 407, 413, 420, 464, 503, 506
4レベルのトレーニングモデル　464-471, 473, 482, 488, 492-494
リハーサル方略　244, 437
リメディアル教育　151, 152, 155, 156, 160-163, 173, 178, 179
リメディアル教授プログラム　364
利用欠如　361, 362, 370, 373, 375, 377, 379
ルーティン　45, 79, 81, 196, 297, 504, 515, 521
レジメン　504, 509, 519
ワーキングメモリ　359, 360, 372

【監訳者】

中谷　素之（なかや　もとゆき）　名古屋大学大学院教育発達科学研究科教授

【訳者】　※50音順

秋場　大輔（あきば　だいすけ）　ニューヨーク市立大学大学院センター教授
伊藤　崇達（いとう　たかみち）　九州大学大学院人間環境学研究院准教授
犬塚　美輪（いぬづか　みわ）　東京学芸大学教育学部准教授
梅本　貴豊（うめもと　たかとよ）　京都外国語大学外国語学部講師
太田絵梨子（おおた　えりこ）　東京大学大学院教育学研究科博士課程
岡田　涼（おかだ　りょう）　香川大学教育学部准教授
解良　優基（けら　まさき）　南山大学人文学部講師
小林　寛子（こばやし　ひろこ）　東京未来大学モチベーション行動科学部准教授
篠ヶ谷圭太（しのがや　けいた）　日本大学経済学部准教授
瀬尾美紀子（せお　みきこ）　日本女子大学人間社会学部准教授
橘　春菜（たちばな　はるな）　名古屋大学教育基盤連携本部アドミッション部門特任准教授
田中瑛津子（たなか　えつこ）　名古屋大学特任助教
　　　　　　　　　　　　　　　　博士課程教育リーディングプログラム PhD プロフェッショナル登龍門推進室
塚野　州一（つかの　しゅういち）　富山大学名誉教授
深谷　達史（ふかや　たつし）　広島大学大学院教育学研究科准教授
福富　隆志（ふくとみ　たかし）　慶應義塾大学大学院社会学研究科教育学専攻後期博士課程
松山　泰（まつやま　やすし）　自治医科大学医学教育センター准教授

自己調整学習の多様な展開
――バリー・ジマーマンへのオマージュ

2019年3月25日　初版第1刷発行

編　者	ヘファ・ベンベヌティ
	ティモシー・J・クリアリィ
	アナスタシア・キトサンタス
監訳者	中　谷　素　之
発行者	宮　下　基　幸
発行所	福村出版株式会社

〒113-0034　東京都文京区湯島 2-14-11
電　話　03 (5812) 9702
FAX　03 (5812) 9705
https://www.fukumura.co.jp

印　刷	株式会社文化カラー印刷
製　本	本間製本株式会社

©Motoyuki Nakaya 2019
ISBN978-4-571-22058-6 C3011　Printed in Japan

落丁・乱丁本はお取替えいたします
定価はカバーに表示してあります
本書の無断複製・転載・引用等を禁じます

福村出版◆好評図書

B. J. ジマーマン・D. H. シャンク 編集／塚野州一 訳
教育心理学者たちの世紀
●ジェームズ，ヴィゴツキー，ブルーナー，バンデューラら16人の偉大な業績とその影響
◎9,000円　ISBN978-4-571-22055-5　C3011

教育・発達心理学の発展過程を19世紀後半の哲学的基盤から21世紀の現在の研究到達点まで詳細に検討する。

中村和夫 著
ヴィゴーツキーの生きた時代
[19世紀末～1930年代]のロシア・ソビエト心理学
●ヴィゴーツキーを補助線にその意味を読み解く
◎5,000円　ISBN978-4-571-23058-5　C3011

激動の革命期におけるロシア・ソビエトの心理学の動向を，天才心理学者の理論と対比することで浮き彫りにする。

中村和夫 著
ヴィゴーツキー理論の神髄
●なぜ文化－歴史的理論なのか
◎2,200円　ISBN978-4-571-23052-3　C3011

ヴィゴーツキー理論の中心にある「人間の高次心理機能の言葉による被媒介性」という命題を明らかにする。

中村和夫 著
ヴィゴーツキーに学ぶ 子どもの想像と人格の発達
◎2,500円　ISBN978-4-571-23050-9　C3011

ヴィゴーツキーの想像の発達についての議論に焦点を合わせ，人格発達理論としてヴィゴーツキー理論を論証。

加藤義信 著
アンリ・ワロン その生涯と発達思想
●21世紀のいま「発達のグランドセオリー」を再考する
◎2,800円　ISBN978-4-571-23053-0　C3011

ワロンの魅力的な人物像と発達思想を解説し，現代発達心理学における〈ワロン的な見方〉の重要性を説く。

山崎勝之 著
自尊感情革命
●なぜ，学校や社会は「自尊感情」がそんなに好きなのか？
◎1,500円　ISBN978-4-571-22054-8　C3011

人生を楽しくするのは自律的自尊感情の高まり次第。幸せな人生を送るための新しい自尊感情教育を解説。

古川聡 編著
教育心理学をきわめる10のチカラ〔改訂版〕
◎2,300円　ISBN978-4-571-22057-9　C3011

アクティブラーニングの導入や教職課程の改革など，教育現場および大学で進む大きな変化に対応した改訂版。

◎価格は本体価格です。